CHONG
QING
ECONOMY
YEAR BOOK

2021

重庆经济年鉴

重庆市人民政府办公厅 主管 刘嗣方 主编

CHONG
QING
ECONOMY
YEAR BOOK

社会科学文献出版社
SOCIAL SCIENCES ACADEMIC PRESS (CHINA)

《重庆经济年鉴》编辑部

攻坚克难　坚毅前行

2020年注定是不平凡的一年。抗疫，则是贯穿全年最为关键的词语。年初，新冠肺炎疫情突如其来，且迅速成蔓延之势。习近平总书记亲自指挥、亲自部署，党中央统筹全局、果断决策，全国上下展开了一场惊心动魄的抗疫大战，经受住了一场艰苦卓绝的历史大考。中国特色社会主义制度优势在战疫中充分彰显，释放出强大的社会治理效能。

人民至上，生命至上。面对汹涌的疫情，重庆市委、市政府坚决贯彻习近平总书记重要讲话精神和党中央、国务院决策部署，坚持人民至上、生命至上，各级总动员、全民齐发动，打响疫情防控的人民战、总体战、阻击战。巴渝儿女众志成城，以担当之勇、作为之实、举措之智、统筹之谋，统筹推进疫情防控和经济社会发展取得显著成效，为全国抗疫斗争取得重大战略成果作出了重庆贡献。惟其艰难，才更显勇毅；惟其笃行，才弥足珍贵。巴渝儿女在疫情中展现的重庆担当，正是中华民族对“生命至上、举国同心、舍生忘死、尊重科学、命运与共”的生动写照。

精准施策，全部脱贫。自脱贫攻坚工作启动以来，全市上下深学笃用习近平总书记关于扶贫工作重要论述，全面贯彻落实中央决策部署，严格落实主体责任，集全民之智、聚全市之力，谋脱贫之路、施治贫之策，大力开展精准扶贫、精准脱贫。截至目前，全市14个国家扶贫开发工作重点区县、4个市级扶贫开发工作重点区县全部脱贫摘帽，1919个贫困村全部整村脱贫，现行标准下全市累计动态识别的190.6万建档立卡贫困人口全部脱贫。脱贫摘帽不是终点，而是新生活、新奋斗的起点。巴渝大地上，干部群众继续用双脚丈量大地，用汗水温润热土，精准发力战贫困，齐心协力谋发展，巩固提升脱贫攻坚成果，进一步促进农业强、农村美、农民富。

国家战略，双城佳话。成渝地区双城经济圈建设开局良好，党中央印发《成渝地区双城经济圈建设规划纲要》，赋予成渝地区“两中心两地”战略定位，川渝两地形成四级工作机制、成渝定期联系机制和毗邻地区合作机制。一年来，在国家重大战略布局下，川渝两地间迸发出前所未有的合作活力，唱好“双城记”、共建经济圈日益深入人心，在基础设施、产业提升、民生服务、开放发展等各领域合作多点开花，协同推进各项重点工作，“双城记”好戏不断，越唱越精彩。累计签订合作协议236个，开工重大合作项目27个、完成投资354亿元。95个事项实现“川渝通办”，其中对国家要求2020年底实现“跨省通办”的58个事项进行了全覆盖，还拓展新增了32个川渝特色“跨省通办”事项，并把5个国家要求2021年底实现“跨省通办”的事项提前了1年完成，双城经济圈建设迈入快车道。

智造重镇，智慧名城。重庆坚持把创新作为引领发展的第一动力，“智造重镇”“智慧名城”正成为重庆新名片。2020年重庆成功举办2020线上智博会，签约项目71个，合同投资2712亿元。一年来，重庆聚焦高质量、供给侧、智能化，抓重点、补短板、强弱项，大力实施以大数据智能化为引领的创新驱动发展战略行动计划，加快培育创新力量，激发人才创新活力，推进西部（重庆）科学城建设，打造具有全国影响力的科技创新中心，高质量发展新动能持续增强。在2020亚太智慧城市评选颁奖典礼上，重庆获评“2020中国领军智慧城市”称号。

营商环境，持续改善。创建国家营商环境创新试点城市，推出一批有含金量的改革举措，先行先试，加快形成可在全国复制推广的制度创新成果，是重庆优化营商环境的新使命。为了推进改革创新，2019年末，我市以世界银行营商环境评价体系为标准，成立了由市政府主要领导为组长的市优化营商环境工作领导小组、由分管市领导任组长的专项工作小组，市级部门组建优化营商环境工作专班，各区县建立相应工作机制，形成横向到边、纵向到底的工作网络，加强市、区联动推进改革落地。2020年6月，中央广播电视总台发布《2019中国城市营商环境报告》，在36个城市营商环境综合评价排名中，重庆位列第五。

三管齐下，提升品质。重庆以“大城智管”理念引领城市管理智能化，构建“城市大脑”，拓展应用场景，延伸智慧链条。同时，在城市管理上重细节、抓具体、促落实；发挥政府、社会、市民等各方力量共建共享、协同推进城市智能化管理。重庆在全国率先完成了县级及以上城市数字化城管平台全覆盖，实施了智慧城管政务云、大数据平台等市级综合平台建设，将全市2400多座重要市政设施纳入云端管理，并实现平台互联互通、数据共建共享，全市城区数字城管覆盖率达90%。

举目回望，巴渝大地每一次异常艰辛的挺进，都应当铭记；每一份全力以赴的付出，都值得骄傲！2021年是中国共产党的百年华诞，3200万巴渝儿女将更加紧密地团结在以习近平同志为核心的党中央周围，以习近平新时代中国特色社会主义思想为指导，不忘初心、牢记使命，拼搏实干、开拓进取，奋力谱写重庆高质量发展新篇章，开启社会主义现代化建设新征程，以优异成绩献礼党的百年。

是为序。

目　录

第一编　特载

重庆市人民政府工作报告

——2021 年 1 月 21 日在重庆市第五届人民代表大会第四次会议上 ………………　重庆市人民政府市长　唐良智　003

关于重庆市 2020 年国民经济和社会发展计划执行情况及 2021 年计划草案的报告

——2021 年 1 月 21 日在重庆市第五届人民代表大会第四次会议上 …………………… 重庆市发展和改革委员会　022

关于重庆市 2020 年预算执行情况和 2021 年预算草案的报告

——2021 年 1 月 21 日在重庆市第五届人民代表大会第四次会议上 …………………………………… 重庆市财政局　048

2020 年重庆市国民经济和社会发展统计公报 ……………… 重庆市统计局　国家统计局重庆调查总队　063

第二编　部门经济运行与管理

重庆经济发展概况……………………………………… 077

科技管理………………………………………………… 082

民政工作………………………………………………… 086

重庆财政………………………………………………… 090

人力资源和社会保障…………………………………… 093

城乡规划和自然资源…………………………………… 097

生态环境………………………………………………… 101

住房和城乡建设………………………………………… 106

城市管理………………………………………………… 111

交通建设………………………………………………… 115

水利建设………………………………………………… 118

重庆商务………………………………………………… 123

文化旅游………………………………………………… 127

卫生健康………………………………………………… 132

应急管理………………………………………………… 136

重庆审计………………………………………………… 140

国资管理………………………………………………… 144

市场监督………………………………………………… 148

乡村振兴………………………………………………… 155

金融管理………………………………………………… 159

中新互联互通项目……………………………………… 162

大数据管理……………………………………………… 167

林业管理………………………………………………… 169

药品管理………………………………………………… 173

知识产权…… 176
供销合作…… 180
重庆税务…… 184
人行重庆…… 189
重庆海关…… 192
对外贸易…… 196

第三编　产业发展

第一产业
农业发展…… 205
烟草业…… 209
第二产业
重庆市工业经济发展综述…… 215
工业投资…… 220
工业企业改革与转制…… 223
工业绿色发展…… 227
汽车工业…… 230
摩托车工业…… 233
轻工业…… 235
纺织工业…… 237
装备工业…… 239
材料工业…… 242
城镇天然气工业…… 245
化学工业…… 248
智能终端产业…… 251
其他电子制造业…… 253
医药工业…… 256
建筑业…… 259
第三产业
道路运输…… 265
航空运输…… 271
重庆水运…… 275
证券业…… 280
银行保险业…… 284
通信业…… 288
邮政业…… 292
煤矿安全管理…… 296
工业设计产业…… 299

第四编　开发区与园区建设

工业园区发展综述…… 303
两江新区…… 306
高新技术产业开发区…… 310
万盛经济技术开发区…… 314
重庆经济技术开发区…… 318
两路寸滩保税港区…… 322
双桥经济技术开发区…… 325
万州经济技术开发区…… 329
永川高新技术产业开发区…… 333

第五编　区县经济

万州区…… 339
黔江区…… 343
涪陵区…… 347
渝中区…… 351
大渡口区…… 357
江北区…… 361
沙坪坝区…… 365
九龙坡区…… 369
南岸区…… 374
北碚区…… 378
渝北区…… 382
巴南区…… 386
长寿区…… 390
江津区…… 394
合川区…… 398
永川区…… 402
南川区…… 406
綦江区…… 409
大足区…… 413
璧山区…… 417
铜梁区…… 421
潼南区…… 426
荣昌区…… 430
开州区…… 434
梁平区…… 437
武隆区…… 441
城口县…… 445
丰都县…… 449
垫江县…… 452
忠　县…… 456
云阳县…… 460
奉节县…… 464
巫山县…… 468
巫溪县…… 471
石柱土家族自治县…… 476
秀山土家族苗族自治县…… 480
酉阳土家族苗族自治县…… 484
彭水苗族土家族自治县…… 488

第六编　附录

2020 年重庆经济和社会发展要事选登……495
2020 年直辖市及西部省（区）经济发展统计比较……507
编纂说明……515

CONTENTS

Part I Special Features

The Working Report of Chongqing Government
Tang Liangzhi / 003
The Chongqing's National Economic and Social Development in 2020 and the Draft Plan for 2021 / 022
The Report on the Implementation of Local Budget for 2020 and on the Local Budgets Draft for 2021 of Chongqing / 048
Statistical Communique of Chongqing on the 2020 National Economic and Social Development / 063

Part II Operation and Management of Economy

Overview Chongqing Economic and Social Development / 077
Management of Science and Technology / 082
Civil Administration / 086
Chongqing Finance / 090
Human Resources and Social Security / 093
Planning and Natural Resources / 097
Ecology and Environment / 101
House and Urban-Rural / 106
Urban Management / 111
Transportation Construction / 115
Water Resources Construction / 118
Chongqing Commerce / 123
Cultural Tourism / 127
Chongqing Health / 132
Emergency management / 136
Chongqing Audit / 140
State-owned Assets / 144
Market Regulation / 148
Rural Revitalization / 155
Financial Supervision and Administration / 159
China-Singapore (Chongqing) Demonstration Initiative / 162
Big Data Development Administration / 167
Forestry Management / 169
Medicine Management / 173
Intellectual Property / 176
Supply and Marketing Cooperatives / 180
Chongqing Tax / 184
Chongqing Operations Office of the People's of Bank of China / 189
Chongqing Customs / 192
Chongqing International Trade / 196

Part III Industry Situation

Primary Industry

Development and Operation of the Rural Economy in 2020 / 205
The Tobacco Industry / 209

Secondary Industry

Overview of Chongqing Industrial Economic Development /215
Operation and Development of Chongqing Industrial Investment /220
Industrial Enterprise Reform /223
Industrial Green Development /227
Automobile Industry /230
Motorcycle Industry /233
Light Industry /235
Textile Industry /237
Equipment Manufacturing Industry /239
Materials Industry /242
Natural Gas Industry /245
Chemical Industry /248
Intelligent Terminal /251
Electronics Manufacturing /253
Pharmaceutical Industry /256
Building Industry /259

Tertiary Industry

Road Transportation /265
Air Transportation /271
Water Transportation /275
Securities Industry /280
Bank and Insurance Industry /284
Communicaion Indastry /288
The Postal Service /292
Coal safety /296
Industrial Design Industry /299

Part IV The Construction of Development Zones and Industrial Parks

Review of the Specialized Industrial Park in Chongqing /303
Liang Jiang New Area of Chongqing /306
High and New Tech Development Zone /310
Wansheng Economic and Technological Development Zone /314
Chongqing Economic Development District /318
Lianglu-Cuntan free trade port area /322
Shuangqiao Economic and Technological Development Zone /325
Yongchuan High and New Tech Development Zone /329
Wanzhou Ecnomic and Technological Development Zone /333

Part V Regional Districts

Wanzhou Distric /339
Qianjiang Distric /343
Fuling Distric /347
Yuzhong District /351
Dadukou District /357
Jiangbei District /361
Shapingba District /365
Jiulongpo District /369
Nan'an District /374
Beibei District /378
Yubei District /382
Ba'nan District /386
Changshou County /390
Jiangjin County /394
Hechuan County /398
Yongchuan County /402
Nanchuan County /406
Qijiang County /409
Dazu County /413
Bishan Count /417

Tongliang County /421
Tongnan County /426
Rongchang County /430
Kaizhou District /434
Liangping County /437
Wulong County /441
Chengkou County /445
Dianjiang County /449
Fengdu County /452
Zhongxian County /456
Yunyang County /460
Fengjie County /464
Wushan County /468
Wuxi County /471
Shizhu Tujia Autonomous County /476
Xiushan Tujia and Miao Autonomous County /480
Youyang Tujia and Miao Autonomous County /484
Pengshui Miao and Tujia Autonomous County /488

Part VI Appendix

Essential Economic Events of Chongqing in 2020 /495
Statistical Graph of Economic Development of Chongqing Municipality and Western Regional Provinces in 2020 /507
Comments of Compilation /515

第一编　特载

重庆市人民政府工作报告

——2021 年 1 月 21 日在重庆市第五届人民代表大会第四次会议上

重庆市人民政府市长　唐良智

各位代表：

现在，我代表市人民政府向大会报告工作，请予审议，并请市政协委员和其他列席人员提出意见。

一、“十三五”时期和 2020 年工作回顾

“十三五”时期是全面建成小康社会决胜阶段，是重庆发展进程中极不平凡的五年。最具战略指引意义的是，习近平总书记两次亲临重庆视察指导并对重庆提出系列重要指示要求，为我们指明了前进方向、注入了强大动力；最具里程碑意义的是，党中央作出推动成渝地区双城经济圈建设的重大决策部署，为重庆赋予了战略使命、带来了重大机遇；最具历史性意义的是，脱贫攻坚战取得重大胜利，重庆人民与全国人民一道，告别延续千年的绝对贫困；最具根本性意义的是，我市经济由高速增长转向高质量发展，发展质量效益不断提升；最具标志性意义的是，城乡面貌发生显著变化，人民生活水平大幅提高。

五年来特别是党的十九大以来，在以习近平同志为核心的党中央坚强领导下，全市上下坚持以习近平新时代中国特色社会主义思想为指导，深入贯彻习近平总书记对重庆提出的营造良好政治生态，坚持“两点”定位、“两地”“两高”目标，发挥“三个作用”和推动成渝地区双城经济圈建设等重要指示要求，全面落实党中央决策部署，坚持从全局谋划一域、以一域服务全局，持续打好三大攻坚战，深入实施“八项行动计划”，统筹推进稳增长、促改革、调结构、惠民生、防风险、保稳定工作，坚决肃清孙政才恶劣影响和薄熙来、王立军流毒，保持经济平稳健康发展和社会大局稳定，推动重庆各项事业迈上新台阶。当前，全市政治生态持续向好，干部群众精神面貌持续向上，高质量发展动能持续增强，社会和谐稳定局面持续巩固，“十三五”规划目标任务总体完成，全面建成小康社会胜利在望。

——全市综合实力显著提升。地区生产总值达到 2.5 万亿元、五年年均增长 7.2%，人均地区生产总值超过 1 万美元，固定资产投资、社会消费品零售总额、进出口总值年均分别增长 7.6%、9%、7%，规上工业增加值年均增长 6.4%，高技术产业和战略性新兴产业对工业增长贡献率分别达到 37.9%、55.7%，服务业增加值占地区生产总值比重达到 52.8%。

——三大攻坚战取得决定性进展。脱贫攻坚目标任务如期完成，18 个贫困区县全部摘帽，1919 个贫困村全部出列，动态识别的 190.6 万农村贫困人口全部脱贫。污染防治力度持续加大，长江干流重庆段水质为优，42 个国考断面水质优良比例达到 100%，空气质量优良天数增至 333 天，PM2.5 平均浓度五年下降 42.1%，土壤环境质量保持稳定。防范化解重大风险取得积极成效，地方政府债务风险总体可控，房地产市场调控长效机制更加健全，银行业不良率、小贷不良

率、融资担保代偿率处于全国较低水平，政治、意识形态、经济、科技、社会、外部环境等领域风险得到有效控制。

——**“八项行动计划”三年任务总体完成。**以大数据智能化为引领的创新驱动发展战略行动计划进展明显，成功举办三届智博会，集聚大数据智能化企业7000余家，实施智能化改造项目2780个，数字经济增加值占地区生产总值比重达到25%左右。乡村振兴战略行动计划扎实推进，71个重点项目建设实现预期目标。城市提升行动计划持续推进，21个重点专项完成投资3890亿元。科教兴市和人才强市行动计划取得积极进展，10个专项和32项重点任务全面铺开。内陆开放高地建设行动计划取得突破，西部陆海新通道总体规划印发实施，内陆国际物流枢纽支撑作用持续增强。保障和改善民生、生态优先绿色发展等行动计划稳步实施，民生支出占一般公共预算支出比重保持80%左右，生态环保领域28项重点工程和119项具体任务总体完成，重庆山更绿、水更清、天更蓝、空气更清新，“山水之城·美丽之地”魅力进一步彰显。

——**创新发展实现新突破。**创新平台体系不断完善，完成重庆高新区、经开区体制改革和扩容升级，高标准规划建设西部（重庆）科学城，加快两江协同创新区发展，初步形成布局合理、链条完整、功能互补、支撑有力的创新平台体系。创新主体加快集聚，重庆大学、西南大学“双一流”建设成效明显，88家国内外知名高校院所企业来渝设立分院分所，国家重点实验室达到10家，国家企业技术中心达到37家，新型研发机构达到142家，高新技术企业、科技型企业分别达到4222家、26371家，有研发机构的规上工业企业占比预计达到25%。区域创新活力增强，预计全社会研发经费支出年均增长17.4%、占地区生产总值比重达到2.1%，万人发明专利拥有量达到11.3件，科技进步贡献率提高到58.6%。

——**协调发展形成新格局。**成渝地区双城经济圈建设开局良好，党中央印发《成渝地区双城经济圈建设规划纲要》，赋予成渝地区“两中心两地”战略定位，川渝两地形成四级工作机制、成渝定期联系机制和毗邻地区合作机制，累计签订合作协议236个，开工重大合作项目27个、完成投资354亿元。“一区两群”协调发展稳步推进，建立市级统筹协调机制和分区域协调发展联席会议机制，加强规划统筹和分类指导，主城都市区带动作用进一步提升，“两群”产业生态化、生态产业化发展态势良好。城乡融合发展步伐加快，出台建立健全城乡融合发展体制机制和政策体系的实施意见，获批国家城乡融合发展试验区，城镇基础设施加快向农村延伸、公共服务逐步向农村覆盖，城乡区域发展和居民生活水平差距持续缩小。

——**绿色发展迈出新步伐。**坚持“共抓大保护、不搞大开发”方针，长江上游重要生态屏障建设取得新成效。生态保护修复深入开展，基本完成国家山水林田湖草工程试点和缙云山、水磨溪等自然保护区保护修复工作，全面完成1700万亩国土绿化提升任务，森林覆盖率达到52.5%。绿色低碳转型提速，率先发布“三线一单”，广阳岛入选“两山”实践创新基地、“长江风景眼、重庆生态岛”雏形初现，重庆经开区入选全国绿色产业示范基地，全市建成绿色园区10个、绿色工厂115个、绿色矿山170个，发行绿色债券264.5亿元，国家下达的节能减排降碳任务全面完成。生态文明体制改革纵深推进，河长制、林长制、流域横向生态保护补偿机制等重点改革取得突破，中心城区列入全国“无废城市”建设试点，生态文明制度体系更加健全。

——**开放发展呈现新气象。**开放通道持续拓展，西部陆海新通道通达96个国家、260个港口，中欧班列（渝新欧）累计开行超过7000班，国际航线增至101条，重庆成为全国首个同时拥有港口型和陆港型国家物流枢纽的城市。平台引领带动作用增强，中新互联互通项目、自贸试验区、两江新区等国家级开放平台集聚了全市外贸进出口的80%、外商直接投资的60%。开放型经济稳中提质，五年实际利用外资523.8亿美元，在渝世界500强达到296家，智博会、西洽会、中新金融峰会、重庆英才大会等影响力不断增强。以开放促改革取得积极进展，中央部署重庆的改革任务479项全面落实、930项稳步推进，营商环境持续改善，五年新设市场主体212.7万户，上市企业达到76家，民营经济增加值占地区生产总值比重达到59%。

——共享发展取得新成效。居民收入稳步增长，五年城镇新增就业362万人，城乡居民人均可支配收入分别达到40006元、16361元。住房条件进一步改善，完成棚户区改造24.8万户，累计配租公租房54万套、惠及140万群众。社会事业全面进步，基本养老、医疗保险参保率稳定在95%以上，城乡低保、特困人员救助标准逐年递增；义务教育巩固率达到95.5%，学前三年、高中阶段、高等教育毛入学率分别达到90.3%、98.5%、53%；全市公立医疗机构取消药品和耗材加成，基本公共卫生服务人均补助标准提高85%，人均预期寿命达到78岁。社会治理体系更加完善，法治建设全面加强，平安建设成效明显，严重刑事犯罪、信访总量、安全事故平稳下降，人民群众获得感、幸福感、安全感不断增强。

各位代表！回顾党的十九大以来的这几年，我们紧紧围绕把习近平总书记殷殷嘱托全面落实在重庆大地上这条主线，在中共重庆市委带领下，以推动高质量发展为主题、以创造高品质生活为目标，坚定不移深化供给侧结构性改革，坚持不懈推动基础设施建设，蹄疾步稳推进改革创新，毫不放松抓好生态环保，持之以恒保障和改善民生，全市高质量发展之路越走越宽广，高品质生活宜居地建设迈出新步伐，经济实力、科技实力、综合竞争力大幅提升，为开启社会主义现代化建设新征程奠定了坚实基础。

各位代表！刚刚过去的2020年，是“十三五”规划收官之年。这一年，疫情突如其来，汛情历史罕见，世情错综复杂。年初，受新冠肺炎疫情影响，全市经济运行按下“暂停键”，经济社会发展受到严重冲击；进入汛期，我市接连遭遇11次暴雨天气过程和16次长江大小洪峰，64条河流超警戒水位；与此同时，疫情在全球持续蔓延，世界经济陷入深度衰退，产业链供应链循环受阻。面对前所未有的挑战，我们坚决贯彻落实党中央决策部署，全力以赴战疫情、战复工、战脱贫、战洪水，统筹推进疫情防控和经济社会发展，全市抗疫斗争取得重大战略成果，经济运行逐季恢复、稳定转好，全年地区生产总值增长3.9%，固定资产投资、社会消费品零售总额、进出口总值分别增长3.9%、1.3%、12.5%，规上工业增加值增长5.8%，规上工业企业利润达到1318.8亿元、增长17.3%，全体居民人均可支配收入达到30824元、增长6.6%。

一年来，主要抓了八个方面工作。

（一）全力应对大战大考

全力战疫情，听从总书记指挥，按照党中央部署，坚持人民至上、生命至上，第一时间启动重大突发公共卫生事件一级响应，严格落实“四早”“四集中”要求，抓好“四个工作面”，做好“两大保障”。28万医务工作者白衣为甲、逆行出征，40多万基层一线人员闻令而动、冲锋在前，应急保供企业加班加点、全球采购，科技工作者争分夺秒、协同攻关，快递小哥、环卫工人、运输司机、物业员工等普通劳动者默默坚守岗位，广大市民自觉宅家抗疫，全市上下团结一心、众志成城，用一个月左右的时间实现本地新增确诊病例零增长，用两个月左右的时间实现本地确诊病例、疑似病例“双清零”。持续推进常态化疫情防控，毫不放松抓好外防输入、内防反弹、应急处置，全市疫情防控向好态势持续巩固，为恢复经济赢得了主动。全力战复工，严格落实分区分级精准防控，有序推动复工复产、复市复消、复课复学。召开重点行业企业座谈会，制定“支持中小企业20条”“支持企业40条”“助力市场主体健康发展45条”等纾困惠企政策。组建市区两级工作专班帮扶企业，实施“十个一”等促销活动提振消费，“一校一策”指导学校完善防控方案和应急预案，各行各业全力以赴抢时间、补损失，全市生产生活秩序逐步恢复常态。全力战脱贫，优先支持扶贫产业恢复生产，优先组织贫困劳动力返岗就业，深入实施脱贫攻坚总攻十大专项行动，深化鲁渝扶贫协作，完成脱贫攻坚普查，有效巩固脱贫成果，开展巩固拓展脱贫攻坚成果同乡村振兴有效衔接试点，“两不愁三保障”突出问题动态清零。全力战洪水，启动市级Ⅰ级防汛应急响应，统筹做好监测预警、堤库排查、应急处置、抢险救援、群众安置和灾后恢复重建，百年未遇的长江第5号洪水过境期间，全市未伤亡一人、未溃一堤、未垮一坝。在应对“四战”、共克时艰的日子里，从基层干部到人民子弟兵，从城市建设者到志愿者，从古稀老人到“90后”“00后”……3400万重庆人民都是平凡的英雄，每个人都了不起，我们给广大市民点赞，向全市人民致敬！

（二）抓双城经济圈建设

全面落实党中央决策部署，集中精力办好自己的事情，出台建立健全“一区两群”协调发展机制的实施意见，制定分片区三年建设行动方案，建立“一区两群”区县对口协同发展机制，搭建市域跨区县协作平台，促进各片区发挥优势、彰显特色、协同发展，主城都市区先进制造业和现代服务业提速发展、经济总量过千亿的区增至8个，“两群”特色农业、绿色制造、生态文旅和大健康产业规模持续壮大，特色发展、联动发展呈现良好态势。齐心协力办好合作的事情，举行两次川渝党政联席会议，制定双城经济圈建设规划纲要联合实施方案，建立两省市领导联系重点项目工作机制，成渝中线前期工作取得积极进展，成达万、渝万高铁开工，成渝城际完成提质改造、实现1小时直达，铜梁至安岳、梁平至开江、江津至泸州北线等高速公路开工建设，中欧班列（成渝）号实现首发；成立重点产业工作专班，川渝汽车、电子产业全域配套率超过80%，开发一程多站跨省旅游线路70余条；设立双城经济圈科创母基金，联合实施重点研发项目15个；9个合作功能平台启动建设，95个政务服务事项实现“一网通办”，跨省户籍实现“一站式”迁移，重庆中心城区和成都主城实现公交“一卡通”，双城经济圈建设迈入快车道。

（三）抓“六保”促“六稳”

保居民就业，统筹抓好高校毕业生、农民工、退役军人、退捕渔民等重点群体就业，全年城镇新增就业65.6万人。保基本民生，完善社会救助和保障标准与物价上涨挂钩联动机制，发放低保金51.4亿元、临时救助金4.6亿元、价格临时补贴6.7亿元。保市场主体，实施停产半停产企业复产止滑专项行动，“一企一策”支持重点民营企业纾困解难，落实减税降费政策，为企业减负1000亿元以上，新设市场主体增长9.4%。保粮食能源安全，粮食产量创十年新高，生猪产能接近正常年份水平，蔬菜供应量足价稳，能源供需总体平衡。保产业链供应链稳定，建立产业链协同复工和海外供应链保障协调机制，加大产业链供应链招商力度，重点产业关键零部件配套能力持续增强。保基层运转，实施政府过紧日子系列措施，落实中央资金直达机制，强化政府债务闭环管理，全市财政运行总体平稳。稳就业，落实援企稳岗政策，多渠道开发就业岗位，全年城镇调查失业率5.7%。稳金融，出台金融惠企利民系列政策措施，防范化解流动性风险，全年新增社会融资规模8100亿元，制造业中长期贷款余额增长24.8%。稳外贸，实施“稳外贸稳外资12条”，积极拓展多元化市场，对东盟、欧盟、美国及“一带一路”沿线国家进出口分别增长3.4%、7.7%、10.5%、9.8%。稳外资，实施“利用外资25条”，建立重大外资项目直通车制度，全年实际利用外资102.7亿美元。稳投资，制定推进基础设施高质量发展意见，加快“两新一重”项目建设，基础设施、工业、高技术产业投资分别增长9.6%、5.8%、26.6%。稳预期，工业用电量、用气量、货运量等先行指标稳步回升，新签约招商项目合同额1.46万亿元，社会预期持续向好。

（四）抓产业转型升级

深入实施制造业高质量发展行动方案，汽车产业向高端化、智能化、绿色化升级，长安UNI-T、林肯“冒险家”等中高端车型上市，长城重庆基地发动机等项目开工，吉利高端新能源整车等项目落地，国家级车联网先导区获批，汽车产业增加值增长10.1%；电子信息产业加快向产业链上游延伸，京东方智慧系统创新中心开工建设，峰米激光电视等项目落地，产业增加值增长13.9%；装备、医药、材料、消费品等产业增长态势良好。推动大数据智能化发展，启动国家数字经济创新发展试验区和新一代人工智能创新发展试验区建设，出台加快线上业态线上服务线上管理发展的意见，忽米网入选工业互联网国家双跨平台，新型智慧城市运行管理中心和城市大数据资源中心基本建成，2020年线上智博会、重庆国际创投大会成功举办，数字经济增加值增长18%以上，限上单位网络零售额增长45%。推动现代服务业提质增效，出台推动服务业高质量发展的意见，引进中银金融租赁、国家金融科技认证中心等全国性金融机构和组织，开展“晒旅游精品·晒文创产品”大型文旅推介活动，成功举办第六届中国诗歌节，国际消费中心城市建设加快推进，解放碑成为全国首批示范步行街，南滨路国家级文化产业示范园区成功创建，丰都南天湖获批国家级旅游度假区，黔江濯水、彭水阿依河成为国家5A级旅游景区，全市规上服务业营业收入增长2.3%，软件和信息技术服务业、科学研究和技术服务业分别增长54.4%、8.3%。

（五）抓改革开放创新

持续深化改革，要素市场化配置、国资国企、投融资体制等改革取得突破，获批开展国家建设用地审批权委托试点，出台支持民营企业改革发展20条措施，“放管服”改革持续深化，“渝快办”实现政务服务事项全覆盖。全面扩大开放，西部陆海新通道物流和运营组织中心、运营公司启动运行，中欧班列（渝新欧）运营线路增至31条；中新互联互通项目累计签约项目260个、总金额338亿美元，自贸试验区151项改革试点任务全部落实，开展本外币合一银行结算账户体系和跨境资金池试点，全市外商投资市场主体超过6700户。加快推进科技创新，西部（重庆）科学城启动建设，两江协同创新区建设取得重要进展，中科院重庆科学中心项目签约，超瞬态实验装置加快建设，获批国家应用数学中心，新引进高端创新资源23家、紧缺优秀人才2.5万余名，6个环大学创新生态圈入孵企业团队超过3000个。

（六）抓乡村振兴和城市提升

深入实施乡村振兴十大重点工程，培育发展十大产业集群，现代山地特色高效农业综合产值达到4500亿元，20个重点现代农业产业园区、20个乡村振兴示范镇村建设取得积极成效，第十八届中国国际农产品交易会成功举办，“巴味渝珍”品牌授权农产品达到549个，农产品加工产值、农产品网络零售额分别增长3%、21%；农村承包地确权登记颁证工作和农村集体产权制度改革整市试点全面完成，“三变”改革试点扩大到591个村，“三社”融合发展全面推开，地票交易额突破660亿元；完成农村人居环境整治三年行动任务，编制6895个实用性村规划，累计建成“四好农村路”6.26万公里、改造农村危房近10万户，农村卫生厕所普及率、行政村生活垃圾有效治理率分别达到82%、99.9%。城市提升取得新成效，“多规合一”的国土空间规划体系初步建立，万开云一体化、綦江万盛一体化、“三峡库心·长江盆景”等专项规划编制完成。交通建设三年行动计划如期完成，高铁建设五年行动方案扎实推进，高铁在建和通车里程达到1319公里，渝怀二线铁路开通运行；高速公路通车里程达到3400公里；“850+”城市轨道交通成网计划提速实施，通车里程达到370公里、在建里程达到186公里；曾家岩大桥、华岩隧道西延伸段等重大项目建成通车，打通“断头路”25条，完成堵点改造50个；江北机场T3B航站楼及第四跑道开工建设，武隆仙女山机场通航；渝西水资源配置工程全线开工，水源工程三年行动成效明显；新建5G基站3.9万个。“两江四岸”治理提升初见成效，长嘉汇大景区建设有序推进，长江文化艺术湾区启动建设，故宫文物南迁纪念馆建成开放，大田湾—文化宫—大礼堂文化风貌片区保护提升加快推进，开埠遗址公园开工建设；累计完成1177个城镇老旧小区改造，294个坡坎崖治理成为市民家门口的公园，92个城市边角地块建成群众身边的社区体育文化公园，172公里山城步道成为城市特色品牌；累计完成城镇污水管网建设改造1.2万公里，建成海绵城市421平方公里，统筹沿江防洪排涝和城市建设试点工作全面启动。城市综合管理七大工程有序实施，在全国率先实现县级以上数字化城管平台全覆盖，创建全国首个城市管理智慧化应用范例，“马路办公”成为常态，“大城三管”深入人心，建设干净整洁有序、山清水秀城美、宜居宜业宜游的城市环境取得新进展，越来越多的外地游客来重庆“行千里·致广大”。

（七）抓生态环保

优化生态保护格局，开展生态保护红线和自然保护地评估优化调整，促进生态保护与经济发展相协调，加快建设山清水秀美丽之地。强化生态修复治理，深入推进三峡后续工作，全面完成长江干流及主要支流10公里范围内废弃露天矿山修复，启动“两岸青山·千里林带”工程，完成林长制试点，长江禁捕退捕三年任务两年完成。打好污染防治攻坚战，率先开展长江入河排污口排查整治试点，实施污水乱排、岸线乱占、河道乱建“三乱”整治专项行动，长江支流全面消除劣Ⅴ类水质断面，评价空气质量的6项指标全面达标，污染防治攻坚战年度考核为优。坚决整改突出环境问题，中央和市级各类督察、暗访反映的环境问题得到有效解决。

（八）抓社会民生

织密民生保障网，公办园在园幼儿占比达到50%，义务教育城镇大班额基本消除，5所独立学院转设为普通本科高校；获批国家儿童区域医疗中心、国家中医疾病防治基地，启动4家公共卫生应急医院建设，"三通"紧密型医共体试点覆盖25个区县；全市养老床位增至23万张；城乡居民基本医保扩面提标，城镇职工养老保险待遇稳步调增，社会救助体系不断完善；15件重点民生实事年度任务顺利完成，中小学"三点半课堂"、公立医院预约诊疗等便民服务受到群众欢迎。加强和创新社会治理，深入推进"枫桥经验"重庆实践十项行动，扎实开展化解信访积案"百日攻坚"，坚决打好扫黑除恶专项斗争收官战；实施安全生产专项整治三年行动和高层建筑消防安全提升计划，加强食品药品和特种设备安全监管，进一步淘汰煤炭落后产能、强化煤矿安全管理。扎实推进政府自身建设，持续巩固深化"不忘初心、牢记使命"主题教育成果。开展第七次全国人口普查，完成第三次国土调查。国防动员和后备力量建设稳步推进，退役军人事务和双拥共建深入开展。民族宗教、国家安全、外事、侨务、港澳台、审计、统计、档案、保密、参事、史志、人防、气象、地震等工作取得新成效，工会、妇女、儿童、青年、老龄、慈善、残疾人、红十字等事业实现新发展。

各位代表！2020年极不平凡，成绩来之不易，最根本在于习近平同志作为党中央的核心、全党的核心掌舵领航，在于习近平新时代中国特色社会主义思想科学指引，在于以习近平同志为核心的党中央坚强领导，是市委团结带领全市广大干部群众顽强拼搏的结果。在此，我代表市人民政府，向全市各族人民，向人大代表和政协委员，向各民主党派、工商联、人民团体和社会各界人士，向驻渝部队和武警官兵，向关心支持重庆发展的中央各部门、兄弟省区市及港澳台同胞、海外侨胞和国际友人，表示崇高的敬意和衷心的感谢！

我们也清醒地看到，重庆发展还面临一些困难和挑战。疫情变化和外部环境存在诸多不确定性，经济稳增长难度依然较大。产业能级有待提升，市场主体竞争力有待增强，科技创新支撑能力还不足。基础设施短板较为明显，城镇体系不够完善，城乡区域发展差距依然较大。生态环境还比较脆弱。安全生产风险隐患依然较多。社会治理有待加强。上学、看病、"一老一小"等民生问题还不少。政府自身建设还需进一步加强。我们一定直面问题，采取有效措施，切实加以解决。

二、"十四五"时期主要目标任务和二〇三五年远景目标

"十四五"时期是重庆开启社会主义现代化建设新征程、谱写高质量发展新篇章的关键时期。对标对表党的十九届五中全会精神和习近平总书记对重庆的重要指示要求，按照市委五届九次全会部署，我们编制了《重庆市国民经济和社会发展第十四个五年规划和二〇三五年远景目标纲要（草案）》，提请大会审议。

"十四五"时期，我市经济社会发展的指导思想是：高举中国特色社会主义伟大旗帜，深入贯彻党的十九大和十九届二中、三中、四中、五中全会精神，坚持以马克思列宁主义、毛泽东思想、邓小平理论、"三个代表"重要思想、科学发展观、习近平新时代中国特色社会主义思想为指导，全面贯彻党的基本理论、基本路线、基本方略，统筹推进"五位一体"总体布局，协调推进"四个全面"战略布局，深入贯彻习近平总书记对重庆提出的营造良好政治生态，坚持"两点"定位、"两地""两高"目标，发挥"三个作用"和推动成渝地区双城经济圈建设等重要指示要求，准确把握新发展阶段，深入践行新发展理念，积极融入新发展格局，切实担当新发展使命，坚持稳中求进工作总基调，以推动高质量发展为主题，以深化供给侧结构性改革为主线，以

改革创新为根本动力，以满足人民日益增长的美好生活需要为根本目的，统筹发展和安全，加快建设现代化经济体系，推进治理体系和治理能力现代化，实现经济行稳致远、社会安定和谐，确保社会主义现代化建设新征程开好局、起好步。

“十四五”时期，我市经济社会发展的主要目标是：以建成高质量发展高品质生活新范例为统领，加快建设具有全国影响力的重要经济中心、科技创新中心、改革开放新高地、高品质生活宜居地，在全面建成小康社会基础上实现新的更大发展，努力在推进新时代西部大开发中发挥支撑作用，在共建“一带一路”中发挥带动作用，在推进长江经济带绿色发展中发挥示范作用。

展望2035年，我市将与全国一道基本实现社会主义现代化，经济总量和城乡居民收入较2020年翻一番以上，重庆“三个作用”发挥更加突出，进入现代化国际都市行列；成渝地区建成实力雄厚、特色鲜明的双城经济圈，成为具有国际影响力的活跃增长极和强劲动力源。

“十四五”时期，我们要坚持系统观念，树立正确的发展观、现代化观，用大历史观看待问题，在战略上布好局、在关键处落好子。重点推进十一个方面的工作。

（一）坚持创新驱动发展，加快建设具有全国影响力的科技创新中心

优化创新布局，以西部（重庆）科学城为主引擎，联动两江协同创新区发展，引导高新区、经开区和各类产业园区创新转型，建设成渝综合性科学中心，打造全国重要的科技创新和协同创新示范区。培育创新力量，力争大科学装置、国家实验室基地、“双一流”建设取得新进展，新型研发机构达到300家，高新技术企业突破8000家，科技型企业超过4.5万家，有研发机构的规上工业企业占比达到50%。改善创新生态，深入实施重庆英才计划，健全创新激励政策和科技成果转移转化应用体系，力争人才资源总量突破660万人，全社会研发经费支出占地区生产总值比重达到2.5%，科技进步贡献率达到63%。

（二）深入推动成渝地区双城经济圈建设，持续释放“一区两群”空间布局优化效应

建设有实力、有特色的双城经济圈，聚焦“两中心两地”战略定位，深入推动基础设施互联互通、产业发展协作协同、生态环保联建联治、改革开放共促共进、城乡建设走深走实、公共服务共建共享，合力打造区域协作的高水平样板。构建“一区两群”协调发展格局，着力提升主城都市区发展能级和综合竞争力，梯次推动主城新区和中心城区功能互补、同城化发展，扎实推进渝东北三峡库区城镇群生态优先绿色发展、渝东南武陵山区城镇群文旅融合发展，加快形成优势互补、高质量发展的区域经济布局。

（三）壮大现代产业体系，着力推动经济体系优化升级

加快制造业高质量发展，实施战略性新兴产业集群发展、支柱产业提质、产业基础再造和产业链供应链提升三大工程，力争工业规模达到3万亿元。做大做强现代服务业，加快西部金融中心、内陆国际物流枢纽、中国软件名城、国际会展名城、世界知名旅游目的地建设，基本建成国家级现代服务经济中心。推动数字经济和实体经济深度融合，优化完善“芯屏器核网”全产业链、“云联数算用”全要素群、“住业游乐购”全场景集，促进智能产业、智能制造、智能化应用协同发展，集中力量建设“智造重镇”“智慧名城”。

（四）依托强大国内市场，在深度融入新发展格局中展现新作为

着力畅通经济循环，坚持“巩固、增强、提升、畅通”八字方针，持续深化供给侧结构性改革，全面优化升级产业结构，增强供给体系韧性，形成更高效率和更高质量的投入产出关系，打通生产、分配、流通、消费各个环节，实现经济在高水平上的动态平衡。着力推动高水平自立自强，全面加强对科技创新的部署，加快集聚创新资源，促进创新链和产业链对接；加强需求侧管理，探索扩大内需的有效制度，加快建设国际消费中心城市，扩大基础设施、公共服务、产业转型升级、战略性新兴产业等领域投资，持续释放内需潜力。着力推进高水平对外开放，统筹要素流动型开放和规则等制度型开放，加快培育内陆开放新优势，改善生产要素质量和配置水平，提升产业链供应链稳定性和竞争力。

（五）统筹乡村振兴和城市提升，推动城乡融合发展

全面推进乡村振兴，把保障粮食安全作为首要任务，把农业农村高质量发展作为目标追求，把深化农村改革作为根本动力，把强化农业科技创新作为战略支撑，坚持最严格的耕地保护制度，严禁耕地非农化、防止非粮化，大力发展现代山地特色高效农业，实施乡村建设行动，改进乡村治理，实现巩固拓展脱贫攻坚成果同乡村振兴有效衔接，力争第一产业增加值年均增长4%以上，农产品加工产值与农业总产值之比达到2∶1。持续推进城市提升，完善国土空间规划体系，优化重大基础设施、重大生产力和公共资源布局，以科学规划服务城市发展；加快建设交通强市，坚持以轨道交通引领城市发展格局，紧扣建设西部国际综合交通枢纽和国际门户枢纽目标，深化落实交通强国建设纲要，持续实施高铁建设五年行动方案、“850+”城市轨道交通成网计划，着力构建“米”字型高铁网、多层次轨道交通网、“三环十八射多联线”高速公路网、“市内航空双枢纽协同、成渝四大机场联动”世界级机场群、“一干两支六线”长江上游航运枢纽，力争高铁通车及在建里程超过2000公里、轨道交通运营及在建里程超过1000公里、高速公路通车里程达到4600公里、机场旅客吞吐能力达到8000万人次、三级及以上航道里程达到1200公里、中心城区城市道路达到7000公里，主城都市区“一小时通勤圈”基本建成；实施城市更新行动，强化“两江四岸”主轴功能，做靓长嘉汇、广阳岛、科学城、枢纽港、智慧园、艺术湾等城市新名片，引领带动中部历史母城、东部生态之城、西部科学之城、南部人文之城、北部智慧之城发展，加快补齐区县城基础设施和公共服务短板，提升城市功能品质和综合承载力；提高城市治理水平，深化大城细管、大城众管、大城智管，构建适应超大城市治理的法规和标准体系，健全“马路办公”长效机制，推进城市建成区数字化管理全覆盖，开展山城公园、山城绿道、山城步道等山城系列品牌建设，提升人行道、边角地、坡坎崖等市民身边空间品质，打造“近者悦、远者来”的美好城市。促进城乡融合，建立健全城乡融合发展的体制机制和政策体系，建设国家城乡融合发展试验区和市级先行示范区，推动形成工农互促、城乡互补、协调发展、共同繁荣的新型工农城乡关系。

（六）在更高起点推进全面深化改革，构建高水平社会主义市场经济体制

激发各类市场主体活力，推进国有经济布局优化和结构调整，增强国有经济竞争力、创新

力、控制力、影响力、抗风险能力；毫不动摇鼓励、支持、引导非公有制经济发展，依法保护民营企业产权和企业家权益，创建民营经济示范城市。完善高质量发展政策体系，构建财政、金融、产业、投资、消费、区域等经济政策协调和工作协同机制。建立现代财税金融体制，加强财政资源统筹，健全预算管理制度，强化财政金融联动，创新基础设施和产业项目投融资体制机制，构建具有经济带动力、区域辐射力、国际竞争力的现代金融体系。建设高标准市场体系，完善产权制度，落实统一的市场准入负面清单制度，深化要素市场化配置改革，加强知识产权保护，强化反垄断和防止资本无序扩张。持续优化营商环境，推进营商环境创新试点城市建设，加快转变政府职能，构建企业全生命周期服务体系。

（七）实行更高水平开放，加快建设内陆开放高地

畅通对外开放通道，统筹东西南北四个方向、铁公水空四种方式、人流物流资金流信息流四类要素，加快完善基础设施体系、现代物流体系、政策创新体系，建设内陆国际物流枢纽和口岸高地。提升开放平台能级，支持两江新区打造内陆开放门户和智慧之城，建设高质量发展引领区、高品质生活示范区；高标准实施中新互联互通项目，深化重庆与新加坡“点对点”合作，带动中国西部与东盟国家“面对面”互联互通；加快自贸试验区首创性、差异化改革探索，拓展高新区、经开区及各类开发区开放功能。提高开放型经济发展质量，推进贸易和投资自由化便利化，壮大开放型产业集群，拓展“一带一路”沿线市场，加快构建开放型经济新体制，努力在西部地区带头开放、带动开放。

（八）繁荣发展文化事业和文化产业，加快推进文化强市建设

发展文化事业，培育和践行社会主义核心价值观，实施文艺作品质量提升、文化惠民、传统文化保护、全媒体传播四大工程，规划建设大河文明馆、中国水文博物馆等新十大文化设施。壮大文化产业，建设一批文化产业示范园区、都市演艺集聚区和夜间文旅消费集聚区，力争文化产业增加值占地区生产总值比重达到4.5%。推动文旅深度融合发展，持续打造大都市、大三峡、大武陵三大旅游品牌，建设国家文化产业和旅游产业融合发展示范区，共建巴蜀文化旅游走廊，力争旅游产业增加值占地区生产总值比重超过5%。

（九）坚持生态优先绿色发展，加快建设山清水秀美丽之地

落实“共抓大保护、不搞大开发”方针，全面实施《长江保护法》，筑牢长江上游重要生态屏障。统筹山水林田湖草系统治理，持续推进治水、建林、禁渔、防灾、护文，落实长江十年禁渔任务，做好三峡后续工作，推进“两岸青山·千里林带”工程，力争全市森林覆盖率达到57%。深入打好污染防治攻坚战，强化多污染物协同控制和区域协同治理，长江干流重庆段水质优良比例达到100%，空气质量优良天数比率在88%以上。推动绿色低碳发展，健全生态文明制度体系，构建绿色低碳产业体系，开展二氧化碳排放达峰行动，建设一批零碳示范园区，培育碳排放权交易市场。

（十）努力创造高品质生活，提高社会建设水平

以更有效的举措推进共同富裕，多渠道增加居民收入，力争“十四五”末赶上全国平均水

平，城乡居民收入比降至2.35∶1。促进更加充分更高质量就业，加强职业能力培训，加快人力资源开发，缓解就业结构性矛盾。坚持房子是用来住的、不是用来炒的定位，着力稳地价、稳房价、稳预期，保持房地产市场平稳健康发展，构建租购并举的住房制度，建立健全长租房政策体系，着力解决青年群体住房问题。建设现代化教育强市，全面深化教育综合改革，“十四五”末公办园在园幼儿占比、义务教育集团化办学覆盖率和高等教育毛入学率分别达到55%、70%、60%，高校理工农医类专业在校学生占比提高到60%。实施健康中国重庆行动，坚持中西医并重，健全公共卫生体系，建设国家医学中心和国家区域医疗中心，深入开展爱国卫生运动。健全多层次社会保障体系，稳步提高基本养老保险待遇和居民医疗保险财政补助标准，完善社会救助体系和社会福利体系，健全退役军人工作体系和保障制度。积极应对人口老龄化，促进人口长期均衡发展。推进社会治理现代化，健全党组织领导下的自治、法治、德治相结合的城乡基层治理体系，深化“枫桥经验”重庆实践，加强城乡社区网格化服务管理，探索智能化治理新模式。

（十一）统筹发展与安全，守住安全发展底线

全力维护国家安全，加强国家安全体系和能力建设，增强国防动员能力，坚决维护以政权安全、制度安全为核心的政治安全。突出抓好经济安全，加强经济安全风险预警、防控机制和能力建设，健全金融风险防控体系，做好战略物资储备，妥善应对各类风险挑战，增强生存力、竞争力、发展力、持续力。保障城市运行安全，加强城市规划建设管理各环节安全管控，健全城市抗震、防洪、排涝、应对地质灾害应急指挥体系，创建国家安全发展示范城市。保障公共卫生安全，完善疾病预防控制体系和重大突发公共卫生事件医疗救治体系，增强新发传染病防控能力和紧急医学救援能力。加强安全生产监管，抓好矿山、交通、危化品、建设施工、食品药品、特种设备、高层建筑消防等重点领域安全管理，坚决遏制重特大生产安全事故。推进更高水平的平安重庆建设，健全社会治安防控体系，深化平安创建“十百千”工程，推动扫黑除恶长效常治，确保人民安居乐业、社会安定有序。

三、2021年工作安排

今年是中国共产党建党100周年，是我国现代化建设进程中具有特殊重要性的一年。全市经济社会发展主要预期目标是：地区生产总值增长6%以上，固定资产投资增长6%，社会消费品零售总额增长7%，进出口总值增长5%，全体居民人均可支配收入增长7%，城镇调查失业率5.5%左右，居民消费价格涨幅控制在3.2%以内，粮食产量稳定在108亿公斤，单位地区生产总值能耗下降3%左右。

实现上述目标，要紧扣高质量发展主题，牢牢把握新发展阶段，完整准确全面贯彻新发展理念，推动构建新发展格局迈好第一步、见到新气象。重点抓好十个方面的工作。

（一）更大力度推进科技创新

坚持创新在现代化建设全局中的核心地位，落实科技自立自强要求，完善科技创新政策措施，加快建设具有全国影响力的科技创新中心。

高水平建设西部（重庆）科学城。聚焦科学主题“铸魂”，紧扣“五个科学”“五个科技”，实施“金凤凰”人才支持政策，推动中科院重庆科学中心等项目开工，支持国科大重庆学院发展，加快建设超瞬态实验装置、长江上游种质创制大科学装置、国家应用数学中心和在渝高校科

技创新中心，谋划建设国家实验室重庆基地，推进光大人工智能产业基地、中国电子信创产业园等产业项目。面向未来发展“筑城”，强化规划前瞻引领，优化城市设计理念，高质量建好基础设施，抓紧完善公共服务配套，加快推进新型智慧城市建设，为科学城植入更多科技、人文、绿色元素，打造“科学家的家、创业者的城”。联动全域创新“赋能”，强化“五区联动”，完善重庆高新区和北碚、沙坪坝、九龙坡、江津、璧山5个行政区协同联动机制；按照“一城多园”模式，强化国家自主创新示范区带动作用，加快建设两江协同创新区，集聚高端研发机构，推动分布式雷达天体成像测量仪验证试验场、水土生物医药创新基地等项目建设；支持铜梁、潼南、涪陵、大足、合川、綦江等创建国家级高新区，支持渝北创建国家级农业高新区，加快建设重庆国际生物城、中国智谷重庆科技园、中国畜牧科技城，增强区域协同创新能力；深化高校、院所、企业合作，加快构建产学研深度融合的技术创新体系。

培育壮大创新主体。加大“双一流”建设力度，实施高等教育卓越工程，支持在渝高校建设高水平大学，加快重庆中医药学院建设，力争1~2所高校入选新一轮“双一流”建设名单，与时俱进推动高校重点学科和实验室建设，提升环大学创新生态圈功能，更好发挥高校服务发展、引领未来作用。调动科研院所积极性，持续引进国内外知名高校院所来渝设立分院分所，深化市属科研院所市场化改革，加快高端数控机床研究院、国际免疫研究院等项目建设，新增新型研发机构30家。强化企业技术创新主体地位，实施科技企业成长工程和企业研发机构倍增计划，积极创建国家产业创新中心、技术创新中心和工程研究中心，支持领军企业组建创新联合体，力争高新技术企业突破4500家、科技型企业突破3万家、有研发机构的规上工业企业占比达到30%。

深化科技体制改革。制定鼓励创新系列政策，建立基础研究人才长期稳定支持机制，实行创新攻关“揭榜挂帅”制度，改革科技评价机制，完善支持各类主体科技创新的政策措施，推进科技成果使用权、处置权、收益权改革，开展职务科技成果所有权或长期使用权试点，支持科技企业上市。深化国际科技交流合作，建设“一带一路”科技创新合作区和国际技术转移中心，积极筹备“一带一路”科技交流大会。完善“塔尖”“塔基”人才政策，坚持数量与质量、用才与留才、建平台与优服务并重，深入实施重庆英才计划、院士带培计划和博士后倍增计划，办好重庆英才大会，推进国际人才引进管理机制改革，加大青年人才创新创业支持力度，开展人才工作“一企一策”“一院一策”试点，营造“近悦远来”的人才生态。

（二）推动成渝地区双城经济圈建设走深走实

牢固树立一体化发展理念，唱好“双城记”，共建经济圈。

认真落实双城经济圈建设规划纲要。加快重大事项落地，配合国家有关部委编制双城经济圈国土空间规划和科技创新中心、西部金融中心、多层次轨道交通体系等规划方案，编制万达开川渝统筹发展示范区、川南渝西融合发展试验区等建设方案，提速建设31个重大项目，实施双城经济圈交通基础设施建设行动方案。加快合作平台落地，大力推动川渝高竹新区、遂潼一体化发展先行区、明月山绿色发展示范带、泸永江融合发展示范区等平台建设。加强政策协同对接，探索经济区与行政区适度分离改革，研究出台产业、人才等领域配套政策，落实双城经济圈便捷生活行动方案。

做大做强“一区”、做优做特“两群”。主城都市区，强化中心城区科技创新、现代服务、先进制造、国际交往等功能，推进璧山、江津、长寿、南川与中心城区同城化发展，推进涪陵、永川、合川、綦江万盛等支点城市加快发展，推进荣昌、铜梁、大足、潼南等桥头堡城市特色发展。渝东北三峡库区城镇群，支持万州建设渝东北区域中心城市，加快万开云一体化发展，推动垫江梁平、丰都忠县、奉节巫山巫溪城口等板块联动发展。渝东南武陵山区城镇群，支持黔江建设渝东南区域中心城市，发挥秀山桥头堡作用，推动武隆、彭水、酉阳、石柱建设乌江画廊旅游示范带和武陵山区民俗风情生态旅游示范区。

（三）提升产业链供应链现代化水平

把发展经济的着力点放在实体经济上，加快构建现代产业体系。

持续发展先进制造业。汽车产业，加快向高端化、智能化、绿色化升级，强化车辆控制软件、车规级芯片等技术研发应用，推动博世庆铃氢燃料发动机、比亚迪动力电池、领巢9挡自动变速器等项目建设，扩大长安、金康、吉利等新能源汽车产销规模，高标准建设车联网先导区，持续提升整车品牌价值。电子产业，坚持研发、制造同步发力，拓展功率半导体、超高清视频、智慧家居等产业发展空间，支持联合微电子中心硅基光电子项目发展，加快华润微电子12英寸功率半导体、京东方第6代柔性显示面板、康佳半导体光电产业园等项目建设。装备制造产业，紧盯成套化、精密化、智能化发展方向，推动整机和零部件双提升，加快推进三一西南智能制造基地、ABB迁建等项目，壮大工程机械、智能制造装备、轨道交通装备等产业规模。材料产业，以基础材料和高性能材料为主攻方向，做大做强高端有色合金、高性能合成材料，推动中铝高端制造、重钢技改、华峰尼龙等项目建设。生物医药产业，聚焦生物大分子创新药、靶向小分子创新药及高端仿制药、现代中药、高端医疗器械等领域，完善药物研发和产业化体系，推动博唯重组蛋白疫苗、智翔金泰抗体药物、体外诊断特色产业基地等项目建设。消费品产业，深入实施“三品”行动，培育健康食品、精品服饰、特色轻工、美妆产品等领域品牌，加快华兴日用玻璃等项目投产。完善产业链供应链技术图谱，推进品牌化建设，实施质量提升行动。

加快发展数字经济。构建“芯屏器核网”全产业链，做大集成电路、新型显示产业规模，提升先进传感、电子元器件发展水平，丰富智能终端产品，完善工业互联网体系，加速区域和行业标识解析二级节点建设，培育壮大工业互联网平台企业。集聚“云联数算用”全要素群，丰富“数字重庆”云平台功能，推动全国一体化大数据中心枢纽节点和国际数据港、西部数据交易中心建设，建成中国移动边缘计算平台，推进数据开放共享，挖掘大数据商用、民用、政用价值。塑造“住业游乐购”全场景集，升级新型智慧城市运行管理中心功能，建设智慧名城重点应用场景、中新国际数据通道创新应用场景，推动5G融合应用示范，拓展智慧政务、交通、医疗、旅游等智能化应用。

大力发展现代服务业。金融业，加快江北嘴—解放碑—长嘉汇金融核心区建设，支持金融机构在渝布局区域总部、设立后台服务中心，支持现有法人金融机构做大做强，深入实施提升经济证券化水平行动计划，增强金融服务实体经济能力。物流业，建设国际货运中心，实施邮政快递业“两进一出”工程，推进城乡配送网络建设，推广全程可追溯的冷链物流模式。软件及信息技术服务业，重点发展工业软件、行业应用软件、基础软件和信息安全软件，建设两江软件园、渝北仙桃国际大数据谷、重庆软件园、重庆数字经济（区块链）产业园、合川网络安全产业园等软件名园。科技研发与设计业，大力引育技术转移服务、知识产权服务、科技咨询服务等专业机构，布局建设高水平研发服务集聚区，推动工业设计、时尚设计、动漫设计等发展。检验检测服务业，打造国家检验检测高技术服务业集聚区（重庆）、国家检验检测认证公共服务平台示范区。专业服务业，统筹推进会计、法律、审计、资产评估、管理咨询等行业发展，加快建设国家级服务外包示范城市。商贸服务业，全面推进“巴渝新消费”八大行动，高水平建设中央商务区等国际消费核心区，提质发展首店经济、夜间经济、会展经济，加快发展社交电商等新业态新模式，扩大服务消费、县域消费、乡村消费，健全现代商贸物流体系。健康服务业，培育发展健康管理、健康咨询、健康保险、康复保健等服务，推动健康服务与旅游、养老、保险、体育跨界融合，支持石柱建设康养消费品特色产业示范基地。文化旅游业，制定推动旅游业高质量发展的政策举措，抓好“三峡库心·长江盆景”、世界温泉谷等重点文旅项目，打造世界大河歌会、中国长江三峡国际旅游节、渝东南生态民族旅游文化节等节会品牌，积极创建国家级旅游度假区、国家5A级旅游景区、国家全域旅游示范区。

（四）深化重点领域改革

提高改革的战略性、前瞻性、针对性，使改革更好对接发展所需、基层所盼、民心所向。

深化财政体制改革。全面推进预算管理一体化改革，加强预算绩效管理，完善绩效指标和标准体系。优化市与区县财政事权和支出责任，加大困难区县“三保”支持力度。深化政府投融资体制改革，管好用好政府债券，严格落实政府债务限额管理，防范化解政府债务风险。各级政府要进一步过紧日子，坚决取消无效或不必要支出、压减非刚性支出、严控新增支出，将更多财力用于改善基本民生和支持市场主体发展。

深化金融改革。推动共建西部金融中心，加快建设立足西部、面向东盟的内陆国际金融中心。推进绿色金融改革试验区建设，支持国家金融科技认证中心运营。加快区域性股权市场制度、融资工具等创新发展，实施合格境内有限合伙人对外投资试点。推动中新金融市场互联互通，拓展跨境贸易人民币结算与投融资便利化应用场景。加强地方金融机构监管，提高网络小贷业务监管能力，妥善处置单体企业风险，守住不发生系统性金融风险底线。

深化国资国企改革。实施国企改革三年行动，全面推行经理层成员任期制和契约化管理，开展市场化选聘职业经理人试点。分层分类深化混合所有制改革，持续推进培育具有核心竞争力企业专项行动，完成区县党政机关和事业单位经营性资产集中统一监管。落实划转部分国有资本充实社保基金改革任务。

激发民营经济活力。落实国家减税降费政策，加强违规涉企收费整治，进一步为企业降本减负。引导金融机构增加民营企业贷款投放，提高首贷户比重和信用贷款比重，对普惠型小微企业贷款按市场化原则应延尽延。搭建渝商综合服务平台，开展“政企双向评价”，构建亲清政商关系。弘扬企业家精神，保障企业合法权益。

营造市场化法治化国际化营商环境。以建设营商环境创新试点城市为抓手，研究制定新版改革举措，推进优化营商环境条例、招商投资促进条例等立法。深化“放管服”改革，全面推行证明事项和涉企经营许可事项告知承诺制，提升“渝快办”“渝快政”效能。加强反垄断和反不正当竞争执法，依法规范发展平台经济。

（五）加快培育内陆开放新优势

全面融入共建“一带一路”和长江经济带发

展，不断提高参与全球资源配置能力，更好融入国内国际双循环。

提升开放通道能级。南向，优化西部陆海新通道路网结构，共建跨区域公共运营平台，设置境内外枢纽和集货分拨节点。西向，联合四川共建中欧班列（成渝）号，优化去回程线路及运力，促进线路向北欧市场延伸，实施集结中心示范工程。东向，推动长江黄金水道干支联运，稳定开行沪渝直达快线和渝甬班列，进一步提高运行效率。北向，加密渝满俄班列频次，持续优化货物结构，积极衔接中蒙俄经济走廊。空中，有序恢复国际客货运航线，增开商务航线和直达航线，发展基地航空，拓展航空中转业务。线上，用好中新国际数据通道，探索数据跨境有序流动。推进多式联运“一单制”和铁路运单物权化，高质量建设港口型、陆港型国家物流枢纽。

提升开放平台引领功能。推动中新互联互通项目高质量发展，深化数据、金融、运输、人才等领域合作，办好第四届中新金融峰会，推进中新航空产业园、中新金融科技合作示范区等项目建设。深化自贸试验区改革创新，推动服务业扩大开放综合试点范围，加快构建适应高水平开放的管理体制和离岸账户体系，试行有利于促进跨境贸易便利化的外汇管理政策，建设川渝自贸试验区协同开放示范区。支持两江新区建设内陆开放门户，打造悦来国际会展城、两江数字经济产业园等开放平台，优先布局国家重点战略项目、试点示范项目。统筹高新区、经开区及各类园区开放发展，争取新设一批海关特殊监管区域，支持万州、永川设立综合保税区，建设国家级临空经济示范区。高标准办好智博会、西洽会，筹办中国—上海合作组织数字经济产业论坛，加快建设中西部国际交往中心。

提升开放型经济水平。外贸，推进贸易创新发展，做强总部贸易、转口贸易，壮大一般贸易，稳定保税贸易，全面深化服务贸易创新发展试点，建设“一带一路”进出口商品集散中心，推进加工贸易示范区和跨境电商综合试验区建设，争取设立国家进口贸易促进创新示范区。外资，实施新版外资准入前国民待遇加负面清单管理制度，升级外商投资全流程服务体系，出台外商投资企业投诉工作办法，保护外商投资合法权益，打造内陆高质量外资集聚地。外经，以“一带一路”沿线国家为重点，抓住区域全面经济伙伴关系协定签署和中欧完成投资协定谈判的机遇，主动参与全球产业链重塑，谋划实施重庆与东盟等经贸合作规划，创新对外投资合作方式，布局海外生产和营销服务网络。

（六）全面推进乡村振兴

这是“三农”工作重心的历史性转移。要深入贯彻中央农村工作会议精神，牢牢把住粮食安全主动权，巩固拓展脱贫攻坚成果，以更大力度推动乡村振兴落地见效。

做好巩固拓展脱贫攻坚成果同乡村振兴有效衔接。把巩固脱贫攻坚成果摆在头等重要位置，对脱贫区县设立5年过渡期，落实“四个不摘”要求，保持主要帮扶政策总体稳定。健全防止返贫监测和帮扶机制，开展农村低收入人口常态化帮扶。支持脱贫区县乡村产业提档升级，促进脱贫人口稳定就业，强化易地搬迁后续扶持。加强扶贫资产项目管理。优化结对帮扶关系和协作帮扶方式，接续推进脱贫地区乡村振兴。

提高农业质量效益和竞争力。保障粮食安全，严格落实“米袋子”责任制和耕地保护制度，实施现代种业提升工程和“千年良田”工程，集中连片推动农田宜机化改造和高标准农田建设，稳定粮食种植面积和产量，确保只增不减；持续恢复发展生猪产能，抓好蔬菜等重要农产品生产，健全农产品市场流通储备体系。优化农业结构，深化农业供给侧结构性改革，大力发展现代山地特色高效农业，推动柑橘、柠檬、榨菜、中药材等特色产业集群发展，建设成渝现代高效特色农业带。做强农业品牌，实施农业品牌提升工程，推广“巴味渝珍”“三峡”等区域公用品牌。丰富乡村业态，大力发展农产品加工、乡村旅游和农村电商，实施农业科技创新支撑工程，开展国家数字乡村试点，建好国家级重庆（荣昌）生猪大数据中心，促进农业“接二连三”。

实施乡村建设行动。编制乡村建设行动方案，完善优先发展农业农村的政策体系。科学推进乡村规划建设，合理确定村庄布局分类，注重保护传统村落和乡村特色风貌，防止大拆大建。落实农村人居环境整治提升五年行动，实施农村饮水安全“一改三提”，建设“四好农村路”3000公里，重点抓好改厕和污水、垃圾处理，加强农村面源污染治理。推进县乡村公共服务一体化，强化区县城综合服务能力，把乡镇建设成为服务农民的区域中心，促进县乡村功能衔接互补。集聚乡村人才，实施高素质农民培育工程，壮大在乡、返乡、入乡人才队伍。

深化农业农村改革。用活乡村土地资源，丰富承包地“三权分置”实现形式，稳慎推进农村宅基地制度改革试点，建立农村建设用地指标池。深化产权制度改革，健全农村产权市场，发展新型农村集体经济，力争农村“三变”改革试点覆盖率达到20%。培育新型农业经营主体，重点支持发展农民合作社和家庭农场，健全农业社会化服务体系，持续深化“三社”融合发展，促进小农户和现代农业有机衔接。抓好乡村振兴试点示范，以区县域为重点推进城乡融合发展。

（七）持续实施城市提升行动计划

落实“一尊重五统筹”要求，提高城市规划建设管理现代化水平，加快建设国际化、绿色化、智能化、人文化现代城市。

健全国土空间规划体系。完成重庆市国土空间总体规划，编制中心城区、4个同城化发展先行区、4个支点城市、4个桥头堡城市分区规划，推进区县国土空间分区规划和总体规划编制审批。加快编制东部生态城、礼嘉悦来智慧园、寸滩国际新城等重大专项规划，建立国土空间规划留白机制和动态调整机制。

完善基础设施网络。“米”字型高铁网，持续实施高铁建设五年行动方案，按照“五年全开工、十年全开通”目标，提速渝万、渝昆、成达万、渝湘高铁重庆至黔江段等高铁建设，建成郑万高铁重庆段，启动成渝中线、渝西、渝宜高铁建设及重庆站改造，力争开工渝湘高铁黔江至吉首段，加快渝贵、兰渝、万黔高铁及安张铁路前期工作。航空枢纽网，加快江北机场T3B航站楼及第四跑道建设，提速万州、黔江机场改扩建，推进重庆第二国际机场前期工作。航运网，实施长江朝天门至涪陵段4.5米水深航道整治，开工嘉陵江、乌江、涪江航道整治提升工程，加快万州新田港二期、涪陵龙头港建设。轨道交通网，立足“850+”，谋划“1000+”，抓好186公里续建项目建设，开工第四期项目198公里，通车里程达到402公里，启动中心城区与主城新区联通的城轨快线规划建设，推动“四网融合”，高质量实施TOD综合开发，构建高品质轨道生活圈。高速公路网，加快南北向通道建设，开工万州至开州南雅、巫溪至巫山大昌等216公里项目，建成合川至长寿等367公里项目。城市路网，规划建设中心城区与周边地区同城化通道，加快两江新区至长寿快速通道和黄桷坪大桥、白市驿隧道等项目建设，建成水土大桥、礼嘉大桥、土主隧道等项目，增强节点交通转换能力和重要路段通行能力。能源网，提速实施渝西天然气输气管网工程，扩大“陕煤入渝”规模，提升“北煤入渝”运输通道能力，争取新增三峡电入渝配额，推动川渝电网一体化发展，推进“疆电入渝”，加快栗子湾抽水蓄能电站等项目前期工作。水利网，着力构建多源互补、区域互通、集约高效的水资源供应体系，加快建设渝西水资源配置工程、开州跳蹬水库等骨干水利工程，启动长征渠引水工程等前期工作。新型基础设施体系，统筹推进信息、融合、创新基础设施建设，新建5G基站2.1万个，扩大千兆光纤接入网络覆盖面。

实施城市更新行动。健全城市更新政策体制机制，编制城市更新“十四五”发展规划和空间规划，制定城市更新年度计划，实现土地全生命周期管理，提升土地利用效益。推进中心城区“瘦身健体”，疏解一般性制造业、区域性专业市场、物流基地等功能与设施，优化教育、医疗等公共服务设施布局，建设郊区新城和特色小镇，实现多中心、串联式、组团化发展。推进“两江四岸”治理提升，高品质建设“两江四岸”核心区，精心打造长嘉汇大景区，全面推进长江文化艺术湾区建设，加快美术公园、长江音乐厅等重大项目建设，持续实施“两江四岸”十大公共空间治理工程。推进“四山”保护提升，突出保护自然、保障民生，完善“四山”国土空间规划，加强森林绿化和精细化管理，启动国家生态园林城市创建工作，打造城市绿肺、市民花园。推进城市人文品质提升，推动开埠遗址公园、红岩文化公园、金刚碑等传统风貌街区开街，建设长征国家文化公园重庆段，强化江城、江镇、江村滨江地带品质提升，打造独具特色的“江镇江村、山城山居”。推进人居环境质量提升，开展主城都市区城市体检，启动30个城市老旧功能片区更新改造试点项目，实施832个老旧小区改造和2万户棚户区改造，大力推动街道中心、社区家园建设，持续提升轨道站点步行可达性；推进城市园林绿化补缺提质，强化公共绿地常态化管护，实施中心城区坡坎崖治理项目15个，建设山城步道80公里；统筹沿江防洪排涝和城市建设试点，建设海绵城市、韧性城市。

深化大城细管、大城众管、大城智管。完善城市综合管理标准体系，实施中心城区“道路平整”专项行动，持续开展道路颠簸破损、渣土运输车辆等城市综合管理突出问题整治专项行动，持续开展人行道侵占治理。推进“马路办公”向街镇延伸，强化文明施工监管，打造“门前三包”“五长制”示范道路70条。实施15座骨干水厂新改扩建工程，推进14座垃圾焚烧发电厂建设。加快构建智慧化城市综合管理服务平台，推行城市综合治理“一网统管”、城市运行安全“一屏通览”、融合智慧调度“一键联动”，让城市运行更智慧、更精准、更高效。

（八）加强污染防治和生态建设

坚决贯彻“共抓大保护、不搞大开发”方针，持续筑牢长江上游重要生态屏障，以“减污降碳”为抓手推动源头治理，不断改善生态环境质量，为国家实现碳达峰、碳中和目标作出贡献。

继续打好污染防治攻坚战。强化大气污染综合治理和联防联治，探索实施大气细颗粒物和臭氧污染协同控制，加大“散乱污”企业整治力度。加强三峡库区水污染联合防治，加快长江入河排污口整改提升。强化土壤污染风险管控和修复。启动双城经济圈“无废城市”共建。统筹抓好中央生态环保督察反馈问题整改。

加强生态环境综合治理。深化落实河长制，全面推行林长制，建设“两岸青山·千里林带”30万亩，完成800平方公里水土流失和400平方公里石漠化治理。巩固缙云山国家级自然保护区治理成果。加强长江禁捕退捕执法监管。全面推进广阳岛片区开展长江经济带绿色发展示范，加快广阳岛生态修复二期、广阳湾生态修复，全力推进长江生态文明干部学院、长江模拟器等重点项目建设。

推广绿色生产生活方式。深入实施“三线一单”生态环境分区管控。推动重点行业清洁生产和绿色化改造，推广装配式建筑和新型建材。深入开展绿色生活创建行动，鼓励低碳出行，推行生活垃圾分类。落实构建现代环境治理体系实施方案，完善排污权交易、生态产品价值实现、生态保护补偿等制度体系，开展应对气候变化投融资试点。

（九）切实保障和改善民生

坚持以人民为中心的发展思想，持续办好15件重点民生实事，不断完善基本公共服务体系。

加强就业和社会保障。完善重点群体就业支持体系，拓展市场化就业渠道。促进社保精准扩面。加快国家智慧医保实验室建设，全面推动异地就医直接联网结算。健全养老服务体系，升级改造乡镇敬老院，推动城乡社区居家养老服务全覆盖。全面推行“一门受理、协同办理”社会救助制度改革。抓好低保、特困人员、残疾人、妇女儿童、青年发展、慈善等工作。提升退役军人服务保障质量。

推动教育公平发展和质量提升。加快公办园建设。办好“三点半课堂”。完善进城务工人员随迁子女就学和在流入地升学考试政策。保障高考改革落地实施。推进职业教育“双优”“双高”计划和高等教育“双万”计划。深化教育评价改革，加强体育美育劳动教育，关注学生心理健康。办好特殊教育。深化教师“县管校聘”改革，建设高素质专业化教师队伍。支持和规范民办教育发展，规范校外培训机构。发展在线教育，完善终身学习体系。

推动文化繁荣发展。践行社会主义核心价值观，弘扬伟大抗疫精神。推进“红色三岩”保护提升。鼓励文艺精品创作。倡导全民阅读。深化国有文艺院团改革。推动媒体深度融合发展。繁荣发展哲学社会科学。加强文化遗产和石窟寺保护利用，传承创新优秀传统文化。

提高卫生健康服务质量。深化医药卫生体制改革，创新医防协同机制，推进公立医院高质量发展，支持社会办医，完善药械交易采购机制，动态调整医疗服务价格，提高医保基金使用效率。争创国家区域医疗中心，推进三级医院建设，实现“三通”紧密型医共体区县全覆盖。深化健康促进和健康教育。推进中医药传承创新发展。办好第六届市运会，建设奥体中心综合馆等重大体育基础设施。

提升社会治理能力和水平。深化市域社会治理现代化试点，开展信访专项治理。健全社会心理服务体系和危机干预机制。开展村（社区）换届工作。依法管理民族宗教事务。加快社会治安防控体系建设，常态化推进扫黑除恶专项斗争。深入实施安全生产专项整治三年行动，淘汰煤炭落后产能，持续开展高层建筑、老旧小区消防安全和危化品安全专项整治。建设国家食品药品检测基地。强化应急管理，实施自然灾害防治工程，提升防灾减灾救灾能力。

（十）毫不放松抓好常态化疫情防控

坚持常态化精准防控和局部应急处置有机结合，坚持“外防输入、内防反弹”，压实“四方责任”，落实“四早”要求，构建疫情防控和经济社会发展工作中长期协调机制。

严防疫情外部输入。坚持“人”“物”同防、闭环严防、关口细防、横向联防、社会谨防，严把境外输入、市外输入、货物输入关口。严格实施入境人员闭环管理，落实中高风险地区来渝返渝人员健康管控措施。做好冷链食品生产经营全过程闭环管理，强化进口高风险非冷链货物检测消毒。对重点场所采取严格的环境监测和卫生措施，坚决阻断疫情输入扩散渠道。

落实内防反弹措施。健全市、区域、区县三级疾控体系，启动等级疾控中心创建，建设高级别生物安全实验室。完善多点触发实时监控机制，发挥发热门诊“哨点”作用，加大重点人群健康筛查和核酸检测频次，增强早期监测预警能力。引导群众做好个人防护，筑牢常态化疫情防控的社会防线。

提高应急保障能力。加快突发事件应急医学救援中心、应急医院及县级医院感染疾病科建设，推动二级及以上公立综合医院规范化发热门诊全覆盖。有序推进疫苗接种，严格疫苗全流程管理。加强应急物资储备，完善应急预案，确保一旦发现疫情精准快速处置。

四、切实加强政府自身建设

开局“十四五”、开启新征程，必须坚持党的全面领导，落实全面从严治党要求，切实加强政府自身建设，不断提高把握新发展阶段、贯彻新发展理念、构建新发展格局的政治能力、战略眼光和专业水平。

坚持把党的政治建设贯穿政府工作全过程。深学笃用习近平新时代中国特色社会主义思想，增强“四个意识”、坚定“四个自信”、做到“两个维护”。始终胸怀“两个大局”，心怀“国之大者”，善于用政治眼光观察和分析经济社会问题，不断提高政治判断力、政治领悟力、政治执行力。扎实推进中央巡视、审计反馈问题整改。全面彻底干净肃清孙政才恶劣影响和薄熙来、王立军流毒，以实际行动兑现市委“三个确保”政治承诺，以政治生态持续净化促进发展环境不断优化。

坚持在法治轨道上推进政府治理体系和治理能力现代化。深入开展法治政府建设示范创建，全面实行政府权责清单制度。深化政务公开。加强重点领域立法，严格规范公正文明执法，推进行政复议体制改革。启动“八五”普法。健全重大政策事前评估和事后评价制度。自觉接受人大监督、政协监督、监察监督、司法监督，主动接受社会和舆论监督，强化审计监督。认真执行人大及其常委会决议决定，支持人民政协履行职责，做好人大代表建议和政协提案办理工作。健全政府守信践诺机制，承诺企业和群众的事项，必须说到做到、坚决兑现。

坚持一体推进不敢腐、不能腐、不想腐。聚焦工程建设、资源开发、金融信贷等重点领域，紧盯财政支出、项目审批、并购重组等关键环节，削减腐败存量、遏制腐败增量。坚决惩治重点领域腐败和侵害群众利益问题。深化拓展“以案四说”，全面推进“以案四改”，充分发挥标本兼治综合效应。

坚持不懈推进各项工作落地落实。锤炼抓落实的过硬作风，持续纠治“四风”特别是形式主义、官僚主义，深化拓展基层减负工作，完善容错纠错机制，让基层干部集中精力解决问题、破解难题。练就抓落实的过硬本领，把干事热情和科学精神结合起来，提高干部专业化能力和解决实际问题能力。盯紧抓落实的关键环节，完善全程可量化的目标体系、督查体系、考核体系。全市政府系统干部要发扬为民服务孺子牛、创新发展拓荒牛、艰苦奋斗老黄牛的精神，知责于心、担责于身、履责于行，扑下身子抓落实，推动党中央决策部署落地生根，把市委要求落到实处。

各位代表！新征程已经开启，新使命重任在肩。让我们更加紧密地团结在以习近平同志为核心的党中央周围，以习近平新时代中国特色社会主义思想为指导，在中共重庆市委领导下，不忘初心、牢记使命，拼搏实干、开拓进取，奋力谱写重庆高质量发展新篇章，开启社会主义现代化建设新征程，以优异成绩庆祝建党100周年。

关于重庆市2020年国民经济和社会发展计划执行情况及2021年计划草案的报告

——2021年1月21日在重庆市第五届人民代表大会第四次会议上

重庆市发展和改革委员会

各位代表：

受市人民政府委托，现将2020年国民经济和社会发展计划执行情况及2021年计划草案提请大会审查，并请各位政协委员提出意见。

一、2020年国民经济和社会发展计划执行情况

2020年以来，面对突如其来的新冠肺炎疫情冲击，面对国际国内形势的深刻复杂变化，全市上下坚持以习近平新时代中国特色社会主义思想为指导，深入贯彻党的十九大、十九届二中三中四中五中全会精神，全面落实习近平总书记对重庆提出的营造良好政治生态，坚持"两点"定位、"两地""两高"目标，发挥"三个作用"和推动成渝地区双城经济圈建设等重要指示要求，着力战疫情、战复工、战脱贫、战洪水，全力以赴做好"六稳"工作、落实"六保"任务，坚决肃清孙政才恶劣影响和薄熙来、王立军流毒，全面建成小康社会胜利在望，脱贫攻坚战取得重大胜利，成渝地区双城经济圈建设和"一区两群"协调发展开局起势，统筹疫情防控和经济社会发展取得重大战略成果，三大攻坚战、"八项行动计划"取得决定性进展，为"十四五"时期开启社会主义现代化建设新征程奠定了扎实基础。

——主要经济指标恢复好于预期，经济长期向好基本面持续巩固。经济呈现逐季恢复、稳定转好态势，供需两端恢复性增长势头明显，主要经济指标均好于全国平均水平。地区生产总值上半年由负转正，三、四季度加快恢复，全年增长3.9%，总量达到2.5万亿元。规上工业增加值增长5.8%，连续9个月单月增长8%以上。固定资产投资增长3.9%，基础设施投资8个月单月增长10%以上，民间投资由负转正。进出口总值增长12.5%，高于预期目标7.5个百分点。社会消费品零售总额增长1.3%，连续9个月单月正增长。一般公共预算收入下降1.9%，好于预期目标3.6个百分点，税收连续7个月单月正增长。

——新经济发展势头强劲，新业态新技术新模式蓬勃发展。新旧动能转换速度加快，产业高端化、绿色化、智能化、融合化发展趋势更加明显，大数据、物联网、云计算、区块链等行业快速成长，数字经济增加值增长18%以上，战略性新兴产业增加值增长13.5%。顺应疫情催生的新需求、新模式，居家办公、远程问诊、在线教育等行业快速扩张，在线购物、无人配送、定制消费等逆势上扬，限额以上单位网络零售额增长45%。内外部创新要素资源加快集聚，科技企业孵化器、大学科技园、众创空间等载体创新发展，大众创业万众创新活力增强，高新技术企业

突破 4000 家。

——经济结构持续优化，发展韧性和协调性明显增强。经济循环加快恢复，经济增长与结构优化实现良性互动。产业结构持续优化，高技术产业对工业增长贡献率提高 3.1 个百分点，金融业、软件和信息服务业成为拉动服务业增长的主动力。投资结构持续优化，新型基础设施投资、高技术产业投资占比大幅提升。效益结构持续优化，规上工业企业利润从 2020 年 7 月起结束了 25 个月持续下滑态势，增长 17.3%、位居全国前列，全市居民人均可支配收入增速高于经济增速 2.7 个百分点，总量与全国平均水平差距大幅缩小。

——政策效应加快释放，社会预期和市场信心持续改善。相继召开汽车摩托车、外贸外资、大健康产业、房地产和建筑业等座谈会，推动重点行业高质量发展。召开成渝地区双城经济圈建设动员大会和党政联席会，部署西部（重庆）科学城、“两江四岸”治理提升等系列重大项目，政策逆周期调节效果显现。新登记市场主体增长 9.4%，停产半停产规上工业企业减少 438 家。

一年来重点抓了以下工作。

（一）坚定不移统筹推进疫情防控和经济社会发展，经济社会秩序恢复取得积极成效。始终坚持人民至上、生命至上，全力应对大战大考，狠抓“外防输入、内防反弹”，不断巩固拓展疫情防控成果，经济恢复取得明显效果

一是坚决扛起疫情防控重大责任。第一时间启动重大突发公共卫生事件一级响应，迅速成立疫情防控工作领导小组和联防联控指挥部，实行“双组长制”“指挥长负责制”，打好疫情防控的人民战争、总体战、阻击战，用 1 个月时间实现新增确诊病例零增长，用 2 个月时间实现本地确诊病例、住院病例“双清零”。完善及时发现、快速处置、精准管控、有效救治的常态化防控机制，健全公共卫生应急管理体系，持续抓好重点人群、重点场所、重点环节防控。

二是有力有序推动复工复产。优先支持疫情防控急需和居民生活必需物资供应的企业复工复产，抓住重点行业、龙头企业、关键环节，带动上下游产业和中小企业全面复工复产，1 个月内市级重大在建项目复工率达到 100%，3 月底规上工业企业复工率达到 100%。全面推动餐饮、住宿、商业零售等生活性服务业开门营业，有序放开博物馆、图书馆、影剧院、旅游景区等公共服务场所，生产生活秩序逐步恢复常态。

三是努力稳住经济基本盘。扎实做好“六稳”工作，全面落实“六保”任务，建立应对新冠肺炎疫情影响工作联席会议制度和工作专班，出台稳定和促进就业、推动服务业恢复发展、稳外贸稳外资等系列政策措施。研究出台“支持中小企业 20 条”“支持企业 40 条”“助力市场主体健康发展 45 条”等一揽子对冲政策，持续减税降费、降成本，为企业减负 1000 亿元以上。实施“招商季”专项招商，积极开展“云签约”，完成合同引资 1.46 万亿元，到位资金 2900 亿元。

（二）坚定不移打好三大攻坚战，决战全面建成小康社会取得决定性成就。认真贯彻党中央关于打好三大攻坚战的决策部署，着力抓重点、补短板、强弱项，聚焦突出问题，注重精准施策，打好关键战役

一是脱贫攻坚目标任务如期完成。压茬推进定点攻坚战、百日大会战、收官大决战“三大战役”，实施脱贫攻坚总攻十大专项行动，“两不愁三保障”突出问题动态清零。统筹推进中央脱贫攻坚专项巡视“回头看”、国家脱贫攻坚成效考核等各类问题一体整改、全面整改。深化鲁渝扶贫协作，完成脱贫攻坚普查，推进消费扶贫，开展巩固拓展脱贫攻坚成果同乡村振兴有效衔接试

点。14个国家级贫困区县、4个市级贫困区县全部脱贫摘帽，1919个贫困村全部脱贫出列。

二是污染防治力度持续加大。坚决整改突出环境问题，推动中央生态环保督察反馈问题和长江经济带生态环境警示片披露问题整改落实。打好碧水、蓝天、净土保卫战，率先开展长江入河排污口排查整治试点，实施污水乱排、岸线乱占、河道乱建“三乱”整治专项行动，生态环境质量持续改善，长江干流重庆段水质为优，城市生活污水集中处理率达到95%以上，空气质量优良天数达到333天，污染防治攻坚战国家年度考核为优。

三是防范化解重大风险取得积极成效。成立平安重庆建设暨防范化解重大风险领导小组，强化重大风险源头治理、动态管理、应急处理，政治、意识形态、经济、科技、社会、外部环境等领域风险得到有效控制。金融风险总体可控，银行业不良率、小贷不良率、担保代偿率分别为1.48%、9.43%、1.8%，均低于全国平均水平。政府债务风险有效化解，坚决遏制隐性债务增量、稳妥化解存量。多措并举降低企业负债率，积极推动困难企业债务重组。成功应对百年未遇的长江5号特大洪水过境，全市未伤亡一人、未溃一堤、未垮一坝。

（三）坚定不移推动成渝地区双城经济圈建设，城乡区域发展协调性持续增强。牢固树立一盘棋思想和一体化发展理念，加快一体化协同发展步伐，成渝地区双城经济圈建设起步扎实、开局良好、进展顺利

一是大力推动成渝地区双城经济圈建设。配合国家编制出台《成渝地区双城经济圈建设规划纲要》，推动一批重大政策、重要改革举措、重点项目纳入国家规划。制定贯彻落实规划纲要联合实施方案等文件，川渝两地形成四级工作机制、成渝定期联系机制和毗邻地区合作机制，召开两次党政联席会议。万达开川渝统筹发展示范区启动建设，设立川渝高竹新区，共建毗邻地区合作功能平台。两省市有关部门、市区（县）层面累计签署合作协议236份，形成总投资万亿级的三年滚动项目库，31个共同实施的重大项目已开工27个、完成投资354亿元。推出95个川渝通办事项，跨省户籍实现“一站式”迁移，开通毗邻地区跨省城际公交线路7条。

二是着力促进“一区两群”协调发展。出台建立健全“一区两群”协调发展机制的实施意见，制定分片区三年建设行动方案，建立“一区两群”区县对口协同发展机制，促进各区域发挥优势、彰显特色、协同发展，“一区”与“两群”人均地区生产总值比值缩小至1.84∶1。主城都市区带动作用进一步增强，沙坪坝、永川经济总量达到千亿级，千亿级区数量达到8个。两江新区直管区、重庆高新区直管园、重庆经开区经济增速领跑全市。“两群”特色经济效益凸显，现代山地特色高效农业、生态工业、文旅融合发展势头强劲。

三是深入推进城乡融合发展。出台建立健全城乡融合发展体制机制和政策体系的实施意见，启动国家城乡融合发展试验区重庆西部片区建设。深入实施乡村振兴十大重点工程，扩面深化农村“三变”改革，农村集体产权制度改革整市试点、承包地确权登记颁证等重点任务全面完成，地票交易额累计突破660亿元。持续推进城市提升，“两江四岸”和“清水绿岸”治理提升完成阶段性目标，高水平打造长嘉汇、广阳岛、科学城、枢纽港、智慧园、艺术湾等城市功能名片，长江文化艺术湾区启动建设，故宫南迁纪念馆建成开放，朝天门片区治理提升全面开工，开埠遗址公园开工建设。交通建设三年行动计划全面完成，高铁在建和通车里程达到1319公里，铁路、高速公路、轨道交通运营里程分别达到2394公里、3400公里和370公里。

（四）坚定不移发展实体经济，支撑高质量发展的现代产业体系加快构建。把发展经济着力点放在实体经济上，着力提升产业链供应链现代化水平，传统产业转型升级扎实推进，新兴产业发展势头强劲

一是推动支柱产业迭代升级。实施制造业高质量发展行动方案，推动电子信息、汽车等支柱产业向高端化、智能化、绿色化发展，培育壮大新材料、生物医药等战略性新兴产业集群。电子信息产业向产业链上游延伸，笔记本电脑、智能手表、集成电路、液晶显示屏产量大幅增长。汽车产业中高端新车型持续放量，单车均价大幅提升，获批创建国际级车联网先导区。加速能源产业清洁低碳转型，加快构建安全清洁能源供给、内畅外联能源网络、灵活高效储备调峰的现代能源体系，积极拓展市外能源合作，非化石能源比重达19.3%，天然气比重达18%，煤炭比重下降3.4个百分点，页岩气累计产量超过360亿方、居全国首位。高技术产业、战略性新兴产业对工业增长贡献率分别达到37.9%、55.7%。保产业链供应链稳定，建立产业链协同复工和海外供应链协调机制，稳步提高核心零部件、关键原材料本地配套水平，汽车、电子信息等重点产业供应链保障总体稳定。

二是推动数字经济创新发展。全面启动国家数字经济创新发展试验区和新一代人工智能创新发展试验区建设，成功举办2020年线上智博会，倾力打造“智造重镇”“智慧名城”，数字经济增加值占地区生产总值比重达到25%左右。持续壮大“芯屏器核网”全产业链，引导多家国内数字经济龙头企业来渝布局或加大在渝投资。着力培育“云联数算用”全要素群，新型智慧城市运行管理中心和城市大数据资源中心基本建成，推动企业“上云”5万多户。打造“住业游乐购”全场景集，智慧交通、智慧金融、智慧医疗等应用场景系统建设取得积极进展。

三是推动现代服务业提质增效。出台新形势下推动服务业高质量发展的意见，推动现代服务业与先进制造业融合发展，西部金融中心、内陆国际物流枢纽建设取得明显成效。出台加快线上业态线上服务线上管理发展的意见，积极发展网络零售、直播带货等新业态新模式。金融业增加值占GDP比重为8.9%，引进中银金融租赁、国家金融科技认证中心等全国性金融机构和组织。软件和信息技术服务业、科学研究和技术服务业增长较快，批发零售、住宿和餐饮业降幅明显收窄。

四是深入推进现代山地特色高效农业发展。粮食产量108亿公斤，创十年新高。生猪存栏量1072.8万头，接近正常年份水平。深入实施“十百千”工程，十大特色产业面积达到3100万亩，产业链综合产值达到4500亿元。农产品加工产值、农产品网络零售额分别增长3%、21%。第十八届中国国际农产品交易会成功举办，“巴味渝珍”成功入选新华社民族品牌工程，累计授权产品549个。

五是加快打造国际消费中心城市。举办“十个一”主题促销、“百城万企促消费”全国消费促进月、“爱尚重庆”等系列活动，开展“晒旅游精品、晒文创产品”大型文旅推介活动，成功举办第六届中国诗歌节和第六届重庆文化旅游惠民消费季，发放消费券超1亿元，渝中区成功创建国家文化和旅游消费示范城市，解放碑步行街荣获首批“全国示范步行街”，南滨路获批国家级文化产业示范园区，黔江濯水、彭水阿依河成功创建国家5A级旅游景区，丰都南天湖成为国家级旅游度假区。举办“2020不夜重庆生活节”，夜经济带动餐饮娱乐消费逐步恢复，旅游景区接待游客同比恢复90%以上。改善型消费加快回

补，汽车、家电等大宗商品销售回升，家政、教育培训等服务消费持续复苏。

（五）坚定不移扩大有效投资，“两新一重”建设取得积极成效。充分发挥投资对优化供给结构的关键作用，出台《政府投资管理办法》和推进基础设施高质量发展的实施意见，以有效投资对冲疫情影响，补齐基础设施短板

一是加快推进新型基础设施建设。出台新型基础设施重大项目建设行动方案，储备重大项目413个、总投资4297亿元。推进新一代信息基础设施建设，新建5G基站3.9万个，互联网省际直联城市达到55个。发展融合基础设施，累计建成公共及专用充电桩1.7万个、增长49.4%，建成“一环十射”高速公路快充网络。加快创新基础设施布局，新增超声医学工程、山区桥梁及隧道工程2个国家重点实验室。

二是深入推进新型城镇化建设。推动垫江、忠县、彭水开展国家县城新型城镇化建设示范。紧扣改善农村人居环境，如期完工农村危房改造1.3万户，实现农村危房“动态清零”目标。持续推进35个特色小城镇环境综合整治，评比认定美丽庭院超2万个。新改建“四好农村路”1.4万公里，改造普通干线公路3260公里，提前实现行政村通客车率100%的目标。扎实推进城市有机更新，实施城镇老旧小区改造项目729个、2275万平方米，完成棚户区改造3.3万户，利用城市边角地规划建成社区体育文化公园42个，建成独具特色的山城步道172公里，新增坡坎崖绿化美化面积521万平方米。

三是大力促进重点领域投资。出台加快市级政府投资项目前期工作等政策措施，市级重大项目完成投资4240亿元。基础设施投资发挥主力军作用，开工江北国际机场T3B航站楼及第四跑道、成达万高铁、渝万高铁、渝西水资源配置工程、重庆东站等重大项目，加快建设郑万高铁重庆段、渝湘高铁重庆至黔江段等重大项目，加快推进成渝中线高铁等重大项目前期工作，提速实施“北煤入渝”、“疆电入渝”、“川渝电网一体化”和页岩气开发、地下储气库等重大能源工程。制定“26+171”年度市级重大工业建设项目清单，26个重点关注项目完成投资295亿元，高技术产业投资增长26.6%。稳妥实施房地产市场平稳健康发展长效机制方案，房地产投资逐步回稳。进一步强化“项目池”与“资金池”对接，新增地方政府专项债券和抗疫特别国债额度1225亿元、中央预算内投资130亿元。

（六）坚定不移推进全面深化改革，市场活力和社会创造力持续释放。坚持战略导向、问题导向、需求导向，制定重大改革方案22个，制定贯彻落实党的十九届四中全会重要改革举措分工方案，改革精准度持续提高，改革受益面不断扩大

一是加快打造市场化、法治化、国际化营商环境。出台2020年对标国际先进优化营商环境实施方案及各指标专项政策文件120余个。企业开办全流程均实现免费办理，“渝快办”实现政务服务事项全覆盖，社会投资小型低风险项目实现8个环节、34天办结，集装箱合规成本降低100美元以上，完成全流程电子化招标投标项目654个。

二是推进财税金融改革。完善支出标准体系，推动绩效管理扩面提质。优化市与区县财政事权和支出责任，出台教育、医疗卫生等七个分领域财政事权和支出责任划分方案。积极创建重庆绿色金融改革创新试验区，绿色债券发行总额累计达234亿元。强化金融创新，推进金融标准创新建设试点、金融科技应用试点和创新监管试点，新增IPO上市企业6家。

三是深化投融资体制改革。分类研究创新项目商业模式，统筹项目空间区域和产业上下游

产出效应，广阳岛、重庆东站、长寿至两江新区快速通道等项目投融资模式改革试点取得积极成效。加快开展基础设施领域不动产投资信托基金（REITs）改革试点，变优质资产为新增资金，形成投资良性循环。

四是持续深化推进社会信用体系建设。出台重庆市公共信用信息目录（2020年版），完成市公共信用信息平台二期建设，累计归集5223项、超5亿条公共信用信息，完成企业法人公共信用评价全覆盖，累计实施信用奖惩21万余个，基本形成以信用为基础的新型监管机制。“信易贷”“信易批”等“信易+”惠民便企应用全面推开。重庆市在全国城市信用监测排名中位居前列。

五是充分激发市场主体活力。研究制定国企改革三年行动实施方案，积极稳妥推进“僵尸企业”处置，完成商社集团、渝康公司以及地方电网混合所有制改革。启动机电集团国有资本投资公司、渝富控股国有资本运营公司改革试点。研究制定支持民营企业改革发展20条措施，开展民营经济综合改革示范试点，推进财政支持深化民营和小微企业金融服务综合改革试点，民营经济增加值占地区生产总值的比重达59%。完善要素市场化配置体制机制，获批开展国家建设用地审批权委托试点，石油天然气交易中心交易量增长19%。

（七）坚定不移实施创新驱动发展战略，经济发展新动能加快集聚。深入实施以大数据智能化为引领的创新驱动发展战略行动计划、科教兴市和人才强市行动计划，科技实力和创新能力持续提升，国际国内创新资源加速集聚，为高质量发展注入强劲动能

一是高标准规划建设西部（重庆）科学城。编制科学城国土空间规划，出台金融支持西部（重庆）科学城建设若干措施等政策。集中开工79个项目、投资额1300亿元。中国科学院重庆科学中心签约，集聚北京大学重庆大数据研究院等高端研发机构43个，培育国家科技创新基地7个。14个团队入选2020年英才计划创新创业示范团队、占比达21%。超瞬态实验装置开工建设，推动中国自然人群资源库重庆中心、种质创制大科学中心等大科学装置加快建设。成功设立300亿元双城经济圈科创母基金、20亿元西南首支科技成果转化股权投资基金。

二是加快两江协同创新区建设。新引进高校科研院所12家、累计达30家。建成科技研发平台40个，引进高端人才800余人，获批国家博士后科研工作站授牌1家、市博士后科研工作站授牌10家，获批市级新型高端研发平台14家、占全市比重达82%。完成科技成果转移转化20项，培育孵化企业36家。

三是加快提档升级创新平台。新增綦江市级高新区，11个高新区高新技术企业数量占全市30%以上、工业总产值占全市40%以上。获批建设涪陵现代中医药等3家国家火炬特色产业基地、2个国家野外科学观测研究站。建成国家级科技创新基地61个，获批国家儿童健康与疾病临床医学研究中心、国家应用数学中心。

四是加快培育优质创新主体。持续推进“双一流”建设，新增世界ESI学科排名前1%的学科13个。科技型企业、高新技术企业数量分别增长55.9%、27.4%。新引进高端创新资源23家，全社会研发经费支出占地区生产总值比重达到2.1%，有研发活动的企业占比达到38.6%，万人发明专利拥有量达到11.3件。

五是加快集聚科技创新资源。6个环大学创新生态圈孵化总面积61.4万平方米，入孵企业和团队3000余个。新增市级孵化平台20家、国家级孵化平台14家，累计分别达到375家、86家。种子、天使、风险投资三支政府引导基金新

增投资项目101个、金额17.3亿元，为2777家科技型企业发放知识价值信用贷款48.3亿元。召开2020年重庆英才大会，遴选支持优秀人才401名、团队67个。新入选国家级高层次人才54名，引进市外国家级、省级高层次人才19名。

（八）坚定不移扩大对外开放，不断培育内陆开放新优势。坚持把全面融入共建“一带一路”和长江经济带发展作为重大战略任务，加快拓展以西部陆海新通道为重点的出海出境大通道，稳妥应对中美经贸摩擦，着力保障产业链供应链稳定，持续开拓多元化市场，努力在西部地区带头开放、带动开放

一是稳定外贸外资。建立外贸外资周调度制度，加强重点行业运行动态监测分析，对受影响的重点企业实行“一企一策”精准帮扶。在“宅经济”的带动下，外贸进出口总值达到6500亿元，总量、增速均位居中西部前列。实际利用外资102.7亿美元，外商直接投资额居中西部前列。支持企业积极开拓“一带一路”等国际市场，对东盟、欧盟、美国进出口分别增长3.4%、7.7%、10.5%，对“一带一路”沿线国家进出口增长9.8%。

二是拓展开放通道。出台重庆市推进西部陆海新通道建设实施方案，西部陆海新通道物流和运营组织中心、运营公司启动运行，铁海联运班列、跨境公路班车、国际铁路联运班列分别增长40.5%、126%、149%。中欧班列（渝新欧）开行2431班，首发“中国邮政号”专列，获批中欧班列集结中心示范工程。渝满俄班列开行1355班，江北国际机场新增国际航线6条。重庆国际物流枢纽园区和江津珞璜物流园获批陆港型国家物流枢纽，重庆成为全国唯一拥有港口型和陆港型国家物流枢纽的城市。

三是提升开放平台。出台推动两江新区做大做强实现高质量发展的意见，两江协同创新区、礼嘉悦来智慧园、两江数字经济产业园引领带动作用进一步增强，两江新区进出口增长16%以上。中新互联互通项目新签约项目50个、金额25亿美元，成立中新（重庆）信息通信创新合作联盟。自贸试验区新引进项目723个、合同总额1789亿元，国际货运代理铁路联运作业规范等3项标准通过国家审批。果园保税物流中心（B型）封关运行，各海关特殊监管区域进出口占全市外贸总额的70%以上。

四是加强开放合作。成功举办市长顾问团年会、中新金融峰会、中欧绿色智慧城市峰会、中新（重庆）国际互联网专用数据通道论坛。出台建设中西部国际交往中心行动计划，乌拉圭总领事馆落户，白俄罗斯总领事馆加快筹建，欧洲重庆中心启动运行，新增5个中外合作办学项目。深化渝黔、渝湘、渝鄂、渝陕合作，渝黔合作先行示范区建设取得明显成效。

（九）坚定不移走生态优先绿色发展之路，建设山清水秀美丽之地取得明显成效。大力实施生态优先绿色发展行动计划，更加注重抓好大保护，全面统筹山水林田湖草系统治理，努力实现百姓富、生态美有机统一

一是加强生态修复治理。基本完成国家山水林田湖草工程试点和缙云山、水磨溪等自然保护区保护修复工作，启动“两岸青山·千里林带”工程，实施岩溶石漠化治理400平方公里、坡耕地水土流失治理1.6万亩、退耕还林23.5万亩、天然林保护52万亩、长江防护林保护18万亩，完成长江干流及主要支流10公里范围内废弃露天矿山修复，全市森林覆盖率提高到52.5%。黔江区、武隆区被授予国家生态文明建设示范区县称号，广阳岛获批国家“绿水青山就是金山银山”实践创新基地。全面落实长江十年禁捕，提

前完成长江流域重点水域退捕任务。

二是推动形成绿色生产生活方式。在全国率先发布“三线一单”实施意见，扎实推进绿色制造体系建设，大宗工业固体废物利用率保持在80%以上。加快推进企业、产业、园区绿色发展、循环发展，累计创建市级绿色工厂115家，其中国家级绿色工厂35家。大力发展新能源等清洁能源，清洁能源装机达到1035万千瓦，消纳清洁能源电量占全社会用电量的48%。垃圾分类工作积极推进。

三是完善生态文明体制机制。出台《重庆市河长制条例》，全覆盖建立市、区县、乡镇、村社四级河长体系，龙河丰都段成功创建全国示范河湖。圆满完成国家生态环境损害赔偿制度改革试行任务，累计赔偿金额达1.5亿元。中心城区列入全国“无废城市”建设试点。探索建立“碳汇+”生态产品价值实现机制，创新森林覆盖率指标交易和生态地票两大举措，入选国家首批生态产品价值实现十大典型案例。

（十）坚定不移保障和改善民生，人民群众获得感、幸福感、安全感不断增强。坚持以人民为中心的发展思想，顺应群众对美好生活的向往，尽力而为、量力而行，集中全力做好普惠性、基础性、兜底性民生建设，努力创造高品质生活

一是实施就业优先政策。出台支持企业复工复产和稳就业等60余条政策，精准帮扶受疫情影响的高校毕业生、农民工、退役军人等重点群体就业，新增城镇就业65.6万人，城镇调查失业率为5.7%。逆势成长的新业态新模式对就业的带动作用进一步显现，新认定新媒体运营与管理师等150余个特色职业。

二是提高社会保障水平。持续推进全民参保计划，基本医疗保险、城乡养老保险参保率巩固在95%以上。统筹实施住房保障，提供3.3万套公租房。完善社会救助和保障标准与物价上涨挂钩联动机制，累计向107万名低保对象、特困供养人员发放救助金65亿元，向13.7万名失业人员发放失业保险金10.9亿元。

三是提高公共服务水平。出台《重庆教育现代化2035》，公办园在园幼儿占比达到50%，义务教育城镇大班额基本消除。推进普通高考综合改革，启动高等学校重点学科和一流学科建设，现代化职业教育体系加快构建。依托成渝两地优质医疗资源联合创建国家医学中心，获批国家儿童区域医疗中心、国家中医疾病防治基地，启动4家公共卫生应急医院建设，医通、人通、财通“三通”紧密型医共体试点覆盖25个区县。实施全民健身公共服务体系提升行动计划，举办县级以上全民健身赛事活动超1170场。实施养老服务高质量发展八大行动，改造提升乡镇敬老院，推动社区居家养老服务全覆盖，全市养老床位数增至23万张。

四是及时解决社会高度关切的民生问题。健全民生实事工作机制，扎实推进15件民生实事落地见效，累计新增中心城区公厕733座，建成“劳动者港湾”660个，新增直饮水点750个。压实“米袋子”“菜篮子”责任制，开展粮食库存大清查问题整改“回头看”等专项行动，全面完成3.7万吨成品粮油增储任务，粮食、猪肉等民生商品供应充足，居民消费价格指数温和上涨2.3%。强化能源安全保障，优化煤电油气调度，新增三峡电入渝41亿千瓦时，最大电力供应能力超过3200万千瓦时，天然气、页岩气总产量增长9%，民生用气满足率达100%。开展食品安全放心工程十项攻坚行动，食品评价性抽检合格率达到98%以上。实施安全生产专项整治三年行动和高层建筑消防安全提升计划，改造72个小区、3.25万余户高层建筑供电安全设施，强化煤矿安全管理。

2020年是全面建成小康社会和“十三五”规划的收官之年，回顾过去五年，面对纷繁复杂

的国际国内形势，我们成功抵御了各种冲击挑战，重庆在国家战略格局中的地位日益凸显。全市综合实力显著提升，经济结构持续优化，地区生产总值达到2.5万亿元，人均地区生产总值超过1万美元。大数据智能化发展方兴未艾，“智造重镇”“智慧名城”加快建设。区域创新能力持续提升，全社会研发经费支出年均增长17.4%。“一区两群”空间布局优化，城乡区域发展更加协调，常住人口城镇化率达到68%。重点领域和关键环节改革取得突破性进展，内陆开放高地建设步伐加快，营商环境持续优化。污染防治力度持续加大，山清水秀美丽之地建设成效显著。脱贫攻坚目标任务如期完成，动态识别的190.6万农村贫困人口全部脱贫。就业、教育、医疗、社保、住房、养老等民生事业加快推进，文化事业和文化产业繁荣发展。社会治理体系更加完善，民主法治建设、平安建设成效明显。成渝地区双城经济圈建设开局良好，成渝地区发展驶入快车道。

成绩来之不易，成之惟艰。这是以习近平同志为核心的党中央统揽全局、把舵定向的结果。面对疫情带来的前所未有的艰巨挑战，以习近平同志为核心的党中央展现出强烈的使命担当和驾驭复杂局势的政治决断，坚持以人民为中心的发展理念，冷静从容、科学有序地开展工作部署，最大限度保护人民生命安全和身体健康，统筹疫情防控和经济社会发展取得巨大成果，发挥了最可靠的定盘星、主心骨作用。这是市委、市政府准确识变、科学应变、主动求变的结果。坚持从全局谋划一域、以一域服务全局，既谋当下之策又谋长远之计，对标对表党中央决策部署，加强战略谋划和政策统筹，在非常时期用非常之策、使非常之力、行非常之为，在多重挑战中赢得了先机、促进了发展，为全市“十四五”发展蓄势聚能，努力以自身工作的确定性应对外部形势的不确定性。这是全市各区县、各部门和广大干部群众顽强拼搏、艰苦奋斗的结果。面对疫情的巨大冲击，全市上下勠力同心、共克时艰，展现出良好的精神风貌、扎实的工作作风。各区县、各部门党政领导坚持守土有责、守土尽责，一级抓一级，层层抓落实。广大群众积极响应党和政府的号召，在各条战线上无私奉献，形成了众志成城、共促发展的强大力量。

市五届人大三次会议批准的2020年计划草案明确的32个指标中，能源消耗总量等7个约束性指标全部完成，25个预期性指标中有17个实现预期，特别是数字经济增加值增速逐年提高，规上工业企业利润结束了下滑态势，与民生相关的指标完成较好，人民群众的获得感、幸福感、安全感明显增强。

地区生产总值增速、新登记市场主体增速、服务业增加值增速、文化产业增加值增速、固定资产投资增速、社会消费品零售总额增速、服务贸易增速、全体居民人均可支配收入增速8个预期性指标未达到预期。一是受疫情影响，年初企业停工停产，群众居家隔离，投资、消费、贸易活动受限，导致一季度主要经济指标大幅下滑，虽然二、三、四季度经济呈恢复性增长，但全年经济增速仍然低于预期目标。二是宏观环境不稳定不确定性因素增多，内部需求较为疲软，企业投资意愿不足、能力受限，消费稳步回升压力较大。三是经济稳定增长的基础仍不牢固，产业发展能级整体不高，产业链供应链“断链”风险依然存在，科技创新支撑能力还不强，适应高质量发展的体制机制还不健全。

二、2021年国民经济和社会发展计划总体考虑

2021年是中国共产党成立100周年，是“十四五”时期的开局之年，也是开启全面建设

社会主义现代化国家新征程的关键之年。做好全市经济社会发展工作，要坚持从长期大势认识当前形势，紧紧抓住重要战略机遇期，保持高质量发展方向不动摇，确保经济运行在合理区间。

（一）宏观形势判断

2021 年，国际政治经济环境纷繁复杂，国内改革发展任务更加繁重，新冠肺炎疫情又增添了新的变数，虽然挑战前所未有，更具有复杂性、全局性，但机遇也前所未有，更具有战略性、可塑性，机遇大于挑战。

我市发展面临一系列老难题和新挑战。一是国际形势依然复杂严峻，主要经济体深度衰退，大国博弈加速国际政治经济格局深刻调整，逆全球化趋势加剧，影响经济循环。国际环境的深刻复杂变化，使我市经济社会发展面临的不稳定不确定因素增多。二是疫情变化仍是最大不确定因素，当前全球疫情还在持续蔓延，部分欧洲国家疫情明显反弹。随着经济活动加快恢复，我市零星散发病例和局部暴发疫情的风险始终存在。三是我国正处在转变发展方式、优化经济结构、转换增长动力的攻关期，“三期叠加”影响持续深化，国内外市场有效需求仍显疲软，经济下行压力仍然较大。四是我市高质量发展面临诸多困难挑战，产业能级和竞争力不强、创新发展能力较弱、城乡区域发展协调性不足、基础设施短板突出、绿色发展任务繁重、社会建设水平有待提升等老问题叠加疫情防控、提振内需、应对中美经贸摩擦、稳定产业链供应链等新挑战，保持经济稳定运行难度明显加大。

在看到经济运行中风险挑战上升的同时，更要看到我市发展面临的重大机遇。我们有以习近平同志为核心的党中央的坚强领导、习近平新时代中国特色社会主义思想的科学指引，特别是习近平总书记从战略和全局的高度为重庆发展把脉定向，给了我们最根本的遵循和指引，我们完全有信心、有实力、有举措保持经济平稳健康可持续发展。一是党中央作出构建以国内大循环为主体、国内国际双循环相互促进的新发展格局的战略布署，共建“一带一路”、长江经济带发展、新时代西部大开发、西部陆海新通道等国家战略深入推进，将带来诸多政策利好、投资利好、市场利好。二是国家为应对疫情冲击、恢复经济增长出台一系列支持政策，有助于更好地保护和激发各类市场主体活力。三是推动成渝地区双城经济圈建设，将充分激发结构性潜能，极大提振市场信心和社会预期，赋予更强劲的内生动力。四是新一轮科技革命和产业变革深入发展，有助于推动数字经济和实体经济深度融合，有利于我市抢占先机，培育形成竞争优势突出的现代产业体系。五是新一轮深层次改革和高水平开放纵深推进，有助于我市进一步打造国际合作和竞争新优势。六是 2017 年 7 月以来，全市上下聚焦高质量、供给侧、智能化，项目化、事项化、政策化推动三大攻坚战、“八项行动计划”落地见效，经过 3 年多的积势蓄能，将对未来发展释放较大的内需潜能和发展空间。七是党的十九届五中全会和市委五届九次全会提出的“十四五”和二〇三五年远景目标建议将极大提振全市上下干事创业的精气神。2021 年是“十四五”时期的开局之年，广大干部群众主动担当、积极作为的意识进一步增强，我市经济能够实现良好开局，展现新气象。

（二）总体要求

全面贯彻党的十九大、十九届二中三中四中五中全会精神和中央经济工作会议精神，增强“四个意识”，坚定“四个自信”，做到“两个维护”，进一步落实习近平总书记对重庆提出的营造良好政治生态，坚持“两点”定位、“两地”“两高”目标，发挥“三个作用”和推动成渝地区双城经济圈建设等重要指示要求，准确把握新发展阶段，深入践行新发展理念，积极融入新发展格局，切实担当新发展使命，坚持稳中求进工作总基调，以推动高质量发展为主题，以深化供给侧结构性改革为主线，以改革创新为根本动力，以满足人民日益增长的美好生活需要为根本目的，坚持系统观念，巩固拓展疫情防控和经济社会发展成果，更好统筹发展和安全，继续做好“六稳”工作、落实“六保”任务，科学精准落实宏观政策，努力保持经济运行在合理区间，坚持扩大内需战略，强化科技战略支撑，扩大高水平对外开放，确保经济健康发展和社会安全稳定，确保“十四五”发展开好局，确保成渝地区双城经济圈建设迈新步，以优异成绩庆祝中国共产党成立100周年。

（三）主要发展目标

为全面贯彻落实习近平总书记视察重庆重要讲话精神，对标“十四五”指标体系和高质量发展指标体系，2021年国民经济和社会发展计划指标在沿用2020年32个指标的基础上，新增万人发明专利拥有量、高新技术企业数量指标，进一步突出创新发展；新增“一区”与“两群”人均地区生产总值比值指标，进一步突出协调发展；新增亿元地区生产总值安全事故死亡率、粮食产量指标，进一步突出安全发展；取消减少农村贫困人口指标，所有建档立卡贫困人口已实现脱贫；取消城镇登记失业率指标，国家不再使用城镇登记失业率反映就业情况；将主城区空气质量优良天数指标调整为重庆市空气质量优良天数指标，国家扩大了我市纳入考核的空气质量监测点范围。36个指标中，亿元地区生产总值安全事故死亡率、重庆市空气质量优良天数、森林覆盖率、能源消耗总量、主要污染物排放下降幅度、单位地区生产总值能耗和二氧化碳排放量等7个为约束性指标，是政府履行公共职能必须达到的；其余29个为预期性指标，体现导向性。

综合考虑高质量发展这一根本要求，对标对表中央经济工作会议总体要求，按照底线思维、把握主动的原则，兼顾需要与可能、短期与长期，综合分析2021年国内外经济形势、宏观政策取向和经济增长支撑因素，提出全市经济增长预期目标6%以上。

——经济运行保持在合理区间。规上工业增加值增长6%以上，服务业增加值增长6%，农业增加值增长4%，固定资产投资增长6%，社会消费品零售总额增长7%，一般公共预算收入增长5%，进出口总值增长5%。

——科技支撑能力持续增强。高技术产业增加值占工业比重达到19.5%左右，高新技术企业数量超过4500家，战略性新兴产业增加值增长10%以上，全社会研发经费支出占地区生产总值比重超过2.15%。

——社会民生持续改善。全体居民人均可支配收入增长7%，新增城镇就业60万人左右，城镇调查失业率控制在5.5%左右，亿元地区生产总值安全事故死亡率降至3.5%左右。

（四）重大项目安排

2021年计划安排年度建设项目853个，总投资2.8万亿元，年度计划完成投资3530亿元；重大前期项目223个，总投资1.6万亿元；重大招商项目100个，总投资4349亿元。年度建设项目按以下五类安排：重大乡村振兴项目37个，总投资743亿元，年度计划完成投资144亿元；重大基础设施项目367个，总投资16908亿元，年度计划完成投资2040亿元；重大产业项目226个，总投资5814亿元，年度计划完成投资784亿元；重大民生项目111个，总投资977亿元，年度计划完成投资198亿元；重大区域协调发展项目 112 个，总投资 3832 亿元，年度计划完成投资 365 亿元。

三、2021 年实现国民经济和社会发展计划的重点工作

为确保国民经济和社会发展达到预期目标，2021 年要全面贯彻落实中央决策部署，在构建新发展格局上精准发力，既要在战略上布好局，也要在关键处落好子，扎实推进各项任务落实，在更好服务全国发展大局中加快自身发展。

（一）坚持不懈推进创新驱动发展，大力提升自主创新能力，切实释放发展潜力

坚持把创新作为引领发展的第一动力，抢抓新一轮科技革命机遇，瞄准突破关键核心技术尤其是“卡脖子”技术，深化新一轮全面创新改革试验，打造科技、教育、产业、金融紧密融合的创新体系，以科技创新和数字化变革催生新的发展动能。

一是加快建设西部（重庆）科学城。发挥好创新引领功能，紧扣“五个科学”“五个科技”，聚焦科学主题“铸魂”，面向未来发展“筑城”，联动全域创新“赋能”，打造宜居宜业宜学宜游的现代化新城。围绕综合性科学中心建设，加快推动科研院所、高校、企业等科研力量入驻，推动中国科学院重庆科学中心等项目开工，支持国科大重庆学院发展，加快建设超瞬态实验装置、长江上游种质创制大科学装置、国家应用数学中心和在渝高校科技创新中心，推进光大人工智能产业基地、中国电子信创产业园等产业项目。加快科学城创业园建设，高水平建设科学谷，争创国家“双创”示范基地。提速建设轨道交通、城际铁路、高速路网、穿山隧道，加快建设科学大道、科学会堂、科学公园等重点项目，着力打造国际学校、国际医院、国际社区，形成核心区空间布局和配套功能基本框架。

二是加快建设两江协同创新区。完善创新研发和产业生成体系，建设两江协同创新科技综合服务平台。瞄准新兴产业，加快建设开放式、国际化高端创新机构和平台。推动分布式雷达天体成像测量仪验证试验场、水土生物医药创新基地等项目建设，创建环国科大重庆学院创新生态圈。集聚高端研发机构，引育一批知名硬科技孵化器机构与技术转移示范机构。大力发展市场化股权投资基金，打造创投资本的活跃之地。争创国家知识产权运用和保护综合改革试验区，建好国家海外人才离岸创新创业基地。开工建设创新创业创造空间 100 万方，累计完工 120 万方。

三是加快提升创新平台。融合推进国家数字经济创新发展试验区和国家新一代人工智能创新发展试验区建设，实施空间互联网、纳米时栅传感器、轻量化材料等重大科技产业项目。打造高水平科技创新基地，建设一批产业创新中心、技术创新中心、制造业创新中心，加快轻量化材料工程研究院、高端数控机床研究院、国际免疫研究院等项目建设。支持重庆经开区依托中国智谷（重庆）科技园打造创新创业集群，璧山高新区建设科技创新小镇和创新生态社区，永川高新区建设生态科技城，荣昌高新区打造以食品、医药等消费品为主导的工业集群，铜梁、潼南、涪陵、大足、合川、綦江等创建国家级高新区，渝北创建国家级农业高新区。

四是加快培育创新主体。发挥各类高等院校、科研院所创新引领作用，引导推动产学研协同攻关，集中力量打好关键核心技术攻坚战。谋划建设大数据智能计算、长江上游生态保育与农业绿色发展等领域国家重点实验室，规划建设重庆大学科学中心、西南大学科学中心。实施引进科技创新资源行动计划，推进北京大学重庆大数

据研究院、中国检验检疫科学研究院西南分院、北京大数据先进技术研究院西南分中心等合作项目落地。实施企业研发机构倍增计划，推动区县普遍建立企业研发机构管理体系，全面推进企业研发机构建设，新建新型研发机构30家、市级制造业创新中心5家、市级企业技术中心50家以上，有研发机构的规上工业企业占比达到30%。制定优惠政策，鼓励大型领军企业联合上下游企业、高校、科研院所组建创新联合体。实施科技企业成长工程，力争高新技术企业突破4500家、科技型企业突破3万家。推动科技型企业发展壮大成为规模以上高新技术企业、独角兽企业和隐形冠军企业，培育一批具备深交所创业板和上交所科创板上市条件的科技企业。

五是加快引育创新人才。完善“塔尖”“塔基”人才政策，深入实施重庆英才计划、院士带培计划和博士后倍增计划，以核心产业链关键环节高技术人才为重点，开展海外高层次人才引进行动，选拔培养优秀科学家、名家名师综合领域人才，在人才评价、外籍人才引进等政策创新方面先行先试。持续推进高技能人才振兴计划，加快推进技能人才评价制度改革。围绕大数据智能化创新，增强高校学科设置针对性，建立基础研究人才培养长期稳定支持机制。实施产业人才攻坚专项行动，推动“一重点产业集群一人才政策”，集聚百万产业人才大军。深入实施“巴渝工匠2025计划”，大力发展技工教育，加快培养大批高素质劳动者和技术技能人才，建立与产业发展相匹配的技能人才培养体系。持续办好重庆英才大会、“一带一路”国际技能大赛，参加世界技能大赛，持续开展“重庆市杰出英才奖”评选表彰，唱响重庆英才品牌。

六是加快优化创新生态。加速发展环重邮等大学创新生态圈，引进培育一流科技企业孵化器，推进首台（套）重大技术装备示范应用，打造高水平创业孵化平台、专业技术服务平台和“一站式”公共服务平台。加大科技研发投入力度，落实研发准备金奖励、市级企业研发机构认定等科技政策。完善科创金融服务体系，大力推进债权融资、股权投资，壮大创投基金规模，推进知识价值信用贷款扩面放量。进一步完善激励机制和评价机制，健全以创新能力、质量、实效、贡献为导向的科技人才评价体系，完善充分体现创新要素价值的收益分配机制。落实好“军令状”制度和攻关任务“揭榜挂帅”等机制，开展赋予科研人员职务科技成果所有权或长期使用权改革。积极融入全球创新网络，以“一区多核”模式建设“一带一路”科技创新合作区和国际技术转移中心，积极筹备“一带一路”科技交流大会，办好重庆国际创投大会、全国物联网技术与应用大会。弘扬科学精神和工匠精神，加强科普工作，营造崇尚创新的社会氛围。

（二）牢固树立一盘棋思想和一体化发展理念，大力推动成渝地区双城经济圈建设，切实抓牢发展机遇

全面落实《成渝地区双城经济圈建设规划纲要》，聚焦“两中心两地”战略定位，集中力量办好自己的事情，同心协力办好合作的事情，唱好“双城记”，共建经济圈，努力在推进新时代西部大开发中发挥支撑作用，加快打造带动全国高质量发展的重要增长极和新的动力源。

一是推进一批合作平台和项目建设。加快推动万达开川渝统筹发展示范区建设，加强规划、政策、项目统筹，在产业发展、公共服务、生态环保等领域探索建立符合高质量发展要求的利益共享机制，推动渝东北川东北一体化发展。加快推进川南渝西融合发展试验区、川渝高竹新区、遂潼一体化发展先行区、明月山绿色发展示范带、泸永江融合发展示范区等平台建设。探索

共建产业园区，打造配套成渝、承接东部地区产业转移功能平台，共同建设一批具有国际竞争力的先进制造业集群。推动共建成渝工业互联网一体化发展示范区，构建全国领先的“5G+ 工业互联网”生态。建设川渝自贸试验区协同开放示范区，共建“一带一路”进出口商品集散中心，打造一体化大市场。共建中欧班列（成渝）号，开通往返主要港口的“水上穿梭巴士”和铁水联运班列。完善多层次轨道交通网络体系，科学规划干线铁路、城际铁路、市域（郊）铁路和城市轨道交通，加快实现成渝间 1 小时通达、铁路网覆盖 20 万以上人口城市。完善成渝地区双城经济圈公路体系，畅通对外高速公路通道，加快国家高速公路繁忙路段扩能改造，增强公路对客货运枢纽的集疏运服务能力。优化川渝电力资源配置，启动实施川渝特高压交流工程。

二是推进政策协同高效。建立健全一体化发展的政策举措，探索互利共赢的利益联结机制，支持遂宁与潼南、资阳与大足等探索一体规划、成本共担、利益共享的建设模式。推动经济区与行政区适度分离改革，开展跨区域合作平台试点。建立市场主导的产业协作机制，研究以市场化方式设立区域产业协同发展投资基金，推动区域产业统筹布局。完善川渝地区数据共享机制，促进跨区域政务数据资源共享。完善共建共享的公共资源配置机制，推动金融、能源、电信、医疗、卫生等跨行政区布局建设和高效服务，推动养老、失业保险无障碍转移接续和川渝异地门诊医疗直接结算。协同推动户籍管理服务政策创新，推动户籍便捷迁移、居住证互通互认，率先建立人口变化信息共享平台。推动“重庆英才服务卡”与“天府英才卡”对等互认，共同打造“智汇巴蜀”“才兴巴渝”人力资源品牌。培育发展电力现货市场和川渝一体化电力辅助服务市场。坚持一张负面清单管两地，有序推动环保标准统一，开展跨区域联合环境执法。

三是推进“一区两群”协调发展。聚焦把“一区”做大做强、把“两群”做优做特，着力推进“一区两群”协调发展机制和三个建设行动方案落地落实。出台重庆市国土空间总体规划（2020~2035 年），加快编制分区规划和区县国土空间规划，完善全市国土空间规划体系。健全主城都市区同城化发展机制，提升中心城区与主城新区一体化发展水平，强化科技创新、现代服务、先进制造、国际交往等高端功能，做靓长嘉汇、广阳岛、科学城、枢纽港、智慧园、艺术湾等城市功能新名片，重塑“两江四岸”国际化山水都市风貌，建设“轨道上的都市区”，引领带动中部历史母城、东部生态之城、西部科学之城、南部人文之城、北部智慧之城发展，支持各区县打造 1~2 个城市名片。推动渝东北三峡库区城镇群生态优先绿色发展，强化在三峡库区生态保护、“江城”特色城镇化发展、生态产业体系建设上的示范作用，打造“水系生态”最美岸线、“山系生态”最美林带，加快推进忠县甘井河、巫山大宁河、奉节朱衣河等 13 个生态调节坝工程，建设生态优先绿色发展示范区。推动渝东南武陵山区城镇群文旅融合发展，强化在筑牢生态屏障、促进文旅融合、联动武陵山区周边发展上的先行示范作用，支持武隆建设国际生态旅游目的地和区域生态旅游集散地，支持武隆、彭水、黔江、酉阳联动涪陵共建乌江画廊旅游示范带，建设具有山地特色和独特魅力的国家级文旅融合发展示范区。落实好“一区两群”区县对口协同发展政策，实施一批产业、交通、公共服务协作项目。优化国有资产布局，加大对“两群”支持力度。建好市域跨区县协作平台，推进“万开云”板块同城化、大足铜梁城乡融合发展、綦万一体化、长垫梁绿色经济走廊、武隆南川一体化发展示范区等试点示范。

四是推进新型城镇化建设。有序推进区县城城镇化补短板强弱项，推动垫江、忠县、彭水国家县城新型城镇化建设示范，推动农业转移人口就地就近城镇化，分类引导小城镇发展。强化“人地钱挂钩”配套政策激励，加大新增建设用地计划指标与吸纳落户数量挂钩力度，按照土地成片开发方案确定年度实施计划，组织实施片区综合开发。实施城市更新行动，启动30个城市老旧功能片区更新改造试点项目，实施832个老旧小区改造和2万户棚户区改造，大力推动街道中心、社区家园建设，完善小区基础设施和公共服务设施，统筹实施社区服务提升。实施15座骨干水厂新改建工程，推进14座垃圾焚烧发电厂建设，强化城镇污水有效收集处理，加快污水处理设施“厂网一体化”改革。持续提升城市品质，持续推进“两江四岸”治理，实施坡坎崖绿化美化工程，开展山城公园、山城绿道、山城步道等山城系列品牌建设，创建国家生态园林城市。精心打造长嘉汇大景区，全面推进长江文化艺术湾区建设，加快推进市规划展览馆迁建、重庆美术公园、重庆音乐半岛等一批重点项目，推进渝中母城历史文化保护，加快十八梯、金刚碑等传统风貌街区保护修缮。完善应急、防灾减灾、城市安全等设施体系，统筹沿江防洪排涝与城市建设试点，建设海绵城市、韧性城市。推进智慧城市建设，加快构建智慧化城市综合管理服务平台，深化大城细管、大城众管、大城智管，常态化推进“马路办公”。

五是全面推进乡村振兴。坚持规划引领，统筹镇乡规划和实用性村庄规划编制，分类推进村庄建设，保护传统村落和乡村风貌。巩固深化农村集体产权制度改革，扩面深化农村“三变”改革，深入推动“三社”融合发展，发展新型农村集体经济。完善帮扶政策措施和帮扶机制，争取一批区县纳入国家乡村振兴重点帮扶范围。深入实施“万企帮万村”行动，支持引导工商资本和金融资本入乡发展。实施乡村建设行动，完善乡村水、电、路、气、通信等基础设施，实施农村饮水安全“一改三提”，新改建“四好农村路”3000公里，实施乡村旅游水泥路油化改造试点，新建及改造农村电网10千伏线路1178公里、低压线路1159公里，有序推进农村危房改造，建立健全生活垃圾收运处置体系，持续推进农村污水治理和厕所革命。开展美好环境与幸福生活共同缔造活动，评比认定美丽庭院1万个。健全农业社会化服务体系，提高农村养老金标准和农村医保报销比例，推动城乡低保标准并轨。促进乡村自治德治法治有机结合，提升乡村善治水平。集聚乡村人才，实施高素质农民培育工程，增加优秀乡村文化产品和服务供给，提高农民科学文化素质，壮大在乡、返乡、入乡人才队伍。

六是推进城乡融合发展。构建城乡融合发展新机制，深化统筹城乡综合配套改革试验区建设成果，持续深化农村产权制度和要素市场化配置改革，打通城乡要素自由流动的制度性通道，加快形成工农互促、城乡互补、协调发展、共同繁荣的新型工农城乡关系。推进国家城乡融合发展试验区重庆西部片区建设，推进南岸等区县建设市级城乡融合发展先行示范区，指导各试验区围绕城乡要素高效配置、公共资源均衡配置、产业协同发展等重点领域开展试验示范，因地制宜探索城乡融合发展的路径，在全市率先建立起城乡融合发展的体制机制。加大城乡融合发展金融支持力度，整合各类基金资源，积极引导社会资本参与城乡融合发展。依托各类农业园区、特色小镇和小城镇等载体，谋划实施一批城乡融合重大项目，促进城乡要素跨界配置和产业有机融合，以点上突破，带动面上推进。协同推进成渝地区城乡发展一体化，建立重庆西部片区与成都西部片区两个国家城乡融合发展试验区改革联动机制，在规划布局、制度建设、项目安排等方面全域衔接、同频共振。

（三）多措并举振兴实体经济，大力建设现代产业体系，切实夯实发展基础

紧紧扭住实体经济不放松，把制造业高质量发展放在更加突出的位置，因地制宜发展战略性新兴产业，推动现代服务业做大做强，推进农业“接二连三”，加大招商引资力度，培育产业新增长点，提升产业链供应链现代化水平，着力构建现代产业体系。

一是着力推动制造业高质量发展。实施好产业基础再造工程，深入实施质量提升行动，加快传统产业转型升级，促进新兴产业茁壮成长，推动产业和产品向价值链中高端跃升。推动汽车产业加快向高端化、智能化、新能源化升级，扩大长安、金康、吉利等新能源汽车产销规模，推动比亚迪动力电池、金康三电、领巢9挡自动变速器、博世庆铃氢燃料发动机等项目建设，高标准建设车联网先导区。电子产业重点推动华润微电子12英寸功率半导体等项目落地，加快京东方第6代柔性显示面板、康佳半导体产业园、峰米激光电视等项目建设。装备制造产业重点推动装备产品主机成套化、精密化、智能化转型，加快推进三一西南智能制造基地、ABB迁建等项目，壮大工程机械、智能制造装备、轨道交通装备等产业规模。材料产业重点推动中铝高端制造、重钢技改、华峰尼龙等项目建设，大力发展高端有色合金、高性能合成材料、气凝胶等新材料。生物医药产业重点推动博唯重组蛋白疫苗、智翔金泰抗体药物、中元汇吉体外诊断产品、恺迪苏年产2万吨单细胞蛋白质等项目建设，加大超声医疗、数字化微创外科手术等重大医疗装备引育力度，推进重庆国际生物城发展。消费品产业重点实施“三品”行动，培育健康食品、精品服饰、特色轻工、美妆产品等领域品牌，推动华兴日用玻璃、万凯食品级高分子新材料、益海嘉里粮食加工、中国榨菜城、西部美谷等项目释放产能。统筹推进产业链供应链补齐短板和锻造长板，实施产业链供应链提升工程，全面推进“链长制”，建立产业链图谱。针对高端芯片、基础软件、传感器等薄弱环节，实施好关键核心技术攻关工程，增强关键产品配套能力。立足制造业部分领域先发优势，深入实施“大手拉小手”行动，打造一批“链主企业”。

二是着力推动数字经济和实体经济深度融合。推进数字产业化和产业数字化，构建“芯屏器核网”全产业链，集聚“云联数算用”全要素群，塑造“住业游乐购”全场景集，高水平打造“智造重镇”“智慧名城”。加快人工智能、云计算、区块链、数字内容、超算等新兴产业培育和发展，加快发展两江数字经济产业园、礼嘉智慧公园等数字产业平台，打造一批具有全国影响力的数字产业集群。实施制造业数字化转型行动，新推动实施1250项智能化改造项目，新认定10个智能工厂和100个数字化车间。完善工业互联网体系，加速区域和行业标识解析二级节点接入，引育一批综合型、专业型、特色型工业互联网平台，推动10个“5G+工业互联网”典型应用场景项目建设，培育10个二级节点。大力发展软件和信息服务业，建设两江软件园、渝北仙桃国际大数据谷、重庆数字经济（区块链）产业园、中国智谷（重庆）科技园、合川网络安全产业园、綦江信息安全谷等软件产业园，实施千家软件企业培育工程。丰富“数字重庆”云平台功能，推动全国一体化大数据中心枢纽节点和西部数据交易中心建设，建成中国移动边缘计算平台。升级新型智慧城市运行管理中心功能，建设智慧名城重点应用场景、中新国际数据通道创新应用场景，推动5G融合应用示范，拓展智慧

政务、交通、医疗、旅游等智能化应用。推动数据开放共享，加快培育数据要素市场，推动制定《重庆市大数据发展应用条例》，促进数据价值释放。

三是着力推动服务业高质量发展。聚焦现代金融、国际物流、高端商贸、文化旅游、大健康、法律、会计、设计等现代服务业，着力打造一批产业集聚区，推动生产性服务业向专业化和价值链高端延伸，推动生活性服务业向高品质和多样化升级。加快建设西部金融中心，有序推进中新金融市场互联互通，探索开展区域性股权市场制度和业务创新，深化绿色金融、金融科技、金融标准等创新试点，开展本外币合一账户体系试点，支持国家金融科技认证中心功能发挥，建设区域性金融科技监管信息平台，争取设立科创金融试验区。加快建设国际消费中心城市，深入推进消费升级行动计划，加快建设五大名城，实施国际消费集聚区建设、国际消费品牌集聚、国际消费营销推广等十大工程，大力发展首店经济、首发经济、夜间经济、假日经济，加快解放碑、观音桥、杨家坪、南坪、三峡广场、九宫庙等传统商圈提档升级，加快大坪、金州、嘉州、龙洲湾、两江国际商务中心等新兴商圈建设，提升长嘉汇滨江消费带、洪崖洞、十八梯、白象街、磁器口、较场口、九街等特色商业街区品质，打造国际消费示范集聚地。加快建设国际知名文化旅游目的地，制定推动旅游业高质量发展的政策举措，抓好“三峡库心·长江盆景”、世界温泉谷等重点文旅项目，推动创建一批国家级旅游度假区、国家全域旅游示范区、国家5A级旅游景区，打造世界大河歌会、中国长江三峡国际旅游节、渝东南生态民族旅游文化节等节会品牌，积极创建国家级旅游度假区、国家5A级旅游景区、国家全域旅游示范区。加快建设内陆国际会展名城，高标准办好智博会、西洽会等大型展会，培育2021年世界设计大会（重庆）暨首届重庆国际设计周等展会品牌。加快建设大健康产业融合发展示范区，大力发展生物医药、医疗器械、健康食品、健康养老等产业，培育一批国际化综合医院、中医医院、专科医院，支持石柱建设康养消费品特色产业示范基地。加快建设现代国际物流中心，大力发展多式联运、国际物流、供应链物流、智能物流、冷链物流、应急物流和枢纽经济，推进城乡物流配送体系建设，推动物流降本增效。

四是着力推动现代农业高质量发展。落实藏粮于地、藏粮于技战略，保障粮食安全和重要农产品供应，粮食产量稳定在108亿公斤以上。推进农业品种、品质、品牌建设，培育发展农业产业化龙头企业。加强种质资源保护和利用，加强种子库建设，增强优质种子供给能力，力争创建国家现代种业产业园。牢牢守住耕地红线，遏制耕地“非农化”、防止“非粮化”，规范“耕地占补平衡”。大力发展现代山地特色高效农业，培育壮大粮油、畜禽、柑橘、柠檬、榨菜、调味品等十大产业集群，推动特色产业由外延式扩张向内涵式提质转变。实施现代种业提升工程和“千年良田”建设工程，集中连片推动农田宜机化改造和高标准农田建设，加强粮食生产功能区、重要农产品生产保护区和特色农产品优势区建设。推进特色农产品精深加工，打造全球榨菜基地、柠檬基地、莼菜基地、竹产业基地、粮油肉食调味品等特色加工产业基地。深入实施“互联网+”农产品出村进城工程，高质量发展农产品电子商务，推动乡镇和行政村实现农村电子商务服务体系全覆盖。建设一批农产品仓储保鲜冷链物流基地，提高农产品冷藏保鲜能力和冷链流通率。建立健全农产品质量安全全程追溯体系，持续用力打造“巴味渝珍”“三峡”等区域公用品牌。加强农业科技研发，推广体制机制创新，积极创建国家农业高新技术产业示范区、国家农业科技园区，推进中国畜牧科技城、国家级重庆（荣昌）生猪大数据中心、西部中药材大数据发展中心建设。

（四）千方百计扩大内需，积极参与国内国际双循环，切实融入新发展格局

加快培育完整内需市场，完善扩内需的政策支撑体系，以创新驱动、高质量供给引领和创造新需求，增强消费对经济发展的基础性作用，发挥投资对优化供给结构的关键作用，加快推进贸易创新发展，着力探索融入新发展格局的有效路径。

一是进一步推动消费全面复苏。顺应消费升级趋势，实施“巴渝新消费”八大行动，提升消费品质能级，壮大服务消费，集聚发展高端品质消费。宣传推介外籍人士 144 小时过境免签政策及相应产品和服务，提升消费国际化水平。增加高品质进口商品，壮大进口商品消费。有序取消行政性限制消费购买规定。落实全面取消二手车限迁政策。开展新一轮汽车下乡和以旧换新，发展“互联网 + 废旧物资回收”新模式，加快完善二手车流通、报废机动车回收及废旧家电家具回收处理体系。提振餐饮消费，在督促餐饮行业抓好疫情防控的同时，鼓励企业弘扬传统特色，转变发展方式，打造“重庆火锅”“重庆小面”“中国烤鱼之乡”等特色品牌，促进产业转型升级和融合发展。坚决制止餐饮浪费，倡导“光盘行动”，完善促进餐饮节约和绿色发展的标准体系。充分挖掘县乡消费潜力，健全县乡村三级物流配送体系，加强县域乡镇商贸设施建设，提升农村商品和服务品质。推动实体商业加强数字化、智能化改造和跨界融合，积极发展智慧门店、自助终端、智能机器人等“无接触”零售，打造体验式消费场景。大力发展夜间经济，推进夜间经济集聚区建设，创建夜间经济示范区，打造夜间经济核心区，办好“不夜重庆生活节”。研究制定提升居民消费能力、增强居民消费意愿的政策举措，研究闲置厂房、办公用房等改为商业用途的支持政策，试点商圈和特色商业街负面清单制度，在有条件的街道允许开展“外摊位”“跨门经营”。合理增加公共消费，提高教育、医疗、养老、育幼等公共服务支出效率。

二是进一步抓好有效投资。实施基础设施高质量发展行动，推进传统基础设施和新型基础设施融合联动发展。推进交通强国建设试点，推动实施一批创新性、代表性、典型性重大交通工程。抓好“米”字型高铁网建设，持续实施高铁建设五年行动方案，按照“五年全开工、十年全开通”目标，提速渝万、渝昆、成达万、渝湘高铁重庆至黔江段等高铁建设，建成郑万高铁重庆段，启动成渝中线、渝西、渝宜高铁建设及重庆站改造，力争开工渝湘高铁黔江至吉首段，加快渝贵、兰渝、万黔高铁及安张铁路前期工作。加快航空枢纽网建设，加快江北国际机场 T3B 航站楼及第四跑道建设，建设一批城市候机楼，稳步推进万州机场航站楼扩建，完成黔江机场改扩建，推进重庆第二国际机场前期工作。实施长江朝天门至涪陵段 4.5 米水深航道整治，开工嘉陵江、乌江、涪江航道整治提升工程，加快万州新田港二期、涪陵龙头港、长寿港建设。实施轨道交通成网计划和 TOD 综合开发，抓好 186 公里续建项目建设，力争开工第四期项目 198 公里，通车里程达到 402 公里。启动中心城区与主城新区联通的城轨快线规划建设，推动东中西槽谷内部轨道交通加速成网，有序推进璧铜线、江跳线等线路建设，构建主城都市区轨道交通“1 小时通勤圈”。抓好公路网络建设，力争开工万州至达州等 6 个项目，加快建设合川至璧山至江津等 23 个续建项目，渝黔高速扩能项目等 6 个项目，

加快构建"三环十八射多联线"高速公路网。加快建设两江新区至长寿区快速通道等同城化通道，以及科学大道、科学城隧道、白居寺长江大桥等重要通道，建成水土大桥、礼嘉大桥、土主隧道等项目，增强节点交通转换能力和重要路段通行能力。全面推动能源产供销体系建设，加快实施"外电入渝"，推动"疆电入渝"、"川渝电网一体化"和新增三峡电入渝配额，加快重庆电厂环保迁建、蟠龙抽蓄、丰都栗子湾抽蓄、金山500千伏输变电工程、奉节风光水清洁能源、巫山清洁能源等项目建设，完善成品油管网互联互通工程，加快渝西天然气输气管网、铜锣峡、黄草峡地下储气库等项目建设。着力扩大农业农村有效投资，持续推进水源工程建设，加快推进"150"重大工程，加快渝西水资源配置工程和长江干流防洪工程建设。围绕数字经济、智能制造、生命健康、生态环保等重点领域，加大精准招商力度，扩大战略性新兴产业投资，扩大制造业设备更新和技术改造投资，加快京东方、华润微电子、华峰化工等项目投资放量。统筹好集成电路、电动汽车、新能源等新兴领域产业布局，不搞盲目投资和重复建设。加快新型基础设施建设，实施创新基础设施专项行动，有序提升城市公共充电桩、换电站覆盖能力，加快构建数字重庆云平台、城市综合服务平台、城市大数据资源中心"两平台一中心"城市智能中枢体系，升级扩容国家级互联网骨干直连点，优化提升中新（重庆）国际互联网数据专用通道性能，新建5G基站2.1万个，扩大千兆光纤接入网络覆盖面。

三是进一步稳定外贸外资。保持外贸外资政策连续性和稳定性，精准对接重点企业、重点产品和重点市场。做强一般贸易，提高汽车、摩托车、五金、轻工、特色农产品等优势出口产品附加值，推动国家外贸转型升级基地高质量发展，评选并培育一批市级外贸转型升级基地。做稳加工贸易，推进升级加工贸易示范区建设。巩固欧美、日韩等传统市场，开拓"一带一路"沿线国家和南美、非洲等新兴市场，建设"一带一路"进出口商品集散中心和中国（西部）东盟商品、农副产品冷链分拨中心，争取举办"一带一路"进出口博览会，力争对"一带一路"国家进出口占比提升至30%左右。全面深化服务贸易创新发展试点，着力创建中医药服务出口基地、数字服务出口基地，探索打造数字贸易内陆国际枢纽港。培育壮大总部贸易、转口贸易、跨境电商等外贸新业态，推进跨境电子商务综合试验区建设。争取设立国家进口贸易促进创新示范区。加大投资促进力度，用好智博会、西洽会、市长国际顾问团年会等平台，常态化开展线上招商、云上签约。实施央企、民企和外企入渝行动。实施新版外资准入前国民待遇加负面清单管理制度，升级外商投资全流程服务体系，建设外贸外资企业服务云平台，加强外商投资合法权益保护。用好渝企"走出去"服务港，支持企业"抱团出海"。

（五）更高起点推进改革开放，大力激发市场活力和社会创造力，切实增强发展动能

以建成高质量发展高品质生活新范例为统领，在全面深化改革和扩大开放中先行先试，着力构建高水平社会主义市场经济体制，实行高水平对外开放，努力在推进共建"一带一路"中发挥带动作用，推动改革和开放相互促进。

一是推进更深层次改革。着力打造市场化、法治化、国际化营商环境，深化"放管服"改革，全面实行政府权责清单制度，全面推行证明事项和涉企经营许可事项告知承诺制，推动"证照分离"改革区域和事项全覆盖。深入开展"互联网＋政务服务"，提升"渝快办""渝快

政”“渝快融”效能。出台推动优化营商环境条例和信用条例，完善社会信用体系建设，加快推进重庆市招商投资促进条例立法，强化知识产权保护，设立知识产权法庭。加快建设营商环境创新试点城市，探索形成可复制推广的制度创新成果。实施高标准市场体系建设行动，健全市场体系基础制度，推动要素市场化配置。实施好授权和委托用地审批权改革试点。启动全民所有自然资源资产所有权委托代理机制试点。继续抓好公共资源交易监管改革落实，大力推进公共资源交易信息化建设。推进财政核心业务一体化建设，更好运用绩效管理手段强化激励和约束，不断提升财政管理水平。稳步推进环境保护等领域财政事权和支出责任划分改革。强化投融资体制改革，综合运用政府购买服务、引导基金、PPP等多种模式，吸引社会资本增加投入，降低资本金比例。深入推进基础设施领域不动产投资信托基金（REITs）试点。加强金融监管，健全金融机构治理，提高上市公司质量，促进资本市场健康发展，提高金融服务实体经济的能力。深入实施国企改革三年行动，开展国资国企综合改革试验，健全现代企业制度，稳妥推进各层级企业混改。在商业类市属国企全面推行经理层成员任期制和契约化管理，选择3户企业开展市场化选聘职业经理人试点。优化民营企业发展环境，积极创建民营经济示范城市，持续开展民营经济综合改革试点，进一步放开重点领域市场准入，支持个体工商户发展，减轻企业税费负担，健全银行业金融机构服务民营企业体系，支持民营企业科技创新。依法平等保护民营企业产权和企业家权益，弘扬企业家精神，加快建设世界一流企业。

二是推进更高水平开放。夯实西部陆海新通道物流和运营组织中心地位，完善省际协商联席会议等合作共建机制，联合沿线企业共建跨区域综合运营平台公司，持续优化铁海联运、国际铁路联运、跨境公路班车三种运输方式，把西部陆海新通道打造成产业通道、物流通道、数据通道、人文通道。实施中欧班列集结中心示范工程，优化去回程线路及运力，促进线路向北欧市场延伸，推进运贸一体化建设。释放长江黄金水道运能，做强沿江综合立体通道，加密开行“渝沪直达快线”，大力发展江海联运和干支直达运输，实现渝甬铁海联运班列双向常态化开行。稳定开行渝满俄班列，设立境外集散分拨中心，提升通道辐射能力，丰富通道功能。着力构建国际航空枢纽，优化航线结构，拓展航空中转业务。统筹建设国际多式联运集疏系统，全面开展多式联运示范工程建设，加快建设重庆国际物流枢纽园区、航空物流园、果园港国际多式联运枢纽、南彭贸易物流基地、长寿物流枢纽等物流枢纽，探索推进多式联运“一单制”和铁路运单物权化。推进两江新区进一步做大做强，优先布局国家重大战略项目、试点示范项目，增强科技创新策源、高端产业引领、全球资源配置功能，加快创建内陆开放型经济试验区，加快打造内陆开放门户和智慧之城，努力成为高质量发展引领区、高品质生活示范区。打造自贸试验区“升级版”，加快构建适应高水平开放的管理体制和离岸账户体系，试行有利于促进跨境贸易便利化的外汇管理政策，构建投资贸易自由化便利化政策体系，持续深化陆上贸易规则探索。争取服务业扩大开放综合试点，推动科技、金融、电信等重点服务业领域放宽市场准入、改革监管模式、优化市场环境，重点打造西部（重庆）科学城、江北嘴—解放碑—长嘉汇金融核心区等服务业开放发展示范区。推动国家级经开区创新发展，推进万州综保区建设，加快永川综保区申报，建设国家级临空经济示范区。

三是推进更宽领域合作。深化国际合作交流，争取更多国际组织、商务机构、跨国公司、领事馆来渝设立机构，加快建设中西部国际交往中心。抓住用好区域全面经济伙伴关系协定签署和中欧完成投资协定谈判的机遇，主动参与全球产业链重塑，谋划实施重庆与东盟等经贸合作规划，全方位加强贸易投资、产业融合、平台共建等合作，建设更高水平开放型经济新体制。联动四川加强与京津冀协同发展、长三角一体化发展、粤港澳大湾区建设等重大战略互动对接，加强科技创新与科技联合攻关，重点围绕产业转移、供应链协作、“两新一重”等谋划实施一批重大合作项目，探索产业、交通、生态、基础设施、文化旅游等协同发展路径。推动中新互联互通项目走深走实，持续办好中新金融峰会，推动重庆企业到新加坡发行绿色债券，打造中新金融科技合作示范区实体产业园。谋划建设中新国际数据通道运营中心、监测平台，开展中新跨境服务贸易与跨境数据流动试点，推动万国数据重庆数据中心建成投用。推动重庆江北国际机场与新加坡樟宜机场全面合作，加快建设中新航空产业园。加快推进中新（重庆）互联互通多式联运示范基地建设。

（六）始终坚持生态优先绿色发展，大力建设山清水秀美丽之地，切实筑牢绿色发展本底

一以贯之学好用好“两山论”、走深走实“两化路”，坚决贯彻共抓大保护、不搞大开发方针，始终把生态保护修复作为发展的基本前提，守住自然生态安全边界，持续改善生态环境质量，努力在推进长江经济带绿色发展中发挥示范作用，形成人与自然和谐共生的格局。

一是以更大决心修复长江生态环境。编制重庆市国土空间生态保护修复规划，统筹山水林田湖草系统治理，建设市级重点生态保护修复资金项目储备库，策划并推动实施山水林田湖草生态保护修复重大工程。编制“十四五”筑牢长江上游重要生态屏障建设方案，统筹治水、建林、禁渔、防灾、护文，推动生态系统质量全面提升。全面推行林长制，科学开展国土绿化行动，扎实推进生态廊道建设，建设“两岸青山·千里林带”30万亩，完成800平方公里水土流失和400平方公里石漠化治理，力争全市森林覆盖率达到54%左右。开展全域土地综合整治试点，持续推进矿山生态修复和“四山”保护提升，巩固缙云山国家级自然保护区生态环境综合整治成果，规划建设南山城市山地公园。全面推进广阳岛片区开展长江经济带绿色发展示范，加快广阳岛生态修复二期、广阳湾生态修复，全力推进长江生态文明干部学院、长江模拟器等重点项目建设，打造广阳岛智创生态城项目。深化落实河长制，加快智慧河长建设，全面启动市级示范河流创建工作。打好长江“十年禁渔”攻坚战，严厉打击非法捕捞行为。深化开展三峡后续工作，重点实施一批三峡后续标志性重大项目，强化三峡库区地质灾害、蓄退水安全监测防范。

二是以更严标准改善生态环境质量。继续打好污染防治攻坚战，实现减污降碳协同效应。统筹抓好中央生态环保督察第一轮、第二轮反馈意见整改，适时启动第二轮市级生态环保例行督察，深化推进长江生态环境警示片披露问题整改。持续改善空气质量，抓好交通、扬尘污染防治，探索实施细颗粒物和臭氧污染协同控制，空气质量优良天数稳定在320天以上。加强区县大气污染联防联治，实施“一区一策”精细管控。接续实施污水乱排、岸线乱占、河道乱建“三乱”整治等专项行动，长江干流重庆段水质优良比例保持100%。全面推进次级河流全流域治理，推进污水处理提质增效三年行动，推进黑臭水体治理提升。强化土壤污染风险管控和修复，强化农业面源污染防治，大力实施农药化肥减量和农业生产废弃物资源化利用行动，加快推进垃圾焚

烧发电厂和厨余垃圾处理场建设，全面提升固体废物减量化、资源化、无害化水平，启动双城经济圈“无废城市”共建。

三是以更大力度推进绿色低碳发展。着力探索生态优先绿色发展新路子，深化绿色创新驱动，加快调整优化产业结构、能源结构，实施“三线一单”生态环境分区管控，大力推进绿色转型发展。推进绿色制造体系建设，实施一批绿色制造项目，创建绿色园区3个、绿色工厂50个，推进重点产业和重要领域绿色化改造，推动重庆经济技术开发区等加快建设国家绿色产业示范基地。积极有序发展可再生能源和新能源，优化用林、用地手续办理流程，出台重庆市可再生能源电力消纳保障实施方案。完善排污权、碳排放权等交易机制，编制二氧化碳排放达峰行动方案，扎实推进二氧化碳排放达峰行动，开展应对气候变化投融资试点，促进煤炭清洁高效利用。大力发展装配式建筑，培育配套产业，建设智慧建筑产业园等一批装配式建筑生产基地，城镇新建建筑中绿色建筑占比达到60%。加快发展生态循环农业，积极推广猪沼果（菜）、稻渔综合种养等生态循环模式。深入开展绿色生活创建行动，鼓励低碳出行，推行生活垃圾分类。

（七）全力以赴创造高品质生活，大力保障和改善民生，切实共享发展成果

坚持以人民为中心的发展思想，把实现好、维护好、发展好最广大人民根本利益作为发展的出发点和落脚点，尽力而为、量力而行，健全基本公共服务体系，扎实推动共同富裕。

一是持续巩固脱贫攻坚成果。落实“四个不摘”要求，保持现有主要帮扶政策、资金支持、帮扶力量总体稳定，有序扩大有关政策惠及面。健全防止返贫动态监测和帮扶机制，建立完善边缘乡镇、边缘村乡村振兴政策措施，确保脱贫户不返贫、边缘户不致贫。加快以山地农业、山地旅游为主导的特色产业发展，推动产业扶贫逐步转向产业振兴。优化完善农业保险以奖代补政策，优先支持脱贫地区开展特色农产品保险。支持脱贫地区在农村人居环境、小型水利、乡村道路、农田整治、水土保持、产业园区、林业草原基础设施等领域开展项目建设和管护时广泛采取以工代赈方式，推动脱贫人口多渠道就业。健全扶贫资金资产项目管理运营机制。深化拓展东西部协作，完善社会力量参与帮扶机制。以现有社会保障体系为依托，完善政策措施，研究农村低收入人口的认定条件和帮扶机制，兜住农村低收入人口、弱劳力半劳力民生底线。做好巩固拓展脱贫攻坚成果同乡村振兴有效衔接，分类调整优化，加强项目协调，坚决防止规模性返贫现象。总结深化深度贫困乡镇脱贫经验做法，做到点上可持续、面上可推广。

二是持续强化就业优先政策。做好重点行业、重点企业、重点群体稳就业工作，强化规模性失业风险防范和预警。深入实施离校未就业高校毕业生定制服务计划，通过扩大国有企事业单位招聘规模、应征入伍规模、就业见习规模等方式拓宽毕业生就业渠道，确保应届高校毕业生年底就业率保持在90%以上。利用现有园区建设一批返乡入乡创业园，大力发展新型农业经营主体，吸纳更多农民工就地就近就业。做好退役军人安置和就业保障。深入推进“渝创渝新”创业促进行动，新建一批双创示范基地，支持和规范基于共享经济、数字经济的新就业形态，鼓励扶持创业带动就业和灵活就业。加快推进公共就业创业服务标准化专业化建设，建立共享用工、就业保障等服务平台。加大职业技能培训力度，建立健全覆盖全民、贯穿终身的职业培训体系，针对新技术、新业态、新模式发展趋势和主导产业开展职业培训。强化困难就业人员就业援助，加

大残疾人、零就业家庭等困难群体就业帮扶力度，确保零就业家庭动态清零。

三是持续推动教育公平发展和质量提升。推动基础教育布局优化和质量提升，努力办好老百姓家门口的学校，全面推进学前教育普及普惠发展，加大公办幼儿园建设力度，完善小区配套幼儿园治理，大力扶持普惠性幼儿园发展。加快推进义务教育优质均衡发展，全面实施优质教育资源拓展行动计划，深入推进集团化办学、学区制管理、结对帮扶工作，切实加强乡村小规模学校和乡镇寄宿制学校建设。扩大普通高中资源供给，充分满足普通高中课程改革、高考改革、选课走班的需求，促进普通高中多样化有特色发展。完善职业技术教育体系，推进部市共建职业教育创新发展试点，支持符合条件的技师学院纳入高等院校序列，推进西部职教基地建设。实施高等教育卓越工程，实施一流专业和一流课程“双万”计划，推动“新工科、新医科、新农科、新文科”建设，积极引进更多国际国内知名院校，力争重庆大学和西南大学更多学科进入新一轮“双一流”建设名单，力争2~3所市属高校优势学科入选。支持高等院校在有条件的区县布局分校或分院。支持民办教育健康发展，规范校外培训机构。发展在线教育，完善终身学习体系。

四是持续提升公共服务水平。按照国家统一部署，加大收入分配政策调节力度，稳定居民收入预期。聚焦民生诉求，再谋划开展一批重点民生实事。深入推进全民参保计划，推广“一卡通”服务管理模式，持续扩大跨省异地结算范围，加快国家智慧医保实验室建设。深化医药卫生体制改革，实施健康中国重庆行动，创建国家医学中心，推进国家儿童区域医疗中心（西南）建设，提速实施一批市级重大医疗卫生项目。扎实开展爱国卫生运动，健全完善公共卫生服务体系，构建三级疾控网络，全面启动等级疾控中心建设，推进重大疫情救治基地和省级区域医疗中心建设，建设智慧疾控大数据平台。实施促进中医药传承创新工程，加快中医药基础设施建设，推进市级中医临床研究基地、中医药循证医学研究中心等建设。落实积极应对人口老龄化国家战略，强化“一老一小”保障。强化医疗与养老结合，持续推进社区居家养老服务全覆盖，加快推进实施农村失能特困人员集中照护工程、乡镇敬老院升级改造工程，加大对农村留守老人的关怀力度。建立由公租房等保障性租赁住房构成的住房保障体系，加快完善长租房政策，研究建设标志性人才公寓项目。加大土地供应对租赁住房倾斜力度，单列租赁住房用地计划，探索利用集体建设用地和企事业单位自有闲置土地建设租赁住房。整顿规范租赁市场秩序，合理调控租金水平。推进城乡救助服务统筹发展，不断完善低保渐退、分户、就业成本扣减等政策，全面推进“一门受理、协同办理”工作机制，将特困救助供养覆盖的未成年人年龄从16周岁延长至18周岁。推进文化事业发展，积极推进十大文化项目前期工作，开工建设重庆博物馆等城市人文地标，接续举办重庆艺术节、中华龙文化艺术节等重要节会，深化国有文艺院团改革，加强文化遗产和石窟寺保护利用，传承创新优秀传统文化，推进钓鱼城遗址和白鹤梁题刻申遗。推进体育事业发展，继续实施体育场馆免费或低收费开放等惠民工程，办好第六届市运会，提档升级智慧体育大会、体育产业博览会等平台，建设全民健身大数据中心，稳步推进大田湾体育场保护与利用工程，启动奥体中心综合馆、冰上运动馆等前期工作。建立健全覆盖城乡、便捷高效、均等普惠的公共法律服务体系，建设西部法律服务高地。

五是持续统筹发展和安全。加快完善立体化、信息化社会治安防控体系，深化拓展扫黑除恶专项斗争成果，实施打击暴力恐怖、新型网络犯罪和毒品犯罪专项行动。完善和落实安全生产责任制，开展大排查大整治大执法，加强矿山、危险化学品、高层建筑、建筑施工、交通、校园和旅游景区等重点领域安全监管，抓紧淘汰煤炭落后产能，持续降低重特大安全事故发生率。加强应急体系和应急能力建设，提高预防和处置突发事件的能力。落实“米袋子”党政同责和“菜篮子”负责制，加强粮食生产、加工、储备和流通能力建设，提高粮食和重要农副产品供给保障能力，保持物价总水平基本稳定。实施好煤炭中长期供需平衡方案，加强与陕煤集团等合作，建立长期稳定的合作机制，进一步促进电力等能源市场的保供稳价。实施食品安全战略，推进食品安全放心工程攻坚行动。强化药品安全突出问题治理，加强疫苗监管，推进首次药品进口检验机构建设。开展自然灾害风险普查，推进地质灾害防治体系建设，发展巨灾保险。突出抓好经济安全，加强经济安全风险预警、防控机制和能力建设，依法依规加强对平台企业的监管，坚决反对垄断和不正当竞争行为，有效应对企业债务违约、非法集资、工资拖欠、生态环境污染等风险。严密防范和严厉打击敌对势力渗透、破坏、颠覆、分裂活动。积极创建国家安全发展示范城市。

计划报告

附件(一)

表1　2020年国民经济和社会发展计划主要指标预期目标完成情况

序号	指标名称	2020年预期	2020年实际
1	地区生产总值增速(%)	6	3.9
2	农业增加值增速(%)	4左右	4.7
3	规上工业增加值增速(%)	6左右	5.8
4	战略性新兴产业增加值增速(%)	10以上	13.5
5	高技术产业增加值占工业比重(%)	20左右	19.1
6	数字经济增加值增速(%)	15左右	18以上
7	规上工业全员劳动生产率(万元/人年)	35以上	37.1
8	科技进步贡献率(%)	59左右	58.6
9	规上工业企业利润增速(%)	正增长	17.3
10	新登记市场主体增速(%)	14左右	9.4
11	服务业增加值增速(%)	6左右	2.9
12	文化产业增加值增速(%)	8左右	0.3
13	固定资产投资增速(%)	6左右	3.9
	其中：民间投资增速(%)	3.5左右	1.1
14	社会消费品零售总额增速(%)	7.5左右	1.3
15	进出口总值增速(%)	5左右	12.5
16	服务贸易增速(%)	10左右	-7.2左右
17	实际利用外资(亿美元)	100左右	102.7
18	全社会研发经费支出占地区生产总值比重(%)	2.1左右	2.1
19	非公经济增加值占地区生产总值比重(%)	62.5左右	69以上
	其中：民营经济占比(%)	52左右	59
20	一般公共预算收入增速(%)	-5.5左右(调整后)	-1.9
	其中：税收增速(%)	-8左右(调整后)	-7.2

续表

序号	指标名称	2020 年预期	2020 年实际
21	全体居民人均可支配收入增速（%）	8 左右	6.6
	其中：农村居民人均可支配收入增速（%）	8.6 左右	8.1
22	主城区空气质量优良天数（天）*	300 以上	333
23	森林覆盖率（%）*	51 以上	52.5
24	能源消耗总量增速（%）*	5.5	—
25	单位地区生产总值能耗下降（%）*	1.3	—
26	单位地区生产总值二氧化碳排放下降（%）*	1.9	—
27	主要污染物排放总量减少（%）*	—	—
	# 化学需氧量（%）	7.4	—
	# 二氧化硫（%）	22	—
	# 氨氮（%）	6.3	—
	# 氮氧化物（%）	18	—
28	减少农村贫困人口（万人）*	2.5 左右（剩余）	2.46
29	常住人口城镇化率（%）	67 以上	68 左右
30	新增城镇就业（万人）	60 以上	65.6
31	城镇登记失业率（%）	4.5 以内	4.5
	城镇调查失业率（%）	6 左右（调整后）	5.7
32	居民消费价格指数（%）	103.5 左右	102.3

注：①“*”为约束性指标，其他为预期性指标。

②“能源消耗总量增速”“单位地区生产总值能耗下降”“单位地区生产总值二氧化碳排放下降”“主要污染物排放总量减少”指标的 2020 年国家核准数据暂未公布。

③部分数据为初步统计数据，最终以统计部门公布数据为准。

计划报告

附件（二）

表 2　2021 年国民经济和社会发展计划草案

序号	指标名称	2020 年实际	2021 年预期
1	地区生产总值增速（%）	3.9	6 以上
	一、推动高质量发展		
2	农业增加值增速（%）	4.7	4
3	规上工业增加值增速（%）	5.8	6
4	战略性新兴产业增加值增速（%）	13.5	10 以上
5	高技术产业增加值占工业比重（%）	19.1	19.5 左右
6	数字经济增加值增速（%）	18 以上	15
7	“一区”与“两群”人均地区生产总值比值	1.84 : 1	1.83 : 1
8	规上工业全员劳动生产率（万元 / 人年）	37.1	36 左右
9	科技进步贡献率（%）	58.6	59.5 左右
10	规上工业企业利润增速（%）	17.3	6 左右
11	新登记市场主体增速（%）	9.4	12 左右
12	服务业增加值增速（%）	2.9	6

续表

序号	指标名称	2020 年实际	2021 年预期
13	固定资产投资增速（%）	3.9	6
	其中：民间投资增速（%）	1.1	2 左右
14	社会消费品零售总额增速（%）	1.3	7
15	全社会研发经费支出占地区生产总值比重（%）	2.1	2.15 以上
16	万人发明专利拥有量（件）	11.3	12 左右
17	高新技术企业数量（家）	4000	4500 以上
18	非公经济增加值占地区生产总值比重（%）	69 以上	70 左右
	其中：民营经济占比（%）	59	60 以上
19	一般公共预算收入增速（%）	-1.9	5
	其中：税收增速（%）	-7.2	6
20	常住人口城镇化率（%）	68 左右	69 左右
二、创造高品质生活			
21	全体居民人均可支配收入增速（%）	6.6	7
	其中：农村居民人均可支配收入增速（%）	8.1	8
22	新增城镇就业（万人）	65.6	60 左右
23	城镇调查失业率（%）	5.7	5.5 左右
24	居民消费价格指数（%）	102.3	103.2 以内
25	文化产业增加值增速（%）	0.3	8 左右
三、内陆开放高地建设			
26	进出口总值增速（%）	12.5	5
27	服务贸易增速（%）	-7.2 左右	由负转正
28	实际利用外资（亿美元）	102.7	100 左右
四、山清水秀美丽之地建设			
29	重庆市空气质量优良天数（天）*	333	320 以上
30	森林覆盖率（%）*	52.5	54 左右
31	能源消耗总量增速（%）*	—	—
32	单位地区生产总值能耗下降（%）*	—	—
33	单位地区生产总值二氧化碳排放下降（%）*	—	—
34	主要污染物排放总量减少（%）*	—	—
	# 化学需氧量（%）	—	—
	# 二氧化硫（%）	—	—
	# 氨氮（%）	—	—
	# 氮氧化物（%）	—	—
五、安全发展			
35	粮食产量（亿公斤）	108	108
36	亿元地区生产总值安全事故死亡率（%）*	4 左右	3.5 左右

注：①“*”为约束性指标，其他为预期性指标。

②“能源消耗总量增速”“单位地区生产总值能耗下降”“单位地区生产总值二氧化碳排放下降”“主要污染物排放总量减少”指标的2020年国家核准数据暂未公布，2021年目标以国家下达目标任务为准。

③部分数据为初步统计数据，最终以统计部门公布数据为准。

关于重庆市 2020 年预算执行情况和 2021 年预算草案的报告

——2021 年 1 月 21 日在重庆市第五届人民代表大会第四次会议上

重庆市财政局

各位代表：

受市人民政府委托，现将重庆市 2020 年预算执行情况和 2021 年预算草案的报告提请大会审查，并请各位政协委员提出意见。

一、2020 年财政工作情况

2020 年，面对突如其来的新冠肺炎疫情冲击，面对国际国内形势的深刻复杂变化，全市上下坚持以习近平新时代中国特色社会主义思想为指导，深入贯彻习近平总书记对重庆提出的营造良好政治生态，坚持“两点”定位、“两地”“两高”目标，发挥“三个作用”和推动成渝地区双城经济圈建设等重要指示要求，全面落实党中央决策部署，持续打好“三大攻坚战”，深入实施“八项行动计划”，全力以赴战疫情、战复工、战脱贫、战洪水，统筹推进疫情防控和经济社会发展，全市抗疫斗争取得重大战略成果，经济运行逐季恢复、稳定转好，全面建成小康社会胜利在望。全市财政认真贯彻市委决策部署，严格落实市五届人大三次会议预算决议和市人大财经委审查意见要求，坚持依法理财、科学理财、为民理财，稳步推进财政改革发展各项工作，为全市经济高质量发展与社会和谐稳定提供了有力支撑。

（一）主要财税政策落实和重点财政工作情况

第一，落实更加积极有为的财政政策，在应对新冠肺炎疫情冲击中发挥保障性作用。面对疫情带来的财政减收、艰巨繁重的复工复产任务和企业生产经营困难，持续加大财政逆周期调节力度，推动经济社会秩序稳步恢复。不折不扣落实增值税、房产税、城镇土地使用税、防疫物资进口关税等减免政策，执行阶段性减免养老保险费、医疗保险费和行政事业性收费等政策，全年预计新增减税超 200 亿元，新增降费超 350 亿元。兑现担保费补贴、周转金降费、贷款贴息、配套费缓缴、促进消费等政策，建立政府采购合同信用融资机制，帮助企业共渡难关，支持复工复产、复市复消，保市场主体、保产业链供应链稳定。围绕成渝地区双城经济圈建设、“一区两群”协调发展，创新政府投融资模式，做好“资金池”与“项目池”平衡对接，争取新增政府债券 1201 亿元，比上年增加 255 亿元，筹措市级以上财政资金 920 亿元，支持西部科学城、“两江四岸”核心区和高速铁路、高速公路、轨道交通等重大项目建设。优化财税奖补政策，加快高端研发机构引进、重点实验室建设，培育大数据、人工智能、工业互联网等战略性新兴产业，推动汽摩、电子等传统产业转型升级。

第二，支持打赢三大攻坚战，在落实重大决策部署中发挥支撑性作用。坚持优先保障、加大投入、强化监管，跑好全面建成小康社会“最后一公里”。围绕中央脱贫攻坚专项巡视“回头看”、国家脱贫攻坚成效考核反馈意见整改落实，安排市级以上扶贫专项资金55亿元，支持区县整合涉农资金103亿元，保障扶贫产业发展、贫困群众就业创业和基本生活，预留政府采购预算资金购买贫困地区农副产品4亿元，修订专项扶贫资金管理办法，完善扶贫资金监督管理制度体系，推进财政扶贫资金动态监管平台建设，全面实施扶贫资金绩效管理，有力推动了决战脱贫攻坚圆满收官。坚持生态优先、绿色发展，安排180亿元，推进广阳岛片区长江经济带绿色发展示范建设，加快三峡库区生态修复和千里林带建设，支持大气、水、土壤等污染防治，探索建立长江流域川渝跨省横向生态补偿机制，筑牢长江上游重要生态屏障。统筹促发展和防风险关系，采取发行再融资债券、债务展期重组等方式，优化政府债务期限结构，确保偿债资金不断链。严格落实债务违约风险管理机制，定期排查债务风险，严肃查处违规举债融资行为，坚决遏制隐性债务增量，守住债务风险管控底线。积极应对社保基金收支平衡矛盾，提高征地统筹费标准，采取竞争性存放、委托投资等方式，促进社保基金和职业年金保值增值，确保社保待遇及时足额发放。

第三，保障区县财政平稳运行，在兜“六保”促“六稳”中发挥基础性作用。面对疫情冲击，区县减收幅度较大，收支矛盾突出，坚持把保区县财政平稳运行作为做好“六稳”工作、落实“六保”任务的优先项，努力稳住全市经济社会发展基本盘。争取抗疫特别国债、特殊转移支付等中央直达资金409亿元，出台直达资金监督管理办法，加强资金分配、拨付、使用全流程监管，确保资金直达区县基层、真正惠企利民。建立区县预算审核、“三保”评估、专户调度等风险防控机制，13个重点关注区县“三保”财力补助增长30%，坚决兜牢区县“三保”底线。坚持政府过紧日子，区县参照市级做法，出台“紧日子”相关举措，大力压减非急需、非刚性支出，调整优化支出结构，为保障抗疫、抗洪、脱贫、教育、卫生、环保等重点支出腾出空间。

（二）落实市人大预算决议和服务代表委员情况

2020年，全市财政严格执行《预算法》《预算法实施条例》《重庆市预算审查监督条例》各项规定，依法接受市人大监督，主动服务代表委员履职，及时办理相关建议提案，不断提升服务代表委员工作的制度化规范化水平。

一是严格落实市人大预算决议。按照市五届人大三次会议决议的要求，认真执行各项财政收支预算，落实财税改革各项任务。出台市级支出项目预算标准管理办法，完善支出标准体系。完成绩效管理基础制度建设，推动绩效管理扩面提质，对29个项目绩效实施重点评价，资金规模约360亿元，较上年增长60%以上。出台应急救援、交通运输、教育等领域财政事权和支出责任划分改革方案。完成市级部门所属企业集中统一监管改革，加快推进机关事业单位内控制度建设、政府采购制度改革。灵活运用线上、线下监督平台，加强事前、事中、事后全过程监督，做好重大财税政策落实、财政业务管理、会计信息质量检查等监督工作，进一步严肃财经纪律，提高财会监督质量。

二是完善服务代表委员机制。制定《重庆市财政局服务市人大代表政协委员暂行措施》，邀请代表委员参加预算评审、绩效评价、监督检查，完善常态化服务代表委员机制。定期通过

《重庆财政》《财政工作信息》，向代表委员报送财政落实重大决策部署、预算收支执行、建议提案办理等工作情况，内容涉及疫情防控、复工复产、成渝地区双城经济圈建设、“三大攻坚战”等重点热点难点问题及推动情况，便于代表委员常态化了解、监督财政工作。

三是抓好代表建议、政协提案办理。财政部门高度重视代表委员们提出的宝贵建议和提案，把加强沟通联系作为办理建议提案的必要环节，通过电话、信函、座谈、调研等方式，与代表委员“一对一”谈问题，推动各项建议和提案的办理。2020年，市财政局办理建议、提案共641件（其中，主办57件、协办584件），推动解决了一批代表委员和群众们普遍关心的脱贫攻坚、减税降费、援企稳岗等方面的问题。

二、2020年预算执行情况

（一）一般公共预算执行情况

1. 全市一般公共预算

表1 2020年全市一般公共预算收支执行情况

单位：亿元

收入	执行数	支出	执行数
总计	5885	总计	5885
一、本级收入	2095	一、本级支出	4894
税收	1431	二、转移性支出	991
非税	664	上解中央	49
二、转移性收入	3790	地方政府债务还本支出	293
中央补助	2165	安排预算稳定调节基金	453
动用预算稳定调节基金	305	结转下年	196
调入资金	663		
地方政府债务收入	450		
上年结转	207		

——全市一般公共预算收入2095亿元，下降1.9%。其中，税收收入1431亿元，下降7.2%（扣除新增减税因素后，全市税收增长3.6%）；非税收入664亿元，增长11.9%。加上中央补助2165亿元、地方政府债务收入450亿元，以及动用预算稳定调节基金、上年结转、调入资金等1175亿元后，收入总计5885亿元。

——全市一般公共预算支出4894亿元，增长1%。加上上解中央49亿元、地方政府债务还本支出293亿元，以及安排预算稳定调节基金和结转下年等649亿元后，支出总计5885亿元。

2. 市级一般公共预算

表2 2020年市级一般公共预算收支执行情况

单位：亿元

收入	执行数	支出	执行数
总计	4009	总计	4009
一、本级收入	723	一、本级支出	1440
税收	471	二、转移性支出	2569
非税	252	上解中央	49
二、转移性收入	3286	补助区县	1735
中央补助	2165	地方政府债务还本支出	90
区县上解	192	安排预算稳定调节基金	259
动用预算稳定调节基金	242	地方政府债务转贷支出	346
调入资金	146	结转下年	90
地方政府债务收入	450		
上年结转	91		

——市级一般公共预算收入723亿元，下降6.3%，完成预算的103%。其中，税收收入471亿元，下降9%；非税收入252亿元，下降0.8%。加上中央补助2165亿元、地方政府债务收入450亿元，以及区县上解、动用预算稳定调节基金、上年结转、调入资金等671亿元后，收

人总计 4009 亿元。

——市级一般公共预算支出 1440 亿元，增长 5.9%，完成预算的 95%。加上补助区县 1735 亿元、地方政府债务转贷支出 346 亿元、地方政府债务还本支出 90 亿元，以及上解中央、安排预算稳定调节基金、结转下年等 398 亿元后，支出总计 4009 亿元。

（1）市级主要支出项目执行情况

——一般公共服务方面支出合计 61 亿元。其中，市级支出 61 亿元，下降 19.3%，完成预算的 95%。主要用于：保障党政机关、人大、政协和民主党派、群团组织正常运转及履行职能，促进监察监督能力建设。

——公共安全方面支出合计 114 亿元。其中，市级支出 101 亿元，下降 6.9%，完成预算的 94%；补助区县 13 亿元。主要用于：保障公安、检察、法院、司法等单位依法履职，保障政法部门执法办案、应急处置、基础装备、信息化建设，支持区县间法检单位支出保障水平均衡化，推动司法救助体系和公共法律服务平台建设，维护公共安全和社会公平正义。

——教育方面支出合计 230 亿元。其中，市级支出 122 亿元，增长 1.3%，完成预算的 93%；补助区县 108 亿元。主要用于：及时足额保障学前教育、义务教育、高中教育、职业教育、高等教育等各阶段生均公用经费和学生资助，支持各级各类学校改善办学条件。支持公办幼儿园建设，公办园在园幼儿占比达到 50%，义务教育城镇“大班额”基本消除，支持做好新高考综合改革基础条件保障，加大职业教育“双高”建设补助力度，推动高等学校“双一流”建设，落实教师工资待遇，推进乡村教师周转房建设，改善乡村教师住宿条件。

——科学技术方面支出合计 32 亿元。其中，市级支出 22 亿元，下降 27.2%，完成预算的 93%；补助区县 10 亿元。主要用于：支持西部科学城、国家人工智能创新试验区、环大学创新生态圈建设，兑现科技创新券、研发奖补、院所绩效激励等政策，支持创新主体培育、科技平台建设和改善创新生态环境。围绕人工智能、集成电路、新材料、大健康等领域“卡脖子”技术，推动一批重点研发项目和重大主题专项。培育青年科技人才和高层次科技人才团队，提高基础科学和前沿技术研究经费的占比。联合国家自然科学基金设立 2 亿元区域创新发展基金。

——文化旅游体育与传媒方面支出合计 22 亿元。其中，市级支出 15 亿元，增长 3.9%，完成预算的 91%；补助区县 7 亿元。主要用于：保障全市图书馆、文化馆、美术馆、乡镇文化站、社区（街道）文化中心及博物馆、纪念馆、体育场馆免费或低收费开放，支持实施惠民电影、戏曲进乡村、“书香重庆”全民阅读等文化惠民工程，推动文艺院团改革发展，支持重点文物、革命遗址和传统文化遗产保护、修缮和利用。实施文旅企业贷款贴息、电影纾困解难政策，支持文旅企业复工复产。开展“晒旅游精品·晒文创产品”活动，大力发展线上数字文旅消费，持续培育文化旅游消费新亮点。

——社会保障和就业方面支出合计 689 亿元。其中，市级支出 561 亿元，增长 10%，完成预算的 98%；补助区县 128 亿元。主要用于：落实各类就业创业补贴，支持高校毕业生、农民工、退役军人等重点群体就业。推进居家和社区养老服务全覆盖，按 5%增幅上调企业职工养老保险金，将城乡居民基础养老金人均每月提高 10 元。将城乡低保标准分别提高到每月 620 元、496 元，将城乡特困人员保障标准提高到每月 806 元，将集中供养和散居孤儿保障标准分别提高到每月 1456 元、1256 元。发放价格临时补贴 6.7 亿元，月均惠及 130 万困难群众。提高重点优抚对象抚恤和生活优待补助标准，落实部分退役士兵社会保险接续政策。支持残疾人、红十字等福利、慈善事业发展。

——卫生健康方面支出合计249亿元。其中，市级支出50亿元，增长31.2%，完成预算的83%；补助区县199亿元。主要用于：全力支持新冠肺炎疫情防控，对576名确诊患者免费救治，对230万人次核酸检测给予补助，落实1.7万名一线医务人员待遇政策，开辟政府采购应急绿色通道，全力保障医用口罩、医用防护服、呼吸机等防疫物资供应，推动发热门诊改造和应急医院建设。深化公立医院综合改革，推动医共体“三通”建设试点覆盖25个区县。深化医疗保障制度改革，提标城乡居民医保补助到每人每年550元，推进西南片区门诊医保直接结算，方便群众就医报销。实施重大公共卫生服务项目，加强艾滋病、结核病等疾病预防控制。保障健康中国重庆行动方案实施，不断完善健康服务体系。

——节能环保方面支出合计103亿元。其中，市级支出46亿元，增长16.7%，完成预算的98%；补助区县57亿元。主要用于：支持打赢蓝天、碧水、净土保卫战，持续削减大气污染物排放，开展重点流域水污染防治和饮用水源地保护，稳步推进土壤污染地块治理修复试点与示范。支持推进农村环境综合整治，补助290个行政村生活污水垃圾集中处理。支持节能减排，化解煤炭过剩产能，引导新能源汽车推广应用，支持可再生能源发展，加快绿色产业发展。支持退耕还林、石漠化治理。支持生态环境监管能力建设，推动环境检测、科研分析、应急处置及环保信息化等项目。认缴出资10亿元参与设立国家绿色发展基金，推动金融和社会资金增加污染防治和生态修复投入。

——城乡社区方面支出合计128亿元。其中，市级支出121亿元，下降18.8%，完成预算的80%；补助区县7亿元。主要用于：保障国土空间总体规划、“两江四岸”城市提升等专项规划编制。推动市级重点项目建设，支持城市道路、桥梁、隧道、山城步道建设，完善主城区次支路网、人行过街设施、公共停车场，打通未贯通道路，改善路网结构和交通微循环。深入开展特色小城镇环境综合整治，助推中国传统村落保护发展市级示范点建设和人居环境改善示范建设。

——农林水方面支出合计314亿元。其中，市级支出47亿元，增长36.2%，完成预算的97%；补助区县267亿元。主要用于：支持11个区县开展乡村振兴试验示范，集中打造国家级优势特色产业集群和现代农业产业园，推动建设高标准农田165万亩、新增高效节水灌溉面积50万亩、修复灾毁农田27万亩。稳步推进政策性农业信贷担保体系建设，出台市级优势特色农产品保险以奖代补政策，推动农业保险高质量发展。加快渝西水资源配置工程等一批大中型水库建设，加强对灾后水利薄弱环节建设项目支持力度，加大对智慧河长平台建设的支持力度，做好长江干支流综合治理、防洪及水旱灾害防御工作。支持推进国土绿化提升行动，推进缙云山生态环境整治。开展林长制工作，推进林业“三变”改革，探索“林票”制度实现路径。

——交通运输方面支出合计221亿元。其中，市级支出151亿元，增长15.3%，完成预算的100%；补助区县70亿元。主要用于：保障市级重点交通项目和行业履职能力建设，补助“四好农村路”、区县公路、水路、民航建设与维护，推进市级重点交通项目前期工作。支持中欧班列（渝新欧）、西部陆海新通道、长江水运等重要通道运行，助推打造国际物流枢纽。

——产业发展方面支出合计61亿元（资源勘探工业信息、商业服务业、金融、粮油物资储备四个科目之和）。其中，市级支出33亿元，下降 7.1%，完成预算的 94%；补助区县 28 亿元。主要用于：支持智能制造，举办线上智博会，实施 1201 个智能化改造项目。支持举办中新金融峰会和国际创投大会，深化金融对外开放。培育壮大战略性新兴产业，推动集成电路、5G、工业互联网、生物医药等重点行业发展。支持中小微企业降低融资成本，引导金融机构发放低利率创业担保贷款 87.8 亿元，同比增长 90%。给予中小外贸企业贷款贴息，发放消费券，促进消费市场恢复。支持粮库建设，优化粮食储备品种结构，全面保障抗疫防护物资、粮油、成品油、电煤、食盐、猪肉、糖等政策性物资储备，稳定市场供需。

——自然资源海洋气象等方面支出合计 37 亿元。其中，市级支出 22 亿元，增长 69.7%，完成预算的 91%；补助区县 15 亿元。主要用于：开展国土空间生态修复，支持土地资源利用与保护，开展耕地占补平衡与保护、农村土地整治。支持开展地质矿产资源调查和矿产资源利用与保护。

——住房保障方面支出合计 119 亿元。其中，市级支出 48 亿元，增长 86.2%，完成预算的 93%；补助区县 71 亿元。主要用于：支持农村危房改造、农村旧房整治，开展城市老旧小区改造提升试点，完善保障性安居工程配套基础设施。推进公租房配套建设扫尾工作，落实租赁补贴政策，保障低收入住房困难群体实现住有所居。支持住房租赁企业筹集房源、盘活闲置资产、规范化发展，保障房地产市场平稳健康发展。

——灾害防治及应急管理方面支出合计 30 亿元。其中，市级支出 10 亿元，增长 59.4%，完成预算的 100%；补助区县 20 亿元。主要用于：支持应急救援支撑体系建设、地质灾害防治体系建设，加强重大安全隐患治理，提高安全监管能力。保障洪水、干旱、地质灾害等自然灾害应急救援和人民群众生活补助，加强抗洪救灾物资供应，支持区县统筹推进应急处置、转移避险、抢险救援，加强监测预警、隐患排查、灾后重建等工作。

（2）市对区县转移支付预算执行情况

2020 年，市对区县转移支付共计 1735 亿元，占区县一般公共预算支出的 50%，其中：财力性转移支付 729 亿元，共同财政事权转移支付 628 亿元，专项转移支付 378 亿元。具体来看，主要是：安排 435 亿元用于补助教育、医疗卫生、社会保障等领域；安排 324 亿元用于补助农田水利、脱贫攻坚、生态保护等领域；安排 247 亿元用于补助交通运输、住房保障、产业发展等领域；安排 729 亿元财力性转移支付用于区域间基本公共服务均等化等方面。

2020 年初，市级预算稳定调节基金余额为 286 亿元。年度执行中，动用 242 亿元用于平衡预算缺口，并按照相关规定，通过统筹结转结余、零结转收回、基金调入等方式补充预算稳定调节基金 259 亿元。2021 年初，动用 174 亿元用于平衡预算缺口，预算稳定调节基金余额为 129 亿元。

2020 年市级预算安排预备费 21 亿元，动用 9.3 亿元，主要用于疫情防控、物资储备、临时价格补贴等；剩余 11.7 亿元按规定全部安排预算稳定调节基金。

（二）政府性基金预算执行情况

1. 全市政府性基金预算

——全市政府性基金预算收入 2458 亿元，增长 9.3%，其中，全市国有土地使用权出让收入 2202 亿元，增长 17.1%。加上中央补助 250 亿元、地方政府债务收入 1262 亿元、调入资金 9 亿元，以及上年结转 494 亿元后，收入总计 4473 亿元。

表3　2020年全市政府性基金预算收支执行情况

单位：亿元

收入	执行数	支出	执行数
总计	4473	总计	4473
一、本级收入	2458	一、本级支出	3134
其中：国有土地使用权出让收入	2202		
二、转移性收入	2015	二、转移性支出	1339
中央补助	250	调出资金	617
地方政府债务收入	1262	地方政府债务还本支出	221
调入资金	9	结转下年	501
上年结转	494		

——全市政府性基金预算支出3134亿元，增长29.5%。加上地方政府债务还本支出221亿元，以及调出资金和结转下年等1118亿元后，支出总计4473亿元。

2. 市级政府性基金预算

表4　2020年市级政府性基金预算收支执行情况

单位：亿元

收入	执行数	支出	执行数
总计	3050	总计	3050
一、本级收入	1153	一、本级支出	689
其中：国有土地使用权出让收入	1022		
二、转移性收入	1897	二、转移性支出	2361
中央补助	250	补助区县	984
区县上解	75	调出资金	135
地方政府债务收入	1262	地方政府债务转贷支出	905
调入资金	9	地方政府债务还本支出	53
上年结转	301	结转下年	284

——市级政府性基金预算收入1153亿元，增长2.7%，完成预算的111%，其中，市级国有土地使用权出让收入1022亿元，增长14.1%。加上中央补助250亿元、地方政府债务收入1262亿元，以及上年结转、调入资金和区县上解等385亿元后，收入总计3050亿元。

——市级政府性基金预算支出689亿元，下降7%，完成预算的80%。加上补助区县984亿元、地方政府债务转贷支出905亿元、地方政府债务还本支出53亿元，以及结转下年和调出资金等419亿元后，支出总计3050亿元。

从项目看，市级政府性基金主要用于：

——土地成本支出238亿元，用于土地收储、拆迁补偿和整治投入。

——城市基础设施建设项目支出223亿元，用于支持轨道交通环线、四号线、五号线、九号线和十号线等城市轨道建设，加快重庆西站市政配套道路、曾家岩嘉陵江大桥、数据谷北立交、渝黔复线连接道等项目建设，支持茶惠大道、大学城复线项目新开工，保障公租房建设债务偿还。

——交通基础设施建设项目支出227亿元，加快渝湘高铁、渝昆高铁、重庆东站建设，推进郑万高铁、渝万高铁、涪怀二线铁路项目，构建“米”字型高铁网络。推动奉建、大内、渝遂扩能等高速公路建设，支持城开高速、奉巫高速、渝湘高速扩能，增加高速公路出省通道。支持建成巫山机场、武隆机场，启动江北机场T3B航站楼和第四跑道建设。

（三）国有资本经营预算执行情况

1. 全市国有资本经营预算

——全市国有资本经营预算收入99亿元，下降25.2%。加上上年结转4亿元后，收入总计103亿元。

——全市国有资本经营预算支出52亿元，增长13.3%。加上调出资金45亿元、结转下年6亿元后，支出总计103亿元。

表5　2020年全市国有资本经营预算收支执行情况

单位：亿元

收入	执行数	支出	执行数
总计	103	总计	103
一、本级收入	99	一、本级支出	52
二、转移性收入	4	二、转移性支出	51
中央补助		调出资金	45
上年结转	4	结转下年	6

2. 市级国有资本经营预算

表6　2020年市级国有资本经营预算收支执行情况

单位：亿元

收入	执行数	支出	执行数
总计	41	总计	41
一、本级收入	40	一、本级支出	29
二、转移性收入	1	二、转移性支出	12
中央补助		调出资金	10
上年结转	1	补助区县	
		结转下年	2

——市级国有资本经营预算收入40亿元，下降36.9%，完成预算的99%，主要是市属重点企业上缴利润和国有企业产权转让收入。加上上年结转1亿元后，收入总计41亿元。

——市级国有资本经营预算支出29亿元，增长45.9%，完成预算的93%。加上调出资金10亿元、结转下年2亿元后，支出总计41亿元。主要用于国有经济产业结构调整和国企改革解决历史遗留问题等。

（四）社会保险基金预算执行情况

——全市社会保险基金预算收入1929亿元，下降1.3%。从资金来源看，财政补助681亿元，占比为35.3%。其中，基本养老保险基金收入1310亿元，基本医疗保险基金收入589亿元，失业保险基金收入18亿元，工伤保险基金收入12亿元。加上动用上年结余5亿元，收入总计1934亿元。

表7　2020年全市社会保险基金预算收支执行情况

单位：亿元

收入	执行数	支出	执行数
总计	1934	总计	1934
一、本年基金收入	1929	一、本年基金支出	1934
（一）基本养老保险基金收入	1310	（一）基本养老保险基金支出	1356
城镇企业职工养老保险	920	城镇企业职工养老保险	1040
城乡居民社会养老保险	80	城乡居民社会养老保险	62
机关事业养老保险基金	310	机关事业养老保险基金	254
（二）基本医疗保险基金收入	589	（二）基本医疗保险基金支出	510
城镇职工基本医疗保险	376	城镇职工基本医疗保险	313
城乡居民合作医疗保险	213	城乡居民合作医疗保险	197
（三）失业保险基金收入	18	（三）失业保险基金支出	47
（四）工伤保险基金收入	12	（四）工伤保险基金支出	21
二、动用上年结余	5		

——全市社会保险基金预算支出1934亿元，增长6%。其中，基本养老保险基金支出1356亿元，基本医疗保险基金支出510亿元，失业保险基金支出47亿元，工伤保险基金支出21亿元。历年滚存结余1798亿元。

（五）重点报告事项

1. 中央直达资金使用情况

2020年，全市争取中央新增直达资金409亿元，其中，特殊转移支付146亿元，主要用于支持区县兜牢“三保”底线，做好“六稳”工作、落实“六保”任务；抗疫特别国债171亿元，主要用于抗疫相关支出、公共卫生和物资储备基础设施建设，解决基层特殊困难；正常转移支付80亿元，主要用于支持基层运转、教育、社保等政策性增支；地方政府一般债券12亿元，主要用于脱贫攻坚、易地扶贫搬迁和疫情防控等。

2. 地方政府债务限额及余额情况

2020年，经国务院批准，财政部核定我市政府债务限额7542亿元，其中，一般债务限额3086亿元，专项债务限额4456亿元。年末全市政府债务余额为6799亿元，在核定限额之内，按类型分，一般债务余额2679亿元，专项债务余额4120亿元；按级次分，市级债务余额2086亿元，区县级债务余额4713亿元；按财政部政府债务风险评估办法计算，我市2020年底政府债务率为85%，低于警戒线，风险总体可控。

2020年，全市发行政府债券1696亿元，其中，新增债券1201亿元，再融资债券495亿元。新增债券主要用于：安排544亿元用于市政和产业园区建设；安排276亿元用于铁路、轨道等交通基础设施；安排114亿元用于保障性住房，安排196亿元用于教科文卫等社会事业，安排71亿元用于生态环保、农林水利等。

2020年，全市政府债务还本付息支出722亿元。其中，市级政府债务还本付息支出210亿元；区县政府债务还本付息支出512亿元。

各位代表，2020年是“十三五”收官之年，全市财政运行总体平稳，财政改革发展各项工作取得积极进展，有力地推动了经济持续健康发展与社会和谐稳定。这是习近平新时代中国特色社会主义思想科学指引的结果，是认真贯彻中央和市委重大决策部署的结果，是市人大、市政协以及代表委员们监督指导的结果。回顾“十三五”，面对严峻复杂的国际形势、艰巨繁重的改革发展任务，在市委的坚强领导下，全市财政主动作为、迎难而上，大力实施积极的财政政策，充分发挥财政职能作用，为全市经济社会持续健康发展提供了有力支撑。

——五年来，减税降费政策效应充分发挥。通过制度性安排与阶段性政策协同、普惠性减税与结构性减税并举，不折不扣落实全面推开“营改增”、深化增值税改革、个人所得税改革、小微企业普惠性减税、降低社保费率等系列政策，“十三五”期间全市累计减税降费规模超1800亿元，以短期财政收入的“减”换长期发展势能的“增”，有效减轻企业负担、激发市场活力、提升居民消费能力。

——五年来，重大决策部署得到有力保障。围绕成渝地区双城经济圈建设、“一区两群”协调发展，深入实施“三大攻坚战”、“八项行动计划”，完善“资金池”与“项目池”对接机制，统筹一般公共预算、政府性基金和政府债券，加强“资源、资产、资金”管理，2016年以来，筹集市级以上资金约2700亿元，保障了高速铁路、轨道交通、重大水利等基础设施建设，支撑了生态环保、脱贫攻坚等重大决策部署落实。

——五年来，基本公共服务均等化水平有效提升。坚持一般公共预算的80%左右用于民生，办好普惠性、基础性、兜底性民生实事。学前教育普惠率达到88.3%，基本养老保险、医疗保险参保率稳定在95%以上，城乡低保、特困、孤儿等困难群体救助标准逐年提高，居家和社区养老服务能力逐步提高，城乡区域间基本公共服务水平更趋均衡。

——五年来，政府债券发行管理成效显著。坚决贯彻落实中央决策部署，规范政府举债融资渠道，创新政府举债融资机制，健全政府债券发行管理制度，稳步推进政府债券发行、使用、监管和公开等各项工作，全市累计发行政府债券7668亿元，期限结构不断优化，债务利率明显降低，有力保障了国家和市级重大项目资金需求，缓释了到期政府债务还本压力。

——五年来，现代财政制度的框架基本建立。财税体制改革纵深推进，预算管理更加科学规范，零基预算、零结转、公开评审等制度持续深化，绩效管理改革、政府会计制度改革全面实施。财政事权与支出责任划分、转移支付改革、税制改革、部分国有资本划转充实社保基金有序推进。市级部门所属企业集中统一监管、流域生态补偿等改革有效落实，财政治理效能不断提升。

同时，我们也清醒地认识到，当前财经形势依然严峻复杂，财政工作还面临一些问题和挑战：一是受新冠肺炎疫情、经济下行和产业结构调整等因素的影响，我市财政收入面临较大不确定性，预计“十四五”期间，税收收入增速将呈中低速增长态势，新增可用财力有限。二是推动成渝地区双城经济圈建设、“一区两群”协调发展，支持广阳岛、科学城、“两江四岸”核心区和高铁、高速、轨道等重大项目建设，落实人员待遇、教育、卫生、社保等民生增支政策，都需要加大财政投入，财政收支矛盾更突出、平衡压力更大。三是“十四五”期间，一些区县将进入偿债高峰期，政府债务还本付息负担重，举债空间收紧，加之土地收入下降、偿债来源减少，债务风险不容忽视。同时，一些区县支出结构不合理，“三保”运行存在潜在风险。随着人口老龄化加剧，社保基金减收增支压力加大，失业、工伤保险结余几乎耗尽，医疗保险结余低于要求。四是一些部门资金闲置低效等现象时有发生，过“紧日子”的氛围还不够浓，部分项目支出绩效不高，绩效理念尚未牢固树立，与建立现代财政制度、财政治理能力现代化的要求还有差距。

三、2021 年工作安排

2021 年是实施“十四五”规划、开启全面建设社会主义现代化国家新征程的第一年，做好财政经济工作意义重大。当前，疫情变化和外部环境存在不确定性，但是经济长期向好的基本面没有改变，预计 2021 年财政收入将呈恢复性增长态势。全市财政将认真贯彻中央和市委决策部署，落实市人大决议，科学研判财政形势，合理编制财政预算，系统谋划财政工作，积极推动经济持续健康发展与社会和谐稳定，努力开创财政改革发展新局面。

（一）2021 年预算编制的指导思想

2021 年预算编制和财政工作，坚持以习近平新时代中国特色社会主义思想为指导，全面贯彻党的十九大和十九届二中、三中、四中、五中全会精神，深入贯彻习近平总书记对重庆提出的营造良好政治生态，坚持“两点”定位、“两地”“两高”目标，发挥“三个作用”和推动成渝地区双城经济圈建设等重要指示要求，准确把握新发展阶段，深入践行新发展理念，积极融入新发展格局，切实担当新发展使命，坚持稳中求进工作总基调，以推动高质量发展为主题，以深化供给侧结构性改革为主线，以改革创新为根本动力，以满足人民日益增长的美好生活需要为根本目的，巩固拓展疫情防控和经济社会发展成果，统筹发展和安全，扎实做好“六稳”工作、全面落实“六保”任务。积极的财政政策要提质增效、更可持续；加强财政资源统筹，保持适度支出强度，加大优化支出结构力度，增强重大战略任务财力保障；坚持艰苦奋斗、勤俭节约、精打细算，全面落实党政机关要坚持过紧日子的要求；加快建立现代财税体制，强化预算约束和绩效管理；加强地方政府债务管理，抓实化解地方隐性债务风险工作，确保“十四五”开好局、起好步，以优异成绩庆祝建党 100 周年。

(二)2021 年重点工作

一是抓好“开源”，多渠道筹集财政资金。落实减税降费政策，降低企业生产经营成本，激发市场主体活力，扶持大数据智能化等战略性新兴产业发展，培育税源新增长点。统筹土地供应规模、结构和时序，加快重点区域优质地块出让，增加土地出让净收益。通过加大公租房商业门面、轨道交通上盖物业、国有企业股权等优质资产和资源的盘活力度，从存量政府资产中挖掘潜力，为持续发展争取财力空间。围绕新一轮西部大开发、推动长江经济带发展、成渝地区双城经济圈建设等重大战略，用好地方政府债券，积极争取中央财力性转移支付和各类专项转移支付。

二是抓好“节流”，坚持政府过紧日子。加快推动“紧日子”的精准化、制度化，通过对支出标准的审核，对不合理支出予以精准压减。下更大力气优化支出结构，严把预算支出关口，深挖节支潜力。完善绩效评价结果与预算安排挂钩机制，提高资金使用效益。继续深化政府投融资改革，充分发挥重发、重铁等公司投融资作用，用好政策性贷款等金融资源，综合运用 TOD、PPP 等多种模式，吸引社会资本和市场主体增加投入。

三是抓好“保重”，稳投资兜底线。坚持把“保工资、保运转、保基本民生”摆在优先位置，加大对困难区县转移支付力度，及时兑现养老、困难群众救助等提标政策。支持成渝地区双城经济圈建设、“一区两群”协调发展，做好“资金池”与“项目池”对接平衡，保障“两江四岸”核心区、广阳岛绿色示范、西部科学城和高速铁路、城市轨道、高速公路等重大项目建设。

四是抓好“增效”，持续深化财政管理改革。深入推进预算绩效管理，健全完善绩效指标和标准体系。全面推进预算管理一体化改革，规范和统一预算管理业务流程、管理要素、控制规则，以信息化推进财政治理现代化。完善支出标准体系，建立标准应用和调整机制。稳步推进生态环境、公共文化、自然资源等领域财政事权和支出责任划分改革。继续深化政府采购制度、行政事业性国有资产管理改革。

五是抓好“风控”，守住财政风险底线。持续优化政府债务期限结构，做好债务风险评估及预警工作，定期开展债务违约风险排查，强化违规举债追责问责，指导区县规范开展债务展期重组，确保到期债务足额偿还。健全完善工资专户制度，坚决兜牢“三保”底线，督促区县优化支出结构，腾退资金重点保障人员待遇、教育、卫生、社保等民生领域支出。加强与全国社保基金合作，委托养老保险基金投资运营，研究出台社会保障费管理政策，继续推进划转部分国有资本充实社保基金工作，增强社保基金可持续性。加强财政监督，严肃财经纪律，推进机关事业单位内控制度建设。

(三)2021 年主要支出政策

1. 支持科技自立自强，推动创新发展和产业升级

坚持把科技作为财政支出重点领域，加大科技创新人才、平台、环境等领域的投入，加大科技金融支持力度，加快推动西部科学城建设，支持两江协同创新区发展，推动高新区、经开区和各类产业园区创新转型。运用科技研发补助、股权投资奖励、科研贷等手段，支持中新数据通道、5G、工业互联网等新型基础设施建设，大力扶持大数据、人工智能等战新产业加快发展，支持构建“芯屏器核网”全产业链、聚集“云联数算用”全要素群、塑造“住业游乐购”全场景集，加快现代服务业做大做强，推动产业链供应

链优化升级。

2. 落实重大发展战略，推动城乡区域协调发展

加快推动成渝地区双城经济圈建设，深化川渝财政合作，创新政府投融资模式，支持基础设施互联互通、产业发展协同协作、生态环保联建联治、改革开放共促共进、城乡建设走深走实、公共服务共建共享，打造有实力、有特色的双城经济圈。落实差异化财税扶持政策，支持构建“一区两群”协调发展格局，着力提升主城都市区发展能级和综合竞争力，梯次推动主城新区和中心城区功能互补和同城化发展，扎实推进渝东北三峡库区城镇群生态优先绿色发展、渝东南武陵山区城镇群文旅融合发展，加快形成优势互补、高质量发展的区域经济布局。

3. 完善财政支农政策，支持全面推进乡村振兴

加大“三农”财政投入，转变财政支农方式，加强预算绩效管理，用好财政贴息、先建后补、以奖代补以及股权化改革等政策工具，引导和撬动社会和金融资本，支持发展现代山地特色高效农业，加快美丽乡村、高标准农田、村级小型公益设施、人居环境整治等项目建设。落实“四个不摘”的要求，保持财政主要支持政策和资金规模总体稳定，支持脱贫区县乡村产业提档升级，促进脱贫人口稳定就业，强化易地搬迁后续扶持，实现巩固拓展脱贫攻坚成果同乡村振兴有效衔接。

4. 优化财政资源配置，保障重大基础设施建设

加大一般公共预算、政府性基金和政府债券统筹力度，盘活“资源、资产、资金”，拓宽投融资渠道，用好用足项目资本金政策，支持构建“米”字型高铁网、航空枢纽网、航运网、“850+”城市轨道交通网、高速公路网、城市路网，以及能源、水利网。合理划分政府与市场边界、市与区县支出责任，发挥财政资金撬动作用，推进“两江四岸”治理提升，加快长嘉汇大景区、长江文化艺术湾区、长江音乐厅、美术公园等重大项目建设。

5. 落实绿色发展理念，推动生态环境持续改善

盘活土地资源，拓展筹资渠道，支持广阳岛片区长江经济带绿色发展示范建设，加快广阳岛生态修复二期、广阳湾生态修复，打造“长江风景眼、重庆生态岛”。保持投入强度，继续打好污染防治攻坚战，支持大气污染综合治理、三峡库区水污染联合防治、土壤污染风险管控和修复，深入推进农业农村污染治理。加大财政投入力度，支持山水林田湖草系统治理，推动“两岸青山·千里林带”工程，筑牢长江上游重要生态屏障。

6. 支持保障和改善民生，稳步提高基本公共服务水平

坚持尽力而为、量力而行，加强基本民生保障。落实就业优先政策，统筹用好就业创业奖补政策，加大对重点群体就业的帮扶力度，推动稳住就业基本盘。按照“两个只增不减”的要求，持续加大财政教育投入，支持改善各阶段办学条件，落实家庭经济困难学生资助政策。强化公共卫生财政保障体制机制，落实新冠肺炎疫苗接种政策，推动建设公共卫生重大疫情防控救治体系和应急物资保障体系。兑现养老、医疗、困难群体救助等各项人员提标政策，稳步提高社会保障水平。支持农村危旧房、城市老旧小区改造，继续开展住房租赁市场发展试点。

上述支出政策中，涉及预算草案批准前必须安排的人员、基本运转等支出，按照《预算法》第五十四条规定，已作相应安排。

四、2021年预算草案

（一）一般公共预算草案

1. 全市一般公共预算

表8 2021年全市一般公共预算收支平衡情况

单位：亿元

收入	执行数	支出	执行数
总计	5491	总计	5491
一、本级收入	2200	一、本级支出	4767
税收	1517	二、转移性支出	724
非税	683	上解中央	61
二、转移性收入	3291	地方政府债务还本支出	663
中央补助	1670		
动用预算稳定调节基金	306		
地方政府债务收入	644		
调入资金	475		
上年结转	196		

——全市一般公共预算收入预计2200亿元，增长5%，其中，税收收入预计1517亿元，增长6%。全市一般公共预算收入加上中央提前下达转移支付、地方政府债务收入、动用预算稳定调节基金、调入资金等3291亿元后，收入总计5491亿元。

——全市一般公共预算支出安排4767亿元，加上上解中央及地方政府债务还本支出724亿元后，支出总计5491亿元。

2. 市级一般公共预算

表9 2021年市级一般公共预算收支平衡情况

单位：亿元

收入	执行数	支出	执行数
总计	3519	总计	3519
一、本级收入	760	一、本级支出	1571
税收	500	二、转移性支出	1948
非税	260	上解中央	61
二、转移性收入	2759	补助区县	1224
中央补助	1670	地方政府债务还本支出	95
区县上解	103	地方政府债务转贷支出	568
动用预算稳定调节基金	174		
地方政府债务收入	644		
调入资金	78		
上年结转	90		

——市级一般公共预算收入预计760亿元，增长5%，其中，税收收入预计500亿元，增长6%；非税收入260亿元，增长3%。加上中央提前下达转移支付、动用预算稳定调节基金、调入资金、区县上解、地方政府债务收入等2759亿元后，收入总计3519亿元。

——市级一般公共预算支出安排1571亿元，加上市对区县转移支付、上解中央、地方政府债务还本支出、地方政府债务转贷支出等1948亿元后，支出总计3519亿元。

3. 市级主要支出项目预算安排

——一般公共服务支出安排130亿元。

——公共安全支出安排102亿元，补助区县9亿元。

——教育支出安排127亿元，补助区县94亿元。

——科学技术支出安排26亿元，补助区县4亿元。

——文化旅游体育与传媒支出安排16亿元，补助区县2亿元。

——社会保障和就业支出安排505亿元，补助区县103亿元。

——卫生健康支出安排187亿元，补助区县51亿元。

——节能环保支出安排45亿元，补助区县30亿元。

——城乡社区支出安排106亿元，补助区县4亿元。

——农林水支出安排23亿元，补助区县189亿元。

——交通运输支出安排140亿元，补助区县14亿元。

——产业发展等支出安排37亿元，补助区县19亿元。

——自然资源海洋气象等支出安排21亿元，补助区县9亿元。

——住房保障支出安排46亿元，补助区县33亿元。

——灾害防治及应急管理支出安排7亿元，补助区县4亿元。

——预备费安排25亿元。

——债务付息、债务发行费等其他支出安排24亿元。

（二）政府性基金预算草案

1. 全市政府性基金预算

表10 2021年全市政府性基金预算收支平衡情况

单位：亿元

收入	执行数	支出	执行数
总计	3056	总计	3056
一、本级收入	2020	一、本级支出	2092
其中：国有土地使用权出让收入	1800		
二、转移性收入	1036	二、转移性支出	964
中央补助	68	调出资金	421
地方政府债务收入	467	地方政府债务还本支出	543
上年结转	501		

——全市政府性基金预算收入预计2020亿元，其中，全市国有土地使用权出让收入1800亿元。加上中央提前下达转移支付、地方政府债务收入和上年结转等1036亿元后，收入总计3056亿元。

——全市政府性基金预算支出安排2092亿元，加上调出资金及地方政府债务还本支出964亿元后，支出总计3056亿元。

2. 市级政府性基金预算

表11 2021年市级政府性基金预算收支平衡情况

单位：亿元

收入	执行数	支出	执行数
总计	1847	总计	1847
一、本级收入	1028	一、本级支出	633
其中：国有土地使用权出让收入	870		
二、转移性收入	819	二、转移性支出	1214
中央补助	68	补助区县	605
地方政府债务收入	467	地方政府债务转贷支出	443
上年结转	284	地方政府债务还本支出	100
		调出资金	66

——市级政府性基金预算收入预计1028亿元，其中，市级国有土地使用权出让收入870亿元。加上中央提前下达转移支付、地方政府债务收入和上年结转等819亿元后，收入总计1847亿元。

——市级政府性基金预算支出安排633亿元，加上市对区县转移支付、调出资金、地方政府债务转贷支出、地方政府债务还本支出等1214亿元后，支出总计1847亿元。

（三）国有资本经营预算草案

1. 全市国有资本经营预算

表 12 2021 年全市国有资本经营预算收支平衡情况

单位：亿元

收入	执行数	支出	执行数
总计	90	总计	90
一、本级收入	84	一、本级支出	41
二、转移性收入	6	二、转移性支出	49
上年结转	6	调出资金	49

——全市国有资本经营预算收入预计 84 亿元，加上上年结转 6 亿元后，收入总计 90 亿元。

——全市国有资本经营预算支出安排 41 亿元，加上调出资金 49 亿元后，支出总计 90 亿元。

2. 市级国有资本经营预算

表 13 2021 年市级国有资本经营预算收支平衡情况

单位：亿元

收入	执行数	支出	执行数
总计	26	总计	26
一、本级收入	24	一、本级支出	14
二、转移性收入	2	二、转移性支出	12
上年结转	2	调出资金	12

——市级国有资本经营预算收入预计 24 亿元，加上上年结转 2 亿元后，收入总计 26 亿元。

——市级国有资本经营预算支出安排 14 亿元，加上调出资金 12 亿元后，支出总计 26 亿元。

（四）社会保险基金预算草案

表 14 2021 年全市社会保险基金预算收支执行情况

单位：亿元

收入	执行数	支出	执行数
总计	2240	总计	2240
一、本年基金收入	2240	一、本年基金支出	2063
（一）基本养老保险基金收入	1540	（一）基本养老保险基金支出	1460
城镇企业职工养老保险	1178	城镇企业职工养老保险	1119
城乡居民社会养老保险	82	城乡居民社会养老保险	64
机关事业养老保险基金	280	机关事业养老保险基金	277
（二）基本医疗保险基金收入	652	（二）基本医疗保险基金支出	557
城镇职工基本医疗保险	431	城镇职工基本医疗保险	340
城乡居民合作医疗保险	221	城乡居民合作医疗保险	217
（三）失业保险基金收入	25	（三）失业保险基金支出	25
（四）工伤保险基金收入	23	（四）工伤保险基金支出	21
		二、本年收支结余	177

——全市社会保险基金预算收入预计 2240 亿元。其中，基本养老保险基金收入 1540 亿元，基本医疗保险基金收入 652 亿元，失业保险基金收入 25 亿元，工伤保险基金收入 23 亿元。

——全市社会保险基金预算支出安排 2063 亿元。其中，基本养老保险基金支出 1460 亿元，基本医疗保险基金支出 557 亿元，失业保险基金支出 25 亿元，工伤保险基金支出 21 亿元。加上本年收支结余 177 亿元后，支出总计 2240 亿元。

各位代表！做好 2021 年的财政工作，责任重大，任务艰巨，使命光荣！全市财政将坚持以习近平新时代中国特色社会主义思想为指导，全面贯彻落实总书记对重庆的重要指示要求，在市委的坚强领导下，主动接受市人大的监督，认真听取市政协的意见建议，以更加积极的态度、更加务实的作风、更加有为的担当，扎扎实实做好财政各项工作，为谱写“十四五”重庆高质量发展新篇章、开启社会主义现代化建设新征程而不懈奋斗。

2020 年重庆市国民经济和社会发展统计公报

重庆市统计局　国家统计局重庆调查总队

2020 年，是“十三五”规划收官之年。这一年，疫情突如其来，汛情历史罕见，世情错综复杂。面对前所未有的挑战，全市坚决贯彻落实党中央决策部署，紧紧围绕习近平总书记对重庆提出的营造良好政治生态，坚持“两点”定位、“两地”“两高”目标，发挥“三个作用”和推动成渝地区双城经济圈建设等重要指示要求，全力以赴战疫情、战复工、战脱贫、战洪水，统筹推进疫情防控和经济社会发展，全市抗疫斗争取得重大战略成果，经济运行逐季恢复、稳定转好。

一、综合

初步核算，全年地区生产总值 25002.79 亿元，比上年增长 3.9%。按产业分，第一产业增加值 1803.33 亿元，增长 4.7%；第二产业增加值 9992.21 亿元，增长 4.9%；第三产业增加值 13207.25 亿元，增长 2.9%。三次产业结构比为 7.2∶40.0∶52.8。民营经济增加值 14759.71 亿元，增长 3.8%，占全市经济总量的 59.0%。

城镇新增就业人员 65.56 万人，比上年下降 12.8%。年末城镇登记失业率 4.5%，比上年

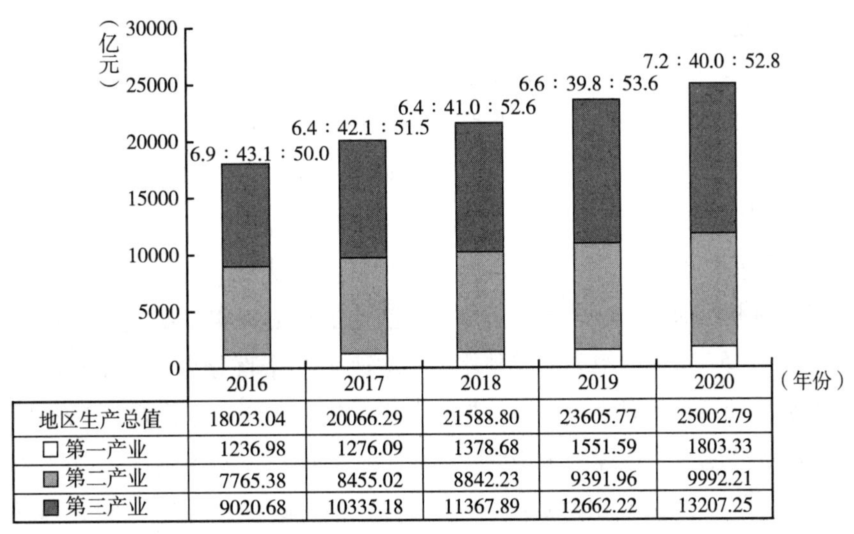

	2016	2017	2018	2019	2020
地区生产总值	18023.04	20066.29	21588.80	23605.77	25002.79
□ 第一产业	1236.98	1276.09	1378.68	1551.59	1803.33
■ 第二产业	7765.38	8455.02	8842.23	9391.96	9992.21
■ 第三产业	9020.68	10335.18	11367.89	12662.22	13207.25

图 1　2016~2020 年重庆市三次产业结构

末上升 1.9 个百分点；全年城镇调查失业率平均为 5.7%。

全市农民工总量 736.6 万人，比上年下降 2.9%。其中，外出农民工 522.6 万人，下降 3.6%；本地农民工 214.0 万人，下降 1.2%。

全年居民消费价格比上年上涨 2.3%，其中食品价格上涨 10.3%。工业生产者出厂价格下降 0.9%。工业生产者购进价格下降 0.1%。农产品生产者价格上涨 13.6%。

表 1　2020 年居民消费价格比上年涨跌幅度

单位：%

指标	比上年增长
居民消费价格	2.3
食品烟酒	7.9
衣着	-1.7
居住	-0.5
生活用品及服务	0.0
交通和通信	-2.7
教育文化及娱乐	1.8
医疗保健	1.9
其他用品和服务	2.7

三大攻坚战取得成效。按现行国家农村贫困标准测算，全市已实现脱贫攻坚目标，1919 个贫困村全部脱贫出列，14 个贫困区县全部摘帽，绝对贫困历史性消除。2020 年全市贫困地区农村常住居民人均可支配收入 15019 元，比上年增长 8.6%，扣除价格因素，实际增长 6.1%。全市环境空气质量满足优良天数 333 天，同比增长 17 天。主城区环境空气细颗粒物（$PM_{2.5}$）平均浓度为 33 微克 / 立方米，下降 13.2%。地表水总体水质为优，Ⅰ～Ⅲ类水质的断面比例为 94.8%，城市集中式生活饮用水水源地水质达标率为 100%，库区一级支流水质呈富营养的断面比例为 33.3%。全市防范化解重大金融风险攻坚战顺利收官，主要风险指标均好于全国平均水平。

“八项行动计划”三年任务总体完成。以大数据智能化为引领的创新驱动发展战略行动计划进展明显，成功举办三届智博会，集聚大数据智能化企业 7000 余家，实施智能化改造项目 2780 个，数字经济增加值占地区生产总值比重达到 25.5%。乡村振兴战略行动计划扎实推进，71 个重点项目建设实现预期目标。城市提升行动计划持续推进，21 个重点专项完成投资 3890 亿元。科教兴市和人才强市行动计划取得积极进展，10 个专项和 32 项重点任务全面铺开。内陆开放高地建设行动计划取得突破，2020 年西部陆海新通道总运输 72895 标箱，同比增长 45.1%；总运输货值 133.15 亿元，同比增长 32.3%；其中外贸货值 97.62 亿元，同比增长 39.9%。物流网络辐射 96 个国家和地区 260 个港口。保障和改善民生、生态优先绿色发展等行动计划稳步实施，民生支出占一般公共预算支出比重保持 80% 左右，生态环保领域 28 项重点工程和 119 项具体任务总体完成。

新产业新业态新模式逆势成长。全年规模以上工业战略性新兴制造业增加值比上年增长 13.5%，高技术制造业增加值增长 13.3%，占规模以上工业增加值的比重分别为 28.0% 和 19.1%。新一代信息技术产业、生物产业、新材料产业、高端装备制造产业分别增长 17.4%、4.7%、16.8% 和 9.0%。全年高技术产业投资比上年增长 26.6%，占固定资产投资的比重为 8.3%。全市限额以上批发和零售企业实现网上商品零售额比上年增长 45.0%，高于社会消费品零售总额增速 43.7 个百分点。全年新增市场主体 50.53 万户，年末市场主体总数 298.28 万户。

营商环境不断优化。全面清理市、区县、乡镇三级行政权力事项，市级行政权力压减到 4315 项。市级行政许可事项“最多跑一次”比例超过

97%，网上可办事项超过 95%，推动实现 58 项高频政务服务事项“跨省通办”、95 项政务服务事项“川渝通办”。全面实行市场准入负面清单管理，企业前置审批事项减至 32 项、精简率达 83%，常态化企业开办时间缩短至 1 个工作日。建立跨部门、跨层级的全市“双随机、一公开”监管平台，抽查结果公示率 100%，上线“互联网 + 监管”系统，归集监管事项 3.24 万项，汇聚有效数据 4538 万条，实现监管数据全面归集、监督过程全部公开。

成渝地区双城经济圈建设开局良好。川渝两地形成四级工作机制、成渝定期联系机制和毗邻地区合作机制，累计签订合作协议 236 个，开工川渝共同实施的重点项目 27 个，累计完成投资 354 亿元。成达万、渝万高铁开工，成渝城际完成提质改造、实现 1 小时直达，中欧班列（成渝）号实现首发；成立重点产业工作专班，川渝汽车、电子产业全域配套率超过 80%，开发一程多站跨省旅游线路 70 余条；设立双城经济圈科创母基金，联合实施重点研发项目 15 个；9 个合作功能平台启动建设，跨省户籍实现“一站式”迁移，重庆中心城区和成都主城实现公交“一卡通”。

二、农业

全年农林牧渔业增加值 1836.78 亿元，比上年增长 4.7%。

全年粮食播种面积 3004.59 万亩，比上年增长 0.2%。粮食综合单产 359.92 公斤 / 亩，增长 0.4%。

全年粮食总产量 1081.42 万吨，比上年增长 0.6%。其中，夏粮产量 119.64 万吨，减产 0.4%；秋粮产量 961.78 万吨，增长 0.7%。全年谷物产量 753.73 万吨，增长 0.4%。其中，稻谷产量 489.19 万吨，增长 0.4%；小麦产量 6.09 万吨，减产 11.9%；玉米产量 251.13 万吨，增长 0.6%。全年猪肉产量 108.82 万吨，下降 2.9%。生猪出栏 1434.53 万头，下降 3.1%。年末生猪存栏 1082.90 万头，增长 17.5%。

表 2　2020 年主要农产品产量及其增长速度

产品名称	产量	比上年增长（%）
粮食（万吨）	1081.42	0.6
禽蛋（万吨）	45.72	5.1
牛奶（万吨）	3.21	-23.3
出栏生猪（万头）	1434.53	-3.1
出栏牛（万头）	55.53	1.1
出栏羊（万只）	449.67	0.1
出栏家禽（万只）	22872.22	2.0
猪肉（万吨）	108.82	-2.9
水产品（万吨）	52.40	-3.3

三、工业和建筑业

全年工业增加值 6990.77 亿元，比上年增长 5.3%。规模以上工业增加值比上年增长 5.8%。分经济类型看，国有控股企业增加值增长 7.3%，股份制企业增长 4.4%，外商及港澳台商投资企业增长 13.9%，私营企业增长 4.1%。分门类看，采矿业下降 0.6%，制造业增长 6.4%，电力、热力、燃气及水生产和供应业增长 2.1%。

全年规模以上工业中，分产业看，汽车产业增加值比上年增长 10.1%，摩托车产业下降 1.7%，电子产业增长 13.9%，装备产业增长 2.9%，医药产业增长 4.5%，材料产业增长 7.1%，消费品产业增长 0.8%，能源工业增长 0.9%。分行业看，农副食品加工业增加值比上年下降 10.1%，化学原料和化学制品制造业增长 8.0%，非金属矿物制品业增长 2.4%，黑色金属冶炼和压延加工业增长10.7%，有色金属冶炼和压延加工业增长12.7%，通用设备制造业下降0.4%，铁路、船舶、航空航天和其他运输设备制造业下降1.2%，电气机械和器材制造业增长7.6%，计算机、通信和其他电子设备制造业增长14.9%，电力、热力生产和供应业增长2.9%。

表3 2020年规模以上工业主要产品产量及其增长速度

产品名称	产量	比上年增长（%）
汽车（万辆）	158.00	12.7
#新能源汽车	4.32	16.8
微型计算机设备（万台）	9130.26	19.9
#笔记本计算机	7882.21	22.7
智能手机（万台）	7754.13	-21.5
液晶显示屏（亿片）	2.80	28.2
钢材（万吨）	1309.95	15.2
铝材（万吨）	219.61	2.8
水泥（万吨）	6505.23	-3.7

全年规模以上工业企业利润总额比上年增长17.3%。分经济类型看，国有控股企业利润增长103.9%，集体企业下降116.1%，股份制企业增长8.1%，外商及港澳台商投资企业增长127.5%，私营企业下降0.4%。分门类看，采矿业利润比上年下降24.1%，制造业增长21.3%，电力、热力、燃气及水生产和供应业下降9.4%。

全年建筑业增加值3001.44亿元，比上年增长3.4%。全市总承包和专业承包建筑业企业总产值8974.97亿元，增长9.1%。

四、服务业

全年批发和零售业增加值2319.80亿元，比上年增长2.8%；交通运输、仓储和邮政业增加值952.87亿元，与上年持平；住宿和餐饮业增加值488.91亿元，下降5.4%；金融业增加值2212.80亿元，增长3.9%；房地产业增加值1577.55亿元，增长0.5%；其他服务业增加值5655.32亿元，增长4.4%。全年规模以上服务业企业营业收入4458.38亿元，比上年增长5.4%。

全年货物运输总量12.14亿吨，货物周转量3524.70亿吨公里。全年内河港口货物吞吐量16497.81万吨，下降3.7%。空港货物吞吐量41.28万吨，与上年持平。国际标准集装箱吞吐量146.51万标准箱，其中铁路吞吐量31.76万标准箱，增长31.2%。

表4 2020年各种运输方式货物运输量及其增长速度

指标	绝对量	比上年增长（%）
货物运输量（万吨）	121389.84	7.6
铁路	1878.45	11.0
公路	99679.00	10.8
水运	19819.14	-6.0
航空	13.24	-9.9
货物周转量（亿吨公里）	3524.70	-2.4
铁路	196.61	-2.9
公路	1055.45	10.8
水运	2270.47	-7.5
航空	2.17	-4.8

全年旅客运输总量3.99亿人次，比上年下降37.4%。旅客周转量633.91亿人公里，下降36.5%。空港旅客吞吐量3638.31万人次，下降21.6%。

表5 2020年各种运输方式旅客运输量及其增长速度

指标	绝对量	比上年增长（%）
旅客运输量（万人次）	39887.44	-37.4
铁路	5230.84	-37.8
公路	31450.00	-38.3
水运	523.27	-30.8
航空	2683.33	-25.8
旅客周转量（亿人公里）	633.91	-36.5

续表

指标	绝对量	比上年增长（%）
铁路	127.62	-46.0
公路	140.60	-42.1
水运	2.14	-62.6
航空	363.54	-29.2

年末全市民用车辆拥有量 764.88 万辆，比上年末增长 16.6%。其中私人汽车拥有量 697.10 万辆，增长 17.6%。民用轿车拥有量 254.10 万辆，增长 7.7%。其中私人轿车 233.99 万辆，增长 8.7%。

全年完成邮政业务总量 202.10 亿元，比上年增长 21.5%。邮政业全年完成邮政函件业务 2246.24 万件，包裹业务 21.60 万件，快递业务 7.31 亿件，快递业务收入 83.03 亿元。

全年完成电信业务总量 2871.82 亿元，增长 21.6%。电信业移动电话交换机容量 1630.00 万户。全市电话用户 4240.17 万户，其中移动电话用户 3640.08 万户。移动电话普及率为 116.51 部 / 百人。互联网用户 4541.27 万户，其中移动互联网用户 3117.18 万户，固定宽带互联网用户 1424.09 万户；手机上网用户 3110.31 万户，增长 3.3%。

五、国内贸易

全年社会消费品零售总额比上年增长 1.3%，扣除价格因素实际下降 0.9%。按经营地统计，城镇消费品零售额增长 1.0%，乡村消费品零售额增长 3.7%。按消费类型统计，商品零售额增长 1.6%，餐饮收入下降 0.2%。

在限额以上单位中，粮油、食品类商品零售额比上年增长 10.7%，饮料类商品增长 10.7%，烟酒类商品增长 5.4%，服装、鞋帽、针织品类商品下降 11.0%，化妆品类商品下降 5.6%，金银珠宝类商品下降 4.5%，日用品类商品增长 5.9%，体育、娱乐用品类商品增长 19.6%，家用电器和音像器材类商品增长 0.7%，中西药品类商品增长 8.3%，文化办公用品类商品增长 11.4%，家具类商品增长 1.9%，通信器材类商品下降 1.2%，建筑及装潢材料类商品增长 4.7%，石油及制品类商品下降 11.8%，汽车类商品增长 6.8%。

从零售业态看，全年无店铺零售比上年增长 10.6%。其中，网上商店增长 15.2%、邮购增长 10.1%；在有店铺零售企业中，百货店增长 7.4%，超市和大型超市增长 10.3%，购物中心、仓储会员店和厂家直销中心增长 11.0%。

六、固定资产投资

全年固定资产投资总额比上年增长 3.9%。其中，基础设施投资增长 9.6%，民间投资增长 1.1%。

表 6　2020 年按产业分固定资产投资增长速度

单位：%

指标	比上年增长
固定资产投资总额	3.9
第一产业	25.8
第二产业	5.9
# 工业	5.8
汽车产业	-28.9
摩托车产业	-3.3
电子产业	21.1
装备产业	-10.2
医药产业	25.4
材料产业	25.6
消费品产业	5.5
能源工业	13.4
第三产业	2.7
# 房地产开发	-2.0

全年房地产开发投资4351.96亿元，比上年下降2.0%。其中，住宅投资3189.05亿元，下降1.8%；办公楼投资89.54亿元，下降20.7%；商业营业用房投资446.19亿元，下降15.7%。

全年全市城市棚户区改造3.26万户。

表7　2020年商品房建设与销售主要指标及其增长速度

指标	绝对量	比上年增长（%）
施工面积（万平方米）	27368.16	-2.2
#住宅	18241.78	-1.2
办公楼	701.86	-3.6
商业营业用房	3041.00	-12.5
新开工面积（万平方米）	5947.70	-11.6
#住宅	4106.57	-10.6
办公楼	110.69	-12.4
商业营业用房	453.36	-21.8
竣工面积（万平方米）	3774.33	-25.5
#住宅	2585.26	-24.0
办公楼	62.17	-37.3
商业营业用房	366.37	-40.3
销售面积（万平方米）	6143.47	0.6
#住宅	4814.49	-6.5
办公楼	106.73	27.6
商业营业用房	519.27	24.3
销售额（亿元）	5071.34	-1.1
#住宅	4293.18	-3.7
办公楼	128.06	25.2
商业营业用房	440.20	4.2

全市高速公路通车总里程3402公里。公路路网密度219公里/百平方公里。铁路营业里程2394公里。轨道交通营运里程343公里，日均客运量229.4万人次。

七、对外经济

全年货物进出口总额6513.36亿元，比上年增长12.5%。其中，出口4187.48亿元，增长12.8%；进口2325.88亿元，增长11.9%。按美元计算，货物进出口941.76亿美元，比上年增长12.2%。其中，出口605.29亿美元，增长12.5%；进口336.48亿美元，增长11.6%。全市货物出口前三位国家（地区）是美国、中国香港和德国，分别出口1029.15亿元、430.40亿元和392.69亿元，分别比上年增长11.1%、118.1%和0.4%。货物进口前三位国家（地区）为中国台湾、越南和韩国，分别进口419.95亿元、397.06亿元和331.22亿元，分别比上年增长40.4%、48.8%和7.4%。

表8　2020年货物进出口总额及其增长速度

单位：亿元，%

指标	绝对量	比上年增长
进出口总额	6513.36	12.5
出口额	4187.48	12.8
#国有企业	132.78	24.4
外资企业	2379.53	4.8
民营企业	1670.00	25.1
#一般贸易	1207.15	21.2
加工贸易	2681.94	5.9
#机电产品	3837.30	14.8
#高新技术产品	3144.48	16.9
#笔记本电脑	1726.02	16.1
进口额	2325.88	11.9
#国有企业	378.42	-10.1
外资企业	1115.59	4.1
民营企业	827.65	42.0
#一般贸易	803.47	5.0
加工贸易	500.92	13.8
#机电产品	1749.31	14.4
#高新技术产品	1582.35	14.7

全市新签订外资项目287个，比上年增长28.7%。全年实际使用外资金额102.72亿美元，下降0.4%。其中，外商直接投资21.01亿美元，下降11.2%。截至年底，累计有296家世界500

强企业落户重庆。

全年对外承包工程签订合同额 4.83 亿美元，比上年下降 27.9%；实现工程营业额 5.72 亿美元，下降 43.1%。

中国（重庆）自由贸易试验区新增注册企业（含分支机构）14393 户，注册资本总额 1409.7 亿元。其中，新增注册外资企业（含分支机构）129 户，注册资本 8.43 亿美元。引进项目 757 个，签订合同（协议）总额 1983.04 亿元。截至年底，腾讯、阿里、百度、德国埃马克机床、奥特斯 IC 载板、紫光芯片、万国数据、SK 海力士二期等一大批标志性项目落地。

八、财政金融

全年一般公共预算收入 2094.8 亿元，比上年下降 1.9%。其中税收收入 1430.7 亿元，下降 7.2%。一般公共预算支出 4893.9 亿元，比上年增长 1.0%。

金融机构资产规模 6.67 万亿元，比上年增长 10.7%。年末全市金融机构本外币存款余额 42854.31 亿元，比上年末增长 8.5%。其中，人民币存款余额 41270.20 亿元，增长 8.7%。金融机构本外币贷款余额 41908.91 亿元，比上年末增长 13.1%。其中，人民币贷款余额 40960.64 亿元，增长 13.2%。

表 9　2020 年末金融机构存贷款余额及其增长速度

单位：亿元，%

指标	年末数	比上年末增长
本外币存款余额	42854.31	8.5
# 人民币存款余额	41270.20	8.7
# 住户存款	20209.77	13.2
非金融企业存款	10941.11	5.0
政府存款	6823.20	-2.5
非银行业金融机构存款	3267.58	23.5
本外币贷款余额	41908.91	13.1
# 人民币贷款余额	40960.64	13.2
# 短期贷款	6692.63	9.9
中长期贷款	31492.83	14.2
# 个人贷款及透支	16702.78	18.1

全市共有证券公司总部 1 家，证券营业部 208 家，证券分公司 45 家。境内上市公司 57 家，总股本 929.62 亿股，股票总市值 9770.48 亿元。全年全市通过境内证券市场累计融资 2932.07 亿元。

全市共有保险法人机构 5 家，营业性保险分公司 57 家。保费总收入 987.62 亿元。其中，财产保险收入 230.22 亿元，人寿保险收入 539.00 亿元，健康和意外伤害保险收入 218.41 亿元。全年赔付各类保险金 295.43 亿元。其中，财产保险赔付 125.48 亿元，人寿保险赔付 76.83 亿元，健康和意外伤害保险赔付 93.12 亿元。

九、居民收入消费和社会保障

全市居民人均可支配收入 30824 元，比上年增长 6.6%。按常住地分，城镇居民人均可支配收入 40006 元，增长 5.4%；农村居民人均可支配收入 16361 元，增长 8.1%。按全体常住居民五等份收入分组，低收入组人均可支配收入 9660 元，中等偏下收入组人均可支配收入 17195 元，中等收入组人均可支配收入 26023 元，中等偏上收入组人均可支配收入 39251 元，高收入组人均可支配收入 71467 元。

全市居民人均消费支出 21678 元，比上年增长 4.4%。按常住地分，城镇居民人均消费支出 26464 元，增长 2.6%；农村居民人均消费支出 14140 元，增长 7.8%。全市居民恩格尔系数为33.6%，比上年上升1.5个百分点。其中城镇为32.6%，农村为36.7%。

表10 2020年居民人均可支配收入及其增长速度

单位：元，%

指标	全市居民		城镇常住居民		农村常住居民	
	绝对量	比上年增长	绝对量	比上年增长	绝对量	比上年增长
人均可支配收入	30824	6.6	40006	5.4	16361	8.1
工资性收入	16514	6.7	23353	5.6	5740	8.0
经营净收入	4902	4.4	4480	2.7	5566	6.8
财产净收入	1907	6.4	2860	5.0	406	10.5
转移净收入	7502	7.8	9313	6.6	4649	9.7

全市城镇企业职工基本养老保险参保人数1203.35万人，比上年增长6.7%。城乡居民社会养老保险参保人数1166.85万人，增长0.4%。城镇职工基本医疗保险参保人数766.98万人，增长6.4%。城乡居民基本医疗保险参保人数3266.74万人，下降0.2%。工伤保险参保人数729.90万人，增长10.3%。生育保险参保人数505.79万人，增长8.3%；享受生育保险待遇26.95万人次，下降8.2%。失业保险参保人数548.48万人，增长6.5%。

年末全市共有26.47万人享受城市居民最低生活保障，62.26万人享受农村居民最低生活保障。城市特困人员救助供养人数8.51万人，农村特困人员救助供养人数9.90万人。全年资助153.08万困难群众参加医疗保险。

城市居民最低生活保障标准为620元/月，农村居民最低生活保障标准为496元/月，特困人员救助供养标准为806元/月，集中供养孤儿补助标准1456元/月，社会散居孤儿补助标准1256元/月。

十、科学技术和教育

截至年底，市级及以上重点实验室182个，其中国家重点实验室10个。市级及以上工程技术研究中心364个，其中国家级中心10个。新型研发机构152个，其中高端研发机构67个。有效期内高新技术企业4222家。全年技术市场签订成交合同3592项，成交金额154.2亿元。

全年专利授权5.54万件，其中发明专利授权0.76万件。有效发明专利3.54万件。

全市共有注册商标60.39万件，比上年增长21.0%。驰名商标160件，地理标志278件。

年末全市共有产品检验检测机构69家，其中国家质检中心19个。现有认证机构6家。法定计量技术机构7家，全年强制检定计量器具406.74万台（件）。全年修订、制定地方标准（不含工程建设、食品安全）130项。

全市共有普通高等教育学校68所，成人高校4所，中等职业学校170所，普通中学1132所，普通小学2754所，幼儿园5704所，特殊教育学校39所。高等教育毛入学率为53.3%，高中阶段教育毛入学率98.48%，初中入学率为99.86%，小学入学率为99.99%，学前教育三年毛入园率90.30%。在园幼儿普惠率88.30%。九年义务教育巩固率95.50%。

表11 2020年全市教育主要指标

单位：万人

指标	招生数	在校学生数	毕业生数
研究生教育	3.07	8.31	1.93
普通高校本专科教育	30.17	91.56	21.16
成人本专科教育	1.75	6.89	3.91
中等职业学校教育	17.51	44.14	11.65
普通高中教育	21.73	62.63	20.81
普通初中教育	38.06	114.98	34.95
普通小学教育	32.34	202.47	37.16
特殊教育	0.47	2.70	0.41
指标	入园人数	在园幼儿数	离园人数
学前教育	37.43	100.78	35.18

十一、文化旅游、卫生健康和体育

全市共有登记备案博物馆 105 个，文化馆 41 个，公共图书馆 43 个，公有制艺术表演团体 20 个。广播综合人口覆盖率 99.33%；电视综合人口覆盖率 99.40%。全年生产电视剧 6 部、电影 19 部、电视动画片 15 小时 57 分钟。出版各类期刊 4310.68 万册，图书 13464.96 万册（张）。全市共有国家级综合档案馆 40 个、市级专业档案馆 1 个、市级部门档案馆 4 个。

全年接待入境旅游人数 14.63 万人次，旅游外汇收入 1.08 亿美元，分别下降 96.4% 和 95.7%。年末全市拥有国家 A 级景区 262 个，其中 5A 级景区 10 个，4A 级景区 121 个。

年末全市共有各级各类医疗卫生机构 20922 个。其中，医院 859 个，社区卫生服务中心（站）557 个，乡镇卫生院 826 个，村卫生室 9815 个。医疗卫生机构实有床位数 23.55 万张。其中，医院床位 17.50 万张，乡镇卫生院床位 4.45 万张。全市共有卫生技术人员 23.75 万人。其中，执业医师和执业助理医师 8.87 万人，注册护士 10.94 万人。

年末全市共有体育场地 12.62 万个，体育场地面积 5891.44 万平方米。我市获全国最高水平比赛奖牌 46 枚，其中金牌 5 枚。

十二、资源、环境和应急管理

全年规模以上工业综合能源消费量比上年下降 1.6%，其中，六大高耗能行业综合能源消费量下降 2.1%。单位工业增加值能耗下降 7.0%。全社会用电量增长 2.3%。

全年水资源总量 766.86 亿立方米。年平均降水量 1396.7 毫米。全年总用水量 68.87 亿立方米。治理水土流失面积 1335.14 平方公里。

全市自然保护区 58 个，其中国家级自然保护区 7 个。完成营造林面积约 44 万公顷。全市森林覆盖率 52.5%。

全市功能区声环境质量稳中向好，昼间达标率为 98.4%，全市城市区域环境噪声昼间平均等效声级为 52.2 分贝，道路交通噪声昼间平均等效声级为 64.4 分贝。城市区域噪声总体水平等级为二级，评价为较好；道路交通噪声总体水平等级为一级，评价为好。

全年生产安全事故死亡人数 942 人（含道路运输事故次责及以下），比上年下降 10.0%；较大生产安全事故 8 起，上升 14.3%；重大生产安全事故 2 起。亿元地区生产总值生产安全事故死亡人数 0.038 人，比上年下降 13.6%。道路交通万车死亡人数 1.68 人，下降 6.1%。煤矿百万吨死亡人数 5.041 人。

注：

1. 本公报中 2020 年数据均为初步统计数，部分数据因四舍五入的原因，存在与分项合计不等的情况。

2. 2020 年全市人口相关数据，待第七次全国人口普查数据发布后另行公布。

3. 地区生产总值、各产业增加值绝对量按现价计算，增长速度按可比价计算。按照我国地区生产总值统一核算和数据发布制度规定，地区生产总值核算包括初步核算和最终核实两个步骤。2019 年地区生产总值数据为最终核实数，2020 年地区生产总值数据为初步核算数。

4. 外出农民工是指在户籍所在乡镇地域外从业 6 个月及以上的农村劳动力；本地农民工是指在户籍所在乡镇地域以内从业 6 个月及以上的农村劳动力。

5. 工业战略性新兴制造业包括新一代信息技术产业、高端装备制造产业、新材料产业、生物产业、新能源汽车产业、新能源产业、节能环保产业和数字创意产业等八大产业中的工业相关行业。工业战略性新兴制造业增加值增速按可比口径计算。

6. 高技术制造业包括医药制造业，航空、航天器及设备制造业，电子及通信设备制造业，计算机及办公设备制造业，医疗仪器设备及仪器仪表制造业，信息化学品制造业。

7. 规模以上工业企业财务指标增速按可比口径计算。

8. 其他服务业包括农、林、牧、渔专业及辅助性活动，信息传输、软件和信息技术服务业，租赁和商务服务业，科学研究和技术服务业，水利、环境和公共设施管理业，居民服务、修理和其他服务业，教育，卫生和社会工作，文化、体育和娱乐业，公共管理、社会保障和社会组织等行业。

9. 基础设施投资是指建造或购置为社会生产和生活提供基础性、大众性服务的工程和设施的支出。本公报中的基础设施投资包括电力、热力、燃气及水生产和供应业，交通运输、邮政业，电信、广播电视和卫星传输服务业，互联网和相关服务业，水利、环境和公共设施管理业投资。

10. 民间固定资产投资是指具有集体、私营、个人性质的内资企事业单位以及由其控股（包括绝对控股和相对控股）的企业单位建造或购置固定资产的投资。

11. 居民五等份收入分组是指将所有调查户按人均收入水平从低到高顺序排列，平均分为五个等份，处于最高20%的收入群体为高收入组，依此类推依次为中等偏上收入组、中等收入组、中等偏下收入组、低收入组。

12. 体育场地调查对象不包括军队、铁路系统所属体育场地。体育场地面积是指体育训练、比赛、健身场地的有效面积。

13. 行业统计标准：

规模以上工业：年主营业务收入2000万元及以上的工业法人单位。

有资质的建筑业：有总承包和专业承包资质的建筑业法人单位。

限额以上批发和零售业：年主营业务收入2000万元及以上的批发业、年主营业务收入500万元及以上的零售业法人单位。

限额以上住宿和餐饮业：年主营业务收入200万元及以上的住宿和餐饮业法人单位。

房地产开发经营业：全部房地产开发经营业法人单位。

规模以上服务业：年营业收入2000万元及以上服务业法人单位。包括：交通运输、仓储和邮政业，信息传输、软件和信息技术服务业，水利、环境和公共设施管理业三个门类和卫生行业大类。

年营业收入1000万元及以上服务业法人单位。包括：租赁和商务服务业、科学研究和技术服务业、教育三个门类，以及物业管理、房地产中介服务、房地产租赁经营和其他房地产业四个行业大类。

年营业收入500万元及以上服务业法人单位。包括：居民服务、修理和其他服务业，文化、体育和娱乐业两个门类，以及社会工作行业大类。

资料来源（以文中数据为序）：

本公报中城镇新增就业、登记失业、社会保障数据来自市人力社保局；部分脱贫攻坚数据来自市扶贫办；噪声、空气、水质监测数据来自市生态环境局；市场主体、质量检测数据来自市市场监管局；内陆开放高地建设数据来自市政府口岸物流办；营商环境数据来自市政府办公厅和市发展改革委；成渝地区双城经济圈数据来自市发展改革委；水产品数据来自市农业农村委；交通数据来自市交通局；民用汽车数据来自市公安局；邮政数据来自市邮政管理局；通信数据来自市通信管理局；城市棚户区数据来自市住房城乡建委；货物进出口数据来自重庆海关；对外经济数据来自市商务委；财政数据来自市财政局；部分金融数据来自市金融监管局和人行重庆营管部；证券数据来自重庆证监局；保险数据来自重庆银保监局；医疗保险数据来自市医保局；城乡低保、城乡特困人员救助数据来自市民政局；科技数据来自市科技局；专利、商标、地理标志数据来自市知识产权局；教育数据来自市教委；文化、旅游数据来自市文化旅游委；电影、期刊、图书数据来自市委宣传部；档案数据来自市档案局；医疗卫生数据来自市卫生健康委；体育数据来自市体育局；水资源数据来自市水利局；自然保护区、林业、森林数据来自市林业局；生产安全事故数据来自市应急局。其他数据来自市统计局、国家统计局重庆调查总队。

第二编　部门经济运行与管理

重庆经济发展概况

重庆市发展和改革委员会

一、2020年发展回顾

2020年，全市发展改革系统全面贯彻落实习近平总书记对重庆的系列重要指示要求，坚持以陈敏尔书记关于“五个新作为”的指示要求和唐良智市长关于做好“三总一大”的工作要求为目标，积极应对大战大考，与时俱进完善工作思路和工作举措，发展改革工作创造了新业绩、实现了新提升。

（一）科学有效应对疫情冲击，促进经济基本盘稳定

一是全力以赴在全国首批出台疫情对冲政策。推动建立应对新冠肺炎疫情影响工作联席会议制度和工作专班，高频度开展重大问题调研，形成决策建议30多篇，一批工作建议得到中央领导批示转化为国家政策。在及时出台“支持中小企业20条”“支持企业40条”等政策基础上，因时因势迭代升级“助力市场主体健康发展45条”。二是全力以赴加强粮食、能源等民生保障。及时启动重要民生商品价格应急监测，全面实行生活必需品应急价格“日监测、日分析、日上报”工作机制，疫情期间粮食、猪肉等民生商品市场供应不断档不空架、价格稳定。扎实开展政策性粮食库存大清查问题整改“回头看”等专项行动，修订出台粮食应急预案。全力稳妥保障油气电力供应，在全国率先出台电费优惠政策。扎实落实保障和改善民生行动计划，滚动实施重点民生实事。出台公共卫生应急物资保障体系实施方案，谋划实施400亿元公共卫生项目。三是全力以赴推动重大项目全面复工。会同相关部门迅疾开展重大项目建设情况网络问卷调研，严格落实“三个责任”，强化八项保障措施，锁定“三大目标”实行重大项目复工开工日调度，一个月内实现市级重大在建项目复工率100%。

（二）聚力打好“三大攻坚战”，促进决胜全面建成小康社会

一是圆满完成各项扶贫任务。全面完成“十三五”易地扶贫搬迁阶段任务，25.2万人提前实现入住。东西部扶贫协作超额完成年度协议任务，8个方面34项年度重点工作全部按期完成。会同相关单位圆满完成彭水县三义乡深度脱贫攻坚目标任务。二是深入推进长江经济带绿色发展示范。按照从严整治生态环保问题的要求，有序推进中央生态环保督察反馈问题和长江经济带生态环境警示片披露问题整改，扎实推进生态环境污染治理“4+1”工程及系列专项行动。连续4年超额完成国家能耗“双控”考核。三是着力防范化解经济领域风险。牵头开展市委平安重庆建设防范化解重大风险领导小组经济金融科技领域专项组的工作，建立经济金融科技安全工作“1+3”工作机制，106只企业债券、246亿元本息兑付有序开展。

（三）加快战略性、标志性重大项目建设，促进投资恢复性增长情况处于全国前列

一是持续完善重大项目管理机制。推动成立市重大项目工作领导小组，争取设立市重大项目服务中心，逐步完善跨部门、跨区域、跨层级的全市重大项目工作协调机制、责任落实机制和督察考核机制。二是持续加大重大项目调度力度。强化线上调度、线下服务，会同市政府督察办逐项召开38项重点关注项目督办会，争取轨道交通第四期建设规划获得国家批复。运用大数据等手段加强投资调度，市级重大项目完成投资4240亿元，超年度计划近两成。推动江北国际机场T3B航站楼及第四跑道、渝万高铁、成达万高铁、渝西水资源配置工程等249个项目实现开工，郑万高铁、轨道交通5号线一期、重庆东站等407个项目加快建设。三是持续增强要素保障能力。全市页岩气产量累计超过320亿立方米，居全国第一。全年争取中央预算内投资130亿元，为“十三五”时期最高、历史第2位。地方政府债券首次突破千亿级，比2019年增加35%。

（四）推动国家区域战略落地，促进成渝地区双城经济圈开局起势

一是加快推进成渝地区双城经济圈建设。配合国家出台成渝地区双城经济圈建设规划纲要，一批重大项目、重点工程、重要政策被纳入国家规划。与四川省发展改革委建立常态化联合办公室，召开6次联合办公室主任调度会，川渝两地形成四级工作机制和毗邻地区合作机制，形成了总投资2万亿元的项目储备库。二是推动建立“一区两群”协调发展机制。起草建立健全“一区两群”协调发展机制的实施意见，制定分片区建设行动方案，建立“一区两群”区县对口协同发展机制。三是完善城乡融合发展体制机制。制定建立健全城乡融合发展体制机制和政策体系的实施意见，启动国家城乡融合发展试验区重庆西部片区建设，垫江、忠县、彭水纳入国家新型城镇化建设示范，荣昌安陶小镇纳入全国第二批20个精品特色小镇。

（五）抓好重大战略实施，做好跨周期规划设计

一是落地落实国家开放合作重大战略。争取获批重庆陆港型国家物流枢纽、中欧班列集结中心示范工程等2项国家级试点示范。启动欧洲重庆中心，成功举办中欧绿色智慧城市峰会。二是认真编制“十四五”规划。起草统一规划体系、更好发挥全市发展规划战略导向作用的实施意见。扎实做好全面建成小康社会和“十三五”规划实施总结评估工作。通过网络等多种渠道向社会征集建议，编制全市国民经济和社会发展第十四个五年规划和二〇三五年远景目标纲要。加快编制重庆市“十四五”建设长江上游重要生态屏障建设方案、重要生态系统保护与修复重大工程总体规划、重庆市大健康产业发展“十四五”规划等专项规划。

（六）推进现代产业体系构建，促进数字经济和实体经济深度融合

一是持续推动创新发展。争取国家支持布局成渝综合性科学中心，推动超瞬态实验装置等启动建设。大渡口区、重庆高新区、重庆经开区等5家单位获批第三批国家双创示范基地。二是深度推动数字经济和实体经济融合发展。编制建设国家数字经济创新发展试验区工作方案并在全国率先获批实施，争取国家发展改革委同意建设全国一体化大数据中心（成渝）国家枢纽节点。率先在全国推动出台新基建重大项目建设三年行

动方案，动态储备4296亿元新基建项目。三是推动构建现代产业体系。配合召开全市服务业发展大会，研究出台推动服务业高质量发展意见。成功争取推动重庆高新区成为全国首批20个先进制造业和现代服务业融合发展试点单位之一。成功争取将生物医药技术开发、生产等7项条目纳入《鼓励外商投资产业目录（2020年版）》中西部目录，将我市重点产业全部纳入鼓励目录。

（七）抓好综合经济体制改革，促进营商环境持续优化

一是争创国家营商环境创新试点城市。出台优化营商环境实施方案及各指标专项政策文件120余个。区县城市信用监测、深化招标投标监管体制改革、完善破产案件办理体系等3个典型案例入选《中国营商环境报告2020》，成功入选国家首批营商环境创新试点城市。打造营商环境做法获国务院领导批示。二是大力推动市场化改革。全面实施市场准入负面清单制度，推动出台支持民营企业改革发展、构建更加完善的要素市场化配置体制机制等政策措施，纵深推进价格机制改革，社会信用体系建设获国家发展改革委表扬。三是大力推进投融资体制改革。推动出台《重庆市政府投资管理办法》《重庆市关于推动基础设施高质量发展的实施意见》《重庆市市级政府投资项目前期工作操作规程》等规章制度。重庆东站枢纽TOD综合开发模式等改革试点取得积极成效，广阳岛实现项目化融资260亿元，投资项目基础库被国家发展改革委在全国通报推广。四是大力推进能源领域改革。“疆电入渝”、川渝电网一体化正式进入国家决策流程。成功组建地方主导的渝西天然气管道公司和全国首家混合所有制的重庆天然气储运公司。制定《重庆市煤炭中长期供需平衡方案》。五是大力推进公共资源交易监管改革。全年完成各类交易3.4万宗，交易额超6000亿元，实现交易增值和资金节约超600亿元。公共资源交易中心获批国家标准化试点。

二、发展中存在的问题

同时，要清醒看到，我市经济社会发展还面临一些困难和挑战。疫情变化和外部环境存在诸多不确定性，经济稳增长难度依然较大。产业能级、市场主体竞争力、科技创新支撑能力有待提升，城乡区域协调发展、民生保障等仍存短板。我市发展改革任务依然艰巨。

三、2021年发展思路

2021年是“十四五”规划开局之年，是开启全面建设社会主义现代化国家新征程起步之年，全市发展改革系统将按照全国发展和改革工作会议、全市经济工作会议、全市“两会”工作部署，准确把握新发展阶段，深入践行新发展理念，积极融入新发展格局，切实担当新发展使命，确保经济健康发展和社会安全稳定，确保“十四五”发展开好局，确保成渝地区双城经济圈建设迈新步，以优异成绩庆祝中国共产党成立100周年。

（一）在以保促稳上下功夫，促进经济运行稳定在合理区间

一是加强国家宏观政策对接承接。及时跟进国家宏观政策，抓实工作对接、政策承接，促进政策协同、政策集成，将政策含金量转化为发展新动能。二是加强跨周期设计和逆周期调节。研究进一步降低企业用能、物流、融资等成本措施，衔接好投资、产业、金融等各方面措施，准

备好应对经济下行风险的政策工具包，平稳解决好纾困政策集中到期可能引发的问题，统筹好经济社会的“大盘子”。三是加强经济监测预警。持续抓好月度监测、双月分析、季度调度的年度计划实施动态跟踪监测机制，协调解决困难问题，及时提出对策建议。

（二）在深入推进大数据智能化创新上下功夫，助推具有全国影响力的科技创新中心建设

一是深入推进国家数字经济创新发展试验区建设。高质量承办中国—上海合作组织数字经济产业论坛，积极探索国际首个数字经济创新发展特区试点，加快推进全市数字化转型促进中心体系建设。二是深入推进成渝科技创新中心建设。持续做好成渝科技创新中心总体方案编制支撑。建立重大科技创新项目库，鼓励市内高校科研机构参与科技创新中心和西部（重庆）科学城建设，新启动一批科技创新项目。三是深入推进“双创”工作提质扩容。提升国家双创示范基地建设能力，系统谋划孵化器建设体系，加大战略性新兴产业孵化器支持力度，打造“双创”高质量发展的重要基础设施。

（三）在扎实推进区域协调上下功夫，推动成渝地区双城经济圈建设走深走实

一是认真落实双城经济圈建设规划纲要。落实规划纲要中的任务分工，统筹推进国土空间、轨道交通、共建西部金融中心等方面20个重大规划（方案）编制。加快推进川渝毗邻地区合作，探索经济区与行政区适度分离等重点改革，深化两地政策协同。二是务实推进“一区两群”协调发展。全面落实“一区两群”协调发展机制，健全“一区两群”区县协同发展、主城都市区同城化发展等机制，推进跨区县协作平台建设。

（四）在构建现代产业体系上下功夫，提升产业链供应链水平

一是前瞻性抓好产业发展战略布局。及时跟踪全球经济形势，在稳定国际供应链、争取订单、开拓市场方面未雨绸缪。深入把握科技和产业发展趋势，在先导产业发展上，提前做好谋划安排。继续抓好气凝胶产业发展引导及市场拓展，推动产业健康快速发展。二是统筹推进战略性新兴产业发展。推动出台支持加大战略性新兴产业投资政策举措，推动先进感知产业创新中心建设取得实质突破。三是持续提升现代服务业发展水平。出台《重庆市支持服务业集聚区加快建设若干政策措施》，新建设一批服务业集聚区，加快编制大健康产业发展规划和巴蜀文化旅游走廊建设规划。建立完善促进消费体制机制市级联席会议制度，推动出台《加快发展新型消费释放消费潜力若干措施》，加强需求侧管理。

（五）在发挥投资关键作用上下功夫，激活内需发展潜力

一是积极拓展投资空间。加强项目储备，聚焦基础设施、公共卫生、应急保障等短板弱项，滚动储备牵引性带动性强的万亿级项目库。做深做实项目前期工作，拓宽资金项目来源。二是持续完善重大项目管理机制。加快制定《重庆市重大项目管理办法》《重庆市重大项目考核奖惩实施细则》。强化大数据智能化的调度服务支撑。三是着力推进投融资体制改革。持续做好基础设施领域不动产投资信托基金（REITs）项目储备，推动试点工作提质扩面。开展全生命周期投融资试点，盘活存量资产，推动“三资融合”，促进市级平台公司转型发展。

（六）在全面推进改革开放上下功夫，助推内陆改革开放新高地建设

一是持续推进全国营商环境创新试点城市建设。推动出台《重庆市优化营商环境条例》，加快编制创新试点城市市级实施方案。推动出台《重庆市社会信用条例》，建立全市公共信用信息目录和失信惩戒措施清单。二是持续强化资源要素配置。牵头推进高标准市场体系建设、要素市场化配置等重要领域改革，统筹好劳动力、资金、土地、能源、财力、生态环境容量等资源要素，努力实现总量平衡、结构平衡、动态平衡。三是持续推进开发区改革和创新发展。启动研究全市开发区总体发展规划，制定开发区高质量发展政策措施，推动开发区转型升级。加快推进市级新区设立相关工作，研究制定工作意见。四是持续推进更高水平开放。全面融入共建“一带一路”和长江经济带发展，抓住区域全面经济伙伴关系协定（RCEP）和中欧投资协定生效前的窗口期，谋划实施一批重大项目，争取布局一批重大开放平台。

（七）在巩固拓展脱贫攻坚成果同乡村振兴有效衔接上下功夫，推动城乡融合发展

一是全面推进乡村振兴。切实抓好易地搬迁后续扶持工作，全力提高农业质量效益和竞争力，出台全市农业农村基础设施建设领域以工代赈实施意见，打造一批乡村振兴以工代赈集中示范工程。二是务实推进县城城镇化补短板强弱项。编制全市中长期新型城镇化规划，加强超大城市治理，动态调整新型城镇化重大项目库，强化金融机构信贷支持。三是加快国家城乡融合发展试验区重庆西部片区试验示范。推动印发《国家城乡融合发展试验区重庆西部片区实施方案》和9区实施方案，建立重庆西部片区与成都西部片区两个国家城乡融合发展试验区改革联动机制。

（八）在保障和改善民生上下功夫，助推高品质生活宜居地建设

一是扎实做好就业、收入等重大问题研究。重点关注重点群体就业问题，重点解决好煤矿关闭退出后的就业保障问题。贯彻落实好国家扩大中等收入群体实施方案，统筹推进收入分配制度改革及相关体制改革。二是扎实做好民生实事工作。创新民生投入机制，滚动实施15件重点民生实事。三是扎实推进长江经济带绿色发展示范。加强重点用能单位管理，以碳达峰、碳中和为目标，全面谋划“十四五”能耗双控工作，确保完成国家下达的能耗双控目标任务。四是扎实做好价格稳定工作。加强价格监测调控，规范整治价格秩序，做好重要商品保供，保持物价总体稳定。

（九）在防范化解重点领域风险上下功夫，实现更为安全的发展

一是着力确保粮食安全。全面落实粮食安全行政首长责任制，探索地方粮食储备安全管理考核机制。二是着力保障能源安全。紧盯产供储销各环节，做好煤电油气供需保障。加快“疆电入渝”、川渝电网一体化等重大工程建设。制定出台《加快淘汰煤炭落后产能关闭退出煤矿总体方案》《重庆市可再生能源电力消纳保障实施方案》。三是着力防范化解重点领域风险。全面梳理排查可能面临的断链风险，分行业做好战略设计，采取有力措施提高企业根植性，逐步在重点领域和关键节点实现自主可控。加强境外投资备案管理，加强企业债券存续期监管和政府出资产业投资基金存续期监管。

（执笔人：洪飞）

科技管理

重庆市科学技术局

一、2020年发展回顾

2020年，全市科技创新系统抢抓成渝地区双城经济圈建设战略机遇，聚焦建设具有全国影响力的科技创新中心目标，大力推进以大数据智能化为引领的创新驱动发展，科技创新工作保持良好势头，科技创新能力持续提升。我市综合科技创新水平指数排名全国第7位、"世界知识产权组织2020全球创新指数"排名第77位、《自然》杂志全球科研指数排名第79位。

（一）打造创新高地，夯实科创中心核心载体

一是高标准建设西部（重庆）科学城。聚焦科学主题"铸魂"，面向未来发展"筑城"，联动全域创新"赋能"，高标准高起点规划建设西部（重庆）科学城。加快建设中科院重庆科学中心，启动建设超瞬态实验装置，集聚高端研发机构43个，培育国家科技创新基地7个，论证遴选在渝高校和科研院所项目44个，设立300亿元双城经济圈发展基金、20亿元成果转化股权投资基金。二是加快建设两江协同创新区。突出"科创+产业"内涵，强化产业、人才、生活、生态"四个协同"，瞄准新兴产业设立开放式、国际化高端研发机构，引进哈尔滨工业大学等建设研发机构15家、累计30家，引领两江新区数字经济发展。三是打造重庆高新区升级版。深化高新区管理体制机制改革，构建"一区多园"协同管理体制，引进中电科集成电路等项目148个、总投资额超1200亿元。四是着力发展科技创新园区。新增綦江市级高新区，11个高新区高新技术企业占全市的30%以上、工业总产值占全市的40%以上，成为全市高质量发展的先行示范区。获批涪陵现代中医药等3家国家火炬特色产业基地，累计6个。新增梁平、武隆2个国家农业科技园区，累计建设农业科技园区22个（国家级13个）。

（二）集聚创新主体，提升科技创新供给水平

一是科技企业蓬勃发展。实施科技企业成长工程和企业研发机构倍增计划，完善技术创新市场导向机制，落实研发费用加计扣除、研发准备金制度、重大新产品补助等普惠性财税政策，促进各类创新要素向企业集聚，拥有科技型企业26371家、高新技术企业达到4222家，较上年分别增长55.9%、34.4%。二是高校创新能力增强。推动重庆大学、西南大学"双一流"建设，全市ESI排名前1%的学科累计42个，其中2个排名前1‰。推动12所高校与中国科学院22个院所合作，累计建成"协同创新中心"48个。三是新型研发机构加快集聚。实施引进创新资源行动计划，新引进北京大学、清华大学等创新机构23家，累计88家，在空天技术、集成电路、无人驾驶、生物医药等领域注入了新活力。四是高水平创新基地加速落地。实施高端研发平台建设计划，新增国家应用数学中心和2个省部共建国家重点实验室，获批建设2个国家野外科学观测

研究站，累计建成国家科技创新基地63个，开展国家科技创新基地稳定支持改革试点，实行经费稳定支持、项目自主立项、过程自主管理、经费自主使用“一稳定、三自主”改革举措。五是创新人才队伍不断壮大。实施“重庆英才计划”，深化科技领域“放管服”改革，完善科技人才评价机制，在联合微电子中心、国际免疫研究院、康佳光电研究院开展“一企一策”人才政策试点，全市新增省部级以上高层次人才904人、外国高端人才38人，拥有研发人员16.07万人。

（三）加快技术突破，强化高质量发展科技支撑

一是研发创新水平大幅提升。优化基础前沿研究支持体系，推进科研项目经费“包干制”、非共识项目生成机制等改革，实行重大技术项目“张榜招标”，聚焦集成电路、大健康、现代农业等领域，组织实施科研项目2881项，取得全球最小间距显示屏、硅基光电子芯片等重大科研成果，万人发明专利拥有量提升到11.3件。二是技术应用示范加速推进。出台《国家新一代人工智能创新发展试验区建设方案》，发布“十大应用场景”，启动实施首批重点研发项目30项。三是民生改善支撑持续强化。组织实施应急科研项目57项，18项科研成果用于临床诊断和救治康复。选派科技特派员1100人次深入推进科技扶贫，万州区龙驹镇被评为全国“十佳”科技助力精准扶贫示范点。开展生态环境关键技术研究和示范工程建设，推进智能中枢核心能力平台等重点项目，助力生态环境保护、“智慧名城”建设。

（四）推动创新创业，畅通科技成果转化通道

一是打造孵化平台载体。建设重庆大学、西南大学、重庆医科大学、重庆师范大学、重庆邮电大学、重庆文理学院等环大学创新生态圈6个，在孵企业团队超过3000个。分别新增市级和国家级孵化平台20家和14家，累计375家和75家。集聚企业团队1.5万余家。建设两江新区、猪八戒网络公司等国家“双创”示范基地3个，累计建成国家级双创特色载体6个 。举办中国创新创业大赛（重庆赛区），5个项目获全国总决赛优秀奖，举办大足锻打刀具创意设计专业赛等系列特色赛事。二是强化科技金融支撑。为5021家科技型企业发放知识价值信用贷款146.63亿元。种子、天使、风险投资三支政府引导基金累计投资项目1279个次、金额近160亿元。三是促进科技成果转化。修订实施促进科技成果转化条例，遴选20家单位开展职务科技成果所有权或长期使用权试点，研究制定促进科技成果转化十条改革举措等政策，出台下放国有无形资产管理权限、明确单位负责人尽职免责条件等改革措施，技术合同交易额超过150亿元。四是优化科技创新服务。科技资源共享平台开放科研仪器设备9972台（套），西部科技金融路演中心等机构服务企业5580家次，重庆科技服务大市场服务创新主体1.2万家，“易智网”建设“线上+线下”成果转化服务平台。

（五）深化川渝合作，增强协同创新发展能力

一是构建科技创新合作机制。成立川渝协同创新专项工作组，签订“1+3”科技创新合作协议，共同提出争取国家支持的事项清单。二是联合建设创新平台。组建成渝地区双城经济圈科技创新联盟和高校联盟，推动成立3个协同创新中心和特色生物资源研究与利用川渝共建重点实验室。三是协同推进技术攻关。共同出资2000万元，围绕人工智能、大健康两个重点领域，联合实施重点研发项目15个。四是开放共享创新资源。完成川渝大型科研仪器设备数据库设计，加快推进科技大数据可视化项目开发，交换共享第

一批8000余名专家信息。五是共同优化创新生态。设立总规模50亿元的成渝双城经济圈科创母基金，联合搭建创新创业载体、举办创新创业活动，共同谋划建设“一带一路”科技创新合作区和国际技术转移中心，策划举办“一带一路”科技交流大会。

二、发展中存在的问题

同时，在发展中仍然还存在一些突出问题和短板，突出表现为“六个欠缺”：一是领军型的科创人才欠缺，我市“两院”院士16人，仅为北京（756人）的2.12%、上海（182人）的8.79%、成都（30人）的53.33%；国家“杰青”获得者47人，仅为北京的6.59%、上海的17.60%。二是影响力大的科创平台欠缺，我市国家重点实验室10个，少于上海的44个、四川的14个、陕西的21个；国家工程技术中心10个，少于北京的64个、上海的22个；国家制造业创新中心全国已落地13家，重庆仍是空白；尚无大科学装置，而北京有7个、上海有5个。三是高水平的科研机构欠缺，我市中央在渝科研院所4家，少于上海的52家、陕西的38家、四川的27家，“双一流”高校仅有2所（四川、陕西各有8所）、学科4个（四川有14个、陕西有17个）。四是带动性强的科创企业欠缺，我市高新技术企业数量4222家，约是广东的5.4%、上海的26.9%、四川的57.2%。五是重大引领性的基础研究原创成果欠缺，我市在基础前沿学科领域的整体研究能力较弱，缺少“从0到1”的重大引领性的基础研究原创成果，缺少重大引领性基础研究成果，在国家自然科学奖获奖项目以及最高科学技术奖获得者方面尚未实现突破。六是完备顺畅的科技创新体制机制欠缺，我市科技创新体制机制的保障作用发挥还不充分，科技创新投入机制还不完善，科技资金整合力度不够，政府和市场投资边界不清，社会化投入机制不健全；在科技成果转化机制方面存在科研成果与市场需求匹配度不足、高水平科技成果转化服务机构不足、专业技术转移人才不足等问题；科技奖惩激励机制在科研奖项设置、奖励主体、科研评价机制等方面存在局限。

三、2021年发展思路

下一步，将以习近平新时代中国特色社会主义思想为指导，深入贯彻党的十九大和十九届二中、三中、四中、五中全会精神，全面落实习近平总书记关于科技创新的重要论述和对重庆提出的重要指示要求，深入贯彻落实市委五届十次全会精神，以科技创新的突破引领全面创新，让创新成为重庆高质量发展的强大动能。

（一）打造科技创新平台

加强高能级科创平台建设，高水平建设综合性科学中心，高水平建设西部（重庆）科学城，高标准打造两江协同创新区，高质量发展创新园区，高起点创建广阳岛智创生态城，高效率推动“一区两群”协同创新，落地落实《支持科技创新若干财政金融政策》，深入实施引进科技创新资源行动计划，加速汇聚创新资源。

（二）突破关键核心技术

强化战略性和引导性，瞄准数学科学、生命科学、物质科学、空间科学、信息科学、材料科学、先进制造科学、能源科学等领域，实施基础研究行动计划，加快原创性和颠覆性创新。突出先导性和支柱性，聚焦电子信息、汽车摩托车、高端装备、新材料、生物医药等重点产业技术创新需求，组织实施关键核心技术攻关工程，推进战略高技术、装备和系统集成攻关。围绕碳达峰碳中和、大健康、粮食安全、污染防治、公共安全等领域，实施科技创新专项行动，满足人民美好生活需要。

（三）培育战略科技力量

争取建设国家实验室及重庆基地，加快建设超瞬态物质科学实验装置、长江上游种质创制等重大科技基础设施，重组、提升、新建一批国家重点实验室，组建“重庆实验室”，布局建设智能汽车、集成电路、轻金属材料、先进感知、生物医药等领域的国家产业技术创新中心、制造业创新中心和产业创新中心。实施科技企业成长工程和企业研发机构倍增计划，支持企业建设技术创新中心等高端研发平台，鼓励领军企业组建创新联合体，带动中小企业创新活动，在战略性新兴产业领域培育一批优质市场主体。加大“双一流”高校建设力度，推动高校与中科院所属院所等深化合作，鼓励创办一批前沿科学中心、产业技术研究院，支持发展一批科教、产教融合平台。深化市属科研院所市场化改革，支持中央在渝科研机构做大做强，引进国内外顶尖高校院所合作共建研究院和研发中心，发挥新型研发机构创新作用。

（四）激发人才创新活力

实现高水平科技自立自强，需要牢固树立人才是第一资源的理念，全方位培养、引进、用好人才。优化人才培养体系，深入实施重庆英才计划、博士后倍增计划，建立博士生科研项目“直通车”制度，支持更多青年优秀人才脱颖而出、成为科研主力军。吸引高水平创新人才，开展“一对一”“点对点”定制服务，精准引进科技帅才和“关键先生”。强化人才激励，构建充分体现知识、技术等创新要素价值的收益分配机制，完善科研人员职务发明成果权益分享机制。

（五）营造优良创新生态

完善权益保护、成果转化、收益分配、创新投入、创新推进、创新决策、风险防控、容错纠错、奖惩激励、责任考核等十大机制。开展职务科技成果所有权或长期使用权改革，打造环大学创新生态圈、大型科技企业孵化器，建设技术交易市场、中试熟化平台和技术转移机构。壮大创投基金规模，推进知识价值信用贷款扩面放量，支持科技企业上市。实施成渝科技创新合作计划，建设“一带一路”科技创新合作区和国际技术转移中心，举办“一带一路”科技交流大会，促进军民融合科技创新。强化资源共享、专利导航、金融支撑、科学普及等综合服务，持续开展科技创新政策服务。

（执笔人：邱磊）

民政工作

重庆市民政局

一、2020 年发展回顾

2020 年，全市各级民政部门坚持以习近平新时代中国特色社会主义思想为指导，在市委、市政府的坚强领导下，在民政部的有力指导下，齐心协力战疫情、攻贫困、保民生、促改革、优服务，各项任务圆满完成，全市民政工作获得市委、市政府年度目标绩效考核和民政部综合评估“双优秀”。

（一）众志成城战疫情，坚守民政服务机构“零感染”底线

全面实行“五个暂停”封闭管理，制定出台民政领域防控措施 16 条、“增强版”防控举措 10 项，全市 1987 家民政服务机构实现“零感染”目标。扎实履行社区防控指导职责，动员 40 余万名社区工作者和志愿者守严守牢社区防线。支持和引导社会力量投身抗疫战线，全市累计接收慈善捐赠款物 9.2 亿元。在抗击疫情关键时刻，组建援鄂殡葬服务队驰援武汉，出色完成任务。在疫情形势趋缓后，认真落实党中央、国务院关于复工复产和促进就业的决策部署，逐步规范开放民政机构和窗口单位服务，2020 年 6 月初，1550 家养老机构、14 家儿童福利机构、41 家婚姻登记机构、7 家精神卫生机构、4000 多家福彩投注站全面恢复服务。

（二）全力以赴攻贫困，务求兜底保障“不漏一户、不落一人”

农村低保标准持续多年动态高于国家扶贫标准，全市 24.87 万名扶贫对象被纳入低保保障范畴，1.26 万人被纳入特困救助供养范畴，对 4924 人实施分户保障政策、对 1.72 万人实施渐退政策，兜底保障边缘困难群体 1.47 万人。我市社会救助改革及脱贫攻坚兜底保障工作在全国会议 3 次作交流发言。开展“八个一批”社会扶贫行动，以市慈善总会为首的各级社会组织实施重点扶贫项目 882 个，筹集扶贫款物 4.94 亿元，惠及群众 48.3 万人次。发挥慈善组织作用，全年接收慈善捐赠款物 24.67 亿元，其中用于脱贫攻坚 12.94 亿元。扎实推进《2020 年东西部社会组织扶贫协作框架协议》，建立鲁渝社会组织扶贫协作工作帮扶机制，落实东西扶贫协作项目资金 858.5 万元。

（三）精准帮扶保民生，民政服务对象获得感持续增强

出台改革完善社会救助制度 37 条重点举措，提高社会救助保障标准，城乡低保标准分别提高到每人每月 620 元、496 元，惠及 88.72 万人；特困供养标准提高到每人每月 806 元，惠及 18.45 万人；支出临时救助资金 3.81 亿元，惠及 14.82 万人次。认真化解疫情灾情对困难群众基

本生活的影响，出台受疫情影响特殊困难群众保障等政策措施，疫情期间新纳入兜底保障9.5万人，实施临时救助12.36万人次，发放价格临时补贴5.29亿元。落实孤儿基本生活保障标准自然增长机制，发放基本生活保障金8400万元；稳定实施“福彩圆梦·孤儿助学”等项目，资助743名孤儿就读中职以上全日制学校，救治19名孤残儿童；民政部简报刊发肯定我市儿童福利机构成年孤儿安置经验和做法，我市在全国儿童福利工作系列培训会上作2次经验交流发言。建立残疾人“两项补贴”动态调整机制，发放补贴4.22亿元、惠及52.46万人，3400余名低保对象和贫困重度残疾人得到集中照护，在沙坪坝、九龙坡等11个镇街开展精神障碍社区康复服务试点。福彩发行销售困中求进，全年销售31.07亿元，筹集公益金9.73亿元。

（四）积极稳妥促改革，基层社会治理水平持续提升

创新推进社区治理，城乡社区综合服务设施、公共服务综合信息平台覆盖率均达100%，北碚区“消除壁垒、集成服务，着力提升街镇公共服务能力”的做法获评民政部第二批全国乡镇政府服务能力建设典型经验。江北区探索“三联工作法”，解决了“三社联动”主体间发展不够平衡、联结不够紧密的问题。推进社会组织登记管理与党建工作“六同步”，社会组织在脱贫攻坚、环境治理、双城经济圈建设等方面的积极作用得到充分发挥。出台推进社会组织孵化基地建设工作的指导意见，全市登记社会组织达18034家。制定民政事业单位社工岗位设置政策措施，全市设置社工岗位的民政事业单位达220家、占比90.9%，建成社区社会工作室4350个。我市在全国乡镇（街道）社会工作人才队伍建设推进会上作经验交流。壮大志愿者队伍，注册志愿者629万名，占全市总人口的20%。

（五）凝心聚力优服务，养老、殡葬等社会服务较快发展

推进实施居家和社区养老服务改革试点，加强养老服务体系建设，建成养老服务中心220个，完成率达253.5%；提档升级乡镇敬老院398家，完成率达132.7%；全年新增47家失能特困人员集中照护机构；对1433家养老机构开展服务质量评估，深入开展助餐、助浴、助医等服务，我市养老产业营商环境评价指数列全国第2位。全面落实惠民殡葬政策，为8083名困难群众免除基本丧葬服务费1029万元。深入实施“家庭和谐计划”，提升婚姻登记水平，办理婚姻登记34.03万对。开展生活无着流浪乞讨人员救助管理服务质量大提升专项行动，救助1.38万人次，落户安置599人。稳妥推进行政区划，审核报批撤镇设街道或增设街道11个，撤乡设镇1个，清理整治不规范地名571个，发布第一批市级历史地名保护名录115条。

（六）融入成渝“经济圈”，推动川渝两地民政合作走深走实

签署《川渝民政合作框架协议》，在养老服务等9个业务板块达成合作共识。印发《2020年川渝民政合作重点任务清单》，项目化推进合作事项落实。签订《西南地区养老协会联盟合作协议》，推进优质养老资源交流共享。协同推进社会救助，两地政策及标准调整提前沟通。签订《川渝线平安边界建设协议书》，推动川渝边界服务管理协作。建立川渝殡葬服务协调沟通与共享机制，推动跨区域开展遗体接运等服务。

（七）坚持不懈强党建，营造风清气正良好政治生态

坚持以政治建设为统领，把“两个维护”作为首要政治纪律和政治规矩，坚决彻底肃清孙政才恶劣影响和薄熙来、王立军流毒，以实际行动兑现市委“三个确保”政治承诺，始终保证民政事业发展的政治方向。坚持用习近平新时代中国特色社会主义思想武装头脑、指导实践、推动工作，牵头完成党的十九届五中全会精神“进社区”宣传活动575场次，巩固“不忘初心、牢记使命”主题教育成果，务实有效推动习近平总书记有关重要指示批示精神在民政领域全面落地生根，实现事事有着落。坚决扛起全面从严治党主体责任，修订完善工作制度90项，持续推进农村低保、民生资金、工程建设、纠正“四风”专项整治行动，以风清气正政治生态确保民政事业健康发展和民政干部健康成长。

二、存在的问题

在全面总结民政工作成绩的同时，也要清醒看到，全市民政事业发展不平衡不充分的问题依然比较突出，基本民生保障还存在短板弱项，基层社会治理还未形成有效合力，基本社会服务还有待优化强化，一些领域体制机制还不健全，法治建设相对滞后，信息化建设有待加强，少数干部的担当和抓落实能力还有待提高，等等。这些问题，需要我们在今后的工作中认真研究解决。

三、2021年发展思路

2021年是实施“十四五”规划、开启全面建设社会主义现代化国家新征程的第一年。做好2021年民政工作，必须坚持以习近平新时代中国特色社会主义思想为指导，深入贯彻党的十九大和十九届二中、三中、四中、五中全会精神，深化落实习近平总书记对重庆提出的营造良好政治生态，坚持“两点”定位、“两地”“两高”目标，发挥“三个作用”和推动成渝地区双城经济圈建设等重要指示要求，全面落实党中央、国务院决策部署，以及民政部和市委、市政府工作要求，坚持稳中求进工作总基调，立足新发展阶段，贯彻新发展理念，融入新发展格局，以推动高质量发展为主题，以改革创新为根本动力，以满足人民日益增长的美好生活需要为根本目的，加强党对民政工作的全面领导，完善基本民生保障、基层社会治理、基本社会服务体系，扎实推进社会救助、养老服务、儿童福利、基层社会治理、殡葬管理改革、专项社会事务等取得新突破，确保民政事业“十四五”开好局，以优异成绩庆祝建党100周年。

（一）持续用力做好疫情防控工作

聚焦民政服务机构，落细落实“五有一网格”防控措施，严格实施出入管理、核酸检测、心理疏导、食品卫生、清洁消毒等措施，坚决守住“零感染”底线。

（二）全力保障困难群众基本生活

积极推进社会救助兜底保障同乡村振兴有效衔接，保持社会救助兜底保障政策总体稳定，巩固拓展脱贫攻坚兜底保障成果。深化社会救助制度改革，全面推行“一门受理、协同办理”，提升社会救助服务能力。

（三）加快发展养老服务产业

加快实现城乡社区居家养老服务全覆盖，大力实施老年人居家适老化改造工程，持续实施农村失能特困人员集中照护和敬老院提档升级工

程，推进乡镇养老服务中心和农村互助养老点建设，建立健全养老服务综合监管制度，不断提高养老服务质量。

（四）健全完善儿童福利体系

推动建立未成年人保护工作协调机制，建立市级未成年人保护机构，落实孤儿基本生活保障标准自然增长机制，探索建立事实无人抚养儿童基本生活补贴自然增长机制，推广儿童关爱保护“党建＋阵地＋服务＋机制”四位一体的工作经验，提升服务儿童能力。

（五）创新推进基层社会治理

依法有序开展第十一届村（居）委会换届选举，持续推进“三事分流”“三社联动”“三治结合”社区治理工作机制。做好行业协会商会脱钩改革后续工作，规范行业协会商会涉企收费行为，促进社会组织健康发展。深化社会工作“三级服务体系”建设，规范福利彩票发行和彩票公益金使用管理，加快慈善事业、志愿服务发展。

（六）深入推动殡葬事业发展

深化殡葬改革试点，深入推进殡葬领域移风易俗，开展安葬设施违规建设经营专项整治，切实强化违建墓地专项整治成果巩固提升行动。

（七）持续优化专项事务管理

审慎推进行政区划设置，加强地名文化建设和遗产保护，优化婚姻登记服务，推进婚俗改革，继续实施“家和计划”。强化流浪乞讨人员救助管理，健全完善残疾人“两项补贴”制度，优化残疾人福利服务。

（八）抓实抓细成渝地区民政合作

编制年度川渝民政合作任务清单，推动合作走深走实。聚焦养老服务、基层治理、区划管理等重点领域，强化川渝协同联动，推进合作成势见效。

（九）统筹编制民政发展规划

对标党的十九届五中全会精神和市委五届九次全会要求，围绕落实《成渝地区双城经济圈建设规划纲要》、促进“一区两群”协调发展等重大任务，编制民政事业发展规划及养老服务、儿童福利、社区服务、殡葬设施等专项规划，引领“十四五”时期全市民政事业高质量发展。

（执笔人：蒋洪）

重庆财政

重庆市财政局

一、概况

2020年，面对突如其来的新冠肺炎疫情冲击，面对国际国内形势的深刻复杂变化，全市财政认真贯彻市委、市政府决策部署，持续打好“三大攻坚战”，深入实施“八项行动计划”，全力以赴战疫情、战复工、战脱贫、战洪水，统筹推进疫情防控和经济社会发展，为全市经济高质量发展与社会和谐稳定提供了有力支撑。

——全市一般公共预算收入2095亿元，下降1.9%。其中，税收收入1431亿元，下降7.2%（扣除新增减税因素后，全市税收增长3.6%）；非税收入664亿元，增长11.9%。加上中央补助2165亿元、地方政府债务收入450亿元，以及动用预算稳定调节基金、上年结转、调入资金等1175亿元后，收入总计5885亿元；全市一般公共预算支出4894亿元，增长1%。加上上解中央49亿元、地方政府债务还本支出293亿元，以及安排预算稳定调节基金和结转下年等649亿元后，支出总计5885亿元。

——全市政府性基金预算收入2458亿元，增长9.3%，其中，全市国有土地使用权出让收入2202亿元，增长17.1%。加上中央补助250亿元、地方政府债务收入1262亿元、调入资金9亿元，以及上年结转494亿元后，收入总计4473亿元；全市政府性基金预算支出3134亿元，增长29.5%。加上地方政府债务还本支出221亿元，以及调出资金和结转下年等1118亿元后，支出总计4473亿元。

——全市国有资本经营预算收入99亿元，下降25.2%。加上上年结转4亿元后，收入总计103亿元；全市国有资本经营预算支出52亿元，增长13.3%。加上调出资金45亿元、结转下年6亿元后，支出总计103亿元。

——全市社会保险基金预算收入1929亿元，下降1.3%。从资金来源看，财政补助681亿元，占比为35.3%。其中，基本养老保险基金收入1310亿元，基本医疗保险基金收入589亿元，失业保险基金收入18亿元，工伤保险基金收入12亿元。加上动用上年结余5亿元，收入总计1934亿元；全市社会保险基金预算支出1934亿元，增长6%。其中，基本养老保险基金支出1356亿元，基本医疗保险基金支出510亿元，失业保险基金支出47亿元，工伤保险基金支出21亿元。历年滚存结余1798亿元。

二、财政主要工作

（一）财政支持疫情防控和经济社会发展

面对疫情带来的财政减收、艰巨繁重的复工复产任务和企业生产经营困难，持续加大财政逆周期调节力度，推动经济社会秩序稳步恢复。不折不扣落实增值税、房产税、城镇土地使用税、防疫物资进口关税等减免政策，执行阶段性减免养老保险费、医疗保险费和行政事业性收费等政策，全年预计新增减税超200亿元，新增降费超350亿元。兑现担保费补贴、周转金降费、贷款贴息、配套费缓缴、促进消费等政策，建立政府采购合同信用融资机制，帮助企业共渡难关，支持复工复产、复市复消，保市场主体、保产业链供应链稳定。围绕成渝地区双城经济圈建设、"一区两群"协调发展，创新政府投融资模式，做好"资金池"与"项目池"平衡对接，争取新增政府债券1201亿元，比上年增加255亿元，筹措市级以上财政资金920亿元，支持西部科学城、"两江四岸"核心区和高速铁路、高速公路、轨道交通等重大项目建设。优化财税奖补政策，加快高端研发机构引进、重点实验室建设，培育大数据、人工智能、工业互联网等战略性新兴产业，推动汽摩、电子等传统产业转型升级。

（二）财政支持打赢三大攻坚战

坚持优先保障、加大投入、强化监管，跑好全面建成小康社会"最后一公里"。围绕中央脱贫攻坚专项巡视"回头看"、国家脱贫攻坚成效考核反馈意见整改落实，安排市级以上扶贫专项资金55亿元，支持区县整合涉农资金103亿元，保障扶贫产业发展、贫困群众就业创业和基本生活，预留政府采购预算资金购买贫困地区农副产品4亿元，修订专项扶贫资金管理办法，完善扶贫资金监督管理制度体系，推进财政扶贫资金动态监管平台建设，全面实施扶贫资金绩效管理，有力推动了决战脱贫攻坚圆满收官。坚持生态优先、绿色发展，安排180亿元，推进广阳岛片区长江经济带绿色发展示范建设，加快三峡库区生态修复和千里林带建设，支持大气、水、土壤等污染防治，探索建立长江流域川渝跨省横向生态补偿机制，筑牢长江上游重要生态屏障。统筹促发展和防风险关系，采取发行再融资债券、债务展期重组等方式，优化政府债务期限结构，确保偿债资金不断链。严格落实债务违约风险管理机制，定期排查债务风险，严肃查处违规举债融资行为，坚决遏制隐性债务增量，守住债务风险管控底线。积极应对社保基金收支平衡矛盾，提高征地统筹费标准，采取竞争性存放、委托投资等方式，促进社保基金和职业年金保值增值，确保社保待遇及时足额发放。

（三）财政保障区县平稳运行

面对疫情冲击，区县减收幅度较大，收支矛盾突出，坚持把保区县财政平稳运行作为做好"六稳"工作、落实"六保"任务的优先项，努力稳住全市经济社会发展基本盘。争取抗疫特别国债、特殊转移支付等中央直达资金409亿元，出台直达资金监督管理办法，加强资金分配、拨付、使用全流程监管，确保资金直达区县基层、真正惠企利民。建立区县预算审核、"三保"评估、专户调度等风险防控机制，13个重点关注区县"三保"财力补助增长30%，坚决兜牢区县"三保"底线。坚持政府过紧日子，区县参照市级做法，出台"紧日子"相关举措，大力压减非急需、非刚性支出，调整优化支出结构，为保障抗疫、抗洪、脱贫、教育、卫生、环保等重点支出腾出空间。

三、财政改革管理

出台市级支出项目预算标准管理办法，完善支出标准体系。完成绩效管理基础制度建设，推动绩效管理扩面提质，对29个项目绩效实施重点评价，资金规模约360亿元，较上年增长60%

以上。出台应急救援、交通运输、教育等领域财政事权和支出责任划分改革方案。完成市级部门所属企业集中统一监管改革，加快推进机关事业单位内控制度建设、政府采购制度改革。灵活运用线上、线下监督平台，加强事前、事中、事后全过程监督，做好重大财税政策落实、财政业务管理、会计信息质量检查等监督工作，进一步严肃财经纪律，提高财会监督质量。

（执笔人：冯探）

人力资源和社会保障

重庆市人力资源和社会保障局

2020年，全市人力社保系统以习近平新时代中国特色社会主义思想为指导，在市委、市政府坚强领导下，坚持稳中求进工作总基调，扎实做好"六稳"工作，全面落实"六保"任务，战疫战贫战洪水，复产复工稳就业，全力守住民生底线，积极服务发展大局。

一、疫情大考交出人社"好答卷"

疫情就是命令，防控就是责任。面对突如其来的新冠肺炎疫情，全市人力社保部门干部职工坚决贯彻党中央、市委市政府决策部署，讲政治、顾大局，不畏苦、不畏难，展现了人社精神和人社担当。

一是全力战疫情。系统上下建立内控外防工作机制，领导示范、党员带头，所有干部在岗在线在状态，在确保各项工作顺畅有序基础上，实现"零感染"。出台基层抗疫一线人员公开招聘、职称评审、岗位晋升、奖励表彰倾斜政策，让援鄂医疗队等抗疫工作者感受到实实在在的温暖关怀；成功牵头组织召开全市抗击新冠肺炎疫情表彰大会，受到市委、市政府充分肯定。

二是全力保复工。在复工复产按下快进键时，全市人力社保部门立即从二线冲向一线，努力把时间抢回来，把进度赶回来，把损失补回来，圆满完成了市委、市政府交办的农民工安全有序返岗和企业用工保障任务。市局和各区县建立返岗复工工作专班，实现"蜂窝煤"无缝对接。创新实施农民工返岗复工"六步工作法"，特别是区县基层干部职工，奋战在一线，拼搏在一线，实现全市近600万名农民工"应出尽出"；市政府下达的阶段性招工任务圆满完成，实现复工复产用工需求"应保尽保"；精准帮扶10余万名湖北返渝农民工和湖北籍人员顺利就业。

三是全力助发展。出台社保费"减降缓补"、金融支持、财税纾困等支持企业复工复产和稳就业60余条"政策包"，为近20万户单位减免社保费223.5亿元，发放稳岗返还17.7亿元，落实社保补贴等资金17亿元，稳住了市场主体。出台失业保险扩围等政策，兜牢了保障底线。

二、人社扶贫打赢收官"大决战"

在脱贫攻坚决战决胜的收官之年，全市人力社保部门建立"市局党组成员包片区+33个处室（单位）包区县"人社扶贫工作机制，抽专人，组专班，"一对一"联系督导，蹲点区县共同迎检，顺利完成国务院、中央巡视组、国扶办、人社部等一系列考核检查，在2020年终"最后一考"中，圆满完成人社脱贫攻坚各项任务。全力推进就业扶贫增收入、技能扶贫强素质、社保扶贫保生活、人才扶贫促发展、对口扶贫增实效，全市76.2万有就业能力、就业意愿的贫困劳动力实现就业"应转尽转"，重庆转移贫困劳动力赴山东稳定就业2232人，山东累计帮助在渝贫困劳动力就地就近就业8583人，分别完成两省市协议目标任务的215%和210%；累计组织贫困人员参加职业技能培训超过24万人次；实现全市建档立卡贫困人员基本养老保险“应保尽保”、待遇“应发尽发”、代缴“应缴尽缴”三个100%；出台边远贫困地区事业单位人员招聘倾斜、高定工资和专技人才职称倾斜政策，新招募597名“三支一扶”大学生到基层就业，通过出政策、出人才、出资金，推动人社扶贫取得实效。

三、川渝合作跑出人社“加速度”

2020年是成渝地区双城经济圈建设的开局之年。一年来，两地人社部门思想一盘棋，理念一体化，共唱“双城记”。

一是面上统筹发力。成立工作专班，建立“1+N”合作模式，市局与四川省人社厅“云签约”，双方确定的80项年度重点工作任务基本完成，相关处室（单位）和区县积极主动加强与四川对接，签约协议77个，川渝合作“好戏连台”。

二是点上攻坚突破。聚焦两地合作重点和群众关心的热点，重点攻坚，逐项突破，24项“跨省通办”事项全面完成，人社信息化“两地通”、招聘求职“一点通”、养老保险待遇资格“就地认”、人才流动档案办理“零跑路”、社保卡“就近办”等“五件大事”全面落地，两地互签电子社保卡2.4万余张、互办养老待遇资格认证7800余次。

三是合作全面开花。加强就业协作，成立就业创业协同发展联盟，联合开展高校毕业生专场招聘会、大学生创业创新大赛，共同开展春风行动暨就业援助月线上招聘，发布岗位188万个，达成就业意向40万人次；成功举办首届西部农民工返乡创业大赛，第十四个重庆农民工日活动吸引约50万名农民工参与。加强人力资源协作，成立人力资源服务产业园联盟，联动成都、走进内江、携手宜宾，形成了区域人力资源服务产业发展合力。加强人才合作交流，推进两地博士后学术交流和专家资源共享，打造“才兴川渝”引才品牌、“智汇巴蜀”赛事品牌，组织210名专家为200多个基层发展项目提供智力支持；10所学校成立技工教育川渝联盟。全面建立两地人事工资、考试、劳动监察等协作机制，各领域合作“遍地开花”。

四、民生保障提升群众“幸福感”

立足人力社保全部工作涉及人、大部分工作涉及民生的部门定位，扎实做好“六稳”工作，落实“六保”任务，筑牢民生底线。

一是顶压前行稳就业。通过建立“人社+教育+其他市级部门+高校+区县”五方联动机制、开展“重庆英才·职等您来”公共就业人才网络直播招聘、实施“互联网+职业技能提升行动”等创新举措，千方百计“稳就业”和“保居民就业”，全市就业形势逐月回稳，好于预期。全市城镇新增就业65.6万人，城镇调查失业率控制在5.7%；建成市级创业孵化基地102家，市级农民工返乡创业园区44家；网络直播招聘25期，吸引845万人次在线观看，实现就业5.7万人，受到各方好评。特别是退捕渔民转产安置工作，面对时间紧、任务重的压力，市级、区县共同发力，实现退捕渔民转产安置、技能培训、养老保险、兜底保障“4个100%”。

二是持续巩固强社保。统筹城乡、覆盖全民的社保体系不断完善，基本实现法定人群全覆盖，截至2020年底，全市城乡养老、失业和工伤保险参保人数分别达到2370万人、548万人和727万人，城乡养老保险参保率稳定在95%以上，新开工工程建设项目工伤保险参保率98%；连续

16年调整增加企业退休人员基本养老金，连续5年同步调整机关事业单位养老保险待遇，惠及全市406万名退休人员。

三是多方合力促和谐。三方组织实现区、县级全覆盖，和谐劳动关系示范企业扩大至1700余户，3个和谐劳动关系综合试验区全面完成创建，九龙坡被选为全国8个综合配套改革试点地区之一。制定“和谐同行”三年行动计划，完成15个区县人力社保创新执法优化服务试验区建设，开展企业劳动保障守法诚信等级评价1万余家。深入实施根治欠薪“夏季行动”和“冬季专项行动”，确保农民工工资按时足额发放，维护了社会稳定大局。我市保障农民工工资支付工作在2018年、2019年国家考核中连续两年位列西部第1名，2020年进入全国前10名A级等次。

五、人才人事激发发展“新动能”

围绕强化经济社会发展的人才支撑，政策、措施、服务多向发力，全力打造“近者悦、远者来”人才发展环境。全市专业技术人才总量190万人，高、中级占比首次达到50%；技能人才387万人，其中高技能人才占比近1/3。全市人力资源服务机构达1860家，营业收入357亿元。

一是完善人才激励系列政策。制定“塔尖”“塔基”政策，出台支持大数据智能化产业人才发展和英才计划激励措施，评选重庆英才401名、团队67个，再创新高。出台博士后事业创新发展“黄金18条”，新招收博士后806人，首次实现“次年翻倍”，提前14个月完成“倍增计划”。推进事业单位岗位聘用考核试点，优化高校岗位结构，推动义务教育学校“县管校聘”改革落地。通过公开招聘、考核招聘等方式招聘人员1.5万人。深化事业单位绩效工资、公立医院薪酬制度改革，保障义务教育教师工资待遇。出台推动乡村人才振兴19项具体措施，助推乡村振兴战略实施。

二是强化人才引育。高质量举办重庆英才大会，引进优秀紧缺人才1821名、项目267个，分别同比增长3倍和1.2倍。新增入选国家级人才首次实现两位数增长；享受国务院政府特殊津贴专家59名，为十年来之最。新增入选国家级“留创计划”项目5个，建成国家级职业训练院3个，中国（重庆）康养高技能人才培训基地暨老年养护中心、世界技能大赛重庆研修中心成功挂牌，重庆代表团参加第一届全国技能大赛获得4金4银4铜41优胜的佳绩，进入全国第一方阵。

三是持续优化人才服务。出台重庆英才服务管理办法，人才“一站式”服务平台全市覆盖，发放人才服务证3600余张，受理各类人才服务近6万人次。推动用人单位技能人才自主评价和社会化职业技能等级认定，遴选备案认定机构81家。组建56个“订单式”专家服务团、近400名专家服务基层。出台《重庆市人力资源市场条例》，中国重庆人力资源产业园年营业收入突破100亿元，西部（重庆）科学城园区顺利开园。农民工博物馆建设顺利推进，区县广泛发动、热情参与、全面助力。

六、人社公共服务搭建便民“连心桥”

以大平台带动大服务，大数据提升高效能，不断提升人力社保公共服务能力和水平。

一是建强服务平台。全面打造办事大厅、门户网站、“重庆掌上12333”App等线上线下联动服务体系，建成市级人社政务服务大厅，150项市级政务服务事项和7件行政许可事项纳入政务服务中心办理。

二是锤炼系统作风。“人社服务快办行动”实现10项“打包办”和12项“提速办”。“清减压”深入推进，公布取消各类证明材料195项，办事材料平均精简比例达60%以上、压缩办理时限80%以上。常态化开展人社局长走流程、业务技能练兵比武，正行风、树新风。

三是提升服务效能。签发电子社保卡788万张，与市级部门共享数据资源近2000万次，64项人社公共服务接入“渝快办”，132项公共服务清单事项和50项高频服务事项实现网办或免办，“一次不跑”和“只跑一次”事项达90%以上，群众满意度不断提升。

（执笔人：李勇）

城乡规划和自然资源

重庆市规划和自然资源局

一、2020年整体情况

2020年，在市委、市政府坚强领导下，全市规划自然资源系统坚持以习近平新时代中国特色社会主义思想为指导，深学笃用习近平生态文明思想，深入贯彻习近平总书记对重庆提出的营造良好政治生态，坚持“两点”定位、“两地”“两高”目标，发挥“三个作用”和推动成渝地区双城经济圈建设等重要指示要求，落实“六稳”“六保”任务，聚焦三大攻坚战、“八项行动计划”，认真履职尽责，扎实推进工作，统筹做好疫情防控和经济社会发展服务保障工作，全面完成全年目标任务。

（一）结合部门职能，全力抓好疫情防控和复工复产

开辟规划用地绿色通道，确保区域性战略物资储备中心、应急救援公共卫生中心、应急医院等按时抢建落地。紧急研发重庆疫情地图，为疫情防控提供数据支持。出台疫情防控“十条措施”、强化用地保障支持产业发展“九条意见”、建筑砂石保供稳价工作方案等纾困惠企政策，全面支持企业复工复产。分类有序推动矿山、地灾治理、地勘、生态修复、测绘地理信息、规划设计等行业企业和项目先行复工复产，保障项目建设需求。全面深化“放管服”改革，推进网上审批和“不见面”服务，政务服务质效进一步提高。深化不动产登记改革，世行评定重庆登记财产效率跻身全球190个经济体前20位，支持企业抵押融资8681亿元。完善项目策划生成机制，深化“多审合一、多证合一、多测合一”改革，全市建筑类工程规划许可1.33亿平方米。

（二）优化国土空间布局，促进“一区两群”协调发展

推动落实《成渝地区双城经济圈建设规划纲要》，深化川渝规划自然资源领域合作，协同推进《成渝地区双城经济圈国土空间规划》。提请市委、市政府出台《关于建立重庆市国土空间规划体系做好新时代国土空间规划的意见》，加快国土空间规划体系性重构。《重庆市国土空间总体规划（2020—2035）》通过市委、市政府审议。统筹推进生态保护红线评估调整和自然保护地整合优化。开展同城化发展先行区与中心城区一体化、“桥头堡”城市、万开云一体化、“三峡库心·长江盆景”等跨行政区域国土空间规划。完成西部（重庆）科学城国土空间规划。完成主城都市区城市轨道交通TOD综合开发专项规划，开展东部生态城、智慧园、寸滩国际新城等重要片区和成渝中线、江北机场第四跑道及T3B航站楼、重庆东站等重点工程规划，形成历史文化名城保护、综合交通体系、市政基础设施、医疗卫生等一批专项规划。

（三）强化资源要素保障，推动经济发展

开展国家建设用地审批权委托试点，建立审

查报批、占用永久基本农田和生态保护红线管理、项目空间协同等制度，建设用途管制红线智检平台，探索节点化、串改并、前置性审批，项目用地基本实现即审即办，解决郑万高铁、东环线等一批久拖未决的重大项目落地问题。审批建设用地152平方公里，全市整治土地1.6万公顷。全市出让土地6426公顷，土地价款财政入库2202亿元。处置批而未供和闲置土地6519公顷，超额完成国家下达任务。开展房地产闲置土地处置专项行动，带动投资148亿元。新建绿色矿山120个、国家级绿色矿业发展示范区1个，新产页岩气80亿立方米。

（四）加强生态保护修复，推进长江上游重要生态屏障建设

开展山水林田湖草沙系统治理，完成国家山水林田湖草生态保护修复工程试点项目近300个。持续推进中心城区“四山”保护提升，完成长江干流及其主要支流10公里范围2214公顷废弃露天矿山生态修复。编制全市国土空间生态修复规划、重要生态系统保护和修复重大工程总体规划。申报实施12个全域土地综合整治国家试点项目。实施国土绿化提升，开展明月山林长制试点，全市完成营造林660万亩，森林覆盖率达到52.5%。拓展生态产品价值实现方式，基本建成自然资源统一确权登记制度。拓展“地票”生态功能、森林覆盖率指标交易两大举措入选自然资源部生态产品价值实现典型案例。违建别墅问题项目183个整治到位。建设国土调查云重庆分中心，抓好耕地保护督察、卫片执法整改。严格矿业权准入管理，长江、嘉陵江、乌江干流岸线一公里和第一山脊可视范围矿业权全部退出。

（五）加大政策供给力度，精准支持脱贫攻坚和乡村振兴

助力打赢脱贫攻坚收官战，完成易地扶贫搬迁收储21106户、安置房不动产登记6.2万套。单列下达贫困区县用地指标8400亩，支持地灾、国土整治等项目5.4亿元，争取山东增减挂钩跨省调剂3300亩。引导贫困地区农村实物产权进场交易，为贫困地区增加财产性收入58亿元。定点助力城口脱贫攻坚。坚持最严格的耕地保护制度，新增耕地9.9万亩，划定永久基本农田储备区218万亩。推进农村乱占耕地建房专项整治，排查各类疑似图斑64.4万个。村规划实现应编尽编，规划师下乡在全国乡村规划师制度高峰论坛作经验交流。开展“步移式”村镇建设用地选址试点。探索建立农村复垦留用“指标池”。深化地票制度改革，完善农村产权交易机制，新交易地票2.67万亩53.7亿元、农村实物产权11.9万亩5.5亿元。

（六）注重规划赋能提质，全面服务城市提升

完成国土空间规划城市体检，开展健康城市和主城都市区工业用地规划研究。全面推进中心城区分区规划，推行小街区规制，开展社区规划师试点。编制实施轨道与地面公交换乘整体提升规划，开展轨道步行可达性提升规划，提高公共出行效率和便捷性。编制城镇老旧小区改造规划指引，统筹优化高层建筑、小型消防站、公共停车场等布局，新建社区体育文化公园42个。编制江城江镇江村滨江地带品质提升专项规划和嘉陵江生态公园统筹规划，提升城乡滨江环境品质。推进市规划展览馆迁建项目。完成中心城区高度强度密度分区规划研究，深化重庆站片区、科学大道发展主轴城市设计，完成长江文化艺术湾区规划和南岸洋人街、轨道大礼堂站等片区城市设计，打造“五城六窗”城市新名片。推进两江四岸核心区整体提升规划方案、大田湾—文化宫—大礼堂文化风貌片区保护提升实施方案，推动十八梯、山城巷、金刚碑、飞机码头—燕子

岩、第十兵工厂等重点传统风貌街区保护提升，规划建设开埠文化遗址公园。历史文化街区划定和历史建筑确定工作在全国作经验交流。

（七）突出地质灾害防治，守住安全发展底线

推进国家重点省市地质灾害综合防治体系建设，获国家评估考核第一名。创新利用 InSAR 等技术实施面域扫描，15083 名“四重”网格员对隐患点全覆盖巡查排查。全市发生地质灾害灾险情 461 起、同比增加 186%，及时避险撤离 9600 余人，成功预警 28 起、直接避免伤亡 676 人，因灾死亡人数同比下降 27%。完成 851 个露天矿山综合整治，促进矿产资源开发减量化、规模化、绿色化转型。累计完成卫星遥感监测矿山 38.87 万平方公里。开展煤矿超层越界大排查大整治，持续推进矿山“打非治违”。优化输油管线、加油站、危化品等空间布局，加强规划前端风险评估。

二、2021 年发展思路

（一）突出做好耕地保护和重点专项整治工作

按照国家安排部署，统筹推进农村乱占耕地建房专项整治行动，坚决遏制新增问题，切实保障农民合理建房需求，分类有序推进存量问题整治。完成违建别墅问题清查整治专项行动后续工作。全力抓好“四山”保护提升，优化“四山”保护空间格局，统筹完善“四山”生态保护、居民生活、城镇发展协调关系，加快“四山”违法建设问题整治，为市民呈现高品质城中生态山地空间。

（二）认真落实双城经济圈建设规划纲要

积极对接自然资源部，会同四川省合力推动《成渝地区双城经济圈国土空间规划》编制工作，推进打造万达开川渝统筹发展示范区、高竹新区、遂潼（铜）川渝毗邻地区一体化发展先行区、川南渝西融合发展示范区相关工作。出台《优化成渝地区双城经济圈国土空间布局行动方案（2020—2025）》。深化完善《关于成渝地区双城经济圈一体化发展的初步研究与建议》《成渝互联互通基础设施协作规划》，加强毗邻地区交通基础设施规划建设，编制完善《川渝毗邻地区交通网络一体化规划》，构建成渝高效交通基础网络。

（三）完成全市和区县国土空间总体规划编制审批

对接全国国土空间规划纲要，完善报批《重庆市国土空间总体规划（2020~2035 年）》。完成区县国土空间总体规划和分区规划编制审批，有序推进详细规划、专项规划编制审批，同步构建完善国土空间规划实施监督信息系统。深化实施中心城区、4 个同城化发展先行区、4 个支点城市、4 个桥头堡城市分区规划，完善万开云同城化、山系水系生态廊道等跨区域国土空间规划，协同推进 5G 通信、能源、交通、水利、市政基础设施等规划，开展出渝大通道、铁路货运通道及重要场站等规划研究。加快深化完善东部生态城、礼嘉悦来智慧园、寸滩国际新城等重大专项规划。建立国土空间规划弹性留白机制和动态优化调整机制。

（四）夯实自然资源资产管理基础

完善基于“三调成果”的一张底图并实现年度更新，为各有关方面提供成果共享，为各项规划和自然资源管理提供底版支撑。全面推进规划自然资源常规监测，开展自然保护地、三峡库区等专题监测。积极推进全民所有自然资源资产所有权委托代理机制试点、全民所有自然资源资产清查试点和规划自然资源领域生态产品价值实现机制试点等工作。

（五）强化高质量发展资源保障

深化国家建设用地审批权委托试点，扎实做好“双随机一公开”检查和自评估工作，进一步提升审批质量、效率。用好自然资源部国土空间规划批准前政策，主动对接国家和市级重大项目库，加强向上对接和统筹调度，全力保障成渝中线、轨道交通等重大项目用地。出台征地补偿安置政策。探索混合产业用地供给和工业项目标准地出让，允许不同产业用地类型依法合理转换，完善兼容复合利用和地上地下空间立体开发政策。开展土地供应监管专项行动计划。加大支持租赁住房用地保障力度。继续做好建筑砂石保供稳价工作。

（六）统筹脱贫攻坚成果巩固拓展和乡村振兴

继续争取开展增减挂钩结余指标跨省调剂，保持脱贫地区政策、项目、资金等投入力度，增强地票、国土整治、退耕还林等政策协同性、落地性。完善支持农村一二三产业融合发展用地政策，在县域范围内统筹布局农村产业，积极盘活存量建设用地，保障设施农业和乡村产业发展等合理用地需求。制定生态保护红线区域村镇规划管理区管理规程。通过典型引路和示范引领，在全市、区县、镇乡域和村庄分层次抓好城乡融合和实用性村规划。

（七）持续落实好城市提升行动计划

深化编制市、区县两级城市更新专项规划，加强规划和用地政策创新，以城市更新为契机优化城市功能结构布局。用好城市体检方法，大力推动街道中心、社区家园建设，持续提升轨道站点步行可达性。深化“山水之城、美丽之地”场景规划，完成重庆站、寸滩国际新城、科学城站等重点城市设计，加强城市风貌引导，市规划展览馆全面建成开放。持续推进两江四岸核心区、大田湾—文化宫—大礼堂、开埠遗址公园、红岩文化公园、金刚碑、山城步道等重点项目规划。出台江城江镇江村滨江地带品质提升专项规划，打造独具特色的“江镇江村、山城山居”。

（八）加强生态保护修复

开展自然资源生态空间用途管控试点，明确生态红线管控规则。加快编制国土空间生态修复规划。制定市级重点生态保护修复资金项目储备库和资金管理办法，修订矿山生态修复项目和基金管理办法，建立鼓励社会资本参与生态保护修复的机制，深化横向生态补偿提高森林覆盖率，拓展林票、地票等生态产品价值实现路径。全面完成国家山水林田湖草工程试点，做好国家评估验收。全力做好12个全域土地综合整治国家试点。新建绿色矿山30个。

（九）严防守好安全底线

严格落实地质灾害防治属地责任，开展武隆、南川等10个区县1726处专群结合智能化监测预警，启动实施19处重大地质灾害隐患工程治理，避险搬迁6300人，确保群众生命财产安全。强化矿山全过程、常态化、闭环式监管，严厉打击非法开采、越界开采等违法行为。

（执笔人：张艺扬、向美玲）

生态环境

重庆市生态环境局

一、2020 年生态环境保护工作情况

始终坚持把学习贯彻习近平总书记视察重庆系列重要讲话精神作为重要政治任务，坚决扛起生态文明建设的政治责任，全方位、全地域、全过程开展生态文明建设，生态环境质量持续向好，绿色发展迈出新步伐，重庆天更蓝、地更绿、水更清、空气更清新。截至 2020 年底长江干流重庆段水质为优，42 个国考断面Ⅰ～Ⅲ类水质断面比例首次达 100%，同比上升 2.4 个百分点，较 2015 年上升 14.3 个百分点；空气质量优良天数 333 天（135 天为优、198 天为良），同比增加 17 天，与 2015 年相比增加 41 天，无重度及以上污染天数；$PM_{2.5}$ 浓度从 2015 年的 57 微克 / 立方米下降至 2020 年的 33 微克 / 立方米，同比下降 13.2%，评价空气质量六项指标（$PM_{2.5}$、PM_{10}、SO_2、NO_2、O_3 和 CO）首次全部达标。功能区声环境质量达标率为 97.3%，同比上升 0.9 个百分点。全市在用 2448 枚放射源和 4546 台射线装置均安全可控。化学需氧量、氨氮、二氧化硫、氮氧化物排放量分别较 2015 年下降 8.3%、7.4%、22.4%、18.3%，预计单位 GDP 二氧化碳排放量较 2015 年下降 19.5% 以上，均达到国家考核要求。

一是深学笃用习近平生态文明思想，推动形成齐抓共管工作格局。市委、市政府高度重视，持续强化对生态环境保护的总体设计和组织领导，特别是市委书记陈敏尔、市政府市长唐良智共同担任市深入推动长江经济带发展加快建设山清水秀美丽之地领导小组组长、市生态环保督察工作领导小组组长、市总河长、市总林长，连续两年共同签发总河长令，分别担任市污染防治攻坚战总指挥、副总指挥，高位推动生态环保工作。市委书记陈敏尔率先垂范，2020 年就生态环境保护工作作出批示 43 件，多次对加强生态环境保护、加大污染防治力度提出明确要求。市政府市长唐良智把生态环境保护工作常抓在手，召开市政府常务会议、专题会议等研究部署污染防治等工作。市人大常委会张轩主任带队对我市贯彻落实《中华人民共和国水污染防治法》情况开展执法检查，多次现场督办推进梁滩河流域综合整治。市政协王炯主席率队开展“聚焦污水偷排直排乱排问题”委员明查暗访监督性调研活动，发动各级政协委员积极参与，助力打好碧水保卫战。市委、市人大、市政府、市政协其他负责同志共同推动，公、检、法等单位协同发力，各区县、市级有关部门细化量化工作措施，实行按月调度、季度分析、半年评估，习近平生态文明思想深入人心，绿水青山就是金山银山的理念成为全市的共识和行动。

二是坚决打赢污染防治攻坚战，生态环境质量持续改善。坚持方向不变、力度不减，建立落实污染防治攻坚战指挥长制和项目责任制，抓重点、补短板、强弱项，我市在国家 2019 年度污染防治攻坚战成效考核中获“优秀”。着力打好碧水保卫战。以实施“双总河长制”为抓手，深

入推进“三水共治”，创新“驻点帮扶”“一竿子插到底”现场督战，深化工业、城乡生活、农业农村水污染治理，加强饮用水水源保护，全市80座城市污水处理厂全部执行一级A达标排放、95个工业集聚区全部建成污水集中处理设施，长江支流全面消除劣V类水质断面，城市集中式饮用水水源地水质达标率100%，长江干流重庆出境断面总磷污染物浓度实现连续5年下降，连续4年在国家“水十条”考核评价中排名全国前列。坚决打赢蓝天保卫战。建立空气质量、年度任务、督导问题、资金项目“四个清单”，实施网格化精细管控和空气质量精准预报，淘汰整治柴油车2.4万余辆，完成126家挥发性有机物企业深度治理、52台锅炉清洁能源改造、97台燃气锅炉低氮燃烧改造，建设扬尘控制示范工地467个、示范道路416条，完成餐饮油烟治理5600余家，全年空气质量优的天数达135天，同比增加16天，“重庆蓝”已成为常态。持续打好净土保卫战。按时完成国家“无废城市”建设试点，危险废物规范化管理达到国家A级要求，医疗废物集中无害化处置实现镇级全覆盖，中心城区基本实现原生生活垃圾近零填埋、餐厨垃圾资源化利用率100%、城镇污水污泥无害化处置率近100%，农村生活污水治理率西部领先，土壤、地下水环境质量总体稳定。深入打好农业农村污染治理攻坚战。统筹推进乡村生态振兴，完成行政村环境综合整治400个，创建农业农村污染治理示范镇村340个，排查农村水体15.7万余条，畜禽粪污资源化利用率稳步提升。

三是扎实开展长江生态保护修复，长江上游重要生态屏障进一步牢固。坚持“共抓大保护、不搞大开发”，始终把修复长江生态环境摆在压倒性位置，全面落实《中华人民共和国长江保护法》及我市长江保护修复攻坚战实施方案，大力实施重要生态系统保护和修复重大工程，启动“两岸青山·千里林带”工程，全面完成长江干流及主要支流10公里范围内废弃露天矿山修复和长江干线118座非法码头整治，完成林长制试点，森林覆盖率达52.5%。划定并严守生态保护红线面积2.04万平方公里、占全市面积的24.82%，完成生态保护红线勘界定标试点，“绿盾”行动发现涉自然保护地需整改的2004个问题已完成整改1790个。严格环境监管执法，打好防范化解重大风险攻坚战，全年共发出环境行政处罚决定书1757件，全市在库生态环境领域风险点248个已化解出库241个，未发生重大、特大突发环境事件。推动成渝地区双城经济圈生态共建、环境共保，在水、大气、应急等方面签订合作协议40余项，在全国率先实施危险废物跨省市转移“白名单”制度，签订全国首个跨省联动督察协议，签订落实川渝跨界流域横向生态保护补偿方案，长江上游生态大保护成效初显。

四是稳步推进高质量发展，绿色发展示范作用更加明显。坚持生态优先、绿色发展，在全国率先完成“三线一单”成果编制并发布实施。高效完成年度减排约束性指标和降碳目标，其中全市单位GDP二氧化碳排放量0.73吨/万元，优于全国平均水平30%以上，为经济发展腾出更多空间和容量。开展气候投融资试点，率先建立碳履约、碳中和、碳普惠产品价值实现机制，建好用活地方碳市场，碳排放权累计成交1171万吨。坚决禁止在长江、嘉陵江、乌江岸线1公里范围内布局新建重化工、纸浆制造、印染等存在污染风险的项目及5公里范围内新布局工业园区，全年审查规划环评51个、审批项目环评3502个，全力推动高铁、公路、水利枢纽等重大项目落地。黔江区、武隆区获国家生态文明建设示范区称号，广阳岛成功创建国家“绿水青山就是金山银山”实践创新基地。加强新闻宣传，深入开展生态文明宣传“十进”、环保设施公众开放等活动，全市公共机构实现垃圾分类全覆盖，城市生活垃圾分类体系已覆盖190个镇街、1361个社区，节约资源和保护环境空间格局、绿色产业结构和生产生活方式初步构建。

五是有效解决突出环境问题，人民群众获得感、幸福感明显增强。坚持问题导向、目标导向、结果导向，率先在全国试点开展长江入河排污口排查整治，2个试点区县整治工作取得明显成效，“三江”沿线23个区县排查疑似入河排污口4240个，生态环境部给予高度评价。深化开展污水偷排直排乱排专项整治，累计发现并整治问题6000余个，主观故意偷排直排乱排行为得到有力控制。制定我市生态环保督察工作实施办法，制度化、规范化推动各级各类生态环境问题有序整改、取得实效。其中第一轮督察涉及152项已完成150项；第二轮督察涉及62项已完成27项；两轮次中央生态环保督察交办群众投诉举报案件办结率达97%以上。国家长江经济带生态环境警示片披露涉及我市的29个问题已完成整改21个。缙云山、水磨溪自然保护区和餐饮船舶等“硬骨头”问题有效治理，得到生态环境部充分肯定并作为示范典型。

六是深化生态文明体制改革，现代环境治理能力有效提升。推动落实我市构建现代环境治理体系实施方案，分年度制定落实生态文明体制改革方案，累计出台150余个改革成果文件，生态环境保护综合行政执法、生态环境损害赔偿制度等改革任务成效明显，源头严防、过程严管、后果严惩的生态文明制度体系更加健全。制修订《重庆市水污染防治条例》《重庆市辐射污染防治办法》等地方性法规、政府规章。印发我市生态环境保护责任清单和污染防治攻坚战成效考核实施方案，进一步压紧压实生态环境保护责任。在全国率先实现排污许可证全覆盖，全面完成第二次全国污染源普查并顺利通过国家验收。统筹做好疫情防控和经济社会发展、生态环保工作，实施环评审批和监督执法“两个正面清单”，出台40余项帮扶企业复工复产措施，实现医疗机构、集中隔离点及设施环境监管服务100%全覆盖，医疗废物废水及时有效收集转运和处理处置100%全覆盖。

七是抓好《中华人民共和国土壤污染防治法》执法检查反馈意见整改。坚持立行立改、全面整改，聚焦全国人大反馈的加强污染源监管、坚决管好严格管控类农用地和污染地块、依法防治土壤污染、加大法律学习宣传力度等4方面意见，积极参与制定并落实我市整改方案，细化形成13项整改措施，并明确了市农业农村委、市生态环境局、市规划自然资源局等13个责任单位。截至目前各项整改措施均加快有序推进，其中已启动《重庆市土壤污染防治法》立法调研，完成重点行业企业用地土壤污染状况调查，完成35个工业固体废物堆存场、69个涉镉等重金属污染源排查整治，将118个污染地块纳入建设用地风险管控和修复名录，加强名录中暂不开发利用污染地块的风险管控，全市化肥农药使用量持续下降，主要农作物农药利用率、测土配方施肥技术覆盖率持续上升，受污染耕地安全利用率达95.04%、污染地块安全利用率达95%以上。

二、存在的主要问题

重庆集大城市、大农村、大山区、大库区于一体，协调发展任务繁重，历史累积问题较多。尽管花大力气推进生态文明建设，全力打好污染防治攻坚战，着力解决了一批生态环境突出问题，但对照中央要求、群众期盼，以及与重庆所肩负的建设长江上游生态屏障的使命相比，仍然还存在一定的差距和不足。

一是思想认识还需进一步深化。推动生态优先、绿色发展和“共抓大保护、不搞大开发”的观念还不够牢固，统筹生产、生活、生态空间研究不够、办法不多，对碳达峰、碳中和的认知还需深化。二是生态环境质量持续改善难度较大。目前我市部分河流水质不能稳定达到考核要求，大气环境治理、自然保护地及集中式饮用水水源地保护还有诸多历史问题需解决，污水管网、固体废物利用处置等环保基础设施建设仍有短板。三是突出问题整改还需持续用力。中央和市级各类督察、暗访反映的环境问题整改任务重，涉违法占用自然岸线、违规侵占自然保护地、秀山锰污染整治等个别整改任务还需加力推进。

三、2021 年发展思路

一是着力以规划实施为引领，科学谋划“十四五”生态环境目标任务。完整、准确、全面贯彻新发展理念，对标十九届五中全会和市委五届九次全会、全市“两会”明确的新目标新任务新要求，加快编制我市“十四五”生态环境保护规划，科学合理提出“十四五”时期全市生态环境保护的目标指标、重点任务、重大工程和保障机制。目前我市“十四五”生态环境保护规划共设置主要指标 6 项、其他指标 20 余项，谋划六大类 100 余项重大项目，已征求区县和市级部门意见并通过专家论证。同时，围绕应对气候变化、重点区域大气污染防治、生态环境大数据等领域，编制实施生态环境领域专项规划，切实把“路线图”转化细化实化为“施工图”和“任务书”，协同推进生态环境高水平保护和经济高质量发展。

二是着力以减污降碳为抓手，加快推动绿色低碳发展。2021 年 4 月，已专题研究我市碳达峰、碳中和工作。将围绕落实二氧化碳排放达峰目标与碳中和愿景，把降碳作为源头治理的“牛鼻子”，加快制定全市碳达峰行动方案，开展气候投融资试点，强化碳强度考核的硬约束，加强地方碳市场建设，建立和完善涵盖碳履约、碳中和、碳普惠的生态产品价值实现体系，实现减污降碳协同效应。将实施应用“三线一单”，落实“放管服”改革各项举措，推动民生工程、基础设施和战略新兴产业等重大项目落地，助推结构调整与转型升级。

三是着力以改善环境质量为核心，深入打好污染防治攻坚战。顺应污染防治攻坚战由“坚决打好”向“深入打好”的根本性转变，保持力度、延伸深度、拓展广度，继续开展污染防治行动，力争在重要领域、关键指标上取得新成效、实现新突破。在水污染治理方面，将按照“有河有水、有鱼有草、人水和谐”目标，编制实施《重庆市水污染防治规划（2021—2025 年）》，持续推进濑溪河、临江河等重点流域保护与修复，巩固城市黑臭水体治理成效，加快补齐水环境基础设施“短板”，确保长江干流重庆段水质优良比例保持 100%，纳入国考的 74 个断面水质优良比例满足考核要求。在大气污染治理方面，将以“主城提升、两群提质、工程减污、川渝联动”为重点，深化工业、交通、扬尘、生活污染控制和提高污染天气应对能力，加强细颗粒物与臭氧协同控制，加大冬春季蓝天保卫战攻坚和夏秋季臭氧污染防控力度，力争空气质量优良天数稳定在 320 天以上，细颗粒物浓度达到国家考核要求。在土壤、农业农村及固体废物污染治理方面，深化“无废城市”建设，深入抓好全国人大关于落实《中华人民共和国土壤污染防治法》执法检查反馈意见整改，全面实施污染地块“一张图”管理，启动农村黑臭水体治理试点，持续抓好疫情防控医疗废物安全处置，加快推进锰污染整治，深入开展危险废物三年专项整治行动，确保受污染耕地安全利用率达到95%左右、污染地块安全利用率达到95%以上，土壤、地下水环境质量保持稳定。

四是着力以贯彻纲要为牵引，深入推动成渝地区生态共建、环境共保。2020年11月，党中央、国务院印发《成渝地区双城经济圈建设规划纲要》，市委五届九次全会研究审议我市贯彻实施意见。将牢固树立一盘棋思想和一体化发展理念，全面贯彻落实国家纲要及我市实施意见精神，配合生态环境部编制专项规划，争取更多国家政策、资金、项目向成渝地区倾斜。将协同推进长江、嘉陵江、乌江等生态廊道建设，共同推进跨界水体污染治理、区域大气污染防控，深化危险废物跨省市转移“白名单”制度，启动双城经济圈“无废城市”共建，深入开展川渝联合执法，探索制定修订统一的环保标准，推动成渝地区生态环境保护取得更大成效。

五是着力以生态保护修复为重点，进一步筑牢长江上游重要生态屏障。重庆生态优势明显，是长江上游生态屏障的最后一道关口，对长江中下游地区生态安全承担着不可替代的作用。将深入贯彻《中华人民共和国长江保护法》，全面加强长江生态保护修复，更加注重从整体性、系统性出发，统筹推进治水、建林、禁渔、防灾、护文，深化实施国土绿化提升、“两岸青山·千里林带”、矿山生态修复、湿地保护、水土流失及石漠化治理等，推进广阳岛片区开展长江经济带绿色发展示范，开展“绿盾2021”自然保护地强化监督，进一步增强和提升全市生态系统稳定性和生态服务功能。

六是着力以解决环境问题为根本，持续增强群众幸福感、获得感、安全感。全面落实《中央生态环境保护督察工作规定》及我市实施办法，统筹督促协调“中字头”“部字头”“市字头”等问题整改。将完善例行督察、专项督察、日常督察和驻点督察“四位一体”督察工作体系，健全常态化巡访暗访机制，抓紧抓实专项督察、日常督察，筹备开展市级部门、市属国有企业例行督察，进一步压紧压实生态环境保护责任。将坚持严格规范公正文明执法，全面推进执法装备标准化建设。统筹推进渝黔、渝青、渝甘等省市生态环境保护合作，深化开展环境安全隐患排查整治专项行动，妥善处理回应群众信访投诉，确保生态环境领域安全稳定。

七是着力以体制改革为动力，加快构建现代环境治理体系。统筹推进我市生态文明体制改革和构建现代环境治理体系，督促各区县制定落实生态环境保护责任清单。开展《重庆市固体废物污染环境防治条例》《重庆市土壤污染防治条例》等立法前期调研，继续深化落实生态环境损害赔偿制度。将加快排污许可证核心制度建设，开展排污许可“一证式”管理试点，着力构建科学、独立、权威、高效的生态环境监测体系。深化生态环境大数据平台建设与应用，实施环保重点项目科技攻关，加强第二次污染源普查成果运用。

八是着力以政治建设为统领，持之以恒全面从严治党。始终把党的政治建设贯穿生态环境工作全过程各方面，抓好党史学习教育，巩固拓展“不忘初心、牢记使命”主题教育成果，进一步增强“四个意识”，坚定“四个自信”，做到“两个维护”。严格落实中央八项规定及其实施细则、市委实施意见精神，强化运用监督执纪“四种形态”，营造风清气正的政治生态和干事环境。从严落实党的好干部标准，强化能力培训和实践锻炼，加快打造一支生态环境保护铁军。

（执笔人：黄丽容）

住房和城乡建设

重庆市住房和城乡建设委员会

一、2020 年工作回顾

2020 年，是“十三五”规划收官之年。全市住房城乡建设系统坚持以习近平新时代中国特色社会主义思想为指导，深入贯彻习近平总书记对重庆提出的营造良好政治生态，坚持“两点”定位、“两地”“两高”目标，发挥“三个作用”和推动成渝地区双城经济圈建设等重要指示要求，全面落实党中央、国务院决策部署和市委、市政府工作要求，统筹推进疫情防控和住房城乡建设工作，全力以赴战疫情、战复工、战脱贫、战洪水，全面完成年度目标任务。

（一）“四战四捷”贡献住建力量

一是疫情防控取得阶段性胜利。全市 3200 余家物业企业、30 万余物业人，日夜坚守在小区一线，为全市疫情防控作出突出贡献。二是复工达产跑出“加速度”。推动牵头的轨道交通、大型桥隧等 70 个市级重大项目 2 月底率先全面复工，全年投资 782 亿元、完成年度计划的 141%；精准出台纾困惠企政策 40 条，全市房地产项目 3 月底全面复工，全市商品房成交量连续 8 个月正增长，行业信心和市场预期全面复苏、持续向好；牵头的城市基础设施投资全年完成投资 1076 亿元、同比增长 16.4%。三是脱贫攻坚任务全面完成。农村危房改造完工 12725 户。突出扶贫集团牵头作用，对口帮扶彭水县大垭乡，争取和筹集各类帮扶资金 2761 万元，完工脱贫攻坚项目 121 个；牵头结对帮扶的鞍子镇干田村等 5 个深度贫困村，全部实现脱贫退出。四是安全度汛得以有力保障。压实城市排水防涝责任，强化设备和人员保障，累计出动抢险工程车辆 1142 台、抢险人员 4858 人次，经受住 12 次区域性强降雨和百年未遇的长江第 5 号洪水过境的考验。统筹沿江防洪排涝和城市建设国家试点工作获李克强总理签批同意并全面启动。

（二）川渝住建领域合作开局见实效

一是两地交流合作不断走深走实。认真贯彻落实《成渝地区双城经济圈建设规划纲要》，召开川渝住建领域协同发展联席会 2 次、签订协议 13 个、出台实施方案 3 个。二是房地产市场平稳健康发展协同推进。上线“川渝两地房地产展示平台”，在全国率先实现跨省域房地产项目和房源信息共享，累计展示项目 633 个。三是住房保障共建共享进程加速。在信用体系互认、公租房跨区域异地申请等方面达成共识，指导渝北、永川、广安、泸州等川渝毗邻城市形成多级互动。四是住房公积金一体化发展加快融合。成渝两地间转移住房公积金实现“账随人走、钱随账走”，在全国率先实现异地贷款缴存证明无纸化、资金跨区域融通使用。五是建筑业交流合作全面加强。实现企业和人员信息互认，新增入川渝企 730 家、入渝川企 769 家。六是西部建设职教高地初具雏形。建立了以重庆建筑工程职业学院和四川建筑职业技术学院等为代表的川渝建设职教联盟。

（三）城市提升行动取得新成效

一是“850+”城市轨道交通成网计划加速推进。坚持轨道交通引领城市发展格局，新增通车里程41公里，累计通车里程370公里，全年完成投资326.8亿元，中心城区“环+放射型”轨道运营网络正式形成；第四期建设规划获批，4号线西延段等项目抓紧开工。二是缓堵保畅持续推进。两江新区至长寿区快速通道开工建设，主城新区同城化发展迈出新步伐；曾家岩大桥等重大项目建成通车，打通未贯通道路25条，完成堵点改造51个，全年完成投资320亿元，中心城区更加畅通畅联。三是“两江四岸”治理提升大力实施。岸线建设有力有序推进，九龙外滩广场、江北嘴江滩公园形象初显；两江四岸核心区建设高标准实施，启动项目64个，全年完成投资63.6亿元，朝天门片区治理提升项目顺利开工，长江文化艺术湾区启动建设，美术公园项目率先开工。四是城市水环境持续改善。围绕建设“山清水秀美丽之地”，建成“清水绿岸”河段90余公里；新改扩建污水处理厂9座，技术改造乡镇污水处理设施123座，建成投用污泥处理设施3座，建设改造城镇污水管网2416公里；海绵城市圆满完成国家阶段性考核任务。

（四）乡村建设行动实现新进步

一是乡村设计水平大幅提升。开展“三师一家”下乡服务1000余人次，编制村落设计示范方案36个、农房建设示范图集36套，渝北区洛碛镇杨家槽、彭水县鞍子镇木瓯水被列为住房城乡建设部设计下乡·共同缔造活动试点村，渝北区被住房城乡建设部定为首批全国美好环境与幸福生活共同缔造活动培训基地。二是村容村貌不断提档升级。实施农村旧房整治提升6.2万户，打造美丽庭院2万余个；安装公共路灯或庭院灯5万余盏。三是传统村落保护发展稳步推进。4个传统村落进入中国传统村落数字博物馆；建成武隆区后坪乡大天池等传统村落保护发展市级示范点12个。四是特色小城镇建设提质提速。落实市级补助资金3.2亿元，支持35个特色小城镇实施环境综合整治；黔江区濯水镇等15个历史文化名镇、合川区涞滩镇等14个特色景观旅游名镇建设得到加强。

（五）住房发展增进民生新福祉

一是住房市场稳定有序。坚持房子是用来住的、不是用来炒的定位，精准预调微调，房地产市场交易持续恢复，全市商品房销售面积同比增长0.6%，顺利完成稳房价、稳地价、稳预期目标；积极培育住房租赁市场，筹集租赁住房8.2万套，初步形成国有平台公司固基、专业化规模化公司引领、各类企业错位发展的新格局。二是住房保障扎实推进。在全国率先开展完善住房保障体系试点，探索发展保障性租赁住房；面向城镇中低收入困难群体和新市民等保障对象提供公租房3.29万套，惠及群众8万人；实施人才安居工程，筹集人才公寓3万套，提供定向配租住房6万套，服务“塔尖”“塔基”人才10万人次；优化公租房社区运营管理服务，民安华福小区建立的“家门口就业创业”模式，得到胡春华副总理充分肯定。三是城镇老旧小区改造加速实施。争取中央补助资金35.87亿元，启动改造老旧小区729个，持续为居民创造舒心悦心的居住环境。四是棚户区改造稳步推进。争取中央专项资金6.8亿元和专项债94.76亿元，改造棚户区3.26万户，完成投资231亿元。

（六）改革创新取得新突破

一是营商环境不断优化。等高对接世行营商环境评价标准，牵头形成办理施工许可“1+14”

政策体系，项目案例170余个，落地情况全国领先；2020年世界银行评估报告显示：重庆办理施工许可指标得分在全球190个经济体中模拟排名第35位，达到国内一流水平。二是智慧住建加速形成。建成智慧住建云平台和行业大数据中心，形成工程建造全生命周期智能化应用体系；加快推进“物联网+城市基础设施”建设，启动两江四岸核心区CIM基础平台建设，建成智慧工地700个、打造智慧小区107个，启动工程项目数字化试点项目104万平方米。智慧公积金系统提档升级，与浙江大学联合建立“创新应用联合实验室”，与招商银行合作打造公积金行业内首个功能齐全的智能化客服平台。三是行业发展质量更高。房地产企业一、二级资质占比30%，高于全国平均水平；建筑特级资质企业新增1家、累计达10家；金科智慧服务公司成功上市，借力资本市场引领全市物业企业高质量发展。

（七）安全稳定底线牢固坚守

一是建筑安全生产形势稳定向好。深刻汲取松藻煤矿事故、吊水洞煤矿事故惨痛教训，扎实开展安全生产专项整治三年行动，全市房屋和市政工程生产安全事故、死亡人数同比“双下降”，连续42个月未发生较大及以上事故。二是房屋住用安全总体可控。实施房屋主体使用安全违法违规行为专项清查，积极参与高层建筑消防安全专项整治行动，着力消除安全隐患，有力保障城镇房屋住用安全。三是切实保障城市安全度汛。认真落实陈敏尔书记“抓好城市内涝治理”指示要求，开展中心城区易涝点整治专项行动，完成整治23处。

二、发展中存在的问题

在肯定成绩的同时，我们也清醒地认识到，迈向“十四五”的前进道路上还面临不少困难和问题。主要是：城市更新和城市基础设施补短板任重道远，交通缓堵、排水防涝等城市发展难题尚未彻底解决；房地产长效机制还需进一步完善；租赁住房市场还需大力培育和发展，新市民特别是青年群体住房困难问题仍较突出；建筑业与先进制造技术、新一代信息技术融合不够，建筑工人队伍不适应现代产业发展需要，建筑业转型升级步伐亟须加快等。

三、2021年工作安排

2021年，是“十四五”开局之年，也是全面建设社会主义现代化国家新征程开启之年。市住房城乡建委要深入贯彻党的十九届五中全会和中央城市工作会议、中央经济工作会议精神，认真落实市委五届九次全会、全市“两会”和全市经济工作会议精神，坚持以建成高质量发展高品质生活新范例为统领，统筹常态化疫情防控和住房城乡建设工作，高质量编制“十四五”专项规划，发扬“三牛精神”，务实笃行，锐意进取，推动住房城乡建设事业高质量发展再上新台阶。

（一）深入推进成渝地区双城经济圈建设

一是深化落实川渝住房保障合作工作方案，推动住房保障共建共享。二是探索开展资金跨区域融通使用，加快公积金一体化进程。三是深化川渝房地产和建筑业市场协同发展。四是探索川渝毗邻地区污泥处理处置“城市联盟”模式，推进区域水环境污染共治。五是做深做实川渝建设职教联盟。六是高水平办好首届川渝住建博览会。

（二）持续实施城市提升行动计划

一是加快补齐城市基础设施短板。持续推进实施城市轨道交通成网计划，抓好186公里续建项目建设，开工第四期项目，通车里程达到402公里。提升城市路网密度，加强城市快速通道建设，不断改善道路交通微循环。推动城镇污水处理提质增效。统筹沿江防洪排涝与城市建设试点，建设海绵城市、韧性城市。二是大力实施城市更新行动。以存量空间资源提质增效为主线，以城市体检为抓手，找准“病灶”,“对症下药”，试点先行、由点及面，逐步建立城市更新政策体系。持续推进“两江四岸”治理提升。启动城市老旧功能片区，更新改造试点项目30个。实施老旧小区改造832个。建设山城步道80公里。

（三）进一步完善住房保障体系

一是增加保障性租赁住房供给。在轨道站点、产业园区及商业区等区域，新建和筹集保障性租赁住房；探索将尚未有效利用的安置房、公有住房等盘活利用为保障性租赁住房。二是持续提升公租房精准保障水平。优先对环卫工人、公交司机、优抚对象等群体进行分配；推进“公租房+”就业、教育、医疗、养老等民生保障，推进城镇住房保障家庭租赁补贴发放。三是加强人才安居保障工作。四是完成棚户区改造2万户。五是完善住房公积金制度。深入推进灵活就业人员参加公积金制度试点和公积金支持租赁住房发展试点。

（四）促进房地产市场平稳健康发展

一是稳妥实施房地产调控长效机制。加强供需双向调节，促进住房消费健康发展，注重防范化解房地产领域风险；扎实开展房地产开发项目品质提升行动，打造“智慧小区”120个。二是规范发展住房租赁市场。加快完善长租房政策，培育专业化、规模化住房租赁企业；持续整顿住房租赁市场秩序，建立住房租赁管理服务长效机制。

（五）扎实开展乡村建设行动

一是持续实施农村危房改造，巩固拓展脱贫攻坚成果。二是保护发展传统村落，启动巴渝传统村落数字博物馆建设，开展传统建筑工匠调查培训。三是深入推进设计下乡，引导和支持“三师一家”下乡服务。四是继续推进环境综合整治，推动小城镇高质量发展。五是做好对口帮扶奉节县乡村振兴工作。

（六）推动建筑业转型升级

一是推动智能建造与新型建筑工业化协同发展，持续培育发展建筑产业互联网平台，加快培育新时代建筑产业工人队伍。二是积极推广装配式建筑。力争新开工装配式建筑占新建建筑比例不低于20%。三是大力发展绿色建筑。城镇新建建筑中绿色建筑占比达到60%。

（七）持续深化改革创新

一是以城市体检助力城市建设补短板。创新设置更加完善的城市体检评估指标体系、方式方法，扩大体检范围至主城都市区。二是推进住建领域“放管服”改革。强化审批后动态监管；加强建筑市场信用体系建设，完善工程担保制度。三是推进工程建设项目审批制度改革。优化办理施工许可指标改革措施，持续减环节、减时间、减费用、提质量。四是以“新城建”对接“新基建”。加快实施“智慧住建二期”，深化运用“智慧住建一期”。统筹推进城市基础设施物联网建设，有序推进“两江四岸”核心区CIM平台及“CIM+”应用建设。

（八）全面坚守安全稳定底线

一是提升工程质量安全水平。深入开展质量提升行动、安全生产专项整治三年行动，坚决杜绝较大及以上安全生产事故。二是强化房屋住用安全监管。三是深入推进房地产开发建设领域信访突出问题专项治理，着力化解历史遗留问题。

（九）坚定不移推动全面从严治党

一是坚持把党的政治建设摆在首位，牢固树立“四个意识”、坚定“四个自信”、做到“两个维护”。二是深学笃用习近平新时代中国特色社会主义思想，切实把学习成果转化为推动住房城乡建设事业发展的具体举措和工作成效。三是压紧压实主体责任，全面提升基层党建工作质量，躬耕不辍种好“责任田”，积极有为坚守“主阵地”。四是着力提升干部队伍能力。五是驰而不息，正风肃纪。严格落实中央八项规定精神及市委实施意见；深化拓展“以案四说”，全面推进“以案四改”，充分发挥标本兼治综合效应。

（执笔人：叶茂）

城市管理

重庆市城市管理局

一、2020年城市管理工作回顾

2020年是“十三五”规划收官之年。一年来，全市城市管理行业干部职工认真贯彻落实习近平总书记对重庆提出的营造良好政治生态，坚持“两点”定位、“两地”“两高”目标，发挥“三个作用”和推动成渝地区双城经济圈建设等重要指示要求，在市委、市政府的坚强领导下，统筹疫情防控、抗洪复建和城市管理各项工作，以城市提升行动为总揽，深化“大城三管”，推行“马路办公”，着力提升城市管理精细化、智能化、人性化水平，建设干净整洁有序、山清水秀城美、宜居宜业宜游的城市环境取得新进展。

（一）聚焦提升治理效能，“大城三管”走深走实

健全完善城市综合管理工作机制，以“大城三管”为抓手推动城市治理效能进一步增强。深化“大城细管”。联合北京大学、重庆社科院开展“大城三管”课题研究，初步形成2项研究中期成果。制定《城市园林绿化补偿费管理办法》等11个《城市园林绿化条例》配套政策，起草完成《生活垃圾管理条例（草案代拟稿）》《城市综合管理办法（送审稿）》等规章。新增城市管理地方标准2项、行业标准20项。优化“大城众管”。设立“五长”11.5万余名，签订“门前三包”责任书20.7万份，打造“五长制”“门前三包”示范道路78条。“最美”系列推选赢得网络点赞近2800万人次，成为群众参与城市管理的重要品牌。强化“大城智管”。新增数字城管107平方公里，建成区覆盖率达到93.1%。积极推进智慧运用，建成智慧城管政务云平台一期，全年智能上报处置12万余件。沙坪坝、永川、铜梁等区县强化智慧运用，提升工作实效。拓展“马路办公”。发动镇街负责人开展“马路办公”，工作面向背街小巷、城乡接合部延伸，共出动人员40.7万人次，发现整改问题54.9万个，为智博会、英才大会、农交会等市级重大活动提供了良好的城市环境。万盛经开区三级工作模式、忠县“大党委+‘马路办公’”等方式探索出了“马路办公”新路。

（二）聚焦干净整洁有序，市容市貌焕然一新

突出城市管理主责主业，为城市发展和市民生活提供良好的市容环境。环卫保洁擦亮城市本色。以城乡接合部、背街小巷、老旧小区等为重点，实施市容环境卫生整治项目110个。长寿、荣昌、垫江等区县提升机械化作业能力，市容保洁质量较高。全市新建成投用石柱等4座生活垃圾焚烧厂、潼南等5座厨余垃圾厂，全年无害化处理生活垃圾743万吨。奉节、巫山等区县强化水域清漂，切实筑牢长江上游重要生态屏障。深化城市建筑垃圾全过程监管，保障58个市级重点项目出渣消纳。生活垃圾分类引领共建时尚。倡导“人人动手，培养垃圾分类好习惯”，着力

扩大分类覆盖面，全市生活垃圾分类体系已覆盖193个镇街、587万户居民。统筹农村分类示范，全市基本建成分类示范村2866个。我市垃圾分类工作在全国46个重点城市中排名第一档、保持西部第一。设施管护提升城市品质。开展城市道路隔离护栏品质提升和隧道容貌整治，全年升级改造110座城市桥梁护栏，完成隔离护栏“蓝天白云”样式涂装186公里，内环快速路综合整治（一期）如期完工。北碚、开州、武隆等区县加强结构设施检测及病害整治，管护成效明显。监管执法维护城市秩序。有序完成城市违法建设职责和队伍划转，整治存量违法建设775万平方米，消除新增违法建设40万平方米。开展城市管理突出问题专项整治，对建筑垃圾运输、店招店牌、建筑立面、供水安全等进行重拳整治，城市秩序进一步改善。

（三）聚焦山清水秀城美，城市环境持续改善

立足山城立体优势，擦亮园林绿化和夜景灯饰两张“名片”，展现好重庆的生态美、形态美、人文美。园林绿化凸显山城颜值。立足“小切口”、惠及大民生，完成坡坎崖绿化美化项目296个、1352万平方米，全市新增绿地2912万平方米，为山城披上绿色“挂毯”。开展植被“体检”，加强精细化修剪，绿地管护优良率达95.4%，基本形成“推窗见绿、出门见景、四季见花”美好生活环境，渝中佛图关“开往春天的列车”等坡坎崖项目深受群众好评。植被“体检”、精细修剪全面开展，绿地管护优良率达95.4%，“山城公园”体系逐步成型。新建20个城市公园，改造提升50个老旧公园。与江北、两江新区联合举办第3届花博会，巴南举办第24届菊花展，吸引数百万市民闻香赏花。璧山古道湾公园、大足香国公园、酉阳叠石花谷等公园建设特色显著，成为市民“打卡”热点。照明灯饰勾勒山水意境。统筹推进功能照明和景观照明建设，大渡口、云阳、彭水等区县建设成效较好，南岸等区积极配合“两江四岸”核心区照明灯饰提升工程，夜景灯饰服务夜间经济作用更加明显。

（四）聚焦宜居宜业宜游，城市韧性不断增强

持续优化城市管理服务，增强市民获得感、幸福感、安全感。办好了一批民生实事。圆满完成市政府下达的民生实事任务，建成人行道完善提升示范道340公里，新建、改造公厕326座，建成“劳动者港湾”665座。“七大工程”圆满收官，全年完成重点任务1385项，同比增长89%，一批民生性、兜底性、普惠性基础设施得到完善。疫情期间，紧急启动废弃口罩单独收运体系建设，设置专用收集容器5.8万个，累计无害化处理废弃口罩145吨、居家隔离点生活垃圾2298吨，及时关停公共直饮水设施，加强水质监测，确保疫情期间水量足、水压稳、水质好，保障了城市运行安全。积极应对长江5号洪水、嘉陵江2号洪水过境，坚持水退一处、排查一处、抢险一处、恢复一处，共清淤500万平方米，抢修恢复道路照明71公里，及时恢复二次供水2万余户，保障群众正常生产生活。牵头开展高层建筑打通“生命通道”集中清障行动，累计完成6624个小区、2万条消防车道、9769处消防扑救场地的清障和标识化管理工作，清除障碍物3.1万处，有效保障“生命通道”畅通，提升了城市服务水平。完成“一户一表”及二次供水改造6.3万户，全年安全供水17.5亿吨，停水事故较2019年减少33%。优化营商环境，小型低风险项目用水报装实行零上门、零审批、零投资的“三零”服务，企业开办更便捷。

此外，2020年全市城市管理领域安全生产较大以上事故“零发生”，法治建设、信访稳定、

老干部、群团等工作也扎实开展、齐头并进，取得了新成效。市级以上主流媒体报道城市管理工作1850余篇次，我市城市管理影响力、知名度不断提升。

二、2021年城市管理发展思路

2021年是实施“十四五”规划、开启全面建设社会主义现代化国家新征程的第一年，所有工作都以围绕“迈好第一步、见到新气象”来展开。

（一）深化市容环境综合整治

建立环卫作业定期巡查通报和评价机制，推广新能源环卫车辆，主要城市道路机扫率巩固在95%。着力扩大分类覆盖面，深入开展垃圾分类体系覆盖“清零行动”，全市城区内75%以上街镇和全市40%以上行政村开展垃圾分类示范，中心城区城市生活垃圾回收利用率超过38%。健全分类体系，进一步完善生活垃圾分类处理设施、再生资源回收利用和有害垃圾收运处置体系。

（二）扎实推进城市更新

一是推动市政基础设施“补短板”。推进綦江、武隆等14个垃圾焚烧项目建设，推进洛碛、万州等16个厨余垃圾处理设施建设。加快推进新大江水厂、鱼嘴水厂等15座骨干水厂新改扩建工程。二是实施城市功能性更新。继续开展人行道完善提升，围绕人行道涉及的“路、树、灯、车；井、杆、线、牌；箱、亭、栏、桩”等12要素进行综合整治。实施人行道侵占治理，联合公安等部门，对中心城区人行道侵占行为拉网排查，统筹人行道设施，为人行道“减负”。消除城市照明暗盲区，补齐绕城内47公里高速公路射线段、70公里国省道功能照明设施。持续实施居民饮水提质工程，开展“一户一表”改造、二次供水设施改造等工作。三是加快智慧城管建设。推进全市建成区数字城管新增覆盖面积100平方公里，力争覆盖率达到95%。加快推进城市综合管理服务平台建设，实现国家、市、区县三级平台联网。

（三）整体提升城市园林绿化品质

以中心城区为整体创建国家生态园林城市，带动全市提升园林绿化品质。深化坡坎崖绿化美化，实施园林绿化补缺提质。全市计划实施100个项目，提升绿地100万平方米，更新提质40个城市公园，挂牌命名一批历史文化名园和古树名木，提升城市公园生态品质、景观品质、人文品质，打造特色鲜明的“山城公园”品牌。

（四）开展城市综合管理突出问题整治专项行动

开展渣土运输车辆专项整治，采取点面结合、重点监控、错时监管等方式开展联合执法行动。开展道路平整专项行动，消除影响较大的“问题路”“隐患路”“投诉路”“曝光路”，完善道路基本功能，全面提升道路行车舒适性、安全性。开展共享单车专项治理，推动共享单车管理长效化、精细化，还市民一个舒适、畅通的出行环境。

（五）办好系列民生实事

一是实施街头绿地提质工程，确保全年完成街头绿地提质项目200个、面积200万平方米。二是加快社区体育文化公园建设，全面完成17个社区体育公园建设任务。三是推进公厕和“劳动者港湾”示范点建设，全市新建150座城市公厕，改建提升200座城市公厕。为户外劳动者提供休憩场所，建设200座“劳动者港湾”。

（六）创新城市综合管理体制机制

推动“马路办公”再升级的基础上启动“马路巡查”，对各区县“马路办公”成效进行全面核查检验，促进全市“马路办公”取得实效。推动制定出台《重庆市生活垃圾管理条例》《重庆市城市综合管理办法》等法规和政策文件，完善城市综合管理法规规章及其配套制度。制定构建城市综合管理标准体系工作方案，全面开展城市综合管理标准共融行动，为城市综合管理提供标尺和依据。

（七）加强城市管理执法

完善城市管理执法制度标准体系，加快执法指挥调度智能平台等信息化建设，推动执法办案实现程序规范、指挥调度实时、监督管理高效。开展城市违法建设五年计划专项行动“回头看”工作，继续开展运渣车辆冒装洒漏、违法占道经营、露天焚烧（烧烤）、城市“五乱”违法等专项治理。加强扬尘治理，中心城区每个区创建20条扬尘控制示范道路，主城新区每个区创建10条，渝东北、渝东南每个区县创建5条，共同打好城市管理领域“蓝天保卫战”。

（八）统筹发展与安全

做实市、区县城市运行安全办公室，厘清职责边界和责任清单，推动形成多部门、多层级各司其责、齐抓共管的城市运行安全工作格局。要持续开展高层建筑打通“生命通道”集中清障行动，建立健全联合监管、联合执法、常态长效的工作机制。实施城市运行安全专项整治三年行动，动态更新挂图作战任务清单，深化城市管理领域安全生产大排查大整治大执法，推动建立健全城市运行安全隐患排查和预防控制体系。

（执笔人：熊伶桃）

交通建设

重庆市交通局

2020年，是重庆交通发展极不平凡的一年，全市交通行业始终牢记习近平总书记殷殷嘱托，深入贯彻党中央、国务院决策部署和市委、市政府工作要求，准确把握新发展阶段，深入践行新发展理念，积极融入新发展格局，聚焦服务“六稳”“六保”，全力战疫情、战复工、战脱贫、战洪水、战收官，圆满完成年度各项目标任务，如期完成“十三五”规划和交通建设三年行动计划，交通对经济社会发展作用开始从适应型转向引领型。

一、全力以赴应对大战大考，用心用情服务群众出行

战疫抗疫成效显著。坚持防疫情和保通畅双线作战，投入行业干部职工20多万人，设置省界公路疫情防控点97个，设置环鄂高速公路省界现场指挥部4个，在全国首批实施暂停省际客运线路、公共交通强制佩戴口罩乘坐、取消疫情防控期老年人免费公交卡、实施铁路民航进出站“双向”检疫，减免出租车份子钱58天、4.7亿元，免收高速公路通行费35.75亿元，办理绿色通行证1708个，4万多吨物资免费便捷通行，有力发挥了交通“先行官”“保障队”“防火墙”作用。

复工复产保障有力。分区分级恢复道路客运、城市交通，及时开行复工返岗包机19架次、专列64列、包车和应急班线3万余班次，帮助解决人员返岗、防疫物资、材料供应等难题，2月底交通重大项目全部复工，5月起交通累计投资增速由负转正，一批重大项目相继开工竣工。

防汛抗洪处置有效。建立市区两级应急联动联调机制，科学应对11次暴雨天气和16次长江大小洪峰过境，成功救助船舶30余艘、转移人员300余人，下达中央车购税灾毁恢复重建资金8亿元，投入抢险设备近1万台，实现洪峰过境“零事故”“零死亡”、水毁道路快速抢通。

运输服务品质不断提高。主城区公交优先道达到217公里，布设开行小巷公交5条和穿梭巴士186条，公共交通机动化出行分担率达到58.5%，公共交通实现全国一卡通，“公交都市建设示范城市”创建通过验收，江北国际机场航班放行正常率上升至92%，全国率先完成高速公路“费显”试点，智慧交通、绿色交通加快建设。

二、牢牢把握“先行官”定位，主动融入服务国家战略

精心编制交通规划。更加注重从全局谋划一域、以一域服务全局，争取市政府印发《推动成渝地区双城经济圈建设加强交通基础设施建设行动方案（2020—2022年）》《重庆市推动交通强国建设试点实施方案（2021—2025年）》，“十四五”综合交通发展等重大规划取得阶段性成果。

建好经济圈交通开局良好。与四川方面签署“1+6”合作协议，交通运输互联互通加速推进，成渝高铁提质改造完成、实现成渝间1小时公交化互通，成渝中线高铁取得积极进展，成达万高

铁、渝万高铁和开江至梁平高速公路等项目启动建设，永川至泸州重庆段、渝广支线等高速公路建成通车，川渝两地开启国内首次“铁江联运一单制”试点、开通7条跨省城际公交，实现嘉陵江川渝航线常态化运营，重庆中心城区和成都主城实现公交“一卡通”。

交通强国建设试点有序实施。成功获批国家首批试点，试点任务获交通运输部批复，内陆国际物流枢纽高质量发展、成渝地区双城经济圈交通一体化发展、重庆东站站城一体化发展、山水城市交旅融合发展、内河水运集约绿色发展和智慧交通提质升级发展“5+1”试点拉开序幕，一批重大交通项目扎实推进。

三、积极构建现代综合立体交通网络，如期完成交通建设三年行动计划

坚持专班推进、定期调度、严格督导，全市交通按下“快进键”、跑出“加速度”，全年完成投资916.7亿元、超目标任务。

“米”字型高铁网建设逐步铺开。按照“五年全开工、十年全开通”目标，大力实施高铁建设五年行动方案，历史性实现渝万和成达万2条高铁启动建设，三年累计开工及启动建设4条高铁643公里，高铁在建规模超过800公里、为历史之最，涪怀二线建成通车，成渝客专提质改造如期完成，郑万高铁等在建项目快速推进，正加快融入国家高铁网。

“四好农村路”加快向进村入户倾斜。建设1.4万公里，三年累计建设6.26万公里、路网密度居西部第一，具备条件的村民小组通达率、通畅率分别提高到100%、92%，建制村实现100%通硬化路、100%通客车，具备条件的村民小组通达率、通畅率分别提高到100%、92%，其中18个深度贫困乡镇具备条件的村民小组通畅率均达100%、均有1条以上便捷的对外连接通道，“晴天一身灰、雨天一身泥”成为历史，“出门水泥路、抬脚上客车”成为现实，兑现了“小康路上绝不让任何一个地方因交通而掉队”的庄严承诺。

“三环十二射多联线”高速公路网基本建成。开工270公里、建成167公里、在建里程近1500公里，三年累计开工1001公里、建成647公里、开展前期工作1300公里，高速公路通车总里程达到3402公里，省际出口通道从16个增加到24个、中心城区射线通道达到12个、每百平方公里路网密度达到4.13公里，均居西部前列，有力支撑了区域经济和社会民生发展。

普通干线公路等级大幅提升。改造5700公里，三年累计改造10158公里，路面铺装率达到100%，国道二级及以上、省道三级及以上占比分别达到90%、70%，其中省道三级及以上占比超既定目标5个百分点，基本实现3A级旅游景区和市级重点工业园区均有三级及以上公路连接，对全域旅游、产业发展的支撑作用明显增强。

长江上游航运中心加快建设。长江朝天门至涪陵段4.5米水深航道整治开工建设，合川渭沱港建成投用，嘉陵江利泽等航电枢纽加快推进，主城果园等现代化港口不断完善，全市三级及以上航道里程达到1111公里，港口货物、集装箱吞吐能力分别突破2亿吨、500万标箱，周边地区货物经重庆港中转比重达到45%，航运集聚辐射能力不断增强。

“一大四小”运输机场体系全面形成。江北国际机场T3B航站楼及第四跑道开工建设，年旅客吞吐量保持全国前10强、进入全球前50强，重庆与世界的直接联系日益密切。仙女山机场建成通航，万州和黔江机场改扩建加快推进，全市民用运输机场旅客、货邮吞吐能力分别达到4664万人次、110万吨。重庆新机场完成选址研究。

四、坚持依法治交，交通治理效能持续提升

法治交通扎实推进。坚持科学立法、民主立法、依法立法，《重庆市道路运输管理条例》（修订）等6个立法项目有序推进。全面推行行政执法公示、执法全过程记录、重大执法法制审核三项制度，严格规范公正文明执法。

行政效能显著提高。取消、下放行政权力15项，所有行政审批事项纳入全市一体化政务服务平台办理，审批办理时间较法定时限压缩75%，即办件比例提升至50%。深化“信用交通市”建设，扎实开展行业诚信缺失突出问题专项整治，行业营商环境持续优化。

安全形势总体平稳。坚持人民至上、生命至上，持续开展平安交通三年攻坚等专项行动，安全风险管理和隐患治理双重预防机制扎实推进，实施安防工程3000公里、实现乡道以上全覆盖，具备条件的公交车全部安装防护设施，高速公路百公里死亡人数创历史最低。

2021年是中国共产党成立100周年，是“十四五”高质量加快建设交通强市的开局之年，全行业将坚持系统观念，巩固拓展疫情防控成果，更好统筹发展和安全，计划投资920亿元，着力固根基、扬优势、补短板、强弱项，确保迈好第一步、见到新气象。重点做好八个方面工作：一是抓好重大战略落实落地，全力当好先行、做好支撑。紧扣成渝地区双城经济圈建设、交通强国建设试点和“一区两群”协调发展，加快推进一批战略性、标志性、创新性、代表性重点工程，积极争取国家将重大项目纳入“十四五”规划。二是抓好铁路大通道建设，全力构建“米”字型高铁网。启动建设成渝中线、渝西和渝宜高铁共498公里及重庆站改造，力争启动建设渝湘高铁黔江至吉首段153公里，提速推进渝万、渝昆、成达万、渝湘高铁重庆至黔江段等高铁建设，确保建成郑万高铁重庆段184公里以及枢纽东环线机场支线、渝合铁路一期等项目37公里。三是抓好机场布局建设，全力打造国际航空门户枢纽。力争重庆新机场获得选址批复，加快江北国际机场T3B航站楼及第四跑道建设，提速推进万州机场航站楼扩建，完成黔江机场改扩建，提升民航枢纽功能和服务水平。四是抓好内河航运发展，全力打造长江上游航运中心。编制好“十四五”发展规划，配合实施长江朝天门至涪陵段4.5米水深航道整治，加快嘉陵江、乌江等支流航道整治和重点港口建设，推进船型标准化。五是抓好公路网络建设，全力增强通行服务能力。高速公路开工万州至开州南雅等7个项目227公里，稳步推进合川至璧山至江津等23个续建项目1500公里，建成合川至长寿等6个项目367公里，全市通车总里程达到3767公里、省际出口通道达到26个。同时，建设“四好农村路”3000公里，改造普通干线公路1000公里。六是抓好运输服务保障，全力建设人民满意交通。巩固拓展“公交都市建设示范城市”创建成效，促进农村客运高质量发展，加强重大节日、大型活动运输组织保障，加快推进智慧交通、绿色交通建设。七是抓好平安交通建设，全力确保行业持续安全平稳。以安全生产专项整治三年行动为重要抓手，扎实开展大排查大整治大执法，健全安全风险防控体系，提升安全治理能力，增强安全支撑保障，严防重特大安全事故发生。八是抓好常态化疫情防控，全力巩固来之不易的防控成果。落实落细“外防输入、内防反弹”各项举措，加强重点时段防控，筑牢疫情防控严密防线。

（执笔人：石光）

水利建设

重庆市水利局

一、2020 年发展回顾

2020 年，全市水利系统深入贯彻落实习近平总书记重要讲话和重要批示指示精神，主动融入和服务长江经济带发展、成渝地区双城经济圈建设等国家重大战略及全市经济社会发展大局，争取中央资金首次突破 100 亿元，争取地方政府专项债券 58 亿元，融资 48 亿元。市委书记陈敏尔宣布渝西水资源配置工程全线开工。顺利通过国家脱贫攻坚普查和国家脱贫攻坚成效考核，全面解决农村贫困人口饮水安全问题，高质量打赢水利扶贫收官战。5 个重大工程纳入全国 150 项重大水利工程建设项目清单，7 个重大工程列入《成渝地区双城经济圈建设规划纲要》，四川、重庆签署《成渝地区双城经济圈水利合作备忘录》。市委书记陈敏尔、市长唐良智共同签发第 2 号市级总河长令，《重庆市河长制条例》2021 年 1 月 1 日起施行，组建运行全国首个跨省市河长制联合推进办公室。成功抗御长江“20・8”等历史罕见洪水，全市未溃一堤、未垮一坝、未直接伤亡一人。在国务院 2019 年度实行最严格水资源管理制度考核中，重庆市被评为优秀，取水许可审批在西部率先全面实现“一网通办”。三峡移民纪念馆成为中华民族文化基因库（一期）红色基因库全国首批试点建设单位。

（一）水源工程建设提质提速

全线开工渝西水资源配置工程，工程从启动到获批开工创下了全国大型水资源配置工程前期工作用时最短纪录，获评全国“2020 有影响力十大水利工程”。渝西水资源配置工程、綦江藻渡水库、云阳向阳水库、开州跳蹬水库、江津福寿岩水库 5 个工程纳入了全国 150 项重大水利工程建设项目清单。渝西水资源配置工程、开州跳蹬水库取得初步设计报告批复，綦江藻渡、云阳向阳水库可行性研究报告通过审查，江津福寿岩水库完成设计报告编制，万州大滩口水库完成规划方案编制。2020 年全市在建水源工程 123 座，其中大型 4 座、中型 48 座、小型 71 座。新开工水源工程 15 座，巴南观景口、南川金佛山 2 座大型水库和开州天白、潼南大石桥 2 座中型水库下闸蓄水，璧山盐井河等 4 座水库完成竣工验收。重点推进嘉陵江磁井段、綦江江津区段等 8 处江河治理工程，完成长江巴南区麻柳嘴镇（梓桐坝）河段防洪护岸综合整治工程（一期）竣工验收。累计治理中小河流 230 公里。争取中央资金突破 100 亿元，争取地方政府专项债券 58 亿元，融资 48 亿元；完成固定资产投资 168 亿元，同比增长 19%。

（二）水利扶贫攻坚圆满收官

坚持将农村饮水安全作为水利扶贫的首要任务，实施农村饮水安全巩固提升工程 2166 处，受益人口 268 万人。全市农村贫困人口饮水安全问题全面解决、动态清零，供水入户率达 99.7%、超全国平均水平近 7 个百分点。持续改善贫困地区水利基础设施，向有扶贫开发任务的 33 个区县投入市级及以上水利资金 131.95 亿元，其中向 18 个贫困区县投入 98.28 亿元，高于全市县均投资水平 63%。完工扶贫骨干水源工程 27 座，开工中型灌区续建配套与节水改造项目 6 个。建成投产农村小水电扶贫项目 29 个，设立公益岗位吸纳就业近 1 万人。实现 2018 年至 2020 年三年时间给予 18 个深度贫困乡镇每个乡镇 2000 万元支持资金。中央脱贫攻坚专项巡视"回头看"、国家 2019 年脱贫攻坚成效考核涉水整改任务、国家脱贫攻坚普查全面完成，国家 2020 年脱贫攻坚成效考核实现"零问题"反馈。

（三）防汛抗洪取得全面胜利

面对汛期历史罕见洪水考验，全市水利系统坚持人民至上、生命至上，深入一线、靠前工作。报送水旱灾害防御信息 272 期，水旱灾害防御专报 33 期、重要水情专报 172 期，短信 50 万余条，发布水情预警 36 次，启动洪水防御应急响应 10 次。山洪灾害监测预警平台发布预警 1281 次，启动预警广播 209 次，发送预警短信 90.04 万条。通过三大运营商发送公益提示短信约 1.14 亿条。加强专家库管理，全年市、区县分别派出 144 批次 456 人次、294 批次 1398 人次专家组蹲点指导，处置险情 1329 处。发出调度令 183 个，拦蓄洪水超 100 亿立方米，成功抗御 12 场暴雨天气过程及 67 条河流超警戒以上洪水，有力防御了长江、嘉陵江、乌江 8 次编号洪水，成功处置武隆红山水库等险情。特别是提前 2 天发布"20・8"长江罕见洪水预警、提前 8 小时发布"6・22"綦江超标洪水预警，为安全转移 41 万余名群众赢得宝贵时间，最大限度减轻了损失，全市未溃一堤、未垮一坝、未直接伤亡一人。

（四）河长制工作有名有实

陈敏尔书记、唐良智市长主持召开 2020 年第一次市级总河长会议。市级河长召开巡河现场办公会、座谈会 54 次。全市 1.75 万余名河长落实常态化巡河制度，市级河长巡河 64 人次，带动各级河长巡河 82 万余人次，协调解决问题 1.6 万余个。2020 年，全市纳入国家考核的 42 个断面水质优良比例首次达到 100%，优于国家考核目标 4.8 个百分点，较 2016 年上升 11.9 个百分点，消除长江支流劣 V 类水质断面，长江干流重庆段水质为优，龙河丰都段成功创建全国首批 17 条示范河湖之一。陈敏尔书记、唐良智市长签发《重庆市总河长令（第 2 号）》，在全市开展污水乱排、岸线乱占、河道乱建专项整治行动。全市各级各部门对河流实行全覆盖排查，排查点位 3.8 万余个，整改问题 2155 个。在全国率先开展河长制地方立法，出台《重庆市河长制条例》。启动全市新一轮河流"一河一策"方案编制。完成"智慧河长"项目一期招标工作。组建运行川渝河长制联合推进办公室，川渝跨省河流联防联控联治获评中国水利报社"2020 基层治水十大经验"典范。谭军、吴仁秀、何波等 3 名基层河长分别获得全国"十大最美河湖卫士""巾帼河湖卫士""青年河湖卫士"荣誉称号。南川、梁平、垫江 3 个区县河长制经验做法入选全国 60 个全面推行河长制湖长制典型案例。永川区河长制工作被纳入国务院奖励激励名单。

（五）三峡后续工作扎实推进

编制《重庆市 2021—2023 年三峡后续项目库》，入库项目 693 个，项目总投资 439 亿元，申请三峡后续资金 254 亿元。策划 18 个标志性三峡后续重大项目获水利部支持，16 个项目被列入水利部《三峡后续工作规划（2021—2025 年）实施意见》，12 个项目被纳入《重庆市 2021—2023 年三峡后续项目库》。2020 年，国家共批复重庆实施三峡后续工作项目 613 个、投入三峡后续资金 54.64 亿元。全年新开工项目 262 个、首次实现当年下达项目计划 100% 开工。资金累计拨付率 96.8%，2018 年以前资金全部“清零”，首次实现无新的沉淀资金。投入三峡后续资金 38.4 亿元，实施产业、安置区等项目 590 个，改善基础设施环境。投入三峡后续资金 13.4 亿元，实施支流系统治理等生态环保项目 64 个，基本取缔消落区土地耕种。加强库区 2637 处高切坡群测群防、580 处高切坡专业监测。成功举办首届三峡水库生态环境学术研讨会。2020 年三峡重庆库区引入对口支援资金 87.28 亿元，其中无偿援助资金 3.94 亿元，经济合作引入资金 83.34 亿元。参加在湖北省宜昌市举行的 2020 年全国对口支援三峡库区工作座谈会，重庆库区区县共签约 24 个项目，签约金额 303.3 亿元。启动重庆库区对口支援规划编制工作。三峡移民纪念馆成为中华民族文化基因库（一期）红色基因库全国首批试点建设单位。

（六）水生态治理保护有力有效

连续 4 次获国务院最严格水资源管理制度考核优秀等级。在长江流域率先印发取水工程（设施）核查登记整改提升实施方案及工作手册，全市核查登记取水工程（设施）1.31 万余个，保有取水许可证 8300 余个，整改提升完成率 100%。发放取水许可电子证照 51 张，为西部首个省市县均发放取水许可电子证照的省份。完成 2 例取水告知承诺审批，稳步推进试点。国家水资源监控能力建设重庆市项目顺利通过水利部评估验收，初步实现水资源管理“一张图”。印发嘉陵江等 14 条河流水量分配（分解）方案；安排部署各区县开展流域面积 100~1000 平方公里河流水量分配，涉及的 250 条河流分配方案初步完成技术审查。明确龙溪河、大溪河、小江、普里河、龙河 5 条河流生态流量管控目标。部署梁平、巫溪、荣昌、秀山等 4 个区县开展 1000 平方公里以下河流生态流量目标确定试点。在渝西水资源配置工程等 107 个涉水项目和规划中开展节水评价。推进县域节水型社会达标创建，大足区、合川区、潼南区、荣昌区获评国家节水型社会达标区县，涪陵区、长寿区、梁平区、垫江县已通过市级评估。打造节水载体 1082 家。颁布直流火电行等 19 个工业企业、生猪等 9 个畜牧养殖、农村居民等 15 个农村生活用水定额，全市省级用水定额累计达 408 项。印发流域面积 50~1000 平方公里 468 条河流河道名录登记簿，公布第二批河流河道名录。审查审批涉河建设项目 552 个，完成 42 条流域面积 1000 平方公里以上河流的新增涉河建设卫片解译工作。启动实施《长江上游干流宜宾以下河道采砂管理规划（2020—2025 年）》，编制完成新一轮《重庆市重要河道采砂管理规划（2021—2025 年）》，启动开展疏浚砂石综合利用试点，全年河道采砂行政审批许可 89 件、637 万吨。完成 460 个长江干流岸线利用项目清理整治任务和复核验收，累计新排查整治河道“四乱”问题 522 个，清理非法占用河道岸线 25.8 公里。持续开展河道采砂“统一清江”行动，累计巡查 4474 次、12148 人次，出动执法船艇 151 艘次，出动执法车 3018 车次。完成小水电退出 200 座，完善缺项审批手续 5655 项，小水电清理整改综合完成率达 99%。全市审批生产建设项目水土保持方案 1812 个（其中，市级审批 49 个）。开展信用惩戒和约谈，在全国率先将 2 个符合列入“两单”制情形的水土保持方案编制单位列入了“水土保持重点关注名单”并公示。全市水行政主管部门全年现场检查生产建设项目 1100 多个。联合市级相关部门，统筹推进全市水土流失综合治理，全年新增治理水土流失 1335 平方公里。

（七）成渝水利合作全面加强

成立成渝地区双城经济圈建设水利合作专项工作小组，签订《成渝地区双城经济圈水利合作备忘录》，形成“1+N”协议推动落实机制，就体制机制建设、项目共谋、文化共兴、生态共建等6个方面达成11项合作共识。长征渠引水、重庆中部和渝南水资源配置等7个重大工程被纳入《成渝地区双城经济圈建设规划纲要》，重庆防洪工程建设被纳入《成渝地区双城经济圈水安全保障规划》中统筹安排。组建运行川渝河长制联合推进办公室，获评“2020基层治水十大经验”。启动六江生态廊道建设课题研究，开展跨界河流污染协同治理。

（八）重点领域改革持续深化

全面优化营商环境，行政审批大厅水利政务服务事项全面实现“一窗综办”，全年按时办结送达186件。开展“一件事一次办”，将取水许可等6个审批事项整合为水影响论证报告审批1个事项，材料精简率达41.7%；行政审批中介服务事项除法律规定5项外，其余均取消中介服务单位资质要求，纳入网上中介服务超市统一管理。市级单个审批事项平均承诺办理时限压缩至法定时限的30%，即6个工作日；即办件比例提高到11.1%。市级除水利工程初步设计等2个行政审批事项外，其余均实现全程网上办理，全程网办率提高到89%，平均跑动次数压缩至0.11次，其他依申请权力事项实行全程网办，实现“零跑动”或“最多跑一次”目标。

（九）水利法治建设稳步推进

局主要负责人切实履行推进法治建设第一责任人职责，多次专题研究水法规、水政执法等法治问题。全面实行水行政执法公示、执法全过程记录和重大执法决定法制审核制度，全市174件河道违法陈年积案全部结案。全面完成法治政府建设实施方案年度任务和48项长期坚持任务。加大对区县水行政执法工作督导力度，现场纠正制止水事违法行为2077起，查处违法案件146件。动态调整水行政主管部门市、区县、乡镇三级行政权力事项和公共服务事项。重点申报涪陵白鹤梁水下博物馆、重庆水利电力职业技术学院作为水法治宣传教育基地。利用“中国水周”、“普法宣传月”、“12·4”宪法日等时机，开展涉水法制宣传活动。

（十）安全稳定态势平稳

严格落实安全生产“一岗双责”。全年约谈11个区县水行政主管部门和28家水利企业负责人，通报1家质量检测单位。组织开展5轮水利建设领域“建安”系列行动，下达责令限期整改指令书713份，下达行政处罚决定书184份，责令停止施工31家（次），通报批评16家（次），行政罚款78.13万元。未发生一起较大以上安全生产事故，安全生产状况在水利部省级评价中排名第七。实施安全鉴定和病险水库存量清零攻坚行动，全面完成全市小型水利工程管理体制改革，荣昌区和永川区被评选为全国小型水库管理体制改革样板区县，璧山同心、万州新田2个水库管理单位通过水利部管理考核复核。市政府办公厅印发《关于进一步加强水库安全运行管理工作的通知》。开展“四不两直”暗访检查和小型水库安全运行专项督查，督促365座水库整改问题418个。强化三峡水库蓄水、退水和汛期安全监测防范，未发生一起蓄水影响的地灾安全事故。有效化解积案、复访案及突出矛盾纠纷，三峡移民信访量大幅下降，实现全国“两会”、国家宣布三峡工程整体竣工验收等重大敏感时期进京“零上访”，受到水利部来信表扬。

二、2021年发展思路

2021年，全市水利系统将坚持以习近平新时代中国特色社会主义思想为指导，深入贯彻落实习近平总书记重要讲话和重要批示指示精神，立足新发展阶段、践行新发展理念、融入新发展格局，紧紧围绕成渝地区双城经济圈建设等国家重大战略，实现各项工作良好开局。

（一）加快推进水利工程建设

高质量编制《成渝地区双城经济圈水安全保障规划》和《重庆市“十四五”水安全保障规划》。加快推进“150”重大工程，加快渝西水资源配置工程建设，跳蹬、向阳水库开工建设。全力推进长征渠引水工程、渝南及重庆中部片区水资源配置工程、三峡库区生态调节堰（闸）、中国水文博物馆等重大项目前期。持续抓好中小型水库、中小河流治理、水土流失治理等工程建设。

（二）大力争取水利投资

加大项目策划包装、论证储备力度，争取中央预算资金、中央水利发展资金、三峡后续资金、市级财政资金等投资强度不减。用好用活金融政策，深化投融资体制改革，探索水利与农文旅项目、水利与康养产业等业态进行链接，提高项目融资能力，破解资金瓶颈。

（三）扎实做好民生水利

紧紧围绕乡村振兴战略，启动农村饮水安全保障“一改三提”专项行动，开展8个重点中型灌区续建配套与节水改造项目建设。继续推进长江经济带小水电清理整改，实施移民后期扶持“提质提速”行动计划，启动一批效益明显的示范项目。

（四）纵深推进河长制工作

全面抓好《重庆市河长制条例》宣传贯彻，启动河长体系优化调整等落实工作。持续落实第1号、2号市级总河长令，解决河流管理保护突出问题。全面完成2021~2025年“一河一策”编制，做好目标任务分解实施。加快建设“智慧河长”系统，完成一期项目建设并投入试运行；启动二期项目前期工作。先行先试、逐步推开市级示范河流建设。深化川渝等地跨界河流联防联控。

（五）深化开展三峡后续工作

组织编制重庆2021~2025年三峡后续工作规划实施方案，滚动建立2022~2024年度三峡后续项目库，规范三峡后续工作管理，加强消落区保护与治理，强化蓄退水安全监测防范，精准安排2021年度项目，加速推进项目实施，加快资金拨付，确保不形成新结存资金。

（六）认真抓好安全稳定工作

加快推进水文现代化建设，实施洪水防御提升工程、抗旱提升工程、山洪灾害非工程措施建设以及水旱灾害防御指挥系统升级改造。深化重点领域安全生产隐患大排查大整治，遏制水利生产安全事故发生。深入排查化解移民矛盾纠纷，确保三峡移民信访稳定。

（七）不断强化水利行业监管

严格落实《重庆市节水行动实施方案》，开展《重庆市节约用水条例》立法前期工作。加大河道水域岸线管控力度，加强河道管理范围划定、岸线保护利用规划。完善水利监督检查制度，实施水利综合督查。强化水资源管控，做好2020年度实行最严格水资源管理制度考核工作。

（执笔人：陈亮亮）

重庆商务

重庆市商务委

2020 年，面对突如其来的新冠肺炎疫情和错综复杂的国内外形势，全市商务系统坚持以习近平新时代中国特色社会主义思想为指导，在市委、市政府坚强领导下，努力克服新冠肺炎疫情和中美经贸摩擦等不利影响，一手抓疫情防控，一手抓商务发展，扎实推进“两建三化五提升”工作体系建设，“一促两稳”重点工作取得积极进展，全市商务经济稳中提质、稳中向好，为构建新发展格局和实现“十四五”良好开局奠定了坚实基础。

一、2020 年发展回顾

2020 年，全市商务系统认真落实市委、市政府部署要求，准确识变、科学应变、主动求变，加快内陆开放高地和国际消费中心城市建设，推动商务发展回稳向好，高质量发展态势明显。全年社会消费品零售总额 1.18 万亿元，增长 1.3%，高于全国 5.2 个百分点，增速排全国第 4 位；外贸进出口 6513.4 亿元，增长 12.5%，高于全国 10.6 个百分点；实际利用外资 102.7 亿美元，其中 FDI 21 亿美元，位居中西部前列。

（一）全力投入大战大考，疫情应对有力有效

面对疫情考验，迎难而上，积极作为，努力把疫情影响降到最低。一是疫情防控抓紧抓实。从严落实主体责任和工作责任，制定印发农贸市场、零售、餐饮等 15 个《疫情防控指南》，建立“1+3+6+6”工作体系，采取严格措施，把住重点环节，实现了商务领域“零感染”。二是市场供应量足价稳。牵头市疫情防控指挥部市场供应保障组工作，积极开展防疫物资全球采购，组建蔬菜、水果工作专班，联合四川、贵州、云南等六省建立联保联供工作机制，全力保障市民“米袋子”、“菜篮子”和“肉盘子”。三是复商复市稳步有序。认真落实助企纾困政策，出台稳外贸稳外资 12 条、利用外资 25 条等措施。建立周调度、复商复市矛盾化解、联动督导调度等制度，有力推动十大服务业复商复市，积极促进商务经济企稳复苏。

（二）全面扩大对外开放，内陆开放扎实推进

加快内陆开放高地行动计划实施取得新成效。一是开放通道平台能级持续提升。西部陆海新通道总体规划印发实施，内陆国际物流枢纽支撑作用持续增强，中欧班列（渝新欧）累计开行超过 7000 班，国际和地区航线达到 101 条，果园港港口型国家物流枢纽建设加快推进，万州综合保税区获批成立，涪陵综合保税区和果园保税物流中心（B 型）封关运行。二是开放型经济逆势增长。采取一系列措施保障产业链、供应链畅通运转，稳住外贸外资基本盘。积极拓展多元化市场，对“一带一路”沿线国家进出口增长 9.8%，跨境电商增长 17.7%。笔电、集成电路、手机出口值分别增长 16.1%、25.6%、3.4 倍，其中笔电出口值创历史新高。深化服务贸易创新发展试点范围扩大到主城都市区。建立重大外资项

目直通车制度，营商环境不断优化，外商投资市场主体达到6764户，在渝世界500强达到296家。三是自贸试验区建设创新突破。151项改革试点任务全部落实。园区产业加速聚集，自贸试验区累计注册企业45812户，集聚了超过全市1/4的进出口企业，贡献了全市约70%的进出口贸易总额，吸引了全市超过40%的外商直接投资。

（三）加快推动消费回补，消费市场持续回暖

千方百计促消费，加快消费潜力释放，努力把被抑制、被冻结的消费释放出来。一是消费促进精准有效。积极举办“十个一”“爱尚重庆”等系列消费促进活动，通过“政策+活动”双轮驱动促消费，有力促进市场回暖和消费回补。全年批发业、零售业销售额同比分别增长8.3%、5.8%，限额以上汽车类企业零售额同比增长6.5%。二是新型消费加快发展。夜间经济充满活力，成功举办中国（重庆）夜间经济发展高峰论坛和“2020不夜重庆生活节”，重庆再次荣登“中国夜经济十大影响力城市”榜首。线上线下融合加快，实施“数字赋能提升行动”“数字新服务本地商户扶持计划”，创新发展直播带货，全年开展直播带货18.4万场次，带动销售额突破100亿元。三是国际消费中心城市建设提速。出台建设试点实施方案，开展步行街改造提升试点，解放碑步行街获评首批“全国示范步行街”。发展“四首”经济，引进国际知名品牌300余个、品牌首店292家，设立离境退税网点63个。

（四）稳步推进服务业开放，产业发展活力增强

市委、市政府召开全市推动服务业高质量发展大会，出台“1+2”政策体系。全市规上服务业增长2.3%，服务业增加值达到1.32万亿元，占GDP比重达52.8%。一是服务业开放持续深化。编制《重庆市服务业扩大开放综合试点工作方案》上报国务院，国家服务业扩大开放综合试点即将获批。二是电子商务加快发展。创新推动电商产业、农村电商发展，举办“渝货行销天下”“重庆6·18电商日”等活动，加快建设智慧商务大数据平台。全市网络零售额超过1350.5亿元，增幅达13.1%，比全国高1.5个百分点。限额以上单位网络零售额增长45%。三是会展经济运行平稳。稳步推进展会活动恢复，线上智博会成功举办，全年共举办展会活动142场，拉动消费约889亿元。四是商贸服务业企稳回升。住餐企业营业额由负转正，全年增长0.5%；餐饮、住宿企业数量分别比上年底增加17716家、13500家。

（五）积极助力脱贫攻坚，商务扶贫成效显著

牵头全市消费扶贫工作，深入推进鲁渝消费扶贫协作，组织开展“渝货进山东”消费促进季、消费扶贫展示展销等活动260余场次，通过消费扶贫销售贫困地区产品55.4亿元，受到原国务院扶贫办、国家发展改革委、商务部的表扬。深化实施电商扶贫，全市农村网络零售额243.3亿元，增长11.5%；农产品网络零售额同比增长38.9%。市商务委扶贫集团如期圆满完成秀山县隘口镇对口帮扶任务。

二、发展中存在的问题

当前世界经济形势仍然复杂严峻，巩固开放和商务发展向好态势仍然面临着诸多挑战。从国际看，疫情仍在全球蔓延，中美经贸摩擦影响持续显现，支撑外贸持续向好的基础不牢，跨国投资持续疲软，国际产业链、供应链加速调整重

构。从国内看，疫情影响尚未完全消除，消费预期不稳，消费回升制约较多。从我市看，开放及商务领域还有不少短板，外贸结构不优，服务贸易不强，外资能级不够，消费品质和能级不足，营造环境有待优化。

三、2021年发展思路

2021年是“十四五”商务发展的开局之年。我们将紧紧围绕把习近平总书记殷殷嘱托全面落实在重庆大地上这条主线，把握新发展阶段，贯彻新发展理念，融入新发展格局，努力推动“十四五”商务高质量发展开好局、起好步。全市社会消费品零售总额增长7%，外贸进出口增长5%，实际利用外资100亿美元以上。重点抓好五方面工作。

（一）以内陆开放高地建设为引领，推动高水平对外开放

一是统筹内陆开放高地建设。着力构建通道、平台、产业、政策“四大开放体系”，抓住区域全面经济伙伴关系协定签署和中欧完成投资协定谈判等机遇，以“一带一路”沿线国家为重点，深化国际合作，谋划实施重庆与东盟、欧盟、日韩等经贸合作规划，启动RCEP先行示范区建设，主动参与全球产业链重塑。二是促进外贸创新发展。做强总部贸易、转口贸易，壮大一般贸易，稳定加工贸易，全面深化服务贸易创新发展试点，建设“一带一路”进出口商品集散中心，争取设立国家进口贸易促进创新示范区，促进内外贸一体化发展。三是加快建设高质量外资集聚地。实施新版外资准入前国民待遇加负面清单管理制度，升级外商投资全流程服务体系，出台外商投资企业投诉工作办法。加大外资引进力度，提高利用外资水平。此外，创新对外投资合作方式，布局海外生产和营销服务网络。四是着力打造自贸试验区“升级版”。加快推进川渝自贸试验区协同开放示范区建设，扩大金融、科技、医疗、贸易和数字经济等领域开放，打造内陆开放示范窗口。以数字经济、金融、国际运输、人才等领域开放为重点，加强差异化制度创新探索，构建制度型开放的政策体系。

（二）以国际消费中心城市建设为抓手，促进消费提质扩容

一是加快国际消费中心城市建设。深化国际购物、美食、会展、旅游、文化“五大名城”建设，实施国际消费集聚区“十大工程”，高标准推进中央商务区提档升级、寸滩国际新城消费核心区规划建设。二是促进城乡消费扩容提质。顺应消费品质化、智能化、绿色化、个性化、国际化升级趋势，实施品质提升、数字赋能、绿色健康、市场细分、国际拓展、场景优化、流通顺畅、普惠共享“巴渝新消费”八大行动，强化财税金融政策、居民消费能力、消费者权益保护“三大支撑”，打造新零售、新美食、新夜景、新商圈、新文旅消费场景，全面促进消费升级。三是加强数字商务建设。实施数字兴商工程，推动商贸企业数字化转型，培育电商产业集聚区，发展直播电商，加快智慧商务大数据平台建设，提升跨境电商综合试验区发展水平。四是做大做强会展经济。全力办好智博会、西洽会、世界设计大会等重点会展活动，引进培育国际知名展会、会议、赛事、演艺活动，积极发展线上会展，打造悦来国际会展城。五是完善现代商贸流通体系。加强流通基础设施建设，优化市场布局，加强商贸流通骨干企业培育，构建城乡高效配送体系，加强商务信用体系和行业标准建设。

（三）以深化服务业开放为动力，推动服务业高质量发展

一是有序扩大服务业开放。建立健全服务业扩大开放体制机制，构建与国际规则相衔接的服务业扩大开放基本框架。实施国家服务业扩大开放综合试点，围绕科技服务、租赁和商业服务、教育、金融、电力、电信、卫生和社会服务等七个重点领域，进一步放宽市场准入，改革监管模式。打造西部（重庆）科学城、重庆江北嘴金融中心等服务业开放发展示范区。推进渝中区服务业高质量发展示范区建设。开展优秀服务业企业评选。二是推动生活服务业升级。推动生活性服务业向高品质和多样化升级，加快发展餐饮住宿、家政家电、美容美发、保健服务、婚庆摄影等居民生活服务业，加强公益性、基础性服务业供给。实施生活服务数字化赋能计划。开展街区（社区、农村）服务中心创建，打造城乡便民服务体系。

（四）始终绷紧疫情防控弦，扎实做好疫情防控和市场保供

一是激活应急指挥体系。毫不放松抓好“外防输入、内防反弹”工作，充实工作力量，完善工作机制和应急预案，加强快速反应和现场处置，保持24小时运行状态。二是落细落小防控措施。落实商超、农贸市场、餐饮和会展防控技术指南，做好经营场所消杀、通风工作，加强从业人员防护。做好招商推介、会展节庆等疫情防范。加强进口冷链物品和非冷链商品全链条防控。三是强化市场供应保障。加强市场运行监测预警，制定生活必需品市场保供应急预案，引导企业加强货源组织，适当增加商品库存和防疫用品储备，保障消费市场平稳运行。

（五）加强党的全面领导，强化商务高质量发展保证

要提高政治站位，增强“四个意识”，坚定“四个自信”，做到“两个维护”，持续提高政治判断力、政治领悟力、政治执行力。要全面从严治党，坚定不移正风肃纪反腐，深入推进作风建设，强化纪律要求和制度约束。要打造忠诚、干净、担当的高素质商务干部队伍，弘扬“开放、创新、担当、一流、清廉”的商务文化。

注释：

1. 一促两稳：“一促”即促消费，“两稳”即稳外贸、稳外资。

2. “两建三化五提升”工作体系：“两建”，即建设内陆开放高地和国际消费中心城市。“三化”，即国际化、智能化、专业化。“五提升”，即提升“三外”规模质量、提升消费品质能级、提升服务业发展水平、提升自贸试验区建设水平、提升招商引资工作水平。

3. “1+3+6+6”工作体系，即成立一个领导小组综合办公室，组建服务业、外贸、外资三个突击队，6个专项防控组，6个片区督导组，通过建立周调度、复商复市矛盾化解、联动督导调度等制度，推动十大服务业复商复市，积极促进商务经济企稳复苏。

（执笔人：辜庆渝）

文化旅游

重庆市文化和旅游发展委员会

2020年是极不平凡的一年。在市委、市政府的坚强领导下，面对战疫情、战复工、战脱贫、战洪水等一系列大战大考，市文化和旅游系统坚持以习近平新时代中国特色社会主义思想为指导，深入学习贯彻党的十九大和十九届二中、三中、四中、五中全会精神，全面落实习近平总书记对重庆提出的营造良好政治生态，坚持“两点”定位、“两地”“两高”目标，发挥“三个作用”和推动成渝地区双城经济圈建设等重要指示要求，统筹常态化疫情防控和经济社会发展，坚持抓大文旅促品质化，全市文化旅游业呈现回稳向上的复苏态势。

一、2020年发展回顾

2020年，我市文化旅游投资总额达1514.51亿元，同口径增长了19.5%。文化产业实现增加值969.37亿元，全年增速实现了由负转正，增速为0.3%；旅游产业实现增加值979.18亿元，同比恢复95%以上。《2020年全国旅游城市游客满意度评价结果》显示，重庆游客满意度排名全国第1。《中国城市夜经济影响力报告（2020）》显示，重庆夜经济影响力连续两年排名第1。《2020中国文旅城市品牌传播力排行榜》显示，全国50个城市中，重庆城市品牌传播力排名第3，列北京、上海之后。文化和旅游部公布的2020年国内旅游人次数排全国各省区市第5位，国内游客人均每次旅游花费高于全国平均水平128.34元，达到902.48元；入境过夜游客人均每日花费高于全国平均水平5.65美元，排全国第12位、西部第5位。

（一）主动融入国家战略，推动重点工作落实落地

一是文旅发展新格局逐步成型。高水平谋划文化旅游“十四五”规划，初步形成“1+N”规划体系。高标准规划“两江四岸”文化旅游产品，打造“世界温泉谷”康养项目集群。武陵山区（渝东南）土家族苗族文化生态保护实验区建设加快推进，渝东南文旅产业融合发展示范区建设全面启动。二是巴蜀文化旅游走廊建设全面推进。联合四川建立定期联席会议制度，达成并实施合作40项。与四川联合承办“第六届中国诗歌节”，联袂打造“智游天府”和“惠游重庆”公共服务平台，联合主办“巴蜀文化旅游走廊自由行”活动，携手打造“双城文创旅游直通车”。三是文化旅游扶贫成效明显。武隆、城口文旅扶贫经验分别在全国“两会”、中央扶贫开发会议上得到习近平总书记肯定。完成酉阳县车田乡脱贫攻坚普查评估和成效考核问题整改销号，车田乡清明村驻村工作队获评“全国脱贫攻坚先进集体”。武隆、巫山入选“世界旅游联盟旅游减贫案例100”。建成39个非遗扶贫就业工坊。“鲁渝共建非遗扶贫项目”获评全国“非遗扶贫品牌行动”。圆满举办“十万山东人游重庆”文旅消费扶贫活动。市文化旅游委被国务院

授予“全国民族团结进步模范集体”荣誉称号，被全国妇联授予“全国巾帼建功先进集体”荣誉称号。

（二）面对挑战主动作为，确保文旅行业平稳发展

一是疫情防控实现“零”目标。及时关停景区、文化娱乐、文博院馆等各类文化旅游场所12238家，取消营业性演出2264场，协调保障6988名境外重庆籍游客安全返渝。截至目前，全市未发生1起因文旅场所人员聚集造成的疫情传播，全系统未出现1例疑似或确诊病例。二是艺术战“疫”贡献文化力量。创作推出抗疫主题文艺作品4100余件，我市抗疫群雕《冬去春来》等5件作品入选中国国家博物馆抗疫主题美术作品展；由我市词作家、九龙坡文化馆干部梁芒创作的战疫主题歌曲《坚信爱会赢》唱遍大江南北，网络点击量超60亿人次。累计播出抗疫公益广告近9万条次，应急广播、“村村响”累计播出时长逾6万小时。重庆广电集团（总台）融媒体新闻中心获评“全国抗击新冠肺炎疫情先进集体”。三是文旅市场逐步重振恢复。与市委宣传部联合出台应对新冠肺炎疫情影响、支持文旅企业发展政策，运用信贷、贴息、融资等多种手段，帮助文旅企业获取各类资金近百亿元。举办首届山水重庆夜景文化节暨第五届重庆文旅惠民消费季活动，直接拉动文旅消费2.8亿元。我市连续两年居“西部文化消费指数”榜首。

（三）抓大文旅促品质化，增强文旅发展质量效能

一是重点项目稳步推进。实施市级重大文旅项目72个，累计完成投资167亿元。重庆银行创建全市首家文旅特色支行。举办文化和旅游部产业项目服务平台第二十二期精品项目交流对接会，现场签约项目20个，签约总金额达601.5亿元。南岸区成功创建国家级文化产业示范园区，实现了我市国家级园区零突破。二是资源开发成果丰硕。全面完成全市旅游资源普查，万盛经开区、渝中区成功创建国家全域旅游示范区，彭水阿依河景区、黔江濯水景区成功创建国家5A级景区，丰都南天湖成功创建国家级旅游度假区。全年创建评定A级旅游景区41个、市级旅游度假区6个，认定智慧旅游景区33家。三是文旅节会活动精彩纷呈。与市委宣传部、市委网信办联合开展“晒旅游精品·晒文创产品”大型文旅推介活动，全媒体传播受众37亿人次，实现直接文旅消费上亿元。成功举办2020年重庆国际文旅产业博览会、“舞动山城”国际街舞大赛、“重庆好礼”设计大赛等系列活动，重庆保税港国际文旅之窗项目顺利推进。推出2020年线上智博会智慧文旅展厅，举办重庆文旅大数据发布会。

（四）坚持文化引领，满足群众需求，增强精神力量

一是文艺创作演出硕果累累。川剧《江姐》、京剧《秦良玉》入选全国舞台艺术重点创作剧目名录，歌剧《一江清水向东流》入选“中国民族歌剧传承发展工程”重点扶持剧目，舞剧《杜甫》、歌剧《尘埃落定》等6部剧目入选“庆祝中国共产党成立100周年舞台艺术精品创作工程”重点扶持作品。二是文化保护传承持续加强。实施重点文物保护项目263个，推进“红色三岩”保护提升，启动红岩文化公园和长征国家文化公园重庆段建设，合川钓鱼城、涪陵白鹤梁题刻进入国家申遗重点培育项目，故宫文物南迁纪念馆建成开放。完成考古项目90项，考古发掘2.5万平方米，完成81个基本建设工程文物勘

探与发掘。市文化遗产研究院考古队荣获2020年“感动重庆十大人物”特别奖，市文化遗产研究院女子考古队获得“全国三八红旗手集体”荣誉称号。新增100个市级非遗保护传承基地，9个非遗项目进入第五批国家级非遗代表性项目名录公示名单。新晋大足石刻博物馆、三峡移民博物馆两个国家一级博物馆，我市7个博物馆虚拟展作为国家文物局网上展览资源向全国推介。三是公共服务效能稳步提升。推动市人大出台《重庆市实施〈中华人民共和国公共文化服务保障法〉办法》，南岸、忠县、丰都成功创建第四批国家公共文化服务示范区、示范项目，渝北、奉节等地7个单位成功申报全国文化旅游公共服务融合发展示范点。全面完成总分馆制和法人治理结构改革任务。公共文化服务群众满意度位居全国第五。利用5G技术首次推出全国“两会”云访谈，形成以“第1眼”为核心的覆盖市、区两级的新媒体传播矩阵，有线电视网络整合完成全网股权改造，实现“一市一网”。文旅广电人才能力素质不断提升，我市选手在全国广播电视技术能手竞赛中勇夺两项一等奖，斩获奖项列全国各省区市之首。

（五）全面加强自身建设，着力夯实文旅发展基础

一是组织保障能力不断提升。完成文化和旅游业“十四五”规划初稿，策划推出“十四五”十大文化设施，推动设立1亿元市级文艺院团激励引导专项资金。全委提案工作在市政协评议中取得99.7分的高分，工作成绩得到各界充分肯定。二是文旅领域改革深入推进。市政府主要领导专门调研市级国有文艺院团并召开专题座谈会，研究出台改革方案和社会效益评价考核办法，启动了重庆演出有限责任公司混改上市工作，同时在演艺集团二级企业试点开展经理层任期制和契约化管理，市文化市场综合行政执法总队和38个区县支队完成整合组建，大足石刻研究院升格挂牌。三是文旅行业运行安全有序。面对40年来最大过境洪峰，对磁器口、洪崖洞等滨水景区实施关停和分流，高效完成文物防汛抢险。加强文艺演出、文艺作品等审查，加强各类演艺场所、文博场馆管理，加强网络监管、舆情监测，圆满完成广播电视安全播出保障任务，确保了文化旅游系统意识形态安全。深入推进安全生产专项整治三年行动，持续抓好旅游景区安全监管。我市旅游执法案件连续三年受到文化和旅游部通报表扬，旅游执法水平走在全国前列。在2020年全国涉疫旅游投诉处理工作中，我市投诉处理率、调解成功率、为游客挽回旅游经济损失金额均列全国前十，投诉结案率达100%。

二、发展中存在的问题

看到成绩的同时，我们也清醒认识到还存在不少短板和问题。一是疫情带来的发展不确定性。受疫情影响，文旅业发展目前只能依靠“内循环”，且“内循环”也存在不确定性。二是文化产业化发展不充分，公共服务体系和产业体系还不健全。三是旅游产品的文化附加值不高，旅游商品的文化内涵不足。四是旅游产业发展不充分不平衡，城乡一体化发展的格局还没有真正形成。五是文旅产业融合不够，文旅消费水平还有较大提升空间。

三、2021年发展思路

2021年是“十四五”规划开局之年，我们将坚持以建设文化强市和世界知名旅游目的地为目标，以改革创新为动力，以抓大文旅促品质

化、抓文旅融合促产业化、抓公共服务促均等化为着力点，推动文化和旅游高质量融合发展，为“十四五”开好局、起好步，以优异成绩庆祝建党 100 周年。

一是全力抓好围绕中心服务大局重点工作。筹办好重庆市庆祝建党 100 周年文艺晚会等重大文艺活动，抓好党史教育活动，鼓励市级文艺院团创作庆祝建党 100 周年主题文艺作品，组织参加庆祝建党 100 周年舞台艺术优秀剧目、美术作品等展示活动。推动巴蜀文化旅游走廊建设。联袂四川加快打造大文旅公共服务平台，实施“成渝地·巴蜀情”互动演出品牌培育工程。共同推动文博事业发展，开展巴蜀文旅推广，在旅游产品、线路、价格和政策上搭建川渝文旅发展一体化新平台。全力助推“一区两群”协调发展。提升主城都市区发展能级和国际竞争力，以长嘉汇大景区为重点，持续打造“两江四岸”文旅融合提升项目；推进渝东北生态优先绿色发展，着力打造“万开云三峡集散中心”“奉巫巫城旅游金三角”“三峡库心·长江盆景”；推进渝东南文旅产业融合发展，围绕“乌江画廊、武陵风光、生态康养”三大主题，聚力、做精、升级、扮靓渝东南文旅融合新标杆。

二是纵深打好文化旅游“五张牌”。打好“三峡牌”，围绕“壮美长江·诗画三峡”品牌形象，实施“规划引导、品质提升、宣传推广、区域联动”四项工程。打好“山城牌”，围绕“一岛两江四岸四山”都市文旅发展格局，建设都市文旅项目集群。打好“人文牌”，深入挖掘巴渝文化、三峡文化、抗战文化、革命文化、统战文化和移民文化内涵，实施文艺作品提升工程，拓展“高原”、攀登“高峰”，打造长嘉汇都市演艺集聚区。打好“温泉牌”，推动“世界温泉谷”示范项目建设和高端定制产品研发，擦亮“世界温泉之都”名片。打好“乡村牌”，把发展文化旅游与乡村振兴结合，创建国际乡村旅游示范区。深化鲁渝文旅扶贫协作，巩固脱贫攻坚成果。

三是加快健全现代文化旅游产业体系。以资源开发利用为引领，策划招商一批精品旅游项目落地实施。以重大项目实施为带动，加快推出一批国家级文化产业示范园区、文化和旅游消费示范城市和试点城市规划，建设长江文化艺术湾区。大力发展舞蹈、音乐、动漫、游戏、电竞以及创意设计、数字娱乐等新兴产业。以数字技术整合为动力，推动建立统一的文旅产业统计核算体系。大力实施产业数字化、数字产业化，深入推进智慧文旅广电云平台建设，切实抓好文旅标准化建设和智慧旅游景区（乡村）创建。

四是努力推动中华优秀传统文化实现创造性转化和创新性发展。提升革命文物保护利用展示，推进红岩革命文物保护传承工程，加快推进长征国家文化公园重庆段建设，持续开展红岩革命故事剧目展演活动，大力推进大足石刻研究院创建世界知名研究院和长江文化研究工作，加强大足石刻等重点石窟寺保护利用。加强考古和巴渝历史文化研究工作，大力推进武陵山区（渝东南）文化生态保护示范区创建，打造非遗与旅游融合发展示范点，强化传统文化产业化发展和非遗传承人才培养。

五是持续加强文化和旅游行业对内对外宣传交流。汇聚国内外人才全力做好文化旅游对内对外交流合作，充分发挥“重庆国际文化旅游之窗”、重庆文化和旅游国际交流中心、ichongqing 文化旅游国际传播中心等平台的作用，助推重庆国际交往中心建设。构建精品旅游路线推广、舞台艺术展演等五大线上推介板块，搭建“1+N+X”的文化旅游外宣平台。通过“走出去”与“请进来”相结合办好系列精品活动。以活动扩大市场影响，组织开展好第二届山水重庆夜景文化节、第五届渝东南生态民族旅游文化节、全球旅行商大会、世界大河歌会等重点节会活动，指导支持各区县开展各具特色的文旅活动，促进市场消费。提升营销推广能力，分层次、分重点加强文旅推广人才队伍锻造，不断提升重庆文旅国际化水平。

（执笔人：成彦希）

卫生健康

重庆市卫生健康委员会

一、2020年工作回顾

2020年是“十三五”收官之年，紧扣“疫情防控不放松、事业发展不落后”的总目标，全力以赴战疫情、战脱贫，补短板、促发展，打赢新冠肺炎疫情防控“阻击战”、健康扶贫“攻坚战”，“十三五”规划圆满收官，全市卫生健康事业迈上新台阶。

坚决打赢新冠肺炎疫情防控“阻击战”。疫情防控阻击时期，第一时间成立“指挥部”，及时建议启动突发公共卫生事件Ⅰ级响应，仅用3天时间，就构建了“4+46+178”医疗救治体系；落实“四早”“四集中”原则，加强中西医协作，1个月实现本地新增确诊病例“零增长”，2个月实现本地确诊病例、住院病例“双清零”，治愈率达98.8%，公立医疗机构医务人员“零感染”；圆满完成援鄂、援外等任务，与7国视频连线10场次；最大限度保护人民生命安全，全力以赴助力复工复产。疫情防控常态化时期，坚持落实“外防输入、内防反弹”要求，动态调整防控措施，突出“人物同防”、突出精准管控、突出宣传引导，开展疾控大培训、实战大演练，做到人员、设备、设施、物资、能力“五到位”，有序推进新冠病毒疫苗接种工作；全力为“六保”“六稳”提供坚实保障，有力助推全市经济社会发展；国务院联防联控机制多次来渝开展专项督导都给予充分肯定和高度评价。

决战脱贫攻坚圆满收官。坚持精准施策。农村贫困人口大病专项救治病种增加到33个，覆盖6.99万人，落实“先诊疗后付费”“一站式”结算措施，实行“两升两降一取消”倾斜报销办法，贫困人口住院费用自付比例为9.67%，重特大疾病、慢性病门诊费用自付比例为12.61%，大病集中救治率、慢病签约服务率、重病兜底保障率均为100%。坚持精准帮扶。开展“院院结对”98对，全市56家二级以上公立医院1105名医务人员参与对口帮扶，实现区县二甲医院全覆盖；实施鲁渝协作项目93个，1000余名山东医疗专家到贫困区县支医；开展“5G+卫生健康精准扶贫”应用试点。坚持精准投入。统筹投入资金38.46亿元，改扩建贫困区县医疗机构1275所，乡镇卫生院标准化建设达标率100%；打造黔江金溪镇“三金”产业品牌，带动7000余人增收致富。

深化改革激发发展活力。医共体“三通”建设提速扩面。完善“医通”“人通”“财通”运行机制，确定区县域医共体医防融合发展制度框架，试点区县内开展上下级医疗机构用药衔接，10种慢性病用药衔接度达90%。公立医院改革提质增效。公立医院绩效考核范围扩大到二级医院，全市三级公立医院绩效考核排名居全国前5位；卫生高级职称评审权限下放至8家市级三甲医院试点。医改便民惠民持续推进。建成全市医学影像云中心，持续开展医学检查检验结果互认。综合监管持续深化。建立卫生健康与30个成员单位的部门协调工作机制，有序推动多元化监管“信用 + 综合监管”试点，初步形成部门齐抓共管、社会共同参与的共治格局。药学服务改革稳步开展。评审临床药师规范化培训基地 7 个，遴选重庆市首批临床药学重点专科建设单位 10 个，开展药学服务模式改革，15 家医疗机构推行临床药师驻科制度。疾控体系改革不断完善。实施疾控能力及重大传染病医疗救治能力提升工程，疾控信息系统初步建成；出台加强公共卫生人才队伍建设 20 条措施，走在全国前列，指导区县疾控机构调增配齐编制 2000 余个，出台非免疫规划疫苗接种方案，预防接种子系统实现常规接种门诊全覆盖。

统筹发展实现多维奋进。健康中国重庆行动取得进展。出台《健康中国重庆行动（2019—2030 年）》，发布《重庆市民健康公约》，常态化开展“健康中国巴渝行”科普宣传活动，居民健康素养水平超过国家要求 3 个百分点；完善食品安全地方标准体系，强化食源性疾病监测报告；出台促进 3 岁以下婴幼儿照护服务发展实施意见，整合出生缺陷综合防控项目，妇女“两癌”检查 74.78 万人；开展安宁疗护试点，建成医养结合机构 155 家，医疗机构与养老机构签约 1345 对；持续推进城乡环境卫生整洁行动，抓好国家卫生区县、卫生乡镇创建工作，完成病媒生物孳生场地整治 7.2 万处；完成地方病三年攻坚任务，推进慢性病综合防治、全国艾滋病综合防治示范区项目，实施“城市改变糖尿病项目”，社会心理服务体系建设试点扩大到 19 个区县；全面完成职业病防治规划和尘肺病防治攻坚行动目标任务，建成市级尘肺病康复站试点 20 个；全国康复站现场会在渝召开，推广重庆建站模式；创建健康企业 113 家。医疗服务体系更加完善。深化成渝协作，带动“两群”地区协调发展；推进委市共建合作，重医附属儿童医院获批国家儿童区域医疗中心；建立三级医疗机构动态调整机制，新增市级临床重点专科 25 个；开展“优质服务基层行”活动，建设基层标准化儿科医生培训项目 300 个，评选基层医疗机构“美丽医院”建设示范单位 30 家；完善重大疫情应急响应机制，开展高原救援等卫生应急演练 5 次，参与突发事件紧急医学救援 61 起、突发公共卫生事件救援 17 起。中医药事业传承创新发展再上新台阶。召开全市中医药大会，出台《关于促进中医药传承创新发展的实施意见》，推进“巴渝岐黄工程”，67 名国家级人才通过考核；获批国家中医疫病防治基地 1 个、国家中医紧急医学救援基地 1 个，新增国家级中医住院医师培训基地 2 个、国家级名中医传承工作室 5 个、市级重点专科 15 个；全市 99.8% 的乡镇卫生院、社区卫生服务中心，82.5% 的村卫生室、社区卫生服务站能够提供中医药服务，居民中医药健康文化素养水平达 21.1%，实现精品中医馆、中医重点和特色专科贫困区县全覆盖。

夯实基础蓄积发展后劲。加快基础设施建设。落实资金 132 亿元，推进疾控能力及重大传染病医疗救治能力提升工程建设，实现全市所有区县二甲医院全覆盖，三甲医院增至 39 所。大力培育人才。实施重庆英才计划，新增百千万人才工程国家级人选 2 人，入选院士带培计划 5 人、首届重庆英才杰出贡献奖 4 人，选拔培养重庆英才 73 人。引进研究生、高级职称等急需紧缺人才近 600 名，招收住（护）培学员 3584 人，轮训基层卫生人员 1 万名。加大科技攻关力度。实施市级科卫联合项目 750 个、中医药科研项目 177 个、新冠病毒科研项目 20 个；重庆医科大学新冠病毒抗体检测试剂盒获批上市，市中医院应急研发的 3 个院内制剂获得批准使用；陆军军医大学新冠病毒防控研究成果纳入国家第七版诊疗方案。推进信息化建设。实现 97% 的政务信息系统迁移上云，完成76%的市级政务信息系统整合；建成妇幼健康、疾病防控、融合视讯和5G+远程医疗等服务系统；完成互联网医疗服务监管平台；开通医院数据对接，建成全市家庭医生统一号源池预约挂号系统；成功举办2020年线上中国国际智能产业博览会智慧医疗论坛。推动行业治理。开展卫生健康监督执法检查14万余户次，查处违法案件5984件，配合医保部门追回医保基金6.8亿元；推进“平安医院”建设，三级以上医院实现警务室全覆盖。

加强党建练就过硬作风。加强公立医院党的建设。加快推进党委领导下的院长负责制，172家公立医院实现修订章程、完善党政议事规则、建立领导沟通协调机制“三个100%”，专职党务人员配备率高于国家标准；公立医院党建工作得到中组部调研组肯定；全国公立中医医院党建工作座谈会在渝召开，重庆经验被交流推广。加强基层组织建设。基层党支部标准化规范化达标率达到100%。建立“四带”组织动员模式，创新“五项先锋”引领载体，抗疫党建经验被国家卫生健康委推广，“战疫情、话担当”现场教学作为全市精品活动向中组部推荐。加强党风廉政建设。定期分析研判系统党风廉政建设形势，抓实“一岗双责”，持之以恒落实中央八项规定精神，推动“以案四说”“以案四改”走深走实。

二、存在的问题

公共卫生体系建设还需加强，疫情防控还存在长期性、复杂性、不确定性，防控压力仍然较大；优质医疗卫生资源还需扩容和下沉，存在供给不足、分布不均问题；全生命周期健康服务还需强化，“一老一小”等老百姓“急难愁盼”问题还需妥善解决；行业治理有待加强，党风廉政建设还要进一步强化，群众就医体验还需改善等。

三、工作思路

“十四五”期间明确“1355”工作路径，即突出“一条主线”，深入实施健康中国重庆行动。围绕“三个重点”，国家医学中心建设，加快建设国家医学中心和国家区域医疗中心；成渝地区双城经济圈建设，推进川渝卫生健康一体化发展；“一区两群”协调发展，促进优质医疗资源扩容和区域均衡布局。实施“五大任务”，织密公共卫生“防护网”，完善重大疫情防控体制机制；完善医疗体系“大布局”，推动优质医疗资源扩容下沉、均衡布局，加强乡村振兴衔接，实现标准化基层医疗机构、村卫生室全覆盖；展现医疗服务“高质量”，打造国家医学名城、西部医疗高地，实现整体实力西部领先，部分医院和学科国内领先；满足群众需求“新服务”，全面深化医药卫生体制改革，深化“美丽医院”“智慧医院”建设，推广“5G+医疗健康”服务；实现健康管理“全周期”，坚持医防融合、中西医结合，全面加强妇幼、老年、精神卫生和慢性病服务。强化“五大保障”，组织保障，坚持和加强党的全面领导，不断提高政治判断力、政治领悟力、政治执行力；法治保障，推动完善卫生健康法制体系，全面推进依法行政；人才科技保障，推进人才发展体制机制创新，加大人才培育力度；信息化保障，推进信息技术在医疗服务领域的深入应用和创新发展；宣传保障，营造尊医重卫的良好风尚。

2021年做好十项工作：一是慎终如始做好常态化疫情防控。二是加快落实《健康中国重庆行动》。三是全力构建公共卫生服务体系。四是深入推动医药卫生体制改革。五是全面建设高质量医疗服务体系。六是推动中医药事业传承创新发展。七是构建全生命周期健康管理体系。保障好婴幼儿健康。八是不断夯实事业发展支撑保障。九是努力提升行业综合治理能力。十是全面加强党的建设。

（执笔人：任帅岭）

应急管理

重庆市应急管理局

一、2020 年发展回顾

2020 年，面对疫情防控、安全生产和罕见特大洪灾“三场大考”，市应急局以习近平新时代中国特色社会主义思想为指导，全面贯彻党的十九大和十九届二中、三中、四中、五中全会精神，认真落实习近平总书记关于安全生产和防灾减灾救灾重要论述，坚持人民至上、生命至上，在市委、市政府的坚强领导下，围绕“控大事故、防大灾害”核心目标，审慎研判、细化措施、狠抓落实，沉着应对各方面考验。事故总量持续下降，共发生各类生产安全事故 712 起、死亡 799 人，同比分别下降 10.9%、5.6%；发生较大事故 9 起、死亡 32 人，同比分别下降 10%、8.6%；全市事故死亡人数首次降到 800 人以内，较大事故起数首次降到个位数。防灾减灾救灾成效显著，成功防范应对各类洪涝、地质、干旱等自然灾害 95 起，特别是百年一遇的洪水灾害，最大限度保障了群众生命财产安全。

（一）持续深化应急管理体制改革

一是强化责任。构建安全生产与自然灾害防治“党政同责、一岗双责、失职追责”和“三个必须”责任体系，制定党政领导安全生产责任清单。对 14 个区县的 277 个部门、196 家生产经营单位、61 个站点开展督查巡查，发现突出问题 17 条，专题通报 8 期，约谈区县政府 3 个，促进落实政府属地责任、行业部门属事责任、安全生产主体责任。二是理清机制。纵深推进应急管理行政管理、组织指挥、应急救援、制度保障“四大体系”建设，进一步理清市安委会、减灾委和 11 个安全生产专项办公室、4 个自然灾害防治专项指挥部及成员单位职能职责，完善运行规则。三是夯实基层。召开全市现场会，推动乡镇（街道）按照机构设置规范化、职能职责规范化、人员配备规范化、设施装备规范化、执法检查规范化、监管监控智能化、工作制度规范化、救援队伍规范化“八化”要求，把应急办做实。

（二）扎实推进三年行动

一是精心部署推进。制定安全生产专项整治三年行动“1+3+11”工作方案，细化分解 828 项任务清单，逐一明确时间进度、工作措施、责任人员，实施挂图作战；实行周调度、月总结、季督查、年考核，项目化、事项化推进，避免“原地踏步”和“转一圈又回到原点”。二是深化专项整治。以大排查大整治大执法为主线，严格企业安全生产班组日排查、部门周排查、厂长月排查的“日周月”隐患排查制度，围绕重点行业领域开展“两重大一突出”专项整治，检查企业 4 万余家次，排查安全隐患 13.8 万余条，整改隐患 12.9 万余条。深刻汲取黎巴嫩贝鲁特港口区“8 · 4”硝酸铵爆炸事故教训，对硝酸铵等爆炸性危化品各环节开展三轮地毯式排查整治。突出做好防范少年儿童溺水工作。制定《校车安全管理条例》。出台《关于全面加强危险化学品安全生产工作的若干措施》，全面禁止在长江干支流1公里范围内新建、扩建化工园区和化工项目。关闭不安全非煤矿山28座，257个非煤矿山单独配备总工程师。工贸行业累计完成创建一级标准化企业18家、二级769家、三级4960家。注销7家安全评价检测检验机构。三是严格执法。深化标准化建设与政府监管执法“一体化”改革，深化执法清零、执法量提升行动，推动信用联合奖惩，严格“一案双查”“三责同追”，全年实施经济处罚近1亿元。针对元旦、春节、全国“两会”、国庆、中秋等关键节点，落实“五在”责任，全员出动、严防死守，确保重要领域和关键节点安全稳定。四是吸取教训强力整改。深刻吸取松藻煤矿“9·27”、吊水洞煤矿“12·4”重大事故教训，围绕陈敏尔书记指出的“两个不到位、两个不扎实”突出问题，在全市应急管理系统部署启动“人民至上生命至上改进作风积极作为”专题教育。切实加强煤矿安全，下决心淘汰落后产能。强化关停期间煤矿安全管理，严格“十条措施”，会同重庆煤监局对每个关停煤矿建立领导专班、驻矿专班、督导专班“三专班”，确保煤矿安全措施落实到位。截至目前，全市38处在籍煤矿均已完成井筒封闭。

（三）全力做好应急处置

全年妥善处置渝北“1·1”加州火灾、松藻煤矿“9·27”事故、吊水洞煤矿“12·4”事故等重大事故灾害50余起，未发生应急处置次生灾害。一是积极作为战疫情。严格按照防疫“五必须”、安全“五到位”要求，实行“一企一策、一企一组”服务指导，点对点驻地指导1966家医疗和民生急需企业平稳运行；高效规范调运物资3.27万件，有效保障全市5300个疫情防控卡点救灾物资。二是有力有序抗洪水。成功经受住历史罕见特大洪水的考验，有力有效应对，得到李克强总理肯定。在汛前，组织对1981年7月特大洪水进行模拟推演，细化应对方案，全覆盖落实政府行政、行业主管部门和工程管护“三个责任人”。在汛期，加密会商预警，市、区县发布预警93次，启动响应73次；面对长江第5号、嘉陵江第2号洪水，我市首次启动防汛Ⅰ级应急响应。灾害发生后，全市上下迅速反应，各级党政领导靠前指挥，特别是长江5号、嘉陵江2号超历史最大洪水过境，组织紧急转移避险和安置50.7万人，最大限度保护了人民生命财产安全。三是争取支持搞重建。争取近6亿元中央救灾资金。推进2020年7276间倒房重建；完成冬春救助受灾困难群众累计43.9万人。

（四）持续改善安全基本面

33618辆道路运输车辆安装定位监控，升级改造桥梁护栏101座。开展“打通生命通道”工程和“春季攻势”整治，厘清全市3.49万幢高层建筑“责任清单”，启动4475幢无水高层整改计划，6516个小区消防车道实现标识化管理。建成警保合作标准化劝导站1297个，“两客一危”等重点车辆检验率达99.88%。长输管道定检率68.48%，老旧电梯改造更新数量327台。实施科技兴安，升级12350举报投诉系统。推进重大危险源、危险工艺自动化改造达90%以上，107家危险化学品企业重大危险源纳入监测预警平台。350兆警用无线数字集群系统投入使用。152家3A级及以上景区完成视频监测系统建设。提升自然灾害防御能力，加强自然灾害重点防范期村（社区）日巡查、乡镇（街道）周抽查、区县部门月检查，更新完善风险空间分布图、风险清单台账和风险动态数据库“一图一表一库”，录入森林火灾风险点5900余个、油气和电力管线4万余公里，排查新增地灾隐患点765处。推进“八项工程”，治理堤防210公里，推进16项水毁修复工程、11座病险水库整治。建成标准化森林防火检查站57个、视频监控设施184个，推进4个森林火灾高风险区综合治理工程项目、2个航空护林站项目建设。完成深度贫困乡镇地灾隐患点综合治理24处、影响学校安全地灾点治理工程15个，推进重大地质灾害工程治理102处。推进长江航道重要水域25套气象观测站建设。

（五）提升应急救援能力

一是推进预案修编及演练工作。推动安全生产、自然灾害应急预案修订，开展突发水上交通等重点演练10余次、专项演练1200余次。二是加强救援队伍建设。出台《重庆市综合应急救援队伍管理办法（试行）》，建成区县综合应急救援队41个、乡镇（街道）综合救援队947个、社区应急救援站（微型消防站）2988个；印发《重庆市应急救援队伍训练与考核大纲》，出台《重庆市抢险救援技术指挥官管理暂行办法》，承办并组织西南地区应对地震灾害实训活动，开展全市民兵应急力量联考联评。三是健全指挥协调机制。全面推开全市应急系统指挥中心标准化建设，16个区县基本建成。与四川省应急厅签订《应急联动工作备忘录》，印发《全市应急队伍统一调度办法（试行）》，建立全市水上搜救联席会议制度。出台《加强军地抢险救灾协调联动工作办法》，汛期协调军队、武警参与救援重建2.4万人次。四是加强监测预警。明确15个敏感行业部门预警发布及响应规范。发送预警或事件信息1900余条，发布“森林火险等级预报”258期，成功预警处置地质灾害17起、避免325人伤亡。五是提升应急保障能力。建立跨省抢险救灾公路通行服务保障、院前医疗急救服务、核安全工作协调机制；完善视频指挥调度直通系统，接入水利等20余个信息系统、17万余组视频监控。调拨帐篷、棉衣被等救灾物资60余万件。

二、发展中存在的问题

一是基层基础薄弱。我市从业人员安全素质参差不齐。尤其是煤矿本身安全水平低，近6年全市发生的4起重特大事故都在煤矿行业。全市道路交通公路总里程17.43万公里、二级以上等级公路仅占7.4%，现有高层建筑达3.48万栋，地下建筑约5000栋，风险隐患多。二是防灾减灾救灾存在短板。水旱灾害防治基础薄弱，森林防火专业队员少；风险预判能力不足，预警信息针对性不够、时效性不强。三是企业主体责任不落实。现有各类市场主体220余万个，高危高风险点6.1万处，由“要我安全”向“我要安全”转变还有不小差距。四是工作不严不实问题仍然存在。部分监管执法人员法律素质不高，执法“查不出问题，下不了狠手”；乡镇（街道）监管力量较弱，安全生产“最后一公里”监管乏力。

三、2021年发展思路

2021年，市应急局将按照“163”工作思路，团结带领全市应急战线干部职工，推动全市安全生产和自然灾害防治形势稳定向好，确保我市“十四五”时期应急管理工作开好局、起好步，以优异成绩庆祝建党100周年。

紧盯“一个核心目标”。全年生产安全事故死亡人数同比下降5%，较大事故控制在15起以内，坚决遏制重特大事故；严格控制因灾死亡人数，严格防范已监测地质灾害点发生亡人事件，森林火灾受害率控制在0.3%。

推动“六项重点工作”。一是聚焦根本性问题和根本性措施“两个根本”，狠抓“两重大一突出”专项治理，深化安全生产专项整治三年行动。二是强化基层基础，推动基层应急机构规范化建设，探索应急系统准军事化管理，提高应急科技化智能化水平。三是加强预防治理，改善安全生产基础条件，推进防灾减灾基础工程，大力统筹城乡安全发展，改善安全保障基本面。四是进一步压实党委、政府属地领导责任、行业领域主管部门属事监管责任、企业安全生产主体责任，构建齐抓共管工作格局。五是推动综合执法改革，推进应急管理依法治理。六是强化应急准备，加强风险研判和落实管控，强化灾害监测预警和响应，完善应急救援队伍体系，提高事故灾害处置能力。

“强化三个保障”。一是强化责任担当。深入整改“两个不到位、两个不扎实”突出问题，切实承担“促一方发展、保一方平安”政治责任。二是严格“一票否决”。坚持考核奖励制度，严格落实“一票否决”。三是加大督查力度。将应急管理纳入重点督查内容，加大明察暗访力度。建立年度重点工作季度通报、半年评估、年终考核。

（执笔人：江智宇）

重庆审计

重庆市审计局

一、2020 年发展回顾

2020 年，重庆市及各区县（自治县）、两江新区、万盛经开区共有审计机关 41 个。市审计局内设办公室、政策研究室、审计计划管理处（审计整改督查处）、法规审理处、内部审计指导监督处、重庆市经济责任审计工作联席会议办公室、电子数据审计处、重大政策执行审计一处、重大政策执行审计二处、财政审计一处、财政审计二处、财政审计三处、农业农村审计处、投资审计一处、投资审计二处、社会保障审计处、自然资源和生态环境审计处、金融审计处、企业审计一处、企业审计二处、企业审计三处、经济责任审计一处、经济责任审计二处、组织人事处、财务处、机关党委（与机关工会、机关团委合署办公）、离退休人员工作处 27 个职能处室，另有 1 个参公管理事业单位——重庆市审计中心。市委审计委员会办公室设在市审计局，下设秘书处负责日常工作。

2020 年，全市审计机关坚持以习近平新时代中国特色社会主义思想为指导，深入学习贯彻党的十九大和十九届二中、三中、四中、五中全会精神，认真落实习近平总书记对重庆提出的营造良好政治生态，坚持“两点”定位、“两地”“两高”目标，发挥“三个作用”和推动成渝地区双城经济圈建设等重要指示要求，坚定不移地把加强党对审计工作领导的政治优势，转化为全市审计工作持续向好的发展态势、转化为推动高质量发展的动力，紧扣统筹推进疫情防控和经济社会发展、全面建成小康社会的工作部署，依法有效履行审计监督职责，全年共完成审计项目 1304 个，查缴及督促被审计单位归还财政资金 129.41 亿元，累计核减政府工程投资 33.76 亿元，上报的审计报告、要情等得到各级领导批示 981 篇次，促进健全完善制度 836 项，较好发挥了审计“治已病、防未病”的积极作用。

（一）重大政策措施落实跟踪审计

紧紧围绕推进供给侧结构性改革、做好“六稳”工作、落实“六保”任务等重点，组织各区县审计机关按季度对“放管服”改革、金融服务实体经济、减轻企业负担、优化政务服务等政策措施落实情况实施跟踪审计，开展了对市级和 18 个区县优化营商环境情况的专项审计调查，关注政策执行进度和实际效果，及时揭示政策执行不到位等问题，并督促边审边改，促进中央重大决策部署落地落实。组织 300 余名审计人员对新冠肺炎疫情防控政策落实、资金物资使用等进行全过程跟踪审计，开展新增财政资金直达基层直接惠企利民等政策落实情况的跟踪审计，向相关区县政府出具整改意见函督促相关问题整改，在统筹推进疫情防控和经济社会发展中发挥了审计的建设性作用。

（二）财政财务审计

紧扣促进财政资金提质增效，采取“上下贯

通、横纵结合”方式，开展了对市级财政、区县财政、市级一级预算单位预算执行、全市税收和非税收入征管的全融合审计，有力促进市财政开展全过程预算绩效管理，将审计评价与财政综合评价有机结合，并与区县、市级部门单位的预算安排挂钩，促进规范预算管理，提高财政资金的使用效益。市和区县财政部门将审计整改与加强管理、完善制度、追责问效紧密结合，采取追缴入库、追回借款等方式收回财政资金 61.03 亿元、制定或完善管理制度 178 项，有效推进了财政管理的规范化、制度化。

（三）民生审计

坚持把助力打赢打好三大攻坚战作为重大政治任务，与审计署重庆特派办通力协作，完成了 33 个区县扶贫资金管理使用情况的第二轮全覆盖审计，扎实做好中央脱贫攻坚专项巡视“回头看”反馈意见整改工作，在跟踪检查近 3 年扶贫审计整改情况的基础上，向相关区县印发扶贫工作风险提示单，推动脱贫攻坚工作查漏补缺、提质增效。组织各区县审计局开展了保障性安居工程资金投入和使用绩效、学前教育政策落实，以及医疗保险基金的审计或审计调查，加大了对棚户区和老旧小区改造、普惠性幼儿园覆盖等与人民生活密切相关事项的审计力度，揭示了在资金管理、项目实施、投资绩效方面存在的问题，推动党的惠民利民政策更好落地落实。

（四）公共投资审计

统筹 40 个区县审计局实施了全市住房城乡建委系统建设管理审计调查，开展了重庆科技学院新校区搬迁工程竣工决算、江北机场专用快速路北段石坝子立交至桃子湾立交工程竣工决算、成渝高速中梁山隧道扩容改造工程西环线至中梁山隧道段工程竣工决算 3 个投资审计项目，及时揭示了资金管理、项目实施、投资绩效中存在的问题，提出合理化审计建议，加快推动项目建设，提升全市建设行业管理水平。严格依法恪守审计权力边界，坚决纠正“凡投必审”“以审代结”问题，持续开展区县投资审计工作专项检查，已督促相关区县修改或废止了与政策要求和审计职能职责不符的相应规定，从源头上落实审计署和市政府规范投资审计的要求。

（五）经济责任审计

进一步完善经济责任审计工作机制，出台经济责任审计实施办法等 3 项制度。完成 67 名市管领导干部经济责任审计工作，持续加大任中审计力度，认真落实“三个区分开来”要求，坚持客观审慎原则，优化总体评价和责任界定标准，做到精准评价、精准画像，促进领导干部依法用权和担当作为。首次在梁平区探索实施“1+N”审计组织模式，在实施区委书记、区长经济责任审计的同时，对区内其他 10 名市管领导干部同步开展经济责任审计，实现对该区市管领导干部经济责任审计全覆盖。统一组织开展市和区县 97 名领导干部的自然资源资产离任审计工作，启动自然资源资产数据共享平台建设，与市规划自然资源局等 6 家行业主管部门以及市检察院建立了执法联动、成果共享协作机制。

（六）国有企业审计

聚焦深化国资国企改革，建立了对国企监事会和内审机构履职情况的常态化跟踪机制，协同实施西南证券公司、重庆建工集团、重庆悦来投资集团等 8 户市属重点国企领导人员经济责任审计及财务收支审计，重点关注国有资本布局、制造业质量提升、落实“三去一降一补”以及重大投资的合规性、效益性等情况，及时揭示了国企发展运营中的风险隐患，提出规范重大事项决策管理、加强经营业务监管等审计建议，促进优化国资监管、防范国有资产流失、提高国有资本运营效率，较好发挥了审计“报实情、揭风险、堵漏洞、强治理”作用。

（七）审计整改情况

以推动解决问题、完善制度、堵塞漏洞为目标，将审计整改摆到更加突出位置，起草并提请市委审计委员会出台《关于进一步加强审计整改工作的意见》，在《重庆日报》等媒体开设了“主管部门一把手谈审计整改”等专栏，加大对审计整改的宣传力度，着力营造重视审计整改的良好氛围，有力推动重庆市审计整改工作规范化、制度化。分别与市人大财经委、市政府督查办联合开展审计整改专项督查检查，统筹加大整改跟踪督促力度，建立“整改清单”全覆盖和全过程动态管理机制，细化审计查出问题整改责任类别和整改结果认定标准，组织开展近三年审计整改情况“回头看”，针对长期未整改事项向相关区县和单位发出56份督办函，推动从体制机制上解决问题。按行业梳理问题清单，提交行业主管部门研究并督促指导全行业进行整改和预防，针对审计监督发现的相关体制机制、行业管理等典型性、普遍性、倾向性问题，合力研究提出改进措施，提升“防未病”效果。

（八）内部审计

坚持把加强内部审计监督作为推进审计全覆盖的有力抓手，提请市政府颁布《重庆市内部审计工作办法》。首次抽选16家市级部门单位的35个内部审计项目进行质量检查，并及时通报检查结果，跟踪问题整改，促进被审计单位建立健全内部审计质量管理制度。分类召开党政机关、事业单位和国有企业内部审计工作座谈会，针对查找出的共性问题和薄弱环节提出改进意见，推动规范各单位内部审计业务工作。指导市内审协会举办财务审计、内部控制、绩效审计、投资审计等专题培训班6期、1500余人次，有效促进内审队伍建设。探索结合经济责任审计项目同步实施对被审计单位内部审计工作开展情况的监督检查，并通过“以审代训”等方式，推动提高内部审计人员实战能力，形成分层分类指导监督的长效机制。制定《重庆市审计机关核查社会审计报告办法》，持续开展对社会中介机构相关报告的核查工作，对报告存在重大质量问题的中介机构移送相关主管部门处理，督促有关中介机构规范诚信执业，维护经济运行安全。

（九）落实改革任务情况

2020年，市审计局牢牢把握加强党的集中统一领导这一根本，不断完善党领导审计工作的制度机制。提请市委审计委员会召开2次会议对审计计划、经济责任审计等工作进行统筹部署。制定市委审计委员会重大事项请示报告、重大事项督促办理、成员单位协调联动、文件资料处理等制度机制共9项。加强与纪检监察、组织、巡视的贯通配合，建立审计与财政、国资监管部门沟通会商制度，每季度召开会商会议，着力构建衔接顺畅、配合有效的沟通渠道，推动形成计划共商、信息共享、成果共用、整改共促的长效机制。推进川渝审计合作，制定服务保障成渝地区双城经济圈建设川渝审计合作协议及合作协议责任落实清单、年度重点任务清单，谋划编制川渝审计协同实施审计项目，推动双方合作落地见效。

二、发展中存在的问题

同时，发展中仍然还存在一些突出问题和

短板，如党领导审计工作的制度机制还需进一步完善，人财物统一管理背景下的审计管理体制改革还需持续深化，审计理念思路、人员能力素质还不完全适应新定位、新要求，审计面临的人手少、任务重的矛盾依然非常突出。

三、2021年发展思路

2021年，全市审计机关将坚持以习近平新时代中国特色社会主义思想为指导，深入学习贯彻习近平总书记关于审计工作的重要讲话和重要指示批示精神，认真贯彻落实党的十九大和十九届二中、三中、四中、五中全会精神，以及全国审计工作会议、全市经济工作会议精神，准确把握新发展阶段，深入贯彻新发展理念，积极融入新发展格局，切实担当新发展使命，从贯彻以人民为中心的发展思想、落实成渝地区双城经济圈建设战略部署、推动高质量发展的更高站位出发，聚焦“十四五”期间我市经济社会发展的目标任务和重点工作，聚焦完善审计监督体系、提升审计监督能力，科学谋划“十四五”时期审计工作，积极推进审计全覆盖，扎实做好常态化“经济体检”工作，统筹抓好机关党的建设、审计队伍建设、工作制度机制完善、审计法治建设等基础工作，更好发挥审计在推进国家治理体系和治理能力现代化、促进高质量发展中的职能作用。

（一）强化党建引领

深入开展党史学习教育，持续抓好模范机关创建和基层党组织标准化规范化建设工作，教育引导广大审计干部深化党性锻炼。创新干部教育培训和实践锻炼方式，从严加强干部队伍管理，加大审计现场巡查和回访力度，健全完善审计干部选调、轮岗交流、考核评价等办法，通过专题培训、以审代训、项目实战、政治业务“双导师”制等方式锤炼干部过硬本领，促进审计干部新时代新担当新作为。

（二）加大审计监督力度

围绕推动成渝地区双城经济圈建设、促进经济高质量发展等重点任务，密切关注重大政策措施落实和重大项目推进情况，加强对经济运行、财政管理、民生保障、环境保护等重点领域和关键环节的审计监督。持续深化审计监督与改革督察贯通机制，及时反映改革政策执行情况和实施效果，推动各项改革任务落实落地。严格督促落实审计整改责任，加大对审计整改的分类指导监督力度，提高审计整改实效。

（三）抓好贯通融合

细化落实审计监督与纪检监察、组织人事、巡视巡察、改革督察等监督的贯通机制，加强与相关行业主管部门的沟通协作和执法联动，拓展审计成果发挥作用的空间。推动市与区县审计资源配置的统筹融合，优化审计质量检查、优秀项目评选和工作实绩考核，提升审计工作质效。改进和加强对内部审计工作的指导和监督，合理利用内部审计力量开展审计工作、督促审计整改，实现内部审计和审计机关的合力对接。

（四）坚持科技强审

推进“金审工程”三期建设，健全数据采集和报送机制，加快大数据中心、审计专网和网络安全建设，大力开发推广便捷、实用的数据查询分析工具，积极推行一级预算单位电子数据分析全覆盖和重点单位深度全覆盖，提高运用大数据发现问题、评价判断、宏观分析的能力。

（执笔人：陈驰）

国资管理

重庆市国有资产监督管理委员会

一、2020 年工作回顾

2020 年，市国资系统认真贯彻落实习近平总书记系列重要指示批示精神、党中央重大决策部署，紧紧围绕把习近平总书记殷殷嘱托全面落实在重庆大地上这条主线，在市委、市政府坚强领导下，不断深化国资国企改革发展，加强国有企业党的建设，统筹做好新冠肺炎疫情防控和国有经济发展，各项工作取得新的积极成效。

一是稳住国有经济基本盘。2020 年全市国有企业实现利润总额 454.9 亿元。市国资委监管的 35 户市属国有重点企业实现营业收入 3988 亿元，同比下降 0.3%，降幅连续 10 个月持续收窄。利润总额 282.1 亿元，同比下降 16.4%（计上因疫情减免降价让利支出，同口径比增长 6.4%）。全员劳动生产率 32.6 万元 / 人，同比下降 6.3%；上缴税费 240.7 亿元，同比下降 1.9%；职工薪酬同比下降 1.3%。市级部门监管国企实现利润总额 66.6 亿元。区县所属国企实现利润总额 106.3 亿元。

二是统筹推进疫情防控与经济社会发展。在新冠肺炎疫情防控人民战争、总体战、阻击战中，市国资委组织协调相关国企在医疗物资保障、交通运输保畅、民生服务保供等方面充分发挥国有企业“顶梁柱”作用，为全市疫情防控提供重要支撑。全市国有企业坚决落实中央和市委、市政府助企纾困政策，坚决稳定生产生活秩序。市属国企为支持抗疫捐款捐物 2.37 亿元，在渝央企捐款捐物 2336 万元。市属国企为 1.5 万户中小微企业减免租金 3.6 亿元，给予用水优惠 0.4 亿元、用气优惠 1.7 亿元。重庆高速集团免收车辆高速公路通行费 22 亿元。市属国有银行、市属国有担保公司为 6130 户防疫保供类企业发放贷款及提供担保增信 229.6 亿元，帮助因疫情受困企业 3.5 万户、发放贷款及提供担保增信 982.5 亿元。各区县国有企业为中小微企业减免租金 7.8 亿元。

三是持续深化供给侧结构性改革。通过对企业带息负债总额、资产负债率“双管控”去杠杆，截至 2020 年 12 月末，非金融企业平均资产负债率 59%，较 2017 年末下降 2.8 个百分点，完成党中央、国务院关于加强国有企业资产负债约束的管控目标。重钢股份司法重整后，2020 年钢材产量达到 700 万吨的历史最高水平，正在按 1200 万吨产能进行技改。市场化法治化清理处置“僵尸企业”333 户。剥离企业办社会职能、厂办大集体改革基本完成。

四是纵深推进国有企业改革。中国特色现代企业制度不断完善。市国资委监管的市属国有重点企业和 1073 户子企业完成新一轮章程修订，配套修订党委、董事会、经理层工作规则和“三重一大”决策制度。出台《市属国有企业外部董事选聘和管理办法》，首次选聘现职企业领导人员担任专职外部董事。混合所有制改革和股权多元化稳步实施。重庆渝康公司引入华润金控成为控股股东。三峰环境成功在 A 股上市。积极推动子企业层面混改，公开转让股权和增资扩股交易37宗、引入社会资本56亿元。西南证券定向增发募资49亿元。市场化经营机制有力推进。在5户一级企业和239户二级商业类企业全面推行经理层成员任期制和契约化管理。重庆燃气集团实行上市公司股权激励。三峰环境完成经理层整体转变为职业经理人改革试点。改革专项工程扎实开展。重庆农商行深化“双百企业”改革被国务院国有企业改革领导小组办公室评定为A级并通报表扬。重庆渝富控股集团、重庆商社集团、重庆医药健康产业公司深化“双百行动”改革案例获国务院国资委推广。重庆交运集团、重庆投资咨询集团新增纳入全国“双百企业”综合改革试点。重庆化工研究院、重庆旅游云信息科技公司入围全国“科改示范行动”。对标世界一流管理培育具有核心竞争力企业专项行动全面启动。

五是大力实施创新驱动发展战略。加大对创新项目的资金、人才、政策支持力度，启动实施市属国有企业发展数字经济三年行动，以大数据智能化引领国企转型升级。从国有资本经营预算中安排专项资金对13户企业、24个创新发展项目和7项重大创新成果及重要创新人员给予2亿元资金支持。市属国有工业企业研发经费投入19.6亿元，研发投入强度提高到2.7%，高于全市平均水平。累计建设国家级创新平台25个、市级创新平台187个，建立创新联合体、产业技术创新联盟408个，拥有创新骨干人员1.9万人。推进实施创新重点项目410个、计划总投资694亿元，2020年完成投资约130亿元。庆铃集团国六产品销售占比超过60%，新能源汽车全系列实现高水平电动化，氢燃料电池发动机项目签约落地。重庆机电集团“重庆造”国产化计算机批量上市、第六代重卡成功上市。市城投集团建立全国应用规模最大的新型数字交通物联网大数据服务平台。重庆轻纺集团萨固密公司自行研发的3D打印挤出模用于产品量产测试成功。重庆股份转让中心公司构建中小微企业大数据融资平台。重庆建工集团“公鱼互联云平台”、数字重庆公司“渝快政”、重庆燃气集团“智慧燃气管理平台”、重庆旅游集团“旅游云”、重庆联交所集团“公共资源智能化交易系统集成”等11个数字化项目完成上云上平台。

六是积极融入国家战略，全面推动开放合作。全市国资系统主动融入共建“一带一路”、助力全市内陆开放高地建设，重庆机场集团、重庆国际物流集团、重庆高速集团、重庆交运集团、民生集团等企业积极参与全市对外开放大通道建设和运营，拓展开放平台通道功能。积极开展“买全球、卖全球”经贸业务，庆铃集团轻卡及重型车、中国四联集团仪器仪表、重庆三峰环境垃圾焚烧发电设备等优势产业项目拓展国际市场，重庆对外经贸集团“渝贸通”平台带动全市中小微企业“走出去”。重庆国资交易分团参加第三届进博会采购金额13.5亿美元。主动融入成渝地区双城经济圈建设，签订川渝国资国企“1+12+3”合作协议，组建总规模300亿元发展基金，开展川渝国资国企“遂宁行”和“万州行”活动，共签约项目186个、计划总投资8147亿元。

七是“三大攻坚战”取得新进展。坚决打赢脱贫攻坚收官之战。2020年筹集4亿元、累计24亿元资金对口支持城口、巫溪、彭水、酉阳4个深度贫困县，累计为全市18个贫困区县投放扶贫贷款5000亿元，提供担保增信1000亿元，发行专项债券27亿元，为全市贫困区县顺利“脱贫摘帽”助力。坚决打好防范化解重大风险攻坚战。加强重大风险防控，全市国企没有发生1起债券违约，地方国有银行不良贷款率1.3%、担保企业担保代偿率0.7%，保持在可控水平，守住了不发生系统性风险的底线。强化境外国资监督管理，有力化解境外经营风险。扎实开展信访稳定“四重”攻坚、“治重化积”等专项工作，有效化解一批信访积案。坚决打好污染防治攻坚战。企业生态环境保护措施不断强化，中央生态环保督察反馈问题整改全面完成，节约资源、保护环境、绿色发展的国企生产方式、产业结构加速形成。

八是城市建设彰显国企责任担当。充分发挥市属国有企业在推动城市品质提升中的主力军作用。市城投集团、市地产集团、重庆高速集团、重庆交通开投集团、市水务资产公司、市水投集团等市属国有投资集团承担的123个市级重大项目完成投资568亿元，为全年计划的103.6%。武隆仙女山机场顺利通航，西环立交及东接线、曾家岩大桥按期完工，轨道6号线支线二期、1号线朝天门—小什字段、环线二郎—图书馆段、5号线一期跳蹬—石桥铺段共41公里开通初期运营，轨道交通运营总里程增长到370公里。金凤隧道、主城至长寿等快速通道、大田湾体育场、山城步道等一批城市提升重点项目有序推进。

九是不断提升国资监管效能。加快转职能强监管，以管资本为主的国资监管体系基本形成。市国资委动态调整《出资人监管权责清单》《授权放权清单》，全面加强国资监管规范性文件立项、制定、审查、清理，科学系统、精简高效的国资监管制度体系基本形成。健全发现问题、纠正偏差、精准问责有效机制，开展违规经营投资责任追究事项核实核查165项、处理责任人276人次。市国资委、各区县国资监管机构切实加强制度、机制、规划、业务、改革、项目“六个对接”，充分发挥国资监管机构专业化体系化优势，坚决维护好发展好人民共同财富。重庆国资大数据监管平台（一期）上线运行，经营性国有资产集中统一监管稳步推进，上下贯通、全面覆盖的全市国资监管大格局正在形成。

二、发展中存在的问题

当前全市国资国企改革发展仍存在一些突出问题：一是创新不够强。核心技术攻关能力存在不足，数字化、智能化转型任重道远。二是结构不够优。工业、商贸类企业高端化、智能化、绿色化发展不够，战略性新兴产业投资项目还不多，公共服务、应急能力建设、重点基础设施等领域支撑作用有待进一步加强。三是机制不够活。企业法人治理结构与现代企业制度还有差距，“三项制度”改革还不够到位，市场化选聘职业经理人进展还比较慢，部分企业还没有真正建立起市场化差异化的薪酬分配体系，中长期激励手段运用还不充分。四是监管不够准。监管措施穿透性、有效性不足，大数据智能化监督运用不够，企业内控体系和能力有待提高。

三、2021年工作目标

“十四五”时期，做好全市国资国企工作的总体要求是：坚持以习近平新时代中国特色社会主义思想为指导，全面贯彻党的十九大和十九届二中、三中、四中、五中全会以及中央经济工作会议精神，深化落实习近平总书记对重庆提出的营造良好政治生态，坚持“两点”定位、“两地”“两高”目标，发挥“三个作用”和推动成渝地区双城经济圈建设等重要指示要求，深入贯彻习近平总书记关于国资国企改革发展和党的建设的重要论述精神，立足新发展阶段，贯彻新发展理念，融入新发展格局，坚持稳中求进工作总基调，以推动高质量发展为主题，以深化供给侧结构性改革为主线，以办好一流企业为目标，以改革创新为根本动力，以满足人民日益增长的美好生活需要为根本目的，更好统筹发展和安全，强化创新驱动发展，深化国资国企改革，优化调整布局结构，健全国资监管体制，防范化解重大风险，提升党的建设质量，做强做优做大国有资本和国有企业，充分发挥全市国有企业战新产业引领、基础设施支撑、公共服务保障的重要功能，增强国有经济竞争力、创新力、控制力、影响力、抗风险能力，在全市建设现代化经济体系、实现高质量发展中展现国企新担当、新作为。

2021年是“十四五”的开局之年，全市国企高质量发展的主要经营目标是：利润总额、净利润均同比增长6%，营业收入利润率达到7%，全员劳动生产率增长7%，研发经费投入强度不低于2.8%，非金融企业资产负债率控制在60%以内，确保实现“十四五”良好开局。

（执笔人：胡冰洁）

市场监督

重庆市市场监督管理局

一、2020 年发展回顾

2020 年是极不平凡的一年。重庆市市场监督管理系统深学笃用习近平总书记重要讲话精神，服务“六稳”“六保”大局，统筹做好疫情防控“加试题”，全力答好市场监管“必答题”，为“十三五”顺利收官书写了浓墨重彩的一笔。

（一）共克时艰战疫情

面对突如其来的新冠肺炎疫情，市局党组第一时间学习贯彻习近平总书记重要讲话、重要指示精神，第一时间响应、贯彻落实中央部署、市委市政府和国家总局要求，坚决扛起疫情防控重大责任。打好政策措施“组合拳”。牵头做好市场监管组工作，落实 8 项工作机制和 256 条措施清单，率先推出市场监管 8 个方面重点举措，发布疫情防控技术指南地方标准 24 项。应急审批和备案 40 家企业 52 个医疗器械产品，2 个新冠病毒检测产品获国家药监局批准上市。出台支持企业复工复产 43 条、个体工商户恢复营业持续发展 21 条、市场主体轻微违法行为免罚清单 71 条、保障学校开学复课 30 条等政策措施，引导检测机构为 5.5 万户企业减免质检、计量费用 1.4 亿元，督促落实降低企业水电气成本政策措施为企业减负 30 亿元。切实维护市场秩序。严禁非法野生动物交易，进一步规范活禽现场交易、推行集中屠宰、加强冷链供应，开展防疫物资产品质量和市场秩序、防疫用品领域认证活动专项整治，坚决打击囤积居奇，保价格、保质量、保供应。全力做好常态化疫情防控。全覆盖排查冷库 5590 个，3447 家企业信息接入“渝溯源”进口冷链食品追溯系统。

（二）有力有效保安全

坚决落实“四个最严”要求，用心尽力守护安全底线，安全形势稳中向好。加强食品安全监管。推动召开市食药安委全体会议，食品安全纳入经济社会发展实绩考核和市委巡视内容，开展食品安全专项督察。食品及食用农产品抽检量 4.55 批次 / 千人、提高 13.8%，食品评价性抽检合格率 98.26%。创建市级放心肉菜示范超市 59 家，培育餐饮食品安全示范单位 353 家，建成食品安全规范化农贸市场 93 个、智慧农贸市场 14 个。食安、农安、公安“三安”有效联动。建立西南 5 省区市食品安全工作联盟机制和风险预警交流机制。开展农村假冒伪劣食品、校园及周边食品、保健食品等 15 项专项整治，查处一般程序违法案件 4600 件。加强特种设备安全监管。组建市安委会特种设备安全办公室。有效落实市场监管领域安全生产专项整治三年行动 111 项任务。长输管道定检率 83.2%，高压、次高压燃气管道定检率 71.6%，分别提高 23.8 个和 44.1 个百分点。18.5 万部电梯接入 96333 应急处置平台，占全市的 91.8%。特种设备检验信息实现“零飘红”。加强工业产品质量安全监管。监督抽查 269 种重点工业产品 1.38 万批次、问题发现率

8.75%。开展排水管材产品、儿童学生用品等专项检查，深入排查治理危险化学品及其包装物和车载罐体产品质量安全隐患。召回缺陷消费品 54 批次、3.5 万件。加强安全稳定工作。召开 6 次视频会议，统筹推进疫情防控、业务安全、基本建设项目安全、内部管理安全、意识形态安全、干部队伍安全、党风廉政建设等工作，排查整改较大以上风险隐患 165 条。市局获安全生产考核先进等次。

（三）携手唱好“双城记”

深刻领会习近平总书记对成渝地区双城经济圈建设重要指示要求，全面对接《成渝地区双城经济圈建设规划纲要》部署的各项任务。加快全面合作。签署深化一体化合作工作方案，召开川渝两省市局领导小组会议 2 次，建立 4 个任务清单，签订药品监管、特种设备、市场准入、标准化、信用监管、计量、知识产权、消费者权益保护 8 个合作备忘录（纪要）。25 个区县局与四川省 32 个市（区县）局签订合作协议。推动任务落地。规划建设国家食品药品检测基地。建立食品安全监管信息通报、互派药品检查员制度，建设成渝地区“同一标准办一件事”市场准入服务系统，成渝地区营业执照互办互发互认，共享政府质量奖 75 家、首席质量官 220 名，以及检验检测资质认定、计量、产品质量缺陷评审专家 295 名，交叉互检特种设备生产单位 20 家、检验检测机构 31 家，在大足区、内江市开展第三方公平竞争审查交叉互评。

（四）改革创新添活力

深化简政放权，以公正监管促进公平竞争，优化营商环境。全面落实市委深改委部署和市局自主开展的 75 项改革任务，开展个体工商户发展壮大专题调研，梳理 40 项改革事项纳入营商环境创新试点城市建设。开办企业实现“一日办结”“零成本”“川渝通办”。新设立市场主体 51 万户、逆势增长 9.4%。开展动产抵押登记全国试点。自贸区“证照分离”改革事项实现全覆盖。2.4 万户企业、15.3 万户个体工商户通过简易注销退出市场。商标注册审查平均周期减至 4 个月以内。强化竞争执法。审查规范性文件和其他政策措施 4071 件。对 6 个区县政府和 6 个市级部门开展公平竞争审查第三方评估。查办垄断案 6 件，派出精兵强将参与总局对涉嫌垄断相关案件的调查。查处不正当竞争案 129 件、增长 53.6%。认定重庆市商业秘密保护示范基地 1 个、示范单位 6 家。加强专项治理。化解广告宣传信访问题 151 起，试行房地产在售项目不利因素告知确认制度。在全国率先出台电子商务平台落实法定责任行为规范、直销行业合规经营指引。制定工程建设领域中介市场管理办法，规范行业市场发展。联合开展网剑行动，集中整治直播带货等社会热点问题，责令整改网站 1000 余个。加强渝鄂川黔市场销售长江流域非法捕捞渔获物专项执法合作。联合查处特大跨区域制售假冒红牛饮料案，案值过亿元。完善监管机制。深入推进“双随机、一公开”监管，首次发布市场主体专项监管清单。归集涉企信息 1012.7 万条，9182 人次失信被执行人在注册登记环节受到任职资格限制，3.82 万户失信企业受到联合惩戒，1.32 万户失信企业（法人代表）依法修复信用。智慧市场监管“一张网”构织完成、“一朵云”基本形成，“渝溯源”进口冷链食品追溯系统、注册许可（一期）、食品安全监管（一期）、药品安全监管、电梯监管等智慧监管平台投用，全国首创重庆企业信用码上线，电子证据取证实验室、网络传销监测中心等“一室四中心”支撑执法效能提升。维护消费者合法权益。举办“凝聚你我力量 让消费更温暖”社会公益活动、重庆市“3·15”

网络晚会。登记处置消费咨询投诉举报59.1万件、增长61.4%，化解纠纷5.2万件，为消费者挽回经济损失2.4亿元、增长9.5%。加强综合执法。查办各类案件1.16万件、增长61.2%，涉案金额19.85亿元、增长2.8倍。

（五）提升质量促发展

统筹推进质量强市建设，进一步拓展质量基础设施建设。深化宏观质量管理。积极推进制造业、食品、环保等领域质量提升行动，助力产业发展。我市公共服务质量满意度居全国第4。创建质量强企242家、质量强镇57个、质量强园19个。7家企业获第七届重庆市市长质量管理奖及提名奖。提升计量保障水平。免费检定1.12万家乡村（社区）医疗机构6.25万台（件）医用计量器具。开展充电桩（机）检定、智能电能表状态评价与更换试点。出租车计价器、加油（气）机检定率均达95%以上。获批筹建西南地区首家国家汽车摩托车发动机产业计量测试中心。创新标准化工作。支持重庆邮电大学牵头制定2项国际标准。发布地方标准130项、增长38.3%。签订长江经济带11省市市场监管生态文明标准化合作备忘录，成立重庆长江经济带生态文明标准化研究中心。在国家技术标准创新基地（重庆）设立5个标准创新中心。加强认证认可和检验检测工作。成立国家机器人质量监督检验中心（重庆），推进北斗导航产品检测认证中心等市级重大建设项目。查处违法违规检验检测机构336家，有效遏制检测弄虚作假、数据结论失实等行为。

（六）主动作为助脱贫

始终把脱贫攻坚作为重要政治任务抓紧抓实。统筹抓好对口帮扶和职能扶贫。完成中央脱贫攻坚专项巡视“回头看”和国家成效考核反馈意见整改2个方面3项任务并销号。市局机关消费扶贫农副产品140万元。配合认定扶贫产品11636个、供应商3014个。全系统发挥职能、专业能力作用服务贫困乡镇。积极促进乡村振兴。设立农民专业合作社2634户、家庭农场1997户，培育农产品商标1.58万件、地理标志22件，创建国家级农业农村标准化示范项目6个，指导签订涉农合同12145份、涉及金额44亿元。2484个村开展“无传销村”创建活动。打击制售假冒伪劣农资违法行为，立案查处22件。

（七）持续用力夯基础

强化综合保障，筑牢发展基石。加强法治建设。推动制定出台特种设备安全条例。建立行政处罚裁量规则等基础性制度，8000余名行政执法人员换发执法证件。办理行政复议案174件、行政诉讼案93件。案件评查工作居全国第8。2部普法视频入选全国市场监管系统“十大法治创新案例”和“优秀普法故事”。推动规划编制。市场监管、药品安全、知识产权列入市级重点专项规划。对标对表党的十九届五中全会精神，组织19个重大课题研究，召开四个片区调研座谈会和直属单位座谈会，一批重大事项、重大项目被纳入全市“十四五”规划。

（八）高扬旗帜抓党建

加强党对市场监管工作的全面领导，模范建设政治机关。坚决做到“两个维护”。把深学笃用习近平总书记重要讲话指示精神作为党组会议、中心组学习、基层党组织生活“第一议题”。持续抓好学习贯彻习近平总书记视察重庆重要讲话精神的30项77条措施落实，建立贯彻落实习近平总书记重要指示精神和中央决策部署、市委市政府要求工作台账和督查督办机制，开展2次全面督查督办。严格落实管党治党政治责任。制定党组、党组书记、党组成员3个履责清单。落实与驻局纪检监察组共同管党治党七项工作机制，主体责任、监督责任同向发力。党建工作“三基”建设获评十佳服务案例，“读党史、守初心、担使命”演讲获市级部门决赛一等奖，2个“小个专”党建案例入选30个全国基层党建创新最佳案例。持之以恒正风肃纪反腐。召开杨宏伟案等“以案四说”警示教育会25场次，深入推进“以案四改”。排查廉政风险点372个，制定风险防控措施1146条。建立巡察制度。加强审计监督，开展区县原工商、质监、食药监局主要领导离任及直属单位经济责任审计，以审计发现问题整改为导向，举一反三，建立健全制度规范。建设市场监管“铁军”。出台建设高素质专业化市场监管队伍26项措施。举办脱产培训59期5162人次。完成市场监管综合行政执法改革，组建市、区县两级综合行政执法队伍。组织拍摄抗击疫情纪实片，创建全国文明单位，培育“忠诚为民、法治公正、务实严谨、担当清廉”新时代重庆市场监管精神。

二、2021年发展思路

2021年是中国共产党成立100周年，是开启新征程的第一年，是“十四五”开局之年。全市市场监管工作的总体要求是：坚持以习近平新时代中国特色社会主义思想为指导，深入贯彻落实党中央、国务院决策部署和市委市政府、国家总局工作要求，继续做好“六稳”工作、落实“六保”任务，着力完善市场准入基础性制度，维护市场公平竞争秩序，强化事中事后监管长效机制，坚守安全底线、提升质量高线，构建现代化市场监管体系，保护消费者合法权益，推动成渝地区双城经济圈市场监管一体化，进一步促进营商环境市场化、法治化、国际化，进一步增强人民群众获得感、幸福感、安全感，确保“十四五”开好局、起好步，以优异成绩庆祝中国共产党成立100周年。重点抓好以下八个方面工作。

（一）严守安全稳定底线

强化食品安全综合治理。统筹推进食品安全放心工程建设十项攻坚行动，深入开展落实企业主体责任年行动，推进乳制品、肉制品食品安全质量提升行动，深化“名特优”小作坊创建工作。扎实推进农贸市场食品安全标准化规范化建设。加强餐饮食品安全示范街、示范单位创建，突出“阳光餐饮”提质扩面，提高餐饮食品安全监管标准化、智慧化、社会化水平，强化农村家宴服务经营者监管。制定加强特殊食品安全工作的意见，持续开展保健食品行业专项清理整治行动。加强食品安全风险预警交流，组织开展食品安全满意度调查。推动食品安全示范城市创建。做好“米袋子”“菜篮子”“肉盘子”等监督检查，抓好食品安全和市场保供。统筹监督抽检、风险监测、评价性抽检、快检工作，着力提高监督抽检的覆盖面和有效性。制定食品及食用农产品快速检测室建设规范，探索机动方式快检、购买第三方快检服务。强化特种设备安全监管。以风险隐患双预防为主线，持续深化市场监管领域安全生产专项整治三年行动。提升长输管道和燃气管道检验率，及时整改事故隐患，建立健全长效机制。改革电梯维护保养模式和检验检测方式，上线运行气瓶使用登记系统，开展大型游乐设施使用单位标准化管理试点。强化重点工业产品质量安全监管。加大对社会关注度高、质量安全风险大、关系生态环保的产品市级监督抽查力度，推动区县开展本级监督抽查。持续开展危化品、电线电缆、儿童和学生用品等产品质量安全隐患排查整治。完善缺陷消费品召回工作机制。严格工业产品许可证审批及证后监管，依法妥善处置相关企业工业产品生产许可遗留问题。着力防范化解重大风险。健全工作机制，常态化开展风险隐患大排查大整治大执法。完善应急处置机制。修订重庆市食品安全、特种设备安全应急预案。健全市局应急预案管理体系，制定全链条、封闭式、场景化应急操作规程。加强应急处置培训和演练。

（二）强化公平竞争监管执法

健全公平竞争审查机制。强化竞争政策基础地位，建立公平竞争投诉举报处理和回应机制、常态化抽查通报机制，深化公平竞争审查第三方评估，建立公平竞争审查监测监管平台。加强反垄断执法。强化反垄断和防止资本无序扩张。加强互联网行业“二选一”、霸王条款、大数据杀熟等违法行为查处，依法规范发展平台经济。开展医疗、住房、通信、教育等领域行政垄断行为专项治理。重点查处供水、供电、供气、“红顶中介”等领域滥用市场支配地位行为，严肃查处原料药、建材、日常消费品、工程建设、房地产开发等领域垄断协议行为。加强反不正当竞争执法。深入治理市场混淆、商业贿赂、虚假宣传、商业诋毁和侵犯商业秘密、不正当有奖销售、网络领域不正当竞争行为。强化民生商品和服务价格监管，开展涉企违规收费行为整治。

（三）积极推进营商环境创新

更大力度保市场主体。对标世界银行营商环境评价标准和中国营商环境评价体系，做好优化营商环境“1+3”专项小组工作，持续提升开办企业便利度。推动“证照分离”改革区域和事项全覆盖，推广“一企一证”“证照联办”，开展商事主体登记确认制试点。进一步放宽市场主体住所（经营场所）登记条件，全面推行申报承诺制。加快推进“跨省通办”。建立企业名称争议处理机制，完善企业强制注销制度。推进商标审签机制改革。重视支持个体工商户发展。强化协同监管。建立事中事后监管联席会议、部门联动、协同配合机制，制定行业监管部门与综合监管部门协同监管职责清单，完善“谁主管、谁监管”清单，推进部门联合“双随机、一公开”监管常态化。落实企业年报主体责任，提升年报工作质量。加强信用监管。全面推广重庆企业信用码，完善“一库一网”，升级市场主体信用风险分类监管平台，提高信用数据归集质量和效率，完善市场主体信息公示制度，加大对承诺制准入市场主体监管力度，优化信用修复机制。加强智慧监管。围绕大集成、大应用、大展示，深入推进政务信息系统整合共享，加快智慧监管一体化平台、法人基础库、特种设备安全监管、食品安全监管（二期）、注册许可（二期）等重点项目建设。统筹建设市场监管大数据中心，贯通市、区（县）、所三级业务专网，实现集中风险管控、支持决策预警。建设横向到市药监局、市知识产权局，纵向连接国家总局和区县局的市场监管应急指挥中心，实现突发事件统一领导、综合协调。推动智慧监管在全业务领域的广泛应用，努力实现线上线下一体化监管。实施包容审慎监管。打造容错试错空间，实施观察期管理和触发式监管，制定落实市场监管领域支持新产业新业态新模式“三新”经济包容审慎监管措施。规范市场秩序。加强房地产广告宣传监管，推动房地产、集资融资、教育培训、装饰装修领域广告信访问题协同治理制度化，强化互联网引流软文、图片、视频广告监管。完善网络交易市场综合治理机制，规范重点电商平台，创新完善重点行业格式合同备案公示机制，开展校外培训机构等格式条款整治。做好动产抵押登记职责划转工作。加大传销监测和查处力度，持续开展无传销网络平台创建，实施直销行业经营活动全链条监管。深入开展长江禁捕打非断链专项执法行动。强化综合行政执法。推进执法规范化建设，严格规范公正文明执法，提高执法公信力。健全综合执法制度，完善行政执法文书。在严格依法履行职责的同时，注重理性执法、人性执法，加强行政指导、说服教育等非强制执法手段的运用。强化消费维权。推进实施线下无理由退货，落实首问责任制和赔偿先付制度，加强消费投诉公示，完善投诉举报处理工作规则、消费调解和“诉转案”机制。支持消委会发挥社会监督作用，行使公益性诉讼权利，推进建立消委会支持消费者诉讼制度。

（四）深化成渝地区双城经济圈合作

共守安全底线。对食品药品、特种设备、知识产权等实施严格监管、精准监管、有效监管。推进建设国家食品药品检测基地。建设食品药品等重点产品溯源公共服务平台、食品安全检验检测机构联盟，推动移动式压力容器联合监管，加强突发事件应急处置边际协作。共优营商环境。建立“市场准入异地同标”便利化准入机制。全域推动企业简易注销登记改革，实现企业档案智慧查询，允许合作园区内企业自由选择注册地。编制发布市场主体发展报告。深入开展公平竞争审查交叉互评，促进资源要素跨行政区域流动。共享广告监测、消费维权信息。开展消费调查、比较试验等活动。共推质量提升。建立质量提升合作机制和计量产业测试联盟，加强质量技术交流，共享质量人才，加强成品油质量联合监督，协同制定长江经济带生态文明标准，开展强制性产品认证一致性检查、有机产品认证示范区交流。同时，建立推动成渝地区双城经济圈重大项目建设协调推进机制、工作制度，健全“一区两群”区县市场监管协同发展机制。

（五）深入实施质量提升行动

加强全面质量管理。跟踪国家《质量强国建设纲要》编制情况，及时制定我市实施意见。指导区县争创“全国质量强市示范城市”，持续开展质量强镇、强园、强企创建活动，开展重点领域、重点行业、重点区域质量提升专项行动，推广先进质量管理方法，实施中小企业质量提升精准帮扶行动。探索制造业产品质量合格率监测评价方法，做好公共服务、生活性和生产性服务质量满意度调查。夯实质量基础设施。建立全市计量工作联席机制，完善计量量传体系，推进计量军民融合发展，加强民生计量监管，开展水表“二检合一”试点，推广并规范智能电能表延期使用范围。实施团体标准培优计划和企业标准领跑者制度，深化对标达标提升行动，推进标准化试点示范建设，开展基层、企业标准化“面对面”服务。深入开展科技标准产业与联盟同步发展促进行动。加快推进技术机构能力建设，拓展承检产品、参数范围，填补检测领域空白。开展小微企业质量管理体系认证提升行动试点，持续开展检验检测认证专项整治。加强质量技术服务。统筹建设国家质检基地（二期），推进重庆长江经济带生态文明标准化研究中心建设。支持西部特殊环境机电设备安全与控制、新能源汽车大数据应用等申报国家市场监管重点实验室（技术创新中心）。推动高水平建设国家检验检测高技术服务业集聚区、国家检验检测认证公共服务平台示范区，打造质量基础设施“一站式”服务平台，提高计量检测服务产业、园区发展的质量和效益。

（六）推动实施乡村振兴战略

巩固拓展脱贫攻坚成果。认真落实中央和市委关于脱贫攻坚的政策措施，建立健全长效机制，促进脱贫攻坚同乡村振兴工作有效衔接。加快培育市场主体。支持农村集体经济组织依法入股或参股发展市场主体，鼓励农民以土地、林权等作为出资组建农民专业合作社，对符合条件的家庭农场办理注册登记。推进实施质量兴农。加强农业地方标准制修订和农业标准化示范区建设，推行农产品认证，培育农产品商标和地理标志。净化农村市场环境。开展农资打假行动，严厉查处农村假冒伪劣食品药品、虚假广告、无证无照经营等违法行为。持续开展无传销村创建。加强农村市场价格监管、消费维权工作。

（七）毫不放松抓好常态化疫情防控

加强工作协同。完善疫情防控指挥体系，推动市场监管组和局应急小组、快反小组有序运转。抓实重点防控。做好进口冷链食品生产经营全过程闭环管理，强化进口高风险非冷链集装箱货物消毒处理证明或记录抽查，配合加强餐饮环节疫情防控，依法禁止非法野生动物交易，巩固规范活禽交易宰杀专项整治成效，强化防疫物资质量和涉疫广告监管，做好计量检测服务保障工作。强化新冠病毒疫苗监管，持续落实购药登记报告制度。

（八）夯实规范化制度化基础

强化规划引领。抓紧编制好市场监管现代化“十四五”规划，加强与上级规划、四川省规划衔接。加强法规制度建设。深入学习贯彻习近平法治思想，参与法治政府建设示范创建活动，尽快适应《行政处罚法》规定的新规则新制度，加快推动标准化条例等法规制修订。完善市场监管权责清单，强化执法监督和执法人员资格管理，加强公职律师作用发挥。健全政务运转、内控制度，制定巡察工作暂行办法及配套措施。优化决策机制。完善风险评估等重大行政决策法定程序，加大合法性审查力度，提高科学决策、民主决策、依法决策水平。加强基层建设。研究制定市场监管所规范化建设指南，推进市场监管所标准化建设。完善统计指标体系，加强统计分析和数据开发应用，提高咨政服务水平。

（执笔人：方静）

乡村振兴

重庆市乡村振兴局

2020年，市扶贫办坚持以习近平新时代中国特色社会主义思想为指导，坚决贯彻落实党中央、国务院决策部署，在市委、市政府坚强领导下，认真贯彻落实市委五届八次、九次全会精神及有关工作要求，切实发挥市扶贫开发领导小组办公室职能作用，以“更大决心、更强力度”向脱贫攻坚发起总攻，战疫情、战复工、战贫困、战洪水，较好完成了收官之年各项目标任务，全市脱贫攻坚取得全面胜利。

一、工作回顾

2020年底，18个贫困区县全部脱贫摘帽，1919个贫困村全部出列，累计动态识别的190.6万贫困人口全部脱贫，18个深度贫困乡镇发生翻天覆地的变化。14个国家扶贫开发工作重点区县农村常住居民人均可支配收入达15019元，建档立卡贫困人口人均纯收入达11581元。所有贫困群众实现“两不愁”真不愁、“三保障”全保障，区域性整体贫困得到有效解决，脱贫攻坚取得重大胜利。

（一）全力化解疫情灾情影响

协调市级相关部门出台70余条政策措施，全力化解疫情灾情对脱贫攻坚不利影响，未出现因疫因灾致贫返贫情况。一是贫困劳动力实现稳岗就业。全年实现务工就业76.2万人，增长8.9%；开发公益性岗位就近安置贫困人口9.9万人，增长73.7%；创办扶贫车间436家，增长62%，吸纳贫困人口就业4029人。二是涉贫龙头企业全面开工复工。出台支持新型农业经营主体渡难关、促发展12条政策举措，涉贫龙头企业全部及时开工复工、达产达效。12032个扶贫项目全部开工，“两不愁三保障”项目全面完成。三是贫困地区滞销农畜产品全部售空。建成中国西部消费扶贫中心，建成线上线下消费扶贫企业及地方馆53个、消费扶贫专区337个，举办消费扶贫周主题活动10场，疫情期间滞销农畜产品1.37亿元全部售空，全年销售扶贫产品55.4亿元。落实专项资金及时解决因灾造成贫困户饮水、住房安全问题，没有出现因疫因灾返贫致贫情况。四是帮扶工作扎实有效开展。对确诊新冠肺炎贫困人口按低保标准2倍发放临时救助金，为贫困人口提供疫情商业保险，免费发放防疫物资，确保贫困群众基本生活不受影响。落实专项资金，及时解决因灾造成贫困户饮水安全问题6321户、住房安全问题689户，将因灾造成特殊困难的5户22人纳入监测户、边缘户进行重点帮扶。

（二）全力解决“两不愁三保障”问题并巩固提升

22位市领导深入18个深度贫困乡镇、100个贫困村开展定点攻坚，形成以上率下、全力冲刺的强劲态势。4~7月，围绕会战剩余贫困、疫情影响、问题整改、成果巩固、普查基础、数据质量等六项重点，组织近9万名干部，组建自查评估小组1.7万个，逐村逐户逐项走访、自查、评估，全面查漏补缺、强弱补短。9~12月，聚焦责任落实、政策落地、脱贫质量、问题整改、数据质量、圆满交卷等六个方面，逐项对标交账。市扶贫开发领导小组对“收官大决战”每月进行一次视频调度，保持响鼓重槌，确保圆满收官。2020年底，18个贫困区县行政村公路通畅率达100%、农村供水入户比例达99.7%，行政村4G信号全覆盖，农村电网供电可靠率达99.8%。村村建有标准化卫生室，义务教育阶段学校全部达标。农村住房难、出行难、饮水难、上学难、看病难、通信难等问题普遍解决。

（三）全力开展脱贫攻坚总攻“十大专项行动”

大力实施健康医疗扶贫、产业扶贫、就业扶贫、消费扶贫、乡村旅游扶贫、扶贫小额信贷及金融扶贫、易地扶贫搬迁后续扶持、生态扶贫、社会救助兜底、“志智双扶”等脱贫攻坚总攻“十大专项行动”，健康医疗扶贫专项行动惠及贫困人口156万人次。全市扶贫产业覆盖有劳动能力贫困户90%以上。新增发放扶贫小额信贷23.65亿元、6.43万户次，累计发放97.84亿元、26.95万户次，贫困户获贷率56.74%。易地扶贫搬迁集中安置点特色产业覆盖搬迁贫困户3878户、14135人，覆盖率达93.3%，10.65万搬迁劳动力稳定就业。吸纳贫困人员参与生态保护和建设29万多人次，森林生态效益补偿等惠及贫困户34万多户。开展贫困劳动力实用技术及技能培训23.6万人次。将符合条件的24.95万人纳入低保予以保障，实施特困供养1.26万人。

（四）全力整改落实脱贫攻坚各类问题

一体推进中央脱贫攻坚专项巡视“回头看”、国家脱贫攻坚成效考核、国家督查发现问题和“不忘初心、牢记使命”主题教育检视问题，以及各类排查、审计、检查发现问题整改。建立问题、任务、责任“三个清单”，建立整改调度、监督、核验机制，建立巡视整改工作信息管理平台。开展整改“回头看”，对照其他省区市的问题举一反三，逐项检视，彻底整改。中央脱贫攻坚专项巡视“回头看”65项整改任务、808个问题点全部整改销号，国家脱贫攻坚成效考核76项整改任务、158个问题点全部整改销号，制定和修改完善政策制度14项。

（五）全力推动社会扶贫

一是鲁渝扶贫协作任务全部提前超额完成。山东省落实财政援助资金7.17亿元，实施帮扶项目385个，引进42家企业在我市贫困区县投资6.4亿元。引导社会捐赠1.56亿元。开展“十万吨渝货进山东”“十万山东人游重庆”行动，山东帮助我市销售农特产品4.06亿元、山东来渝游客91.59万人次。帮助贫困劳动力转移就业或就近就业5068人。选派56名党政干部和312名专技人才到山东挂职锻炼，双方共同举办党政干部培训班74期、5560人次。遴选140名村党组织书记赴山东随岗锻炼。二是中央单位定点扶贫持续加力。9家中央单位投入帮扶资金2.53亿元、引进帮扶资金1.91亿元，帮助培训基层干部10412名、技术人员13598名；采购贫困地区农产品3746.2万元，帮助销售贫困地区农产品7954.8万元。三是市内帮扶持续深化。18个市级扶贫集团直接投入帮扶资金2.09亿元，协调引进帮扶资金8.76亿元。市属国有企业对口帮扶4个贫困县，落实专项资金4亿元。2299家民营企业参与“万企帮万村”行动，结对帮扶1975个村，其中贫困村1161个，投入资金31.97亿元。

（六）全力巩固拓展脱贫攻坚成果

一是严格落实“四个不摘”要求。落实财政专项扶贫资金 67.4 亿元、增长 11.9%，其中市级资金 22.9 亿元、增长 19.2%。统筹推进重点区县与非重点区县、贫困村与非贫困村帮扶发展。二是健全落实防止返贫监测和帮扶机制。建立三级监测体系，实现“一对一”监测，及时跟进落实产业、就业及综合保障等帮扶举措。识别脱贫监测户 10105 户 32363 人、边缘易致贫户 11875 户 34146 人，已消除风险户数占 97.3%。三是加强扶贫资产管理运营。以区县为单位全面开展扶贫资产清理核查，分类登记，明晰产权，探索多种管护模式，已完成 390.7 亿元扶贫资产清理登记确权工作。四是有序开展脱贫攻坚与乡村振兴有效衔接试点。选择 3 个区县、18 个深度贫困乡镇、18 个贫困村开展三级衔接试点。18 个深度贫困乡镇在有效衔接上探索了路子、树起了样子。

（七）全力开展脱贫攻坚普查

以国家统计局重庆调查总队作为牵头单位，通力协作，严格按照国家统一部署，高质量开展综合试点、清查摸底、现场登记、数据审验等工作。选调 4280 名普查人员组建 16 个普查工作组，依法规范、有序安全推进现场登记。圆满完成 16 个区县、36.2 万户贫困户国家普查任务，对另外 17 个区县、5.2 万户贫困户开展市级专项调查，国家普查和市级专项调查覆盖全市有扶贫开发任务的全部区县、86% 的贫困户，实现普查工作“零差错”、数据质量“零问题”，得到国家普查办充分肯定。

（八）全力抓实党建促脱贫攻坚

一是加强基层组织建设和干部队伍建设。全覆盖研判乡镇、村班子，培养储备村级后备力量 2.1 万名。健全扶贫干部激励关爱机制，提拔重用脱贫攻坚一线干部 1768 名。扎实开展脱贫攻坚先进典型推荐评选表彰工作，获得全国脱贫攻坚奖先进个人 3 名、先进集体 1 个；市级表彰先进集体 50 个、先进个人 100 名；考察推荐全国脱贫攻坚总结表彰先进个人 42 名、先进集体 32 个。组织开展国家、市级脱贫攻坚先进事迹巡回报告会 99 场次。动态排查整顿软弱涣散村党组织，将 100 个脱贫攻坚定点攻坚村纳入软弱涣散基层党组织进行整顿。二是实行最严格的督查巡查制度。组建 16 个由正厅局级干部任组长的督查巡查组开展常态化督查巡查，分级全覆盖开展扶贫专项审计，建立及时发现问题、主动自查自纠工作机制。三是深化扶贫领域腐败和作风问题专项治理。扎实开展扶贫领域“以案四说”“以案四改”，扶贫领域违法违规案件数量呈下降趋势。

二、发展中存在的问题

尽管我市脱贫攻坚取得重大胜利，脱贫地区经济社会发展和群众生产生活条件有了很大改善，但总体发展基础仍然比较薄弱，巩固拓展脱贫攻坚成果、推进乡村全面振兴任务更重。相当一部分脱贫户基本生活有了保障，但收入水平仍然不高，脱贫基础还比较脆弱；一些边缘户本来就“晃晃悠悠”，稍遇到点风险变故马上就可能返贫；脱贫地区产业普遍搞起来了，但技术、资金、人才、市场等的支撑还不够，有的地方甚至帮扶干部一撤，产业就可能垮掉。

三、2021 年发展思路

2021 年是建党 100 周年，是“十四五”规划开局之年，是巩固拓展脱贫攻坚成果、实现同乡村振兴有效衔接的起步之年。我们将以习近平新时代中国特色社会主义思想为指导，深入贯彻党的十九大和十九届二中、三中、四中、五中全会精神，深入贯彻落实习近平总书记在全国脱贫攻坚总结表彰大会上的重要讲话精神，按照国家乡村振兴局统一部署，把巩固拓展脱贫攻坚成果摆在头等重要位置来抓，坚决守住脱贫攻坚胜利果实，确保不出现规模性返贫，确保实现同乡村振兴有效衔接，确保乡村振兴有序推进。

（一）坚持把“收官收尾”作为底线任务

持续做好查漏补缺，坚决守住“两不愁三保障”底线。持续有效化解疫情灾情影响，做好跟踪帮扶，保证脱贫户劳动力稳岗就业，确保扶贫产品不滞销，坚决防止因疫因灾致贫返贫。持续深化脱贫攻坚总结宣传，全面深入总结脱贫攻坚物质、精神、制度、政策、理论成果。持续做好国家和市级脱贫攻坚成效考核后续工作，一体推进问题整改。及时有效防范化解扶贫领域各类风险。

（二）坚持把“巩固拓展”作为优先任务

过渡期内，保持主要帮扶政策总体稳定，严格落实“四个不摘”要求。健全防止返贫监测和帮扶机制，建立快速发现和响应机制，分层分类及时调整帮扶政策范围。健全落实“两不愁三保障”问题动态解决机制，切实巩固“两不愁三保障”成果。持续促进脱贫人口稳定就业，支持脱贫地区乡村特色产业发展壮大，做好易地扶贫搬迁后续扶持工作，加强扶贫项目资产管理和监督，加强扶志扶智，健全农村低收入人口常态化帮扶机制。

（三）坚持把“有效衔接”作为必经路径

做好领导体制、驻村机制、社会帮扶机制、考评机制等体制机制衔接。做好政策衔接，全面梳理市级脱贫攻坚政策，逐项分类进行优化调整，合理把握调整节奏、力度、时限，保持主要帮扶政策总体稳定，把脱贫攻坚帮扶政策衔接到乡村振兴上来，积极研究谋划推进乡村振兴的支持政策。做好工作机构、工作对象衔接，把脱贫攻坚具体工作举措全面衔接到乡村振兴。出台巩固拓展脱贫攻坚成果同乡村振兴有效衔接的实施意见，编制巩固拓展脱贫攻坚成果同乡村振兴有效衔接的“十四五”规划。

（四）坚持把“全面振兴”作为长久之计

把涉农区县分为先行示范、重点帮扶、平稳推进3类，分类全面推进乡村振兴。围绕推进乡村产业振兴、加快乡村基础设施建设、公共服务改善等方面，分类细化一批新的支持政策。继续抓好乡村振兴试点示范建设，巩固提升20个镇村示范成果，新确定一批镇村开展试点示范。健全巩固拓展脱贫攻坚成果、全面推进乡村振兴常态化调研和督导制度。完善区县党政领导班子和领导干部推进乡村振兴战略实绩考核办法，把巩固拓展脱贫攻坚成果作为考核重点。以区县域为重点推进城乡融合发展，逐步缩小城乡、区域发展差距，推进共同富裕。

（执笔人：向海兰）

金融管理

重庆市地方金融监督管理局

一、2020 年发展回顾

2020 年，市金融工作局认真贯彻市委、市政府决策部署，统筹疫情防控和经济社会发展，全面落实金融“三项任务”，全市金融业保持稳中有进的良好发展态势。

（一）统筹行业规模发展迈上新台阶

2020 年，全市金融业规模体量稳步提高，全市金融业增加值占 GDP 比重达到 8.9%、提高 0.1 个百分点；各项贷款余额 4.2 万亿元，增速高于全国，增量为 6 年来新高；新增社会融资规模 8101 亿元，创历史新高，存贷比 97.8%；银行业总资产、总负债分别达到 5.9 万亿元、5.6 万亿元，同比分别增长 9.9%、10.2%；保险业总资产 2123.9 亿元、同比增长 22.2%，高于全国平均 8.9 个百分点；实现原保费收入 987.6 亿元、同比增长 7.8%，高于全国平均 1.7 个百分点。金融集聚度不断提升，落地中银金租、渝农商理财、小米消金、国家金融科技认证中心等 5 家法人总部机构，吉利盛宝等金融科技企业落户，百度金融板块整体迁入，金融机构总数达到 1873 家、增加 42 家，金融业态不断丰富。

（二）统筹金融中心建设迈出新步伐

落实党中央关于推动成渝地区双城经济圈建设的战略部署，共建西部金融中心、建设内陆国际金融中心形成广泛共识，与 14 个国家部委和四川省会签同意《内陆国际金融中心方案》，推动《成渝共建西部金融中心规划》重大政策落地。川渝金融合作开局顺利，两地部门、政府、机构签订合作协议 16 份。建立川渝金融合作机制，签署《共建西部金融中心助力成渝地区双城经济圈建设合作备忘录》，共同推进西部金融中心建设。

（三）统筹金融改革开放取得新成效

抓金融改革促部署落实，细化金融领域改革任务，形成区域性股权市场制度与业务创新方案上报国家部委。推动国家金融科技认证中心成功落地运行，数字货币应用场景研究稳步推进，全市实现 26 项金融科技应用试点项目上线运行，5 项监管试点项目完成公示。协同创建绿色金融改革创新试验区，助推“长江绿融通”大数据系统上线运行，绿色贷款、绿色债券余额大幅增长。西部陆海新通道融资结算应用场景成功上线，创新开展跨境金融区块链服务贸易应用场景，获商务部高度认可。2020 年全市涉外收支总额、跨境人民币收付金额分别居中西部第 2、第 1。持续深化中新金融合作，获批本外币合一账户体系、跨境资金池试点等创新开放政策，并成功取得合格境内有限合伙人（QDLP）对外投资试点资格、额度 50 亿美元，自贸区政策落实率 98%，跨境融资累计突破 130 亿美元、平均利率低于境内 1.03 个百分点，金融板块利用外资 15 亿美元。

（四）统筹金融服务保障展现新作为

统筹加强金融支持疫情防控和复工复产，落实支持企业“40条”、金融业“24条”、小贷“9条”、融资担保“12条”等政策举措，地方金融稳企业保就业37条等政策，帮扶企业16万多家、贷款延期还本付息超2400亿元；“一企一策”协调15户困难企业续贷增贷460亿元，加大金融支持稳企业保就业力度。新增贷款重点投向制造业、民营小微、“三农”扶贫等关键领域。保险业提供风险保障235.1万亿元，赔付支出296.1亿元、同比增长6.0%。印发《关于金融支持西部科学城建设若干措施》。推动建成32个区县民营小微企业首贷续贷中心，合力建成32个首贷续贷中心，创新建设“企业氧舱”。2020年末，全市普惠小微贷款增长近3成，增速高于各项贷款16个百分点；支持小微经营主体超60万户，全年新增近20万户；全市超8成区县建成民营小微企业首贷续贷中心，获贷率高达73%；贷款平均利率降至近6年来新低。助力脱贫攻坚圆满收官，全市扶贫小额信贷获贷率56.74%、同比提高14.3个百分点，全市金融精准扶贫贷款余额突破1300亿元。

（五）统筹企业直接融资形成新格局

直接融资规模稳步增长。2020年，全市97家企业通过资本市场实现直接融资2932.07亿元，同比增长26.14%；35只创投基金实缴规模42.68亿元，投资188家实体企业；重庆股转中心帮助23家中小微企业实现直接融资25.06亿元。大力实施提升经济证券化水平行动计划，所有区县组建工作专班，建立上市、拟上市、后备企业3张清单。全年新增3家境内上市公司，分别是三峰环境、顺博合金、百亚股份，境内上市公司总数达到57家；新增过会待发企业3家，新增报会排队企业3家、辅导备案企业13家。全年实现首发及再融资、私募基金投资、债券融资分别增长1.23倍、60.2%、25.9%。其中西南证券、小微担保等一批机构完成增资重组，行业新增注册资本372亿元。此外，行业机构服务能力不断增强。西南证券分类评级结果由BB级上升为BBB级。我市证券机构累计协助企业实现融资576.54亿元。期货公司开展“保险+期货”项目33个、规模8.93亿元。期货公司风险管理子公司通过仓单融资、基差贸易等服务1298家（次）企业，涉及金额达153.50亿元。

（六）统筹金融风险监管取得新成效

成立市金融工作领导小组，联动金融委机制，防范化解重大金融风险攻坚战顺利收官，重点任务全部完成，48项关键指标好转。处非工作连续4年列全国第一等次，P2P网贷机构率先出清，稳住了重点风险企业，维护了区域金融安全稳定。实现地方金融机构现场检查全覆盖，59家机构市场出清。加严加密网络小贷业务监管，严控风险外溢，保持行业正常经营。全市资产质量总体稳定，主要风险指标均低于全国平均水平。银行业全年处置不良贷款524.4亿元，年末不良率1.48%，不良“剪刀差”65.7%。

（七）统筹金融生态优化实现新突破

获得信贷工作实现与北京、上海等高对接。金融人才工作形成体系，评定首批10名金融英才，引进34名“鸿雁计划”金融人才，发放“人才贷”近1000万元，举办各类金融培训63场次。成功举办2020中新金融峰会，国际影响力持续扩大。创办首届重庆国际创投大会，未来金融圆桌、陆海新金融沙龙开讲，成立重庆高级金融研究院，建设重庆金融博物馆，支持举办解放碑论坛、长嘉汇金融论坛。

二、2021年发展思路

2021年，市金融监管局将在市委、市政府的坚强领导下，开拓进取，扎实工作，确保“十四五”开好局、起好步，以优异成绩庆祝建党100周年。

（一）落实好政策部署

用准国家金融政策，推动落实贷款延期还本付息、普惠型小微企业贷款、扶贫小额信贷等政策，发展消费金融、科技金融、REITs等产品服务。用足金融总部资源，推动市政府与金融机构签署新一轮合作协议，服务乡村振兴、“一区两群”等重大战略，保持社会融资规模合理增长。用活市级机制平台，加强财金联动和银企对接，探索推动各类信用信息平台互联互通，建设渝普金链普惠金融平台，持续推进获得信贷工作。

（二）规划好发展蓝图

推动西部金融中心规划出台，争取绿色金融改革试验区、区域股权市场创新方案获批，申报科创金融改革试验区。制定金融“十四五”规划，重点突出金融中心开放、绿色、科技、资本、资管五大发展方向。

（三）激发好市场活力

强改革动力，推动中新金融政策、项目、机构、产品合作新拓展，提升中新金融峰会市场价值，建设川渝自贸试验区协同开放示范区，提高金融核心区能级。强机构实力，支持法人机构引战上市，推进设立银行、证券、基金等法人机构。强资本助力，采取超常规办法挂图作战，力争新增IPO企业6家以上、科创板上市“零”突破，提高服务科技创新能力。

（四）开展好创新开放

创设碳减排支持工具，完善绿色金融政策框架和激励机制。加快推动绿色金融改革创新试验区创建，争取碳中和结构性货币政策工具支持，引导增加碳减排优惠贷款投放。探索并争取金融科技赋能乡村振兴及数字人民币试点落地。持续提升金融对外开放水平。稳妥有序推进资本项目改革，扩大便利化试点范围。优化西部陆海新通道融资结算场景，落地实施QDLP等试点。依托重庆国家金融科技认证中心，打造金融科技产业生态链。探索举办首届中新金融科技节。

（五）履行好监管责任

提高监管能力，推动地方金融立法进程，健全监管制度，加大执法力度，上线地方金融综合监管系统。突出监管重点，分类处置问题机构，打好清整交易场所风险攻坚战。坚持全面监管，依法将各类金融活动全面纳入监管，加强网络小贷业务审慎监管，实现规范发展。

（六）守护好安全底线

打好风险防控“持久战”，防控金融体系和社会领域金融风险，加大不良贷款处置力度，保持打击非法集资高压态势，压降P2P网贷存量风险，落实属地维稳责任。稳妥处置重点企业债务风险，支持债委会完善运行机制，提高上市公司质量，完善私募基金自律监管，防范化解债券违约风险。

（执笔人：张洪铭）

中新互联互通项目

重庆市中新示范项目管理局

一、2020 年主要工作进展

（一）用好三级合作机制优势，持续推动高层密切往来

配合外交部、商务部等认真做好机制性会议保障。两国副总理于 2020 年 12 月初共同主持召开中新互联互通项目联合协调理事会第 4 次会议，并就在“一带一路”合作框架下，重点推动互联互通、金融支撑、三方合作以及法律司法合作，深挖陆海新通道潜力，更好地促进共同发展等方面达成共识。韩正副总理明确指示“中新互联互通项目要积极融入成渝地区双城经济圈建设”，为下一步合作指明方向。8 月，配合筹办中新互联互通项目联合工作委员会第 2 次会议，积极推动陆海新通道国际合作规划等工作。5 月，陈敏尔书记、唐良智市长与新方陈振声、杨莉明等政要通过中新国际数据通道实现网上“面对面”会谈，并成功召开联合实施委员会第 5 次会议，持续推动项目合作向前迈进。李波副市长还与新贸工部吴鹏毅副常秘召开联合实施委员会高官会，推动新方由智博会主宾国成为主办方。

（二）用足新加坡国际渠道优势，积极推动抗疫情稳经济

一是在年初联动新方开拓国际采购渠道，协助我市采购医用手套、口罩、医用一次性防护服等紧缺抗疫医疗物资。新方疫情暴发后，推动忠县等向新方部分医院、老人院和隔离区等捐赠了一批农特产品，助力新方稳定生活物资供应。二是积极帮助在渝新方企业复工复产，协助重庆新钶电子公司、中新智旅公司等申请相关政策扶持，减免租金22.6万元，坚定新企在渝投资信心。三是引导新方金融机构建立绿色融资通道，为西部防疫企业提供金融支持逾 6 亿元人民币。四是积极用好疫情期间中新“快捷通道”，全年推动新方 46 人次来渝开展经贸交流合作。五是牵头启动中新农产品出口计划，推动云阳菊花、忠县柑橘等农特产品出口新加坡，助力我市稳外贸和脱贫攻坚。

（三）推动渝新双枢纽有效运转，提升区域互联互通水平

一是创新推动陆海新通道国际合作。积极推动并协助外交部相关司局，将陆海新通道纳入澜湄合作第三次领导人会议有关内容，推动陆海新通道与澜湄合作实现对接。积极发挥中新陆海新通道高官会中方秘书处职能，与新方共同编制陆海新通道国际合作规划。二是保障渝新空中运输通道畅通，推动疫情期间新加坡胜安航空每周保持 1 班客运航班，新加坡航空开通每周 2 班客改货航班，四川航空开通每周 2 班全货运服务。三是深化中新国际数据通道合作。设立应用推广和政策创新 2 个工作组，举办 2020 年中新国际数据通道论坛，推动通道接入我市 8 个产业园区。四是积极拓展中新跨境融资通道，累计落地跨境

融资项目150个、金额折合约131亿美元。其中，四川、广西、新疆等其他西部9省区企业获得境外资金逾55亿美元。五是持续加强人才交流。推动新加坡国立大学（重庆）研究院落地运营、南洋理工大学中国（西部）创新基地项目在中新双边联委会第16次会议期间签约。推动双方签署青年人才合作备忘录，组织20余名实习生开展远程实习。

（四）发挥高能级开放平台作用，助力重庆内陆开放高地建设

一是推动新加坡贸工部首次以主办方身份参加2020年线上智博会，组织27家新方企业和新加坡科技工商协会、新加坡国立大学等30家机构参加线上展览，观展人数超过12万人，取得良好效果。二是配合办好2020年中新金融峰会，联合新方做好东盟10国央行领导、国际金融机构、相关企业负责人等重要嘉宾的邀请接待工作，促成一批项目签约，推动峰会积极打造重庆金融开放发展的重要名片和促进中国西部地区与东盟国家金融交流合作的国际化平台。三是成功举办中新互联互通项目五周年招待会等系列活动，广邀新加坡及有关国家驻川渝领事馆及相关单位、企业代表参会。商务部钟山部长在会上书面致辞。唐良智市长与新方杨莉明部长在会前举行视频会谈，共同出席招待会并视频致辞。同时，我们联动新加坡亚洲新闻台、联合早报、新华社、人民日报等多次大篇幅、多版面刊发（播）专题报道，并配合我驻新使馆和新华网拍摄了中新建交30周年专题片、纪录片，加大项目宣传力度，持续扩大重庆及项目的影响力。

（五）积极推动重点项目落地，持续发挥辐射示范效应

金融服务领域，加快推进中新金融科技合作示范区创建。与新方启动跨境理财、绿色金融、巨灾保险、基金互认等重点合作项目前期工作。促成新加坡毅鸣基金与黔江区合作共建食用菌生产基地。航空产业领域，中新机场商业合作公司运营的机场非航业务，基本恢复到疫情前水平；中新航空产业园物流板块招商引资进展顺利，已与普洛斯等企业签署一批项目投资协议，D4&F4商业板块完成初步规划并启动前期推介活动；第三方飞机维修项目合作方已达成合作意向。交通物流领域，中新（重庆）多式联运示范基地加速建设，鱼嘴铁路货运站北站场已建成启用、南站场已启动前期工程；中新海关关际合作和国际贸易“单一窗口”合作取得积极进展，已初步开展相关贸易数据和信息互换。信息通信领域，积极打造仙桃数据谷中新信息通信领域合作示范点，正式启动新科电子智慧灯杆项目，并投放了无人驾驶摆渡车；推动中新（重庆）国际超算中心签约落户两江新区、万国数据重庆数据中心项目动工建设、新加坡报业控股集团中国数码创新中心正式运营。其他领域，推动新加坡淡马锡理工学院与璧山区签订燃料电池和智能配电箱项目；推动新加坡国际酒店国际社区项目正式开工建设，打造中新城市发展合作新标杆。

（六）坚持以政治建设为统领，积极打造忠诚干净担当的党员干部队伍

一是突出政治机关属性。深学笃用习近平新时代中国特色社会主义思想和中央、市委系列重要会议精神，抓紧意识形态教育，抓牢基层组织建设，严肃党内组织生活，推动全局持续增强“四个意识”，坚定“四个自信”，做到“两个维护”，营造了风清气正的政治生态。二是将接受市委巡视作为提质增效的重要契机，全力配合市委第一巡视组工作，对照检查存在的突出问题，制定了52项整改措施并取得积极进展。三是狠抓党风廉政建设，重点针对因公出国（境）、

合同管理、大宗物资采购等加强风险管理，务实开展“以案四说”警示教育，深入推进“以案四改”，筑牢拒腐防变堤坝。

二、2021年工作思路及计划

2021年，我们将深入贯彻习近平总书记对重庆及中新互联互通项目系列重要指示精神、党的十九届五中全会和市委五届九次全会精神，抢抓国家出台“十四五”规划和区域全面经济合作伙伴关系协定（RCEP）签署等机遇，科学把握新发展阶段，坚定贯彻新发展理念，携手新方加强战略谋划。发挥高能级开放平台作用，深度融入“一带一路”和成渝地区双城经济圈建设，积极推动政策和制度性创新，形成更多可复制可推广成果，努力探索第三方市场合作，力争为构建以国内大循环为主体、国内国际双循环相互促进的新发展格局作出贡献。

（一）精心设计做好未来五年谋划工作

认真贯彻落实陈敏尔书记关于“进一步谋划好中新互联互通项目未来发展规划”的重要指示，按照市政府安排部署，联动新加坡贸工部等新方相关部委编制好项目未来5年总体发展规划纲要体系；履行好中新互联互通项目管委会办公室职责，统筹督导4个专委会主任单位，联动新方共同编制完成四大重点领域专项规划纲要，推动合作迈上新台阶。同时，适时发布陆海新通道国际合作规划，并与《西部陆海新通道总体规划》相衔接，拓展通道发展空间。

（二）持续发挥好三级合作机制优势

一是协助外交部、商务部办好联合协调理事会第5次会议、联合工作委员会第3次会议，推动一批项目签约落地。二是筹办好联合实施委员会第6次会议，与新方共同审议中新互联互通项目未来5年总体发展规划纲要、四个重点领域专项规划纲要和其他领域专项规划纲要，并组织实施。三是用好中新快捷通道，适时积极推动渝新双方领导互访；继续用好中新国际数据通道，推动中新双方领导通过视频连线保持沟通不断。四是认真筹办好智博会、中新金融峰会、新加坡重庆周系列活动、陆海新通道国际合作论坛，积极打造中国西部与东盟国家合作交流的国际平台。

（三）全力争取政策和制度性创新

一是积极争取人民银行等国家有关部委同意在重庆与新加坡之间开展跨境理财业务试点。二是积极争取证监会等国家有关部委同意在重庆与新加坡之间开展基金互认政策试点。三是积极争取证监会等国家有关部委支持在中新互联互通项目框架下设立中新合资证券公司，并允许与CEPA框架下合资证券项目同步申请。四是依托中新国际数据通道，积极争取国家有关部委大力支持，研究制定数据跨境流动分级分类规则、数据跨境流动安全评估规则等数据跨境流动相关标准规范，推动实现中新之间跨境数据安全有序流动，助力我市数字经济发展。

（四）持续加强五条开放通道建设

一是持续推动陆海新通道国际合作，发挥新加坡中华总商会等商协会相关资源作用，积极引导新加坡港务集团（PSA）、招商局集团等企业参与通道建设。同时，主动配合商务部、外交部，推动陆海新通道与澜湄合作、东盟“10+1”“10+3”等国际机制深度对接。二是持续加强中新国际数据通道推广应用，推动数据通道与数据中心、超算中心的联动发展；谋划建设通道运营中心、监测中心、产品发布与服务推广中心。三是持续推动渝新空中通道畅通，强化渝新双枢纽的联系互动，力争渝新航班数量逐步恢复至疫情前水平。积极培育渝新货运航线，争取将货运航班稳定在每周 2~4 班。四是持续加强中新跨境融资通道建设，推动国际商业贷款、跨境发债等债权融资项目落地，争取中新跨境融资总额新增 30 亿美元。五是持续打造中新人才通道，深化新加坡（重庆）青年人才成长驿站项目，推动 100 余名新方高校学生来渝开展交流实习。

（五）着力打造更多项目可视化成果

金融服务领域，加快中新金融科技合作示范区创建，争取证监会等国家有关部委支持在中新金融科技合作示范区内发展智能投顾产业，允许符合条件的金融科技企业申请证券投资咨询许可。争取上半年落地 1 笔跨境绿债、累计落地绿色跨境贷款 1 亿元以上。争取 1 家企业启动赴新上市程序。推动设立中新合资证券公司和中新合资理财子公司。航空产业领域，加快建设中新航空产业园，力争推动 1~2 家新加坡企业参与园区合作。交通物流领域，建设好中新（重庆）多式联运示范基地，基地一期工程 2021 年 9 月竣工、年底前投用。推动新加坡叶水福集团与铜梁区旅投公司合资建设 2 万吨冷链仓储项目。信息通信领域，加快打造仙桃数据谷中新信息通信领域合作示范点，建成中新（重庆）大数据智能化成果展示促进中心。推动万国重庆数据中心建成投用。推动新加坡新科电子立足重庆，向西部其他省区市场拓展。其他领域，推动中新（重庆）肿瘤医院（永川）建成投用、中新・豪利生态健康城（綦江）项目签约落地。

（六）积极助力成渝地区双城经济圈建设和新时代西部大开发

一是持续拓展中新跨境融资通道。加大向西部其他省区市推广复制力度，争取 2021 年内实现西部省区市全覆盖。二是围绕西部（重庆）科学城建设，与新加坡科技研究局共同推动新加坡一流创新资源、高水平研发团队来渝发展，共建中新（西部）国际科技合作平台。三是在中新互联互通项目合作机制框架下，建立中新农产品贸易工作组，在重庆 1~2 个区县启动新加坡农产品直供基地规划编制工作。四是加强与商务部成都特派办、四川省商务厅和经济合作局联系，共同谋划合作项目。务实推进市中新项目管理局与广安、南充等合作协议落地，围绕冷链及农产品贸易加强与毗邻地区合作，推动两地优质农特产品出口新加坡。

（七）探索开展中新第三方市场合作

一是加强与新加坡亚洲基础设施办公室沟通，探索中新三方合作突破口。二是推动中新老等国家企业合作共建万象物流园区或货站。三是推动招商局集团及其海外企业与新加坡叶水福集团在澜湄区域（国家）开展物流、通道项目合作。四是推动中新环通公司在匈牙利三国四方项目取得新进展，推动其在匈牙利设立办事处。

（八）提升全面从严治党工作水平

一是坚持以政治建设为统领，在学懂弄通做实习近平新时代中国特色社会主义思想上下足功夫，把握正确政治方向，提高政治判断力、政治领悟力、政治执行力。二是落实全面从严治党主体责任，带头严守政治纪律和政治规矩，坚决反对形式主义官僚主义。抓好巡视发现问题和“不忘初心、牢记使命”主题教育检视问题整改。三是切实防范化解各类风险，严格落实意识形态工作责任和国家安全责任，积极加强统战工作，扎实开展机关内部管理控制工作。四是组织开展“五个一”活动，即一次主题党日活动、一次全局征文活动、一次党的知识竞赛活动、一次演讲比赛、一次读书分享会，热烈庆祝建党100周年。

（执笔人：陈立为）

大数据管理

重庆市大数据应用发展管理局

2020年，市大数据发展局在市委、市政府坚强领导下，认真贯彻落实中央决策部署及市委、市政府各项工作要求，坚持统筹疫情防控和经济社会发展，突出大数据发展管理“攻坚突破年”主题，全力攻坚“管云管数管用”等重点工作，大力推动数字经济发展，全面落实从严治党责任，积极担当部门职责，努力实现“新机构新作为”，为全市高质量发展和“十三五”圆满收官贡献“大数据力量”。

一、2020年发展回顾

（一）攻坚“管云”工作，“云长制”实施实现新突破

深入实施“云长制”，推进“管云管数管用”全覆盖，“云长”单位增至110个。数字重庆云平台加快建设，初步构建起政务云服务体系。累计整合关停政务信息系统2079个，整合率达68.4%，累计推动2548个信息系统迁移上云，上云比例提高到98.9%，位列全国前三。在全国率先建设信创云，推动成立重庆信创中心，建成华为、浪潮、紫光等3个信创云平台。认真总结“云长制”改革经验，被国办、中央党校刊物和人民日报宣传推广。

（二）攻坚“管数”工作，数据共享开放实现新突破

出台《重庆市公共数据开放管理暂行办法》，规范数据采集、汇聚、共享、开放、应用、监督、安全管理。在全国率先建成“国家—市—区县”政务数据共享体系，基本建成城市大数据资源中心，实现“公共数据集中存储、公共数据开放、川渝数据共享”零突破，集中存储数据2666类，开放公共数据853类，川渝共享平台跨区域联通、首批政务数据资源跨省共享；市级政务数据共享增至3505类，数据调用94.4亿条、较“云长制”实施前增长170%、居全国前列。在全国率先以省级政府名义出台《重庆市大数据标准化建设实施方案（2020—2022年）》，组建重庆大数据标准化技术委员会，首批开展政务数据开放共享国家标准贯标试点。

（三）攻坚“管用”工作，智慧城市建设实现新突破

新型智慧城市运行管理中心建成投用，集数据资源中心、监测预警中心、调度指挥中心和综合赋能平台等功能于一体，首批接入80个市级单位158个业务系统，向外提供204个数字化、智能化、标准化能力组件，初步实现一键、一屏、一网统筹管理城市运行的目标。统筹推动民生服务、城市治理、政府管理、产业融合、生态宜居等五大领域应用示范取得积极进展，如及时部署上线“渝康码”，累计申码量达2849万次，访问量达18亿次，扫码量达1857万余次，为打赢疫情防控攻坚战提供了强力支撑。“渝快办”平台注册用户数超2060万，95%以上的行政事

项网上可办，99% 的市级行政许可事项实现“最多跑一次”。建立“渝快融”大数据融资平台，助力 26 万余家小微企业成功融资超过 340 亿元。重庆获评 2020 中国领军智慧城市。国家互联网信息办公室《数字中国建设发展进程报告》指出，重庆、上海、深圳等智慧城市建设走在全国前列。

（四）统筹疫情防控，推动数字产业强劲增长

把握疫情催生线上业态、线上服务、线上管理应势爆发的趋势，在全国率先出台《关于加快线上业态线上服务线上管理发展的意见》，制定出台《促进平台经济规范健康发展的实施意见》等，推动数字经济增长 18.3%、规模达到 6387 亿元、占 GDP 比重 25.5%，大数据智能化企业增至 1.85 万家，重点平台企业增至 275 家。统筹推动 BAT、华为、浪潮等行业巨头在渝战略性投资，其中，阿里、腾讯、京东本地纳税超 155 亿元。全市大数据系统积极参与筹备 2020 线上智博会，打造“智慧名城”展馆，邀请重量级嘉宾 188 位，顺利承办“会”“展”“赛”“论”相关重要活动。

（五）统筹数字基建，推动数字化能力加快布局

持续释放中新国际数据专用通道动能，推动在 7 个园区落地，签约合作项目 49 项、吸引 50 余家中新企业成为用户。建成规模居西部前列的数据中心，两江云计算数据中心服务器运营支撑能力超 30 万台，上架率达 65%、高于全国 17 个百分点。提速推进千兆光网城市建设，建成 5G 基站 4.9 万个，5G 覆盖迈入全国第一方阵。中新国际超算中心、中国移动边缘计算平台等重点项目加快建设。

二、2021 年发展思路

2021 年，全市大数据应用发展工作将进一步收拢拳头，整合资源，聚焦聚力抓重点，努力出新成效、见新气象。重点推进六个方面工作：一是以应用场景为主要抓手，着力建设智慧城市；二是以数字规则为主要抓手，强力推动数据“聚通用”规范管理；三是以数字产业为主要抓手，打造数字经济新引擎；四是以数字基建为主要抓手，加快新一代信息基础设施布局；五是以中新通道建设应用为主要抓手，大力推动数字经济对外合作；六是以共建联动为主要抓手，深化川渝大数据合作取得实效。

（执笔人：张峻）

林业管理

重庆市林业局

一、2020年发展回顾

2020年，重庆市林业工作以习近平新时代中国特色社会主义思想为指导，深化落实习近平总书记对重庆提出的重要指示批示要求，认真落实市委、市政府工作部署，缙云山生态环境问题整治取得决定性进展，国土绿化提升三年行动任务超额完成，"两岸青山·千里林带"建设规划实施方案正式印发，林长制试点达到预期目标，横向生态补偿等重大林业改革稳步推进，重庆市森林面积、森林覆盖率和森林蓄积量分别提升至432.93万公顷、52.5%和2.41亿立方米，较2015年底的374.07万公顷、45.4%和2.05亿立方米分别增加58.87万公顷、7.1个百分点和0.36亿立方米，实现"十三五"规划圆满收官。

（一）国土绿化提升三年行动1700万亩任务超额完成

认真落实《重庆市国土绿化提升行动实施方案（2018—2020年）》，依托新一轮退耕还林、森林质量精准提升、国家储备林等重点工程开展大规模国土绿化，完成年度营造林任务660万亩，三年累计营造林1717万亩、超额完成17万亩，为到2022年全市森林覆盖率达到55%打下了坚实基础。

（二）"两岸青山·千里林带"315万亩规划任务"上图落地"

认真落实《成渝地区双城经济圈建设规划纲要》，提请市委、市政府审定《长江重庆段"两岸青山·千里林带"规划建设实施方案（2020~2030年）》，先期10万亩试点示范任务已在6个区县全面展开。与四川省林草局签署《筑牢长江上游重要生态屏障助推成渝地区双城经济圈建设合作协议》，合力为成渝地区双城经济圈建设打牢绿色生态本底。

（三）国家储备林项目签约落地210万亩

认真落实市政府与国家林草局、国家开发银行、中国林业集团签订的战略合作协议，发挥"政府主导、银行主推、企业主体、农民主力"四个作用，已在6个区县签约落地210万亩，占重庆国家储备林一期330万亩任务的三分之二。其中指导城口县以改革的办法探索国家储备林流转集体林地、农民就近就业、林木采伐分红三种收益模式，得到国家林草局和国家开发银行充分肯定，2020年流转集体林地20万亩，带动6000多名林农年增收2000万余元。

（四）争取国家林地定额9300多公顷服务全市经济社会发展大局

市政府分管领导亲自带队、局党组狠抓落实，争取国家林草局批准我市重点项目、民生工程使用林地定额9342公顷，为"十三五"时期年度定额的5倍。首获国家林草局支持备用林地定额2391公顷，专项用于解决我市林地使用历史遗留问题。积极服务复工复产，探索先行使用林地

“备案”制，疫情期间办理重点项目先行使用林地183宗、2805公顷。帮助涉林企业融资纾困，指导申报贴息项目35个，落实贴息1470万元。千方百计打赢疫情防控阻击战，禁食野生动物后续处置全市存栏养殖野生动物处置率100%、养殖户转产转型和退出率99.7%、补偿补助资金兑付率100%。

（五）林长制改革试点达到预期目标

以“林长制”促“林长治”，市委陈敏尔书记、唐良智市长亲任全市“总林长”，落实各级林长4885人、网格护林员8246人，建立完善市、区（县）、乡镇（街道）、村（社区）“四级林长+网格护林员”责任体系。运用“智慧林长”云平台提升管山护林效能，发现并处置各类问题1345起。试点工作得到国家林草局充分肯定，社会各界广泛关注，人民日报、新华社等主流媒体多次报道。

（六）探索生态价值实现路径取得实效

全国首创横向生态补偿提高森林覆盖率改革试点获自然资源部、国家林草局肯定，累计成交森林面积指标19万亩、4.8亿元，全部投向国家重点生态功能县（也是重点扶贫县）。林业“三变”改革新增林地入股面积20万亩、1.66万户，户均增收652元。完成非国有林生态赎买1.03万亩，让生态得保护、林农权益得保障。

（七）自然保护地人类活动问题整改完成率96%

提请市委、市政府印发《关于科学建立自然保护地体系的实施意见》，编制实施自然保护地整合优化预案，稳步推进自然保护地体系建设试点。强力整改中央环保督察反馈等涉林问题，缙云山保护区内190宗“四个交办”问题累计完成整改187宗，自查发现150宗问题完成整改146宗，剩余7宗问题已应拆尽拆、应改尽改，待缙云山总体规划获国家批复后依法完善销号手续，缙云山生态环道建设顺利推进。全市自然保护地人类活动问题大检查大整治持续深化，3029个问题完成整治2921个，其余均完成阶段性整改目标。173个涉自然保护地“两不愁三保障”突出问题完成整改。全市国家级自然保护区管理体制进一步理顺。配合落实长江“十年禁渔”工作部署。全市湿地保护率达到60.2%，比全国湿地保护率高10个百分点。云阳恐龙国家地质公园获国家林草局批复同意，巫山五里坡申报世界自然遗产取得阶段性效果。

（八）林业扶贫政策举措惠及全市96%以上贫困户

牵头实施生态扶贫专项行动取得明显成效，8方面共23项林业扶贫政策覆盖近46万户建卡贫困户，135万多贫困人口参与林业生态建设。新发展特色经济林245万亩，新增国家森林康养基地4处、森林乡村（绿色示范村）500个、森林人家350多家，支持深度贫困乡镇林业项目66个、8147.4万元。完善扶贫带贫机制，引导46家市级林业龙头企业带动10816名贫困人员增收。推进政策兜底，在建档立卡贫困户中选聘生态护林员26037人、天保护林员2646人。坚持扶贫扶智相结合，“千名专家进千村”活动落实1016名林业科技专家进村帮扶约2500余场次，培训林农6.2万余人次。中央脱贫攻坚专项巡视“回头看”10项、国家2019年脱贫成效考核14项和国家脱贫攻坚督查反馈意见11项涉林整改任务全面完成。

（九）森林火灾数量、面积实现双下降

森林资源保护管理全面加强，全年发生森林火灾9起、过火面积41.9亩，分别较2019年减少10%和96%，无重大森林火灾和扑救人员伤亡事故发生。建立完善森林草原防火“一图一表一库”，设置防火检查站（卡）3000余个，落实巡山守卡人员3万余人，在全国率先开展扫码出入山林，建成国有林场森林消防专业队27支625人。提请市政府印发《重庆市天然林保护修复制度实施方案》，落实森林资源管护面积5071万亩。国家林草局森林资源监督反馈2018年问题整改完成率100%、2019年问题整改完成率98%。松材线虫病等重大林业有害生物防控扎实推进，病死松树数量较2019年同期减少三分之一。全年查破森林和野生动物案件3660起，处罚3677人。

二、发展中存在的问题

全市林业生态资源数量还不够、质量还不高、稳定性还不强，“绿水青山”的本底价值还不大，“金山银山”的实现路径还不畅，“两山”转化任重道远，林业生态建设与人民群众日益增长的优美生态环境所盼和对优质生态产品的所需之间还有不小差距，统筹保护生态与保障民生的突出矛盾问题没有得到根本解决，林业在筑牢长江上游重要生态屏障、建设山清水秀美丽之地中的任务依然艰巨。

三、2021年发展思路

2021年，全市林业工作将时刻牢记习近平总书记殷殷嘱托，认真贯彻落实党中央、国务院决策部署和市委、市政府工作要求，围绕加快建设山清水秀美丽之地，持续筑牢长江上游重要生态屏障，全年力争完成营造林任务500万亩，全市森林覆盖率达到54%以上，林业及相关产业增加值增长8%左右。

（一）编制实施“十四五”林草发展规划

一是认真落实党的十九届五中全会和中央经济工作会议、中央农村工作会议以及市委五届九次全会和全市经济工作会议、全市农村工作会议等重要会议精神，紧扣市政府工作报告中涉及林草工作的重要部署，坚持“共抓大保护、不搞大开发”方针，持续推进治水、建林、禁渔、防灾、护文涉林任务“上图落地”，精心编制“十四五”时期林草发展规划。二是加大项目储备实施力度，全力推进“两岸青山·千里林带”工程，谋划实施国家储备林建设等生态治理工程，为“十四五”末全市森林覆盖率达到57%夯实基础。

（二）推动成渝地区双城经济圈建设

自觉强化“一家亲”意识，树牢“一盘棋”思想，坚持“一体化”理念，聚焦成渝地区双城经济圈建设，持续筑牢长江上游重要生态屏障。深入推动生态环保联建联治，助力成渝现代高效特色农业带建设。对接四川省林草部门细化完善《筑牢长江上游重要生态屏障助推成渝地区双城经济圈建设合作协议》，推进国家储备林、林木种苗、湿地保护、林业产业、行政执法、林业有害生物防治等合作，打牢成渝地区双城经济圈建设绿色本底。

（三）全面启动“两岸青山·千里林带”等重点工程建设

一是组织开展国土绿化提升行动“回头看”，对三年行动进行总结盘点并及时整改存在的问题。二是及时分解下达“两岸青山·千里林带”315万亩营造林总任务和2021年30万亩营造林任务，抓好任务落地。三是扎实开展全民义务植树活动，进一步探索“互联网+全民义务植树”基地建设。

（四）加快推进全市自然保护地体系建设

一是开启缙云山国家级自然保护区生态环境综合整治新篇章，指导督促北碚区、沙坪坝区、璧山区推进已查实问题整改，举一反三开展清理排查整治；进一步理顺缙云山管理体制机制，推动综合整治工作提档升级。二是加快推进自然保护地优化整合，按照国家统一部署尽快启动我市优化整合方案编制工作，配合实施“三线一单”生态环境分区管控，抓好中央环保督察反馈涉林问题整改，加强7个国家级自然保护区管理能力建设。

（五）加大资源保护管理力度

一是编制新一轮林地保护利用规划，严格林地用途管制，继续开展森林督查，严格执行“十四五”期间年森林采伐限额，开展草原监测摸清全市草原资源底数，编制草原保护利用规划。二是编制完成全市天然林保护修复市级中长期规划和县级实施方案，完成天然林保护修复（2011~2020年）成效评估。三是启动市级重点保护野生动植物名录修订工作。四是实施“十四五”松材线虫病防控五年攻坚行动计划。五是落实森林草原防火责任，组织全市森林草原火灾风险普查和重大森林草原火险隐患排查整改，开展野外违规用火专项打击行动。六是巩固“全面禁捕”成果，切实保护珍稀特有鱼类资源。

（六）大力发展生态惠民产业

依托林业重点工程推动木本油料、竹产业、特色经济林及林下经济提质增效，开展特色经济林发展情况监测。推荐一批国家级产业示范园区、示范基地和重点龙头企业，监测命名一批市级龙头企业。促进生态旅游森林康养产业健康发展，推动森林康养基地创建，推荐申报全国森林康养基地、全国森林旅游示范区县。

（七）蹄疾步稳推动林业改革

一是全面推行林长制，出台重庆市《关于全面推行林长制的实施意见》，发布总林长1号令，在全市开展森林资源“四乱”突出问题专项整治行动。二是继续深化集体林权制度改革，推动林权流转适度规模经营。三是继续推进实施横向生态补偿机制，协调、组织有关区县签订补偿协议，完成森林面积指标转移和森林覆盖率目标值确认工作。四是巩固拓展国有林场改革成果，推进国有林场高质量发展。

（八）扎实推进林业法治建设

一是做好《重庆市野生动物保护规定》《重庆市林地保护管理条例》《重庆市喀斯特世界自然遗产保护条例》等地方性法规修订的准备工作。二是建立健全林业行政执法机构和队伍，开展涉林执法系列专项行动，稳步推进涉林生态环境损害赔偿工作进入常态化。

（九）加强支撑保障能力建设

一是加强林业标准化工作，组织实施2021年度重庆市食用林产品质量安全及产地环境风险监测。二是强化良种供给，大力推广良种良法和乡土树种造林，全市主要造林树种林木良种使用率74%以上。三是认真落实“云长制”，积极推进关注森林活动和自然教育工作。四是扎实抓细林业安全生产和信访稳定工作，有力推进林业安全生产专项整治三年行动，毫不放松抓好常态化疫情防控，确保不发生大的林业安全生产和人员伤亡事故，确保全市林业建设持续健康发展。

（执笔人：何龙）

药品管理

重庆市药品监督管理局

一、2020 年工作完成情况

2020 年，市药监局坚持以习近平新时代中国特色社会主义思想为指导，深入学习贯彻落实习近平总书记对重庆的重要指示要求和党的十九届四中、五中全会精神，以及市委五届八次、九次全会精神，严格落实“四个最严”要求，强化疫情防控，严格药品监管，助推产业发展，全市药品安全形势稳中有进、持续向好。

（一）全力保障疫情防控

一是全力以赴坚决打赢疫情防控阻击战。针对疫情初期防护物资紧缺的严峻形势，及时开辟应急审批通道，完成 52 个医疗器械产品和 3 个医疗机构中药制剂的应急审批（备案），2 个新冠病毒检测产品获国家药监局批准上市，医用口罩日产能由 11 万只增至 1285 万只，医用防护口罩、医用防护服实现从无到有。严格质量安全管控，实行驻厂监督员制度，扎实开展质量问题整治，累计监督检查 53 万余家次。出台支持企业复工复产 15 条措施，组建 5 个服务重点企业团队，靠前指导企业转产达产。施行零售药店销售发热、咳嗽药品登记报告制度，累计登记报告 202 万余人次，强化预警监测、助力联防联控。加强常态化防控，加大对医用口罩、检测试剂、出口医疗器械、新冠病毒疫苗等产品的监管力度，有力服务了疫情防控和经济社会发展大局。二是严防严控药品安全风险。强化风险隐患排查整治，建立日排查、周例行研判、季度集中研判常态化机制，开展专题风险研判 3 次、常规风险研判 504 次，整治重点隐患 1648 个。强化抽验监测，开展抽样 9826 批，对 106 批不合格产品组织开展后处置。推进药物警戒制度实施，收到并分析不良反应报告 47828 份，未发现重大风险隐患。紧盯高风险环节和品种，组织现场检查 2277 家次、飞行检查 49 家次。强化经营使用环节监管，督促整改 3100 家次。集中开展国家集采药品、执业药师“挂证”回头看等 8 个专项整治，着力解决群众反映强烈的突出问题。三是强化疫苗质量安全监管。联合市卫生健康委对全市疫苗配送企业、仓储企业、疾控机构和接种单位开展检查 3485 家次，在全国率先试点并完成疫苗信息化追溯体系建设。深入推进疫苗国家监管体系评估工作，开展 2 次质量体系内审，完成 7 个板块的自评估报告，全市疫苗质量监管体系持续完善、运转有序。四是严厉打击药品违法违规行为。制定“两品一械”行政执法制度、行政处罚裁量适用规则，联合市公安局、市司法局、市高法院、市检察院印发《关于进一步完善行刑衔接机制 打击药品、医疗器械、化妆品领域违法犯罪行为的工作规范》，查办一般程序案件 1633 件，同比增长 103%，罚没金额 5160 万元。

（二）助推产业高质量发展

一是深化改革促发展。持续深化审评审批制

度改革和自贸区“证照分离”改革全覆盖试点，推进137项行政权力和公共服务事项网上运行。加快创新药品临床试验和上市步伐，指导药物临床试验机构规范化建设，全市5个新药获准开展临床试验，17个批准文号通过仿制药质量和疗效一致性评价。56个医疗器械产品纳入优先审评审批通道，25个产品获批上市。二是强化服务促发展。助推大健康产业高质量发展，细化精准服务措施，与部分区县对接生物医药产业园区扶持政策。支持中药传承创新发展，备案医疗机构应用传统工艺配制中药制剂21个品种，批准1家企业开展中药配方颗粒科研试点生产。高标准承办重庆市医药发展战略高层研讨会，推动我市医药行业与全国医药领域院士专家和优质企业开展合作。三是优化环境促发展。积极推进医疗器械注册人制度试点和唯一标识系统试点，151个产品按医疗器械注册人制度获批，9家企业、4家试点医院有序开展唯一标识系统建设。积极推进国产非特殊用途化妆品量化分级管理试点，新增备案产品923个。增资质强能力，正式从国家药监局获批血液制品批签发授权。探索开展批零一体化经营改革试点，联合市医保局出台《重庆市自动售药机管理规定（试行）》，促进药品流通新业态健康发展。

（三）全面提升综合治理能力

一是推进社会共治。召开全市“两品一械”重点企业落实主体责任会议，强化行业自律。强化药品安全责任落实，将药品安全工作纳入全市“平安建设”考核体系和目标管理绩效考核体系，有力推动区县属地管理责任和部门监管责任落实。强化“三医”联动，与市医保局签署工作合作协议，增强监管合力。深入开展《药品管理法》《疫苗管理法》《化妆品监督管理条例》等宣贯培训，结合“全国安全用药月”等活动，普及药品法律法规和安全知识。二是提升监管能力。系统规划、体系推进职业化专业化药品检查员队伍建设，市政府召开专题会议研究部署，批准建立联席会议制度，市政府办公厅印发《关于加强职业化专业化药品检查员队伍建设有关工作的通知》，系统规划机构设置、力量配备等6个方面14项建设指标。创新性构建“1+N”管理制度体系，出台《职业化专业化药品检查员队伍建设管理办法》及教育培训等系列配套细则，市本级检查员规模达到446人。加快推进技术支撑机构建设，获批国家医疗器械检验检测能力建设项目资金1.6亿元。分别与重庆医科大学、市科技局签订战略合作框架协议，推进药品监管科学行动计划实施。三是推进整体规划和区域协同。认真编制重庆市药品安全及高质量发展“十四五”规划，成立规划编制工作领导小组和专家委员会，深入基层单位和重点企业开展调研，形成规划初稿并报送审核。积极融入成渝地区双城经济圈建设，深入推进川渝药品监管一体化合作，与四川省药监局探索开展注册、许可、检查、执法协同，互派检查员开展现场检查，组织跨省市稽查培训交流，国产药品再注册等6个事项纳入首批“跨省通办”事项清单。

二、存在问题

一是药品安全风险管控还需加强。部分企业质量管理水平不高，部分零售药店、个体诊所违法违规问题多发，药品网络销售等新业态还缺乏有效监管手段，防控安全风险的任务还比较繁重。二是监管能力还有待提升。监管工作流程化、规范化、精细化程度还不高，基层专业监管人员还较为缺乏，技术支撑机构还存在短板弱项，与监管工作和产业发展需要还有一定差距。

三、2021年重点工作安排

2021年，是实施“十四五”规划、开启全面建设社会主义现代化国家新征程的开局之年。我们将全面贯彻党的十九大和十九届二中、三中、四中、五中全会精神，进一步落实习近平总书记对重庆提出的重要指示要求，按照党中央、国务院的决策部署和市委、市政府的工作要求，准确把握新发展阶段，深入践行新发展理念，积极融入新发展格局，切实担当新发展使命，把“四个最严”要求贯穿药品监管工作始终，巩固拓展疫情防控和经济社会发展成果，加强和改进药品安全监管制度，提高药品安全保障水平，牢牢守住药品安全底线，积极促进高质量发展高线，确保人民群众生命安全和身体健康，确保“十四五”药品安全及高质量发展开好局，确保成渝地区双城经济圈建设迈新步，以优异成绩庆祝中国共产党成立100周年。

（一）毫不松懈抓好常态化疫情防控

慎终如始做好疫情防控工作，督促指导应急审批企业完善质量管理体系，加大对出口医疗器械、新冠病毒检测试剂以及相关疫苗产品的监管力度，确保疫情防控用药械质量安全。

（二）持续推进药品监管制度建设

围绕新法新规宣贯落实，健全覆盖生产、流通、使用各环节的管理制度机制，提高药品安全保障水平。深化川渝药品监管一体化合作，健全药品监管区域性协作的制度机制。加强规划衔接和咨询论证，进一步修改完善和推动实施药品安全及高质量发展“十四五”专项规划，加快推进专业监管能力提升工程、药品监管信息化工程实施，确保“十四五”时期药品安全及高质量发展工作开好局、起好步。

（三）持续加强药品安全监管

强化药品安全风险的防范化解，加强分析研判、排查整治和销号管理，确保不发生重大药品安全事件。坚持问题导向，加大对高风险品种以及问题聚集环节的监管力度，持续推进专项整治行动。持续强化疫苗质量安全监管，深入推进疫苗国家监管体系评估工作，全面做好评估准备。着力提升大案要案查办水平，强化行刑衔接，严厉打击药品安全违法违规行为。

（四）积极助推产业高质量发展

深化审评审批制度改革，推进“证照分离”改革区域和事项“两个全覆盖”，健全涉企生产经营许可事项清单管理制度。积极融入大健康产业发展，强化精准服务，不断优化促进生物医药产业高质量发展政策措施。积极向国家药监局争取药品医疗器械审评检查分支机构、首次进口药品通关备案职能、医疗器械创新服务站、生物制品批签发及检验检测能力建设项目等落户重庆。

（五）加强监管能力建设

深入开展药品法律法规宣贯落实，深化职业化专业化药品检查员队伍建设，加快推进技术支撑机构能力建设，加强智慧监管和监管科学研究，不断提升药品监管能力和水平。

（执笔人：罗文峰）

知识产权

重庆市知识产权局

一、2020年工作回顾

2020年，是极不平凡的一年。重庆知识产权系统坚持以习近平新时代中国特色社会主义思想为指导，深学笃用习近平总书记重要讲话指示精神，全面落实党中央、国务院决策部署和市委、市政府工作安排，准确把握新发展阶段，深入践行新发展理念，主动融入新发展格局，积极服务“六稳”“六保”大局，统筹做好疫情防控、脱贫攻坚、成渝地区双城经济圈建设和知识产权事业发展工作，有力推动各项工作取得新进展新成效。“十三五”期间，全系统深入学习贯彻习近平总书记关于知识产权保护重要指示论述，大力倡导创新文化，不断强化知识产权创造、保护、运用，有力推动全市知识产权管理体制实现历史重构，知识产权制度体系更加健全，知识产权综合实力显著提升，知识产权事业发展后劲蓬勃有力，知识产权强市建设取得显著成效，为“十四五”良好开局奠定了坚实基础。

——学习贯彻习近平总书记关于知识产权保护重要指示论述。2020年11月30日，习近平总书记在主持中央政治局第二十五次集体学习时发表的重要讲话，将知识产权保护提到了前所未有的高度，为新时代全面加强知识产权保护工作指明了前进方向、提供了根本遵循。全系统高度重视学习宣传贯彻总书记重要讲话精神，将其作为当前和今后一个时期的重大政治任务和重要政治责任，各级党委（党组）多次召开党组会、中心组学习会、专题研讨会进行传达学习、深入研讨，原原本本学、全面系统学、联系实际学，引导全系统党员干部深刻领会总书记重要讲话精神的重大意义和深刻内涵，牢牢把握党中央关于知识产权保护工作的战略定位和战略方向。

——全力抗击新冠肺炎疫情。全系统各级党组织和党员干部始终以习近平总书记重要讲话、重要指示要求为根本遵循，在市委、市政府的统一领导下，坚决扛起疫情防控重大责任，闻令而动、听令而行，冲锋在前、勇挑重担，有力确保知识产权领域安全稳定。新冠肺炎疫情突袭而至，第一时间落实干部去向，建立健康状况“日报告、零报告”制度，为干部职工购买“疫情防控意外险”，配发口罩等防护用品，全力保障办公大楼和干部职工健康安全。及时发布疫情防控期间业务办理公告，推行“网上办、预约办”便民服务，制定出台疫情期间支持企业复工复产措施43条、支持知识产权服务机构统筹加强疫情防控和有序复工复产工作举措5条，有力推动了全市专利、商标代理机构复工率达到100%。开辟知识产权业务办理“绿色通道”，办理涉及新冠病毒防治技术专利申请优先审查52件，协调办理防疫物资生产企业商标注册快速审查8件，指导27家医药企业与银行等金融机构实现精准对接，获得知识产权质押贷款5000余万元。按照国家知识产权局要求，严厉打击与新冠肺炎疫情相关的非正常商标申请行为。市知识产权局公共服务处获评全国市场监管系统抗击新冠肺炎疫情先进集体。

——奋力打赢脱贫攻坚战。2020年，全系统深入贯彻习近平总书记关于扶贫工作和打赢脱贫攻坚战重要指示论述，认真落实市委、市政府工作安排，扎实做好职能扶贫和对口帮扶各项工作。深入开展地理标志精准扶贫，举办地理标志助力脱贫攻坚经验交流及培训会，搭建地理标志产品云推广云平台，促成产销对接和业务合作10余项。开展地理标志品牌培育地方标准研制工作，推动“丰都肉牛”纳入全国地理标志助力精准扶贫典型案例。全市新增农产品商标1.58万件、地理标志商标22件。严格落实驻村帮扶工作责任，加大对口帮扶支持力度，增派1名优秀年轻干部参与驻村扶贫工作。持续发展壮大巫山县新安村特色扶贫产业，构建形成“扶贫技术+种养殖大户+贫困户融合发展”种植养殖互助机制，投入资金近百万元推动该村种植业、养殖业从零星分散进入规模化发展的快车道，初步形成脱贫致富长效机制。2020年新安村全村种养殖产业产值达1000万元，人均可支配收入10562元，较2019年增长14.54%。市知识产权局机关党办荣获全市脱贫攻坚先进集体。

——合力推进成渝地区双城经济圈建设。2020年，全系统深入学习贯彻习近平总书记对成渝地区双城经济圈建设系列重要指示精神，认真贯彻《成渝地区双城经济圈建设规划纲要》和市委、市政府部署安排，积极推进川渝知识产权合作，共建西部知识产权高地。2020年4月，重庆市知识产权局、四川省知识产权局、四川省知识产权服务促进中心共同举行深化川渝知识产权合作推动成渝地区双城经济圈建设工作座谈会，并签署川渝知识产权合作协议，明确了川渝两地将在知识产权保护、运营、服务和专利快速预审、人才队伍建设等方面加强合作，加快推动成渝地区双城经济圈知识产权协同发展。2020年11月，两地联合发布第一批川渝知识产权合作重点保护名录，双方各有100个重点商标品牌、50个高价值专利、30个优质地理标志入选。同时，双方共同争取国家知识产权局支持设立中国西部知识产权运营中心，推动成立成渝地区双城经济圈高校知识产权信息服务联盟。

——大幅提升知识产权供给质量。2020年，深入实施专利质量提升工程、商标品牌战略和地理标志运用促进工程，知识产权创造质量进一步提升。市知识产权局、市财政局修订印发《重庆市专利资助办法》，将授权国内发明专利、申请国外发明专利纳入市级专利资助范围，突出知识产权高质量创造的政策导向。全市有效发明专利达到35309件、万人发明专利拥有量达到11.32件，分别是“十二五”末的2.8倍和2.6倍，PCT国际专利申请累计达到1645件，当年新增申请量较上年增长近一倍。评审奖励天街、仙鹤等4件驰名商标和荣昌陶器、秀山土鸡等4件地理标志，商标品牌培育示范效应更加凸显，全市有效注册商标总量达到60.39万件，是“十二五”末的3倍；地理标志总量278件，是“十二五”末的1.4倍，位居全国第六。累计9个地理标志产品进入中国—欧盟国家“互换保护”清单。

——全面加强知识产权保护。2020年，高标准贯彻落实中办、国办《关于强化知识产权保护的意见》，推动出台全市强化知识产权保护的19条具体措施，将知识产权保护工作绩效纳入区县党政年度考核和营商环境评价体系。专利、商标执法统一纳入市场监管综合执法，市区（县）设立知识产权保护执法队伍。积极推进中国（重庆）知识产权保护中心建设，不断强化知识产权维权援助、纠纷调解等机构能力提升。印发实施年度知识产权行政保护专项行动方案，部署开展“铁拳”“蓝天”“绿色技术”等知识产权保护专项行动，以食品药品、防疫用品、电商等领域为重点，严厉打击侵犯知识产权和制售假冒伪劣商品违法行为，全年共办理专利侵权纠纷案件553件，查处知识产权违法案件1569件，涉案金额679万余元，罚没款955万余元。积极构建知识产权多元化纠纷解决体系，推动知识产权纠纷矛盾化解工作，立案办理专利侵权纠纷行政裁决案件16件，接收知识产权调解案件2119件，依法维护权利人合法权益。完成中国国际智能产业博览会、中国进出口商品交易会等展会知识产权保护工作，指导2000余家参展企业做好参展前侵权风险排查。

——有效促进知识产权转化运用。2020年，深入推进密集型产业发展和企业创新，支持建设智慧农业、智能仪器仪表、大数据、信息通信等产业知识产权联盟4个，实施高价值专利培育计划项目10个、企业专利导航项目50个，完成32个产业专利导航中心中期评估工作。全市9家单位共计11个专利项目获得第21届中国专利奖（其中金奖1项、优秀奖10项），获奖项目新增产值上亿元。重庆大学入选全国首批知识产权示范高校，西南大学、重庆理工大学入选全国首批知识产权试点高校，新培育市级知识产权优势企业270家。积极指导江北区开展国家知识产权运营服务体系建设试点，推动江北区政府与国家知识产权运营服务平台签订合作协议。召开知识产权质押融资工作推进会4次，推动成立重庆市知识产权金融服务联盟，全年实现知识产权质押融资13.72亿元，新增发放知识价值信用贷款48.27亿元、叠加发放商业贷款32.29亿元。深入推进全国首批知识产权军民融合试点工作，成功组建全国首个军民融合领域知识产权联盟，建成军民两用技术知识产权运营智能分析对接系统及项目库，搭建军民两用技术知识产权精准对接及交流平台，成功举办解密国防专利暨民参军高质量专利在渝转化运营对接大会，在全国率先启动并建成国防专利线下受理窗口，成功受理国防专利申请120件，中期考评在全国15个试点省市中位列第二。

——不断健全知识产权公共服务体系。2020年深入推进知识产权领域“放管服”改革，印发《深化知识产权领域“放管服”改革营造良好营商环境工作方案》，推动知识产权领域职能转变，持续优化营商环境，助推经济高质量发展。推进国家知识产权局重庆业务受理窗口建设，实现专利申请、商标注册、地理标志登记等业务“一窗通办”。组建运行重庆市知识产权大数据应用联盟，“对手通”平台持续高效免费为广大创新主体、市场主体提供知识产权信息推送服务。市知识产权信息中心、重庆大学、中新（重庆）知识产权研究院积极推进世界知识产权组织技术创新与支持中心（TISC）建设，重庆大学建成全国高校知识产权信息中心。开展专利代理行业“蓝天”专项整治行动，及时公布举报投诉电话、邮箱，开通网上举报投诉通道，全年核查处理违法违规行为举报投诉和“黑代理”线索13条，责令限期整改代理机构3家。全面开展全市备案商标代理机构自查整改和信用承诺工作，710家代理机构完成自我承诺。深入开展知识产权服务万里行系列活动，成功举办商标注册便利化改革集中宣讲活动。牵头组织“4·26知识产权宣传周”活动，召开专题新闻发布会，发布全市知识产权保护状况白皮书。

“十三五”时期，重庆把知识产权强市建设作为实施创新驱动发展战略的重要内容，作为推动经济高质量发展的重要引擎，全市知识产权工作取得了一定成绩。但我们也清醒地认识到，与习近平总书记对知识产权工作的指示要求和新时代人民群众对知识产权的期待需求相比，还存在一些短板和薄弱环节：知识产权创造质量有待提升，高质量知识产权产出不足，海外布局还有待加强；知识产权侵权易发多发现象仍然存在，保护体系、保护效能以及新领域新业态的保护机制仍需加强；知识产权服务供给不够充分，知识产权管理和实务人才不足，“小马拉大车”现象比较突出；知识产权推动经济和产业发展的工作抓手和政策工具还不够丰富，对创新竞争力的激励作用尚未充分发挥。

二、“十四五”时期工作思路和2021年工作打算

“十四五”时期是重庆开启社会主义现代化建设新征程、谱写高质量发展新篇章的关键时期，也是实施知识产权强市战略的重要机遇期，知识产权作为创新发展战略资源和城市竞争力核心要素的作用将更加突出。全市知识产权系统将深学笃用习近平新时代中国特色社会主义思想，深入贯彻党的十九大和十九届二中、三中、四中、五中全会精神，全面贯彻党的基本理论、基本路线、基本方略，统筹推进“五位一体”总体布局，协调推进“四个全面”战略布局，深入贯彻习近平总书记对重庆的重要指示要求，准确把握新发展阶段，深入践行新发展理念，积极融入新发展格局，牢固树立保护知识产权就是保护创新的理念，以知识产权强力支撑“双循环新发展格局”为目标，以知识产权高质量发展为主题，以促进供给侧结构性改革为主线，以加强知识产权保护、大幅提高科技成果转移转化成效为重点，以持续提升知识产权治理和服务效能为保障，深入实施知识产权战略，深化知识产权领域改革创新，为建设知识产权强市、服务全市经济高质量发展做出新贡献。

2021年，是中国共产党建党100周年，是全面建设社会主义现代化国家新征程开启之年和“十四五”开局之年。力争全市每万人口发明专利拥有量达到12件，有效商标注册总量达到68万件，注册地理标志商标总量达到286件以上，专利、商标等知识产权质押融资额增长10%，知识产权许可交易量1000件以上，新增知识产权优势示范企业150家、贯标达标企业300家，完成商标注册审查180万件、商标“变转续”审查50万件。深化落实《关于强化知识产权保护的具体措施》，全社会知识产权保护满意度进一步提升，知识产权大保护格局基本形成，市场主体知识产权得到依法保护。重点抓好六个方面的工作：一是深入学习贯彻习近平总书记重要讲话精神，作为一项重大政治任务抓紧抓好。二是加强党对知识产权事业的全面领导，强化机关党建和党风廉政建设。三是深化成渝地区知识产权合作，共建西部知识产权高地。四是加大知识产权协同保护力度，推进知识产权全链条保护。五是深入推进高价值专利培育和转化运营，促进知识产权价值实现。六是强化知识产权事业综合保障，加快推进知识产权法规建设、人才培养、文化建设。

（执笔人：龚举清）

供销合作

重庆市供销合作总社

2020年，市供销合作社在市委、市政府坚强领导下，以习近平新时代中国特色社会主义思想为指导，深入贯彻党的十九大和十九届二中、三中、四中、五中全会精神，认真贯彻落实习近平总书记关于供销合作社工作的重要指示精神，牢牢把握实施乡村振兴战略给供销合作社发展带来的难得机遇，紧紧围绕打好"三大攻坚战"和实施"八项行动计划"决策部署，坚持为农服务宗旨，以提升为农服务能力为根本，以健全组织体系为抓手，以密切与农民利益联结为核心，全面纵深推进供销合作社综合改革，改革发展各项工作取得新成效。2020年，市供销合作社全面完成市政府和全国供销合作总社下达的各项目标任务，荣获全国供销合作社系统综合业绩考核省级优胜单位一等奖。

一、2020年发展回顾

（一）经济运行呈现稳中有进良好态势

全系统克服疫情影响，实现销售总额1447亿元、汇总利润总额6.4亿元，分别完成市政府考核目标的104.9%、120.8%。实现电商销售额128.3亿元，同比增长65.3%。

（二）抗疫保供彰显责任担当

疫情期间，全系统全力战疫情、保供给、防滞销、惠民生，扎实做好春耕备耕农资供应，确保粮食生产。全系统承担了全市70%以上的农资供应量，累计供应化肥240万吨、农膜3500吨；组织供应果蔬、粮油、肉类等农畜产品7万多吨，提供防疫防护用品2万多件，外调农产品500多吨，对口支援湖北农产品、农资200多吨。

（三）全面推进"三社"融合发展

认真贯彻落实习近平总书记在浙江工作期间亲自部署推动的生产、供销、信用"三位一体"综合合作改革实践，全面推进"三社"融合发展。自2018年开展试点以来，"三社"在组织形态、生产经营、利益联结、体制机制方面初步实现有效融合。2020年，累计改造恢复乡镇基层社754个，占涉农乡镇总数的94%；发展村级综合服务社5112个，覆盖63.9%的行政村；发展农民合作社2.8万个，基层供销社与农民合作社实现股份、产业融合2600余家，155万农户加入各类农村合作经济组织，累计为农民专业合作社等涉农经营主体发放小额贷款122.5亿元。农业农村深化农村改革领导小组办公室以动态形式刊发了我市推进"三社"融合发展工作情况（《农村改革动态》第27期）。全国供销总社对我市推进"三社"融合发展工作也给予充分肯定，并作为"三位一体"综合合作改革的外联模式写入全国总社"七代会"工作报告。全国供销总社2020年下半年相继在渝召开"完备供销合作社为农服务功能暨'三社'融合发展专题座谈会"和"三位一体"综合合作研讨会，市供销合作社在会上做经验交流发言。

（四）综合改革取得明显成效

全系统坚持运用市场化手段，对标对表《中共中央 国务院关于深化供销合作社改革的决定》精神，积极稳妥推进综合改革，改革任务圆满完成并取得实效。2020年，全系统资产总额达354亿元，与2015年相比增长59%；销售总额1447亿元，与2015年相比增长86%。我市强化基层社合作经济组织属性专项试点改革工作受到全国供销总社通报表彰，"推进'三社'融合发展"和铜梁区"加强基层社建设，筑牢为农服务前沿阵地"作为全国供销合作社系统综合改革典型示范案例向全国推广。

（五）积极助力脱贫攻坚

实施人才帮扶，全系统先后选派87名优秀年轻干部担任贫困村驻村第一书记；实施资金帮扶，累计向贫困区县倾斜安排基层组织建设资金、对口扶持资金2.3亿元，其中市供销合作社直属企业累计支持帮扶资金1200万元；实施产业帮扶，改造建设贫困区县基层供销社516个，实现涉农乡镇服务全覆盖，引领发展农村综合服务社2870家，行政村覆盖率60.4%，全市1918个贫困村100%有农民专业合作社带动产业发展，有意愿的贫困农户100%加入农村合作经济组织，发展产业基地400多个，惠及贫困户20多万户；实施消费帮扶，组织4102款农产品上线全国"扶贫832平台"，销售额达1.8亿元。

（六）农业社会化服务持续推进

组建重庆智慧农业公司，积极构建市、区县、乡镇、村四级农业社会化服务网络体系。成立全市农业社会化服务联盟，吸收成员单位333家。建立农业专业化服务组织400多个，建设测土配肥和农资物联网服务站（点）283个、庄稼医院1600余家，为小农户和农业经营主体提供农业生产全程服务，服务面积超过500万亩（次）。

（七）积极参与农村人居环境整治

大力推进废弃农膜回收利用和垃圾分类处置，助力美丽乡村建设。建成废弃农膜县级贮运中心39个、乡镇（街道）回收网点1140个、村级回收网点1151个，全年回收处理废弃农膜1.2万吨，完成市政府下达目标的119.3%。市供销合作社作为全国唯一的供销合作社系统单位在农业农村部召开的全国农膜回收行动推进会上做经验交流发言，全国供销总社组织全系统在渝召开农村环境整治现场会，推广我市废弃农膜回收利用工作经验。《经济日报》对我市废弃农膜回收利用工作进行了深度采访报道。

（八）现代流通能力全面提高

坚持实体流通网络和电子商务"两手抓"，改造提升传统经营网络，建设农村电商服务站（点）2000多个。组建重庆供销电商公司，"村村旺"市级农村电商综合服务平台累计交易结算规模超50亿元。建成农产品市场41个，农产品流通网点1952个。打造集信息化、智能化于一体的"佰年供销"智慧农贸市场7家，成为全市农贸市场改造提升的样板。推进冷链分拨仓、产地仓、"中央厨房"等项目建设，形成10万吨冷链规模。圆满完成全国供销合作社系统参加第十八届中国国际农交会暨第二十届西部农交会的承办工作。主动融入成渝地区双城经济圈建设，与四川省供销社务实合作，共同推进农产品现代流通，唱响"双城记"。

（九）深化社有企业改革发展

坚持聚焦为农服务主业，不断深化社有企业

改革，为农服务能力显著增强，各项经营指标均实现大幅增长，初步构建起了以社有企业为支撑的为农服务经营体系。2020 年，实现营业收入 289 亿元，同比增长 28.7%；利润总额 16159 万元，同比增长 8.6%；进出口贸易总额 2.2 亿美元；社会贡献 18.1 亿元，其中上缴各种税收 11.7 亿元，同比增长 19%。

二、发展中存在的问题

同时，发展中仍然还存在一些突出问题和短板。一是综合改革进展还不平衡，一些领域特别是体制机制方面的改革成效还不十分明显。二是基层供销社发展基础还不够稳固，经济实力不强，为农服务的手段和方式还不多，服务农业产业链条短，与农民专业合作社融合程度不深，农业社会化服务能力不强，为农服务的能力和水平还有待提升。三是社有企业市场竞争力和行业影响力还不强，发展质量和效益还不高。四是人才存在短板，专业型人才缺乏。一些干部职工开拓创新的意识还不够强，苦干实干的劲头还不够足。

三、2021 年发展思路

深学笃用习近平新时代中国特色社会主义思想，深入学习贯彻习近平总书记对供销合作社工作作出的重要指示和对重庆提出的营造良好政治生态，坚持“两点”定位、“两地”“两高”目标，发挥“三个作用”和推动成渝地区双城经济圈建设等重要指示要求，准确把握新发展阶段，深入践行新发展理念，积极融入新发展格局，切实担当新发展使命，坚持稳中求进工作总基调，立足全市“三农”工作大局，牢牢把握为农服务根本宗旨，持续深化综合改革，纵深推进“三社”融合发展，积极投身全面实施乡村振兴战略和农业农村现代化，坚持高质量发展要求，因地制宜推进体制机制创新，加快成为服务农民生产生活的综合平台，成为党和政府密切联系农民群众的桥梁纽带，努力为推进乡村振兴贡献力量和农业现代化做出新贡献，努力开创全市供销合作事业新局面。

（一）深入学习贯彻习近平总书记重要指示精神

深入学习、全面领会、准确把握、全面对标对表习近平总书记重要指示精神，坚定事业自信，增强使命担当，紧紧围绕新发展阶段“三农”工作决策部署，立足实际，提出贯彻落实工作举措，建立台账、细化清单，确保习近平总书记对供销合作社重要指示精神不折不扣落实到位。

（二）纵深推进“三社”融合发展

坚持以点带面，鼓励各地探索“三社”融合发展多种实现形式，不断丰富创新“三社”融合发展实现路径。促进生产、流通、信用三大要素紧密联动，推动供销合作社与各类新型农业经营主体、农村金融机构等加强经营业务联结、服务体系共建、涉农业务融合，形成以流通为主导、生产为基础、金融为支撑的综合协同服务新机制。制定出台优化推进“三社”融合发展的政策措施。开展农民专业合作社信用评价体系试点。

（三）持续加强基层组织建设

大力实施“供销合作社培育壮大工程”，加快将基层社打造成乡镇为农服务综合体，成为承接乡镇区域服务中心建设的主体。深入推进基层社示范社建设，2021 年培育发展 52 个基层供销社示范社。推动基层供销社创办农民专业合作社联合社，促进基层组织与农民专业合作社深度融合。积极领办创办农民合作社，充实农村综合服务社功能，联合村“两委”发展农村股份经济合作组织，培育壮大新型农村集体经济。改造建设400个农村综合服务社星级社。加强农民合作社服务中心规范化建设，2021年，36个区县农民合作社服务中心签约服务农业经营主体超过5000家。

（四）全面提升为农服务能力

发挥行业优势，全力服务乡村振兴战略和农业现代化。深入实施“农业社会化服务惠农工程”，大力发展土地托管、代耕代种、代采代销、配方施肥、统防统治、农机作业等农业托管模式，为小农户和各类农业新型经营主体提供农业生产全程服务，助力乡村产业振兴。创新农业社会化服务方式，着力做强农产品收储、烘干、加工、销售等“后半程”服务。加快推进重庆智慧农业服务平台向区县延伸。2021年，全系统农业社会化服务面积达到650万亩（次）。深入实施“绿色农资”行动，继续做好化肥储备工作。推进农产品产地预冷、仓储保鲜、冷藏运输、销地配送等冷链物流基础设施建设，加快培育骨干冷链物流企业。持续推进农产品批发市场改造和智慧农贸市场建设。做大做靓“村村旺”市级农村电商综合服务平台，2021年，“村村旺”平台累计交易结算规模达到100亿元。推进农业面源污染治理，持续加大废弃农膜回收利用工作力度，改善农村人居环境，助力美丽乡村建设。巩固拓展脱贫攻坚成果同乡村振兴有效衔接，用好用活“扶贫832平台”，深入开展消费帮扶。

（五）推进社有企业高质量发展

加强社有企业改革顶层设计，加快建立健全现代企业制度。完善企业法人治理结构，加强企业内部管理，完善风险防控措施，加大历史遗留问题处置力度。聚焦为农服务主业，培育壮大农资、农产品、农业社会化服务、农村电商、再生资源、日用消费品、冷链物流等具有比较优势的骨干企业，提升为农服务产业支撑能力。

（六）健全完善“三会”制度

加快推进全市供销合作社系统代表大会、理事会、监事会“三会”制度建设，健全理事会、监事会机构，2021年6月底前召开市供销合作社第四次代表大会，力争2021年全市有85%的区县供销合作社召开社员代表大会。聚焦双线运行机制，理顺社企关系，优化行业指导。

（七）深入推进从严治社

坚持把党的政治建设摆在首位，自觉增强“四个意识”，坚定“四个自信”，做到“两个维护”。严格落实党建工作责任制，坚定不移推进党风廉政建设，深化“以案四说”，推进“以案四改”。深入推进从严治社，坚决支持纪检监察机构监督执纪问责，自觉接受派驻纪检组的监督。充分发挥监事会职能作用，加强和改进审计监督。推动纪检监察、监事会、审计、社有资产管理等监督力量有机贯通、相互协调，形成统筹协同、相互配合的监督工作格局。

（执笔人：勾晓建）

重庆税务

重庆市税务局

一、2020年发展回顾

（一）概述

2020年，重庆市税务局深入学习贯彻习近平新时代中国特色社会主义思想和习近平总书记关于税收工作的重要论述，坚持“固本强基、提质增效”工作思路，保持良好状态、发扬工匠精神、坚持效果导向，众志成城抗疫情、凝心聚力谋发展，为统筹推进疫情防控和经济社会发展、服务“六稳”“六保”大局作出贡献。党的领导和党的建设贯穿税收工作全过程，政治机关属性更加彰显；新增减税降费570亿元，助推经济有力恢复；全年组织税费收入4055亿元，结构质量优化提升；税收改革纵深推进，现代化基础更加坚实；税收营商环境进一步优化，纳税人缴费人获得感持续提升；聚焦重大发展战略，服务改革发展更加有力；干部队伍活力有效激发，干事创业氛围更加浓厚；坚持大抓基层、建强基础，税收事业根基更加稳固。

（二）税收收入情况

全年累计组织税收收入2708.1亿元，同比下降7.4%。分级次看，中央级税收实现1305.5亿元，同比下降6%；地方级税收实现1402.6亿元，同比下降8.7%。分税种看，国内增值税实现979.7亿元，同比下降14.5%；企业所得税实现555亿元，同比下降3.6%；国内消费税实现181.1亿元，同比增长9.2%；个人所得税实现165.5亿元，同比增长4.7%；反映资源要素占用的财产行为税和资源环境税合计实现629.1亿元，同比下降6.9%，其中土地增值税同比下降19.1%，契税同比下降4.2%。

（三）社会保险费和非税收入

征收各项社会保险费1137.5亿元，较上年同期下降10.5%。其中，企业职工基本养老保险费534.6亿元，机关事业单位基本养老保险费139.5亿元，职工基本医疗保险费303.2亿元，失业保险费16.8亿元，工伤保险费11亿元，城乡居民基本养老保险费14.6亿元，城乡居民医疗保险费70.5亿元，其他社会保险费47.3亿元。组织非税收入120.2亿元。

（四）支持疫情防控和社会经济发展

统筹抓好支持疫情防控和社会经济发展，持续助力“六稳”“六保”。全面系统落实各项税收优惠政策，对受疫情影响较为严重的生活服务业、符合增值税增量留抵退税等相关政策的防疫物资企业、受疫情严重影响缴纳房产税和城镇土地使用税困难的企业以及适用养老、失业、工伤三项社会保险费和医保费优惠政策的企业，广泛宣传、集中解读、精确落实。全年新增减税降费570亿元，其中2020年新出台政策减税降费361亿元，2019年年中出台政策在2020年翘尾新增减税降费209亿元，有力支持各类市场主体复工复产、恢复发展。核准延期缴纳税款131亿元、同比增长 4 倍；核准缓缴社保费 115 亿元；办理出口退（免）税 149 亿元；20 个国标行业全部实现减税，新增涉税市场主体 23 万户，同比增长 3.2%。

（五）推动成渝地区双城经济圈建设

签署《服务成渝地区双城经济圈建设合作备忘录》，制定《服务成渝地区双城经济圈建设 2020—2022 年行动计划》，推动 26 项重点项目落地，实现实名信息“一方认证、双方互认”、川渝经营企业跨区域电子缴库，分批次出台跨省通办业务清单，其中跨省缴税的做法全国领先。加快川渝税收“征管一体化”进程，统一部分轻微税收违法行为简易处罚裁量权基准及“首违不罚”事项清单。顺利完成高新区税收征管体制调整工作，助推中国西部（重庆）科学城建设。

（六）税收法治

健全全面依法行政领导小组会议制度和议事规则，推动主要负责人尊法、学法、守法、用法规范化常态化。注重将法治理念融入税务规范性文件管理各环节，全年共发布税务规范性文件 8 件。开展园区招商引资涉税风险专项调研，形成《招商引资税收风险防控指引（2.0 版）》，为防范涉税风险、规范权力运行提供参考。修改重大税务案件受理范围，全年共受理重大税务案件 99 件，有效降低了税收执法风险。建立“1+3+N”的“三项制度”实施体系，执法透明度和公信力显著提升。执法公示制度方面，已通过行政执法信息公示平台公示执法人员信息 11421 条，欠税信息 52098 条；执法全过程记录制度方面，已配备执法记录仪 1217 台，记录执法音像 1217 条，记录执法音像 371.7G；重大执法决定法制审核制度方面，依托以税务公职律师为主体的法制审核人员 1573 名，完成法制审核事项 6502 件。妥善处理行政复议应诉案件，全年共受理行政复议案件 10 件，处理行政诉讼案件 7 件。

（七）税种管理

增值税方面，制作并发布 3 期疫情防控增值税新政策汇编，涵盖政策解释、发票开具等问题 36 条，结合行业信息、发票数据，对可能享受新政策的 1.6 万余户企业开展“一对一”辅导，确保应享尽享；编制《增值税税收优惠风险管理指引》手册，归集 10 类 35 项 141 条管理要点，指导基层强化政策执行；创新增值税小规模纳税人“点即报”申报方式，实现“销售收入自动汇总、免税收入自动统计、差额扣除自动计算、申报表格自动填报、申报疑点自动监控”，纳税人操作时间节省 80% 以上。所得税方面，在企业所得税“一表集成”申报辅助系统中增设财税数据自动采集填报功能，对 30 余项税收与会计差异实行系统智能调整，汇算清缴申报时间压缩 30% 以上，开发企业所得税网上自主更正申报功能，全市使用率超 70%；实施网格化管理、分类分批引导、非接触式服务、畅通电子退税机制，圆满完成首次个人所得税年度综合所得汇算清缴。财产和行为税方面，推进土地增值税清算审核管理，上线土地增值税管理系统，全年完成房地产项目清算 414 个；建立全市统一的存量商业用房交易价格批量评估技术标准，全市 41 个区县局全面上线存量房交易评估系统，进一步夯实了存量房交易环节税收征管基础，制定 2020 年度财产行为税减税降费政策落实风险事项与应对指引，按照事前、事中、事后开展风险比对，构建完善财行税风险防控体系。

（八）征收管理

按照“集智集成、全方位监控、快速发现阻断风险”的思路，完善 10 个日常发票风险指标与16个虚开发票风险指标，推进发票管理一体化；作为全国第一批试点单位之一，有力有序推进增值税专用发票电子化试点，组建专项工作组，细化梳理81项具体任务，对标对表、压茬推进，确保试点工作平稳落地。强化实名认证和实名应用，对新办纳税人实施“渝快办+实名库”双重验证，针对走逃、失联等关联风险纳税人进行排查、清理，防范管理风险。建立欠税月度通报制度，依托实名制，将新欠管理由事后被动应对，转为事前风险防控。持续简并涉税事项征管资料，核准延期申报565户次，积极支持企业复工复产。针对平台经济深刻变革，深入开展调查研究，进一步完善和丰富指导意见，加强对区县局平台经济征管工作的指导和监督。

（九）优化营商环境

大力推进“非接触式”办税，持续完善网上办、掌上办、邮寄办等“非接触式”办税服务模式，推出增值税小规模纳税人纳税申报“点即报”服务、全程电子退库系统、企业所得税“一表集成”系统、财产行为税十税合一申报、单位社保费“一网通”平台、存量房屋登记交易税收“一窗办理、即办即取”、加快出口退税办理进度等系列服务措施，不断提升办税缴费体验感，在2020年全国税务系统纳税人满意度调查中，重庆综合得分87.4分，居全国第6位，在中西部地区居第1位。加强二级12366纳税服务热线建设，强化“非接触式”咨询服务支撑，两级热线共接收来电129.83万条。纳税信用增值运用力度持续加大，“银税互动”项目授信资金323.6亿元，为5.8万户纳税人累计投放信贷资金251.1亿元；实施信用修复机制，参与纳税人达10万户。编制发布《重庆市税务局优化营商环境政策指引》，制定公布《重庆市税务局权责清单》，上线行政执法信息公示平台，实现40项公示信息全覆盖；鼓励和引导说理式执法，做到执法行为于法有据、于情可考；探索推行动态“信用+风险”联动监控模式，进一步推动风险关口前移。

（十）国际税收

入库非居民税收28.89亿元，同比增收1.79亿元，增长6.61%。落实非居民纳税人享受协定待遇备案改备查规定，2020年重庆市非居民纳税人享受税收协定待遇558户次、优惠税款6.14亿元；21户次企业境外投资者享受递延纳税政策，累计扩大在华投资金额41.63亿元，涉及税款4.16亿元，增强境外投资者追加在华投资信心；签订重庆市首例双边预约定价安排协议，通过提供未来年度税收确定性为跨国企业提供更高水平的国际税收服务。加强国际税收征管协作，制发情报信息1944条。对在14个疫情严重国家经营的50户“走出去”渝企问难问需，针对企业境外经营困境提出6条建议。优化电子税务局对外支付税务备案功能，持续推进国际税收办税便利化。

（十一）税务稽查

运用大数据分析精准制导、精确打击，稽查选案准确率达到95%以上。全年立案检查2445户，查补总额24.64亿元，同比增加26%，入库总额17.2亿元，同比增长49%。运用信息化新战法严打“三假”，破获一批大案要案，移送公安部门立案共442户，配合公安机关抓捕犯罪嫌疑人152人。加强同公安、海关、人行等部门的协作配合，共同修订《重庆市反洗钱工作联席会议制度》《重庆市反洗钱工作信息共享制度》，进一步畅通数据查询、共享和交换通道。认定税收“黑名单”486户，向11个联合惩戒参与部门传递信息5335条。

（十二）党的建设

深化党的理论武装，完善中心组学习制度，举办学习贯彻《习近平谈治国理政》第三卷、党的十九届五中全会精神专题研讨班。设立党委办公室、组织部、宣传部和税务党校，党的领导组织体系更加健全。认真开展“不忘初心、牢记使命”主题教育问题整改和专项整治“回头看”，紧抓强化政治机关意识教育、党建工作突出问题专项整治、全面推进党支部标准化规范化建设三项任务，深化党支部标准化规范化和机关“三基”建设，党支部标准化规范化建设案例入选总局创新实践典型案例。开展“党课开讲啦”活动，全系统先后讲党课1318人次。加强党内监督，强化纪律教育，严格执纪审查，开展作风纪律专项整治，防止“四风”问题反弹。把政治巡察制度规定、工作要求、方式方法等贯穿于全市税务系统巡察工作全过程，全年市局党委巡察覆盖率达到62.2%，区县局党委巡察覆盖率达到78%。大力开展争先创优活动，新创荣誉532项，其中省部级荣誉72项、全国文明单位8个、2名同志荣获全国先进工作者称号、1个税务家庭荣获全国文明家庭称号，展现了税务良好形象。

（十三）助力决胜全面小康

充分发挥税收职能作用，坚持在强化领导上用力、在精准施策上尽力、在着眼长效上添力、在锤炼队伍上加力，大力实施生态扶贫、产业扶贫、消费扶贫、政策扶贫和志智双扶。全系统有2083名税务干部投身脱贫攻坚一线，其中135人脱产、43人担任第一书记；所帮扶的141个贫困村4956户16902人全部脱贫摘帽。市局机关圆满完成酉阳县车田乡、万州区龙驹镇、石柱县中益乡重点扶贫任务，受到当地党委、政府和群众一致好评。

二、2021年发展目标

2021年是“十四五”规划的开局之年，是中国共产党建党100周年。全市税收工作的总体要求是：坚持以习近平新时代中国特色社会主义思想为指导，全面贯彻党的十九大和十九届二中、三中、四中、五中全会及中央经济工作会议精神，认真落实总局党委和市委、市政府决策部署，加强党的全面领导，增强“四个意识”、坚定“四个自信”、做到“两个维护”，立足新发展阶段，贯彻新发展理念，服务新发展格局，持续深化“固本强基、提质增效”工作思路，以提升“六大能力”为抓手，以优化税务执法方式为主线，以深化税收大数据应用为动力，以完善“带好队伍”机制制度体系为保障，更好地发挥税收在国家治理中的基础性、支柱性、保障性作用，确保新发展阶段税收现代化建设开好局、起好步，以优异成绩庆祝建党100周年。按照上述要求，围绕全面贯彻落实中央办公厅、国务院办公厅《关于进一步深化税收征管改革的意见》，将着力抓好八个方面的重点工作：深入学习贯彻习近平新时代中国特色社会主义思想，全面落实《深入推进税务系统党的建设高质量发展两年行动计划（2021~2022年）》，坚定不移加强党对税收工作的全面领导，不断提升党的建设质量；依法依规组织收入，妥善处理好减与收、质与量、条与块、近与远的关系，持续巩固拓展减税降费成效，推动税费收入量稳质优；稳妥有序推进“智慧税务”建设，进一步增强税收信息化的引领支撑作用，着力打造具有重庆特色的智慧税务，持续提升税费征收管理质效；全面优化税收执法方式，聚焦精确执法、精细服务、精准监管、精诚共治，切实提高税务执法、服务、监管和共治能力，不断提升税收治理效能；坚持从全局谋划一域、以一域服务全局，更加主动地把税收工作融入全市重大发展战略，积极主动发挥税收职能作用，更好服务经济社会发展大局；持续深化全面从严治党，一体推进“三不”制度机制和综合监督体系建设，实现“两个责任”的贯通联动，促进干部队伍廉洁从税；坚持抓班子管干部，不断改进完善“带好队伍”机制制度体系，为高质量推进税收现代化提供坚强组织保证；坚持不懈强化作风效能建设，以实打实、硬碰硬的举措，确保各项工作任务落地落实、见绩见效。

（执笔人：练鹏）

人行重庆

中国人民银行重庆营业管理部

2020年是决胜全面建成小康社会、实现第一个百年奋斗目标之年，也是“十三五”规划收官之年。人行重庆营管部深刻践行习近平新时代中国特色社会主义思想，主动担当作为，着力攻坚克难，高效履行中央银行职能，为地方经济高质量发展作出了重要贡献。

一、强化责任担当，从严落实金融战疫各项部署

（一）金融支持疫情防控和复工复产成效显著

面对疫情冲击，人行重庆营管部抓抢抗疫先机，于春节期间推出系列金融措施；并在总行系列支持政策出台后，及时在辖区建立多部门合作、市区县上下联动的工作机制，快速形成重点保障企业名单、组织银企对接。牵头出台“金融支持24条”，开展“再贷款暖企百日行动”。疫情以来运用专项再贷款向全市抗疫保供重点企业发放专项贷款，居全国第4；运用复工复产再贷款再贴现支持发放贷款惠及1万余户市场主体。传导执行更加灵活适度的稳健货币政策，落实逆周期调节要求，提升金融机构服务实体经济能力。

（二）金融支持稳企业保就业工作扎实推进

牵头出台“金融支持稳企业保就业40条”，创新开展“1个政银企对接机制+1个融资保障行动+4个重点领域专项行动”。大力促进银企对接，推动相关重点企业新获贷款，支持就业超24万人。创新建成首贷续贷中心32个，助力小微民营企业获取贷款。开展“金融保市场主体百日大走访”行动帮助受困企业。落实两项直达实体经济的货币政策工具，向普惠小微企业发放信用贷款并办理贷款延期还本。

（三）金融服务和基础设施畅通高效有温度

第一时间开通外汇政策绿色通道，支持跨境采购口罩和防护服。高效办理核准账户审批及资金汇划。全国第2家开通“云闪付”App专用捐赠通道。推出专属移动支付产品、商户手续费减免等优惠措施，有力支持复市复消。打造面向援鄂医疗人员的专属金融服务，惠及医护人员1600余名。实施受疫情影响企业信用保护机制，畅通国库资金拨付，严格执行现金消毒防护规定，支撑经济社会有序运转。

（四）金融消费权益保护和政策宣传有力度

打造线上金融服务“一点通”、金融支持措施及科普知识集中宣传、金融消保“快问快答”、12363投诉快速处理及统计机制“四项品牌”，确保疫情期间金融消保工作“不断档”“不掉线”。多层次、高密度开展政策宣传解读，多次组织参加新闻发布会、政银企对接活动，传递支持经济金融稳定发展的信心。

二、坚持问题导向，凝心聚力打赢“三大攻坚战”

（一）防范化解重大金融风险稳妥有序推进

金融委办公室地方协调机制（重庆市）在全国首批落地运行。构建常态化形势分析研判和风险情况专报机制，发挥监测预警效能。深入调研互联网消费贷款无序发展问题，及时上报并提出监管建议。稳妥推进辖区存款保险制度运行及标识启用。牵头制定重庆“122”机制金融监管工作组方案，同时强化反洗钱协调机制建设。

（二）金融助力决战脱贫攻坚取得积极成效

强化金融精准支持，运用结构性货币政策工具、信贷政策导向评估及创新贷款模式，引导信贷资源倾斜；升级政策性金融产品，“两不愁、三保障”落地见效。创新银企精准对接、紧密金融扶贫利益联结、产业扶贫贷款与扶贫小额信贷联动三项产业扶贫长效机制，全市产业扶贫贷款余额快速增长。优化普惠金融服务，打造“1+2+N 普惠金融服务到村”工程，建成普惠金融基地 346 个，覆盖人口 66 万，预计 3~5 年实现 8000 余个行政村全覆盖。

（三）多措并举发展绿色金融助推绿色发展

推动重庆申报创建重庆市绿色金融改革创新试验区，总体方案完成部委会签。自主开发“长江绿融通”大数据综合服务系统，在全辖人民银行和 65 家金融机构广泛使用。人行重庆营管部与 2 个区县政府签署绿色金融合作备忘录、绿色金融助力“碳达峰”和“碳中和”合作协议，深化绿色发展理念、推动绿色标准落地、促进绿色融资对接。推动重庆农村商业银行成为全国首家采纳“赤道原则”的农商行，以及中西部首家“赤道银行”。

三、落实创新驱动，以深化改革激发新发展活力

（一）金融服务成渝地区双城经济圈建设呈现新气象

贯彻落实党中央重大战略部署，与成都分行密切合作构建日常工作机制，联合开展 11 项专题调研，并代拟形成《成渝共建西部金融中心规划》草案。获总行支持在成渝地区开展账户制度改革和创新先行先试，启动成渝双城推进移动支付服务体验同城化项目。联合税务部门在川渝两地实现税款跨省电子缴库。协同推进两地在外汇管理、金融统计、信用体系建设等方面开展共建共享，在治理跨区域金融风险与打击非法金融活动方面实施联防联控。

（二）推动重庆金融科技应用发展实现新突破

以打造“四区两中心一高地”为重点，规划全市金融科技应用发展蓝图。推动重庆成为集金融科技应用、金融标准创新、金融科技创新监管 3 项试点资格于一身的 2 个省（市）之一。国家金融科技认证中心落户重庆，形成金融科技创新发展生态。金融科技应用试点 26 个项目全部完成；金融标准试点通过验收；金融科技创新监管试点首批 5 项创新项目已进行社会公示。在国内率先探索创建多部门参与的金融科技发展协调工作机制，开辟金融科技企业管理新路径。

（三）金融支持区域经济开放创新取得新进展

新获国家外汇局批复开展 10 项外汇管理改革创新试点，QDLP、QFLP 等试点正式落地。扎实做好本外币合一银行结算账户体系试点启动前期工作。深入推进跨境金融区块链服务平台试点。助力开好 2020 年中新金融峰会，承办中国金融学会跨境人民币业务专业委员会年会。牵头

出台《金融服务西部陆海新通道建设方案》，通道沿线地区协同发展质效不断提高。重庆自贸区更高水平跨境人民币贸易投资便利化试点推广到全市。

四、优化金融服务，提高服务大局服务群众能力

（一）坚守为民初心，提升金融服务质效

深入实施移动支付便民工程，全市“云闪付”App用户数占常住人口的近三分之一。推动重庆征信公司注册落地，优化中小微企业征信服务。持续整治拒收现金行为，维护公众支付选择权。开展储蓄国债到期提醒兑付，被群众誉为“暖心工程”。推进“智慧国库”建设，开展经理国库35周年主题宣传。在重庆人民广播电台“重庆之声”推出“恪守为民初心 勇担央行使命”系列访谈。深化“放管服”改革，扎实做好政府信息公开工作。

（二）服务科学决策，调查研究走深走实

大兴调查研究之风，围绕金融支持疫情防控、金融改革进展开展调查研究，完成多项重要研究成果，为领导决策发挥了积极的参谋作用。深入开展金融统计“数据治理年”工作，完成多项数据生产任务实现“零差错”。上线“清算云”数据中心，有效服务实体经济。

2021年，在总行的坚强领导下，人行重庆营管部将深入贯彻落实党的十九大和十九届二中、三中、四中、五中全会精神，抓住“建设现代中央银行制度”契机，从全局谋划一域，以一域带动全局，推动党中央和人总行各项决策部署落地见效，为夺取全面建设社会主义现代化国家新胜利而努力奋斗。

（执笔人：周谦毅）

重庆海关

重庆海关

一、2020年发展回顾

2020年，重庆海关坚持以习近平新时代中国特色社会主义思想为指导，全面深入贯彻落实习近平总书记对重庆提出的营造良好政治生态，坚持“两点”定位、“两地”“两高”目标，发挥“三个作用”和推动成渝地区双城经济圈建设等重要指示要求，围绕推进海关制度创新和治理能力建设，积极实施“六大提升行动计划”，全力促进重庆在西部地区带头开放、带动开放。

据海关统计，2020年，重庆外贸进出口总值6513.4亿元，比2019年增长12.5%，高出同期全国外贸整体增速10.6个百分点。其中，出口4187.5亿元，比2019年增长12.8%；进口2325.9亿元，比2019年增长11.9%。在中西部18省市中外贸总值排名第3位，外贸总值排名全国第12位。

（一）发挥政治机关鲜明优势，坚决落实习近平总书记重要指示批示精神

1. 坚决贯彻习近平总书记关于打击洋垃圾和濒危物种及其制品走私等重要指示批示精神

组织开展“蓝天2020”专项行动，查获涉及固体废物类行政案件2起，查获废塑料38.79吨，刑事立案侦办走私疫区冻品、活牛案件3起；成功破获“311涉嫌走私珍贵动物制品案”，现场查获走私入境穿山甲鳞片440.58千克。同时推进濒危野生动植物及其制品移交林业部门，推动走私冻品交地方归口处置政策落地。

2. 全力打好脱贫攻坚战

全年争取扶贫专项资金54万元，捐赠扶贫物资1000余件，派出扶贫干部2人，超额完成总署和重庆市政府下达扶贫采购任务，协助发展村集体经济组织，培育发展丝蚕、龙虾等养殖产业以及猕猴桃、烤烟、花椒等种植产业等，对口帮扶的酉阳县车田乡清明村6组已全部实现脱贫摘帽。

3. 深入贯彻习近平总书记关于坚决制止餐饮浪费行为的重要指示精神

将节约粮食纳入关区节约型机关创建工作重要内容，制定细化6个方面措施，锲而不舍推动落实。

（二）紧紧围绕打赢疫情防控阻击战，筑牢国门检疫防线

按照总署党委关于口岸疫情防控有关要求，严格执行“三查三排一转运”，因时因势调控防控策略，切实做到“7个100%”，坚持“人防”“物防”并重，“监测”“消杀”并举，全面封堵疫情传入传出途径。累计在重庆口岸79787名入境人员中检出新型冠状病毒核酸阳性82例，1.6万余份样本检测结果均与地方一致，无漏检、错检情况发生。扎实做好进口冷链食品口岸环节风险监测和预防性消毒监督工作，严防疫情输入风险，完成采样4223个，无阳性检出，预防性消毒9批1.56万件，有效维护了人民生命安

全和身体健康。实现口岸疫情“零发生”、国门安全“零事故”、干部职工“零感染”，关区疫情防控工作受到国务院联防联控机制第十四督导组，以及海关总署安全防护第三督导组的高度评价，17个单位和个人获得海关总署、重庆市表彰。

（三）紧紧围绕落实“六稳”“六保”部署，促进外贸稳增长

1. 落实改革要求，优化营商环境

及时研究出台支持企业复工复产促进外贸稳增长11条措施、支持综合保税区发展8条措施、支持中欧班列发展18条措施等“一揽子”政策措施，全力支持企业有效应对疫情等因素影响。积极承接总署改革试点，推动“两步申报”“两段准入”改革，12月，实现“两步申报”单量占比达到29%。推动水运进口标品边境合规时间压缩至11.52小时，较上年压缩75%以上。持续深化海关“放管服”改革，推动《入境货物检验检疫证明》电子化率达94.4%，支持重庆国际贸易“单一窗口”主要业务应用率达100%，同时实现行政审批事项全流程网上办理和集中办理。

2. 为企业排忧解难，保市场主体

发挥技贸优势，发布“5+2”《防疫物资出口指南》，被全国海关系统广泛推广，阅读量破100万次。强化AEO认证工作，2020年关区共计新增认证企业66家，政策试点综合成效居全国第一。全面释放政策红利，落实增值税降税、暂定税率调整、对美加征市场化排除、进口税收优惠等政策，累计减征、免征税款30.5亿元。选择性征税政策试点减征税款量占全国总额的85%，成效居全国第一，有效减轻了企业负担，激发了市场主体活力。

3. 支持拓展海外市场，保市场份额

强化统计分析和监测预警，累计向地方政府报送呈阅件54篇次，报送各类日常统计信息98条次。聚焦外贸支柱产业，保笔电出口量、值均居全国第一。制定支持跨境电商发展14项工作举措，跨境电商进出口订单、货值同比分别增长23.3%、14.4%。帮扶扩大优质农产品出口，促进“重庆产”等水果出口新增13个目的国家（地区），出口量同比增长2.6倍，中药材出口同比增长5.2倍。新增重庆市农产品出口基地20个，指导重庆首家出口水生动物养殖场完成注册登记。

4. 强化监管优化服务，保产业链供应链稳定

推行“区港联动”监管模式，带动新封关运行的涪陵综保区2020年进出口值达51.2亿元。实施区域间保税货物便捷流转，降低企业公路运输费用近30%。探索集团保税监管新模式，促进长安福特等企业通关综合成本降低约50%。支持开通首趟“中国邮政号”班列，实现常态化规模化运邮，疏运全国邮件1645万件，占比超过65%。支持开行整车出口专列以及开展搭载出口快件测试。依托“中欧班列+跨境电商B2B+海外仓”模式开展全链条业务。推行航班云备案，力助航空公司15条航线“客改货”，货机航班量增长40%以上，大大缓解外贸运力紧张。针对冷链危险品和快件包裹实行“绿色通道”，快件进出口包裹件数同比增长43%。

（四）紧紧围绕建设内陆开放高地，不断深化改革创新

1. 不断提升开放通道能级

促进中欧班列（重庆）年度开行量首次突破2000班，铁路口岸承运进出口货物重量、货值同比增长超50%，均创历史新高。成功推进与新加坡关税局签订跨年度合作计划，组织召开15地海关区域合作在线研讨交流3次。支持冷链、整车、药品依托海铁联运通道实现进口常态化运

行，全年铁海联运班列开行班次、运载标箱数量同比分别增长40.30%、40.50%，东盟班车开行数量、运输货值同比分别增长128%、117%。支持重庆港成功获批扩大开放至果园港，推行落地“离港确认”“船边直提”“抵港直装”等举措，带动“沪渝快线”增量运行达899班、19.7万标箱，分别同比增长185%和129%。

2. 持续拓展开放平台效能

探索实践的“货物贸易‘一保多用’管理模式”被国务院作为第六批改革试点经验向全国推广。“整车保税仓储‘三个一’监管模式”等创新举措成功获总署备案。累计复制推广自贸试验区改革试点经验36项。与此同时，推动涪陵综保区（一期）、果园B保正式封关运行，助推两路寸滩保税港区整合优化为综保区，万州综保区成功获批，永川综保区启动申报工作。指导重庆江北国际机场航空口岸、重庆港果园港区、重庆铁路场站成功获批增设指定监管场地。

3. 推进成渝地区双城经济圈建设

认真贯彻落实中央财经委员会第六次会议精神，紧扣建设“两中心两地”的目标定位，携手成都海关共同签署《重庆海关 成都海关共同支持成渝地区双城经济圈建设合作备忘录》，并建立三级工作机制。在合作备忘录框架下，共同提出36项服务成渝地区双城经济圈建设的具体工作举措，为持续优化成渝两地口岸营商环境，出台了促进跨境贸易便利化、助推外贸稳增长的15项具体措施。

（五）紧紧围绕发挥引领支撑作用，坚持增强科技供给

1. 推动科技管理有方

关区实验室已具备9020项参数的检测能力。技术中心自行研制药用玻璃瓶微孔孔径计量装置，成为国内首家具有相关资质的实验室。深入开展“科技战疫创新强国”主题科技活动周活动，关区推选选手获得全国科普讲解大赛二等奖、获评2020年“全国海关十佳科普讲解员”。

2. 推动科技应用有序

成功移植广州海关疫情防控作业系统，及时采购核酸提取仪、荧光PCR检测仪、移动P2+实验室等设备，组织两中心获批新冠病毒检测资质等，有力提升口岸检测能力。完成H2018系统3.0数据订阅及配套系统的改造升级。推动邮政企业实现智能分拣，在旅检现场深入推行旅客通关“先期机检”等，确保智能审图应用成效。

3. 推动科技创新有为

在动植检、食品等领域获得总署科研项目立项4项，制定海关技术规范5项，申请实用专利共15项，获批实用新型专利8项，并有5人入选第二批海关科技评估专家库。开发“渝快查”系统，开发进口冷链食品监测系统，实现闭环管理。全国首次建立LSDV野毒株和疫苗株的鉴别方法，牛结节性皮肤病病毒研究水平在国内领先。

（六）紧紧围绕落实总体国家安全观，坚持全面依法监管

1. 风险防控效能不断提升

人工分析布控查获率由2019年的5.71%提升至17.4%。非贸安全准入查获数同比增长16%，分析成果在全国9个直属海关取得查获。成功获批国家级进出口商品质量安全风险评估中心（重庆）和2个总署一级风险监测点。

2. 实际监管有效性不断提升

全年监管货运量718.6万吨，增长13%；货值808.7亿美元，增长11.5%。结关报关单超83.5万份。监管进出境人员35.4万人次，监管进出境快件301.4万件（票），邮递物品1101万件。实现进境重点航班托运行李先期机检100%覆盖，

通关速度提升60%。开展重点领域专项稽核查，关区共办结稽查作业95起。累计完成税收入库137.16亿元，圆满完成既定目标。全面落实总署党委关于安全生产的相关工作要求，全年安全生产“零事故”。

3. 口岸检验检疫防线不断加固

推动实施进口食品“国门守护”行动，查发4批不予进口食品，同时查发1批不予出口食品。累计查获不合格防疫物资89批1360.5万件，相关工作得到全国防疫物资产品质量和市场秩序专项整治行动第五调研指导组肯定。危险化学品安全综合治理圆满收官，三年来关区没有发生系统性的质量安全事故。按照3个100%的要求，妥善处置885辆进口奥迪汽车自燃安全风险。在进境水果、粮食中检出检疫性有害生物9种，重庆口岸首次检出樟子松墨天牛等2种有害生物，全国首次检出庭园象甲、棉籽尖长蝽等4种有害生物，并在国门生物安全监测中首次监测到泰实蝇。

4. 打击走私力度不断增强

扎实推进“国门利剑2020”打击走私专项行动及“蓝天2020”“护卫2020”专项行动。坚决维护社会安全，查获气动力枪支3支、仿真枪1支、各类枪支及仿真枪零部件190个，毒品28.9千克，违禁出版物431件。全年立案侦办走私犯罪案件27起，其中立案侦办涉税走私犯罪案件案值3.2亿元，涉嫌偷逃税2929万元，案值和涉嫌偷逃税同比分别增长1.6倍和14.5%，有效维护国家经济安全与市场公平秩序。

二、发展中存在的问题

同时，发展中仍然还存在一些突出问题和短板。一是海关改革创新成果还没有从一枝独秀向百花齐放转变；二是个别领域的安全监管水平距离真正实现“化学反应”尚有距离；三是前瞻性的科技创新成果对监管服务的支撑作用发挥还不明显。

三、2021年发展思路

2021年是实施“十四五”规划、开启全面建设社会主义现代化国家新征程的开局之年。2021年关区工作的总体思路是：以习近平新时代中国特色社会主义思想为指导，深入贯彻党的十九大和十九届二中、三中、四中、五中全会精神，全面落实习近平总书记对重庆提出的重要指示要求，认真落实全国海关工作会议、全面从严治党工作会议精神，坚持系统观念，统筹发展和安全，锲而不舍、一以贯之深化“五关”建设，围绕政治机关建设更有作为、开放监管机制更为科学、海关改革创新更具动能、治理能力提升更见成效、党建引领作用更加彰显的目标，强化监管、优化服务，聚力增强政治意识，在坚决做到“两个维护”中践行新使命；聚力防范重大风险，在全力护航安全发展中彰显新担当；聚力培育发展新机，在助力重庆扩大开放中迈上新台阶；聚力提升治理能力，在推动海关改革创新中贡献新智慧；聚力强化运行保障，在持续提高管理质效中增强新动能；聚力加强党的建设，在全面提振队伍风貌中展现新形象；聚力强化执纪监督，在推进清廉海关建设中开创新局面。努力推动重庆海关在全面建设社会主义现代化海关的新征程上迈好第一步、取得新突破，更好服务重庆高水平开放高质量发展。

（执笔人：肖宝林）

对外贸易

中国国际贸易促进委员会重庆市委员会

一、2020 年发展回顾

2020 年，全市贸促系统坚决贯彻习近平总书记对重庆提出的营造良好政治生态，坚持“两点”定位、“两地”“两高”目标、发挥“三个作用”和推动成渝地区双城经济圈建设等重要指示要求，认真落实党中央国务院、市委市政府和中国贸促会的工作部署，勇于担当使命，发挥独特优势，为推动重庆全面融入共建“一带一路”、加快建设内陆开放高地贡献了力量。

（一）对外经济贸易交流与合作

一是深化多双边工商合作，助推中西部国际交往中心建设。以东盟、中亚、中东欧为重点，加强与“一带一路”沿线国家的经贸往来，与越南驻华大使馆、泰国驻上海总领事馆、迪拜工商会、立陶宛驻华大使馆等开展经贸交流活动 19 批次。巩固深化既有战略合作关系，与巴西精英企业家联合会、阿根廷中国理事会等两家境外机构签署友好合作协议。截至 2020 年 12 月 31 日，累计与 80 家境外贸促机构建立战略合作关系，与 30 余个国家驻渝、驻蓉总领事馆、商协会建立合作交流机制。充分用好多双边工商机制，发挥中国—巴西商务理事会重庆联络办公室作用，在渝举办“中国—巴西贸易投资研讨会暨理事会年度会议”，推动上海合作组织中国实业家委员会联络办公室落地重庆，进一步加强与巴西、上合组织国家有关对口机构、工商界的交流与合作。

二是积极投身成渝地区双城经济圈建设，推动川渝贸促系统协同发展。与四川省贸促会签署战略合作协议，发布《共担使命 协同发展》倡议书，建立沟通合作机制。加强重庆国际商会与四川国际商会、成都国际商会的机构间合作，为川渝企业提供国际化经营服务。推动四川省广元市分别与重庆市渝北区、合川区达成合作协议，帮助重庆渝贸通公司参与眉山特色农产品出口，指导四川仁安药业有限公司成功通过重庆港口出口，提高了出口效率，降低了物流成本。合作举办“遇见巴蜀·国际融合采洽会”，140 家川渝企业和 20 家国（境）外企业参加展示洽谈，促成川渝两地企业与新加坡、澳大利亚等国企业“云签约”项目 7 个，为唱好“双城记”、建好“经济圈”贡献贸促力量。

（二）国际贸易投资促进

一是高质量办好重大经贸活动，助力企业参与国际竞争。以重大活动为载体，推动优化外贸结构，稳定产业链供应链。指导举办“第十八届中国国际摩托车博览会”，展出面积超 8 万平方米，比上届增加 35%，参展企业 500 多家，比上届增加 30%，采购商、专业观众及参观体验者 17 万余人，成为 2020 年度世界第一大摩托车专业展。牵头举办“2020 中国西部（重庆）国际物流产业博览会”，展览面积 2 万平方米，邀请 400 家国内外企业参展参会，1.1 万名专业客商洽谈，组织配对洽谈56对，达成合作意向86项，涉及金额约6600万元。联合举办“第三届中国（重庆）长江经济带环保博览会”“第十三届中国（重庆）国际茶产业博览会”“2020中国（重庆）大健康产业博览会”，助力重庆推动高质量发展、创造高品质生活。

二是统筹做好疫情防控和贸促工作，助力稳住外贸外资基本盘。压紧压实疫情防控工作责任，建立健全工作机制，有效落实防控措施。制定《市贸促会关于稳住外贸外资基本盘的八条措施》，深入企业协调解决复工复产中遇到的困难和问题，为企业出具“新冠肺炎疫情不可抗力事实性证明”68份，涉及合同金额21.8亿元，有效降低企业的损失，被《人民日报》头版头条报道。积极开展抗疫国际合作，及时向国（境）外疫情严重国家和地区的友好机构发去慰问电函，向12个国家的15家机构捐赠防疫物资。

三是创新国际贸易投资促进方式，不断增强贸促工作的针对性、有效性。推动线上线下深度融合，组织“重庆—欧亚区农产品及农用机械企业对接洽谈会”“中国（重庆）—乌兹别克斯坦农用机械采购云洽会”“中国（重庆）—越南进出口商品交易会”“国贸伙伴・乌拉圭优选会”“2020重庆出口商品线上对接会”“重庆市汽摩非洲专场线上洽谈会”“2020中国—拉美在线经贸对接洽谈会”等线上推介交易活动，达成意向订单1.1亿个；举办“重庆外向型企业应对疫情策略与技巧”“全市外贸实务培训”“自贸协定（FTA）应用”“医疗防疫物资有效出口培训”等线上培训，提升企业应对疫情影响、稳定外贸出口的能力；组织重庆企业参加“中国—阿联酋经济贸易数字展览会”“中国—东南亚（缅甸）国际贸易数字展览会”“第一届中新食品贸易与物流企业线上展览会”“2020南南合作与数字经济发展论坛”等线上展会；推介重点招商引资项目126个，发布境外贸易投资信息763条、国别（地区）投资合作指南201条，帮助企业拓展多元化国际市场、应对疫情影响和国际化经营风险。

（三）国际商事法律事务

一是加强商事认证工作，提升贸易便利化水平。加强《外商投资法》《优化营商环境条例》《重庆市进一步做好利用外资工作若干措施》《区域全面经济伙伴关系协定》等政策的宣传解读，举办4场相关培训。开展商事认证创新，我会原产地证、ATA单证册、商事证明书服务项目，列入“全渝通办”以及“川渝通办”范畴，并接入“渝快办”电子政务平台，全年采取“不见面办证”“绿色通道”等方式为企业共办理各类商事认证文件18259份（同比增加2%），其中非优惠原产地证12621份，优惠原产地证2984份，国际商事证明书2030份，自由销售证明书1份，代办领事认证607份，ATA单证册16份。积极开展自贸协定宣传推介工作，通过实地调研、举办培训、发布自贸协定最新资讯等方式加强宣介，提升我市企业自贸协定利用率成效显著，我会自贸协定服务中心被评为全国贸促系统“宣传推介先进集体”。

二是积极推进诉调对接，扎实开展商事调解工作。推进商事调解、仲裁和诉讼的有效衔接，与市高法院共同召开商事纠纷多元化解工作推进会，共同研究修订《关于建立重庆市涉外涉港澳台商事纠纷诉讼与非诉讼衔接机制的意见》。与渝中区法院签署合作协议建立一站式商事争端解决平台，复制推广我会调解中心与重庆两江新区（自贸试验区）人民法院的诉调对接试点经验，进一步拓展诉调对接工作，全年受理办结商事调解案件65件。与重庆市两江公证处签署战略合作协议，加强公证与调解的有效衔接。

三是做好经贸摩擦预警及应对工作，帮助企业提升防范应对风险能力。广泛收集、及时发布预警信息以及最新政策动态，特别是疫情下的各国经贸动态，全年共发布经贸预警信息296期，指导企业防范应对风险。深入企业调查研究，指导企业做好经贸摩擦特别是中美经贸摩擦应对。积极配合中国贸促会做好对美加征关税商品排除工作，加强对企业的宣传解释工作，指导企业开展商品排除申请工作。落实贸易政策审议工作，按照中国贸促会部署安排，对澳大利亚、日本、塔吉克斯坦、印度、印度尼西亚、阿根廷6个国家积极开展贸易政策审议工作，维护企业正当权益。

二、2021年发展思路

2021年，重庆市贸促会将全面贯彻党的十九大和十九届二中、三中、四中、五中全会精神，深学笃用习近平新时代中国特色社会主义思想，着眼“两点”、立足“两地”、围绕“两高”、紧扣发挥“三个作用”，科学把握新发展阶段、坚决贯彻新发展理念、服务构建新发展格局，以推动高质量发展为主题，以改革创新为根本动力，按照市委、市政府和中国贸促会的工作部署，科学筹划“十四五”期间全市贸促工作，不断增强贸促工作的针对性、有效性，努力在全面融入共建“一带一路”加快建设内陆开放高地、推动成渝地区双城经济圈建设的实践中展现新作为、作出新贡献。

一是服务重庆对外开放大局。进一步强化政治担当，增强“四个意识”、坚定“四个自信”、做到“两个维护”，兑现市委“三个确保”政治承诺。不断增强政治性先进性群众性，团结带领更多的外经贸企业，投身重庆开放型经济发展和对外工作大局，为把习近平总书记殷殷嘱托全面落实在重庆大地上作出贡献。

二是积极拓展对外经贸交流合作。巩固深化与全球77个贸促机构、商协会的战略合作关系，精心谋划经贸团组互访，助力建设中西部国际交往中心。以东盟、中亚、中东欧为重点，加强与“一带一路”沿线国家的经贸往来。充分发挥多双边工商机制作用，畅通经贸交流渠道。促进川渝贸促系统协同发展，扎实推进体制机制和方法手段创新。

三是不断优化国际贸易投资促进方式。围绕提升外贸质量、优化和稳定产业链供应链、培育外贸新动能，搭建更多国际经贸交流合作平台，更好地促进开放型经济发展。积极做好“第十四届中国—拉美企业家高峰会”和“迪拜世博会重庆活动日”的筹备工作，推动在肯尼亚设立重庆商品展示展销中心。总结线上开展经贸活动的经验做法，依托互联网、大数据举办更多有针对性、实效性的贸易投资活动。

四是推动营造国际化法治化便利化的开放环境。做好商事认证工作，大力开展商事法律服务、经贸摩擦预警及应对工作，促进贸易便利化自由化。加强在渝外资企业和商协会的常态化联系，开展营商环境监测工作。充分发挥中国贸促会自贸协定（重庆）服务中心职能作用，大力宣传自贸协定（FTA）优惠政策，特别是区域全面经济伙伴关系协定（RCEP）的宣传解读和落实工作，努力提高我市FTA利用率。

五是促进外向型企业高质量发展。充分发挥连接国际国内两个市场、两种资源和沟通政企的重要纽带作用，鼓励企业增强开放意识，在全球范围内配置资源；引导企业加强产品研发、品牌建设，推动产业创新、科技创新、制度创新、管理创新；帮助企业高标准对接国际经贸规则，积极应对和有效化解因政策调整、关税壁垒等引发的各种风险。

六是健全完善贸促治理体系。认真贯彻党中央、市委关于深化改革的各项要求，高标准完成各项改革任务，提高贸促治理能力和水平。坚持正确选人用人导向，加强干部思想淬炼、政治历练、实践锻炼、专业训练，坚持严管与厚爱、激励与约束并重，为贸促事业提供人才支撑。积极延伸工作触角，推动设立专业委员会和有条件的行业、区县成立基层贸促机构，推动肯尼亚、巴西代表处挂牌运行。建立健全有助于推动开放发展的体制机制，形成统筹协调、内外协作、具有合力的贸促工作体系。

（执笔人：李继洪）

第三编　产业发展

第一产业

农业发展

重庆市农业农村委员会

一、2020年发展回顾

2020年是决战脱贫攻坚、决胜全面小康的收官之年。全市农业农村委系统坚定贯彻落实党中央、国务院决策部署和市委、市政府工作要求，坚持“战疫情”“保供给”两手抓、“战贫困”“稳收入”两促进、“补短板”“促振兴”两统筹，农业农村保持稳中向好发展势头。实现农业增加值1803.33亿元，同比增长4.7%，增速比全国平均水平高1.7个百分点，农村常住居民人均可支配收入16361元、同比增长8.1%，增速比全国平均水平高1.2个百分点。

（一）现代山地特色高效农业蓬勃发展

粮食等重要农产品有效供给。统筹抓好疫情防控和重要农产品生产，扎实开展“战疫情、抓春耕、促生产”行动，出台支持涉农企业复工复产8个政策性文件，推动农业生产迅速恢复。全年粮食产量1081.4万吨，创近10年新高；存栏生猪1082.9万头，基本恢复到常年水平；蔬菜产量2092.6万吨，比上年增长4.2%，净调出100万吨以上，有效保障城乡居民需求。

农村一二三产业深度融合。深入实施“十百千”工程，柑橘、榨菜、中药材等十大特色产业面积增加到3100万亩，综合产值达到4500亿元。科学应对和有效化解新冠肺炎疫情影响，扎实推动农产品加工业、乡村旅游业恢复发展。探索建立农产品加工统计监测制度，制定实施加工企业综合指标考核奖补政策，2020年农产品加工业总产值达到3163亿元，同比增长3.1%。着力打造100条乡村旅游精品线，乡村旅游综合收入658亿元。农产品电商强势增长，网络零售额达130亿元。

农业“三品”建设扎实推进。主推100个优质良种，主要农作物良种覆盖率达97.5%。累计制（修）订农业地方标准434项，占全市地方标准的35%。“巴味渝珍”入选新华社民族品牌工程，授权农产品549个，有效期内农业“三品一标”达6749个。

（二）产业扶贫深入推进

落实产业项目。紧紧围绕打好定点攻坚战、百日大会战、收官大决战“三大战役”，累计建设脱贫产业基地5.6万个，发展脱贫产业843万亩，特色产业覆盖建卡贫困户90%以上。

强化帮扶指导。组建18个产业发展技术指导组，定向指导18个深度贫困乡镇，落实2.87万名指导员到村到户开展技术指导。

完善利益联结。全年实施股权化改革项目2279个、财政资金15.17亿元，累计实施股权化改革项目8948个、涉及财政资金57.15亿元，惠及1997个村集体经济组织、46.9万农户。培育助力脱贫带贫农业龙头企业1856家、农民合作社7734个，通过抱团发展产业、吸纳就业等带动贫困户20.3万户。

（三）农业农村绿色发展加快显效

农村人居环境整治三年行动圆满收官。实施“五沿带动、全域整治”，全市行政村生活垃圾、卫生厕所普及、畜禽粪污综合利用率分别达到99.9%、82.9%、84.4%。全年改造危房1.27万户，三年累计改造危房9.96万户；整治提升旧房7.5万户，累计整治32.76万户。实施村庄绿化6089亩，建设绿色示范村庄500个，累计创建绿色示范村庄1609个。2项国家考核任务、23个市级重点项目全部完成。

农业面源污染治理成效明显。实施畜禽粪污资源化利用25个整县推进项目，规模养殖场粪污处理设施装备配套率达到95%以上。测土配方施肥技术覆盖率提高到95.1%，较2019年增加1.1个百分点；主要农作物病虫害绿色防控覆盖率达到42.81%，较上年提高7.26个百分点。加快推进养殖尾水治理，已完成3000余吨养殖尾水直排整改任务，覆盖治理面积1.9万亩。探索秸秆综合利用典型模式，全年秸秆综合利用率稳定在87%以上。推进农膜、农药化肥包装物回收利用，建成废弃农膜县级贮运中心39个、乡镇（街道）回收网点1140个、村级回收网点1151个，累计回收废弃农膜22314吨、农药化肥包装物1478吨。

农业绿色发展扎实推进。着力推进璧山、开州、武隆等3个国家农业绿色发展先行区试点建设，在万州、永川等开展水稻、蔬菜绿色高质高效示范基地建设，建成优质粮油作物绿色生产基地6万亩、果茶菜经济作物绿色生产基地4000亩。加快实施水产绿色健康养殖“五大行动”，创建部级水产健康养殖示范场190家、养殖水面20万亩。2020年新认证绿色食品、有机农产品、地理标志农产品248个，规模21.89万公顷，产量548万吨。有效期内“三品一标”产量达1309.1万吨，绿色食品总数居全国第五位。长江流域禁捕退捕任务提前一年完成，共退捕渔船5342艘、渔民10489名，全面实现“四清四无”。

（四）农业农村改革持续深化

农村集体产权制度改革整市试点如期完成。共清查核实集体资产1089亿元，其中经营性资产121亿元，累计确认集体经济组织成员3800万人次，量化集体资产350亿元。

农村“三变”改革扩面深化。“三变”试点村扩大到591个，试点村农民人均增收510元。累计入股耕地、林地92万亩，盘活集体林地、草地、水域、“四荒地”20万亩，闲置农房3986套，集体经营性资产4.1亿元，撬动社会资本20亿元，103万农民变股东。

新型农村集体经济加快发展。推进农村集体经济组织登记赋码，8992个村级集体经济组织实现登记赋码，占比99.6%。9033个村（含涉农社区）、79029个组完成集体资产股份合作制改革，有经营性收入的村占比达96.3%。

（五）农业农村发展动能不断增强

三农“领域”投入力度加大。全年下达市级以上专项资金98.7亿元，同比增加9.2亿元，增长10.28%。加大“三农”领域地方债发行力度，全年完成70.69亿元，列全国第10位，实现历史性突破。新增农业担保贷款50亿元，累计帮助4万多农户融资250多亿元。完成政策性农业保险保额455亿元。

乡村人才不断集聚。全年新建农民工返乡创业园15个，累计建成44个市级农民工返乡创业园区，园区内吸纳企业数量达1500余户，直接带动和吸纳就业14.7万人。积极引导返乡农民工就业创业24.4万人，回引在村挂职、创业本土人才9200余人，采取线上线下分类、课堂田间分段等培训方式，加强高素质农民培训，高素质农民突破20万人。

城市工商资本加快“上山下乡”。全方位开展乡村振兴招商引资，全年签约项目305个、规划投资1071亿元。乡村振兴三年行动计划序时推进，累计完成251项重点任务、71项重点项目，完成投资2298.1亿元。

新型农业经营主体加快培育。农业龙头企业逆势增加296家，累计培育发展家庭农场3.26万个、农民合作社3.77万个、区县级以上农业龙头企业3716家、社会化服务组织10958个。

（六）农业农村发展基础条件有效改善

高标准农田建设和农田宜机化改造步伐加快。新建设高标准农田166万亩，累计达到1301万亩；实施农田宜机化改造12万亩，累计达到78万亩。

新型农机具装备加快普及。全面落实农机购置补贴政策，兑付补贴0.92亿元，获补机具达8.48万台套，主要农作物耕种收综合机械化率达到52%，同比增长1.8个百分点，超过全国丘陵山区省份平均水平，排名西南地区第2。

农村基础设施加快改善。新建入户道路4509公里，新增高效节水灌溉61万亩，5个区县入选国家数字乡村建设试点，贫困村人口聚居自然村光纤和4G网络覆盖率分别达到95%和100%，农村医疗、养老等基本公共服务提标提档。

二、面临的主要问题

一是农业质量效益和竞争力仍然不强，标准化、规模化、品牌化发展还处于初级阶段，科技支撑薄弱，农产品加工业总体弱势，特别是精深加工项目贫瘠。二是乡村发展动力活力仍然不足，改革聚合效应尚未充分显现，一些地方缺人才、缺资金的问题还比较突出。三是农民主体作用发挥仍然不够，高素质农民总量不多，新型农业经营主体少、小、弱。四是城乡区域发展差距仍然较大，农村基础设施薄弱，基本公共服务还有不少短板，人居环境整治还需要久久为功，城乡居民收入差距达2.45∶1，“一区”“两群”发展还不够平衡，等等。

三、2021年农业农村发展思路及重点

2021年是“十四五”开局之年，做好农业农村工作具有特殊重要意义。要坚持以习近平新时代中国特色社会主义思想为指导，深入学习贯彻党的十九大和十九届二中、三中、四中、五中全会精神，把准“农业农村高质量发展这个主题”“深化农业供给侧结构性改革这条主线”“保障粮食等重要农产品有效供给这个主责”“三个基调”，增强“深化农村改革”“强化科技创新”“两个动力”，注重“发展与安全”“结构与规模”“生产与建设”“三个统筹”，推动“十四五”农业农村现代化建设开好局起好步。

（一）确保粮食等重要农产品稳产保供

推动落实粮食、生猪、蔬菜任务清单。突出抓好耕地、种子两个要害，严防严控农作物病虫害，稳定粮食面积和产量。持续抓好生猪、蔬菜、渔业等重要农产品稳产供给，力争将生猪本年出栏量恢复到1600万头以上，蔬菜产量保持在2000万吨以上。严格水产养殖禁养区、限养区、养殖区管理，加快传统渔业转型升级，加快发展大水面生态渔业。同时，提质发展特色产业。

（二）大力推动农业科技创新

加强种质资源保护和开发利用，增强优质

良种供给能力。依托产业技术体系，推动品种创新。加强推广机构建设，加大良种推广力度，强化农技推广综合服务。深化农业农村大数据平台建设和应用落地，提高农业生产全程精细化管理水平。加强丘陵山区智能农机装备技术创新，推进农机农艺深度融合。加快推进以农产品产地仓为重点的冷链物流体系建设。

（三）加强耕地保护和质量建设

坚决遏制耕地“非农化”、防止“非粮化”。细化落实耕地利用优先序，强化土地流转用途监管，坚决守住耕地红线。成片推进高标准农田建设和宜机化改造。开展高标准农田耕地质量专项评价，抓好等级评价试点工作。加强受污染耕地治理，探索创新土壤污染防治技术和防治模式。推动项目建设与工程管护机制同步设计、同步建设、同步落实。强化农田水利设施运行管护，落实管护主体、责任和经费。

（四）培育壮大新产业新业态

持续开展农产品加工龙头企业招商引资，加快培育壮大本地农产品加工业，支持以农产品加工为重点的农业企业“上规”“上市”“上云”。持续打造“巴味渝珍”和“三峡柑橘”品牌。保护和传承农业非物质文化遗产，大力发展乡村特色手工业。重点培育生态旅游、养生养老、乡土特色文化等乡村消费热点。拓展农村公益性服务岗位，培育发展乡村物业服务市场。

（五）扎实推进农业绿色发展

持续巩固长江禁捕退捕成果，配合做好退捕渔民社会保障后续工作。扎实做好中央生态环保督察反馈养殖尾水直排等问题整改，强力推进农业面源污染防治。继续实施生态农业创新试点，推广生态农业模式。支持规模养殖场（户）深化种养结合，完善循环利用机制。健全农产品质量安全追溯体系，持续强化农产品质量安全监管。

（六）加快推动成渝现代高效特色农业带建设

在规划编制、项目实施、政策细化、机制协同上严格落实。加快编制成渝现代高效特色农业带建设规划，细化工作任务，逐项研究制定政策措施。进一步加强与四川有关部门协调沟通，建立季研究、半年调度工作机制。

（七）启动实施乡村建设行动

会同规划自然资源等部门，做细做实乡村建设规划。接续实施“五清理一活动”专项行动。继续实施“千村宜居”农村人居环境行动计划。推动基础设施网络向村延伸，推进县、乡、村基础设施一体化。统筹发展公共服务，改善农村基本公共服务。深化治理试点示范，创新乡村治理方式。统筹推进“三乡”人才培育工程。分层分类开展现代农业带头人培训，引导群众返乡创业。培养汇聚乡村人才。

（八）深化农村重点改革和农业对外开放

抓住新一轮农村改革机遇期，深化重点领域和关键环节改革。做好第二轮土地承包到期后再延长30年试点。稳慎推进农村宅基地制度改革试点。扩面深化农村“三变”改革，力争试点范围扩大到全市20%左右的行政村，巩固农村集体产权制度改革成果，盘活利用集体资源资产。加快构建以家庭农场为基础、农民合作社为纽带、龙头企业为引领的新型农业经营体系。加强农产品出口示范基地建设，培育专业化农产品外贸企业。持续开展乡村振兴招商引资。

（执笔人：牛媛媛）

烟草业

重庆市烟草专卖局

一、2020年发展回顾

重庆市烟草商业实行母分公司管理体制，市公司下属销售分公司、烟叶分公司、物流分公司3个专业分公司和39个区域分公司，以及1个烟叶复烤企业、1个全资子公司（多元化经营企业）、1个研究所。2020年，全市系统以习近平新时代中国特色社会主义思想为指导，在市委、市政府和国家烟草专卖局的坚强领导下，在全市烟草产业发展领导小组具体指导下，坚持稳中求进工作总基调，深入贯彻落实新发展理念，实施“党建立烟、改革强烟、科技兴烟、依法治烟”发展战略，推动了全市卷烟市场状态持续向好，较好的完成了各项目标任务。实现主营业务收入430.69亿元，增长0.22%；税利总额108.66亿元，增长2.10%；净利润32.37亿元，增长6.64%。

（一）卷烟经营

持续深化卷烟营销市场化取向改革，着力强化品牌培育、夯实网建基础，稳步推进数智营销建设。一是创新客户服务。创新构建“8+8”互联网+卷烟营销应用架构体系，试点推行“后台服务前台、前台专注终端”的“3+3”服务体系，推行全市零售终端货源标签精准投放，优化“五维一体”数据采集，全年废改立营销制度20个，大户占比降至0.45%，客户诚信自律互助小组覆盖率达到90%。二是有序推进文明吸烟环境建设。安装烟头收集筒3470个，建设室外吸烟区110个、吸烟仓99个。三是着力改善现代终端形象，开展零售商店店铺环境改善专项行动，同步推进现代终端示范店打造、示范街建设，全年建设现代终端9614户，建成具有一定水平的示范店4000户、建成示范街100条。四是全力营造良好市场状态。全市卷烟零售价格稳中有升、客户盈利水平持续提升、客户经营信心不断增强。全市卷烟零售价格指数达97.21，同比提高2.16；全市零售客户平均毛利率11.14%，提升2.19%；卷烟社会存销比在0.33左右，下降0.18个点。市场状态指标达到近年来最好水平。全年销售卷烟113.71万箱，同比下降1.16%；实现销售额406.63亿元，增长1.71%；单箱结构3.58万元，增长3.47%。贯彻落实“大品牌、大市场、大企业”战略，聚焦“136”“345”品牌发展目标，持续优化品规布局，优化完善各价类、各品牌、各规格、各市场的品牌培育规划，针对性的开展货源投放和状态维护，实现品牌培育与消费需求精准匹配。全年在销国产品规数量218个，同比减少48个，“311”品规销量增长2.45%，短、细、中等创新品规增长15.3%，渝产烟销售额120.09亿元，增长3.74%，为近年最好水平；销售“天子”品牌6.2万箱，同比增长21.62%，实现了突破性增长。

（二）专卖管理

坚持服从和服务于改革发展大局，坚持抓好疫情防控和专卖管理各项工作，坚定不移守底线、筑防线、把准线，巩固协作机制，深化市场稽查，着力打假破网，全力净化烟草市场。一是市场监管持续加强。坚持创新思维，积极推行“三位一体”监管、“互联网+专卖”监管等新模式，组织开展全覆盖暗访督查，全年查获各类涉烟违法案件6949起，各类违法卷烟9009.81万支，实物案值8800.57万元，全市市场净化率达到98.0%。二是打假打私取得新突破。完善协作机制，注重联合作战，加强大案侦破。全年共办结网络案件25起，其中国家局级网络14起，刑拘128人，逮捕63人，直诉54人。“9·15”特大网络案件打掉地下黑烟厂1个，抓获犯罪嫌疑人54人，是近十年来首次在我市主城区查获“黑烟厂”。三是专卖内管从紧从严。完善内管流程制度体系，推进卷烟经营闭环监管，严格“一案双查”，全年查获“双五万”案件13起，同比下降62%，未出现国家局督办案件；累计外流卷烟736.1件，同比下降45%，真烟外流数量行业排名下降11个位次。四是行政服务提档升级。优化零售点合理布局，切实提升服务能力和质量，全市共有持证零售户13.2万户。严格许可证后续监管，按要求清理中小学周边零售户1545户。

（三）烟叶生产

深入推进烟叶生产经营市场化取向改革，多方联合抗灾救灾，保持了烟叶生产的基本面，推动了烟叶转型升级。一是烟叶产销基本保持稳定。全市种植烤烟31.64万亩，收购烤烟64.38万担；种植晾晒烟1.04万亩，收购2.5万担；实现烟农总收入8.89亿元，烟叶税1.96亿元。加大烟叶营销力度，结算两烟70.1万担，结算金额20.6亿元（不含税）。二是烟叶生产质量保持平稳。上等烟比例64.0%，与上年基本持平。国家局检查收购等级合格率81.8%，同比提高1个百分点，收购纯度达到90.8%，两项指标均高于全国平均水平。在大灾之年保持了烟叶质量平稳，烟叶质量得到了工业企业认可。三是烟农综合收入保持平稳。受自然灾害影响，烟农户均售烟收入9.04万元（不含补贴），同比下降1.35万元。为弥补烟农受灾损失，市烟草专卖局为受灾烟农组织捐款、争取救灾资金、协助保险理赔共计6885.1万元，通过上述一系列举措，促进烟农户均综合收入达到10.65万元，与上年基本持平。 四是基础设施建设有序推进。2019年度项目完成市级验收（2020年验收2019年项目），实际投入资金5309.8万元；2020年度项目建设计划按期下达，总投资概算5800.2万元；2021年度项目建设预计上报投资概算4504.83万元。全年促成捐赠水源工程援建资金1.09亿元，实现涪陵杨家湾、巫溪西流溪、石柱曹家湾3个项目完成建设。

（四）企业管理

围绕“四烟”战略，坚持“四化”方向（目标系统化、运营数据化、创新持续化、队伍专业化）和“六要”路径（职责要明晰、流程要简明、标准要健全、工具要先进、评价要科学、工作要快乐），大力推进企业管理转型升级，助推企业高质量发展。一是完善高质量发展体系。编制高质量发展实施方案，出台七个专项方案，构建“322”高质量发展体系。二是谋划“十四五”发展规划。全面总结回顾“十三五”，分析研判发展形势，开展专题调研研讨，“十四五”规划框架基本形成。三是落实运行调控机制。坚持“十六字”方针，强化价格管理，开展“天价烟”专项检查，修订完善价格管理办法，调整考核导向，“指挥棒”作用有效发挥，经济运行状态平稳。四是深化降本增效。强化投资采购，修订完善管理办法，下达投资项目计划684个，年度资金计划5.73亿元；下达采购计划44项，采购金额5.34亿元。严格费用管控和节能减排，三项费用率同比下降0.23%，实现降本增效1353.68万元，总耗能同比下降11.52%，耗水同比下降2.23%。五是扎实推进管理创新。“互联网+”行动加快推进，搭建“互联网+卷烟营销”应用架构体系，完成“互联网+烟叶”、专卖综管系统、信用监管平台规划设计，16个内管模块研究应用全部结题验收。创新活动蓬勃开展，组织开展摘题定题活动，取得成果138个，参与国家局重点课题研究3个。积极组织开展QC活动，取得成果27个，4个获得市级表彰，1个荣获行业二等奖。积极开展学术研讨，组织开展读书、赠书活动，推动学术研究取得论文成果49篇。六是持续夯实管理基础。开展现场管理诊断，组织培训5次，各单位通过管理诊断发现问题307个，制定改进措施341条。开展流程优化，全市系统共新增管理制度792个，修订398个，作废656个；新增流程43个，作废364个，优化195个。强化管评内审，共发现不合格项162项，提出改进建议140条，制定对策措施95条。

二、发展中存在的问题

当前烟草行业市场发展空间受限，主要表现为以下四个方面。

一是非理性过激控烟形势较为严峻。

二是新型烟草制品存在市场冲击。

三是存在基本烟田和烟农流失的风险挑战。

四是假私非烟的市场冲击形势依然严峻。

三、2021年发展思路

2021年，全市系统将以习近平新时代中国特色社会主义思想为指引，准确把握新发展阶段，深入践行新发展理念，积极融入新发展格局，全面实施“党建立烟、改革强烟、科技兴烟、依法治烟”战略，大力推进“互联网+”在各个领域的融合应用，加快推进重庆烟草专卖商业高质量发展。

（一）持续加强党的建设，带动引领高质量发展

全面贯彻新时代党的建设总要求，推进全面从严治党向纵深发展。凸显党的政治建设根本性地位。把学习贯彻习近平新时代中国特色社会主义思想摆在最突出位置，对照检视思想言行，进一步增强“四个意识”，坚定“四个自信”，做到“两个维护”，始终在思想上政治上行动上同以习近平同志为核心的党中央保持高度一致。巩固拓展政治生态突出问题全面整改和对照检查巡视整改成果，聚焦重点查漏洞、补短板。高质量推进基层党组织建设，深化“互联网+党建”建设，探索更富效率、更加先进的党建工作信息化、数据化、高效化路径。加快党建品牌和党建文化阵地建设，打造内涵丰富的“行动者·先锋”党建品牌，实现党建工作可听、可触、可视、可感。

（二）全面实现“互联网+卷烟销售物流”转型升级

全力推进“互联网+卷烟销售物流”平台建设，以消费大数据驱动卷烟经营管理决策为抓手，推动“总量控制、稍紧平衡、增速合理、贵在持续”调控方针落地落实，深化卷烟供给侧结构性改革。

（三）持续深化改革创新，深入推进烟叶产业转型发展

坚持市场导向和智慧方向，按既定目标推进改革创新，着力重构烟叶生产经营管理体系，夯实高质量发展基础。坚持按订单组织烟叶生产，

进一步优化生产布局，稳定烟叶生产投入政策，重点投向等级结构优化、重点技术推广、降低劳动强度等方面，调动烟农种植积极性。力争2021年种植收购烤烟77.5万担、白肋烟3.5万担。

（四）履行专卖管理职责，维护生产经营和市场秩序稳定

全方位推进全市专卖治理能力和治理体系现代化，保持打假打私高压态势，营造和维护公平有序的市场环境。高质量推进专卖管理综合信息系统和打击涉烟违法犯罪大数据中心两个平台建设，是深化"放管服"改革，适应未成年人保护法、重庆市公共场所控制吸烟条例新要求，适时启动合理布局修订工作。拓展打假打私成果，力争破获1~2个在全国有影响的特大网络案件，每个区县单位主办完成1个市级以上网络案件，基本消除本土假私烟网络。

（五）着力提升现代治理能力，坚持在新发展阶段贯彻新发展理念，构建新发展格局，推动高质量发展

着力加快改革转型步伐。坚持政治方向、问题导向、市场导向，全面深化改革，巩固拓展当前各项改革成果，推动改革从点的突破到整体协调，统筹推进供给侧结构性改革、市场化取向改革、三项制度改革，着力解决阻碍高质量发展的深层次的矛盾和问题。着力提升企业软实力，着力提升依法治烟水平，着力提升重大风险防控能力。

（执笔人：滕召阳）

第二产业

重庆市工业经济发展综述

重庆市经济和信息化委员会研究室

2020年，面对新冠肺炎疫情带来的严峻考验和错综复杂的国内外经济形势，在市委、市政府的正确领导下，全市经信系统始终坚持稳中求进工作总基调，贯彻新发展理念，以供给侧结构性改革为主线，大力实施以大数据智能化为引领的创新驱动发展战略行动计划，一手抓疫情防控，一手抓工业经济发展，扎实做好“六稳”工作，全面落实“六保”任务，竭力稳住增长基本面，工业经济快速恢复并呈现向好趋势，高质量发展态势持续显现。

一、2020年发展回顾

（一）工业运行稳步复苏

全市全口径工业实现增加值6990.8亿元、同比（下同）增长5.3%，占地区GDP的比重为28.0%，对全市经济增长的贡献率46.3%，拉动GDP增长1.8个百分点。其中，规上工业增加值5570.4亿元、增长5.8%。全年分季度看，规模工业增加值增速分别为-10.6%、1.0%、4.4%和5.8%。从三大门类看，全年采矿业工业增加值下降0.6%，制造业增长6.4%，电力、燃气、水的生产和供应业增长2.1%。全市完成工业投资增长5.8%；规模工业利润总额1319亿元，增长17.3%。

一是重点产业加速增长。汽车产业进入提速升级阶段，全年生产汽车158万辆，增长12.7%；单车价值由上年9.4万元提升至10.3万元；完成增加值834.6亿元，增长10.1%，占全市的15%，增长贡献率23.2%；实现利润156.5亿元，增长773.9%，占全市利润总额的11.9%，对全市工业利润增长贡献率达71.2%，拉动全市工业利润增长12.3个百分点。从企业看，长安系（含股份、福特、铃木、跨越、新能源）完成产值1003.5亿元，增长19.5%，其中长安福特增长70.7%，长安铃木增长24.1%。上汽依维柯红岩完成产值207.3亿元，增长28.3%。电子制造业高位运行，电子制造业实现增加值994.3亿元，增长13.9%，占全市的17%；实现利润257.4亿元，增长47.5%，对全市工业利润增长贡献率达42.5%，拉动全市工业利润增长7.4个百分点。全年生产笔记本电脑7882.2万台，增长22.7%；显示器2241.8万台，下降8.3%；手机1.35亿台，下降22.8%，占全国的9.1%。广达产值达1164.7亿元，增长29.4%，成为重庆市智能终端产业和电子制造业首家千亿级企业。此外，装备、材料、医药、消费品、能源行业分别完成增加值613.9亿元、206.6亿元、1177.5亿元、1020.8亿元、556.9亿元，分别增长2.9%、4.5%、7.1%、0.8%、0.9%，合计对全市增加值增长贡献率为42.3%。

二是企业培育再上台阶。新增中小微企业增长15.3户，达92.5万户，新增“专精特新”培育库入库企业1284户，累计达2886户，新增“专精特新”企业200户，累计达659户。全市规模工业企业达6839户，同比净增198户。其中，营业收入100亿元以上的企业22户，同比持平（以上全部按企业法人计算），10 亿 ~99 亿元的企业 276 户，5 亿 ~9 亿元的企业 405 户，5 亿元以下的企业共 703 户。值得一提的是，“双百企业”对全市工业经济发展的引领、带动作用突出，完成工业产值达 11175 亿元，占全市规模工业产值的 49.3%，增长 9.8%，拉动全市工业产值增长 4.7 个百分点。

三是生产要素保障有力。全市用电保障有力，全社会用电 1186.5 亿千瓦时，增长 2.3%，统调电网最高负荷达 2188 万千瓦，创历史新高。其中，工业用电 685.1 亿千瓦时，增长 1.1%。主力电厂累计购进电煤 1471.8 万吨，下降 17.9%；耗煤 1527.5 万吨，下降 13.6%；12 月末全市主力电厂存煤 252.7 万吨。全市天然气用量 107.5 亿方，增长 3.8%；其中工业用气 66.7 亿方，增长 5.3%。全市完成货运总量 12.1 亿吨，增长 7.7%。规模工业企业平均用工人数为 150.2 万人，较上年微降 0.8%。截至 12 月末，全市工业企业贷款余额为 4315.4 亿元，占全市人民币贷款余额的 10.5%，占境内企业贷款余额的 18.4%。

（二）发展动能持续增强

一是智能化发展成效显著。成功举办第三届智博会，形成高端对接、务实合作的国际性平台。线上参会参展单位和企业达到 551 家，其中世界 500 强企业占比 8.7%，中国 500 强企业占比 10.3%，71 个重大招商项目集中签约，总投资 2712 亿元，其中 17 个项目投资超过 50 亿元，再次唱响了数字产业化、产业数字化的时代最强音。加快推动数字化装备普及、企业上云、智能制造新模式应用，集成电路、新能源及智能网联汽车、智能手机等一批重点项目相继实施，智能产业实现销售收入 7518.9 亿元，增长 12.8%。产业数字化提劲加速，数字化车间和智能工厂建设加快推进，实施 1297 项智能化改造项目，认定 210 个市级示范性数字化车间和智能工厂，示范项目生产效率平均提升 54.3%，不良品率降低 39.5%，运营成本降低 21.9%。实施十大工业互联网平台培育工程，支持吉利工业互联网、忽米网等建设跨行业跨领域平台，推动大足五金产业等垂直行业平台、垫江县区域平台等特色平台建设。加强工业互联网国家顶级节点功能，推动西部省市二级节点接入重庆顶级节点。加快 5G 网络基站建设，推动 10 个“5G+ 工业互联网”先导应用项目建设。

二是新兴产业快速壮大。新兴产业发展步入快车道，全年战略性新兴制造业增加值 1560 亿元，占全市的 28%，增长 13.5%；高新技术产业增加值 1066.5 亿元、占全市的 19.1%，增长 13.3%。集成电路领域已初步建成“IC 设计—晶圆制造—封装测试及原材料配套”的全流程体系，产值规模居全国第 13 位，IC 设计销售收入增幅居全国第 1。全年集成电路产量 45.5 亿块，增长 34.9%。已形成“玻璃基板—液晶面板—显示模组—整机”的全产业生态圈，产值规模居全国第 5 位；全年生产液晶显示屏 2.8 亿片，增长 28.2%。工业机器人初步形成研发、整机制造、系统集成、零部件配套、应用服务全产业体系，工业机器人产量 2822 台（套），增长 24.6%。物联网基本形成硬件制造、系统集成、运营服务“三位一体”全产业生态。获批国家级车联网先导区（全国第四个、西部地区首个），推动永川百度智能网联测试运营基地，推动长安 AB 品牌、吉利高端新能源汽车、长城永川基地扩能、东风汽车与小康集团合作打造中高端新能源汽车等重大新能源和中高端整车项目签约或实施。新能源汽车产量 4.3 万辆，增长 16.8%，智能网联汽车产量增长 26%，达 23.6 万辆。此外，生物医药、新材料、高端交通装备、页岩气、节能环保等加快发展。

三是研发水平稳步提升。建立研发准备金制度企业2345家，增长9.8%，预计规模工业企业研发投入360亿元，增长7.2%，预计企业研发投入强度由上年的1.57%提升至1.65%。实施《规模工业企业研发机构倍增计划》，新增14个区县建立企业研发机构管理体系，累计达到20个，占全市区县的一半以上；新培育19家市级独立法人新型企业研发机构、113家市级企业技术中心、13家市级工业和信息化重点实验室，分别同比增长32.2%、13.7%、26%。新培育先进清洁能源动力装备、干净空气新材料及装备、石墨烯、新能源汽车智能控制与检测等4家市级制造业创新中心，累计达到6家。隆鑫通用、金山科技成为国家级技术创新示范企业。推动产业技术创新立项2650个，同比增长20%以上，其中智能主被动安全一体化设计技术达到国内领先，一大批先进技术正在加速形成。

（三）产业发展环境不断优化

一是成渝产业协同务实推进。认真落实《成渝地区双城经济圈建设规划纲要》，成立制造业协同发展专项工作组，并设立工业互联网、汽车摩托车、电子信息、智能制造、产业合作园区、消费品6个工作专班。与四川签订《战略合作框架协议》以及汽车、电子信息等5个重点领域专项工作协议。积极搭建成渝地区双城经济圈汽车产业链供需信息线上对接平台。启动工业互联网一体化发展示范区，推动工业互联网标识解析国家顶级节点（重庆）与成都节点互联互通，推进重点行业二级节点建设和共享共用。启动首批20个产业合作示范园区创建，通过“1个工作方案+1个合作园区创建管理办法+一批产业合作园区示范园区”的形式共同推进园区合作，成立两地产业园区合作联盟和智慧园区建设联盟，两地产业链、供应链、创新链加速融合。

二是园区转型步伐加快。以特色化和智能化为方向推动园区转型升级，着力建设特色产业基地，加快建设新型智慧园区。形成“2+10+36”的园区发展架构体系，入驻规模工业企业占比超70%。新建市级特色产业基地16个，累计达77个，基本形成以1~3个特色产业基地为支撑的发展格局和动态管理机制，特色产业产值占全市和园区规上工业产值的比重分别提高到49%和57%以上。全面推进智慧园区建设，加快建成全市智慧园区大脑和“两中心、三平台”的联动体系，全市80%以上园区已启动实质性建设，建成上线园区管理服务平台17个。

三是营商环境持续优化。以服务区县、服务园区、服务企业专项行动为着力点，全年全委干部累计下基层351次，调研942人次，收集问题495个，已全部办结，“三服务”成为全市经信系统服务企业的“金字招牌”。对标世行营商环境标准，推动企业用气报装“六减”和办电“三零”“三省”改革，用电、用气条件极大改善。提前完成全年清欠工作任务，5.89亿元无分歧账款全部清零。商业价值信用贷款改革有序推进，全年为2400家企业新增授信26亿元，平均利率仅4.56%。

二、发展中存在的问题

虽然全市工业和信息化发展取得较好成效，但也存在一些问题，主要表现为：一是产业链整体发展水平不高。产业龙头企业产品竞争力不强，配套企业层次总体不高，部分行业产业链关键环节缺失，核心零部件受外在影响较大，产业链供应链安全稳定存在隐忧。二是企业创新能力不强。企业创新投入不足，特别是在基础研发领域的投入严重缺乏；有研发机构和研发活动的企业占比不高，新型研发机构数量较少；科技服务业发展相对滞后，科技型中小企业数量不足，产学研成果转移转化不够顺畅。三是领军企业带动性不够。缺乏具备行业号召能力的大型企业，全市中国制造业500强企业仅12家，龙头企业在行业的影响力较小，集聚配套企业的能力不足，对行业支撑作用不强。四是企业盈利能力偏弱。产业总体处于价值链低端环节，工业利润率低于全国平均水平；产品主要集中在中低端领域，附加值不高；加之企业生产效率相对较低，变相增加企业生产成本，降低行业整体盈利水平。

三、2021年发展思路

（一）着力提升产业链供应链水平

扎实推进“产业基础再造和产业链供应链提升”工程，紧紧围绕主导产业系统梳理形成33条重点产业链，统筹推进补齐短板和锻造长板，推动全市产业链供应链优化升级。建立健全产业链供应链“链长”制，及时有力协调解决好产业链上下游企业的供需合作、生产要素保障、政策协同扶持等问题。立足整体产业链，在产业链短板和空白领域攻坚克难，不断增强产业链竞争力，切实提高产业链抗冲击、抗风险能力。围绕重点产业链方向，狠抓一批核心基础零部件、基础元器件、基础材料、基础工艺和技术的发展，实现堵点技术突破和可持续迭代，进一步夯实产业基础。

（二）持续夯实技术创新基础

紧扣产业链部署创新链，着力解决产业链“卡脖子”问题和短板，不断增强产业创新发展的技术供给。加大产业链协同创新力度，引导高等院校、科研院所会同制造业企业有效开展协同创新，培育产学研结合、上中下游衔接、大中小企业协同的良好创新格局。强化企业创新主体地位，持续实施“规模工业企业研发机构倍增计划”，高质量建设一批市级制造业创新中心、工业和信息化重点实验室、公共研发服务平台和新型研发机构。加大专业化高端孵化器引育力度，促进本地科技型中小企业加速孕育成长。

（三）深入实施智能制造

坚持智能制造示范引领，加快实施智能制造和工业互联网“四个十”示范工程，以点带面推动信息技术与制造业的深度融合。加大智能化改造力度，加快推进数字化装备普及、工业软件运用及企业上云，持续实施一批智能化改造项目，新建一批数字化车间和智能工厂。加快工业互联网发展，鼓励产业链龙头企业建立行业级二级节点，做大做强行业级、综合性工业互联网平台，积极推动企业“上云上平台”。支持企业探索建立智能制造新模式，着力推动离散型、流程型、网络协同制造、大规模个性化定制、远程运维服务等新模式推广应用。

（四）统筹推进绿色发展

坚持走生态优先、绿色发展道路，围绕碳达峰、碳中和目标，加快推动工业绿色低碳发展。着力创新绿色产业发展路径，积极开发绿色产品，拓展绿色产业发展新空间。围绕高效光伏制造、生物能源、环保装备等重点领域，形成一批创新性绿色产品。加快重点行业和重点领域绿色化改造，鼓励制造业企业采用先进适用清洁生产工艺技术和先进装备，从源头促进生产过程清洁化，提高能源利用效率。加强制造业领域资源循环利用，推行循环生产方式，促进再制造产业发展。

（五）梯度培育市场主体

以提升企业发展竞争力为目标，推动市场主

体做优做强，积极构建大企业顶天立地、中小企业铺天盖地的发展格局。大力培育领军型企业，围绕各支柱产业集群培育 2~3 家在全国和整个行业具有领军地位的大型企业，在规划引领、政策支持、研发创新、要素保障、人才供给等多方面综合发力、靶向施策。着力推进中小企业发展，实施“专精特新”中小企业“育林”工程，不断完善中小企业公共服务平台，为中小企业提供优质高效精准服务。促进大中小企业融通发展，组织开展“大手牵小手”行动，推动大中小企业信息联通、订单共享、产能对接。

（六）加快推动区域协同发展

加强区域间产业协同合作，是形成强大发展合力、推动工业经济高质量发展的重要路径和突破口。切实抓好成渝地区产业链协同，聚焦两地共同优势产业，围绕电子信息、汽车、装备制造、消费品等重点产业，深化产业协作配套，共同打造具有全球影响力的产业链、价值链，建设世界级产业集群；积极搭建产业链协同发展平台，示范推进成渝地区双城经济圈产业合作园区建设。深入实施“一区两群”发展战略，加强“一区”与“两群”的产业连接，推动先进制造业要素资源向“两群”有效扩散，实现产业优化分工和联动发展。

（七）全力确保工业经济平稳运行

按照“年度目标分解细化到月，经济运行调度精准到周，重点企业服务落实到人”运行调度工作机制，加密运行调度频次，精准推进企业帮扶，稳定工业增长基本面。清单化管理、全方位帮扶、专业化辅导，强化“双百”企业和龙头骨干企业服务和调度，突出重点企业稳增长。发布年度重点投产达产项目清单，推动新项目早投产、已投产项目早达效。强化重点煤源、气源的协调和电力供应保障，完善“一对一”沟通协调机制，确保迎峰度夏度冬期间煤、电、气能源安全和有序调度。

（执笔人：苏波）

工业投资

重庆市经济和信息化委员会规划与投资处

2020年是极不平凡的一年。面对突如其来的新冠肺炎疫情冲击和错综复杂的国内外经济形势，全市经信系统坚持以习近平新时代中国特色社会主义思想为指导，全面贯彻党的十九大和十九届二中、三中、四中、五中全会精神，按照党中央、国务院和市委、市政府决策部署，统筹推进疫情防控和工业经济发展，着力引导有效投资，工业投资运行逐季改善、逐步恢复常态。全年工业投资实现同比增长5.8%，技术改造投资和民间投资持续恢复，有力支撑全市工业经济高质量发展。

一、2020年发展回顾

（一）全面统筹促有序复工

制定《关于切实做好新型冠状病毒肺炎疫情防控期间工业项目开工复工工作的通知》，严格落实工业项目开工复工报备制度和疫情防控责任，指导督促工业投资项目一手抓疫情防控、一手抓项目建设。组建“8+4”专项工作组，即组建全市8个片区工作组，深入区县和企业一线指导、督促、协调项目复工复产；组建疫情防控、物流协调、要素保障、政策保障等4个专项组，协调解决复工企业存在的防疫物资短缺、员工返岗困难、物流通道不畅、原材料不足等问题，帮助筹集防疫物资、共享采购渠道、抓好物流要素保障和政策宣传落实。

（二）强化协同助项目建设

建立全市工业投资联席会议制度，定期研判重大项目投资进度，协调解决项目推进中的难点、卡点问题，倒排时间节点打卡推进，推动在建项目加速投资放量。聚焦对工业“稳投资”起关键支撑作用的电子、材料、消费品、生物医药等重点支柱行业，组建若干工作专班，全力稳定重点行业投资。层层压实稳投资责任，建立“市政府重点关注—市级重点—区级重点”三级协同推进机制，主动靠前服务投资建设项目，确保项目生产要素保障有力。

（三）招商引资稳投资后劲

优化招商机制，通过龙头企业带动、创新资源集聚、关联企业配套、产业技术并购等方式，聚焦行业领军企业及专精特新中小企业，提高招商引资项目层次和质量。强化市、区、县联动，创新“互联网＋招商”，广泛通过云上招商、网络洽谈、视频签约等方式，线上线下同步发力，全面加快项目对接、洽谈和签约进程。全年累计签约制造业项目1136个，总投资6472亿元，分别增长12.6%和2%。特别是润泽（西南）智惠产业园、平安大健康产业园、桔电新能源智能汽车等一批重大项目的成功落户，进一步增强全市重点工业产业发展后劲。

（四）精准调度促投资放量

加大重大项目调度力度，组织工业投资项目集中开工视频连线活动，创新开展 11 个工业项目“视频调度”，实施“三服务”助推项目建设专项行动，项目推进成效显著，京东方第 6 代 AMOLED（柔性）显示面板、奥特斯半导体封装载板项目扩建、比亚迪锂离子电池及配套材料生产、S 蜂巢易创 9AT 自动变速器生产基地、年产 120 万吨食品级 PET 高分子新材料等一批重点项目加速实施，“26+171”市级重大工业建设项目超额完成年度投资目标，有力支撑全市工业投资恢复性增长。华润微电子 12 吋功率半导体晶圆生产线、长寿超纤材料、三一西南智能制造项目、30 万立方米 / 年硅基气凝胶复合材料项目（一期）等 81 个市级重点新开工项目全部实现开工。

（五）政策支持稳投资能力

建立制造业中长期贷款“白名单”制度，实现新增授信 58 亿元，推动全市制造业中长期贷款增速达 27.5%，高于全市各项贷款增速近 15 个百分点。加强政银企对接合作，制定印发《加强政银合作促进工业高质量发展的正向激励方案》，引导银行金融机构在工业领域发挥信贷主渠道作用，加大对重大工业投资项目融资支持力度。进一步优化应急转贷机制，先后出台提高单笔转贷资金使用额度、降低企业自筹资金比例、延长企业使用转贷资金时限等政策措施，为企业续贷提供便利。通过各类支持政策实施，全年工业投资到位资金同比增长 8.4%，高于全部工业投资增速 2.6 个百分点，有力支撑全市工业投资企稳回升。

二、发展中存在的问题

一是市场需求相对疲弱，投资意愿有所降低。当前，疫情变化和外部环境仍存在诸多不确定性，全球产业格局和供应链配置面临调整，经济复苏不稳定不平衡，国内经济运行和投资活动恢复基础尚不牢固。2020 年全国社会消费品零售总额比上年下降 3.9%，表明终端消费需求尚未完全复苏。在国内外不确定性因素增多、终端消费不足的形势下，作为市场主导类项目，企业大规模设施建设、设备投入、技术改造等投资将会进一步放缓。据统计，截至 12 月末，全市在建工业项目个数同比下降 5.5%，其中，新开工项目个数下降 6.9%；技术改造在建项目个数同比下降 16.4%，其中新开工技术改造项目个数同比下降 24%。

二是市场主体活力不强，投资能力有待提升。受能源、原材料成本上升等因素影响，企业生产经营面临困难增多，投资能力受限。资产负债方面，12 月末，全市规模以上工业企业应收票据及账款同比增长 29.8%，占流动资产的比重为 31.8%，占比较上年末增长 3.9 个百分点，高于全国 5.8 个百分点；资产负债率 57%，较上年末提高 0.3 个百分点，高于全国 0.9 个百分点。盈利能力方面，2020 年，全市规模以上工业企业营业收入利润率 5.85%，低于全国 0.23 个百分点；每百元营业收入成本 85.1 元，高于全国 1.21 元。应收账款增加、资金周转减慢、经营成本提高加大企业经营压力，对企业提升投资能力产生影响。

三、2021 年发展思路

2021 年是“十四五”开局之年，全市将全面落实中央经济工作会议精神，坚持把制造业高质量发展放到更突出位置，进一步加大工业投资和技术改造投资力度，更好支撑推进产业基础高级化和产业链现代化这一主攻方向，加快构建现代产业体系。全年工业投资力争实现增长6%。

（一）加强招商引资，做大投资增量

积极扩大先进制造业和战略性新兴产业投资，培育新的经济增长点。积极培育发展新一代信息技术、高端装备、智能网联及新能源汽车、新能源、生物医药及高性能医疗器械、新材料、节能环保等战略性新兴产业，推动先进技术、前沿技术的工程化转化和规模化生产，在现有产业基础上努力扩大高技术制造业投资。针对内需消费升级，充分发掘下一代移动通信终端、超高清视频终端、可穿戴设备、智能家居以及智能服务机器人、无人驾驶等信息消费领域投资潜力。

（二）促进转型升级，挖掘投资存量

加大有效技改投资力度，推动传统产业转型升级。鼓励企业通过结构性调整和技术改造，提升传统产业技术能力，将企业发展重心从产业链中低端向中高端转移，提高产品附加值，提升企业市场竞争力。通过政策引领，引导企业把资金更多投向新技术、新工艺、新设备等领域，通过投入设备更新改造，推动制造业与新一代信息技术深度融合，促进传统产业向智能化、高端化、绿色化发展。

（三）开展精准调度，提高有效投资

强化工业投资运行调度，常态化推进“周调度、月通报、季评估”工作，加大对重点行业、重点企业、重点区县投资完成情况的跟踪服务力度。清单化推进年度重点工业项目建设，充分发挥全市工业投资联席会议机制作用，协同推进市政府重点关注、市级重点和区级重点三级重点项目实施，全力推进签约项目早开工、开工项目快建设，完工项目早投产。坚决执行好重庆市优化工业园区规划建设管理若干政策措施、重庆市深化工程建设项目审批制度改革实施方案等文件，及时协调解决项目推进过程中的难点、卡点问题，确保项目实施“零障碍”。

（执笔人：游诗炜）

工业企业改革与转制

重庆市经济和信息化委员会企业处（信访办）

2020年，重庆市经济信息委坚持以习近平新时代中国特色社会主义思想为指引，以高质量发展为目标，以供给侧结构性改革为主线，深入推进国有企业改革，积极引导企业管理创新，全面完成全市国有企业“三供”分离移交工作，稳妥推进企业兼并重组、厂办大集体、退休人员移交等一系列改革任务，有效解决企业历史遗留问题，有力促进国有企业轻装上阵、公平参与竞争和改革顺利推进。

一、2020年发展回顾

（一）企业创新管理深入扎实

在当前中美贸易关系紧张、国际新冠肺炎疫情防控的影响下，努力挖掘企业内部潜力，积极推动管理体系建立和管理能力提升。一是线上与线下结合开展动员培训。组织全市38个区县及企业120余人围绕“精益助推企业降本增效”“精益健体数字赋能”等主题开展创新管理工作动员。邀请管理创新专家，分3批次在重庆市中小企业服务平台开展“企业高质量发展管理创新”线上直播培训，参训中小企业710家，引导企业创新管理降本增效。二是打造示范样板对标一流企业。按照企业自愿、区县把关的原则，从全市征集的19家企业中选取了6家企业作为管理创新示范标杆，立足企业实际，提出整改建议方案，组织全员管理系统培训，打造样板工厂，规范操作流程，有效提升企业管理能力。组织9个区县、5家企业赴广东佛山、深圳对标7家一流企业管理创新做法查找工作差距，区县和企业反映良好，提高增强管理能力的紧迫感和自觉性。优选25家管理先进企业编印成果集，供企业学习借鉴。三是公开征集培育管理咨询机构。采取网上申报、机构自愿、专家评审等程序，综合企业管理咨询机构业务范围、主要业绩、综合实力等因素，从119个候选名录中筛选30家企业，编制《重庆市培育发展的企业管理咨询机构名录》，搭建企业管理、提质增效平台，结束企业“生病”找不到“好医生”的历史。

（二）“三供”分离移交全面完成

截至2020年12月底，全市国有企业“三供”分离移交工作全面收官，全面完成40个区县（含两江新区、万盛经开区）、35家中央在渝企业、19家市属企业集团431家企业49.7万户水电气分离移交，啃下了2002年以来未完成的“骨头案”，为企业减负达10亿元，实现管理职能100%移交、工程改造100%完成，为企业参与市场公平竞争扫清障碍，为解决国有企业历史遗留问题和全面深化改革打下坚实基础，32万名职工“幸福感”“获得感”“安全感”得到有力提升。一是科学统筹聚力推进移交改造。严格按照《国务院关于印发加快剥离国有企业办社会职能和解决历史遗留问题工作方案的通知》（国发〔2016〕19号）和《国务院办公厅转发国务院国资委、财政部关于国有企业职工家属区“三供一业”分离移交工作指导意见的通知》(国办发〔2016〕45号),拟制工作实施方案,明确移交范围、改造标准、项目实施、职责划分、补助政策等一系列政策性、指导性、可操作性强的工作措施。二是建立工作专班压实各级责任。牵头成立全市国有企业职工家属区“三供”分离移交专项办,督促区县政府建立相应工作机构,按照工作计划,每月收集工作情况,通报工作进展,及时协调移交矛盾,督促交接双方落实工作责任。三是迎难而上全力破解移交矛盾。聚焦移交过程中的“痛点”“卡点”,主动调处问题1300余件次,协调解决了成都铁路局、重庆长安工业公司、西南铝业集团公司、重庆能源集团、重庆钢铁集团、川东船舶公司、安能集团重庆分公司等14家独立工矿区企业“三供”移交改造管线长、穿越路桥费用高、水电气“价差”及供区边际纠纷等移交难题。四是严格政策标准用足用好改造经费。指导渝中、九龙坡、江北、沙坪坝、綦江、荣昌、北碚、合川等区县和企业统筹调剂使用水电气项目改造经费,按照合同约定进度拨付资金,实行三年过渡期解决办法,最大程度减轻企业负担。

(三)在渝央企厂办大集体改革如期实现

2020年,是中央在渝企业厂办大集体改革收官之年,也是处理改革遗留问题矛盾最集中的一年。一是周密部署,建账打表。坚持以企业改革为重点,以退休人员切身利益为出发点,组织召开厂办大集体工作推进会、政策指导会、现场答疑会、矛盾调处会等多种形式的会商、协调、研究,建立厂办大集体改革工作台账,及时掌握改制企业的职工诉求、方案制定、情况处置、政策答复、费用成本等情况,指导企业制定翔实的计划方案,打表推进改革工作。二是依法依规,合力推进。严格按照养老保险、医疗保险、工伤保险、失业保险、住房公积金等政策拟制职工安置方案,认真开展稳定风险评估,分析研判不同阶段不同群体利益诉求,使文件政策不变通、改革标准不降低、规定程序不走样,确保企业改革工作干净、彻底,不留尾巴。三是积极协调,分类指导。积极协调市级相关部门,面对面指导西南铝业、重庆电信、建设工业、大江工业、望江工业、铁马集团、中石油销售公司、长江轮船公司等主办企业推进厂办大集体改革,多次深入职工安置难度大、情况复杂和特殊的中石油销售公司、重庆铁马集团等企业,帮助企业梳理厂办大集体改革过程中存在的问题,指导企业积极化解矛盾纠纷,宣传改革政策,疏导群众积怨,确保36家厂办大集体改革。

(四)企业历史遗留问题解决积极稳妥

历史遗留问题解决,事关群众的切身利益,是维护系统稳定的重中之重。一是积极推进退役士兵社保接续工作。按照重庆人民政府办公厅印发《关于解决部分退役士兵社会保险问题的实施意见》,积极督促95家在渝央企为计划安置士兵办理社保接续工作。二是协调推进在渝央企退休人员移交工作。2020年底,西南兵工局、重庆船舶公司、中石油重庆销售公司、西南油气田重庆气矿、国网重庆市电力公司等17家在渝中央企业(集团)16万余退休人员,已完成管理职能移交近12万人,完成移交率达到72%,如期完成年度目标任务。三是扎实开展特殊群体历史遗留问题处置。收集申报18个区县83家在渝央企职教幼教退休教师生活补贴、中小学移交遗留问题退休教师待遇补差;审查申报13个区县71家在渝央企“三类人员”生活医疗困难补助资金。

二、发展中存在的问题

一是企业管理创新发展还不平衡。与发达地

区相比，企业的平均发展水平、自主创新能力、成果转化率、科技进步贡献率等也有一定差距，一些企业对依靠管理能力提高增加企业核心竞争力重视还不够。

二是部分遗留问题解决难度较大。国企退休医务人员、职幼教教辅人员、农电工等群体诉求触及政策层面，仅靠思想疏导和政策解释，难以在短期内化解矛盾和解决问题。

三是部分退休人员移交较为困难。部分退休人员期望值过高，个别人以各种借口希望企业补偿损失。在职员工安置难、退休人员移交难、职工养老保险接续难的矛盾还不同程度地存在。

三、2021 年发展思路

按照习近平总书记视察重庆对发展提出的“两点”定位、“两地”“两高”目标和“四个扎实”要求，全面落实市委、市政府关于国企改革的重要指示精神和全市工业和信息化工作会议要求，以《国企改革三年行动方案（2020—2022 年）》为重要抓手，以开展对标世界一流管理提升行动为突破口，重点培育制造业领军企业，加快推进企业创新管理，积极推进企业兼并重组，妥善解决企业历史遗留问题，使国有企业尤其是领军企业在重庆新一轮改革发展中充分发挥龙头带动作用，成为制造业转型升级高质量发展的重要引擎，企业经济竞争力、创新力、控制力、影响力和抗风险能力不断增强。

（一）积极引导企业管理创新

积极开展专题培训，培养造就一批优秀企业高水平经营管理人才；组织咨询机构、专家“向企业送管理”活动，开展现场指导和管理诊断，提高企业创新管理能力；研究建立企业提质增效的评价指标体系；开展企业管理创新总结推广活动，加大企业管理创新成果的推广宣传力度，指导和帮助企业参加创新成果评选，促进企业管理能力提升；积极培育和发展管理咨询服务机构，组织完成 6 家试点企业开展创新管理示范任务，优选 10 家以上国内外领先的同行业企业作为标杆，在规上企业开展对标行动，培育一批在国际国内、在行业具有引领带动作用的领军企业。

（二）持续推进企业兼并重组

鼓励企业通过收购兼并、增资扩股、合资经营、品牌联盟等多种形式重组，组建大型现代企业集团，快速做大经营规模。支持企业开展品牌、技术、业务、渠道、人才等资源重组，引导企业开展境外并购和股权投资、创业投资，通过并购、重组、战略合作等形式，以“资本换技术”获取国外战略资源，支持企业成为具有自主技术研发能力、拥有自主品牌、具有一定国际话语权的跨国企业。引导企业与证券公司、资产管理公司和各类投资基金加强合作，参与有关企业兼并重组，采取市场化手段和资本化运作方式实现跨越发展。

（三）协调推进国有企业改革

按照《重庆市国企改革三年行动实施方案（2020—2022 年）》要求，协调指导和积极配合中央在渝企业和市属国企改革。推动位于产业链、价值链中高端的国有企业进一步提升竞争力，引导国有资本从不具备竞争优势的领域有序退出。支持市属国有企业通过项目合作、产业共建、搭建联盟等市场化方式带动民营企业、中小企业发展，多措并举对冲疫情对生产经营带来的不利影响。持续深化供给侧结构性改革，在清洁能源、新材料、智能装备制造、新能源汽车、生物医药等领域培育增长点。加快推进市属国有工业类企业数字化车间、智能工厂、智慧能源、智慧医疗、智慧工地建设，推动传统制造业向智能制造升级改造。

（四）稳妥解决历史遗留问题

持续推动全市市属国企、在渝央企“三供”分离移交改造收尾工作，做好分离移交工作有序衔接，持续跟踪后续管理工作，确保交得稳、接得住、管得好。持续做好中央在渝企业厂办大集体改革欠费核销等后续工作，确保政策用好用足，切实为职工解难、为企业减负。加快推进在渝央企退休人员社会化管理移交工作，做好退休人员移交各项接收工作，力争2021年全面完成移交任务。

（执笔人：邓浩）

工业绿色发展

重庆市经济和信息化委员会节能与综合利用处

一、2020年发展回顾

（一）基本情况

1. 加速绿色制造示范体系创建

总结推广市级前三批绿色制造示范单位成功经验和典型做法，充分发挥财政政策引导作用，指导基础条件较好的园区、工厂开展绿色制造示范体系创建工作，不断完善高效、清洁、低碳、循环的市级绿色制造体系。全年评选蓝月亮（重庆）有限公司等43家工厂为市级绿色工厂，评选鱼复开发区等5个工业园区为市级绿色园区，其中益海嘉里（重庆）粮油有限公司、重庆水泵厂有限责任公司等13家企业入选国家级绿色工厂名单，重庆方正高密电子有限公司“5G通信印制电路板、高速服务器印制电路板”等8家企业的31种产品入选国家级绿色产品，中国船舶重工集团海装风电股份有限公司入选国家级绿色供应链。累计创建市级绿色工厂数量达到115家，其中国家级绿色工厂35家。市级绿色工厂、国家级绿色产品、绿色工厂、绿色供应链创建成功数量均为历年之最。

2. 大力实施绿色制造工程

稳步推进绿色制造项目，积极做好“2020年绿色制造系统解决方案供应商”投标企业推荐工作，重庆市能源利用监测中心中标行业绿色发展基础能力提升系统集成应用解决方案供应商，中冶赛迪工程技术股份有限公司中标绿色关键工艺系统集成应用解决方案供应商（钢铁节能改造），中机中联工程有限公司中标绿色关键工艺系统集成应用解决方案供应商（铸造节能改造），可获得中央财政补助资金2500余万元。充分发挥市级工业和信息化专项资金引导作用，进一步提高企业绿色生产水平，统筹安排2709万元市级财政补助资金，支持61个节能、节水、清洁化改造、资源综合利用项目，实现年节约标煤5.4万吨，节约水量21万吨，新增工业固废利用量32万吨；年减排二氧化硫、氮氧化物、挥发性有机物等污染物近5000吨，直接带动投资3.62亿元。

3. 狠抓重点用能企业监管

对297家重点用能企业节能目标责任制落实情况进行了监督检查，同时结合上年度国家重大工业专项节能监察和市级重点节能监察现场监察情况，对重点用能企业执行国家强制能耗限额标准情况进行了通报，提出推进绿色发展、加强节能监督管理、强化节能宣传培训等具体工作要求，进一步提升了重点行业领域能效水平。

（二）发展特点

1. 组织开展节能帮扶服务

按照《关于组织开展2020年工业节能诊断服务工作的通知》（工信厅节函〔2020〕107号）要求，组织重庆市能源利用监测中心等6家节能诊断服务机构，免费为重庆市200家企业提供节能帮扶服务，支持企业深挖节能潜力，持续提升工业企业能效水平。

2. 推广节能新技术新机制

推荐重庆市一得节能技术有限公司“冷却塔逆喷雾结冰自动调风装置”技术申报国家绿色数据中心先进适用技术产品目录，推荐重庆腾讯云计算数据中心申报国家绿色数据中心。节能宣传周期间，围绕“绿水青山·节能增效”的活动主题，组织开展5场“云”上节能技术推广活动，宣传工业领域节能与绿色发展优秀案例、典型模式、重大技术以及标志性产品。积极推广合同能源管理，2020年度全市备案节能服务公司37家。

3. 开展节水标杆示范创建

持续推进区县创建节水型企业，进一步组织开展市级节水型企业评选工作，印发《关于组织开展市级节水型企业推荐工作的通知》(渝经信节能〔2020〕34号)，按程序评定重庆旗能电铝有限公司等16家企业为市级节水型企业。组织对钢铁、炼焦、石油炼制等14个行业开展年度重点用水企业水效领跑者遴选，玖龙纸业(重庆)有限公司等6家企业被纳入2020年度重庆市重点用水企业“水效领跑者”名单。推荐玖龙纸业(重庆)有限公司申报国家级水效领跑者。

4. 开展工业用水定额制修订

强化工业企业用水定额管理，推进非居民用水超定额加价制度实施，组织开展了化工、食品、煤炭洗选、有色金属冶炼、非金属矿物制品、黑色金属冶炼、计算机和通信、橡胶和塑料制品等8个行业20种产品用水定额的制修订工作。

5. 推广先进节水技术

加快推进工业节水工艺、技术、装备推广应用，提升重庆市工业用水效率，在国家先进工艺技术目录基础上，结合重庆市工业用水现状，组织编制《工业节水技术推广目录(2020年)》。目录共涵盖共性通用技术、钢铁技术、化工行业等11大类104项工业节水工艺、技术和装备。

6. 开展国家再生资源行业规范条件达标认定复核

新增重庆市蓝泰再生资源回收有限公司等5家企业进入国家再生资源行业规范条件达标认定名单。组织全市废钢铁、废塑料、废轮胎、新能源汽车废旧动力蓄电池综合利用企业开展再生资源综合利用行业规范条件企业申报，推荐重庆攀华再生资源有限公司等5家企业进入工信部评审名单。做好对已公告再生资源综合利用企业事中事后监督检查，经核查，重庆顺利铝合金股份有限公司等9家企业生产经营情况正常，符合规范条件要求。

7. 开展清洁化诊断工作

推动完成了2019年101家企业节能低碳绿色生产监测评估工作，形成了3个行业分报告和工作总报告，共查找了657项具体问题，针对性地提出了310项中高费方案和347项无低费方案，每年可节约标煤8.2万吨、节水51.6万吨，减排颗粒物、二氧化硫、氮氧化物等138吨，带动企业绿色技改投资8.3亿元，实现年经济效益53284万元。按照《重庆市清洁生产水平提升三年行动计划(2018—2020年)》要求，组织区县经济信息部门征集清洁化诊断企业名单，确定了116家企业纳入2020年清洁化诊断企业名单，为全市工业企业清洁生产水平提升提供有力支撑。目前116家企业诊断工作已全面开展，预计年底可完成30家企业入企诊断。

8. 推进工业领域无废城市试点建设

积极构建汽车循环产业链，初步建成全市汽车产业“设计端—生产端—回收拆解端—再生利用端”的循环链条，建成1家国家级绿色设计示范企业，产销新能源汽车8万辆，形成年拆解30万辆报废汽车，以及年利用废钢铁450万吨、再生铝60万吨、废旧轮胎20万吨、铸造废砂30

万吨的能力。推动完成钛石膏低温干燥技术示范项目、20 万吨汽车铸造废砂再生利用项目、1 万台废旧变速箱再制造工程，有效提升资源利用效率，减少污染物的产生和排放。

二、发展中存在问题

一是工业节能监察队伍能力有待提升；二是节能、节水、综合利用技术产品推广力度有待进一步加强；三是绿色制造体系构建力度有待进一步加大。

三、2021 年发展思路

（一）全面建设绿色制造体系

研究制定《重庆市绿色制造体系培育工作方案》，通过市区两级联动发力、专业机构全程服务，加速提升绿色制造体系规模。积极支持企业申报绿色制造系统解决方案供应商和绿色信贷项目，充分发挥市级绿色相关资金激励作用，支持企业开展绿色改造。

（二）持续提升工业能效水平

聚焦重点工业企业节能管理，督促指导企业进一步强化目标责任，建立健全能源管理体系，加大节能技术改造力度，强化节能形势预测预警。持续推广先进节能技术，完善工业能耗在线监测信息平台，开展工业节能形势分析。加大对合同能源管理、合同环境管理服务企业的支持力度。开展“能效领跑者”、“能效之星”产品遴选活动，激励企业向先进看齐，促进先进节能技术和产品推广应用。

（三）持续推动工业水效提升

抓紧实施《重庆节水行动方案》，大力推进工业节水改造、推动高耗水行业节水增效、推行水循环梯级利用。以节水型企业创建为抓手，持续推广先进节水技术和装备，实行最严格水资源管理制度考核，加强对高耗水淘汰目录执行情况的督促检查。开展水效领跑者引领行动，引导和支持工业企业开展水效对标达标活动。鼓励企业采用合同节水管理、特许经营、委托营运等模式，改进节水技术工艺，强化过程循环和末端回用，减少废水排放，推动水资源利用从粗放型向集约型转变。

（四）持续提升工业清洁生产水平

在持续开展企业自愿清洁化诊断同时，强化对重点行业企业、工业园区（聚集区）的清洁化生产评价，全面提升重点行业和园区清洁生产水平。发挥企业主体作用，鼓励企业实施清洁化改造，实现化学需氧量、氨氮、二氧化硫、氮氧化物、重金属污染物削减。持续推广应用一批先进成熟的清洁生产技术，提高先进成熟技术的普及率，为工业企业减污增效提供有力的技术支撑。

（五）持续巩固工业固废综合利用水平

大力推行工业固体废物资源综合利用评价管理制度，规范再生资源产业发展，培育一批再生资源行业骨干企业。重点推进粉煤灰、脱硫石膏、冶炼渣等大宗工业固体废物及磷石膏、钛石膏、锰渣等较难利用一般工业固废综合利用，推动基础条件较好的区县建设大宗固体废弃物综合利用示范基地。持续推进新能源汽车动力蓄电池回收利用工作，不断完善回收利用体系，加快构建涵盖原料生产制造企业、电池生产制造企业、汽车制造企业、梯次利用企业和回收拆解企业的动力蓄电池回收体系闭环生态圈。

（执笔人：秦崇伟）

汽车工业

重庆市经济和信息化委员会汽车工业处

2020年，我国汽车制造业受疫情、中美经贸摩擦、经济下行等多重因素冲击，产销严重下滑。面对严峻挑战和重大困难，以习近平同志为核心的党中央保持战略定力，准确判断形势，精心谋划部署，果断采取行动，付出艰苦努力，在取得抗击疫情重大战略成果的同时，也迅速恢复了经济活力和动能。市场活力持续激发，供需两端稳步向好，企业生产经营状况不断改善，国民经济呈现持续稳定恢复的良好态势。

一、2020年发展回顾

汽车行业表现好于预期，汽车产销分别完成2522.5万辆和2531.1万辆，同比分别下降2%和1.9%，产销量继续蝉联全球第一。重庆汽车制造业面临转型发展和疫情影响的双重考验。在市委、市政府的坚强领导下，重庆汽车制造业积极贯彻落实全市汽车摩托车行业高质量发展座谈会会议精神，坚定信心，加强协同，努力加快复苏回暖，加快转型升级高质量发展，成效明显，实现量和质的同步快速提升，在7月结束长达30个月的产值、增加值累计下滑，触底反弹，全年在2015年后主要经济指标再次全面实现两位数以上增长，其中，增加值、产量、产值、营业收入、利润总额和税金总额等主要经济指标分别完成834亿元、158万辆、3672亿元、4010亿元、157亿元和149亿元，同比分别增长10.1%、12.7%、11.8%、15.3%、773.9%和31.7%。

（一）基本情况

截至2020年底，重庆有汽车生产企业41家，其中整车生产企业21家，改装车生产企业20家，已形成年产400万辆的综合生产能力。汽车制造业规模以上企业1015家，其中，汽车零部件企业942家，已具备发动机、变速器、制动系统、转向系统、车桥、内饰系统、空调等各大总成较完整的供应体系，具有70%的汽车零部件本地配套化率。

重庆规上汽车制造业完成产值3672亿元，同比增长12%。其中，汽车整车制造业完成产值1614亿元，同比增长23%；改装车制造业完成产值165亿元，同比增长15%；汽车零部件制造业完成产值1892亿元，同比增长4%。

（二）发展特点

1. 生产运行

重庆汽车制造业全年产值呈现低开高走的运行态势。2月受疫情影响，大面积停工停产，是全年同比降幅最大的月份，同比降幅为72%。3月全面复工复产，降幅缩小到15%。4月抓住市场恢复机遇，实现同比12%的增长，直至11月当月均实现两位数以上增长，其中5月实现高达36%的增长。全年产值增速（12%）高于全市工业产值增速（7%）5个百分点，产值占全市工业总产值的比重为19.8%，较2019年（15.4%）提升4.4个百分点。

2. 产品结构

重庆汽车产量 158 万辆，同比增长 13%，占全国的比重为 6.3%，比 2019 年（5.4%）提高 0.9 个百分点。乘用车产量 106 万辆，同比增长 6%，占汽车产量的比重为 67%。乘用车中，基本型乘用车（轿车）、运动型多用途乘用车（SUV）、多功能乘用车（MPV）和交叉型乘用车（微客）的产量分别达到 29 万辆、70 万辆、0.3 万辆和 7 万辆，同比分别增长 10%、9%、-90% 和 -2%。商用车产量达到 52 万辆，同比增长 31%，占汽车产量的比重为 33%。改装车产量 6.5 万辆，同比增长 17%。

3. 经济效益

重庆市汽车制造业规上企业完成营业收入 4010 亿元，同比增长 15%；亏损企业 190 家，较 2019 年（198 家）减少 8 家，亏损面为 19%，亏损企业亏损总额为 55 亿元，同比下降 59%；完成利润 157 亿元，同比增长 774%，税收总额 149 亿元，同比增长 32%；规上平均用工人数 25.6 万人，同比下降 3.1%。

4. 骨干企业

长安集团（含市外分支机构）销售汽车 200 万辆，位居全国汽车集团第五，同比增长 14%。长安集团在渝企业（包括长安汽车、长安福特、铃耀汽车、长安跨越）完成产量 109 万辆，同比增长 9%，完成产值 990 亿元，同比增长 18%，分别占全市汽车产量的 69%、占全市汽车制造业产值的 27%。华晨鑫源产值、产量分别完成 177 亿元和 23 万辆，同比分别增长 21% 和 15%。上汽红岩产值、产量分别完成 207 亿元和 7.8 万辆，同比分别增长 28% 和 44%。庆铃集团产值、产量分别完成 105 亿元和 6.4 万辆，同比分别增长 5% 和 3%。长城汽车重庆分公司产值、产量分别完成 117 亿元和 12 万辆，同比分别增长 484% 和 500%。

5. 战新产业

重庆新能源汽车产量为 5 万辆，同比增长 2%，占汽车产量的比重为 3%；智能网联汽车产量为 24 万辆，同比增长 26%，占汽车产量的比重为 15%。重庆（两江新区）国家级车联网先导区建设获得工信部批复，百度永川、中国汽研大足等智能网联汽车检测、运营基地建成，弗迪（比亚迪）20GWh 电池项目投产。

二、发展中存在的问题

重庆汽车制造业发展中主要还存在以下四方面的问题：一是核心零部件配套薄弱。缺乏汽车芯片、传感器等核心零部件，电机、电控、汽车安全控制等汽车电子配套比较薄弱。二是产品结构不够高端。汽车单车价值（10 万元 / 辆）低于全国 15 万元 / 辆的平均水平。三是新能源汽车规模偏小。新能源汽车产量占全国的比重只有 3.7%，占全市汽车产量的比重只有 3.2%。四是人才难以满足发展需求。汽车软件人才，特别是“汽车 +IT+ 通信”的高端、复合型人才严重缺乏，难以满足“软件定义汽车”的发展需求。

三、2021 年发展思路

重庆汽车制造业将全面贯彻落实国家《新能源汽车产业发展规划（2021—2035 年）》，重点实施《推动新能源汽车加快发展年度工作计划》。一是推动新能源汽车产量快速增长，推出以福特野马、金康赛力斯、庆铃氢燃料商用车等为代表的 10 款以上新车型，新能源汽车产量同比增长 30%。二是打造全国重要的新能源汽车核心配套研发生产基地，加速比亚迪 40GWh 电池、金康三电系统、长安软件中心、弗吉亚研究中心等项目建设，加强智能传感、辅助驾驶、控制算法等项目招商引育。三是建设全国领先的新能源汽车应用场景，启动成渝智慧高速公路项目相关前期工作，重庆（两江新区）国家级车联网先导区建设取得明显成效；进一步优化充电桩规划布设，开工建设100座换电站，适度超前布局加氢站等基础设施。全年预计重庆汽车产量169万辆，同比增长7%；汽车制造业产值3930亿元，同比增长7%。

（执笔人：王昭杰）

摩托车工业

重庆市经济和信息化委员会汽车工业处

2020年疫情让中国摩托车行业发展面临更加复杂多变的严峻环境。在宏观经济下行压力加大、消费理念创新升级、“国IV”标准全面实施、市场竞争格局激烈的背景下，中国摩托车行业把握机遇，通过积极创新、淘汰落后产能等手段，克服困难，努力实现既定发展目标。重庆摩托车制造业以整车企业为龙头，充分利用技术、人才、配套等优势，不断向无人机、通机、装备、农机等产业延伸，持续推动产品创新，加快推进结构调整，积极拓展海外市场，实现了产量、利润双提升，提质增效取得一定成效。

一、2020年发展回顾

（一）基本情况

截至2020年底，全市有摩托车整车制造企业39家，规模以上制造企业412家，已形成年产1000万辆整车和2000万台发动机的综合生产能力，具备发动机、离合器、车架、减震器、转向、轮毂、轮胎、仪表等各大总成完备的配套能力。

全市生产摩托车489万辆，同比增长0.6%，占全国的28.7%，实现产值830.7亿元，同比下降0.2%；实现营业收入790.1亿元，同比增长0.9%；实现利润总额64.9亿元，同比增长8.6%；税金总额22亿元，同比下降20%。

（二）发展特点

1. 生产平稳运行

重庆市摩托车月度产量除1月和2月外（受疫情和春节影响）总体走势平稳。1月、2月及11月与同比有所下降，一季度同比下降16.7%，二季度同比增长12.5%，三、四季度有小幅增长，全年产量最终增长0.6%。

2. 骨干企业

市内独立报统的摩托车企业中，产量居前十位的分别是隆鑫、银翔、利爵、宗申、大隆宇峰、航天巴山、建设雅马哈、润通、力帆、明睿福，分别达到82.7万辆、76.7万辆、43.2万辆、41.1万辆、31.4万辆、28.7万辆、24.8万辆、19.1万辆、15.9万辆、10.8万辆。上述十家企业合计生产摩托车374万辆，全市占比76.6%。包含市外分支机构在内，2020年，重庆宗申、隆鑫、力帆、银翔等4家企业进入全国摩托车销量排名前十，销量分别达到114.3万辆、107.4万辆、88.2万辆、86.2万辆，分列全国第2、第3、第4、第5位。

3. 出口情况

重庆摩托车行业出口整车333.9万辆，同比下降2.9%，占全国摩托车整车出口量的47%，出口金额达15.94亿美元，同比下降2.3%。包含市外分支机构在内，重庆隆鑫、宗申、银翔、力帆4家企业进入全国摩托车出口金额排名前十，出口金额分别达到5.58亿美元、2.94亿美元、2.58亿美元和1.83亿美元，分列第1、第5、第6、第9位。隆鑫、银翔、宗申、力帆4家企业进入全国摩托车出口量排名前十，分别出口81.8万辆、50.14万辆、43.03万辆、33.45万辆，分列第1、第3、第4、第6位。

4. 产品情况

重庆摩托车企业大力开展技术创新，不断研发出适销对路的新产品。隆鑫无极品牌相继推出先锋复古系列、街道运动系列、公路赛车系列、冒险休闲系列，同时规划了SR踏板系列和Cruiser（太子）系列大排量车型，主流排量为300mL、500mL和650mL。宗申赛科龙品牌相继推出RX3、RX500拉力系列、复古街车RZ3S、舒适踏板RT3等大排量摩托车，宗申品牌推出Z2、MO系列踏板车，同时宗申森蓝品牌推出EX1和ERT3等多款电动摩托车产品。力帆潜心耕耘KP车型，2020年发布了首款国产ADV（摩托拉力车）水冷踏板KPV和V缸运动太子车V16S。银钢则瞄准边三轮摩托车细分市场，推出MINI、YG300B、捍路者等系列边三轮车型，成为国内边三轮摩托领导者。嘉陵独辟蹊径地推出110mL排量的复古弯梁车COCO，获评2020年度最时尚金典车型，赢得众多消费者喜爱。同时，宗申、隆鑫、鑫源等依托摩托车产业基础在无人机、农机等领域也取得较好成绩；隆鑫及银钢的复古车和边三轮、环松的沙滩车、广本万强的雪地车等已成为特色产品，进一步丰富了重庆摩托车产品种类。

二、发展中存在的问题

重庆摩托车制造业发展中主要还存在以下几方面的问题：一是创新能力不足。行业研发投入强度不到1%，不少企业不到0.5%，大批中小零部件企业没有研发机构，缺乏自主研发能力。二是产品结构不合理。销量占主力的产品（中小排量跨骑车和弯梁车）近年市场容量持续下滑，市场较好的踏板车、电动两轮车、大排量高端摩托车发展得不够快。三是产品竞争力不强。产品整体可靠性和耐久性与国际品牌相比差距大。出口产品同质化、低端化，单车出口价值较低（600~700美元/辆）。四是发展前瞻性不足。多数企业对“电动化、智能化、网联化、轻量化”认知不足，技术研发、应用、储备滞后。

三、2021年发展思路

重庆摩托车制造业将加快产品结构调整，积极拓展踏板和电动摩托车市场，培育形成新的发展优势；引导支持摩托车企业开展智能化改造，建设智能高效的生产体系，大力提升产品的质量；在国家“一带一路”政策引领下，支持企业大力拓展国外市场，强化企业出口自主品牌培育，加强出口产品质量管理，优化国外市场售后服务，形成完善的国外市场发展体系。重庆摩托车制造业2021年产量、产值目标分别为490万辆和830亿元，同比均持平。

（执笔人：王昭杰）

轻工业

重庆市经济和信息化委员会消费品工业处

一、2020 年发展回顾

（一）概况

重庆市轻工行业规模以上企业 840 户，工业总产值同比增长 7.6%，出口交货值下降 11.7%，营业收入增长 0.8%，利润总额下降 3.1%。重点行业情况如下。

家具行业：规模以上企业 91 家，工业总产值同比增长 15.1%；出口交货值下降 3%，营业收入增长 6.3%，利润总额增长 12.9%。

造纸及纸制品行业：规模以上企业 122 家，工业总产值同比增长 12.6%，出口交货值下降 23.5%，营业收入增长 10.7%，利润总额增长 11.5%。

塑料制品业：规模以上企业 261 家，工业总产值同比增长 9.8%，出口交货值增长 14.9%，营业收入下降 0.9%，利润总额下降 8.3%。

玻璃制品制造：规模以上企业 65 家，工业总产值增长 6.7%，出口交货值下降 16.2%，营业收入下降 15.4%，利润总额下降 33.9%。

印刷和记录媒介复制业：规模以上企业 122 户，工业总产值同比增长 3.9%，出口交货值增长 7.4%，营业收入增长 3.3%，利润总额下降 6.7%。

（二）重点产品

重庆主要轻工产品产量克服新冠肺炎疫情影响保持持续增长。纸制品增长 12.6%、机制纸及纸板增长 10.4%、家具增长 4.9%、塑料制品增长 4.6%、日用玻璃制品增长 3%。

（三）行业发展

1. 骨干企业发挥稳定器作用

重庆轻工行业“双百企业”实现产值增速超过 10%，为全行业稳定发展发挥了重要作用。重庆理文突破百亿元，敏华家具、金田塑业、玖龙纸业、百亚卫生用品等企业实现两位数增长。百亚卫生用品成功在主板上市。协兴包装、鼎盛印务、合信包装、维博动力等包装企业进入中国包装联合会发布的“2019 年中国包装行业百强榜”。华兴玻璃绿色智能轻量化等市级重点项目加快建设。

2. 特色化集群化发展态势正在形成

重庆轻工行业积极应对新冠肺炎疫情带来的影响，造纸及纸制品业、塑料制品业、玻璃制品业等百亿级子行业实现持续增长，全市包装原纸产能居西部第一；永川区围绕“一张纸”打造造纸及纸制品百亿级产业群；荣昌、奉节眼镜产业加速集聚，累计引进企业超 50 家，加快打造中国第六大眼镜产区。美妆产业培育有所进展。

3. 有效承接产业转移培育新的增长点

依托物流大通道不断优化产业承接环境和强化川渝地区外出务工人员优势，按照“订单＋龙头企业＋全产业链配套”的集群培育新思路，加快培育眼镜产业转移，已形成年加工镜架 8000 万副、镜片 1.2 亿副、3D 眼镜 2000 万副、隐形眼镜

1000 万片、眼健康产品 1500 万套的生产能力。

4. 大数据智能化和创新绿色发展持续推进

持续增强创新能力，隆发皮革、华亚家私等 10 余家企业被认定为专精特新企业，宏声印务、豪迈家具、庚业新材料等企业成功创建市级企业技术中心，华峰氨纶、玖龙纸业创建重庆市智能工厂，维博动力、裕同印刷包装、金田塑业等企业创建数字化车间。

5. 新模式新业态运用进一步加深

借助阿里巴巴、快手科技等互联网平台赋能，线上营销拓展提速，重庆消费品品牌直播周成功举办，受众人群超 1400 万人。以工业设计为导向引进成立重庆消费品工业创新设计研究院，不断完善产业生态。联动商超、旅游等渠道推动工商工旅融合发展。

6. 行业活动精彩纷呈助推产业发展

市家具行业协会举办第二届“渝派家居·精工智造”2020 年重庆家居行业活动。市工艺美术协会承办的“2020 中国工艺美术大师作品暨中国工艺美术精品展”顺利在重庆悦来国际博览中心举行，圆满完成《中国工艺美术全集·重庆卷》编撰工作。市塑料行业协会举办成立二十周年庆祝活动。

二、发展中存在的问题

一是行业规模较小，百亿级的纸制品、塑料制品、家具等行业与发达省市相比，规模较小，龙头企业少。二是新兴增长点培育不足，重庆市轻工产品存在一定同质化现象，特别是针对消费新需求，新产品开发力度不够，市场竞争力不强，特色产业尚处于培育期。三是疫情对行业发展造成影响，消费市场仍未完全恢复，部分企业资金链紧张，眼镜等外向型产业订单出现下滑，面临较大经营压力。

三、2021 年发展思路

立足新发展阶段，贯彻新发展理念，融入新发展格局，科学编制消费品工业“十四五”发展规划，以提升消费品工业供给质量和加快培育新兴产品为主攻方向，突出产业链供应链提升，持续推进“三品”专项行动，推动行业向特色化、集群化更高水平发展，为“十四五”开好局、起好步。推动创新引领提升有效供给，加大适老化家居、文旅轻工产品开发力度，探索建立反向定制（C2M）产业基地，培育一批在细分行业具有示范作用的智造新模式领军企业。多元融合强化品牌建设，探索推进汽车产业与眼镜、钟表等产业联动发展。强力推动特色链群发展，推动新技术在包装制品的应用，扩大纸制品后加工规模。大力推动美妆产业培育。

（执笔人：余菲）

纺织工业

重庆市经济和信息化委员会消费品工业处

一、2020 年发展回顾

（一）基本情况

受新冠肺炎疫情影响，重庆市规模以上纺织工业总产值同比下降 23.8%，出口交货值同比下降 25%，解决就业 3.4 万人。

从行业效益看，实现营业收入 177.6 亿元，同比下降 28.3%；利税总额 14.1 亿元，同比下降 37.8%。

各子行业运行方面，纺织业规模以上企业 52 户，总产值同比下降 15.9%，实现营业收入 52.2 亿元，同比下降 22.1%；利税总额 4.74 亿元，同比下降 8.5%。

纺织服装、服饰业规模以上企业 65 户，工业总产值同比下降 4.1%；实现营业收入 49.5 亿元，同比下降 16.5%；利税总额 3 亿元，同比下降 36.2%。

皮革、毛皮、羽毛及其制品和制鞋业规模以上企业 68 户，工业总产值同比下降 36.8%；实现营业收入 76 亿元，同比下降 37.4%；利税总额 6.3 亿元，同比下降 50.4%。

（二）发展亮点

1. 积极应对新冠肺炎疫情影响

面对突如其来的疫情，市内重点纺织服装企业捕捉市场需求，及时调整生产供应，隔离衣、防护服需求得到有效供应，累计生产隔离衣 230 余万套，有力稳定了服装生产产能。

2. 订单规模持续增长

依托物流大通道不断优化产业承接环境和强化川渝地区外出务工人员优势，按照“订单 + 龙头企业 + 全产业链配套”的集群培育新思路，服装订单加工规模持续增长，年产能增至 1 亿件，出口产值超 16 亿元。

3. 品牌服装营销更加多元

受新冠肺炎疫情影响，在线下销售安全阻断的情况下，品牌服装企业积极应对，通过直播、微信小程序、抖音、微博等线上平台拓展销售渠道，超过 57% 的品牌服装企业拥有自己的直播间和主播。在全国最大的社交平台——微信上开设 OBEG 官方微商城（小程序），让顾客在第一时间了解到 OBEG 在微信品牌开设的官方微商城，累积客户达到 62000 名，每日访问平均客数 1000 名以上，平均客单价 1200 元。

二、发展中存在的问题

一是整体规模小，产业链不完善。重庆市纺织服装企业以中小型为主，上游的面料和辅料需求体量小，加上重庆市本地面料企业两头在外，印染和后整理环节缺失，服装企业所需的面料、拉链、钮扣、缝纫线等辅料 90% 以上来自长三角、珠三角地区，部分面料甚至需要从国外进口。产业链的不完善增加了运输与采购成本，延长了企业对面料需求的市场响应时间，弱化了企业市场竞争力。

二是缺乏资源整合，产业集群效应不明显。各产业集聚区以中小企业为主，纺织服装作为直接面向消费者的终端产品，一头连接着服装产业生产供应链，另一头连接着消费者和市场，经济方式创新、消费理念的变革常在纺织服装领域集中表现出来。由于产业公共服务平台缺失，小企业在资源整合、设计研发、人才培训、管理提升、电商服务、市场开拓等方面处于弱势地位，产业集群只是简单集聚，聚而不合，未能有效形成产业集群效应。

三是企业观念滞后创新不足，产业转型升级进展缓慢。服装行业是最早完全市场化竞争的行业，技术进步和模式创新引领与改变着服装消费市场、消费群体和消费方式，重庆大部分企业负责人对生产新技术、消费新业态缺乏趋势的把控；对技术赋能、数据化思维、信息化应用缺乏重视；企业对设计研发和技术改造升级投入不够；电商人才匮乏，新型营销方式缺失，精细化管理和创新不足，缺乏转型的内生动力，企业生产效率低，产品同质化严重，市场竞争力弱，制约了重庆服装产业的创新发展。

三、2021 年发展思路

贯彻落实《重庆市推动消费品工业高质量发展行动计划（2020—2022 年）》，谋划好“十四五”高质量发展，围绕特色纺织品产业链，依托重庆市汽车、电子、医药产业市场需求，加快培育发展产业用纺织品；深挖巴蜀文化特色，搭乘国潮崛起东风，打造新兴国潮品牌服装服饰；继续在壮大规模优化结构上寻求新突破，巩固发展服装外贸订单。

（执笔人：余菲）

装备工业

重庆市经济和信息化委员会装备工业处

一、2020年发展回顾

2020年，1094户规上企业工业增加值同比增长2.9%；完成工业总产值2101亿元，同比增长6%；实现出口交货值111亿元，同比增长15.8%。实现利润174亿元，同比增长0.7%；亏损企业105户，亏损面为9.6%，同比高0.4个百分点。实现营业收入2175亿元，同比增长6.3%。资产2174亿元，同比增长7.2%，负债1227亿元，同比增长11.2%，应收账款454亿元，同比增加16.4%，产成品117亿元，同比增加29.2%。

全国装备行业工业增加值在主要五个子行业中只有铁路、船舶、航空、航天和其他运输设备制造业（含摩托车制造业）下降0.3%（重庆下降1.2%），其他四个实现增长。重庆下降的子行业还有通用设备制造业（下降0.4%，全国增长5.1%），其他三个子行业增长，包括电气机械和器材制造业增长7.6%（全国增长8.9%），金属制品业增长4.9%（全国增长5.2%），专用设备制造业增长8.5%（全国增长6.3%）。

（一）产业链条不断完善

经过不断发展，重庆市内燃机、风电装备、轨道交通、电气装备、环保装备等领域不断延长产业链，重庆康明斯、海装风电、重庆中车长客、三峰环境先后成为我国重载大马力发动机、风电、单轨车辆和垃圾焚烧等领域龙头企业；广数、华数、川崎等机器人以及埃马克、利勃海尔等中高档数控机床相继落户重庆，初步构建起“整机制造+零部件配套+系统集成”的智能装备全产业集群。

（二）创新能力不断增强

全市装备制造业规模以上企业年度R&D投入近70亿元，研发强度3.3%以上，研发人员达2.5万人；拥有国家级企业技术中心9家、市级125家。重庆船舶公司筹建的中国船舶西南研究院为全市3家制造业创新中心之一；ABB公司在重庆建立全球特高压变压器技术创新中心和制造基地；重庆水泵厂是国内唯一同时取得军民两用核级离心泵的设计和制造资格的单位。

（三）智能化水平不断提高

先后引进川崎、库卡、长泰、华中数控、新登奇等国内外知名企业，成立重庆市机器人与智能装备产业技术创新联盟、国家机器人检测与评定中心公共服务平台，打造重庆鲁班机器人研究院、重庆固高长江研究院、重庆高创机器人研究院等一批新型高端研究机构，已形成较完善的智能化装备研发、检测、制造体系。特别是2018年以来，聚焦研发设计、生产制造、物流仓储、经营管理、售后服务等关键环节，引导推动企业开展智能化升级改造，推动传统制造业重点领域实现智能转型，智能制造效果明显，累计实施智能化改造项目116个，成功创建22个数字化车间和3家智能工厂，带动工业投资23

亿元。

（四）产业基础不断升级

实施智能制造、服务型制造、绿色制造、工业强基、质量品牌五大工程，引导、支持企业加大技改力度，推广新技术、新工艺、新装备、新材料和新模式应用，推动传统产业改造提升，高端装备“产、学、研、资、用”协同发展。先后引进一批国际知名的飞机整机制造以及航空发动机等核心零部件生产企业，大力发展轨道交通装备等系列产品，努力建设国家通用航空产业基地、高技术船舶产业基地、轨道交通装备基地。中科院重庆绿色智能研究院、重庆大学、重庆邮电大学、重庆理工大学等在机器人整机及关键零部件技术和人才方面取得一定突破。经过多年发展基本构建起研发、测试、制造、集成、服务等体系，六轴机器人、焊接机器人等产品相继量产；积极打造永川高端数控机床产业基地，德国埃马克、利勃海尔、埃斯维和德根先后在永川投资建厂，永川已聚集数控机床相关企业35家，其高端数控机床产业园升级为“中德（重庆）智能产业园”，全市智能装备产业产值近300亿元。

（五）招商力度不断加大

建立市区两级联动机制，组建专业招商团队，围绕“双城经济圈”“一区两群”发展战略，精准招商，促成一批重大装备工业项目签约落地。机器人、通用航空产业实现从无到有，数控机床产业结构更加优化，德国库卡、瑞典ABB、日本川崎、日本发那科等世界排名前五位的机器人厂商有四家落户重庆；广州数控设备有限公司、武汉华中数控股份有限公司、固高科技（香港）有限公司等四家国内知名企业落户重庆；两江新区累计引进航空航天类项目近20个，引资超过300亿元，初步搭建通航产业“制造+运营+服务”、运输航空业动力“整机+零部件”、新型复合金属材料“研发+制造+供应链”全产业链发展格局。

二、发展中存在的问题

1. 产品中低端化严重

重庆市传统机械行业产值占全行业的比重达70%以上，产品低端、同质竞争现象突出，同时传统企业研发投入长期不足，基础零部件、输配电装备、农业机械、船舶等行业技术创新能力较弱，缺乏市场竞争力。重型机械、大型发电设备等高端装备缺乏，机器人及智能装备、轨道交通装备、环保装备等新型装备规模较小。

2. 缺乏带动性强的龙头企业

年产值百亿元以上的只有机电控股集团、重庆船舶工业公司2家企业，40亿~100亿元的企业数为零，行业集聚性不强，龙头产品少且带动性不足。

3. 服务型装备制造发展不足

从全球看，装备制造业已经呈现个性化、服务化、智能化等发展特征，重庆市众多装备企业还是传统的批量订单生产模式，个性化、定制化几乎没有，服务型制造理念仍处在初期的做好产品售后阶段。同时，与装备制造业技术高附加值发展配套的生产性服务业不发达，无法满足装备制造业转型升级的需求。

4. 产业集群和城市群的发展协同不足

党中央做出了建设成渝地区双城经济圈的重大决策，成渝地区要发展成为中国经济的第四极，装备制造业也要成为第四极。但是，目前四川的装备制造产值近万亿元，重庆市把汽车、摩托车加起来总的装备产值也就6000亿元，发展状况与中部地区的长沙、武汉、郑州等典型城市相比仍有差距，如何推动城市群和装备产业集群的协同发展将成为装备制造业发展中的关键因素。

5. 基础件及通用机械“卡脖子”问题突出

关键技术产品来源海外，如重庆通航集团直升机技术来源于美国恩斯特龙直升机公司，海装风电 5MW 风电轴承只有瑞典 SKF、日本 NSK 等企业可生产，齿轮机床核心数控系统平均 30% 的产品 80% 依赖进口，专用机床核心零部件液压元件 20% 的产品 100% 依赖进口，刀具核心零部件高端齿轮刀具材料 30% 的产品 50% 依赖进口。

6. 人才队伍供给不足

科技型企业家团队，尤其是有创新意识的科技型企业家群体在重庆没有形成，无法推动装备制造等知识密集产业快速发展。研发团队及技术人才队伍建设面临困难，高端研发领军人才严重缺乏，无法及时解决项目的堵点、痛点和难点。熟练技术人才不足，生产的工艺性问题得不到有效解决。

三、2021 年发展思路

认真贯彻落实成渝地区双城经济圈发展战略，深入推动装备产品向高端化、智能化、成套化转型升级，实现高质量发展，确保全年装备工业完成产值 2227 亿元，同比增长 6%，力争突破 2300 亿元；完成投资 300 亿元；装备制造业年度 R&D 经费投入超过 100 亿元；高端装备制造业产值同比增长 7.5% 以上。

（执笔人：田望）

材料工业

重庆市经济和信息化委员会材料工业处

2020年是“十三五”收官之年，五年来，重庆材料制造业围绕新发展理念和供给侧结构性改革任务总要求，紧扣冶金、建材两大板块，着力优存量、扩增量，产业发展取得长足进步，已形成钢铁材料、有色金属材料、无机非金属材料等三大主导产业集群。产业规模不断壮大，高质量发展势头强劲，克服新冠肺炎疫情不利影响，展现出应对复杂严峻局面的强大韧性和活力。

一、2020年发展回顾

材料工业努力克服新冠肺炎疫情对行业的不利影响，实现平稳向好运行，实现规上产值3146.4亿元，增速5.6%，对全市增加值贡献率达到18.7%；冶金工业实现产值1680亿元，增速11.2%，增加值增速11.5%；建材工业实现产值1643.8亿元，增速0.5%，增加值增速3.5%。新材料产业实现产值925.2亿元，增速17.0%。

产业竞争力不断增强，拥有6个国家级企业技术中心，获评国家制造业单项冠军（产品）企业4家，创建智能工厂和数字化车间的行业企业33家，高精铝板带箔、航天用铝合金锻环、测温材料、精密铜管、高性能玻璃纤维及制品、竹木装饰套装门、棕刚玉等拳头产品国内领先。产业集聚度不断提升，规上企业超过1000家，拥有百亿元级企业3家、50亿元级企业3家，重庆钢铁、西南铝业、万达薄板、博赛集团等行业龙头企业不断壮大，长寿、涪陵、九龙坡、綦江、万盛、江津等6个地区材料制造业产值全市占比超过50%，规模效应初步显现。

（一）重点项目建设加快推进

提升发展动能，中铝高端制造项目完成资产入装，进入实际运营阶段，重庆钢铁通过大数据智能化改造，提质增效加快推进，产销等各项指标再创历史新高。全面加速推动重庆市与宝武集团战略合作“五个一”项目建设，宝武西南总部、中国钢铁博物馆、宝武大学重庆校区、中国宝武中央研究院西南新材料研发中心等四个项目正式签约落户。攀华集团智能热轧项目建成，年内顺利投产，创国内同类型项目开建投产多项第一。国际复合长寿新材料研发生产基地项目一期建成点火，是目前国内最大的特种玻纤生产研发基地。博赛集团年产360万吨特铝新材料开工建设。西南铝2800毫米冷轧项目、预拉伸板项目进入设备安装阶段，预计年底投产，届时将实现汽车车身板、飞机蒙皮板本地生产。重庆市与中国建材集团战略合作项目推进，协商铜梁和秀山西南水泥产线优化，推动开展万州西南水泥项目、石柱1000万吨新型骨料基地等项目前期工作。市级重点关注项目海亮铜管有色金属材料深精加工项目建设顺利。

（二）招商工作成效显著

召开全市材料产业高质量发展会议，郑向东副市长出席并发表重要讲话，有力提升了全市推动材料工业高质量发展的信心和决心，全市材料工业招商引资力度和企业投资热情明显提升。与7家重点招商引资或战略合作企业进行有效对接，推进工作开展，与海螺水泥、三一重工多次对接，研究协调海螺水泥产能置换扩大投资和忠县机制砂、水泥、混凝土、装配式建筑产业基地投资建设事宜。博赛集团年产360万吨特铝新材料、UHPC绿色装配建筑新材料生产基地及绿建产业园等新签约项目投资额超过30亿元。全市材料工业招商签约项目数、总投资额在各行业中排名第一，超额完成全年目标任务。

（三）供给侧结构性改革成效巩固

巩固钢铁等严重过剩行业去产能成果，拟定全市现有钢铁产能置换项目自查自纠工作方案，开展自查自纠工作，并将自查自纠结果报送部际联席会议办公室。赴秀山、巫山、巫溪等区县开展材料行业淘汰落后产能验收工作，确保落后产能应退尽退，在产能方面，未发现重庆市钢铁、水泥、电解铝、平板玻璃行业存在违规在建项目。指导督促区县淘汰落后产能，巫山永年水泥彻底关闭淘汰，完成中央环保督查整改销号工作。重庆小南海水泥厂2条1200吨/日水泥熟料生产线完成关停并验收，推动金九水泥、西南水泥搬迁整合。

（四）行业高质量发展加快推进

联合生态环境局印发《关于重庆市水泥企业错峰生产2019年完成情况及2020年安排意见的通知》（渝经信发〔2020〕123号），联合市生态环境局、市水泥协会组织召开2020年重庆市水泥行业错峰生产专题工作会议，指导水泥企业继续开展错峰生产、协同处置和产能压减等工作。48条新型干法线共计错峰超过4500天，减少熟料产量逾1500万吨，利用水泥窑处置生活垃圾、固体废弃物等约50万吨，重庆海螺水泥等6家企业获评国家级绿色工厂。推动东方希望重庆水泥、重庆海螺水泥等160家矿山企业成功创建“市级绿色矿山”。推动材料工业成为工业大数据智能化发展的生力军，重钢股份获评十大“5G+工业互联网”先导应用和十大创新示范智能工厂，旗能电铝和国际复合分别获评十大“5G+工业互联网”先导应用和十大创新示范智能工厂，全行业被评为智能工厂和数字化车间的企业分别达到4家和30家。

（五）行业创新能力持续增强

重庆市从事新材料生产的企业数量已突破200家，超过规上材料企业总数的五分之一。6个国家级的企业技术中心运行良好，部分企业技术中心正在承担重大新产品研发工作。由中铝集团、重庆大学、重庆市区政府共同组建的中国轻量化研究院进入筹备阶段。国际复合获评国家级企业技术中心，在长寿建成国内最大的特种玻纤生产研发基地。重庆钢铁获评国家级企业技术研发中心。中国宝武中央研究院西南新材料研发中心挂牌成立。由再升科技牵头的干净空气新材料及装备制造业创新中心成为市级制造业创新中心。重庆鑫景玻璃通过技术攻关，电子显示玻璃产品良品率从不足30%提高到50%以上。南京云海集团投资5000万元在万盛经开区建设镁合金产线优化科研提升项目，优化产线并强化科研能力，开展工厂智能化改造，建设集镁合金研发、检测于一体的专业实验室。

二、发展中存在的问题

疫后经济强劲复苏，全球市场大宗原材料商品需求强劲，钢铁、铜、铝等基础原材料价格修复明显，国内“一带一路”建设、长江经济带发展、西部大开发、成渝地区双城经济圈建设等重大战略深入实施，以及新基建、碳达峰碳中和的部署启动，也形成了巨大的材料产品市场需求，重庆市汽车、笔电等下游行业增长强劲，房地产市场逐渐回暖，给重庆市材料工业发展带来了难得的机遇，但行业发展仍存在一些问题和难点。一是控煤减煤和碳排放控制缺路径。材料工业水泥、钢铁、氧化铝等煤耗碳排放较大行业受限于技术水平、现有装备和成本等因素，暂无法通过能源替代等方式大规模减煤控碳。存量企业和在建、新建、拟建项目煤耗、碳排放净增量绝对值大，且在现有政策空间内无法通过合法合规途径有效控制。二是水运物流压力大。材料工业未来随着一批产业链重大项目相继投达产，将面临较大的长江航运压力，重庆市大宗物流运输对长江黄金水道依赖度高，随着长江上游经济的快速发展，来往船只激增。预计“十四五”期间，基于万州博赛360万吨氧化铝和涪陵攀华1600万吨钢铁加工、重钢提质增效工程、焦化等项目建设，仅估算材料工业现有项目就将新增逾3000万吨原料三峡过闸需求，未来长江水道翻坝运输问题将日益突出。

三、2021年发展思路

以供给侧结构性改革为主线，增强行业产业链供应链自主可控能力，做优存量，做精增量，把握好“十四五”开局之年，推动重庆市材料工业产业结构由量变向质变提升。预计2020年上半年材料工业将实现强劲增长，全年规上产值预计可达到3600亿元，同比增长8.3%。其中，冶金工业规上产值1850亿元，同比增长10.1%；建材工业规上产值1750亿元，同比增长6.5%。

（执笔人：赵俊远）

城镇天然气工业

重庆市经济和信息化委员会燃气管理处

2020年，全市天然气行业健康发展，生产安全形势持续好转，行业服务意识、服务质量进一步提升，运行调度有力有序，民生用气满足率100%、重点工业用气满足率达98%以上，较好地服务委中心工作和改革发展大局。

一、2020年发展回顾

（一）安全生产持续向好

一是进一步夯实三级责任，制订《重庆市管道天然气安全监督管理办法》，完善市、区县、企业三级安全生产责任体系和安全生产监督管理体系，三级责任更清晰、更具体。组织开展安全生产重点环节、部位安全评估，落实风险防控和“日、周、月”隐患排查治理机制，推进非居用户风险分级管理、管道设施完整性管理工作，完善危险源风险辨识制度。二是安全监督持续发力，建立“月检查、月分析、季通报”机制，对23个区县17家天然气经营企业开展计划性安全检查，发现问题83个，纳入隐患管理21处，提出工作建议270余条，印发安全相关通报8期，约谈区县11个、企业8家。召开全市工作会一次，片区督导会两次，开展电力、燃气、油气综合检查片区会，对各区县、企业安全生产工作进行督导。对8个区县10家燃气企业开展“双随机、一公开”执法检查活动，发现问题隐患30多处，均已公开并督促企业整改。三是应急处置能力不断提升，制定《重庆市管道天然气行业应急预案演练指导意见》，指导区县、企业进一步完善应急预案，配齐配强应急救援队伍和物资装备，定期组织开展应急演练，切实做好演练评估和应急预案修订，全年开展应急演练70余次，企业主体责任不断夯实，安全管理能力、应急处置能力不断加强。四是高层建筑用气安全条件全面改善，将高层建筑用气安全纳入高层建筑消防安全专项整治范围，同步纳入三年行动内容，落实乡镇街道牵头职责、天然气管理部门指导职责，燃气企业开展网格化服务试点，落实“用气安全服务员”，探索建立以燃气经营企业为主体、物业和管理单位配合、乡镇街道协助的入户安全检查和隐患整治工作机制。排查高层建筑3.6万栋，排查整治安全隐患3.4万处，开展联合检查286次，立案查处43件，临时查封13家。五是安全宣传深入人心，组织编制《重庆市天然气管理条例释义》和宣贯教辅材料，组织开展集中宣贯活动3次，各区县发放宣传资料20多万份，播放宣传视频超100万次，1.6万名从业人员参与形式多样的“看、学、讲、谈”活动。利用市、区县两级电视、官网、微信、App等媒体平台、服务平台大力宣传安全用气、燃气设施保护、应急处置等安全知识，提升公众安全意识，规范用气行为。

（二）行业发展持续提质

一是群众生活品质持续提升，新发展用户27万户，全市35个特色小镇全部实现管输化，

76% 的乡镇开通管道天然气，天然气普及率达到 98.6%，居全国领先水平，居民、公共交通以及医院、学校等民生用气全面保障，未出现非正常停气、限气。二是特许经营制度初步建立，制订《重庆市管道天然气特许经营管理办法》，各区县补签特许经营 140 余个。三是行业改革纵深推进，下放城区天然气经营许可权、人员资格证书复审权，深化“放管服”改革，与华润集团签订战略合作协议，中石油昆仑燃气、中石化长城燃气等多个主体进入重庆，燃气经营市场改革蓄势待发。四是“三服务”不断发力，坚持服务区县、服务园区、服务企业，完善工作机制，加强对接协调服务，帮助区县企业园区协调解决问题 11 个，与对口区县联动招商，成功引进企业 2 家，招商金额 2.8 亿元，跟踪重点项目 3 个，完成投资 1.02 亿元。

（三）营商环境持续破冰

一是安装市场化曙光初现，制定《重庆市管道天然气用户设施安装管理规定》，区县安装单位目录清单逐步出台，安装企业公平参与用户设施安装的市场化基础逐步建立。建立目录清单企业信息和安装业务信息收集、安装活动监督检查等机制，定期收集区县安装、通气项目信息，加大对燃气经营企业、设施安装企业服务效率、垄断竞争等方面监督检查力度，严查各类违法违规行为，保障公众合法权益。将获得用气流程管控纳入行业信息化管理平台建设内容，启动营商环境评价体系研究，以强化获得用气过程监管。二是全国首部地方安装规范雏形初具，完成地方标准《城镇天然气用户工程技术规程》第一轮征求意见，涵盖用户设施设计、施工、验收、通气全流程。三是群众权益充分保障，落实企业、区县、市经济信息委三级受理机制，完善月检查、月分析、季通报机制，全年受理投诉举报 70 余件，印发通报 4 期，帮助群众解决问题 30 余个，提供咨询服务 40 余项。用户获得感不断增强，重点企业大力开展流程优化、强化内部监管，减资料、减流程、减环节基本落实到位，大力推广网上办、专人服务机制，减时限、减跑腿总体向好。

（四）用气保障持续改善

一是加强资源组织，强化与中石油、中石化等上游供气单位的协作联动，完善年度资源平衡计划，协调落实气源组织，确保民生用气和一般工业用气安全充足不受影响，全年实现产气 130 亿方，同比增长 7.4%，供气 107 亿方，同比增长 3.7%。冬季用气高峰时段，加强与国家发展改革委、中石油、中石化相关职能部门的密切沟通协调，得到国家发展改革委及上游供气企业对重庆市作为产气区的倾斜支持，加大留存气量本地消纳量，对重庆市城市燃气执行按需足量供应，高峰供气不降反增。二是资源调度精准有力，通过加强上下游联动，实施日监测、周报告、月分析、季联动等系列精准调度措施，及时掌握供需情况，精细化调度，实现民生用气保障一方不少，重点工业用户用气满足率达到 98% 以上。冬季高峰时段，加强气源运行调度，千方百计增加供气量，在全国资源统筹调配、川渝大量资源外调保民的背景下，重庆市城市燃气供应未受影响，实现按需足量供应，确保安全平稳。三是降本增效成绩显著，疫情期间严格执行阶段性降低气价政策，协调上游供气企业考虑重庆市作为产气区、传统用气区的实际，对用气量大、价格承受力弱的大化工企业，实施气源价格与产品价格联动调整的“价价联动”机制，探索建立“气电联销”机制，降低企业用气成本近 6 亿元。四是储气能力显著提升，加快实施铜锣峡、黄草峡地下储气库建设，新钻井 1 口，老井处理 2 口，地面设施设备建设稳步推进，全年注气1.12亿方，形成库容6.28亿方。建成城燃企业小时调峰设施3处，新增储气能力53.6万方，小时调峰设施储气能力达到666万立方米。地方政府形成储气能力0.9亿方，城燃企业形成储气能力2.81亿方。五是防疫保供成效突出，疫情期间，全市建立400余个一对一天然气保供工作组，对147个市级重点保供单位和600余个区县重点保供单位实施24小时安全保供服务，建立保供任务清单，坚持现场值守，700余家重点保供单位未发生一起停气事件。六是完善协调机制。完善与中石油天然气销售分公司、中石油西油司、中石化川气东送销售公司、重庆气矿等上游单位，以及重点工业企业的沟通协调机制，定期互通信息，定期座谈交流，共同研究解决供需矛盾有关问题。

二、发展中存在的问题

一是安全压力大。老旧管网设施数量多、分布广，部分老城区改造缺乏管道走廊资源，开挖协调难度大，整治难度大。用户安全用气意识不强，部分用户对用气安全隐患危害性认识不足，整改意愿不强甚至拒绝整改。管线第三方破坏高发，管线巡查、保护未形成合力。

二是安装市场竞争性机制不够完善。全市管道天然气用户设施安装单位目录清单建立、发布有待加强，部分区县目录清单发布工作推进较慢。对目录清单的宣传力度不够，告知途径较为单一，部分城燃企业没有主动通过多种方式对用户自主选择权进行宣传告知，鼓励、引导用户自主选择有资质、服务好的安装企业作用发挥不足。

三是企业标准化建设仍需加强。全市147家城燃企业，受规模、资金、人员等综合因素影响，安全管理、运营维护、服务保障的能力和水平参差不齐，在安全文化、设施建设和运行管理、作业安全、风险管控和隐患排查治理、应急管理、事故管理等标准化建设上需进一步建章立制。

三、2021年发展思路

一是提升安全生产能力，督导企业落实安全生产主体责任，完善管线设施安全检查和维护保养机制，加大安全宣传力度，提高用户用气安全意识。开展全市高层建筑用气安全综合治理，深化供气设施、用气设施、物业设施排查整治，完善企业主体、物业配合、镇街协助的入户安全检查和隐患治理长效工作机制。二是持续优化“获得用气”营商环境，加大对安装单位清单目录的宣传力度，通过公开挂网、督促企业公告、事前告知等广泛宣传，引导用户自主选择安装企业，督促区县加强对非居用户安装全流程监督管理，及时查改不足，提升服务。三是做好天然气供应保障工作，加强与上游供气企业的沟通协调，联合做好全年资源平衡计划，加强气源组织、输配保障和运行调度，确保民生用气充足安全。

（执笔人：彭运）

化学工业

重庆市经济和信息化委员会化工工业处

一、2020 年发展回顾

重庆市化学工业有规模以上工业企业 283 家，其中，基础化学原料制造业 65 户、化学肥料制造业 27 户、化学农药制造业 8 户、涂料颜料染料制造业 39 户、合成材料制造业 22 户、专用化学用品制造业 55 户、炸药火工及焰火产品制造业 5 户、橡胶制品业 30 户、其他 32 户。产品涉及化学矿山、化学肥料、化学农药、基础化学原料、涂料、颜料、染料、化学试剂、催化剂及助剂、黏合剂、炸药及火工产品、信息化学品、塑料、合成橡胶、合成纤维、橡胶制品、化工设备制造等 17 个大类。资产总额 1384.7 亿元，从业人员 5.3 万人。

规模以上化工企业主要经济指标完成情况：完成工业总产值 1039.9 亿元，同比增长 4.1%；完成销售产值 979.6 亿元，同比增长 2.2%；完成出口交货值 39 亿元，同比下降 11.4%；产销率为 94.2%，同比减少 1.7 个百分点；实现营业收入 96.1 亿元，同比下降 0.5%；实现利润总额 94.1 亿元，同比增长 1.4%；税金总额 36.7 亿元，同比下降 1.2%。

规模以上化工企业实现营业收入 961.1 亿元，同比下降 0.9%。按行业类别分：基础化学原料制造业 378 亿元，同比增长 1.9%，占化工行业的 39.9%；化学肥料制造业 73.9 亿元，同比下降 17.8%，占化工行业的 7.7%；化学农药制造业 24.5 亿元，同比增长 13.2%，占化工行业的 2.6%；涂料油墨颜料制造业 66.1 亿元，同比下降 13.8%，占化工行业的 6.9%；合成材料制造业 60.4 亿元，同比下降 17%，占化工行业的 6.3%；专用化学产品制造业 91.1 亿元，同比下降 2.4%，占化工行业的 9.5%；炸药火工及焰火产品制造业 11.7 亿元，同比下降 3.6%，占化工行业的 1.2%；橡胶制品业 74.4 亿元，同比下降 2.9%，占化工行业的 7.7%；其他制造业 181 亿元，同比增长 18.9%，占化工行业的 18.8%。

（一）发展特点

生产增长乏力，大部分子行业出现下降。2020 年重庆化工总产值增长 4.1%，10 个子行业中，总产值同比增长的仅有 3 个：基础化学原料制造（3%）、农药制造（10.6%）和专用化学品（2.5%）。其余 7 个行业呈现不同程度的下降，下降幅度大的有：化学矿开采（-24.7%）、合成材料制造（-13.6%）。

行业利润年初大幅下降而全年略有增长。全年行业利润总额 94.1 亿元，同比增长 1.4%。亏损企业亏损总额为 15.9 亿元，同比增长 69.9%，其中，基础化学原料制造亏损额 6.8 亿元，同比增长 96%，合成材料制造亏损额 4.8 亿元，同比增长 126.4%；亏损企业 37 户，亏损面为 13.1%，同比减少 1.3 个百分点；行业利润年初下降 45.7% 而全年略有增长。

重点企业拉动力减弱。46 户重点企业，产值同比下降的有20户，停产的有2户，上升的有24户。受疫情影响，部分龙头企业（产值30亿元左右）产值持续下降，三户重点企业（产值10亿元左右）均停产达1~2个月；两家重点企业，一户因环保搬迁已于2019年10月31日全部关停，另一户至今没有恢复生产。受疫情影响，国内需求恢复缓慢，出口需求低迷，导致相关企业产品低负荷生产，如三聚磷酸钠负荷41.1%，毒死蜱48.7%，高锰酸钾72.6%。

主要产品价格有涨有跌。受疫情、原油价格大幅上涨、消费市场萎缩、下游开工不足等因素的影响，化工产品价格有涨有跌。监测的52个产品价格中，20个产品价格低于年初；5个产品价格与年初持平；27个产品价格高于年初。价格上涨的有，MDI每吨上涨6344元、涨幅51%，聚甲醛树脂每吨上涨2298元、涨幅25%，等。价格下降的有，4，6-二羟基嘧啶每吨减少11703元、下降17%，精对苯二甲酸每吨减少2745元、下降50%，等。

（二）招商引资

化工行业签约27个项目，累计投资256.9亿元。一是做细招商前期工作。提出重庆化工产业发展思路，完善储备项目库。详细分析化工产业链上的MTO、乙二醇等关键项目，根据项目规模、原料及产品构成，测算项目经济性。二是规划重点产业链项目。积极对接东方希望、重庆奕翔化工、重庆华峰化工、建峰集团等重点企业，了解MTO、聚氨酯、聚酯、HDI等发展路径和产品方向，确定产业链提升方向，策划相关项目。三是多维度联动招商。与区县联动，拜访中国化工工程集团和中石化集团，洽谈单细胞生物蛋白质项目，协助该项目签约长寿经开区。对接山东省经信部门，开展相关招商活动；对接四川省工信部门，拜访科研院所，共商川渝地区化工产业发展合作事项。四是建立沟通机制，推进与中国化学工程集团在渝投资项目方面的合作。

（三）项目建设

4个续建项目均已完成年初制定的计划，其中115万吨/年己二酸扩建项目（五期）进入调试阶段、10万吨/年己二胺一期提前进入试生产阶段。4个新开工项目均开工建设，PVC热稳定剂生产项目平场完成90%，20万吨/年精细磷酸盐及配套新型专用肥项目平场完成50%，光气衍生物及芳胺类化学品项目主体工程第一标段已进场施工。

二、发展中存在的问题

1. 企业生产增长乏力、效益不高

工业总产值同比增长4.1%，营业收入同比下降0.5%，利润总额同比增长1.4%，主要原因包括：一是受疫情、消费市场萎缩、下游开工不足等因素的影响；二是重点企业拉动增长能力减弱，关注的46户重点企业中，产值同比下降的有20户，2户停产；三是部分企业生产负荷降低，受疫情影响，国内需求恢复缓慢，出口需求低迷，导致相关企业低负荷生产。

2. 主要化工原料的缺乏严重制约重庆市化工行业的高质量发展

重庆市资源“富气、无油、少煤”，没有大型炼油项目，煤产量小且品质差，不适合煤化工大发展，导致重庆市化工缺乏烯烃、芳烃等重要化工原料产品。化工行业原料主要依赖天然气（页岩气），但天然气化工产品发展面较窄，致使重庆市化学工业产业链难以延伸。为实现烯烃本地化生产，目前正竭力引进MTO项目，但进展不太顺利。

三、2021年发展思路

一是发挥产业链带动效应，实施产业链提升行动。以“链长制”为抓手，推动产业链整体水平提升，推动“双循环”、成渝双城经济圈发展落实落地。二是稳投资促增长，助推重大项目建设。梳理重点项目，突出企业主体地位，有序推进重点项目建设。三是提前谋划，确保专项资金扶大扶强。四是推进智能制造，不断提升行业智能化水平。开展智能化改造升级、工业互联网生态建设两个方面政策及资金的宣贯工作。做好智能制造工业和信息化专项资金、标杆企业、数字化车间和智能工厂的申报动员工作。五是鼓励科技创新，推进研发机构倍增计划。广泛动员，鼓励规上企业按照标准普遍建立研发机构，开展研发活动。六是大力招商引资，做大化工新材料产业。七是持续开展落实“安全环保”一岗双责工作，预计工业总产值同比增长5%。

（执笔人：兰劲）

智能终端产业

重庆市经济和信息化委员会智能终端和通信产业处

一、2020年发展回顾

（一）行业大事

克服新冠肺炎疫情影响，取得七个首次：计算机产量首次突破9000万台；笔电产量首次突破7000万台；全产业产值首次突破4000亿元，出口交货值首次突破3000亿元；笔电产业产值首次突破3000亿元；配套产业产值首次突破1000亿元；达丰产值首次突破千亿元，成为重庆市第一家千亿级电子制造业企业。

笔电出口量、值均创历史新高，出口量6572万台，同比增长26.5%，出口值1726亿元，同比增长16.1%，占同期重庆市出口总值的41.2%，占比增加1.2个百分点。连续7年成为全球最大的笔电生产基地。

英业达（重庆）有限公司创新示范智能工厂项目被认定为2020年重庆市智能制造和工业互联网创新示范项目。

重庆电子电路产业园在荣昌高新区正式投产。2020年10月，重庆市经济信息委批准重庆电子电路产业园为市级特色产业建设基地。

（二）主要经济指标

产量：计算机产量9130.3万台，同比增长19.9%，其中，笔电产量7882.2万台，同比增长22.7%。手机产量13450.5万部，同比下降22.8%，其中，智能手机7754.1万部，同比下降21.5%。

产值：完成产值4360.8亿元，同比增长9.5%。其中，计算机及配套3175.3亿元，同比增长8.7%；手机及配套1185.5亿元，同比增长11.6%，占全市工业总产值的近1/5，拉动全市工业总产值增长1.58个百分点，对全市工业总产值增长贡献率19.25%。

出口：完成出口交货值3176.3亿元，同比增长12.5%，占全市工业出口交货值的73.11%，拉动全市工业出口交货值增长8.3个百分点，对全市工业出口交货值增长贡献率52.9%，是重庆市工业外循环的主体和增长的“第一动力”。

（三）就业和产销情况

没有专门的智能终端企业就业和产销统计数据。根据计算机、通信和其他电子设备制造行业（行业代码3900）统计数据，全行业平均就业人数28.6万人，同比增长12.9%，占全市制造业就业人数的19%；计算机整机和配套产品销售率99.4%，手机及配套产品销售率89.6%，智能消费设备产品销售率98%。

二、发展中存在的问题

国际经贸摩擦风险增大。在中美贸易摩擦同时，2020年6月，印度出台增量手机奖励计划，对于“印度制造”手机和指定的印刷电路板等配件，按年销售增量的4%~6%给予奖励，其国内部分组织正呼吁计划实施范围扩大到计算机。

三、2021年发展思路

根据市委、市政府和工信部部署，推动智能终端企业在研发与制造上同步发力，持续提升制造优势，巩固世界级计算机、手机生产基地地位，并在5G终端、超高清视频终端呈现设备、人工智能硬件等方向着力，不断丰富智能终端产品。

（执笔人：彭华荣）

其他电子制造业

重庆市经济和信息化委员会电子信息处

2020年，是“世情愈加复杂、疫情突如其来、灾情百年难遇”的一年。在大疫大战大考之年，重庆深入贯彻党的十九届五中全会精神，深刻把握习近平总书记对重庆寄予的殷切期望，深度融入“双循环”、唱好“双城记”、建好“经济圈”，抢时间、赶进度、补损失，努力克服新冠肺炎疫情影响、支柱行业增速放缓、重点投资后劲不足等诸多不利因素，打好疫情防控大战、答好企稳回升考卷、谋好“双城记”“双循环”规划，推动全市电子信息制造业（其他电子）“稳、好、靓、实、高质量”。

一、2020年发展回顾

（一）行业运行稳

1. 整体指标情况

全市电子信息制造业实现产值6441亿元，同比增长10.7%，高于全市4个百分点。其中，其他电子实现产值2080.1亿元，增长13.5%，占电子信息制造业的32.2%，增长贡献率22.4%，高于全行业增速2.8个百分点，高于全市增速6.8个百分点。

2. 重点板块情况

全市元器件板块实现产值1172亿元，同比增长17.7%，其中，集成电路实现产值250.6亿元，同比增长22.7%；生产集成电路45.4亿块，同比增长34.9%；新型显示实现产值465.4亿元，同比增长20.7%；生产液晶显示屏2.8亿片，同比增长28.2%。机电板块实现产值473.5亿元，同比增长22.6%。家电板块实现产值296.5亿元，同比下降8.4%。仪器仪表板块实现产值138.2亿元，同比增长8.5%。

3. 重点企业情况

41家重点企业实现产值1227.6亿元（行业产值占比达58.9%），同比增长11.1%。SK海力士实现产值151.4亿元，同比增长24%，占全市集成电路总产值的60.4%；京东方光电实现产值243.5亿元，同比增长19.6%，占全市新型显示总产值的52.3%；美的实现产值118.1亿元，同比增长16.8%；海康威视实现产值54.1亿元，同比增长11.7%；泰山电缆实现产值29.4亿元，同比增0.9%。

（二）投资调度好

1. 总体投资进度跑出加速度

围绕17个市级重点项目，计划总投资853.78亿元，2020年计划投资130.9亿元，全年完成投资174.5亿元，投资完成率128.4%。其中，1~11月累计完成投资145.8亿元，投资完成率111.3%。

2. 市级重点项目按下快进键

5个市政府重点关注项目方面，京东方第6代AMOLED（柔性）显示面板项目完成投资100亿元，完成率100%，预计2021年四季度投产；国家集成电路产业发展基金已通过华润微电子12英寸功率半导体生产线项目的投决会表决，即将实现大基金在西部地区的第一笔投资；联合微电子中心高端研发平台等项目得到中国电科集团大力支持，在智博会期间签订战略合作框架协议；奥特斯半导体封装载板和系统级封装印制电路板生产线技术升级扩建项目完成投资 14.3 亿元，完成率 285.5%，技术升级改造设备陆续到位安装调试，三期主体厂房封顶；泰山电缆升级迁建项目完成投资 3 亿元，完成率 100%，已取得工程规划许可证，正按计划施工建设。

（三）招商答卷靓

1. 签约项目

签约以“芯”“屏”双核为主的重点项目 17 个，投资总额超 600 亿元。一是“芯”领域成果丰硕。研发设计签约阿里平头哥、重光 GPU、韩国艾拓科技等一批设计类项目；签约金额超 60 亿元。生产制造签约华润微电子等 2 家央企 2 条 12 英寸线；签约金额超 350 亿元。材料及设备方面签约通嘉半导体设备用真空泵制造等一批半导体材料、设备、辅料生产制造项目；签约金额超 10 亿元。二是“屏”领域补强短板。签约以“运营总部 + 研发中心 + 模组制造”为运营模式的宇隆光电，投资额 4 亿元。启动京东方（重庆）智慧系统创新中心。

2. 在谈项目

对接强茂、东莞创科、仁恩宇、芯探等功率半导体芯片、半导体设备企业 30 余家，达成初步意向的企业 20 余家，在谈资金 300 亿元。

3. 策划项目

策划项目 50 余个，对接“潮州三环、风华高科”等目标企业 10 余家，预估投资总额近 1000 亿元，预计达产后实现产值近 800 亿元。

（四）服务效果实

1. “三服务”情况

先后调研走访铜梁区、沙坪坝区（含西永园区）的“三服务”企业超 50 人次，走访调研覆盖 100%，问题办结率 100%，共建项目达标率 100%；帮助对接区县及园区签约投资过亿的项目 3 个，签约金额近 300 亿元；同时，抓招商成效明显，联动招商项目 10 余个，达成签约金额超 30 亿元。

2. 资金使用情况

发放 2020 年信息化专项资金 3420 万元，撬动投资 3.5 亿元，间接撬动社会资本投资 28 亿元。先后批复支持项目 10 个，验收项目 74 个，验收率近 90%。动投资 3.5 亿元，间接撬动社会资本投资 28 亿元。

3. 疫情防控情况

高效解决资金、能源、用工等 20 余项复产难题，推动 30 余家电子信息制造业在全市率先复工达产；妥善缓解 SK 海力士所受疫情影响。

4. 稳供应链情况

落实稳链固链政策，推荐声光电集团等本地半导体企业进入英业达等国际知名企业供应链体系。

（五）专项工作高质量

1. 信息报送高质量

先后向敏尔书记、良智市长等主要领导报送《重庆市集成电路产业发展简况》《关于落实良智市长拜访中电科集团会议事项有关建议的报告》《关于支持威科赛乐微电子公司发展的工作方案》等方案报告 4 篇，行业信息动态类政务信息简报 10 余篇，形成文字材料 6 万余字，均得到市领导正面批示。

2. 提案办理高质量

市人大政协建议提案主办 3 个、协办 2 个均回复满意。

3. 氛围营造高质量

圆满完成智博会、中国集成电路设计业年会

筹办工作；举办重庆市电子信息行业座谈会、重庆电子信息产业高质量发展新闻发布会等重要会议。

二、发展中存在的问题

当前，重庆市电子信息制造业仍面临产业规模不足、高端人才匮乏、先进工艺水平低、重大项目较少等问题，同时，受中美贸易摩擦、疫情反复等影响，人才流通壁垒增加、导入先进技术越来越难、引进高端设备难度增加等，加之短期内自主研发技术突破的可能性较小，电子元器件等核心零部件市场需求减少，企业的经营环境存在进一步恶化的可能。

三、2021年发展思路

深入贯彻党的十九届五中全会精神，以“十四五”开局年、“双城记”起步年、“双循环”启航年、“战新产业”提升年为契机，立足重庆市“一区两群”发展格局，坚持一体化发展、协同性推进、差异性布局，抓好党建工作，确保政治方向准；抓好服务保障，优化营商环境；抓好运行调度，确保行业运行稳；抓好项目建设，确保投产上量快；抓好招商引资，确保引资效益佳。力争全年实现产值2222.9亿元，同比增长8.5%，导入投资75亿元。

（执笔人：周秋宇）

医药工业

重庆市经济和信息化委员会医药产业处

2020年，在全国疫情对经济巨大冲击的背景下，重庆市医药工业在市委、市政府的坚强领导下，攻坚克难，迅速采取有效措施，全力以赴做好重庆市医疗防护物资保障工作。同时，努力克服疫情影响，聚焦重点、精准发力，紧紧围绕“鼓励创新、推动高质量发展”两条主线，坚持创新驱动，全力以赴推动重庆市医药产业高质量发展。

一、2020年发展回顾

（一）努力克服疫情影响，经济运行稳中有进

重庆市现有规模以上医药企业191家，其中年产值10亿元级的企业有13家，共有11家生物医药企业在沪深交易所上市，总市值近3000亿元，市值和数量在重庆所有行业中均排名第一。重庆市克服新冠肺炎疫情等不利因素影响，医药产业整体维持增长态势，全年医药工业实现产值672亿元，同比增长4.7%；实现利润66.2亿元，增长12.7%。

（二）全力确保物资供应，储备体系逐渐完善

一是全力以赴做好疫情初期应急医疗物资保障。在防疫初期物资紧缺的情况下，在委党组的领导下，与全委同志协同配合，一手抓海外物资采购，一手抓本地企业生产，从本地重点生产企业及20个国家和地区，累计采购入库各类口罩11000余万个、医用防护服70余万套、隔离衣80余万套、测温仪12万支，为打赢疫情防控阻击战提供了坚实的物质保障。二是全力推动应急医疗物资兜底采购工作。根据第三方专项审计结果，与市财政局积极沟通、协同配合，预拨市级储备企业资金47843万元，兜底购买剩余库存储备防疫物资。三是加快推动应急医疗物资储备相关制度建设。及时出台全市《在疫情防控常态下重要医疗物资保供工作方案》（渝经信发〔2020〕87号），通过实物和产能储备重要医疗物资，高标准、动态化做好疫情防控常态化下医疗物资保障工作。正式印发《重庆市应急医疗物资储备管理办法（试行）》（渝府办发〔2020〕133号），明确了政府管理部门和承储企业的职责，对储备物资的采购、储备管理、计划下达、物资轮换及调用进行了梳理和规范。四是着力构建常态化应急医疗物资储备体系。医用外科口罩、一次性医用口罩、医用防护服、隔离衣、核酸提取试剂、核酸提取仪器等重要医疗物资产能充足，现有库存医用外科口罩1100.14万个，一次性医用口罩1111.44万个，防护服32.22万套，隔离衣112.43万套，手持式红外线测温仪5.43万把，总价值4.6亿元，同时具备熔喷布等核心原材料生产能力。纳入政府储备的5家生产企业日产能超过800万个，中元汇吉的核酸提取试剂日产能为50万人份，防护服日产能超过1.5万套，隔离衣日产能13万套。

（三）全力抓好重点项目，产业链结构逐步改善

一是招商引资成效显著。围绕生物医药产业

创新和供应体系建设，积极开展产业链招商，积极联合两江新区、高新区等园区找项目、拓市场。中诺恒康骨科医疗器械项目、华润三九现代中医药制造项目、复星医药国际原料药产业基地项目等10个重点项目完成签约，协议投资115.87亿元。二是重点项目建设进展顺利。推动Athenex制剂工厂项目、新绿色中药配方颗粒项目、中元生物质谱技研发和生产基地等一批重点项目实现开工。以智翔金泰抗体药物、宸安生物重组蛋白药物、博唯佰泰基因重组疫苗、Athenex制剂生产等一批产业化项目为代表的生物医药产业集群建设顺利推进。三是一批项目顺利投入使用。华邦制药智能化生产基地、海王生物中药材提取加工基地、红日中药配方颗粒生产基地、中国中药配方颗粒生产基地建成投入使用。

（四）坚持创新驱动发展，核心竞争力逐步提升

统筹推进市内企业加大创新研发投入，落实促创新、强基础、补短板，推动重庆市医药产业高质量发展。一是研发创新成果不断涌现。医疗器械领域，重庆市二类医疗器械产品注册数达180个，博奥赛斯两款新冠病毒检测试剂、新赛亚幽门螺旋杆菌分型检测试剂、泛生子基因测序仪等26个产品获批国家药监局三类医疗器械注册证。化学药领域，累计48个产品通过仿制药一致性评价；其中，13个产品在国家医保局组织的集中招标采购中成功中标。生物药领域，博唯佰泰9价宫颈癌疫苗以及智飞生物与中科院微生物所合作开发的重组新冠病毒疫苗均已进入临床Ⅲ期。二是创新企业崭露头角。智飞生物年销售收入超百亿元，企业市值超过2200亿元，居国内上市医药企业市值前列。复创医药聚焦肿瘤和代谢疾病领域的9个创新药项目进入临床研究，其中1个糖尿病治疗药项目进入Ⅲ期临床试验阶段，4个靶向抗肿瘤创新药项目进入Ⅱ期临床试验阶段，并以4.4亿美元就其自研新药FCN338与礼来公司达成许可协议。精准生物2个CAR-T细胞治疗药物4个适应症进入临床试验阶段，获得发明专利11项，公司估值超30亿元。中元生物首次实现营收破10亿元，成功在国内体外诊断领域市场角逐中脱颖而出。三是以创新提效为导向加大资金扶持力度。深入贯彻落实《重庆市生物医药产业发展指导意见》和《重庆市加快生物医药产业发展的若干政策》，全年为77个项目发放工业和信息化专项资金1.1亿元，有效提升全市生物医药产业创新发展环境。

（五）研发平台加快布局，创新体系逐步建立

一批公共研发服务平台项目落地、开工、投用，从早期研发、安全评价、药学研究、中试放大到临床试验的一体化研发创新体系逐渐成型。成功引进泰格医药研究西部（重庆）中心落户重庆科学城，填补重庆市临床试验现场管理组织（SMO）公共服务平台空白。金迈博全人源转基因动物抗体药物筛选平台、昭衍新药药物安全评价中心、重庆国际免疫研究院等项目开工建设。重庆市区域细胞制备中心建设工作正式启动，提高细胞制品质量，推动重庆市细胞治疗产业规范化、专业化。

二、发展中存在的问题

1. 产业规模小，子行业结构不合理

一是重庆生物医药产业整体规模较小，缺乏全国性龙头企业。产值规模在全国处于中游水平，较江苏、广东等发达地区差距明显。二是子行业结构不合理。化学药制剂占比仅为总产值的23.9%，明显低于全国平均水平（35.7%）。未来发展潜力巨大的生物药、医疗器械等产业占比分

别只有7.6%、6.1%（全国分别为9.1%和9.8%）。

2. 产品竞争力不强，受国家医改政策冲击大

一是具备市场优势的大品种数量稀少，全市仅有1个产品年销售收入突破10亿元。二是重点品种以抗生素、辅助用药为主，与国家医改政策导向冲突。三是生物药产品仍在研发阶段，产业新动能不足。四是医疗器械产品数量少，远少于产业发达地区品种规模，技术水平低，难以支撑产业快速发展。

3. 研发投入少，创新软环境支撑不足

一是创新研发投入少。重庆市上市企业研发投入占比与东部产业发达地区和四川等周边省市相比有很大差距。二是人才资源匮乏。高端人才严重缺少，在重庆全职工作的以院士、千人计划为代表的高端人才不足10人。三是研发实力不强。科研平台以企业自建技术中心为主，国家级企业技术中心数量少；本地高校院所基础研究能力不足，缺乏原生性创新项目源。四是资本活跃度不高，缺乏生物医药产业专项的政策性投资基金，融资额小。

三、2021年发展思路

以创新和高质量发展为根本要求，以“补齐平台短板、强化产业链条、增加优质品种、提升制造能力”为抓手，持续优化产业布局，不断完善产业配套，加快调整产业结构，逐步实现医药产业从以需求拉动、仿制为主向创新驱动、仿创相结合转型，打造纵向产业链（研发、生产、流通、销售）到底、横向创新资源（人才、资本、平台、政策）到边的医药产业发展新生态。力争全市生物医药工业产值实现710亿元，同比增长7.4%。

（执笔人：魏彦杰）

建筑业

2020 年，随着国内疫情防控形势不断向好，经济活动持续恢复，重庆建筑企业积极承接新工程，推动项目开工建设，进入赶工期、抓进度阶段。全市总承包和专业承包（以下简称“总专包”）建筑企业产值增长持续加快，基建类和高资质企业生产明显恢复，开拓外埠市场成效显著，行业发展逐步恢复至健康状态。

一、建筑业总产值增速持续恢复

2020 年，全市 3465 家总专包建筑企业，共实现建筑业总产值 8974.97 亿元，较上年增长 9.1%，增速较 2019 年提高 3.9 个百分点，高于全国平均水平 2.9 个百分点。其中，国有及国有控股企业实现建筑业总产值 2284.64 亿元，增长 19.5%，增速较上年提高 10.5 个百分点。

（一）建筑工程是全市产值恢复主力

建筑工程占比大、增长快，是全市建筑业持续恢复的主动力。2020 年，全市总专包建筑企业实现建筑工程产值 8112.08 亿元，较上年增长 9.3%，增速较 2019 年提高 4.3 个百分点；安装工程产值 590.90 亿元，增长 11.8%，较上年提高 2.1 个百分点；其他产值 271.99 亿元，与上年基本持平。

（二）主要行业总产值增长明显

2020 年，随着施工企业持续推进项目建设，全市建筑业主要行业产值增长明显。其中，占全市建筑业总产值七成的房屋建筑业稳定发展，实现总产值 6295.35 亿元，较上年增长 5.3%，较 2019 年提高 1.5 个百分点。在

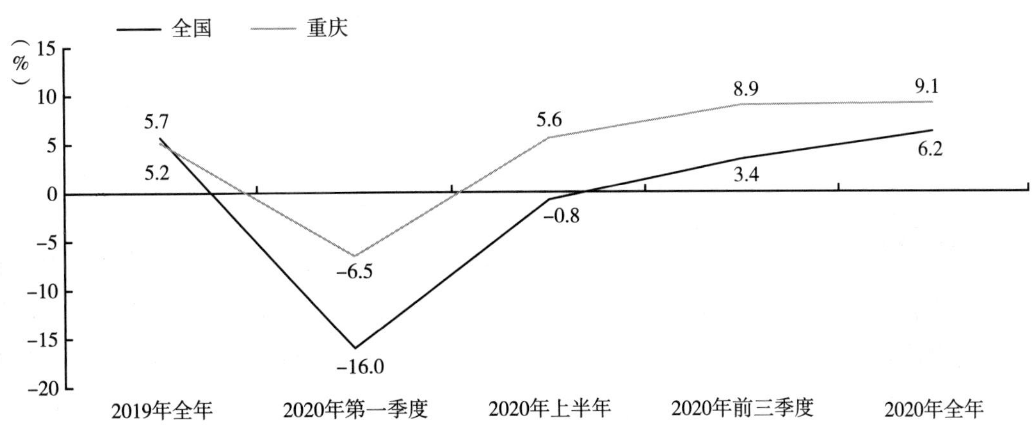

图 1　2020 年全国、全市总专包建筑业总产值增速

基础设施项目加快推进带动下，土木工程建筑业产值增势明显，有力拉动全市建筑业加快增长，全年实现总产值1951.53亿元，增长19.1%，较上年提高12.9个百分点。其中，铁路、道路、隧道和桥梁工程建筑产值1547.67亿元，增长19.6%，较上年提高13.2个百分点；水利和水运工程建筑、工矿工程建筑、电力工程施工等情况较好，产值增长较快。此外，建筑装饰、装修和其他建筑业产值增长25.5%，较上年提高10.6个百分点；建筑安装业产值增长14.6%，虽较上年回落4.7个百分点，但仍高于全市建筑业产值平均水平。

表1　2020年分行业总专包企业建筑业总产值

行业类别	建筑业总产值（亿元）	占比（%）	增速（%）	较上年变动（个百分点）
全市建筑业	8974.97	100.0	9.1	3.9
房屋建筑业	6295.35	70.1	5.3	1.5
土木工程建筑业	1951.53	21.7	19.1	12.9
#铁路、道路、隧道和桥梁工程建筑	1547.67	17.2	19.6	13.2
#水利和水运工程建筑	116.01	1.3	12.0	3.8
#工矿工程建筑	64.62	0.7	11.2	5.2
#电力工程施工	73.17	0.8	52.2	78.1
建筑安装业	330.79	3.7	14.6	-4.7
建筑装饰、装修和其他建筑业	397.31	4.4	25.5	10.6

（三）区域发展呈现“一稳两加快”特征

2020年，占比超七成的主城都市区总专包建筑企业实现建筑业总产值6608.49亿元，较上年增长8.4%，增速较2019年提高1.9个百分点，是全市建筑业稳定发展的主要支撑。渝东北三峡库区城镇群总产值2152.53亿元，增长11.7%，较上年提高7.1个百分点。渝东南武陵山区城镇群总产值213.95亿元，增速由负转正，达到7.7%，较上年提高29.4个百分点。

表2　2020年分片区总专包企业建筑业总产值

片区	建筑业总产值（亿元）	占比（%）	同比增长（%）	增速较上年变动（个百分点）
全市	8974.97	100.0	9.1	3.9
主城都市区	6608.49	73.6	8.4	1.9
渝东北三峡库区城镇群	2152.53	24.0	11.7	7.1
渝东南武陵山区城镇群	213.95	2.4	7.7	29.4

二、行业稳定发展基础稳固

（一）签订合同额余量充足

2020年，全市总专包建筑企业签订合同额16503.76亿元，较上年增长12.0%。其中，上年结转合同额和本年新签合同额分别增长11.2%和12.6%。从签订合同额中扣除已施工产值后的合同余额为7528.80亿元，较上年末增加1010.96亿元，合同余额占全年完成产值的比重达83.9%。较为充足的结转合同额为全市建筑业下一步稳定发展奠定了坚实的基础。

（二）高资质企业带动作用明显

2020年，431家特/一级资质企业实现建筑业总产值4263.63亿元，较上年增长9.5%，拉动全市产值增长4.5个百分点。其中，10家特级企业实现建筑业总产值782.10亿元，增长21.7%，拉动全市产值增长1.7个百分点。高资质企业以12.4%的企业数占比实现了全市47.5%的产值，龙头效应显著。

（三）企业对外开拓市场能力增强

重庆总专包建筑企业积极开拓市外市场，市外产值规模明显扩大。2020 年，全市共有 895 家企业出渝承揽工程，较上年增加 105 家，占企业总数的 25.8%；实现建筑业总产值 1951.38 亿元，增长 32.7%，较上年提高 33.6 个百分点。四川、贵州、云南、广东成为重庆建筑企业主要集聚地，实现产值过百亿元，分别为 314.35 亿元、311.76 亿元、214.44 亿元、140.14 亿元，合计占全市在外省完成产值比重超五成。

（四）劳动生产率稳步提高

随着建筑设计标准化、构配件生产工厂化、施工机械化和组织管理科学化的持续推进，全市建筑业生产集约化和工业化趋势明显，建筑行业劳动生产率稳步提高。2020 年，全市建筑业劳动生产率为 36.71 万元 / 人，较上年增长 5.4%。其中，土木工程建筑业劳动生产率最高，达到 59.72 万元 / 人，增长 7.0%。

三、当前建筑业发展面临的主要问题

（一）新增企业数量多，但资质和户均产值较低

2020 年，全市新增入库总专包建筑企业 453 家，较上年增加 139 家，同比增长 44.3%。其中，三级及以下资质企业 357 家，占新增企业的 78.8%。2020 年，全市有工作量的总专包建筑企业户均产值 2.69 亿元，新增企业户均产值 0.72 亿元，其中一级、二级、三级及以下资质企业户均产值分别为 1.75 亿元、0.96 亿元、0.61 亿元。新增企业数量增多，但低资质企业占比较大、户均产值远低于全市平均水平，对全市建筑业总产值的拉动力还有待增强。

（二）本土企业在渝完成产值增速放缓

2020 年，重庆本土总专包建筑企业在渝完成产值 7023.59 亿元，较上年增长 4.0%，增速较 2019 年下降 2.6 个百分点；在渝完成产值占全市建筑业总产值的 78.3%，较上年同期回落 3.9 个百分点。本土企业在渝产值增速放缓、占比回落，本地建筑市场份额流失问题值得关注。

四、对策建议

（一）持续做好建筑施工现场疫情常态化防控工作，促进企业安全高效生产

建筑业是劳动密集型产业，工地聚集带来的安全生产和疫情防控压力一直存在，要全面落实好“外防输入、内防反弹”的疫情总体防控策略，科学有序做好建筑施工现场疫情常态化防控工作，克服松懈情绪，平衡好建筑工地赶工需求与实际防疫要求，确保所有企业安全高效生产。

（二）坚持内培外引外拓，带动行业整体竞争力提升

一是加强对本土建筑企业的培育，挖掘企业潜力，通过资源整合、强强联合、资本股权等运作方式扶持企业协同发展，培育壮大龙头企业队伍。二是制定优惠政策和具体措施，吸引外地企业来渝设立高资质独立法人企业或迁移总部基地，扩大重庆建筑业规模的同时也为行业发展带来先进施工技术和管理经验，增强核心竞争力，有效带动行业整体水平提升。三是支持重庆建筑企业出省承揽工程，加强与其他省区市战略合作和交流，建立健全沟通和信息共享机制，为企业拓展市外市场提供服务和帮助。

（三）优化产业布局，推动建筑业产业发展迈向“高质量”

加快企业转型升级，大力推行工程总承包，优化专业类别结构和布局。提高智能和装配式建筑在我市新建建筑面积的比例，加强技术研发应用，提升各类施工机具的性能和效率，提高机械化施工程度，进一步推进建筑信息模型（BIM）技术在我市建筑业企业中的应用，实现工程建设项目全生命周期数据共享，支持有实力的建筑业企业向上下游延伸产业链，提升行业综合竞争力，促进我市建筑业进入“高质量”发展阶段。

（执笔人：罗继明）

第三产业

道路运输

重庆市道路运输事务中心

一、2020 年发展回顾

在重庆市委、市政府和市交通局的坚强领导下，面对错综复杂的发展形势和艰巨繁重的发展任务，全行业勇于担当、锐意进取，圆满完成"十三五"各项目标任务。"十三五"全市道路客运量、客运周转量、货运量、货运周转量分别完成 24.3 亿人次、1270.3 亿人公里、48.1 亿吨、5165.2 亿吨公里，为重庆经济社会发展提供了坚强有力的道路运输保障。

（一）全力以赴抗击疫情，目标任务圆满完成

2020 年，面对疫情这场突如其来的重大考验，全行业严守以待，坚决贯彻落实党中央决策部署，坚决克服疫情带来的不利影响，坚决做好"六稳"工作落实"六保"任务，妥善处理疫情防控和行业发展关系。

1. 新冠肺炎疫情阻击有力有效，运输服务保障坚强有力

始终坚守抗疫一线，全力保证道路运输。一是应急运输及时高效。疫情严控期，投入客运应急车辆 356 台、应急场站 35 个，保障群众基本出行。投入货运应急运力 280 万台次，疫情防控物资和生活物资顺畅运输，其中向湖北等地输运物资 7000 吨。组织出租车志愿队服务一线医护人员、赴鄂医护人员家属、社会特殊出行群体 6000 多人次，调派 105 辆公交车承担 1628 人次援鄂医疗队返渝疏运任务。二是管控措施严格到位。严格落实"一断三不断""三不一优先"，首批实施暂停省际客运线路、公共交通强制佩戴口罩乘坐、调整老年人免费公交卡使用时段，实现从业人员"零感染"、旅客"零发现"。三是复工复产保障得力。全国首批启动客运班线"点到点、一站式"包车服务，发送省际包车 1360 趟次，输运返岗复工人员 11 万人次。开行定制公交线路 588 条、投入车辆 18.9 万车次，运送乘客 665.7 万人次。

2. 脱贫攻坚任务提前收官，"村村通客车"全面完成

挂图作战，倒逼推进，新增 38 个建制村通客车，提前半年实现"村村通客车"。新改扩建乡镇客运站 6 个、农村招呼站 676 个。深化交邮合作，完善县乡村三级物流节点，推广农村物流服务品牌，5 个区县交邮融合试点，打通农村物流"最初和最后一公里"。

3. 双城经济圈建设起步扎实，国家战略部署落实落地

积极落实交通一体化发展三年行动方案、运输服务一体化发展合作协议要求，加强川渝多层级道路运输机构合作，梳理合作项目 11 个，拟定 2020~2022 年跨省城际公交规划方案。实现公共交通一卡通、一码通，二级维护合格信息与客货运危险品从业资格证、出租汽车公共科目考试成绩等信息互认互通。开通潼南至遂宁等毗邻地区跨省城际公交线路 7 条。依托川渝物流园和交通智慧物流平台，江津至泸州等城际货运班线更

加高效集约。

4. 公交都市成功创建，群众出行体验更优更好

全面完成公交都市创建32项考核指标，建成公交优先道217公里，新开通轨道交通1号线朝小段、6号线支线二期，完成103个轨道换乘公交站的升级改造，实现100米以内轨道公交无缝换乘，平均换乘距离由215米缩短到35米。开行小巷公交5条、穿梭巴士186条，构建独具山城特色的微循环出行网络。涪陵、永川顺利通过交通运输部城乡交通运输一体化示范县验收。

5. 机构改革稳妥落地，干部思想共识进一步凝聚

全市道路运输机构改革基本到位，40个区县道路运输机构完成改革36个，其中参公14个、处级12个。中心机构改革稳妥推进，职级职位平稳落地，干部队伍更加稳定，实现工作无断档、职能更优化、界面更清晰，达到改革预期。

（二）疫情冲击下各子行业情况

1. 公路客运

新冠肺炎疫情突袭而至，公路客运量特别是跨省长距离出行量呈断崖式下跌。2020年，全市完成公路客运量3.15亿人次，较2019年下降38.3%；公路客运量占综合客运量的79.0%，较2019年下降1.2个百分点。公路旅客周转量140.6亿人公里，较2019年下降42.1%；公路旅客周转量占综合旅客周转量的22.2%，较2019年减少2.2个百分点。其中，班车客运线路数量持续增长、发车班次数量明显下降。2020年，新增公路客运班线690条、日均发送班次减少3731班次。全市公路客运班线6374条、日均发送班次3.91万班次，较2019年分别增长12.1%、下降8.7%。农村客运量小幅增长，市场份额不断扩大。全市完成农村道路客运量1.67亿人次，较2019年增长6.5%，占全市公路客运量的53.0%，较2019年增加22.3个百分点；完成农村道路旅客周转量92.4亿人公里，较2019年增长19.1%，占全市公路旅客周转量的65.7%，较2019年增加33.8个百分点。包车客运经营业户持续增长。2020年，全市包车客运经营业户66户，较2019年新增2户，全部为企业业户。自有车辆50辆及以上企业35户，约占企业总数的53.0%，较2019年增加1.5个百分点。

2. 货运物流

公路货运量主导地位保持不变。2020年，全市完成公路货运量10.0亿吨，占全市综合运输货运总量的82.1%。完成公路货物周转量1055.4亿吨公里，占全市综合运输货物周转总量的29.9%。公路货运平均运距106公里，公路货物运输在整个综合运输体系中占有非常重要的地位，主要承担了100公里左右的短距离货物中转与发送的作用。专业化运输规模逐渐扩大。全市道路货物运输业户主要包括普通货运、货物专用运输、集装箱运输、大型物件运输、危险货物运输等业户。2020年，全市普通货物运输业户7.5万户，较2019年减少13.2%，在所有货物运输业户中占99.0%，与2019年基本一致；货物专用运输业户1981户，同比增加300户；集装箱运输844户，同比增加411户；大型物件运输407户，同比增加95户；危险货物运输188户，同比增加10户。车辆运力结构逐步优化。2020年，全市载货汽车26.6万辆，平均吨位11.3吨，较2019年分别提高1.1%、8.0%。按车辆等级分类，全市载货汽车中大型货车16.0万辆（含重型营运货车14.5万辆，同比增长8.3%），同比增长7.5%；中型货车0.6万辆，同比上升4.5%；小型货车5.8万辆，同比下降20.3%。大型货车数量逐步增加，中型化运力结构调整优化，运输效率显著提高。

3. 公共交通

2020年，继续加快“公交都市”建设。全市城市公共交通（含轨道交通与常规公交）累计完成客运量26.9亿人次，日均734万人次，较2019年下降25.8%。其中，中心城区城市公共交通累计完成客运量20.6亿人次，日均563.8万人次，较2019年下降26.3%。

2020年，全市共新增轨道交通里程14.8公里，新增车站8座，轨道交通运营里程达到343公里，里程规模位居全国第八，开通运营轨道交通车站177个。轨道交通实际开行125.4万列次，日均开行3427列次，同比增长3.3%。

2020年，中心城区公共汽车9546辆，较2019年增长2.3%；拥有公交线路824条（其中二环外127条），同比新增25条（其中二环外减少1条）。运营线路总长度达到18609公里，同比增长3.1%，平均线路里程22.6公里。主城中心城区公共汽车年客运量12.2亿人次，日均客运量334.3万人次，受疫情影响，较2019年下降30.3%。

2020年，远郊区县公共汽车5222辆，较2019年增加5.7%；运营线路704条，较2019年增加10条；线路总长度11505公里，较2019年下降1.7%；完成公交客运量6.2亿人次，日均客运量170.3万人次，受疫情影响，较2019年减少24.2%。

4. 巡游出租汽车

2020年，全市巡游出租车完成客运量7.3亿人次，受疫情影响，较2019年减少33.0%，日均客运量200万人次，较2019年同比下降32.9%。完成运营里程33.7亿公里，较2019年减少16.8%。全市巡游出租车里程利用率达63.3%，较2019年下降3个百分点。其中中心城区巡游出租车完成客运量3.1亿人次，日均85.9万人次，较2019年减少39.7%，完成运营里程22.6亿公里，较2019年减少11.6%。中心城区巡游出租车里程利用率达63.0%，同比减少2.5个百分点。

5. 机动车维修

受疫情影响，2020年全市机动车维修业完成主要工作量384.2万辆（台）次，较2019年下降23.6%，其中，整车修理、总成修理、二级维护、专项修理、维修救援分别完成16.2万辆（台）、16.5万辆（台）次、30.7万辆（台）次、301.3万辆（台）次、9.8万辆（台）次。全市完成维修量最大的区县依次为九龙坡、璧山与开州，分别为1.3万辆（台次）、1.2万辆（台次）与1.2万辆（台次）。

6. 机动车培训

受疫情影响，2020年全市机动车培训49.6万人次，较2019年下降15.8%，全市机动车培训合格37万人次，占全年机动车培训人次的74.8%，较2019年下降1.7个百分点。其中从业资格培训合格3.4万人次，占全年机动车培训人次的6.8%，较2019年增加1.4个百分点。全市残疾人驾驶员培训565人次，较2019年增长4.1%。其中培训合格565人次，合格率达到100%。

7. 运输智能服务

初步建立起我市道路运输信息化“4321”基础体系，即“四大基础平台（基础网络、信息采集、基础数据和运营支撑平台）、三大监管应用（出租汽车、联网联控和视频监控）、两大出行服务（联网售票和智能公交）、一套信息化发展支撑体系（信息化发展规范、行业标准和运行保障机制）”。

“互联网”+“出租汽车”助推提质升级。出租汽车服务管理系统成为全国首个通过交通运输部验收，入选2020年智博会重庆大数据智能化应用优秀案例。全市1.5万辆出租汽车车载智能终端全面升级，中心城区巡游车有责乘客投诉率为9.8/百万，比“十二五”下降8.3%。

"互联网"+"公共运输"开启智能出行新方式。全市建成公交智能化应用示范工程和轨道交通运营安全信息系统。建成推广"一张网、全覆盖"客运联网售票系统，实现一、二级汽车站全覆盖，并与四川、贵州等省互联互通，便民利民水平不断提升。在四公里枢纽站和合川汽车客运中心试点"智慧车站"建设，通过智能化设备应用和软件系统改造，实现"刷脸购检票""智能排班""智能资质审查"等功能应用，实现了报班、结算、资质检查等环节自助和无纸化乘车，有序推进电子结算，客运汽车站服务能力和管理水平切实提升。

"互联网"+"物流"安全监管保障有力。大力推进无车承运人试点，构建市级网络货运监测平台，发展网络货运企业5家，有效整合物流资源要素，待货周期明显缩短。2018年以来，重点营运车辆联网联控系统在交通运输部月度考核中居全国前五。全市1.1万辆"两客一危"车辆和5000辆公交车安装智能防控终端。建立"管风险、治隐患"双重预防机制，制定行业重大风险清单、建立动态数据库、绘制风险空间分布图，实现二级以上客运站视频全接入、重点营运车辆全时段、旅游包车全过程、综合性能检测站和二级以上维修厂全范围联网监控"4个100%"。

行业监管方式不断创新。货运行业推出"货运企业安全技术托管""集中办公+大数据监管""危货运输监管联盟"等新模式。驾培行业利用"学时判定""电子围栏"等技术监测培训全过程，与公安信息共享，实现事中事后动态监管。客运行业实现包车客运网上自助办理；在全国率先建成旅游包车信息管理系统，打通市场、运营和监管"三端"，实现运营全过程管控；客运风险管理系统实现企业、车辆、驾驶人员、线路"四个全覆盖"，交通运输部将其作为"平安交通"优秀创新案例向全国推广。维修行业启用达标车辆智能核查系统，轨道交通引入第三方平台和专家评估机制。

二、认真做好2021年各项工作，确保"十四五"开门红

2021年是"十四五"和交通强市建设开局之年，是中国共产党百年华诞。开局关系全局，我们要全面落实全市交通工作会议部署，围绕"创新驱动、转型升级、降本增效、服务提质、安全稳定"5个重点，抓好9个方面工作。

（一）打造高品质城市公共交通

进一步拓展公交通达深度。巩固公交都市创建成果，启动中心城区绿色出行创建。优化公交线网布局，新增优化线路40条、小巷公交5条，加强公交与轨道接驳换乘。大力推进公交优先道和公交站场标准化建设，试点建立智能综合调度中心，推动城市公交数字化转型。不断提升轨道交通服务品质。持续开展服务质量评价，多渠道多纬度反映服务水平。加快1、2、3号线扩能改造，强化"互联网+"功能，打造示范车站、智慧车站，不断提升轨道交通品质。强化各环节运营安全评估，加强设施设备运维管理、突发事件应急处置等重点环节管控，进一步提升运营安全和效率。持续推进出租车健康发展。充分发挥智能终端监管作用，开通巡游车电召服务，拓展巡游车服务方式。规范巡游车经营权投放，深化"雷锋的士"创建，提升服务品质。坚持网约车平台考核机制，规范平台经营行为，持续清退不合规车辆和驾驶员。健全汽车租赁行业管理机制，明确责任边界，加强租赁企业管理。

（二）深化道路客运转型升级

以贯彻落实新客规为抓手，逐步推进800公

里以上客运班线结构调整，出台定制客运发展指导意见。加大旅游包车管理系统推广力度，积极推广电子包车牌。进一步理顺“定制客运”发展机制，探索站外设点、一站多点、车型分离等创新举措。着力支撑“一区两群”协调发展，不断拓展城际公交开行广度。巩固村村通客车成果，对标农客公益性定位，优化现行农客补贴政策，促进农客向社、组延伸，防止“通返不通”。试点将农客预约响应服务纳入联网售票系统。

（三）推动货运行业降本增效

优化货运经营市场要素，推进综合运输站场建设。深化货运大数据分析，加强道路货运市场运行监测。培育 1~2 家在全国有影响力的网络货运企业，与税务部门建立信息共享机制，完善网络平台间的信息互联互通。促进城市配送联合联盟，推动企业业务共营、信息共享、仓储共用、运力统配，建立规模化、集约化、网络化的城市配送体系。加快农村物流融合发展，推进实施统一服务标识。加强应急队伍建设，开展国防交通演练，提升国防交通汽车运输队伍应急能力。

（四）规范培训维修市场

持续优化驾培监管服务平台监管功能和服务功能，加强行业经营风险监管、防范和化解。推进考试中心建设和系统升级改造，推动业务流程网络化、票据电子化。落实机动车维修经营备案制度和车辆技术标准，实现三类维修企业电子健康档案系统全覆盖。开展汽车维修钣喷中心建设试点和汽车排放维护示范站创建，扎实推进 I/M 制度落实。加强新能源和清洁能源车辆推广应用，更新新能源公交车 900 辆、出租汽车 200 辆。

（五）完善道路运输法治体系

加快推进行业法规规章修订，推动市道路条例提交市人大常委会审议出台、市轨道条例送审稿提交市交通局审核，加快开展市出租车管理办法、市驾驶员管理办法的前期立法修订调研，开展配套规范性文件制（修）订和清理。强化信用体系建设，建立统一的诚信考核标准，推进道路运输行业“信用交通市”创建。落实普法责任制，加强法治宣传，开展行业法制干部培训，深化法治政府部门建设。

（六）夯实行业数字化监管基础

完善全国互联网道路运输便民政务服务系统和“渝快办”中的道路运输事项。推广普货车辆网上年审等 12 个事项全国通办、出租汽车从业人员执业备案等 6 个事项全市通办。推动巡游出租车车载智能终端等 2 个技术规范成为我市地方标准，加快推进重点营运货车联网联控动态监测等课题研究，开展中心城区公交一体化发展等 3 个项目前期工作。启动全市货运监管系统建设和道路运输综合管理与服务系统（二期）工程立项，开展道路运输大数据智能化应用示范研究，加快道路运输电子证照系统和电子印章系统建设，实现电子证照数据共享和在线验证。

（七）营造行业安全稳定环境

深化道路运输安全生产专项整治三年行动、危货普货运输安全生产专项整治等专项行动，突出危货运输、旅游客运等重点领域监督。提升行业监管水平，制定城市轨道交通运营安全评估技术规范，推广危货运输风险管理系统，推广普货小微企业三方托管等模式，完成所有公交车和“两客一危”车辆安装智能视频报警装置。压实企业安全主体责任，加强对安全干部、企业管理人员和危货运输从业人员的培训，开展营运车辆安全监管和动态监控考核。畅通信访渠道，加强沟通协作，开展风险排查化解，做好行业稳定工作。

（八）加快双城经济圈道路运输服务一体化

持续强化川渝道路运输机构交流，优化协作共享机制，加快推动项目落地。开行川渝跨省城际公交9条，开通川渝货运专线和集装箱货运班车。加快跨省联网售票、旅游包车管理系统一体化建设，开行两地之间旅游专线、环线。推进公共交通一卡通互联互通，探索一卡通向金融、商贸等更多领域应用。

（九）加强党的建设

全面推进从严治党，切实增强“四个意识”、坚定“四个自信”、做到“两个维护”，坚决兑现市委“三个确保”政治承诺，大力加强政治思想、组织制度和纪律作风建设。坚定不移正风肃纪，用好监督执纪“四种形态”，一体推进不敢腐、不能腐、不想腐。进一步做好干部培训，努力提升全市道路运输干部队伍素质。把握正确舆论导向，严格落实意识形态工作责任制，强化网络舆情管控。突出宣传主题，加强阵地建设，扎实做好建党100周年等宣传活动。深化精神文明创建，积极选树先进典型，大力弘扬道路运输行业埋头苦干、负重前行的奋斗精神。

（执笔人：刘璋）

航空运输

民航重庆监管局

一、2020 年发展回顾

（一）2020 年民航重庆地区总体运行情况

2020 年，民航重庆地区共计保障运输航班 29.2 万架次，完成旅客吞吐量 3638 万人次、货邮吞吐量 41.3 万吨，同比分别下降 12.62%、21.65% 和 0.32%。其中重庆江北国际机场完成运输航班 27.46 万架次、旅客吞吐量 3494 万人次、货邮吞吐量 41.12 万吨，同比分别下降 13.48%、21.99% 和 0.22%。疫情平稳过渡后，江北机场旅客吞吐量在国内大型机场中率先回升，下半年国内旅客吞吐量月同比增速由负转正，全年旅客吞吐量排名全国第四。

2020 年，江北机场国际货邮吞吐量继续保持西部第一；T3B 航站楼和第四跑道工程获得国家发改委可研批复，顺利实现开工目标。重庆机场集团与四川机场集团签署合作协议，推动双城经济圈建设，合力打造成渝世界级机场群；将重庆第二机场规划写入《成渝地区双城经济圈建设规划纲要》，初步纳入西南民航“十四五”规划。12 月 18 日，武隆机场实现首航，正式形成重庆民航“一大四小”运输机场格局。重庆航空公司机队规模达到 30 架，进入中型航空公司阶段。11 月 10 日，华夏航空公司接收首架 ARJ21 飞机，11 月 27 日即正式投入商业运营，成为重庆第一家运营国产客机的航空公司。

（二）重庆民航疫情防控和复工复产发挥中流砥柱作用

新冠肺炎疫情突袭而至，我局认真落实市委、市政府和民航局、民航西南地区管理局各项疫情防控工作要求，在复工复产中以“保安全运行、保应急运输、保风险可控、保精细施策”为抓手，积极履行政府行业职责。

第一时间组织企事业单位成立了民航重庆地区防控工作领导小组。积极主动争取地方政府对行业防控工作的支持，加入重庆市疫情防控工作领导小组和两个专项工作组，协调渝北区抽调专职工作人员成立机场防控联动组，形成行业与地方协调的主要机制。连续组织渝北区机场疫情防控联动组、重庆市公安局机场分局、重庆江北机场海关、各企事业单位召开了 19 次联席会议，及时传达上级工作要求，部署防控工作，协调解决防控工作中的具体问题。在防控疫情最吃劲的时候，联席会议成为民航重庆地区主要沟通工作平台。根据疫情防控形势变化，及时调整工作重心到外防输入上，形成重庆市入境来渝人员信息共享协作机制，协调各航空公司通力做好人员信息搜集共享、清洗增补、预警推送等工作，全力做好外防输入。积极承担行业疫情防控监管责任，结合行业运行实际情况，共发布 5 版《民航重庆地区疫情防控处置流程指导意见》，帮助各企事业单位形成联防联控工作制度和流程。持续开展疫情防控工作检查，第一时间解答运输防控物资中涉及危险品方面的政策疑点。全力做好医疗救援队伍和防疫物资运输保障，民航重庆地区共完成国内防疫物资运输任务1503次，物资90230件约839吨；完成国内医疗队运输37次3637人，行李8440件约132吨；完成国际防疫物资运输任务699次，物资113423件约1355.2吨。共保障军机运输医疗队任务3架次、医疗队员372人、物资19吨。鼓励各航空公司在保证疫情防控期间安全运输的前提下，积极推动复工复产，各基地航空公司共保障复工复产包机运输任务19架次，运输复工复产人员3339人。

进入冬季以来，认真贯彻落实进口冷链食品预防性消毒工作要求，督促江北机场货运部门强化国际货运疫情排查、消毒，减少与冷链食品直接接触工作人员感染新冠病毒的风险，开展重点人员定期核酸检测。按照民航局《新冠疫苗货物航空运输保障指南》部署，要求各单位为后期大面积的疫苗运输工作做好准备。组织重点人员分批次接种新冠疫苗。根据全国疫情发展形势和元旦、春节期间新冠肺炎疫情防控工作要求，毫不放松抓好“内防输入、外防扩散”和“人”“物”同防各项防控措施，严把空中大门。

（三）行业监管工作整体情况

全年完成民航行业监管执法信息系统30729项行政检查项目，通过飞行标准监督管理系统完成121部检查533次、129部检查7次，通过机场安全监管系统完成3998项检查项目；发出整改通知书131份，截至年底整改完成率99.7%；实施行政处罚5宗5件、行政约见2次，完成35件不停航施工行政许可。组织及督导相关单位完成了各类不安全事件调查10件，针对调查发现的问题提出了安全建议，对相关单位进行了警示谈话和行政约见。按照民航局统一部署，正式使用民航行政审批服务平台工作门户办理行政许可事项。加强安全事件信息报送及协作，及时发布安全提示，取得良好的安全风险防范效果。着力加强核心运行风险管控，不断探索利用大数据做好安全监管工作。积极推动各单位严格落实国务院安全专项整治三年行动计划要求。

（四）工作亮点

一是大力加强班组建设，强化人员资质管理。11月，首次联合重庆市人力资源和社会保障局、重庆市交通局，共同组织了2020年重庆市“巴渝工匠”民航系统职业技能竞赛，包含客舱乘务和飞机维修2个项目。重庆民航人第一次走出民航小圈子，登上地方大舞台，展示了重庆民航人昂扬的斗志、良好的精神风貌和精湛的技艺，取得了较好的社会反响。

二是高度重视华夏航空公司引进ARJ21-700飞机工作。积极做好前期各项准备工作，飞机抵渝后，于11月12日进行了应急撤离演示验证。11月13日组织开展了ARJ21飞机本场训练和航线验证飞行，共验证60个飞行小时、101个起落。目前华夏航空公司已有2架该机型飞机投入商业运行。

三是积极推动仙女山机场建设投产。先后多次组织机场建设及运行准备工作推进会，赴现场开展实地调研工作，掌握工程建设推进情况和机场运行准备情况。积极协调，靠前服务，特事特办，把握关键时间节点，指导机场安全有序推进各项建设投产准备工作。

（五）其他工作

完成春运、“两会”代表委员、劳模和先进工作者表彰大会、国防动员等重特大航空运输保障任务及各项专机保障任务。两会期间共计完成 286 人次、355 件行李的抵离京保障。全年分 2 批次完成航空新老兵军事运输任务，共飞行 67 架次，运输 9697 人、11916 件行李。

长江汛期三峡船闸长时间禁止危险品船舶通行，导致供应江北机场的长江航油运输长时间中断，航油库存数次告急。请求市政府及时协调相关职能部门，研究制定航油运输保障措施，从水运、陆运、铁路运输多渠道想办法保供应，缓解了航油供应紧张局面。至 8 月底江北机场的航油供应已完全恢复。

严格落实《党委（党组）国家安全责任制实施办法》，成立民航重庆地区维护海外利益安全工作领导小组，建立维护海外利益安全工作协调机制和重要信息报送制度，每月收集相关单位海外利益重要数据、涉外航线运行和供应链安全等情况，分析研判海外利益安全工作形势，加强风险排查预警，提出对策建议，推进相关单位开展海外投资经营的安全培训、应急演练、风险预警和危机处置，切实保障重庆籍员工、组织、机构、法人的海外人身、财产和设施安全。

更新修订了《重庆市公共信用目录（2020 年版）》涉及民航内容，全面采用民航信用管理"严重失信行为"标准，确保行业和地方相关规定的有效衔接。

二、2021 年工作计划

"十四五"期间，我国民航将进入发展阶段转换期、发展质量提升期、发展格局拓展期。2021 年，我局将继续深入贯彻习近平总书记对重庆提出的营造良好政治生态，坚持"两点"定位、"两地""两高"目标，发挥"三个作用"和推动成渝地区双城经济圈建设等重要指示要求，扎实落实"十四五"新"一二三三四"民航总体工作思路，统筹做好安全与发展，扎实推进"三个敬畏"专题教育和"三基"建设，探索利用科技手段和数据支撑创新开展安全监管。

（一）继续加强"三基"建设，筑牢安全根基

持续稳步推进人员资质能力建设，在近几年对重点专业人员资质能力排查的基础上，扩大从业人员资质能力排查的覆盖面。引导广大从业人员强化作风建设，督促企业面向一线员工开展安全生产的法律责任意识教育。重点推进班组建设，通过政策引导，发挥班组的积极性、创造性，组织开展危险品从业人员职业技能竞赛。加强自身建设，不断提升工作规范化水平。开展"监察员进班组"工作，全面调研各单位班组建设情况，总结提炼可推广可操作的工作经验和方法，切实推进"三基"工作，提升安全管理水平。

（二）持续提升安全运行保障能力

进一步提升机场运管委实体化运行水平，提高江北机场运行效率。重点关注武隆机场新开航后的安全管理工作，积极帮扶武隆机场做好运行保障各项工作。做好万州、黔江机场改扩建不停航施工监管。重点关注江北机场 T3B 和第四跑道扩建工程项目进展情况，积极推进机场做好项目审批和施工中的各项工作。

（三）慎终如始做好疫情防控工作

坚决贯彻市委、市政府关于元旦、春节期间新冠肺炎疫情防控工作要求，加强内部管理，毫不放松抓好"内防输入、外防扩散"和"人""物"同防各项防控措施，严把空中大门，确保人民群众生命安全和健康。

（四）持续做好 ARJ21 监管工作

加强与制造厂商和运行航空公司的协调配合，为国产民机在重庆地区安全运行保驾护航，为国产民机的发展贡献重庆力量。

（执笔人：赵天烁）

重庆水运

重庆市港航海事事务中心

一、2020年发展回顾

2020年，是“十三五”收官之年，也是全市水运系统历史上极不平凡的一年，面对疫情、汛情和改革发展的重重考验，重庆市港航海事事务中心坚持以习近平新时代中国特色社会主义思想为指导，紧扣习近平总书记对重庆提出的营造良好政治生态、“两点”定位、“两地”“两高”目标、发挥“三个作用”和推动成渝地区双城经济圈建设等重要指示要求，在市委、市政府和市交通局党委的坚强领导下，锐意进取、迎难而上，深入践行新发展理念，主动融入新发展格局，积极服务国家重大战略，紧扣做好“六稳”工作、落实“六保”任务，全力以赴加快长江上游航运中心建设，圆满完成“十三五”和2020年各项目标任务。

（一）慎终如始抓防控、抢复工，疫情防控成果持续巩固

一是强化组织领导。疫情发生后，第一时间成立中心疫情防控领导小组，下设疫情研判、现场督查、应急处置组等专业工作组，多次召开领导小组专题会和调度会，及时传达上级精神，研判疫情防控形势，细化防控举措，坚决遏制病毒在水运行业的传播。二是严格精准施策。在疫情最严重时期，果断采取两江游船、三峡游轮、重滚和客渡船停运措施，加强货运船舶全程动态管控，实行作业情况、物资配备、发热情况“日排查、日报告”，积极落实进港作业船舶“船上人员不上岸、岸上人员不登船”措施，联合属地政府和职能部门现场办公，逢船必检、有序作业，未出现水运行业疫情病例。三是有序推动复工复产。坚持“一断三不断”工作原则，分类指导推动行业复工复产，2020年8月，全市288家水运企业、175家港口企业、548艘客渡船、15个景区共计273艘游览船舶全部恢复营运。四是有效开展常态化疫情防控。毫不放松抓好“外防输入、内防反弹”工作，督促港航企业严格执行交通运输部疫情防控工作指南规定，坚持“人”“物”同防、闭环严防、关口细防、横向联防，完善防控预案、细化防控措施、强化现场管控，坚决阻断疫情通过水运传播蔓延，巩固来之不易的疫情防控成果。

（二）凝心聚力抓建设、谋发展，水运高质量发展动能持续增强

一是水运基础建设项目加快推进。积极配合长江朝天门至涪陵段4.5米水深航道整治建设工作，重点推进嘉陵江、乌江和库区重要支流航道整治，有序推进嘉陵江利泽、乌江白马和涪江双江航电枢纽建设。加快推进万州新田、忠县新生等重点港口建设，推动港口综合管理系统启动实质性建设。加大船舶建造力度，累计完成标准化客渡船改造218艘，新建三峡船型26艘。二是川渝水运合作开局良好。建立健全川渝港航部门定期联系和联合巡航工作机制，联合研究嘉陵

江全航线标准船型方案，引入四川国有资本参与万州新田港铁水联运建设及运营。两地首批重大项目涪江双江航电枢纽开工建设，嘉陵江川渝段集装箱班轮运输顺利开行，川渝两地开启国内首次“铁江联运一单制”试点。三是水运经济复苏回暖。积极克服疫情和洪水带来的不利影响，持续助力行业企业纾困解难，水运经济呈现复苏态势。2020 年全市完成水路货运量 2.0 亿吨，恢复至同期的 94%；完成货物周转量 2270.5 亿吨公里，恢复至同期的 92%；完成港口货物吞吐量 1.6 亿吨，恢复至同期的 96%。

（三）坚守底线抓安全、强保障，安全生产形势持续平稳

全市水上交通已连续 17 年未发生重特大事故。一是压紧压实三个责任。严格落实“管行业必须管安全、管业务必须管安全、管生产经营必须管安全”要求，督促企业落实主体责任，增加安全生产投入，推行企业安全生产标准化建设。督促区县落实属地责任，加大安全管理力度，提升齐抓共管综合管理水平和能力。强化行业安全监管“辅助性、事务性、技术性”职责，深化中心安委会例会工作制度，研究部署阶段性安全重点工作，认真执行年度安全生产监督检查计划，细化综合检查和专项检查重点任务。二是抓实抓细安全专项整治三年行动。加大危化品安全专项检查力度，指导区县港航管理部门对全市 11 家液货危险品水运企业开展专项检查，发现问题 32 项并全部完成整改。坚持清单管理、点对点督办，全面整改落实交通运输部安全检查组专项检查反馈的 16 项问题。扎实开展辖区通航建筑物与航运枢纽大坝专项摸底排查，完成全市 31 座航运枢纽大坝安全鉴定工作。三是打赢打好防汛度汛攻坚战，及时组织印发《市港航海事中心 2020 年高温汛期安全专项检查工作方案》，重点加强港口码头、航道设施、锚泊设施、“四类重点船舶”和渡船、趸船等船舶的安全隐患排查。第一时间成立现场指挥部，成功应对历史罕见的长江 5 号、嘉陵江 2 号特大洪水过境，实现洪峰过境期间“零事故”“零死亡”。四是筑牢筑稳应急救援最后一道防线。进一步修订完善中心《防汛应急预案》等 8 个预案，指导区县港航海事机构及时修订辖区应急预案。化龙桥应急救援基地正式运行，2 艘应急趸船建成投用，5 艘高速救生艇中首制船已交付使用。坚持以实战代实训，全力提升应急救援队伍综合救援能力，全年出动救援船艇 163 艘次，处置险情 86 起，成功救助遇险人员 330 余人、遇险船舶 44 艘、溢油 3 次，挽回经济损失 8000 余万元。高标准、高质量承办 2020 年水上交通综合应急演练，获得市级各观摩单位充分肯定。

（四）不折不扣抓整改、重生态，绿色发展基础持续夯实

一是全力抓好中央环保督察反馈问题整改。配合市交通局制定印发《贯彻落实〈重庆市中央生态环境保护督察报告〉整改方案》，及时组织召开整改调度会议，对反馈涉及的港口岸线保护不力和码头违规建设等问题认真梳理、照单全收，并逐一开展现场核查，督促落实“一企一策”，确保如期整改销号。全市 24 座违建码头，已完成整改 19 座，其余 5 座正按要求加紧整改。二是全力推动船舶和港口污染突出问题整治工作。全市 100 总吨以上船舶全部完成防污染改造。全市港口码头实现垃圾污水接收设施“固定 + 移动”方式全覆盖。累计完成 111 座老码头综合评估。主城“两江四岸”28 座货运码头彻底关停货运功能，腾退优质岸线 10.5 公里。三是全力发展新能源新技术。加快岸电系统船载装置改造工作，累计完成 36 艘客运船舶岸电改造。稳

步推进港口岸电建设和使用工作，具备岸电设施的泊位达 204 个，岸电使用量达 629 万度。推广运用混合动力船舶，国内首艘油气电混合动力内河船舶“新长江 26007”轮建成投用并成功通过三峡船闸。积极配合市交通局开展长江、嘉陵江 LNG 加注站建设试点和 LNG 船舶改造研究工作。

（五）竭尽全力抓服务、提品质，航运发展环境持续改善

一是着力加大支持力度。深入运输和港口企业开展调研，持续呼吁有关部门出台或延续优惠政策，积极争取税费减免和资金补贴 2.2 亿元。鼓励黄金游轮、冠达游轮公司等航运企业依法开展短途航线等多业态经营。积极推动三峡北线船闸及葛洲坝二号船闸检修计划延期一年执行，有力保障集装箱快班轮平均过闸时间仅需 1.8 天，共协调集装箱快班轮优先过闸 844 艘次，完成总箱量 18 万标箱，总价值 153 亿余元。二是着力优化服务模式。推行线上办理、快递办理等“无接触”办件服务模式，通过网审平台办理许可项目 1700 件，实现“上线率 100%，办结率 100%，零投诉”的目标，新增 9 家省际普货运输企业、顺利开业 2 家船舶管理企业，支持长航集团旗下川江最大干散货船队入驻长寿区，推动新增运力 60 万吨。三是着力深化诚信评价体系建设。充分利用长航局长江水系诚信监测系统加强省际客船、危险品船运输经营人诚信监测，鼓励企业参评部海事局 2020 年度“安全诚信船舶”“安全诚信船长”评选，全市共 4 艘船舶、2 名船长被评为安全诚信船舶和安全诚信船长。

二、发展中存在的问题

同时，我们也清醒地看到，发展中仍然存在一些亟待补齐的短板，一是基础设施还不够完善。三峡船闸瓶颈制约、干支通畅能力不足、支流对干流贡献率不高、港口功能结构不优等一系列问题制约了水运可持续发展。二是航运经济形势还不容乐观。航运市场受复杂多变的外部环境影响冲击明显，企业综合竞争力持续减弱、高素质航运人才缺乏等问题依然存在。三是安全环保水平还不高。山区河流、恶劣天气等自然环境风险长期存在，安全监管“最后一公里”问题仍然突出、港口船舶防污染能力还不足、水上应急救援能力还有待提高。四是体制机制还不够健全。水上交通政策法规还不够与时俱进，机构改革后的职能职责还未完全理顺。

三、2021 年发展思路

2021 年，是建党 100 周年，也是“十四五”规划开局之年，我国将进入新发展阶段，加快构建以国内大循环为主体、国内国际双循环相互促进的新发展格局，重庆水运迎来了前所未有的重要战略机遇，明确了新的努力方向。市港航海事中心将重点抓好以下工作。

（一）紧紧围绕长江上游航运枢纽建设，全力推动重庆水运高质量发展

积极服务国家重大战略，推进川渝两地水运发展一体化，进一步健全航道网络、构建港口集群、优化船舶结构、提升运输水平。航道方面，全力配合开展长江朝天门至涪陵段 4.5 米深水航道整治，持续推进嘉陵江利泽、乌江白马、涪江双江等重要支流梯级渠化工程，实施渠江、黛溪河、鳊鱼溪等支流航道整治，加快推进涪江重庆段智慧美丽航道、乌江彭水二线千吨级船闸扩能前期工作。港口方面，推动港口规划落地，有序推进主城果园、万州新田、涪陵龙头、江津珞璜等港口建设。力争开工渝北洛碛港一期、主城黄

碛港一期。推进朝天门片区码头整合搬迁，加快水上巴士停靠点改造升级，推动三峡库区水上交通绿色综合服务示范区建设。船舶方面，加快运力结构调整，争取船型标准化地方补助政策，积极淘汰退市非标船舶，研发推广干支联动等新船型，开展重庆港至上海洋山港江海直达船型研究。运输组织方面，优化运输组织方式，推动铁公水多式联运发展，推广甩挂运输应用，优化水水中转运输组织。拓展长江上游地区水运市场，促进重庆—四川（宜宾、泸州、广元、广安），重庆—云南（水富）等航线集装箱水运发展。

（二）紧紧围绕人民至上、生命至上，全力打好水上交通安全攻坚战

牢固树立安全发展理念，以安全生产专项整治三年行动为抓手，着力确保水上交通安全形势持续平稳。抓责任落实，严格落实企业主体责任，扎实推进安全生产标准化建设，落实全员安全生产责任制，严格执行“日周月”隐患排查制度；严格落实区县属地责任，健全安全监管联动机制，持续推进安全生产风险管理和隐患治理双重预防机制建设；严格落实行业部门责任，强化安全生产形势分析研判，认真执行年度安全生产监督检查计划。抓专项治理，大力推进专项整治三年行动集中攻坚，突出重点时段、重点部位、重点船舶，深入开展水上涉客运输、载运危险化学品船舶、航运枢纽大坝除险加固等专项治理，严格落实隐患整改责任、措施、资金、时限、预案“五到位”，实施重大隐患挂牌督办、约谈问责，确保整改销号。抓科技兴安。以港口综合管理系统为载体，整合基础数据库并及时更新，推动 GPS 等现有监控系统与北斗技术衔接运用，加强信息预警发布和在线实时监测，强化“静态 + 动态”双监管。抓应急保障，围绕预案、装备、队伍“三个贴近实战”，启动“十四五”时期地方水上应急体系建设，加快应急基地标准化建设、规范化管理、常态化运行，全面提升地方水上应急救援能力。

（三）紧紧围绕山清水秀美丽之地建设，全力发挥水运生态环保示范作用

深入践行“绿水青山就是金山银山”理念，坚持生态优先、绿色发展，注重整体推进、重点突破，切实守护好一江碧水。深入打好污染防治攻坚战。严格按照第二轮中央环保督察反馈意见及整改方案要求，加强督促指导，确保如期整改销号违建码头、违规侵占岸线等问题，深入开展支流非法码头整治。巩固提升港口船舶污染突出问题整治成果。按照“固定为主、移动为辅”的思路，实行港口船舶污染物接收设施建设“一港一策”。争取出台船舶污染物免费接收政策，强化“船 E 行”和电子联单融合运用，健全“船—港”污染物移交双向确认机制。督促船舶环保设施运行使用，加快研究出台 100 总吨以下船舶环保设施改造实施方案。推广应用生态环保新技术。推进三峡游轮码头岸电设施建设，加快推进 LNG 加注码头。推广电力推进、LNG 动力船舶，鼓励发展三峡船型。加强航道整治新技术、新结构研发应用，推广使用高降解、低污染、植生型等新型材料。加快实施“两江四岸”综合治理。持续推进“两江四岸”货运码头退出或转型，按照“四个一批”原则，加快推进朝天门片区和广阳岛周边区域停泊船舶新一轮治理，推进公务船舶集中停靠。

（四）紧紧围绕治理体系和治理能力现代化，全力提升航运服务水平

深化“放管服”改革，切实提升行业治理效能和服务水平，助推水运行业良性健康发展。强化法治保障。有序推进《重庆市水路运输管理条

例》《重庆市航道管理条例》立法修订。积极配合市交通局更新行政权力及公共服务事项办事指南，做好行政审批、行政许可各项事务性工作。健全信用体系。推进“信用水运市”建设，深化信用“红黑名单”管理机制，强化水路运输市场信用信息管理系统运行使用，建立健全企业信用信息动态更新、上网公示和联合奖惩工作机制，与企业经营资质相挂钩。优化发展环境，加强航运发展研究，大力争取水运发展的惠企政策出台。推动大数据、北斗等新技术与水运融合发展。加大船闸检修、汛期高洪水位等重点时段三峡船闸优先过闸协调力度，确保外贸集装箱、航空煤油、电煤等重点物资优先过闸。建立嘉陵江川渝段船闸联合调度机制，提升过闸效率。抓好常态化疫情防控，按照“外防输入、内防反弹”要求，严格执行疫情防控指南规定，细化防控预案，落实防控举措，加强现场管控，切实切断病毒传染链。

（五）紧紧围绕机构改革，全力确保工作履职尽责

积极适应“辅助性、事务性、技术性”三性工作职责，主动担当作为，确保各项工作平稳有序开展。理顺权责关系，逐步理顺与相关部门的职能职责边界，划分界面清单，杜绝出现履职真空、履职空档的现象。健全工作机制，加快制度建设，强化内部管理，找准工作着力点，创新方式方法，推动工作清单化、规范化、科学化。推动设立重庆市地方水上应急救援中心，落实机构、编制、人员和经费。强化协同配合，加强部门协作，建立工作动态联系机制、信息共享机制，加强市区联动，做好区县港航海事事务工作指导，推动形成全市水运“一盘棋”工作格局。

（执笔人：王博雅）

证券业

中国证券监督管理委员会重庆监管局

一、2020年发展回顾

2020年，面对疫情的突袭，在证监会党委和市委、市政府的正确领导下，重庆证监局扎实做好“六稳”“六保”工作，监管与服务并重，努力维护辖区市场的稳定运行，服务实体经济高质量发展，为全市经济社会发展目标的实现做出了积极贡献。

（一）辖区资本市场发展情况

市场规模逐步扩大。2020年辖区新增3家上市公司，总数达到57家。总市值1万亿元，较2019年末增长55.63%。另有已过会待发行企业3家，在审企业4家；处于辅导备案阶段企业26家，其中5家拟申报科创板。新三板挂牌公司101家。辖区证券公司1家，证券分支机构252家；证券投资咨询公司1家，分公司2家；期货公司4家，期货分支机构32家；公募基金管理公司1家；私募基金管理人210家。辖区投资者股票账户数1037万户，客户资产7263亿元，同比分别增长23.6%、54%。期货投资者账户数24.6万，期货交易保证金余额204.52亿元，同比分别增长19.7%、76.71%；公募基金管理规模542.06亿元，私募基金管理规模1469.13亿元，同比分别增长131.09%、6.6%。

直接融资规模稳步增长。2020年辖区97家企业实现直接融资2932.07亿元，同比增长26.14%。其中3家企业通过IPO融资33.16亿元，11家上市公司再融资445.78亿元，73家企业通过发行公司债、ABS等债权融资工具融资2447.99亿元，1家企业新三板精选层挂牌并实现融资3.52亿元，9家挂牌企业再融资1.62亿元。已过会待发行企业3家，计划融资57亿元。此外，35只创投基金实缴规模42.68亿元，投资188家实体企业。重庆区域性股权市场帮助中小微企业实现直接融资25.06亿元。

市场机构服务能力增强。西南证券分类评级结果由BB级上升为BBB级，由其保荐的深交所分拆上市第一股已审核通过，还协助首家新三板精选层公司成功挂牌。辖区证券经营机构累计协助企业实现融资576.54亿元。期货公司开展“保险+期货”项目32个、规模8.9亿元。期货公司风险管理子公司通过仓单融资、基差贸易等服务1099家（次）企业，涉及金额达132.2亿元。

重点领域风险得以缓释。辖区风险类上市公司由年初18家下降到年末10家，高比例质押公司从年初10家下降到年末8家。重庆钢铁股票质押风险化解取得重大进展。交易所市场公司债券2020年到期或回售578亿元，力帆控股和力帆股份2只债券未能到期兑付，但已通过破产重整妥善处置，目前无其他实质性违约债券。辖区证券期货基金机构累计完成资管产品整改173只，压降存续规模836.78亿元，整改完成率69.12%。

（二）监管工作开展情况

做好疫情防控和支持复工复产。配合地方党

委、政府做好全局疫情防控。及时传达落实资本市场支持疫情防控相关政策，协调解决市场主体复工复产困难。引导12家上市公司大股东或员工持股平台累计回购或增持3.97亿股。指导期货经营机构疫情高发期应对国际国内原油期货价格下跌等市场风险。推动4家上市公司大股东与质权人签署股票质押延期协议，合计展期2.2亿股。辖区17家上市（挂牌）公司适用延期披露政策，支持2家上市公司并购重组财务资料或批文有效期获准延长，指导三峡银行申请贫困地区企业IPO注册发行“绿色通道”政策，推动重庆银行、三峰环境、顺博合金适用疫情防控中发挥突出作用的企业首发审核支持政策。支持辖区1家企业发行疫情防控债10亿元。各类市场主体累计捐款捐物约2.62亿元。

稳妥有序开展风险处置工作。推动地方政府召开提高上市公司质量专题协调会，一企一策商定解决方案。力促“提高上市公司质量”归入金融委办公室地方协调机制（重庆市）重点工作内容，推动协调有关金融机构化解上市公司股票场外质押风险。压实债券发行人主体责任，积极引导开展自救。防控化解证券期货基金经营机构资管产品逾期风险，持续推动不符合资管新规产品规范整改。协助公安部门对“亚信系”非法集资案件立案侦查，向市政府报告68家次私募机构风险。

严厉查处各类违法违规行为。开展各类现场检查核查179家次，采取行政监管措施23项，自立案件3起。配合警方破获“撮合网”重大场外配资案，目前该案已进入法院审理阶段。办理案件16件（其中3件为A类案件），案件查实率100%。完成审理和行政处罚4件，已审结案件未发生行政诉讼。2件行政复议案件，均维持原决定。督促37名被处罚对象全额缴纳罚款772.08万元。

持续加强投资者保护工作。全年办理完成投诉举报140件。加强与交易所、高校、市场机构的协作，督导辖区投教基地发挥作用，逐步形成立体化投教宣传格局。联合市高院将辖区证券期货纠纷调解模块嵌入“重庆法院纠纷易解平台”。协调市教委将投资者教育纳入国民教育体系取得进展。在国家发改委发布《2020年中国营商环境报告》“保护中小投资者”指标排名中，重庆市获评为十大典型示范城市。

服务国家发展战略和脱贫攻坚战。落实党中央关于建设成渝地区双城经济圈的战略部署，围绕西部金融中心建设开展调研，为地方政府提供决策参考。协助地方政府开展上市后备企业挖掘培育工作。支持市场机构来渝设点布局，推动金融要素聚集。积极引导辖区市场主体履行社会责任，通过结对帮扶、产业扶贫、公益扶贫等方式，决战决胜脱贫攻坚。辖区各市场主体累计投入扶贫资金1.27亿元。

二、发展中存在的问题

上市公司数量偏少，质量不高。目前重庆辖区上市公司数量在36个辖区中排第20位，总市值排第18位。前三季度营业收入和归母净利润实现了较大幅度的增长，但扣非后仍有12家出现亏损；三季末上市公司平均负债率达79.89%（扣除重庆农商行、西南证券等金融企业后的平均负债率为70.12%），偿债压力仍比较突出。上市后备资源不足，处于辅导备案阶段的企业仅26家，与沿海发达省市相比，差距明显，且有逐步拉大的趋势。

辖区科技创新企业利用资本市场明显不足。近年来，资本市场支持科技创新的力度不断加大，但重庆目前尚未实现科创板上市公司“零”的突破，与科技创新中心的定位极不相称；57家上市公司中，以传统制造业、房地产及建筑业为主。具备上市条件和上市意愿的战略性新兴产业上市后备企业不多。

股权直接融资比例偏低。2020 年辖区直接融资 2932.07 亿元，但股权融资仅为 255.63 亿元，占比为 8.72%。尽管重庆已连续两年举办国际创投大会，但资金的聚集度和活跃度仍不高，创投基金投早投小的意愿不足。

重点领域金融风险仍存有隐患。股票质押、债券违约、私募基金等重点领域风险有待进一步化解，非法证券期货活动风险隐患仍不容忽视。尚有 8 家上市公司的大股东股票质押比例处于高位；公司债将在 2021 年进入集中兑付期，全年回售金额约 900 亿元；28 只私募基金产品出现逾期，金额 30.38 亿元，涉及投资者超过 400 名。

三、2021 年发展思路

2021 年，重庆证监局将以习近平新时代中国特色社会主义思想为指导，不断提高政治判断力、政治领悟力和政治执行力，立足新发展阶段、贯彻新发展理念、融入新发展格局，始终坚持稳中求进工作总基调，牢记“四个敬畏、一个合力”，继续执行“六稳”“六保”相关政策，严格落实辖区监管责任制，廉洁用权，依法行政，全面推动辖区资本市场高质量发展。

（一）坚持底线思维，加强重点领域风险防范工作

紧盯股票质押、债券违约、私募基金、资管业务等主要风险点，按照“风险应对要走在市场曲线前面”的要求，在做好存量风险缓释的同时，进一步健全风险防范、预警以及处置机制。每季度召开风险分析会议，及时研判风险点，把风险消灭在萌芽状态。全面梳理高质押率上市公司风险特点，以证券公司为抓手，推动解决股票质押风险。认真排查存量公司债券风险隐患，提前做好应急预案，确保发行人、受托管理人各司其责，按照市场化、法治化原则，稳妥开展风险处置。联合公安局、地方金融监管局等部门开展已备案私募机构和未备案投资类机构非现场和现场排查，分类施策，做到及时发现、及时通报、及时处理。在防范化解风险中加强与地方政府部门、证监会各部门和交易所等单位的协作，进一步提高与系统单位、地方政府信息共享和传递效率。依托地方政府和金融委办公室地方协调机制，形成合力，牢牢守住不发生系统性风险的底线。

（二）主动融入国家战略，服务地方经济发展

围绕党中央赋予重庆战略定位，开展深入的调研思考，积极向重庆市委、市政府出谋献策，推动地方政府出台扶持资本市场政策。在政策允许范围内支持重庆开展金融创新。提高直接融资比重，尤其是股权融资比重。落实注册制改革要求，围绕重庆战略性新兴产业和优势行业，深化与相关市级部门和区县政府的工作机制，进一步挖掘上市后备资源。优化辅导监管，并以点带面，努力形成上市一批、储备一批的良性局面。着力提高上市公司质量。推动成立重庆市提高上市公司质量工作领导小组，建立工作机制，出台配套政策；对标对表任务分工方案，集中解决、分类处置上市公司突出问题。支持上市公司利用再融资、并购重组、股权激励、混合所有制改革等机制安排，加快转型升级，完善公司治理机制，提高信息披露质量，引领更多企业利用直接融资实现高质量发展。领导班子分别对接辖区上市公司，深入一线开展调研服务，传递监管温度。督导辖区市场机构坚持“突出主业、突出合规、突出创新、突出稳健”，强化机构责任和能

力，深耕重庆市场。协助办好创投大会，引导更多创投机构对接重庆企业。

（三）聚焦监管主责主业，切实保护投资者合法权益

切实履行辖区监管责任。深入领会新《证券法》的新理念、新制度，持续推进科学监管、分类监管、专业监管、持续监管，提升一线监管质效。严格执法，加大对关键机构、重点领域、核心人员的监管力度。集中力量打击上市公司财务造假、内幕交易等重大违法违规行为。严格落实退市制度，持续净化市场生态。配合证监会相关部门，积极探索证券集体诉讼，加强与政法部门对接，构建行政、民事、刑事立体追责机制，释放清晰的监管信号。加强与地方相关部门的协作，保持对非法证券期货活动高压态势。加大打非防非培训和活动宣传力度，落实投保工作重点部署，推动“示范判决 + 纠纷调解”落地、投资者教育纳入国民教育体系。不断提高投诉举报办理质量，妥善处理投资者诉求，将纠纷矛盾化解在一线，切实维护投资者合法权益。

（执笔人：李文华）

银行保险业

中国银行保险监督管理委员会重庆监管局

一、发展回顾

（一）概况

2020年以来，重庆银行保险业紧紧围绕疫情防控、支持复工复产、服务实体经济、防控金融风险、深化金融改革五大任务，总体保持稳健发展态势。12月末，全市银行业总资产突破5.9万亿元，同比增长9.9%，资产规模居全国第15位；保险业总资产2124亿元，同比增长22.2%，高于全国平均8.9个百分点，增速居全国第1位。银行保险业有力支持了全市经济发展和社会稳定。

（二）主要特点

经营发展更为稳健。各项贷款余额4.19万亿元，同比增长13.1%，连续18个季度增速保持在10%以上，高于全国平均0.4个百分点。全年新增贷款4849亿元，存贷比达到97.8%、高于全国平均8个百分点；保险业为全市提供风险保障累计达235万亿元，积累保险责任准备金2686亿元，保险赔付支出296亿元，同比增长6%。结构保持持续优化。银行业表外资产占总资产比例较年初下降1.6个百分点。全年新增贷款占新增资产的91.4%，主要流向制造业、基础设施、科技创新以及小微“三农”等领域。房地产贷款占各项贷款比重同比下降1.8个百分点。与国计民生密切相关的责任保险、农业保险、健康保险快速增长，增速分别为23.5%、12.4%和16.7%。人身险新单业务同比增长7.3%，业务内含价值不断提高。

（三）支持社会经济发展

重大战略支持保障更有力。全年信贷支持长江经济带重大项目金额1.3万亿元，为全市重大工程提供风险保障2647亿元，为全市27个区县提供巨灾风险保障57.9亿元，为中欧货运班列提供风险保障1981亿元，各类赔付金额超1.5亿元。防疫抗灾支持保障更有力。坚持应贷尽贷、应保尽保、应延尽延、应减尽减，银行业向全市疫情防控重点保障企业发放贷款454亿元，支持重点企业1081家次，发放灾后重建贷款349亿元，增贷、展期、续贷合计6586亿元，有力支持全市经济重启复苏。保险业安全生产责任险覆盖面持续扩大，累计提供保障金额1036亿元，积极应对暴雨洪水灾害，提供抗灾风险保障金额超过2万亿元，累计赔付支出4.5亿元。全年银行业保险业直接间接向市场主体让利190亿元。薄弱领域支持保障更有力。普惠型小微企业贷款余额3249亿元，较年初增长28%，高于各项贷款增速15.3个百分点，新发放利率5.35%，同比下降0.3个百分点。城乡居民大病保险覆盖全市2487万名城乡居民，大病保险参保患者实际报销比例稳步提升。发放精准扶贫贷款余额1325亿元，同比增长28.7%，扶贫小额信贷累计发放97亿元，获贷率55.6%，同比上升13.4个百分点；“惠民济困保”“精准脱贫保”“产业扶贫保”“防贫返贫保”等一揽子保险服务，累计承保贫困户283万人，提供风险保障1.5万亿元，支付赔款3亿元。长期护理保险在4个区县为48万人提供失能保障，赔付9600人次。

（四）防治风险乱象

资产质量在持续做实。全年新处置524亿元不良贷款，不良率1.48%，低于全国平均0.46个百分点；关注类贷款余额位居全国第5低，关注类贷款率1.96%，较年初下降0.7个百分点，低于全国平均1.15个百分点，位居全国第8低；逾期90天以上贷款占不良贷款比例为65.7%，较年初下降11.7个百分点，低于全国平均10.3个百分点。资产分类准确性持续提升。资本拨备不断增厚。银行业金融机构拨备覆盖率188.9%，高于全国平均6.6个百分点；银行法人资本充足率达到14.8%，高于全国平均0.1个百分点，保险法人偿付能力充足率380.2%，高于全国平均137.7个百分点，风险抵御能力增强，应对资源总体比较充足。

（五）产品创新持续发力

价值系产品推广更快。累计发放知识价值信用贷款、商业价值信用贷款和知识产权质押贷款150亿元，有力支持全市科技企业发展。保险机构积极创新科技保险，深入推进首台（套）重大技术装备保险补偿机制试点，促进解决关键技术卡壳的问题。智慧系模式应用更多。全市法人银行平均电子交易笔数和金额替代率分别为84%和55%，同比分别增长9.6个和8个百分点。工商银行、建设银行入住西部首家“5G+智慧银行网点”。通过大数据、人工智能、生物识别等技术的广泛运用，贷款审批由线下平均6.8天缩短为线上平均2.2分钟，最快3秒。重庆经验积累更厚。人保财险重庆分公司联合市公安交管局推动“警保联动”工程，累计处理交通事故31万起，劝阻交通违法32万件，全市事故纠纷调解耗时缩短20%，全市农村道路较大交通事故数下降50%，在服务城乡交通管理和农村社会综合治理方面取得明显成效。

（六）机构体系更为优化

质量更加优化。中银金融租赁、渝农商理财子公司、小米消费金融等三家法人机构顺利开业，重庆农商行和重庆银行双双实现“A+H”股上市，合计引入和补充金融资本279亿元，为疫情下全市经济提振了士气、注入了活力。市委、市政府主要负责同志亲自出席中银金租开业仪式，高度肯定银行保险业为重庆打造内陆国际金融中心、共建西部金融中心、推动高质量发展发挥了重要作用。体系更加开放。全市现有银行保险业法人机构97家，分支机构203家。2020年复星联合健康保险公司获批开业，全市外资机构数量继续保持中西部领先。基础更加扎实。机构提档升级计划持续推进，38家村镇银行中10家评级上升，农商行、城市银行和非银机构评级整体保持稳中有升，在全国率先实现高风险村镇银行清零。

（七）消费者权益保护

2020年，重庆银保监局持续强化消保体制机制建设，制定印发《重庆银行业和保险业2020年金融知识宣传教育工作实施方案》，明确设计制作宣传材料、建立金融宣教阵地、开展系列主题活动、创新开展特色宣传、建立推优评先机制等五方面重点工作，督促机构坚持线上宣传与线下宣传相融合，兼顾特定群体金融知识需求和公益性、长期性、有效性等原则，着力宣传服务政策和产品业务常识，传递“卖者尽责、买者自负”理念。制定下发《关于建立金融知识宣传教育工作考核制度的通知》，设置3大类22项定量与定性指标，对辖内开展个人业务的机构的金融知识宣教质效开展定期考核，覆盖宣传阵地建设、宣教材料制作、线上和线下活动开展等各个环节，推动机构不断加强金融知识宣教工作。按照银保监会统一部署，组织开展“3·15”消费者权益保护宣传周和9月“金融知识普及月”活动，编发14期消费提示并通过中央媒体和地方主流媒体以及机构、协会的微信公众号等渠道广泛转载宣传，督促指导机构开展群众喜闻乐见的线上和线下宣教活动。两次集中宣传活动期间，辖内机构参与网点数5468个，开展各类宣教活动1.16万余次，发布各类宣传资料2258万余份，发布原创消费风险提示或“以案说险”信息1656条，触及消费者达1.3亿人次。银保监会消保局以活动通报的方式，对重庆银保监局相关做法给予了肯定。此外，在“7·8”全国保险公众宣传日做客重庆“互联网+督查”广播热线节目，介绍重庆银行业和保险业消保工作开展情况，普及商业健康保险知识，宣传重庆保险业支持复工复产和助力决战决胜脱贫攻坚工作取得成效，社会反响较好。

二、2021年发展思路

2021年是中国共产党成立100周年，也是实施“十四五”规划、开启全面建设社会主义现代化国家新征程的开局之年。重庆银保监局将以习近平新时代中国特色社会主义思想为指导，坚持稳中求进工作总基调，立足新发展阶段，贯彻新发展理念，构建新发展格局，持续深化金融供给侧结构性改革，着力在提升服务实体经济质效、防控金融风险、深化金融改革上出实招、见实效，不断谱写银行保险业服务经济高质量发展的新篇章。

加力服务高质量发展。主动对接掌握市、区、县级各类重大项目清单、重点企业名单、重要SPV信息，继续促进供应链金融、产业链金融创新发展，支持全市重点产业集群做大做强。继续扩大知识产权抵押、商业价值信用、文旅价值信用贷款覆盖面，解决科技型企业抵质押问题；大力推进科技保险、专利保险发展，深化首台（套）重大技术装备保险和新材料首批应用保险补偿机制试点，助力解决技术“卡脖子”问题。

加力补强金融服务短板。持续加力民营小微，继续开展“百行进万企”活动，进一步扩大“首贷”覆盖面。持续加力乡村振兴，下沉金融资源、网点、产品、客户，做好与脱贫攻坚的有机结合。继续拓展生猪活体抵押、养殖圈舍抵押等农村新型产权融资，进一步提高农业保险、农房保险、农民小额人身保险覆盖面和可负担性。探索发展养老第三支柱重庆经验，推进长护险试点扩面。充分发挥商业保险保障作用，建立面向低收入人群和残疾人等特殊群体的意外伤害保险、商业医疗保险、大病补充保险等保险保障体系。重点发挥巨灾保险、安全责任险等应灾应急保障作用。

加力防范化解金融风险。持续加大不良处置力度，发挥好债委会作用，提高债委会运行效率，坚决打击逃废债行为。进一步落实房地产行业贷款集中度要求，尽早制定压降计划和过渡期安排，避免引发处置风险。继续拆解影子银行。各银行保险机构要严格落实相关要求，对照存量处置计划，确保业务全面符合监管要求。继续严防伪创新套利，加强业务隔离、管理隔离、风险隔离，避免风险相互传染。坚决杜绝打着“创新”幌子实行监管套利或者打擦边球的行为。继续规范银行保险机构与各类平台机构合作，强化金融业务和科技服务的风险隔离。

持续提升治理管理水平。把党的领导落在实

处。各银行保险机构要发挥党委政治核心作用，做好党委与“三会一层”（股东大会、董事会、监事会和高级管理层）的有机融合。建立关联交易全流程管理体系，有效防范隐形股东、代持股东、一致行动人等引发的利益输送等问题，进一步强化人人合规、全员合规理念。

（执笔人：毛锐）

通信业

重庆市通信管理局

一、2020年发展回顾

2020年，全市信息通信业以习近平新时代中国特色社会主义思想为指导，全面贯彻党的十九大和十九届二中、三中、四中、五中全会精神，紧紧围绕习近平总书记对重庆提出的营造良好政治生态，坚持“两点”定位、“两地”“两高”目标，发挥“三个作用”和推动成渝地区双城经济圈建设等重要指示要求，认真落实中央和全市经济工作会议部署，提高政治站位，深入贯彻新发展理念，推进网络强国战略实施，奋力开创重庆信息通信业高质量发展新局面。全年电信业务总量累计完成3190.4亿元，同比增长22.6%；完成电信业务收入269.1亿元，同比增长3.6%；电信业对全市GDP的贡献率为7.6%，对GDP增速拉动为0.3%。全市电信业固定资产投资完成额达103.6亿元，同比增长17.7%。全市光缆线路长度达129.2万公里，较上年增长7.5%。移动电话基站数累计达24.2万个，较上年增长11.2%，电话用户总数达4240.2万户，移动电话用户达3640.1万户。互联网用户规模达4541.3万户，较上年增长3.5%。移动互联网用户数达3117.2万户，同比增加3.3%。

（一）支撑疫情防控取得突出成效

疫情突袭而至，全行业按职责开展应急通信保障、通信大数据分析、公益短信宣传等工作。仅用20天时间建成湖北以外全国第二家通信大数据平台，为市委、市政府科学决策、流调溯源提供精确数据，成为市委、市政府决策的重要依据之一。发送疫情防控公益短信42亿条。提供专项资费服务，确保电话不停机、网络不掉线。建立“停课不停学”通信网络保障机制，实施学校联网攻坚行动。全力保障通信网络畅通，出动55万余人次，车辆18万余车次。

（二）5G发展迈出坚实步伐

全年新建5G基站3.9万个，累计开通5G基站4.9万个，提前半年完成重庆政府工作报告3万个建设任务，跻身全国5G发展第一梯队。统筹协调，与各市级部门联合制定出台14项政策措施。建成全国首个5G新型基础设施大数据平台，实现5G网络建设可管可控。调研推动，历时1个月完成全市38个区县5G建设调研督导全覆盖。拓展应用，联合卫健等部门实施5G+卫生健康精准扶贫及打造“文商旅城”5G融合应用等典型示范项目。

（三）网络基础设施优化升级

加快千兆城市建设，大力推动10G PON网络部署，建成千兆示范小区10284个，千兆网络已覆盖约310万户。IPv6端到端贯通能力不断提升，活跃用户超过2838万，活跃用户占比超过65%。推动物联网建设，物联网终端用户达1774.9万户，接入流量达12196.5万G，实现用户、流量双提升。重庆国家级互联网骨干直联点持续优化，直联城市超过32个，网间互联带宽从360G提升到490G，扩容网内出口带宽能力超过36.8T。积极推进中新（重庆）国际互联网数据专用通道应用推广，服务腾讯、阿里、浪潮近50家中国和新加坡企业基于数据通道开展跨境合作。

（四）工业互联网持续提速提质

工业互联网标识解析顶级节点（重庆）累计标识注册量达1.04亿次、解析量达7283万次，接入二级节点16个、企业节点806家，已服务西部五省七大行业。印发《2020年全市工业互联网工作要点》。加速推进“5G+工业互联网”512工程，支持长安、美的、川仪公司等11项工业应用场景建设。F根镜像服务器率先布局重庆。星火·链网区块链超级节点落户重庆，为域名、标识、区块链的协同夯实基础。推进区域协同合作，联合四川、贵州、云南、陕西各省召开工业互联网标识大会（西部），签订《西部五省市工业互联网战略合作备忘录》。

（五）安全保障能力有效提升

完成310个网络和系统定级备案调整，累计排查安全漏洞2万余个。完成基础电信企业中期行政检查和我局属地化考核。成功举办重庆信息通信行业首届网络与信息安全攻防比赛，开展网络安全周宣传活动。强化互联网站备案管理，我市网站备案率主体信息准确率位于全国前列。与重庆合川区政府签订战略合作协议，助力合川区政府打造国家级网络安全产业园区。打好扫黑除恶专项斗争收官战，落实反恐怖、国家安全等工作任务。深入开展“打击跨境赌博”“扫黄打非”“互联网金融”等多项专项行动。国防动员信息化建设加速推进，联合重庆警备区完成西部战区联合作战演练。完成疫情期间公众通信和洪峰过境灾害保障，以及2020年线上智博会、重庆英才大会等20余次重大活动保障工作。

（六）“放管服”改革纵深推进

开展“不见面审批”，行政许可事项平均跑动次数由年初的0.83次压减到0.16次，行政许可事项全程网办事项占比由年初的16.67%提升到83%。启动信息通信行业信用记分内部试点工作，落实“双随机一公开”检查，定期对电信业务经营不良名单更新公示，制定信用体系建设配套制度。工程建设项目审批制度改革纵深推进，完成光纤到户通信竣工验收备案975件，完成38个区县通信报装“一站式”入驻方案编制，完成25个区县入驻行政审批服务大厅。

（七）服务民生能力不断增强

电信普遍服务纵深推进，制定扶贫专属资费，近31万贫困户办理精准扶贫套餐，让利金额1.55亿元；第五批364个4G基站投入使用，申报获批第六批449个4G基站。携号转网服务质量持续优化，1小时携号转网成功率达99.93%，携号转网用户达62万。降费工作提前完成，宽带和专线平均降幅分别达23.24%和20.45%，让利1.21亿元。推进商务楼宇宽带接入市场联合整治规范化，联合多个市级部门组建专班，完成31个问题调查核实及整治工作。骚扰电话整治持续加强，大力推进“谢绝来电”服务防骚扰，企业登记用户数达628万。推进App侵害用户权益专项整治标准化，累计检测App 8611款，处置违规App 149款，约谈违规App责任主体42家。打击电信网络新型违法犯罪力度有效提升，全行业拦截恶意呼叫4亿余次，处置诈骗短信321.85万条、诈骗号码27.9万余个。

（八）成渝地区双城经济圈信息通信业发展稳步推进

联合四川省通信管理局印发《双向合力推动成渝地区双城经济圈信息通信业发展的工作方案（2020~2022年）》。围绕推进新型基础设施建设、齐力扩大垂直行业应用、联合提升通信保障及监管能力、协同培育创新孵化能力四个工作目标与20项重点工作任务展开合作。参与编制《成渝地区双城经济圈便捷生活行动方案》，推动川渝两地通信一体化。

二、发展中存在的问题

一是5G全面建设仍面临诸多制约因素，“以建促用、以用促建”的良性发展模式亟待形成。二是推动数字化转型创新引领有待加强，5G应用发展亟须加速，5G大规模普及还需加大推广力度。三是工业互联网典型应用不多，还需加大力度拓展创新发展工程和试点示范项目。

三、2021年发展思路

2021年，重庆市信息通信业要坚持以习近平新时代中国特色社会主义思想为指导，全面贯彻党的十九大和十九届二中、三中、四中、五中全会精神，坚决贯彻党中央、国务院决策部署，按照工业和信息化部及重庆市委、市政府工作安排，准确把握新发展阶段、深入践行新发展理念、积极融入新发展格局，以党的建设为统领，加大科技创新力度，加快新型基础设施建设，加强行业监管治理，统筹发展和安全两个大局，巩固拓展疫情防控和经济社会发展成果，努力开创信息通信业高质量发展新局面，推动网络强国建设坚定前行。着力做好以下几个方面工作。

（一）以党的政治建设为统领，全面提升党的建设工作质量

一是巩固深化“不忘初心、牢记使命”主题教育成果，推动党建和业务工作深度融合。二是落实巡视整改到位。三是严格落实党建工作责任，发挥机关党建服务中心工作作用。四是把“三基”建设抓出成效。五是加强思想道德教育和党风国法教育，严格落实党风廉政责任制。

（二）以科技创新为驱动，培育发展新动能

一是支持西部科学城建设国家重要的科技创新中心。二是积极争取大数据中心国家枢纽节点试点建设。三是积极参与智慧交通、智慧车站等交通强国试点项目建设。四是大力支持和引导企业开展量子通信创新应用。

（三）以抓好常态化疫情防控为重点，持续巩固防控成果

充分发挥通信大数据平台支撑作用，建立疫情分析紧急预案。升级通信大数据平台，完善平台功能和性能。积极做好公益短信发送工作，深化“通信行程卡”推广应用与信息共享。加强营业厅疫情防控指导。

（四）以加快新型基础设施建设为着力点，赋能数字经济发展

一是进一步推进5G网络建设，加快形成“以建促用、以用促建”的5G良性发展模式，适度超前统筹5G网络建设，推动应用融合发展；二是加快工业互联网创新发展，遴选工业互联网创新发展工程与试点示范项目，推动工业互联网大数据中心重庆分中心建成运营。

（五）以网络优化升级为抓手，加快建设信息高地

一是加快千兆网络改造升级。二是持续提升IPv6端到端贯通能力。三是推动乡村振兴与脱贫攻坚有效衔接。四是完善共建共享机制流程，加强共建共享管理。

（六）以提升安全保障为基石，推动行业稳定发展

一是持续推动安全生产工作，积极开展安全整治三年行动。二是开展电信和互联网行业网络数据安全违法违规行为治理。三是加强物联网卡安全监管。四是完善工业互联网安全监管机制。五是持续构建安全清朗网络环境。

（七）以监管升级转型为突破点，不断提升服务民生水平

着力优化营商环境，深化“证照分离”改革；进一步完善信用监管体系；加强“携号转网”服务监管；做好行业重点领域监管和整治工作；开展垃圾信息整治；持续推进防范治理电信网络诈骗；持续提升5G服务质量，推进适老化服务专项行动。

（八）以科学规划为引领，推动行业更好融入整体战略布局

一是推动成渝地区双城经济圈建设走深走实。打造成渝双城经济、便捷生活圈，促进川渝地区产业数字化转型发展。二是高质量高标准编制重庆信息通信业“十四五”规划。三是推动通信专业规划落地，加强通信专业规划与重庆市国土空间规划衔接。

（执笔人：王浩）

邮政业

重庆市邮政管理局

一、2020年发展回顾

2020年，重庆市邮政快递业年业务总量完成202.10亿元，增长21.52%；业务收入完成145.45亿元，增长12.66%。其中，快递业务量完成7.31亿件，增长32.14%；业务收入完成83.03亿元，增长17.85%。全行业支撑网络零售额1300亿元，从业人员约5万人。行业运行平稳有序，邮政普遍服务和快递服务满意度稳中有升，绿色发展水平持续提升，在经济社会发展中作用凸显，为扎实做好“六稳”工作、全面落实“六保”任务作出了积极贡献。

（一）全力推进疫情防控和复工复产，服务经济社会发展有力有效

一是党组织引领作用发挥到位。疫情发生后，局党组自觉担负政治责任，充分发挥基层党组织战斗堡垒作用和共产党员先锋模范作用。市局和各分局主要负责同志始终坚守岗位，统筹指导全行业疫情防控工作。二是行业安全监管到位。经市疫情防控工作领导小组同意，在全市发布《通告》规范保障疫情防控期间寄递服务，参加新闻发布会解读《快递小哥疫情防控八条措施》。制定应急预案和《疫情防控手册》等，加强人员检测和分类管理，指导企业规范操作，配合防疫部门适时开展核酸检测，保障了全市邮政领域无确诊或疑似病例。三是行业复工复产落实到位。积极争取地方出台支持行业复产复工文件39份，推进减免企业税费2.56亿元。全市主要品牌寄递企业于2月19日全面复工复产，7875个邮政快递网点于3月20日全面复工，业务量超同期水平。四是各类物资运输投递到位。充分发挥邮政快递业作为国家战略性、基础性和先导性行业作用，打通“大动脉”、畅通“微循环”，保障生产生活和防疫物资寄递。向湖北捐赠口罩、防护服等物资，价值520余万元。指导邮政企业主动联系教育部门，配送教材200万套。紧急调配快递运输车辆200辆，解决全市春耕种子配送难题，得到农业农村部高度肯定并在全国推广。

（二）着力优化营商环境，市场活力加快释放

一是行业基础设施建设进一步加强。主要品牌快递企业分拣中心已基本实现自动化、智能化。集仓配、冷链、办公等功能于一体的顺丰丰泰产业园已在巴南投入使用。顺丰无人机总部落户重庆并试飞成功。行业6个基础设施建设项目列入2020年市级重大项目，总投资93.94亿元。二是基础能力建设进一步夯实。重庆市邮政快递业发展“十四五”规划编制工作正有序推进。服务成渝双城经济圈建设初见成效，市政府印发《推动成渝地区双城经济圈建设加强交通基础设施建设行动方案》，重庆顺丰高铁快递实现成渝两地间最快6小时寄达。三是支持行业发展利好政策频出。推动市区两级出台《支持邮政快递业服务经济高质量发展若干意见》《关于新形势下

推动服务业高质量发展的意见》《江津区加快市场主体培育推动经济高质量发展激励政策（试行）》等利好政策30个。在市交通局的大力支持下，推动市政府出台邮政快递业“两进一出”工程全国试点工作实施方案，目前已征求完25个相关市级部门和38个区县（自治县）意见，正按流程报审印发。

（三）紧紧围绕主题主线，发展质效不断提升

一是邮政综合服务平台建设效果显著。市政府办公厅印发《2020年重庆市政务服务工作要点》，鼓励支持通过邮政网点提供代办服务，提升企业和群众办事便利度。巴南邮政创新“就近办”“上门接”“沿路送”的“政务+邮政”模式，得到市职改办充分肯定并在全市推广。二是“放心消费工程”稳步实施。印发《重庆市快递标准化示范网点建设指南（试行）》。扎实推动新业态许可准入工作，核发了全市首张运营智能快件箱经营快递业务许可证。全市备案快递末端网点4014个，快递末端公共服务站4532个，布设智能快件箱9924组。三是邮政服务水平不断提升。开展机要通信两轮全覆盖检查，机要通信实现28年全红。“扫黄打非”工作受到国家邮政局和市委、市政府肯定，并在全市作经验交流发言。持续巩固建制村直接通邮成果，实地打卡率维持在98.4%左右，打卡率维持在99.8%以上，获国家局嘉奖。确保中央第六轮巡视期间寄递服务万无一失，收到中央第十二巡视组和市委配合中央巡视领导小组办公室来信感谢。

（四）“两进一出”工程取得积极进展

一是“快递进村”下沉提速。因地制宜，推进邮快、交快、快快、快电等多形式合作“下乡进村”。制定三年行动实施方案，全面统筹交通运输与邮政快递融合发展。完善县、乡、村三级物流体系。全市设立县级快件处理中心231个、乡镇快递服务网点2153个，建制村快递服务覆盖率超80%。实现税邮、警邮、政邮合作区县全覆盖。二是“快递进厂”成效明显。联合市经信委印发文件，推进“快递进厂”。快递企业入驻理文纸业通过“云仓”等方式提供服务，寄递业务量超1亿件，带动销售产值近35亿元。新增方便小火锅、阿里健康医药项目等2个千万级项目，带动销售产值超30亿元。三是“快递出海”取得突破。推动出台《重庆海关支持中欧班列（重庆）发展的十八条措施》《中欧班列（重庆）建设工作要点》等，推动跨境寄递配套集散设施建设。中欧班列（渝新欧）运邮实现规模化、常态化。疏运外地邮件671个集装箱2100万件，约占通过铁路疏运欧洲方向国际邮件的60%。全市快递企业海外设仓3个。指导取得国际资质的快递企业开展中欧班列（渝新欧）快件寄递运输系列测试，在全国率先以商业快件方式通关寄递测试成功，形成“公铁联运+一证通关”跨境寄递服务模式，实现全程实时跟踪查询。进口测试快件已于12月7日抵达。国家局调研组两次来渝调研指导相关工作。

（五）聚焦目标精准发力，三大攻坚战扎实推进

一是防范化解重大风险能力明显增强。推动编制行业企业安全生产规范地方标准。拟定重庆市邮政快递业安全生产暨应急管理“五年”行动计划。制定《邮政寄递安全专项整治三年行动实施方案》，以独立子方案形式纳入全市整体方案。用好“平安重庆建设”及“邮路安全监管”两个机制，深化综合治理。完善“政府监管+专家会诊+部门联动”安全监管模式，组建应急救援专家库，实现安全监管体系支撑安全生产监管常态化。确保汛期行业安全平稳运行，无人员

伤亡和重大财产损失。连续四年获评“全市安全生产先进单位”。二是服务精准脱贫攻坚战成效显著。局党组主要负责同志多次深入贫困地区调研，召开座谈会解决问题。对口帮扶对象提前整体脱贫，并获市级“一村一品”示范村。选派处级干部驻村扶贫，连续四年获当地政府表彰。形成“寄递＋电商＋农特产品＋农户”产业扶贫模式，打造快递服务现代农业项目，惠及贫困地区人口3万多人。举行贫困人口劳务输出培训、岗位职业技能培训近5000人，拉动就业6240人次。完成扶贫配套资金十余万元。落实“以购代扶”，采购定点扶贫村农副产品20万元。推动落实顺丰助学金200万元，帮扶贫困学生考取本科200余人次。三是污染防治攻坚战持续发力。结合重庆市“无废城市”建设，打造“邮政快递无废城市建设细胞”试点。将快递包装物绿色治理纳入重庆市绿色生产和消费法规政策体系。联合市生态环境局印发《关于进一步协同推进邮政快递业生态环保工作的实施意见》。推动快递包装绿色治理纳入全市生态环保治理同部署、同考核、同问责。全面完成“9792”工程年度目标。

（六）坚持以政治建设为统领，全面从严治党向纵深推进

一是推动机关党建工作落地落实。始终坚持政治机关定位，扎实开展“不忘初心、牢记使命”主题教育。发挥党组核心作用，重点围绕行业监管和行业发展重大课题，每年制定并及时补充完善党组专题学习研究及中心组学习计划。二是深化巡视巡察政治监督作用。接受国家局党组第二轮巡视，根据巡视反馈意见，认真制定整改方案，细化措施清单，全部整改完毕。持之以恒贯彻落实中央八项规定及其实施细则精神，制定完善车辆管理、公务接待、差旅报销等制度，持续深入开展“改进作风、去冗求精”，完成年度目标任务。上下联动开展“8+3+1”专项整治及专项治理，接受中央主题教育第十一巡回督导组调研督导并得到肯定。三是深化党的群团工作、精神文明建设。拓展“党建+”，创新“党建三服务”工作法（服务基层、服务企业、服务群众）成效明显，得到市委直属机关工委肯定。设立荣誉展室，增强荣誉感和凝聚力。2020年获评重庆市文明单位。以落实党内政治生活各项制度和党员先锋纪实为抓手，建设模范机关，全面提升党务工作水平。

二、发展中存在的问题

随着邮政快递业快速发展，邮政和快递园区、邮件和快件处理中心等基础设施用地需求不断增加，基础设施建设已成为制约行业发展的瓶颈。农村末端基础设施不完善。由于经济基础较为薄弱，目前农村快递业务量相对较少，我市快递服务网络向行政村延伸成本较高，末端网点运营压力大。城市快递服务保障力度需进一步加强，快递进校园、社区、园区、商务中心、机关集中办公区等存在一定的困难。

三、2021年发展思路

2021年是“十四五”规划开局之年，是我国现代化建设进程中具有特殊重要性的一年。市邮政管理局将继续认真贯彻落实国家邮政局和市委、市政府工作部署，抓实抓细各项重点工作，为全面建成与小康社会相适应的重庆现代邮政业，助力重庆经济社会发展作出积极贡献。

（一）突出“党建＋”引领，坚持党的全面集中统一领导

深学笃用习近平新时代中国特色社会主义思

想。持续巩固“不忘初心、牢记使命”主题教育成果。持续深化“三基”建设。提升干部队伍素质能力，打造一支具备“七种能力”的高素质干部队伍。统筹开展各类基层调研工作，推动机关单位接地气、年轻干部走基层。持之以恒正风肃纪反腐，坚持执纪必严、违纪必究，对顶风违纪行为从严查处、通报曝光。加强新闻宣传，扩大行业影响力，讲好新时代行业故事，为加快建设邮政强国营造良好氛围。

（二）全面落地《支持邮政快递业服务经济高质量发展若干意见》，推动邮政快递业高质量发展

按照“外防输入、内防反弹”要求，严格落实行业疫情防控规范。推动西南片区邮政快递枢纽建设。推动《重庆市交通运输领域市与区县财政事权和支出责任划分改革方案》落地实施，明确市与区县两级邮政快递业财政事权和支出责任。协同交通、商务等部门建设县乡村三级寄递服务网络。稳步提升邮政普遍服务均等化水平，实现农村地区更高标准的投递深度和频次。推动构建邮政快递企业、高科技企业、高等院校、科研院所“四位一体”的行业科技研发体系。依托“绿盾”工程加强“互联网 + 监管”建设。深入实施职业技能培训“246”工程，实现行业骨干人才可持续发展。

（三）以“安全生产专项整治三年行动实施方案”为抓手，夯实“三个责任”

强化落实企业安全生产主体责任，督促总部加强全网统一管理。强化落实“三项制度”。督促企业持续做好行业监测预警、突发事件应急处置和信息报告、维护行业稳定等工作，做好重大活动寄递安保。全面落实“双随机一公开”执法监督常态化。进一步巩固现有的“政府监管 + 专家会诊”安全监管机制。强化末端监测，实施常态管控。健全应急救援预案和应急救援保障机制，稳步推进行业应急管理体系建设。夯实“部门联动 + 群防群治”协调联动机制、推广“调处并用 + 属地处置”矛盾化解机制。

（四）深入落实财政事权和支出责任划分改革方案，不断提升治理体系和治理能力水平

强化社会监督工作，实现区县监督力量全覆盖。持续巩固提升边远地区建制村投递频次和县级城市党报当日见报水平。强化机要通信监督检查，推进机要通信作业信息化工程建设。全力抓好重点业务、重点区域、重点市场、重点主体和新产业、新业态、新模式发展工作。推进支撑体系建设，充分发挥县级机构作用。探索信访处理和矛盾化解“关口前移”，打造“枫桥经验”重庆邮政快递版。

（五）以出台“两进一出”全国试点工作实施方案为契机，统筹推进“两进一出”工程

因地制宜推动邮快、交快、快快合作多模式并进。打造“快递进村”典型示范项目。力争年底实现建制村快递服务通达率达 90%。持续推动快递服务现代农业，实现基层网点、一线员工和广大农民受益。引导企业加强“快递 +”快运物流网络建设，提升供应链服务水平。探索搭建寄递企业与制造企业的供需对接平台。持续巩固中欧班列邮件常态化运输工作。在商业快件双向通关测试成功的基础上，探索推进中欧班列快件常态化运输工作。完善进出境快件基础设施建设布局。

（执笔人：肖敏）

煤矿安全管理

重庆煤矿安全监察局

一、2020年发展回顾

2020年，重庆煤矿安全监察工作坚决贯彻落实市委、市政府和国家应急管理部、国家矿山安监局决策部署，立足煤矿安全国家监察职责，深化重大风险管控和重大灾害治理，积极推进煤矿安全专项整治“三年行动”，切实提升煤矿安全保障能力。

2020年，全市关闭退出煤矿6处，退出煤炭产能180万吨/年。截至2020年底，全市有煤矿36处，核定产能1558万吨/年，分布在12个区县（自治县、经开区）。其中，正常生产建设煤矿33处，核定产能1507万吨/年（新建1处，产能15万吨/年）；长期停产停工煤矿3处，核定产能51万吨/年。核定生产能力大于9万吨/年、小于等于15万吨/年煤矿12处，核定生产能力大于15万吨/年、小于30万吨/年煤矿7处，核定生产能力30万吨/年煤矿6处，核定生产能力大于30万吨/年煤矿11处。2020年全市共发生煤矿事故5起、死亡44人，同比事故起数持平，死亡人数增加39人。死亡人数增加是由于发生松藻煤矿“9·27”和吊水洞煤矿“12·4”重大火灾事故，分别死亡16人和23人。

（一）着力深化重大灾害治理

一是“一通三防”专项监察全覆盖。抽调专业力量，按监察区域分三个组开展专项监察，由矿井主办信息员编制检查方案、分局集中会审、市局抽查审定，局领导带队示范、督促落实，查处违法行为为483条，行政罚款305万元，责令25个采掘头面停止作业。二是不断深化瓦斯治理。推进“三级联动”远程监察，及时分析敏感报警信息，全年现场核查46次，查处问题隐患231条，其中重大隐患1条。立足减少瓦斯超限存量，对全市突出矿井正在生产及接替头面，开展钻孔反演分析，补还抽采欠账，立足超前防范，对22个工作面限采、限掘或弃采。通过综合施策，基本控制采掘头面瓦斯超限问题。立足遏制瓦斯超限增量，对岩溶CH_4治理问题，坚持物探先行，钻探验证，超前接抽；全面推行打钻防喷孔装置，采取防控综合措施，切实解决打钻喷孔超限问题；对正在开展的区域治理，推进钻机升级，全程下套，并做到孔到位、管到底，提高抽采效果。三是强化防治水工作。针对我市部分矿井受周围关闭小煤矿水患威胁严重问题，开展防治水专项监察，督促煤矿做好周边老窑水、矿井采空水及雨季期间井下异常涌水等方面风险分析、研判和管控。针对我市汛期异常天气，先后督促15处矿井停止生产，撤出人员。

（二）着力增强监察执法效能

一是强化风险研判管控。落实主办信息员责任，及时掌握煤矿安全生产动态，督促煤矿企业不断完善风险辨识管控和隐患自查自改闭环管理机制。强化重点头面管控，实行挂图作战，建立

"一矿一册"重大风险台账，每周动态调整、每日重点调度，开展差异化精准监察。二是"四个集中"做好现场监察，即集中讨论检查方案、集中会商检查情况、集中确定违法行为和集中裁定行政处罚处理标准。全年开展监察392矿次，查处安全隐患1985条，其中重大隐患3条；实施行政处罚1036万元，同比上升37%，其中监察罚款727万元，同比上升43%。暂扣5处煤矿安全生产许可证，责令90个采掘工作面停止作业，责令75台设备停止运行或使用。三是"三查三警"强化执法推动。坚持"查事警人"，针对典型违法违规行为，倒查安全技术管理人员责任，给予192人次罚款123.3万元；推动企业内部问责，给予党纪政纪处分18人，调整"五职"矿长12人。坚持"查下警上"，对煤矿上级管理机构、公司实施执法检查24次、约谈132人次、警告34人次。坚持"查一警十"，对煤矿典型违法行为，12次分片区召集周边煤矿307名矿级管理人员实施执法公开裁定，强化警示震慑。四是"互联网+执法监督"提升执法质量。依托执法系统平台，每月组织机关处室，对各类监察执法文书（案卷）进行网上监督检查。累计网上审查执法文书77卷、查出问题313条、提出整改意见287条。用好两轮省局间执法文书网上互查互检成果，及时整改问题，不断规范执法行为。五是扎实开展异地监察。按照国家局部署要求，对云南、河南煤矿开展了异地监察执法，累计查处一般隐患359条、重大隐患5条，实施停产整顿5矿次，责令停止头面作业36个、停止设备使用7台套，行政罚款658.1万元。

（三）着力推进专项整治"三年行动"

提高"从根本上消除安全隐患"的政治站位，对照"七个贯穿始终"要求，始终保持打击非法违法生产高压态势，组织开展明察暗访、夜查活动，对不放心的矿增加远程监察频次，严防矿井超层越界、非正规开采、长期停产矿井非法生产。对奉节县草堂煤矿非法生产行为提请市安委办对县政府下达督办通知，及时有效解决问题。紧紧抓住煤矿企业这个行动主体，督促不断完善问题隐患和制度措施"两个清单"，健全煤矿安全责任体系和技术管理体系，进一步建立"明责、知责、履责、问责"安全责任运行机制，不断提升煤矿安全管理水平。对南川区煤矿集中力量"开小灶"，推动解决瓦斯治理、现场管理不力等问题，扭转安全生产被动局面。对重庆能源集团蹲点驻守"开小灶"，坚持问题导向，推进"四化"建设和"一优三减"，下决心解决井下头面多、系统复杂等突出问题，降低系统性安全风险。加大治本攻坚力度，严格安全、生态、环保标准，持续淘汰落后煤炭产能。加大对地方煤矿安全监管部门的检查指导力度，对11个区县煤矿安全监管部门开展检查指导，针对存在的突出问题和共性问题，及时向地方政府提出监察意见和建议。

（四）坚持以事故教训推动工作

按照"科学严谨、实事求是、依法依规、注重实效"的原则，加强统筹协调，严肃工作纪律，对松藻煤矿"9·27"、吊水洞煤矿"12·4"两起重大火灾事故进行调查处理，查明事故原因，认定事故责任，有针对性地提出防范措施。针对松藻煤矿"9·27"事故暴露出的问题，通过层层召开专题民主生活会、组织生活会、事故反思会等形式，深刻汲取事故教训，认真剖析问题根源，研究制定整改措施。在全系统开展"整作风、严执法、促安全"集中教育整治，找准作风不实、执法不严及方式方法等方面存在的突出问题，以刀刃向内的勇气抓好整改落实。针对我市一些煤矿企业办矿标准不高、严不起来的问题，从“人员配备、责任落实、装备改进、减头减面、优化系统、措施有效”等方面推动全市煤矿提高安全标准。吊水洞煤矿“12·4”事故发生后，针对全市煤矿处于停产关闭的特殊时期，提请政府对每个煤矿建立领导专班、驻矿专班、督导专班，确保看紧盯牢，严防违法生产和擅自拆除井下设备行为。煤监分局组建18个蹲点检查督导组，对每个煤矿每天实施全覆盖检查督查，市局组建3个暗查暗访组，加大暗查夜查力度，全天候开展在线巡察，建立检查督导信息日报告制度，确保及时发现问题并跟踪落实。

二、发展中存在的问题

一是全市煤矿自然灾害重、开采条件差、基层基础薄弱、安全风险高的状况没有根本改变。二是一些煤矿企业红线意识淡漠、办矿标准不高、主体责任落实不到位、违法违规屡禁不绝。三是煤矿安全监管监察工作不够严、不够细、不够实，执法效能仍存在差距。

三、2021年发展思路

2021年，重庆煤矿安全监察工作将坚决贯彻落实市委、市政府决策部署，深刻汲取事故教训，纵深推进全面从严治党，强化担当作为，切实加强我市煤矿关闭退出期间的安全工作。一是进一步学习贯彻习近平总书记关于安全生产重要指示批示精神，结合煤矿安全实际抓好落实，以实际行动践行“两个维护”，切实履行好保护矿工兄弟生命安全的神圣职责。二是深入推进安全生产专项整治“三年行动”，进一步督促落实安全生产责任。聚焦履行煤矿安全监察核心职能，转变执法理念，改进执法方式，增强斗争本领，着力破解“屡查屡罚挡不住事故”等难题。通过科学预判风险，督促煤矿企业落实主体责任，强化对区县政府及监管部门的监督检查等方式，进一步夯实安全基础。三是强化煤矿关闭退出期间安全监察。认真实施计划监察，严格把握安全标准，通过采取蹲点督查巡查、夜查暗访等方式，持续推动煤炭落后产能淘汰退出，做到守土有责、守土尽责。

（执笔人：周鸿翼）

工业设计产业

重庆市经济和信息化委员会生产性服务业处

一、2020 年发展回顾

2020 年，通过大力发展工业设计，助力传统产业升级质效，助推工业经济高质量发展。

（一）完善顶层设计

2020 年 7 月，市政府与工信部签订《共同推动重庆市工业设计产业发展战略合作协议》，这是全国首个工业设计方面的部市（省）合作协议，有助于推动重庆市工业设计产业更快发展。印发《重庆市工业设计数字化智能化提升专项行动方案》（渝经信发〔2020〕78 号），促进工业设计与大数据、人工智能、虚拟现实等新技术新业态深度融合，进一步提升工业设计能力。印发《重庆市级工业设计研究院创建工作方案》，进一步完善工业设计创新发展支撑体系，提升工业设计基础研究水平和产业服务能力。

（二）壮大设计主体

申报市级工业设计中心的企业达到 69 家，认定 31 家，申报和认定数量均创新高。全市共有 6 家国家级工业设计中心、71 家市级工业设计中心，两级工业设计中心从业人员数量超 6600 人。产业化项目达 3100 余个，实现销售收入超 1500 亿元，工业设计服务收入超 2.3 亿元。

（三）加强人才培养

在全国率先推动工业设计职称从员级到正高级的五级评定工作。评定正高级工业设计师 25 人、高级工业设计师 89 人、工业设计师 93 人，助理工业设计师 5 人，进一步畅通了工业设计人才职业发展通道。举办工业设计领军人才培训班。区县经信委、国家级市级工业设计中心工业设计负责人总计 120 余人参训，提升了管理服务水平，增强了设计创新意识。

（四）推动集聚发展

沙坪坝的重庆工业设计产业城一期改造工程于 9 月正式开工，两江悦来重庆设计公园一期（2 万平方米）建成投用，巴南的消费品创新中心、设计产业园等一批重点集聚区项目稳步推进。

（五）营造良好氛围

成功举办 2020 年“智博杯”工业设计大赛，首设百万级至尊大奖，大赛影响力得到较大提升；依托 2020 年线上智博会，举办第二届工业设计高峰论坛，中国工程院谭建荣院士携手市内外知名专家学者代表现场发表主旨演讲，共同分享先进设计理念；联合两江新区成功举办 2020 年重庆悦来国际设计论坛和重庆工业设计创新成果展，线上直播累计观看人次超过 1300 万，社会反响良好；开展“抖出重庆好设计”等系列活动，话题挑战赛总计发布超 400 条视频，点击量超 2900 万人次，工业设计创新意识逐步增强，发展氛围日渐浓厚。

二、发展中存在的问题

通过年复一年的努力，重庆市工业设计发展不断取得进步，但与重庆市产业转型升级和制造业高质量发展的要求相比还有不小的差距，仍然存在认识不到位、发展不均衡、支撑作用不强、发展氛围不浓、高端人才不足等问题。

三、2021 年发展思路

培育建成国家级工业设计中心 1 家以上、市级工业设计中心 20 家以上，工业设计产业城建成投用，完成品牌电脑销售 70 万台以上。一是出台促进工业设计支撑产业转型升级创新发展有关政策，进一步完善顶层设计；二是以工业设计产业城、设计公园为载体推进设计生态链建设，促进工业设计集聚化发展；三是高水平举办工业设计大赛、论坛、展览及设计区县行等系列活动，加强工业设计宣传和氛围营造；四是做好国家级、市级工业设计中心和市级工业设计研究院的培育建设，进一步壮大设计主体和提升服务能力；五是做好工业设计职称申报评审工作，建设高水平工业设计人才队伍。

（执笔人：袁毅）

第四编　开发区与园区建设

工业园区发展综述

重庆市经济和信息化委员会产业园区

2020年，全市工业园区坚持“创新、集群、智能、绿色、融合”的建设方针，聚焦制造业高质量发展，以培育发展特色产业为核心，以推进新型智慧园区建设为抓手，以提升园区产业承载功能为基础，园区建设发展取得显著成效。

一、2020年发展回顾

（一）强基础，支撑能力不断提升

新增规划建设面积超过150平方公里，达到1496平方公里（其中规划工业用地面积590平方公里、已建成工业用地面积349平方公里），建成区面积新增115平方公里，达到815平方公里，园区规上工业总产值1.94亿元，占全市规上工业总产值的86%，建成500亿级园区8个、1000亿级园区6个。

（二）抓管理，特色格局逐渐显现

为进一步规范全市特色产业基地建设管理，对2018年前创建的51个市级特色产业基地开展综合评价，完成2020年特色产业基地集中申报创建，共撤销基地16个，新创建基地16个，全市累计创建市级特色产业基地77个，推动形成每个园区以1~3个特色产业基地为支撑的发展格局，特色产业产值占全市和园区规上工业产值比重分别提高到49%、57%。

（三）求创新，智慧园区稳步推进

修订完善智慧园区建设标准，建成上线全市产业园区大数据平台、重庆智慧园区公共服务平台，完成智慧园区大脑建设，全面推进智慧赋能产业发展和园区建设运营管理，基本实现经济运行调度到园区。全市80%以上园区进入智慧园区实质性建设阶段，17个园区的管理服务平台建成上线，16个园区正加快建设实施，其他园区均进入财评、招标、初设等前期阶段，全市智慧园区标准体系建设走在全国前列。

（四）重生态，绿色安全持续保障

全年成功创建绿色园区5个，全市累计创建绿色园区10个。为持续规范全市纳入化工产业总体布局的化工生产企业集中区（以下简称“化工园区”）建设管理，提升化工园区污染防治和绿色发展水平，对全市8个化工园区的规划布局、基础设施、安全生产、环境保护等方面进行综合评价，均达到合格标准。围绕进一步提高工业园区本质安全水平，制定实施园区安全生产专项整治三年行动方案，明确整治目标、主要任务和保障措施。

（五）谋合作，区域协同逐步增强

围绕成渝地区双城经济圈建设，加快推进两地产业合作园区建设，提升两地产业合作园区发展水平，印发成渝地区双城经济圈产业合作园区建设方案和产业合作示范园区创建管理办法，荣昌高新区、江津园区、开州园区等10个园区申报创建为首批成渝地区双城经济圈产业合作示范园区。

（六）促改革，政策体系不断完善

为进一步规范园区规划建设管理，出台优化工业园区规划建设管理的若干政策措施，对加强园区空间保障、优化行政审批和行政确认程序、加强规划建设管理等3个方面进行了全面规范，首次提出规范国土空间布局管理、建设中小企业集聚区、设立新型产业用地等政策措施，并配套出台中心城区标准厂房行政确认权限下放的有关政策。

二、发展中存在的问题

一是园区发展新旧动能转换不足。多数园区制造业以传统产业为主，战略性新兴产业和高技术产业占比不高，战略性新兴产业支撑作用不强，新兴产业“链群”规模不够大，结构不够优，带动经济增长的能力较弱，重点领域发展不够平衡，新兴产业增长不足以抵补传统行业规模收缩产生的缺口，新旧动能转换接续有待进一步提速。

二是区域协调发展不均衡。各片区经济发展总量和发展水平差异较大，两极分化现象较为突出。主城都市区的产业转型升级、集群发展、特色发展、经济总量等成效远高于渝东北、渝东南片区，工业总产值约占全市产值的90%，而渝东北、渝东南片区仍然停留在初级加工和项目积累的初级阶段。

三是创新驱动发展不够。虽然近年全市产业技术创新水平有了一定提升，但技术创新公共服务平台建设滞后，有研发机构和研发活动的企业占比不高，新型研发机构数量较少，科技服务业发展相对滞后，科技型中小企业数量不足，产学研成果转移转化不够顺畅。

三、2021年发展思路

2021年是“十四五”规划开局之年，在新的一年里，围绕创新驱动、智慧赋能、转型升级，进一步优化产业发展布局、精准定位产业方向、提升产业承载功能、构建完善产业生态、推进产业集群发展，加快把全市园区打造成为创新驱动示范区、先进制造集聚区、开放发展先行区、产城融合新城区，为建设国家重要先进制造业中心奠定坚实基础。

一是坚持以特色产业基地创建与规范管理为抓手，进一步引导全市园区特色发展、集群发展，着力构建以特色产业基地为支撑的发展格局。全年新创建特色产业基地10个以上，累计达到86个，特色产业产值占全市和园区规上工业产值的比重分别提高到51%和60%以上。二是启动市级智慧园区二期项目建设，提升园区大脑业务功能，全面建成区县级管理服务平台，推动园区大脑与区县级管理服务平台的数据交互与业务联动，成立产业园区协会，推动形成“2+N+1”（2个市级平台、N个区县级平台和1个协会）的智慧园区建设新格局。三是启动并全面完成化工园区认定，加强化工园区规范管理，引导全市化工园区科学发展、绿色发展。建立健全园区安全生产综合指导管理体系，督促指导全市园区安全发展。加大力度推进绿色园区创建工作，建立完善绿色园区管理体系。四是以产业合作示范园区建设为抓手，深度推进成渝地区双城经济圈建设，力争在产业合作园区建设、公共服务平台搭建、特色产业集群发展等方面实现新的突破。推进“一区两群”产业协同发展，组织“万开云”等重点园区与中心城区进行对接交流，有序推进市内产业转移，打造一批承接产业转移示范园区。五是推动出台推进园区高质量发展、规范园区国土空间管理、标准厂房规划建设管理、化工园区认定等相关政策性文件，出台推进特色产业园区建设、中小企业集聚区规划建设等意见，建立完善工业项目建设用地控制指标体系，积极探索新型产业用地管理办法。

（执笔人：陈波）

两江新区

重庆两江新区管理委员会

一、2020 年发展回顾

2020 年，在以习近平同志为核心的党中央坚强领导下，按照中央和市委、市政府统一部署，两江新区坚持以习近平新时代中国特色社会主义思想为指导，深入学习贯彻党的十九届五中全会精神和习近平总书记重要指示要求，紧紧围绕把习近平总书记殷殷嘱托全面落实在重庆大地上这条主线，紧扣打造内陆开放门户和重庆智慧之城“两大”定位、建设高质量发展引领区和高品质生活示范区“两高两区”目标，统筹推进常态化疫情防控和经济社会发展，推动经济逆势上扬、快速发展。两江新区全域实现地区生产总值 3675 亿元、增长 4.9%，规上工业总产值 4674 亿元、增长 12.1%，固定资产投资总额 2284 亿元、增长 1.3%，社会消费品零售总额 1491 亿元、增长 1.4%，进出口总额 2240 亿元、增长 16%，实际利用外资 32.6 亿美元、增长 1%，一般公共预算收入 289 亿元。两江新区直管区实现地区生产总值 1970.5 亿元、增长 7%，规上工业总产值 3583 亿元、增长 15.7%，固定资产投资总额 1415 亿元、增长 2%，社会消费品零售总额 582 亿元、增长 2%，一般公共预算收入 126 亿元。

（一）应对大战大考体现新担当

1 月 21 日，第一时间成立疫情防控工作领导小组，并在全市率先实行党政主要领导“双组长制”，全年累计召开 54 次会议进行防控调度，设立 11 个分指挥部，创新建立疫情防控“三级管控”体系，持续开展四轮拉网式滚动式排查，涉及 300 万余人次，动员组织机关、企事业单位干部职工 2 万余人，全员行动、冲锋在前、连续作战，仅用 20 天时间实现本地病例零增长，投用全市首个“火眼”实验室，派出医疗队支援湖北孝感抗疫。建立“1+8+3”企业复工复产指挥体系，出台“抗疫暖企八条”、科研攻关“八个一批”等暖企惠企政策，规上工业企业在全市率先实现 100% 复工复产。

（二）产业转型升级取得新成效

发挥龙头企业带动作用，全力推动补链延链强链，新区直管区规上工业增加值增长 15.1%，工业投资增长 13.2%，百亿级龙头企业达 10 家，高技术制造业、战略性新兴产业均实现两位数增长，占工业总产值“半壁江山”。汽车产业进军高端化智能化，实现产值 1380 亿元、增长 22.8%，林肯冒险家、长安 UNI-T 等高端车型密集上市热销，获批全国第四个、西部首个国家级车联网先导区，新能源汽车、智能网联汽车分别占全市的 55%、60%，吉利高端新能源汽车等签约落户，吉利成功参与力帆重整并导入新能源换电车新产业板块，金康赛力斯 SF5 成为全球首款续航超千公里量产新能源汽车。电子产业实现产值 1831 亿元、增长 14.5%，其中集成电路、智能硬件、智能手表产值接近翻番，软件和信息技术企业营收增长超30%，京东方跨入全球高端显示屏第一方阵，翊宝成为苹果全球最大可穿戴产品生产基地。现代服务业提质增效，服务业营收增长6.7%，金融业增加值占GDP的比重达19.6%。加大招商引资工作力度，加快集聚高端高质高新产业项目，签约落地项目115个、投资金额1258亿元，连续两年居全市第一。

（三）科技创新发展打造新亮点

纵深推进大数据智能化创新，科技型企业、高新技术企业数量分别达到2219家、506家，分别增长70.9%、24.4%，增速均为近三年最快，市级及以上科研平台累计320个，各类“双创”载体在孵企业达到3000个，盛宝金融科技、达索系统创新中心投入运营，国家双创示范基地荣获全国年度评估“新区类”第一名。两江协同创新区新引进哈工大、上海交大、中国药科大等大学大院大所13家，累计30家，建成科研平台48个，落地研发团队54个，集中开工13个总投资150亿元的重大科创平台，智汇两江创新研究院成立、明月湖国际科创基地正式运营、首届明月新工科实验班成功开班、科创训练营成功举行。大力推动科技企业上市，新引进三年内有望上市企业10家，重点培育上市企业50家。营造浓厚创新氛围，在全市率先建成“两江英才荟”人才综合服务平台，举办“智汇两江”品牌活动300余场。

（四）智慧之城展开新篇章

以“智慧园”城市功能新名片引领全域智慧化，加快建设国家数字经济创新发展试验区和新一代人工智能创新发展试验区“双核心区”，工业互联网标识解析国家顶级节点标识注册量突破1亿，建成5G基站3259个，数字经济增长33%。两江数字经济产业园集聚企业5600家，万塘信息营收突破193亿元、增长1.5倍，星火·链网、吉利工业互联网全球总部、浪潮工业互联网总部等一批标志性项目落地，两江软件园被认定为重庆软件名园。“住业游乐购”全场景集全域铺开，礼嘉智慧公园全面完成线上智博会主场馆任务，建成智慧小区40个、市级示范智慧校园11所，礼嘉、悦来片区联动发展全面启动。

（五）深化改革开放实现新突破

用好改革开放关键一招，着力推动更深层次改革，抓好国资国企、“放管服”、投融资、管理体制机制等重要领域改革，重庆自贸试验区两江片区形成14项可复制推广典型案例，其中3项入选全国最佳实践案例，中新互联互通项目签约金额占全市的1/3；着力推动更高水平开放，外贸进出口额2240亿元、增长16%，跨境电商增长25%，与“一带一路”沿线国家贸易额增长21%，果园港、两路寸滩综保区、江北嘴国际金融中心、悦来国际会展城及上合组织国家多功能经贸平台等开放平台建设取得新成效。

（六）推动协调发展迈出新步伐

积极推动成渝地区双城经济圈建设，率先与天府新区“云端”连线召开联席会议，开展互访调研、互派干部等交流活动，在两江政务大厅开设“两江天府合作办事窗口”，与四川天府新区、广安、宜宾等签订合作协议28个，共同举办“首届成渝地区双城经济圈建设发展论坛”等活动，在邻水县设立“无水港”。积极推动全市“一区两群”协调发展，与所在三个行政区加强协调联动，扎实做好对口帮扶工作，投入7600余万元助力彭水、城口、万州、潼南等打赢打好脱贫攻坚战，加快与万州区落实区县对口协同发展机制。

（七）城市功能品质实现新提升

瞄准打造国际化、绿色化、智能化、人文化现代城市样板，高起点高标准推动国际足球赛事中心、寸滩国际新城等建设，建成智慧小区40余个，金山意库等文创产业平台加快发展。坚决打好污染防治攻坚战，推进新区5大流域16条次级河流和23个湖库综合整治，加快建设17个公园、累计达118个，空气质量优良天数达333天、同比增加13天。持续保障和改善民生，更好统筹发展和安全，力帆重整转型顺利完成，常住居民人均可支配收入超4万元、为全市的1.4倍，人民群众获得感、幸福感、安全感进一步增强。

二、发展中存在的问题

同时，新区经济社会发展还面临一些问题和挑战，建设高质量发展引领区、高品质生活示范区仍然任重道远。一是产业发展有短板。汽车、电子两大产业产值占工业总产值的比重为89.6%，新兴产业支撑力不足，产业链供应链竞争力和抗风险能力不强，部分核心零部件仍然存在断供风险。二是科技创新有差距。科技创新尚处在起步阶段，基础研究、应用技术开发和成果转化仍然不足，外贸质量效益有待提升，城市功能配套、管理体制机制等仍需完善。三是巩固势头有压力。2021年，新区经济社会发展面临的宏观环境更为严峻复杂，巩固高质量发展良好态势面临新挑战，消费稳步回升压力较大，保市场主体难度加大，安全生产和社会稳定风险点仍然不少。

三、2021年发展思路

两江新区将坚持以习近平新时代中国特色社会主义思想为指导，全面贯彻习近平总书记对重庆提出的营造良好政治生态，坚持“两点”定位、“两地”“两高”目标，发挥“三个作用”和推动成渝地区双城经济圈建设等重要指示要求，认真落实市委、市政府部署要求，准确把握新发展阶段，深入贯彻新发展理念，积极融入新发展格局，切实担当新发展使命，全力打造内陆开放门户和重庆智慧之城，加快建设高质量发展引领区和高品质生活示范区，确保“十四五”发展开好局、起好步，以优异成绩庆祝中国共产党成立100周年。

（一）紧扣科技创新、抓好产业创新

把创新作为新区2021年“一号工程”，继续全力推进以大数据智能化为引领的创新驱动发展，把产业创新、产业协同摆在协同创新首位，重点打造产业创新高地，大力建设两江协同创新区、礼悦智慧园、两江数字经济产业园等创新平台，营造创新生态圈，在打造创新引擎上做好表率，加快建设科技创新中心核心承载区。

（二）紧扣重大战略、抓好经济圈建设

充分发挥对主城都市区发展的引领作用、对“两群”发展的带动作用、对双城经济圈建设的联动作用，与江北区、北碚区、渝北区共同推动新城组团开发建设，持续深化与天府新区、万州区等地协同合作，共同唱好“双城记”、建好“经济圈”。

（三）紧扣旗舰作用、抓好产业升级

坚持把发展经济着力点放在实体经济上，推动汽车、电子等支柱产业迈向高端化、智能化、绿色化，推动高端装备、生物医药、数字经济等战略性新兴产业发展壮大，推动服务业提质增效，优化产业链条、推动产业融合、夯实产业基

础，加快构建现代产业体系。

（四）紧扣激发活力、抓好改革开放

用好改革开放关键一招，勇于挑最重的担子、啃最硬的骨头，提升改革整体效能，提升开放通道优势，提升开放平台能级，在改革系统集成协同高效上率先试、出经验，在打造内陆开放门户上快探索、见成效，努力实现从“先行先试”向“先行示范”转变，成为全市改革开放的开路先锋。

（五）紧扣扩大内需、抓好投资消费

坚持扩大内需这个战略基点，稳住投资高速增长势头，实施一批补短板、利长远的重大基础设施项目，充分拓展消费空间，大力推动招商引资，优化招商机制，全力培育新的增长点。

（六）紧扣打造样板、抓好城市提升

把2021年作为“城市建设提升年”，高标准做好规划、建设、管理各项工作，注重功能配套，推进产城景融合，保护好生态本底，运用好智能化要素，塑造好城市风貌，提高人民生活品质，努力成为重庆彰显山水之城、美丽之地的示范窗口。

（七）紧扣保障民生、抓好社会治理

强化系统治理、依法治理、综合治理、源头治理，夯实基层基础，创新治理方式，有效防范化解风险，打造共建共治共享社会治理格局，不断提升社会治理精细化、社会化、智能化、法治化水平，把制度优势更好转化为治理效能。

（执笔人：崔鹏飞）

高新技术产业开发区

重庆高新技术产业开发区管理委员会

一、2020 年发展回顾

2020 年是全面建成小康社会和“十三五”规划收官之年，也是重庆高新区全面独立运转、建设西部（重庆）科学城的起步之年。我们坚持以习近平新时代中国特色社会主义思想为指导，深入贯彻习近平总书记对重庆提出的营造良好政治生态，坚持“两点”定位、“两地”“两高”目标，发挥“三个作用”和推动成渝地区双城经济圈建设等重要指示要求，在市委、市政府的坚强领导下，统筹推进疫情防控和经济社会发展，强力实施征地拆迁、“两违”整治、招商引资等“百日攻坚”，全年重庆高新区直管园实现地区生产总值 487.45 亿元、增长 6.8%，规上工业总产值 2555.88 亿元、增长 14.8%，固定资产投资总额 308.04 亿元、增长 22.8%，社会消费品零售总额 107.18 亿元、增长 1.8%，预计 R&D 占比增至 4.9%，西部（重庆）科学城实现扎实起步、良好开局。

（一）管理体制日益完善，夯实经济高质量发展的坚强保障

优化体制机制。中央编办正式批复在重庆高新区加挂西部（重庆）科学城党工委、管委会牌子。市委、市政府成立科学城建设工作领导小组，为科学城建设提供坚强保障。建立科学城校地联席会议制度，推动高校、科研院所深度参与科学城建设。强化动员部署。推动召开科学城建设动员大会和新闻发布会，举行科学城重大项目集中启动等活动，策划形式多样、生动鲜活的主题宣传，举全市之力、集全市之智建设科学城的局面基本形成。深化规划编制。高水平编制科学城国土空间规划，加快编制科学城发展战略规划、控制性详细规划及各专项规划，以高新区直管园为核心，引领各片区协同发展，描绘好科学城高质量发展的“成长坐标”。

（二）大战大考有力应对，坚定经济高质量发展的信心决心

全力战疫情。坚决落实党中央决策部署和市委、市政府工作要求，第一时间成立疫情防控工作领导小组、指挥部和 10 个专项小组，打好疫情防控的人民战争、总体战、阻击战。持续推进常态化疫情防控，毫不放松抓好“外防输入、内防反弹”。有力推动复工复产。建立党工委管委会抓总、园区承担管理责任、镇街承担属地责任、医疗机构提供专业服务、公安负责社会面管控、企业履行主体责任的“六位一体”复工复产工作机制，开发推广“复工备案申请平台”“企业员工申报平台”，3 月全面复工复产。稳企稳岗成效显著，在没有裁员基础上增加用工超 1 万人。着力稳住经济基本盘。充分发挥创新引领、项目牵引、政策引导作用，滚动实施“十大科技研发创新中心”等六个“十大工程”，推出支持企业“14 条”等措施，兑现各类惠企暖企资金逾 20 亿元，惠及市场主体超 20 万户次，推动二

季度经济强势复苏、增速由负转正，全年经济保持良好发展态势。

（三）创新资源加快汇聚，注入经济高质量发展的强大动能

布局创新平台。推动超瞬态实验装置、中国自然人群生物资源库重庆中心、北京大学重庆大数据研究院等落地，集中签约高校、院所重点创新平台项目24个，获批全国首批国家应用数学中心。引育创新主体。出台支持企业科技创新扶持办法，市级科技型企业、高新技术企业数量分别增长92.8%、42%。制定“金凤凰”人才支持政策，市级以上科技创新创业人才数量增长34.2%，徐涛院士、李校堃院士等国家级领军团队项目落户。优化创新生态。重庆国际创投大会签约成渝地区双城经济圈发展基金等金融项目15个、总金额超670亿元。合作组建西南首支21亿元科技成果转化股权投资基金。获批国家双创示范基地，开工科学谷等创新载体，引进中关村智酷等孵化器，推动大创谷·梦花园等投用，国家级孵化载体增至5个。

（四）高端产业加速培育，巩固经济高质量发展的基础支撑

聚力招大引强选优。突出“金鸡蛋”装进“金篮子”导向，引进中国电子·重庆信创产业示范基地、平安大健康产业园等项目超100个，总投资额突破1200亿元，其中科技类项目占比超80%。壮大主导产业集群。联合微电子8吋中试线等项目投运，新一代信息技术产业产值增长16.4%，其中集成电路产业产值增长21.3%。获批国家先进制造业和现代服务业融合发展试点，长安跨越商用车扩能等先进制造项目投产。植恩药业制剂产业化基地等项目产能持续上量，大健康产业高质量发展。国家质检基地产业集群效应日益显现，高技术服务业产值增长23.2%。推动产业转型升级。推动40余家企业开展智能化改造，8家企业开展数字化车间和智能化工厂建设，16个项目入选市级工业互联网试点示范。战略性新兴企业产值增长15.5%。

（五）城市品质不断提升，营造经济高质量发展的良好环境

抓基础设施建设。科学大道等一批重点项目启动建设，华岩隧道西延伸段等一批项目通车，坪山大道等一批项目加快建设。建成5G基站1400余个，中国移动数据中心等新基建项目有序实施。抓城市配套完善。重庆大学附属肿瘤医院科学城院区等加快推进，7所中小学校启动建设，科学会堂、北师大附属学校等项目有序实施。抓生态环境保护。依托寨山坪打造科学公园，推动康城、思贤等公园加速实施，梁滩河综合整治3.5公里示范段等重点项目加快推进。抓资源要素保障。加快空间腾挪，完成征地3.2万亩。拓展融资渠道，与国开行签署超800亿元投资项目战略合作协议。

（六）改革开放持续深化，激发经济高质量发展的内生动力

深化重点领域改革。推进“小政府、大服务”改革，新设科技创新局、融媒体中心等机构，创新推出薪酬激励方案和聘用人员管理办法，提升管理服务效能。推动国企国资改革，完成高新开发集团AAA级主体长期信用等级评定。优化营商环境。在全国率先推出“三评合一”环评审批改革，在全市率先实现“一业一证”，首创政府投资项目“以函代证”、社会投资项目分段办理施工许可等制度，审批效率领跑。提升开放能级。高水平打造西永综保区等开放平台，全年进出口总额2948.1亿元、绝对额占全市的

比重为45.3%，实际利用外资7.76亿美元、增长4.9%。

二、发展中存在的问题

同时，发展中仍然存在一些突出问题和短板。一是创新实力不强。重大科技基础设施尚未实现“零的突破”，规上企业研发投入占全社会研发投入的比重为71.7%，低于全市7.7个百分点，以企业为主体的技术创新体系仍待完善。二是产业能级不高。新一代信息技术产业规模2300亿元、占比约90%，其他三大主导产业未形成多点支撑。规上工业增加值率约8.5%，不到全市平均水平的40%。三是城市品质不优。路网密度3.7公里/平方公里，仅为全市建成区的54%左右，轨道运营总里程11公里，不到全市的3%。仅1家三级综合医院，教育医疗、文体娱乐、商业商务等公共服务供给欠缺。

三、2021年发展思路

2021年是实施“十四五”规划、开启全面建设社会主义现代化国家新征程的第一年，重庆高新区将以习近平新时代中国特色社会主义思想为指导，全面贯彻党的十九大和十九届二中、三中、四中、五中全会精神，深入贯彻习近平总书记对重庆提出的系列重要指示要求，认真落实市委、市政府部署安排，紧扣“五个科学”“五个科技”，聚焦科学主题“铸魂”，面向未来发展“筑城”，联动全域创新“赋能”，保持战斗部队姿态，以“项目建设年”为抓手，推动科学城建设迈出新步伐、见到新气象，加快打造“科学家的家、创业者的城”，在服务构建新发展格局、推动成渝地区双城经济圈建设和“一区两群”协调发展中担当新使命、展现新作为、作出新贡献，以优异成绩庆祝建党100周年。重点抓好以下经济相关工作。

（一）着力打造创新驱动“新引擎”

提速建设平台载体。加快高校科研院所合作项目落地建设，推动超瞬态实验装置等开工，力争中国自然人群生物资源库重庆中心、北京大学重庆大数据研究院等投运，强化创新策源功能。持续壮大创新主体。实施科技型企业梯度培育计划，推动高校院所、央企等创办新型研发机构，力争科技型企业超1000家、高新技术企业增至235家。加快打造人才特区。实施好“金凤凰”人才政策，落实重庆英才计划、院士带培计划和博士后倍增计划，引育一批科学家、创新者和“大国工匠”。加快推动高校毕业生在科学城创业就业。不断优化创新生态。建设科学谷区域、富力城板块、西永片区等孵化集群，加快中关村智酷等投用。启动科技金融街等建设，推动知识价值信用贷款、种子基金提质扩面增容，集聚一批金融服务机构，让金融更好地为科技赋能。

（二）着力构建现代产业“新体系”

坚持招商引资工作主旋律。围绕建链、补链、延链、强链，紧盯100亿元级项目、龙头企业和“隐形冠军”，引育一批科技含量高、投资力度大、发展前景好、辐射带动强的项目。培育壮大战略性新兴产业。加快推进华润微电子12吋功率半导体晶圆生产线、隆鑫航发基地二期、平安大健康产业园、中电重庆软件园等项目建设，着力打造新一代信息技术、先进制造、大健康、高技术服务等主导产业集群。提升产业发展质效。实施大数据智能化创新，推动实施一批智能化改造项目，新增一批市级工业互联网试点示范项目，打造一批数字化车间、智能化工厂、绿色工厂，提升产业能级。

（三）着力建设宜居宜业“新城市”

高质量打造功能性设施。提速推进科学大道、科学会堂、科学公园、科学谷等示范工程，争取早出形象。高标准建设交通基础设施。开工建设白市驿隧道等穿山隧道、27 号线和 15 号线等轨道交通，提速实施坪山大道等一批骨干路网、金凤隧道等穿山隧道，完工通车新宏大道等一批交通项目，加快推进智慧交通建设。高水平供给公共服务。加快推动北师大附属学校、北大科学城医院等落地，科学城国际人才社区等动工，重大附属肿瘤医院科学城院区、科学城第一中学等建设。高层次推进生态保护。狠抓中央生态环保督察反馈问题整改落实，强化科学城全域生态环保联防联控，深化大气污染防治，推动梁滩河全流域治理，启动湖库生态修复和水系连通工程，推进金凤等污水处理厂建设。高效能强化要素保障。强力推进征地拆迁，为重大项目落地“腾挪空间”。加强重大项目包装策划，拓展融资渠道，争取各类资金支持，守住不发生系统性金融风险的底线。

（四）着力激发改革开放“新活力”

推进“放管服”改革。深入实施优化营商环境行动计划，最大幅度精减行政审批事项，最大限度压缩行政审批时间，广泛推行承诺制、容缺办理制，着力减环节、减材料、减时间、减跑动、减费用，营造市场化、法治化、国际化营商环境。抓好重点领域改革。大胆试、大胆闯、自主改，深入推进科技体制、投融资机制、国企国资等领域改革，激发各类市场主体活力。提高对外开放水平。用好中欧班列、自贸区等开放平台通道，深化服务贸易创新发展试点，推进西永综保区“五个中心”建设，强化外贸外资外经联动，提高开放型经济水平。

（执笔人：何莉鹏）

万盛经济技术开发区

重庆市万盛经济技术开发区管理委员会

一、2020 年发展回顾

2020 年，面对复杂严峻、前所未有的风险挑战，万盛经开区坚决贯彻落实中央和市委、市政府各项决策部署，统筹推进疫情防控和经济社会发展，扎实做好“六稳”工作、全面落实“六保”任务，地区经济持续回升，民生福祉持续改善，实现“十三五”圆满收官。地区生产总值实现 214 亿元，比“十二五”末翻了一番；人均 GDP 达到 1.41 万美元，居全市第 10 位、綦万南第 1 位。一年来，重点抓了八项工作。

（一）精准抓好疫情防控

坚持人民至上、生命至上，全面落实联防联控工作机制，严格落实“外防输入、内防反弹”防控策略和“四早”“四率”“四集中”要求，完成新冠肺炎公共卫生和重大疫情防控救治体系建设，重点人群和重点环境核酸检测做到全覆盖，全区唯一 1 例确诊病例成功治愈，未出现无症状感染者和境外输入病例。圆满完成支援湖北孝感和市公卫中心任务，10 名先进个人、4 个先进集体获得全市抗击新冠肺炎疫情表彰。分级分类制定复工复产方案，组建 9 个工作组精准指导，在全市率先推动生产秩序恢复常态。抓好常态化精准化防控、因时因势动态化防控，疫情防控向好态势持续巩固。

（二）全面落实“六保”任务

保居民就业，城镇新增就业人员、城镇登记失业人员、城镇登记就业困难人员就业分别完成市下目标任务的 137.7%、178.9%、151.5%，帮助 6600 余名农民工成功返岗复工。保基本民生，兑现失业保险金、临时价格补贴等 2295.1 万元，特困人员保障投入增长 21%。保市场主体，助力国电恒泰等企业解决信贷资金 2.2 亿元，减税降费 6.3 亿元，降低电气成本 5700 余万元，减免中小企业房租 974 万元，市场主体较 2019 年增长 15.7%。保粮食能源安全，粮食产量持续稳定，蔬菜产量、生猪出栏分别增长 5%、12%，能源供需总体平衡。保产业链供应链稳定，建立重点企业“一人一厂”驻厂制度，加强产业链招商引资，产业循环稳定畅通。保基层运转，盘活“三资”强化统筹，腾退压缩非急需、非刚性支出，严格落实政府过紧日子系列措施，全区财政运行总体平稳。

（三）着力打造支点城市

紧扣成渝地区双城经济圈建设和全市“一区两群”协调发展，研究明确“一城三区一极”目标定位，即打造重庆主城都市区重要支点城市、全国资源型城市转型发展示范区、全国体育旅游示范区、成渝地区双城经济圈高品质生活区、西部陆海新通道高质量发展重要增长极。积极融入成渝地区双城经济圈建设，与成都市体育局、泸州市等四川有关方面签署合作协议10个，涉及文旅、体育产业和转型发展合作等多个领域。加快綦万“三化”发展步伐，积极配合编制好《綦江—万盛一体化发展规划》《綦江—万盛一体化国土空间规划》，召开綦江万盛联席会议第一次会议，商定54项对接事项清单，各项工作呈现出高位推动、全面深化的良好态势。研究实施基础设施、产业发展、社会民生三个“十大工程”，完善《万盛经开区2020~2023年重大项目储备库》，储备区级重大项目93个，计划总投资230亿元。全面启动新经济产业园建设，全力打造生态优美、产业发达、宜居宜游、产城景融合的高品质新城。

（四）坚决打好三大攻坚战

奋力夺取脱贫攻坚胜利，深化脱贫攻坚总攻“九大专项行动”，压茬推进定点攻坚战、百日大会战、收官大决战“三大战役”，“两不愁三保障”及饮水安全突出问题动态清零，国家和市级脱贫攻坚成效考核等反馈问题均整改完毕，7个贫困村全部脱贫出列，建档立卡贫困户1812户6298人全部脱贫。突出打好污染防治攻坚战，空气质量优良天数达348天、居主城都市区第2位，$PM_{2.5}$平均浓度30微克/立方米、下降21.1%，3个市考断面水质全部达到考核要求，城乡集中式饮用水源水质达标率100%，中央生态环保督察反馈问题整改到位。全力防范化解重大风险，持续排查5大领域417个风险点，金融、房地产等重点领域防范化解风险长效机制进一步健全，全区政府债务处于可控范围。

（五）加快产业转型升级

推进工业提质增效，建成投产北威科技等项目22个，神华国能电厂复工建设，东方希望、福耀玻璃等企业增加投资87.38亿元，中镭科技成功设立全区首家市级博士后科研工作站，新升规企业11户，规上工业总产值增长5.2%。积势蓄力新兴经济，成功引进惠伦晶体等重大项目；冠宇电池二厂、三厂建成投用，新增产值12亿元；工业技改投资增长21.5%、居主城都市区第4位，占工业投资的比重为48.2%、居全市第1位；数字经济增加值增长15%。深化体旅融合发展，成功创建国家全域旅游示范区，黑山旅游度假区被国家气象局命名为“中国天然氧吧”，“晒旅游精品·晒文创产品”获全市“最佳创意奖”，成功承办2020年线上中国国际智能产业博览会·智慧体育大会，全年来区游客2480万人次，实现旅游综合收入185亿元。大力发展线上经济、现代物流等新兴经济，重庆（万盛）内陆无水港建设全面启动，重庆保税港区进口商品授权分销中心建成投用，全区网络交易额增长16.6%。

（六）统筹城乡融合发展

大力发展食用菌等五大特色农业，东方希望生猪养殖循环产业、华绿珍稀食用菌工厂化种植及深加工等项目签约落地。农村人居环境整治三年行动任务顺利完成，硬化“四好农村路”160公里，农村无害化卫生厕所覆盖率达到90.2%、居全市第3位，美丽宜居、绿色示范村庄占比达56%。持续推进城市提升，城市综合管廊一期、东林农贸市场工程全面完成，完成29.5万平方米城市棚改房拆迁，城市建成区绿化覆盖率达到46.2%，人均公园绿地面积达到16.65平方米、居全市前列。抓好采煤沉陷区治理，累计完成A级、B级受损农房维修加固5056户75.31万平方米，C级、D级受损农房异地迁建3665户61.25万平方米，建成高标准农田3.7万亩，完成植被恢复1.6万亩、工矿废弃地和宅基地复垦600余亩。深入实施“大城三管”，全面推行“五长制”，“马路办公”整改问题7600余个，城市环境干净、整洁、有序受到广泛好评。

（七）全面深化改革开放

持续深化“放管服”改革，行政审批事项审批时限整体压缩率达79.3%，即办率提升至42.4%，企业开办时间压缩至0.5天，全程网办比例提升至76.8%，“一窗综办”“一件事一次办”改革工作落实到位，地区营商环境进一步优化。加快对外大通道建设，渝黔高速公路扩能项目万盛段完成总投资的95%，万正高速、涪柳铁路、渝贵高铁和重庆江南运输机场纳入全市规划。大力支持民营经济发展，建立区管领导“一对一”帮扶企业工作机制，领导干部每季度深入联系企业调研不少于1次，帮助民营企业解决问题865个，民营经济占规上工业总产值比重达70.1%。积极融入渝陕能源战略合作，重庆陕煤储运公司累计销售煤炭1220万吨、实现销售收入65.67亿元、纳税2.23亿元。深化与渝南黔北区域文化和旅游发展联盟成员单位交流合作，渝黔合作先行示范区建设积极推进。顺利完成全区机构优化配置，管理体制更加精简高效。

（八）持续用力改善民生

坚持以人民为中心的发展思想，推动20件民生实事落地见效。不断提升公共服务能力，学前三年教育毛入园率提高至92.1%，剥离49中学和进盛中学初中部成立溱州中学，开展集团化办学试点，高考本科上线人数和中考联招上线率实现连续6年“双增长”；“三甲”医院和全国健康促进区创建加快推进；建成社区养老服务站13个、片区养老中心3个。切实加强社会治理，深入推进依法治区，全区公共视频联网率、覆盖率均达100%，“七五”普法规划全面落实，村（社区）实现法律顾问全覆盖，群众安全感指数99.8%、居全市第1位，连续7年居全市前列。全力抓好安全生产，全区生产安全事故起数、死亡人数分别同比下降25%、17%，连续6年被评为“全市安全生产先进区县”。扎实做好防汛救灾工作，妥善处置地质灾害险情24处，紧急转移避险安置人口936人，有效保护人民群众生命财产安全。

二、2021年工作思路

2021年是中国共产党建党100周年，也是社会主义现代化建设新征程和“十四五”规划的起步之年。我们将继续深入学习贯彻党的十九大和十九届二中、三中、四中、五中全会精神，全面贯彻习近平总书记对重庆所作重要讲话和系列重要指示批示精神，认真落实市委五届八次、九次、十次全会精神，准确把握新发展阶段，深入践行新发展理念，积极融入新发展格局，切实担当新发展使命，确保地区生产总值增长7%左右。

（一）高质量构建现代产业体系

深入推进工业经济提质，确保完成工业投资增长15%、数字经济增长20%、规上工业总产值增长9%。全面加快体旅融合提效，全面完成板辽湖景区提档升级等配套项目，精心举办好“总裁绿道”万盛云端花海山地马拉松等重大赛会活动，全力冲刺国家级旅游度假区“金字招牌”，确保2021年全区接待游客量、旅游收入分别增长8%、7.7%。积极促进消费潜力释放，确保全区住餐营业额、批零销售额分别增长9%、10%，全区网络交易额增长15%。

（二）高品质打造山水活力名城

建好南向开放门户，积极融入成渝地区双城经济圈建设，大力推进綦万“三化”建设，全力打造綦江—万盛一体化发展先行示范区。加快城市品质提升，靓化美化“坡坎崖”区域，加快推进老旧小区改造，推进全区数字化城市管理全覆盖，确保2021年城市建成区生活垃圾分类示范街道比例达75%。加强生态保护修复，深入打好污染防治攻坚战，加快完成2021~2023年“一河一策”编制，全面推行“林长制”，完成中央及市环保督察反馈问题整改，确保城区空气质量优良天数保持在300天。

（三）高强度推进基础设施建设

全力打造“外联内畅”交通体系，积极争取万盛至重庆中心城区快速通道纳入全市“十四五”道路规划，将江南支线机场纳入《全国民用运输机场布局规划》，确保渝黔高速公路扩能等项目建成通车。着力完善“水电气讯”基础设施，确保板辽水库扩建工程、刘家河水库大坝工程分别完成总工程量的70%、50%，农村饮水安全问题动态清零，消除4G网络覆盖盲点，5G网络初步实现城区大面积覆盖。

（四）高层次扩大对外开放水平

精心搭建开放平台，全面推进新经济产业园建设，高起点规划打造重庆（万盛）内陆无水港，全力打造万盛经济发展的新引擎。全力抓好招商引资，紧盯新材料、新能源、智能制造、现代农业等重点行业，围绕高新技术、生命健康、新型服务业等重点领域，积极引进上下游企业及优质龙头企业。做优做强民营经济，高效落实国家、全市减税降费系列政策，更大力度为各类市场主体投资兴业解决发展难题。

（五）高水平释放改革创新活力

深化重点领域改革，纵深推进国企、财政、农村、教育等领域改革，有效激发社会活力及创造力。全面增强科技创新能力，把创新创造摆在全区发展更加突出位置，加快推进科技创新体制机制改革，确保全社会研发经费支出增长20%。不断优化地区营商环境，对标世界银行营商环境情况评价体系标准，着力打造市场化、法治化、国际化营商环境，助力企业更大程度融入全国统一大市场。

（六）高标准推动乡村全面振兴

打造美丽宜居乡村，持续改善农村人居环境，全面消除四类重点对象农村危房，确保绿水村市级乡村振兴示范村建成开园。壮大现代特色农业，加快推动农业“接二连三”，争创食用菌市级现代农业产业园，打造西部地区食用菌生产销售基地。巩固脱贫攻坚成果，落实“四个不摘”要求，完善防止返贫监测和帮扶机制，积极探索巩固拓展脱贫攻坚成果同乡村振兴有效衔接的实施路径。

（七）高起点谋划社会民生改善

慎终如始抓实抓细抓好常态化疫情防控各项工作，保障好群众的生命安全和身体健康。提升教育医疗等公共服务供给水平，全力保障重点群体就业创业，大力完善社会保险体系，满足多样化养老服务需求，努力让人民有更多获得感、幸福感和安全感。提升社会治理水平，扎实推进市域社会治理现代化试点，巩固扫黑除恶专项斗争成果，开展全民反诈专项行动，高标准高质量完成村（社区）“两委”换届。强化安全基础保障，扎实开展安全生产大排查大整治大执法，加强应急管理和防灾减灾救灾能力体系建设，为经济社会发展提供坚实安全保障。

（执笔人：周宇）

重庆经济技术开发区

重庆市经济技术开发区管理委员会

一、2020年发展回顾

2020年，面对突如其来的新冠肺炎疫情、复杂严峻的国际形势以及前所未有的经济下行压力，我们坚持以习近平新时代中国特色社会主义思想为指导，深入贯彻习近平总书记对重庆提出的营造良好政治生态，坚持“两点”定位、“两地”“两高”目标，发挥“三个作用”和推动成渝地区双城经济圈建设等重要指示要求，全面落实党中央部署，坚持从全局谋划一域、以一域服务全局，认真落实市委市政府、区委区政府部署要求，统筹推进疫情防控和经济社会发展，在一季度多项经济指标同比下滑的情况下，奋力推动各项工作换挡加速，实现扭负为正，保持良好发展势头，主要目标总体完成。全年地区生产总值达到400亿元，同比增长5.4%；规上工业总产值743亿元，同比增长0.7%；规上工业增加值同比增长5.6%；固定资产投资246.5亿元，同比增长11.3%，其中工业投资同比增长12.4%；一般公共预算收入12.7亿元，同比增长13.4%；区级税收收入12.31亿元，同比增长10.9%；实际利用外资预计10.87亿美元，同比增长48.9%；外贸进出口总额预计实现69.37亿元人民币。一年来，重点抓了以下工作。

（一）统筹抓好疫情防控和复工复产

一是全力战疫情。第一时间组建疫情防控工作领导小组，快速构建网格化防控责任体系，43个现场工作组拉网式摸排企业员工6万人，完善常态化疫情防控机制，实现“零感染、零确诊”。二是全力保复工。密集出台企业扶持政策，为企业减负7.55亿元。及时搭建“企业防疫物资互助平台”，组建“经开区战‘疫’法律服务团”，325名干部下沉一线，解决企业难题3000余件，仅用34天实现规上工业企业复产满产。

（二）聚力推动广阳岛智创生态城建设

一是加强组织领导。成立区委主要领导亲自挂帅的广阳岛智创生态城建设发展指挥部，下设办公室及7个专项工作组，确保各项工作有力推动。二是提速推进规划研究。发展战略、指标体系及五年行动计划形成中间成果，综合交通、产业发展等11项专项规划编制深入推进，完成城市设计国际方案评审并确定设计单位，获批全国“绿水青山就是金山银山”实践创新基地、国家绿色产业示范基地。三是融资工作实现突破。设立广阳岛投资公司，策划包装绿色发展示范项目，顺利获批国开行贷款授信260亿元、商业银行贷款授信83.5亿元、政府专项债40亿元，为片区建设提供了资金保障。四是征地征收有序实施。全面实施3.16万亩征地拆迁，同步推进河口场、东港码头等国有项目征收，长江生态文明干部学院、长江生态环境学院等项目顺利交地。五是项目推动步伐加快。策划三年内重大项目52个、总投资1000亿元以上。完成“一山一湖两河两路”等6个生态修复项目方案设计，骨架路网、工商大学茶园校区及2所中小学方案设计加快推进。

（三）持续推动主导产业发展

一是大数据智能化产业扩能提质。移动终端产业持续发力，手机出货量达2280万台，维沃研发生产基地二期项目顺利开工。飞象、根云平台入选全市工业互联网十大平台培育工程。中移物联网、中交通信、城投金卡日接收处理数据超13亿条。二是制造业质量效益稳步提升。美的制冷智能升级有序实施，全年产值达113.8亿元、同比增长13%。全市首台国产化计算机“天玥”在西计公司成功下线，“国千”智能制造项目梦马致新落地运营。齐信、神箭等60余项工业技改顺利推进，完成技改投资10亿元、同比增长12.4%。三是现代服务业实力增强。重庆软件园发展态势良好，狂热网络、华律网等优质项目入园运营。网易文创数字经济产业园、人人视频总部基地等数字文创项目以及去哪儿网“一带一路”总部等数字文旅项目成功落地。京东云新增电商企业100余家，电子商务加快发展。谊品生鲜加速扩张，线上提货点和线下门店分别达2500个、210家。

（四）大力推进科技创新

一是创新主体引进培育力度持续加大。重庆交大山区桥梁及隧道工程国家重点实验室、西部首个国家密码应用创新示范基地、国家双创示范基地成功获批，重庆航空产业研究会成功落户。新增国家级企业技术中心1个、高新技术企业27家，引进培育初创型企业50余家、创新创业领军人才8名。二是协同创新体系建设取得新进展。力合重庆创新中心落地运营，全市首个科技孵化产业技术创新联盟在区成立，重庆大学、重庆邮电大学两个成果转化分中心落地，环重邮创新生态圈加快建设，重邮华为鲲鹏学院、重邮大数据智能化产业技术协同创新研究院、重邮研究生院江南分院等三个学院项目有序推进。

（五）着力强化开放平台功能

一是合作共建持续深化。着力推进中新互联互通项目在区落地，成功引进新加坡科莱博隐形眼镜等项目。积极融入成渝地区双城经济圈建设，与成都经开区、广安经开区拟定合作项目20个。二是外资外贸迎难发力。用好重庆经开区跨境创新服务中心等平台，引进高盛中国贷款业务总部等优质外资项目。推动庆盛等存量企业增资、对外发债10.87亿美元。鼓励重点外贸企业增大进出口业务量，推动维沃外贸进口约26.4亿元，同比增长1倍以上。三是招商引资质量有力提升。签约项目34个、金额850.8亿元，其中世界500强企业及央企直接投资项目8个，投资超50亿元项目4个，引入行业龙头企业10余户。中化学生态环境总部、广联达生态城市数字产业基地等重大项目落地。

（六）切实提升城市综合承载能力

一是城市功能更加完善。重庆东站片区建设提速推进，铁路干线、骨架路网建设、土地整治储备等工作有序开展。迎龙湖湿地公园及周边概念规划方案完成征集。茶园大道改扩建工程等12条道路竣工通车。金科·博翠园等5个房地产项目完成建设66万平方米。二是城市环境有效改善。完成88个雨污混排点位整改，新增绿地47万平方米，修复道路3.77万平方米。强化苦竹溪等河道管护，河流水质持续向好。切实加强城市综合管理，有力整治城市“十乱”。对违章搭建多年、安全隐患严重的重锅能源、渝惠物流重拳整治，成功拆除违建4.7万平方米，彻底根除历史遗留顽疾。三是城市配套短板加快补齐。新增水电气讯管网 57.68 公里，光纤总里程数超过 16.15 万芯公里，新增公交线路 5 条，建成 5G 基站 180 个，长江工业园、美的工业园等片区 5G 信号基本实现全覆盖。

二、发展中存在的问题

当前，重庆经开区经济体量较小，科技支撑能力较弱，龙头性、引领性、带动性项目还比较少，创新创业氛围还不够浓厚，基础设施及公共服务配套存在短板，发展空间不足。对此，我们将高度重视，采取有力措施，切实加以解决。

三、2021 年发展思路

2021 年是“十四五”开局之年，是中国共产党成立 100 周年，是开启社会主义现代化建设新征程起步之年，做好 2021 年各项工作意义重大、至关重要。我们将全面贯彻落实党中央决策部署，把贯彻落实全国两会精神与学习贯彻习近平新时代中国特色社会主义思想、习近平总书记对重庆提出的重要指示要求结合起来，领会实质、联系实际、注重实干，更好地将总书记的殷殷嘱托全面落实落地。立足新发展阶段、贯彻新发展理念、构建新发展格局，因地制宜、扬长补短，把坚持生态优先、推动高质量发展、创造高品质生活部署落到实处。坚持稳中求进工作总基调，持续深化改革开放，统筹发展和安全，弘扬光荣传统和奋斗精神，走出符合经开区实际的高质量发展之路。2021 年经济发展的主要预期目标是：地区生产总值增长 8.5% 左右，规模以上工业增加值、服务业增加值、建筑业增加值分别增长 7%、8%、15% 左右；一般公共预算收入增长 10%，区级税收收入增长 10%；固定资产投资增长 10% 左右；实际利用外资 9 亿美元；外贸进出口总额 60 亿元人民币。重点抓好“推进高质量发展、创造高品质生活、强化高效率保障”三个方面工作。

（一）坚定推进高质量发展

坚定推进高质量发展。不断增强科技创新能力，强化校地院地合作，加快环重邮创新生态圈、重邮“三院”等项目建设。做强优势产业集群，推动美的制冷、美的通用三年倍增，加快根云、飞象等工业互联网平台与实体经济深度融合发展。发挥国家绿色产业示范基地作用，大力发展节能环保产业和绿色循环经济。推动广阳湾金融科技城建设，实现金融业错位发展。加快国家密码应用创新示范基地建设，打造国家级信息安全产业高地。高标准打造“重庆设计之都”，培育壮大工业设计、创意经济。着力招大引强，力争全年完成签约重大项目 20 个、金额 500 亿元。加快闲置土地、标准厂房优化盘活，抓好朝天门国际商贸城、迎龙医药城等存量载体转型升级。

（二）坚持创造高品质生活

加快广阳岛智创生态城城市设计，同步推进专项规划编制和控规优化深化，力争 5 月形成最终成果。推动国开行后续贷款，力争筹集资金 200 亿元以上。加快实施征地征收，全力保障项目建设用地需求。加速实施茶园大道、牛头山片区等生态修复及景观提升工程，全面启动通江新城 10 条道路及广阳湾城市综合体等标志性建筑建设。全力推进重庆东站片区及茶惠大道、通江立交等项目建设。推进观景口水厂一期、茶园污水处理厂三期扩建等重点项目，启动通江新城、广阳湾 4 所中小学建设，加快城市修补及坡坎崖绿化美化，着力提升城市品质。有序推广运用城市视觉导引系统，高标准筹办生态城发布会、广阳岛绿色发展论坛，对生态城进行高频次宣传推介，提升知晓度、美誉度、影响力。

（三）坚决强化高效率保障

坚持“外防输入、内防反弹”，慎始如终全力抓好常态化疫情防控。严格落实安全生产和生态环保“党政同责、一岗双责”，坚决遏制较大以上安全生产事故和重大环境污染事故发生。进一步完善分工合作的运行机制，健全更为高效的决策机制，不断深化两区融合，持续为经开区赋能减负。推动“放管服”改革向纵深发展，打造一流营商环境。深入实施国企改革三年行动，创新投融资模式，推动产业发展公司、产业投资基金高效运营，不断增强国企造血功能及参与市场竞争能力。

（执笔人：简伟晋、林陶然、吴令、冯旺）

两路寸滩保税港区

重庆市两路寸滩保税港区管理委员会

一、2020 年发展回顾

（一）对外开放综合实力更加凸显

2020 年实现进出口总额 1513.84 亿元、增长 21.9%，保持了连续 4 年高速增长态势，已超越深圳前海湾列全国 14 个保税港区的第 1 位，全国 160 个海关特殊监管区排名第 10。外商投资强度持续发力再创历史新高，实际利用外资 12.42 亿美元、增长 96.5%。海关总署 2020 年 12 月公布 2019 年度全国综合保税区发展绩效评估结果，重庆保税港区排全国海关特殊监管区中综合第 7、中西部地区（含东北三省）第 2(成都综保区第 1)。

（二）加工贸易高质量发展基础更加巩固

面对疫情的严重冲击，下好复工复产“先手棋”，在工业产值连续 3 年保持两位数高速增长和全年达产开工不足的情况下，稳住工业基本盘，实现工业增加值增长 9.1%，实现规上工业总产值 937.17 亿元、增长 1.1%。一是智能化改造进一步升级。智能终端企业投资 1.67 亿元实施智能化改造，平均生产效率较 2019 年提升 15%。二是产业链供应链进一步拓展。纬创研发中心启动运营，翊宝全球维修业务实现产值 1139 万美元、增长 7 倍；飞利达智能仓 +5G 自动驾驶配送智慧共享中心获评 2020 年重庆大数据智能化应用十佳案例。三是产品结构进一步优化。新引入生产苹果新款 11 寸平板电脑、电子笔等新品，非笔记本电脑产品产量占比达 58%。四是“恒业恒产”进一步巩固。旭硕完成 B02 厂房回购、自持厂房面积达 23 万平方米，3 家重点智能制造企业自持载体占生产性厂房的 74%。

（三）一般贸易创新发展态势更加强劲

一是总部贸易异军突起。助推一般贸易带动实现外贸进出口约 349.13 亿元、增长 200%。二是跨境电商快速增长。在中西部地区率先试点跨境电商“前店后仓 + 快速配送”新业务和建立跨境电商退货中心仓，开行跨境电商 B2B 出口首发专列，全年实现交易额 48.24 亿元、增长 28.9%。三是临空保税实现新突破。启动开展航空发动机检测和零部件维修业务，全年实现 250 批航材出入区，实现进出口货值约 1500 万美元。四是展示交易中心持续做大做优。累计签约入驻国家特色商品馆 28 个，经营进口商品种类达 5.5 万个；加快建设“中西部国际交往中心 · 一带一路之窗”、外事签证中心等项目。

（四）口岸物流辐射带动作用更加明显

一是口岸带动作用逐步增强。大力培育口岸经济，进口水果、进口肉类分别实现进口货值 3266 万美元、1985 万美元，分别增长 2.3 倍、1.9 倍。二是保税物流拉动进出口正向增长。及时达、飞力达等配套供应链物流企业带动实现进出口额约 318.9 亿元、增长 49.1%。三是国际物流产业集群逐步形成。加快推动新宜航空产业综合基地、宝湾智能制造供应链中心等项目建设，全年完成建安和技改投资 11 亿元、增长 1 倍。

（五）城市发展环境更加完善

一是编制产业及专项规划绘制发展蓝图。坚持世界眼光、国际标准、重庆特色，委托知名咨询机构、设计机构和国际团队，研究制定保税港区国际消费集聚区产业规划发展方案、“丝路花街”设计方案以及招商、宣传活动等方案。二是“一带一路”商务中心招商发力。充分利用“一带一路”商务中心现有商业、办公载体资源面积约 17 万平方米，积极洽谈国际教育培训、国际酒店餐饮等企业及区域中心项目。三是京东超级体验店经营良好。在港区注册成立运营公司，发挥“三个融合”发展模式优势，全年实现销售额超 7 亿元。四是中国摩娱乐综合体稳步推进。努力克服疫情对结构件生产制造带来的不利影响以及进口设备受阻、资金压力较大等困难，完成主体结构施工进度约 95%，24 套室内大型游乐设备已进场 15 套，招商洽谈国际国内知名品牌总数 288 个。五是基础设施和公共服务设施建设步伐加快。完成基础设施建设投资 9 亿元，积极推动 9 所学校建设及前期工作。

（六）全力保障区域运行更加安全稳定

一是常态化抓好疫情防控。建立水空两港指挥工作机制，全面开展“四查”，确保全覆盖无死角，实施园区、厂区、生活配套区智慧化精准管理，确保港区近 8 万员工未发生一例确诊病例和疑似病例。二是建立协同联动联防机制。协同两江新区、渝北区、江北区等属地执法部门，加强对食品、治安、消防以及城市管理、医疗卫生服务等领域管控，优化完善驻区单位服务保障机制。三是开展安全稳定隐患大排查大整治。聚焦重点领域、薄弱环节、责任落实、问题整改，开展常态化安全隐患排查和百日安全大排查大整治行动，按“红橙黄蓝”四个等级进行挂牌督办，确保全年未发生一起重特大安全责任事故。

二、2021 年发展思路

2021 年是实施“十四五”规划、开启全面建设社会主义现代化国家新征程的第一年，也是中国共产党成立 100 周年。保税港区将全面贯彻党的十九大和十九届二中、三中、四中、五中全会精神及中央、市委经济工作会议精神，增强“四个意识”、坚定“四个自信”，做到“两个维护”，进一步落实习近平总书记对重庆提出的营造良好政治生态，坚持“两点”定位、“两地”“两高”目标、发挥“三个作用”和推动成渝地区双城经济圈建设等重要指示要求，准确把握新发展阶段，深入践行新发展理念，积极融入新发展格局，切实担当新发展使命，坚持稳中求进工作总基调，以推动高质量发展为主题，以深化供给侧结构性改革为主线，以改革创新为根本动力，以满足人民日益增长的美好生活需要为根本目的，坚持系统观念，巩固拓展疫情防控和经济社会发展，更好统筹发展和安全，围绕保税港区核心职能职责和功能定位，积极融入“一带一路”、双城经济圈国家战略，在助推重庆内陆开放高地建设和两江新区“智慧之城、开放门户”建设中开好局、起好步。重点在“五个着力”上下功夫，体现新担当、新作为，持续推动港区高水平开放、高质量发展。

（一）着力推动“保税 + 智能制造”形成新能级

一是打造创新链。将围绕产业链打造创新链，继续支持纬创、旭硕研发中心做大做强，推动仁宝尽快设立新产品研发设计中心。在支持翊宝夯实苹果穿戴产品全球维修业务的同时，力争创新突破“X形”维修模式；利用“5G+工业互联网”技术，加快推进飞利达智慧物流共享中心建设，创新实现物流与生产的智能化融合发展。推动职业教育与人力资源配置的融合创新，把职业学院建在工厂门口，有针对性地开展教育培训和人力资源储备，降低企业的招工用工成本。二是提升价值链。以大数据智能化为引领，推动智能终端企业新增1亿元技改资金投入，力争新增2~3个市级数字化车间，整体自动化率提升15%，生产效率提升10%，不断增强区内骨干企业的竞争新优势。积极融入双循环新发展格局，争取引入联想等项目开展委内加工，实现生产、销售、结算一体化发展模式。三是壮大产业链。继续提升存量企业的产能规模，积极争取戴尔、苹果、宏碁、华硕等新品牌、新项目、新产品在港区放量生产。千方百计招大引强，力争新引入世界500强企业落户港区，全年招商引资130亿元以上、实际利用外资8亿美元以上。按网内网外一体推进的发展思路，尽快在网外布局一批优质企业。通过以上努力，争取全年规上工业总产值突破1000亿元，带动外贸进出口总额900亿元。

（二）着力推动“保税＋一般贸易”形成新动能

一是大力发展“保税＋展示交易”。做特做优“一带一路”商品展示交易中心。二是大力发展“保税＋跨境电商”。联合中免集团推动“免税转保税＋跨境电商”进口模式，打造国内有影响力的跨境电商示范园区，力争年交易额达60亿元。三是大力发展“保税＋总部贸易”。推动小传、托克、自贸云等存量项目和厦门建发等新增项目持续放量，打造双向开放的区域性进出口贸易聚集区。四是大力发展“保税＋临空产业”。壮大航材保税及航空维修产业。力争全年一般贸易带动实现进出口额400亿元以上。

（三）着力推动“保税＋口岸物流”形成新格局

一是发挥口岸功能作用。利用重庆“多式联运”节点和内陆国际物流大枢纽的支点优势，全力推动区内智能终端产品和进出口贸易货物畅达全球。二是做大做优物流平台。大力发展智慧物流、冷链物流、电商物流等现代物流业态，重点推动智慧冷链食品仓储加工中心项目、万科智能物流产业园项目、供销农产品冷链集配中心项目落地，网内网外联动，做大物流产业规模，提升集散能力。力争全年保税物流带动进出口额350亿元以上。

（四）着力提升城市品质形成新亮点

一是打造国际消费集聚区。在水港，坚持世界眼光、国际标准、重庆特色，积极打造“一街五中心”，加快推进“丝路花街”建设，力争2021年“开街”眼前一亮；集成中国传统文化产品、非遗产品、地理标志产品等，推动国货精品出口推广中心落地运营；加快“一带一路”商务中心业态布局，积极吸引国际企业、区域总部、协会组织等入驻；与市外办共同打造中西部国际交往中心。在空港，力争中国摩娱乐综合体项目竣工投入运营，打造具有国际水准的空港文旅新城。二是提速基础及公共服务设施建设。投资12.6亿元，有序推进33个项目前期工作，加快推进28个新开工及续建项目，加快市政道路、教育卫生、园林绿化等基础设施和公共服务设施建设，打通断头路，畅通“微循环”，重点建设空港东向通道，与渝邻高速公路连接。三是打造智慧港区。推动“一个系统”全面整合港区数据、“一个平台”实现数据开放融合、“一个中心”全景展示港区形象，加快建设智慧港区综合指挥中心，推动城市管理“可视、可控、可管”，打造智慧治理和区域发展深度融合的新型智慧城市先行区。

双桥经济技术开发区

重庆市双桥经济技术开发区管理委员会

一、2020年发展回顾

2020年，双桥经开区坚持以习近平新时代中国特色社会主义思想为指导，认真贯彻党中央决策部署和市委市政府、大足区委区政府工作要求，紧扣大足区“4433”总体发展思路，真干实干快干，奋力夺取疫情防控和经济社会发展“双胜利”。全年实现规上工业总产值324.9亿元、增长12.8%；工业投资51.3亿元、增长6%，其中技改投资32.2亿元，占比63%；工业税收6.1亿元；进出口总额2.3亿美元；规上工业企业106家，产值10亿元企业达10家，全市“双百”企业达到10家。

（一）坚持统筹兼顾，大战大考激发新潜能

深入贯彻习近平总书记关于统筹疫情防控和经济社会发展的重要讲话和指示批示精神，全面落实中央和市、区部署要求，坚持人民至上、生命至上，抓紧抓实抓细疫情防控、复工复产复市，帮助企业解决用工2000余人，兑付资金超过1亿元，降低成本8000余万元，帮助59家企业获批信贷4.8亿元，为26家企业供地1576.8亩。规上工业总产值增速从4月起“由负转正”，圆满完成2020年各项目标任务。

（二）坚持工业强区，特色产业实现新增长

始终把做强工业作为加快发展的核心任务，持续构建和完善汽摩、静脉、电子信息和现代物流“3+1”特色产业体系。汽摩产业：实现规上工业产值136.2亿元，集聚汽车及零部件生产企业200余户，一级配套企业30余家，整车产能2.7万辆。静脉产业：实现规上工业产值92.7亿元，形成以足航、春兴、中天等10余家企业为代表的静脉产业集群，成为全市门类最齐全、链条最完整的静脉产业基地。电子信息产业：实现规上工业产值62.1亿元，巨腾等7家笔电配套企业产能稳步释放，生产笔记本机壳4805.7万套（片），盛泰光电摄像头产能达3亿颗，在全球CCM行业模组市场排名第5。以大足国际商贸物流园为主的现代物流产业加速崛起。工业对经济的贡献率超过70%。

（三）坚持补链成群，招商引资取得新突破

始终把招商引资作为推动发展的重要任务。管委会班子成员挂帅组建专业招商组，围绕重点区域、重点产业，瞄准关键领域，抢抓疫情后经济恢复、成渝地区双城经济圈建设等机遇，创新方式、整合资源、主动出击、精准招商、以商招商，签约项目投资金额和质量创历史新高。引进项目49个（其中亿元以上项目45个、5亿元以上项目15个），协议资金超300亿元。特别是围绕光电产业补链、强链，引进达汉等一批配套项目，推动产业链向深度和广度延伸。

（四）坚持项目为王，经济发展释放新动能

深入推行联系重点项目责任制和“一个项

目、一套班子、一抓到底”工作机制，深化“一站式”审批，实行“保姆式”服务，推动项目快速落地建成。推进重点项目93个，完成投资84亿元，投产投用68个。加快推进中国汽研汽车综合性能试验道二期等项目前期工作；开工建设佳禾光电等11个项目，启动盛泰光电产业园8万平方米厂房装修，推动凯瑞特种车、军通汽车等企业提质扩能上量，正威集团大足新材料产业园（一期）年产10万吨精密铜线项目投产，总投资10亿元的威立雅环境资源服务中心项目（一期）计划于2021年5月投产。包装策划项目约100个，纳入中央预算和地方债券支持项目储备库，涉及资金超过110亿元。已获得中央资金支持项目2个、3465万元，获得地方专项债券资金支持项目5个、到位3700万元。

（五）坚持守正创新，改革发展迈出新步伐

始终把改革创新作为引领发展的重要举措，持续增强市场主体活力和经济发展内生动力。营商环境持续优化，深入推进“放管服”改革，推广“全渝通办”等平台，优化整合审批服务事项32个，许可事项承诺时限压缩比83.2%。科创能力持续增强，R&D达到1.95%，新增高新技术企业17家、科技型企业40余家；24家企业实施智能化改造、22家企业建立研发平台。创新投融资方式，深化拓展企业债、私募债、PPP、股权基金等融资渠道，开投集团资产总额突破460亿元、负债率控制在40%以下。

（六）坚持人民至上，民生福祉达到新水平

始终把保障和改善民生作为根本出发点，持续提升人民群众的获得感、幸福感、安全感。城市更美更宜居，建成区面积达19.5平方公里，绿化覆盖率达40.1%，人均绿地面积16.5平方米；“海绵城市”“智慧城市”建设成效明显，数字化城管系统城区覆盖率达77%；新增绿地3400亩，打造城市花海370亩；建设改造雨污管网7.6公里；改造老旧小区3个，惠及群众6000余人。太平河出境断面水质达Ⅲ类，全年空气优良天数达304天，牢牢守住不新增隐性债务的“红线”和不发生系统性债务风险的“底线”，扎实推进安全生产专项整治三年行动，积极预防、妥善化解各类社会矛盾，社会大局和谐稳定。职业教育蓬勃发展，在校生人数近2万人。

二、发展中存在的问题

一是经济总量不够大，知名龙头企业不够多；二是产业集聚度不够高；三是科技创新能力不够强；四是营商环境不够优，少数干部能力作风不够硬等。我们将切实增强责任感、紧迫感、使命感，努力补短板强弱项，在危机中育先机、于变局中开新局。

三、2021年发展思路

2021年，经开区将坚持以习近平新时代中国特色社会主义思想为指导，深入贯彻落实党的十九届五中全会、市委五届九次全会和大足区委二届十次全会精神，准确把握新发展阶段，深入践行新发展理念，积极融入新发展格局，紧紧围绕全区“4433”总体发展思路，抢抓机遇、真抓实干，勇做大足区协同发展的排头兵、工业强区的引领者、工业经济的压舱石，加快建设“千亿工业、美丽双桥”，以优异成绩庆祝建党100周年。

2021年的主要预期目标为：地区生产总值增长10%以上，规上工业总产值增长20%、增加值增长10%，固定资产投资增长22%，一般公共预算收入增长40%，社会消费品零售总额增长

6%，产业发展水平不断提高。将重点抓好以下几个方面工作。

（一）全力强化科技创新，释放新发展动能

壮大创新主体。深入实施规模工业企业研发机构倍增计划和科技型企业成长工程，力争R&D达2.3%，新增科创平台2个、新型研发机构1家、高新技术企业15家、科技型企业80家、有效发明专利30个。推动产业升级。融入成渝轴线智能制造联盟。狠抓企业“上市、上规、上云”，推动盛泰、佳禾、重汽专用车、中天等企业上市，新增规上企业30户、企业上云18户。推动60家企业“机器换人”、建设智能产线30条、新增数字化车间5个，推动5G、物联网等与实体经济融合发展。

（二）全力抓好招大引强，打造新发展引擎

力争协议引资350亿元以上，开工率达70%。突出招商重点。实施“链长”招商、驻外招商、平台招商、资本招商，通过“大项目带小项目、整装带配套、下游带上游”，引进一批投资大、技术新、效益好、带动强的项目。增强招商实效。坚持高质量发展要求，坚持“亩产论英雄”，坚决从过分依赖土地资源、过多消耗环境容量的传统路径中“走出来”，进一步提升招商引资的质量和效益。健全重大项目“一站式”服务机制，提升要素保障水平，提高招商项目落地率，让项目招得来、落得下，努力推动项目早签约、早开工、早投产。加大开放力度。树牢一盘棋思想和一体化发展理念，引导企业融入全球产业链、供应链、贸易链，力争利用外资6500万美元以上，进出口贸易额2.4亿美元以上。

（三）全力壮大主导产业，筑牢新发展底盘

优化产业发展规划。完成龙水湖片区职业教育基地和文旅康养小镇、静脉产业园、大足国际商贸物流园等产业发展规划。擦亮特色产业品牌。加快中汽研智能网联汽车试验基地（二期）等项目建设，引进专用车企业，力争完成年产7万辆专用车产业布局；共建成渝地区静脉产业联盟，推动德能等项目产能释放，加快威立雅等项目建设，引进海螺集团等世界500强企业；加快正威新材料产业园（二期）、达汉等电子信息产业项目建设；加快大足国际商贸物流园、渝西储配煤基地建设，打造区域物流集散枢纽中心。加强优势企业培育。扶持10~20家发展前景好的重点企业，培育100亿元级规模企业，新增规上工业企业10家、“专精特新”企业3家，加快形成400亿元级汽摩、300亿元级静脉、200亿元级电子信息产业集群。

（四）全力攻坚项目建设，夯实新发展基础

全年计划推进重点项目98个，年度投资计划102.8亿元，其中工业项目31个。加快推进签约项目建设。加快环保产业园深加工、10万吨废轮胎综合利用及深加工等30余个项目建设，完成投资84亿元。建成5G产品生产研发及机器人零配件加工、年产120万平方米线路板等“两新一重”项目。推动春兴再生资源等项目投产达效。强化项目策划包装。储备一批成长性好的项目，力争纳入国家、市项目盘子。特别是对重汽博物馆、九曲花溪园博园、大足国际商贸物流园、太平河流域综合治理等项目，努力争取上级尽快下达资金计划。抓好项目服务。做深做实做细前期工作，开辟绿色审批通道，提高服务效率。坚持项目联系领导周调研月调度、党工委每季度研究机制，确保项目有力有效推进。

（五）全力优化营商环境，激发新发展活力

全面落实惠企政策。认真落实中央、市、区

惠企政策，优化涉企政策，运用“小微担”“银政通”“实体企业信用贷”等方式，破解企业发展瓶颈。持续提升政务服务。打造市场化、法治化、国际化营商环境，投用优化营商环境办事大厅，落实首接首问、全程代办，开展“减证便民”行动，全面推行证明事项告知承诺制。构建“亲”“清”新型政商关系。开展集中走访精准服务民营企业活动，弘扬企业家精神，打造一支有信念、有实力、有信誉、有情怀的企业家队伍。

（六）全力提升城市品质，优化新发展环境

加快基础设施建设。加快推进高校周边和中小企业园等区域路网建设。完成2000亩土地整治。加快麗枫酒店、方形广场建设，加大财富中心、万和天地商圈招商力度，发展平台经济、共享经济、夜间经济等新业态。扎实抓好城市提升项目。实施城区排水管网建设改造，建成双路水厂三期、邮亭LNG储备调峰加气站等项目，升级改造供水、供电、供气设施。完成企业服务中心装修，新建标准厂房、中汽大足试验基地配套公寓、电子信息产业园职工宿舍等保障性工程项目。提升城市治理水平。坚持“细管、智管、众管”，加快海绵城市、智慧城市建设。巩固国家卫生区创建成果，推进城区生活垃圾分类，让城市管理更精细、更智能、更有温度。彰显车城文化魅力。加快建设龙水湖国际艺术区（培训基地）等项目，挖掘巴岳山、龙水湖文旅资源。建成重汽博物馆，谋划川汽厂三线建设遗址公园项目，力争成功申报第五批国家工业遗产，弘扬“三线精神”“重汽文化”，重塑重汽传统文化魅力。

（七）全力做好民生实事，彰显新发展本色

毫不放松抓好疫情防控工作。全力建好民生工程。完成老旧小区改造21.2万平方米以上；开工建设双桥实验幼儿园新校区、室内网球馆、环龙水湖步道等工程；争取开工建设九曲花溪市级园博园。深入推进三大攻坚战。巩固深化脱贫攻坚成果；积极防范经济、金融等领域风险，优化国企投融资路径，降低融资成本、控制债务规模；加大“烂尾楼”处置力度，扎实推动安全生产专项整治三年行动计划；开展噪声污染综合整治，加快实施太平河水环境治理修复、大气降温除尘系统建设（二期）等工程，确保太平河水质稳定达标、全年空气优良天数达300天以上。

（执笔人：张鹏）

万州经济技术开发区

重庆市万州经济技术开发区管理委员会

一、2020年发展回顾

过去一年，面对新冠肺炎疫情冲击和复杂严峻的国内外形势，万州经开区深学笃用习近平新时代中国特色社会主义思想，全面贯彻党的十九大和十九届二中、三中、四中、五中全会精神，认真落实党中央、国务院决策部署，市委、市政府工作要求和区委、区政府工作安排，坚持稳中求进工作总基调，立足新发展阶段、贯彻新发展理念、融入新发展格局，扎实做好“六稳”工作、落实“六保”任务，践行“一心六型”两化路径，着力战疫情、战复工、战洪水，共克时艰、担当作为，各项工作在逆境中取得新的成效。

（一）疫情防控

2020年，万州经开区派驻80余名“一对一”驻厂专员，帮助企业采购口罩70万个、体温枪200多支、办理通行证500余份。协调开通应急公交专线14条、公交车39辆。协调支持龙翼生物、中邦科技转产防疫物资。设立产业发展专项资金1亿元。争取各级扶企惠企政策资金10亿元、协调企业贷款2.7亿元、解决用工10000余人、兑现复工复产稳岗补贴158万元、汽车促销稳产补贴365万元。安排入园企业奖扶资金4.6亿元，落实减税降费2.4亿元以上。“四上”企业4月全部复工复产，规上工业产值增速半年由负转正，入园企业和在建项目保持“零感染”。

（二）经济发展

2020年，万州经开区规上工业产值增长6.2%、达到260.5亿元，占全区的比重达到78.4%。绿色照明、智能装备、食品医药、汽车、新材料五大重点产业产值占比达到77.8%。规上工业增加值增长6%、达到68亿元。规上工业企业实现利润18亿元。完成地区生产总值180亿元。完成固定资产投资30.7亿元、增长66.5%，其中工业投资23.8亿元、增长72.8%。完成一般公共预算收入13.5亿元、增长33.3%，其中税收收入10.8亿元、增长29.9%、占全区的比重达到28%。完成服务业营销收入600亿元。实际利用外资1.23亿美元，占全区的比重达到96%。进出口总额32.5亿元、增长13倍。新增入园企业36家、达到360家，其中新增规上工业企业17家、达到81家，新增高新技术企业5家、达到30家，新增战略性新兴企业3家、达到22家，新增科技型企业12家、达到72家，市级企业技术中心达到13个。13家企业实施技改扩能，24家企业实施数字车间、机器换人等智能自动化改造，建成数字车间2个、智能工厂1个。规上工业企业研究与试验发展（R&D）经费支出占主营业务收入达到1.8%。年度申请发明专利47个。

（三）招商引资

2020年，万州经开区强力推进万州综合保税区、重庆市照明电气特色产业园、渝东表面处理中心、万州科创中心四大平台建设，并与上海中产集团、广东照明电气协会达成合作，探索平台招商、中介招商、专业招商新路。全年新签约项目54个，协议总投资156.3亿元、到位资金30亿元。其中，协议投资1亿~10亿元项目25个，10亿元及以上项目2个。川渝地区重要的现代化新材料产业园项目加紧跟进。扎实开展“合同全面兑现行动”，加力加压跟踪推进13个产业项目建设。竣工投产维都利锂离子电池、康力优蓝服务机器人等项目48个，正在建设象征科技手机、笔电消费电子玻璃盖板等项目39个。其中，塔雷斯高端自动化计量装备产销一体化运营基地、千能车架铆接总装线等15个项目实现“当年签约、当年开工、当年投产”。

（四）开发建设

2020年，万州经开区新增建成区面积1平方公里、达到25.5平方公里。新增绿化35万平方米，建成市政道路8.6公里、管网22公里。实施场平整治0.8平方公里。竣工标准厂房23万平方米。实施云熙台、星光上院、科友星城等房地产开发项目6个，在建面积71.69万平方米，竣工面积21.58万平方米。建成或在建公交车站点39个，开通公交线路9条。调整城镇建设用地2800亩。完成征地报批2560亩、征地拆迁1568亩、土地供应4455亩。扎实开展“土地高效利用行动”，督促限期开工7宗220亩土地，协议收回、收购7宗1050亩土地。现结存已征土地3.6万亩，其中工业用地0.8万亩、商住用地0.5万亩、市政基础设施和公共服务设施用地2.3万亩。完成（开展）12个控规局部修改论证。完成重庆全域肿瘤医院质子中心、湘渝盐化煤气化节能技术升级改造等48个项目设计方案审查。83个市政基础设施和公共服务设施项目建设有序推进，其中竣工27个、开工25个、续建8个、储备23个。

（五）风险防控

2020年，万州经开区全年筹措资金196.43亿元，其中财政性资金39.7亿元。经开（集团）公司外部评级达到AA+，资金链条稳固，负债水平合理，债务风险可控。入园企业人防、物防、技防等本质安全水平不断提升，连续63个月未发生较大及以上生产安全事故。推进园区规划环境影响跟踪评价工作，环评及“三同时”执行率达100%，加强对排污企业的监测和监管，实现全收集、全处理，未发生较大及以上环境污染事故。排查化解处置入园企业、工程建设、征地拆迁等领域矛盾纠纷，未发生到市进京非正常上访、到区大规模集访和极端恶性事件。

（六）深化改革

2020年，万州经开区纵深推进改革事项，大力实施社会投资小型低风险建设项目审批服务改革。委托专业机构管护已征存量土地。经开区售电公司业务扩大到38家，为企业节约电费1200万元。完成3家国有企业公务用车改革，处置转让公务用车108辆。金龙集团股权多元化改革取得实质进展，公司治理结构进一步优化。启动智慧园区建设。积极推进与南京江宁经开区东西部协作。

二、发展中存在的问题

同时，发展中仍然还存在一些突出问题和短板。一是产业能级总体不高。部分企业缺乏核心竞争力，生产经营较为困难；支撑发展的大项目、好项目不多，工业经济总量不大、质量不高。二是融资压力日益增大。收入少、支出大，自身造血能力不足，在减税降费、融资趋紧的大背景下，保障开发建设、兑现优惠政策、偿还到期债务等资金压力日益增大。三是营商环境仍有差距。产业链、供应链不够健全，物流、用电等要素成本较高，基础设施、公共服务仍有短板，改革创新动能不足，部分工作人员素质与高质量发展要求还有差距。

三、2021 年发展思路

2021 年，万州经开区的预期目标是完成规上工业产值 290 亿元、增长 10% 以上；规上工业增加值 75 亿元、增长 10% 以上；地区生产总值 200 亿元、增长 10% 以上；固定资产投资 64 亿元、同比翻番；一般公共预算收入 14.9 亿元、增长 10% 以上，其中税收收入 12 亿元、增长 10% 以上；招商项目协议投资 150 亿元以上、到位资金 30 亿元以上，其中协议资金 10 亿元以上项目 3 个。

（一）致力规模质量效益，切实抓好产业发展

一是抓培育升规升巨。加快中小微企业成长提升，盘大盘强龙头骨干企业，促成金龙集团混合所有制改革，扩大长安跨越整车制造规模，有序推进威科赛乐等优质企业上市。二是抓创新降本增效。加大工业有效投资力度，持续推进工业企业实施技改扩能、智能化改造。积极引导企业加强创新能力建设，加快推动企业与高校、科研院所、金融机构建立产学研合作机制，支持联合实施重大技术开发和成果转化。三是抓落地开工竣工。加快推进签约落地项目开工前期工作及在建项目建设进度，力争开工建设 20 个、竣工投产 20 个。推动新材料产业园前期工作，力争取得重大进展。

（二）致力产值税收就业，切实抓好招商引资

一是抓产业链招商。围绕五大重点产业，立足“垂直整合、平行扎堆”，针对性引进原材料、零部件、包装、设计、研发、销售等上下游产业链项目，打造产业集群。二是抓平台招商。充分利用综合保税区、照明电气产业园、渝东表面处理中心、万州科技创新中心等平台优势，围绕绿色照明、智能装备等产业关键节点，完善产业配套体系，做大做强产业规模。三是抓中介招商。与上海中产集团、广东照明电气协会、广东省重庆万州商会等保持紧密合作，充分发挥专业团队和行业协会商会作用，力争在专业招商上实现新的突破。四是抓精准招商。坚持注重产业技术含量、项目带动力量、企业就业容量、财政税收增量和环境保护质量，更加突出招引大项目、好项目。持续开展“合同全面兑现行动”，让合同约定转化为现实生产力。

（三）致力宜居宜业宜创，切实抓好开发建设

一是抓规划建设管理。坚持一手抓建成区完形填空、改造提升，一手抓拓展区挖潜扩容、提档升级，立足“前港后园”挖潜新田园用地，加快拉开高峰园格局，清理盘活天子园土地及厂房，完善五桥园配套功能，抓好各园区绿化、亮化、美化等节点改造。二是抓土地利用保障。加大农用地转用和征收报批力度，力争全年取得征转批复 3000 亩。完成新田园粮油仓储物流及其配套加工、综合保税区二期、万利片区整体开发等项目征地拆迁 4000 亩。完成九龙万博特铝新材料和热电中心项目、中储粮粮食仓储物流项目等土地供应 2000 亩。持续实施“土地高效利用行动”，完成土地处置 1000 亩，降低闲置率、低效率，实现精明增长。

（四）致力重点难点关键，切实抓好风险防控

一是抓资金融通管理。坚持落实财政增收和过紧日子“双十条”措施，强化税收管理，积极争取各级专项资金和政府债券资金，加强资金使用绩效监督。加快投融资主体建设，提高融资能力，强化债务管控，优化债务结构。二是抓安全生产和社会稳定。突出危化、消防、建筑施工、工贸企业等重点领域，扎实推进安全生产专项整治三年行动，持续深化安全生产大排查大整治行动，严防较大及以上生产安全事故。三是抓生态环境保护。持续抓好规划环评和项目环评工作。以循环化改造示范试点园区为依托，在不同产业、企业之间建立循环经济生态链，打造现代产业生态体系。加快补齐污水收集和处理设施短板，督促建设业主严格落实“三同时”，严防环境污染事故发生。

（五）致力忠诚干净担当，切实抓好自身建设

严格落实全面从严党要求，始终在思想上政治上行动上同以习近平同志为核心的党中央保持高度一致，深学笃用习近平新时代中国特色社会主义思想，切实增强“四个意识”、坚定“四个自信”、做到“两个维护”，不断增强政治判断力、政治领悟力、政治执行力。加强党风廉政建设和反腐败工作，聚焦工程招投标及采购、工程建设、招商引资、征地拆迁、资金管理等重点领域，一体推进不敢腐、不能腐、不想腐。严格落实中央八项规定精神，大力纠治“四风”，力戒形式主义、官僚主义。加强干部队伍建设，强化思想淬炼、政治历练、实践锻炼、专业训练，提高干部执行力和落实力。秉持亲清政商关系，用心用情用力帮助企业排忧解难，努力营造市场化、法治化、国际化的营商环境。

（执笔人：冉崇敬）

永川高新技术产业开发区

重庆市永川高新技术产业开发区管理委员会

一、2020年发展回顾

2020年，永川高新区党工委、管委会在市委市政府、区委区政府的坚强领导下，坚持以习近平新时代中国特色社会主义思想为指导，深学笃用党的十九大和十九届二中、三中、四中、五中全会精神，紧扣成渝地区双城经济圈建设、重庆“一区两群”重大战略部署和永川“一二三”发展思路，统筹推进疫情防控和经济社会发展，取得了良好效果。

（一）坚持生命至上，坚决阻断新冠肺炎疫情传播

一是勇挑重担。克服单位刚刚成立，人员不齐等不利因素，牵头负责全区企业学校疫情防控和复工复产、复学复课工作。组建1495个“包企专班”、5个企业复工复产督查组，深入园区、企业、学校开展对口帮扶，严格落实四方责任，千方百计阻断病毒传播，成效明显，荣获市委、市政府先进集体表彰。二是科学防疫。制发“企业指导服务内容”“学校应急预案”“开学工作方案”等。明确企业复工复产“五必须”，指导企业做好物资储备、员工管理等重点工作。认真落实做好“停课不停学”，提前储备专用于学校的口罩236万余个、体温枪9000余只，保障师生使用。严格落实“日报告”“零报告”制度，精准摸排44万余名复学师生健康情况。圆满完成2020年普通高校专升本考试等重大活动。全区企业、学校未出现1例新冠肺炎疫情。三是精准服务。推动组建16个由区领导任组长的指导服务组，指导服务企业1235家次，解决企业困难800余件次。举办“春风行动”网络有奖招聘活动，帮助4437人成功上岗。妥善解决企业融资贷款、交通运输和产业链等方面困难，高新区236家“四上”企业3月便已全部复工。组建区领导任组长的23个指导服务组，对学校开学复课进行指导服务，举办为期10天的“找的就是你”2020年永川大中专毕业生就业双选会，帮助4847名毕业生找到满意的工作。

（二）抢抓重大机遇，深度融入成渝地区双城经济圈建设

一是争取政策试点。多次赴市发改委等部门争取支持，《成渝地区双城经济圈建设规划纲要》赋予永川建设现代制造业基地、西部职教基地的功能定位。成功创建重庆国家人工智能试验区，推动“西部自动驾驶开放测试基地”成功入选重庆国家新一代人工智能创新发展试验区“十大应用场景”。获批科技部、财政部“百城百园”项目，向上争取资金100万元。二是共建战略联盟。发起成立重庆市高新技术产业开发区协同创新战略联盟。截至目前，联盟共有高新技术企业近1200家，实现生产总值近万亿元。发起成立成渝地区双城经济圈创新创业联盟并担任常务副理事长单位。签署《“泸内荣永”国家高新区产业联盟合作协议》，协力共建“立足成渝、辐射

西部、服务国内、影响全球”的国家高新区产业联盟。三是推动职教融合。完成《打造成渝地区双城经济圈川渝合作示范区职业教育中心对策研究》调研报告。重庆文理学院与四川大学协同开展科技研发，获得省部级、行业协会科技奖3项。成立成渝地区双城经济圈创新创业联盟等合作平台10个，建成成渝地区双城经济圈水利水电智能化公共实训基地等与产业密切相关的实训基地10个。重庆水电职院、重庆城市职院、重庆科创学院等院校与多家四川企业达成合作意向。

（三）着眼增量提质，西部职教基地发展质效有效提升

一是强力推进。西部职教基地被写入《成渝地区双城经济圈规划纲要》。教育部高度肯定永川“产城职创”融合发展新模式，西部职教基地建设即将被写入教育部、市政府共建文件。市教委明确将西部职教基地纳入全市教育事业“十四五”规划，并建立季度例会制度。高新区与中国职教学会签订战略合作协议，会长鲁昕受聘为西部职教基地首席顾问。区委“十四五”规划和二〇三五年远景目标建议将西部职教基地作为重要内容。区委、区政府主要领导多次调研西部职教基地建设。成立由区长任组长的工作专班。进一步明确高新区牵头职教服务工作，永川高新区职教产业发展促进局作用得到充分发挥，成功设立职业教育发展促进中心。明确发展理念、目标定位、空间布局、建设规模等，启动规划编制工作，已形成初稿。二是量质并举。组织区级部门、院校、科研院所、高新技术企业到重庆大学举办永川区高质量发展研修班，增强产业发展、科技创新、职业教育等方面素质和能力。发挥政策引领作用，兑现“职教24条”政策奖补资金8.8亿元，解决院校各类困难问题42件。重庆智能工程学院暨华为（永川）联合技术创新中心一年建成投用，华绣中等专业学校签约到投用仅用时半年，在永院校达17所。加强院校招生指导，职教学生净增1万人，达到14.4万人。推动区政府与西南大学签订战略合作协议。重庆文理学院申硕通过市教委审核报送教育部审定，重庆大学城市科技学院成功转设。举办第六届职教活动周、首届大中专院校教职工篮球赛等大型活动，建成西部职教基地展厅。三是城校互动。充分发挥国家级高新区一手抓产业、一手抓职教的优势，推动产教融合。职业院校新设立重庆科创长城汽车学院等二级学院3个，新增专业26个，为在永企业输送应届毕业生6000余名。累计为长城汽车、星星冷链等在永大型企业输送2000余名优秀高技能人才，成为永川招商引资“金字招牌”。扎实推进职教中心迁建，启动重庆城市科技学院扩建500亩、重庆科创学院扩建300亩、重庆城市职业学院扩建480亩、渝西卫校新建160亩等事宜，全年共协调院校迁扩建用地1940亩。推进科技研发，“特种玻璃纤维”等6项由院校主要完成的科技成果荣获重庆市科学技术奖，占全区的60%。

（四）做大产业集群，加快建设现代制造业基地

一是大力推进科技赋能。承接市科技局下放的高企认定管理职责，高新区高新技术企业从102家增加到133家，占全区的81.09%。科技型企业总数达到417家。投入80万元支持高新技术企业协会开设“新经济大讲堂”。持续实施智能制造、工业技改等项目，推进致伸科技、西源凸轮轴等13家企业开展智能制造免费评估诊断。红江机械入选国家智能制造试点示范，获评国家企业技术中心。长城汽车、航凌电路等8家企业入选2020年第一批工业互联网试点示范项

目。新泰机械、重庆重交、金泽鑫科技入选工业和信息化部专精特新“小巨人”企业。二是招商引资势头强劲。贯彻“顺藤摸瓜”、以商招商工作思路，引进产值100亿元SUV项目和产值25亿元蜂巢发动机项目，汽车五大核心零部件现已齐聚永川。成功引进江山欧派、太平洋精锻、星星冷链、自嗨锅等优质项目。全年累计签约项目323个，合同引资752.6亿元，分别增长24.7%、38.1%。其中投资亿元以上工业项目111个，预计投资475亿元、预计产值1000亿元。高新区管委会获区委、区政府招商引资先进集体表彰，2名同志获先进个人表彰。三是产业效益明显提升。做大做强“一城七园”产业集群，加快培育汽摩及零部件、智能装备、特色消费品、电子信息、先进材料等主导产业。项目建设加速推进，蜂巢9AT自动变速器、雅迪电动车、江山欧派、星星冷链（一期）等64个项目开工建设。曼德汽车电器、中船智能产业园（一期）等28个项目加快推进。庆铃专用车、瑞悦汽车、帝王洁具等32个项目建成投产。长城汽车产销两旺，“坦克300”全面上市，长城炮每两天产值突破1亿元，总销量占全国皮卡市场的四分之一。大数据产业园C区、D区建成投用，E区主体完工，“一园五区”产业布局初步形成。引进爱奇艺文创产业园、中国人民大学文化科技园等项目122个，累计入驻企业399家，从业人员达1.5万人，实现产值282亿元。

二、2021年发展思路

一是坚持党的全面统一领导。坚持把深入学习贯彻习近平新时代中国特色社会主义思想和党的十九大和十九届二中、三中、四中、五中全会精神，以及习近平总书记对重庆所作重要讲话和系列重要指示批示精神作为首要政治任务。严格落实、坚定维护党中央权威和集中统一领导的各项制度，进一步增强“四个意识”、坚定“四个自信”、做到“两个维护”。组建高新区非公党组织，更有效地引导高新战线工作人员听党话、跟党走。严格按照党中央决策部署和市委、区委工作要求开展党史学习教育，做到学党史、悟思想、办实事、开新局。

二是加快建设现代制造业基地。巩固提升主导产业集群，依托长城汽车、雅迪电动车、理文纸业、东鹏陶瓷、普康医疗、星星冷链等龙头企业，加快打造“一城七园”产业集群。用好国家新一代人工智能实验区政策，积极申报项目。抓实“百城百园”项目。完成高新区总体规划环评编制工作。争取博士后创新创业园项目、化工产业园区试点，完成国家高新区绿色发展五年行动方案编制，推进国家高新区绿色发展示范园区建设。积极争创国家科技成果转移转化示范区，加快建设科技创新生态产业园区。持续实施“百家高企培育计划”，不断提高高新技术企业、科技型企业以及科技平台、“四上”企业数量，大力支持企业加大产品研发和科技创新力度。全年营业收入同比增长15%，规上工业总产值增长12%，规上工业增加值增长10%。

三是加快建设西部职教基地。积极争取教育部、市政府支持，办好首届西部职教高峰会，完成“十四五”规划编制工作，探索组建西部职教基地职教集团，建立西部职教基地共享优质师资库。推进职业教育“双优”“双高”计划和高等教育“双万”计划，建好西部职教基地顾问团。加快优质院校招引，提升现有院校办学水平。深化“产城职创”融合发展新模式，积极开展成渝地区双城经济圈职教合作，努力打造成渝地区双城经济圈技能人才供给区、西部职业教育综合改革先行区、全国“产城职创”融合发展示范区。

四是大力建设国家双创示范基地。营造大众

创业、万众创新的良好氛围，大力开展双创沙龙论坛和大赛等活动，争取“现代制造业创新创业大赛”等全国性双创赛事在永召开。积极争取国家新兴产业创业投资引导基金、科技成果转化引导基金，探索组建产业基金。坚持引育并举，利用现有众创空间、孵化器、加速器等孵化载体提档升级申报国家级众创空间、国家级科技型孵化器；支持国内知名双创载体、区内龙头企业，设立专业双创载体空间。打造永川技术经理人专业人才队伍。深化产学研融合发展。坚持产教融合、校企合作，推进企业与职业院校共同发展。建立高新区产教融合平台，深化校企合作共赢，推动校企合作成立产教融合研究会。

（执笔人：赵鹏）

第五编　区县经济

万州区

万州区人民政府办公室

一、2020年发展回顾

2020年，万州区坚持以习近平新时代中国特色社会主义思想为指导，认真落实习近平总书记系列重要讲话精神和对重庆提出的系列重要指示要求，统筹抓好疫情防控和经济社会发展，扎实做好“六稳”“六保”工作，走深走实“一心六型”两化路径，经受住了大战大考，全区经济发展“稳”的基础更加扎实，“进”的动能更加强劲，“保”的底线更加牢固。地区生产总值同比增长2.4%，固定资产投资增长8.5%，一般公共预算收入增长25.8%。

（一）坚持两手抓、两手硬，统筹抓好疫情防控和经济提振

面对突如其来的新冠肺炎疫情，坚持人民至上、生命至上，第一时间启动重大突发公共卫生事件一级响应，认真落实“四早”“四集中”要求，抓好“四个工作面”和“两大保障”，迅速打响疫情防控的人民战争、总体战、阻击战，在较短时间内有效遏制了疫情蔓延，未发生一起社区病例、输出病例。一个月实现确诊病例“零增长”，51天实现本地确诊病例、住院病例“双清零”，累计收治渝东北10个区县确诊患者248例、治愈率达98%。坚持“外防输入、内防反弹”，常态化抓好疫情防控，公共卫生应急体系不断健全，疫情防控成果持续巩固。全面落实“助力市场主体健康发展45条”等扶企惠企政策，累计兑现援企稳岗补贴、减免社保费14.4亿元，缓缴社保费9600万元、惠及企业5423家，国有资产经营用房减租5631万元、惠及企业2967家，新增市场主体1.6万户、城镇就业3.7万人，保障重点企业用工1万余人，帮助15.8万名农民工、4.8万名贫困人员稳定就业。出台提振消费稳定经济增长政策措施，大力开展“十个一”主题促销活动，深度挖掘消费潜力，批发业商品销售额增长5.1%，餐饮住宿业营业额恢复至上年同期水平。

（二）坚持生态优先、绿色发展，加快构建现代产业体系

坚持将工业作为立区之本、强区之基，以国家级万州经开区为主战场，举全区之力大抓工业，特铝新材料等9个项目开工，维都利电池等16个项目投产，新增规上工业企业20户，全年规上工业产值增长5.4%，工业投资增长51.2%；规划建设新田临港产业区，新材料产业园完成园区选址；完成智能化改造项目20个，新增国家高新技术企业16家、市级科技创新企业127家，建成三峡科技创新综合服务平台，金龙铜管国家级企业技术中心落户万州，战略性新兴产业产值同比增长20%，数字经济增加值同比增长15%。“双百亿”工程扎实推进，新建经果林6万亩，新增生态猪产能50万头，一产业投资增长7.3倍、增加值增长5.1%。金融机构突破100家，金融业增加值增长5.7%，三峡恒合旅游度

假区、三峡综合物流枢纽建设有序推进，旅游、文化、金融等产业占GDP比重分别达到3.4%、1.9%、7.6%。成功举办2020年三峡柑橘国际交易会，带动库区11个区县销售柑橘31万吨、18亿元。开展直播带货1500余场次，实现网上直播销售额1.2亿元。

（三）坚持问题导向、效果导向，坚决打赢三大攻坚战

坚决打赢精准脱贫攻坚战，聚力定点攻坚战、百日大会战、收官大决战，全力攻克深度贫困，深度贫困镇龙驹镇三年规划目标全面完成，剩余未脱贫群众全部脱贫。深入实施十大专项行动，持续开展“三师入户”“国企进村”，一体推进各级各类反馈问题整改，“两不愁三保障”问题动态清零；高质量完成脱贫攻坚普查，顺利通过国家和市级脱贫攻坚成效考核。坚决打好污染防治攻坚战，深入落实河长制，试点开展3条次级河流综合整治，实施城市雨污分流管网改造40公里，492艘渔船提前半年全部退捕上岸，城市黑臭水体基本消除，次级河流水质持续改善，长江干流万州段水质总体保持Ⅱ类；试点推行林长制，完成营造林35万亩，全区森林覆盖率达到55%，长江两岸森林覆盖率达到70%，城区空气质量优良天数346天。坚决打好防范化解重大风险攻坚战，安全生产事故起数、死亡人数分别下降17.1%、12.2%，“楼栋工作日”调处矛盾纠纷346件、办结各类诉求2000余件，成功处置“7·16”“7·26”等特大暴雨洪灾、无一人伤亡，社会大局保持和谐稳定。

（四）坚持带头开放、带动开放，持续深化开放合作

积极投身成渝地区双城经济圈建设，加快推进万达开川渝统筹发展示范区创建，召开三地党政联席会议，建立三级工作体系和四项工作机制，在交通建设、物流发展等方面开展座谈120余次，签订产业、交通、物流等领域合作协议118份，建立警务合作、大数据交流等6个方面协作机制，合作成立重庆三峡物流集团，奇昌生态循环农业项目启动建设；成功举办“2020川渝国企万州行”，40家国企与万达开三地签约43个重大项目。深入落实渝东北三峡库区城镇群生态优先绿色发展行动方案，积极推进万开云同城化发展。坚持“6+1”招商工作机制，强化分线招商、全员招商，积极探索“云招商”“云签约”，大力开展“招商季”百日攻坚、三峡国际旅游节等招商活动，特铝新材料、中储粮粮食仓储物流、四川港投生态养殖等大项目、好项目相继落户，全年签约招商项目69个，其中投资5000万元以上项目60个，协议投资348.7亿元，到位资金63.2亿元。“一区两口岸”开放平台加快建设，综合保税区成功获批，航空口岸开放可研报告通过评审。对外大通道建设积极推进，南环高速新田长江大桥主塔封顶，渝万高铁、成达万高铁正式开工，郑万高铁加快建设，新田港一期建成运营、二期开工。外资外贸逆势增长，实现进出口总额增长179%，实际利用外资增长38%。

（五）坚持提升城市、振兴乡村，大力推进城乡融合发展

三峡平湖旅游区成功创建4A级旅游景区，“一环十六景”建设有序推进，打造智慧公园、社区游园5个，改造景观节点30处，整治坡坎崖51万平方米；积极参加全市第二季“双晒”活动，直播观看量、点赞量分别达到3500万人次、1300万人次，荣获“最佳传播奖”；成功举办中国长江三峡国际旅游节、世界大河歌会，16艘“三峡游”游轮万州始发，“万川毕汇、平湖之州”声名远扬。农村改革持续深化，全面消除

集体经济“空壳村”，51%的村集体经济经营收入达到5万元以上；农村人居环境持续改善，扎实开展农村“双亮”，完成210公里干线公路升级改造，建成“四好农村路”1000公里，农村卫生厕所普及率达84%，行政村生活垃圾有效治理全覆盖，创建绿色示范村18个，打造美丽庭院1000个；新增市级农业品牌21个、绿色产品34个，创建“一村一品”示范村镇68个。

（六）坚持尽力而为、量力而行，着力提升民生保障水平

着力打好三峡“教育牌”，成立10个“一校一组”专班，推动“一大四院多专”发展，三峡学院、三峡医专、重庆幼专等加快提质发展，在万大学生区外占比达到91%。着力打好三峡“健康牌”，获批成立重庆大学附属三峡医院，完成区人民医院、区中医院与三峡医专资源优化配置，三峡公共卫生应急医院开工建设，新创建甲级乡镇卫生院3家，在万就医区外占比达到30%。着力打好三峡“文化牌”，成功创建中国曲艺之乡，高水平规划建设三峡文化园，三峡移民纪念馆晋升国家一级博物馆、入选中华民族文化红色基因库。持续增进民生福祉，投入3.4亿元推进15件市区两级重点民生实事办理，建成11个街道养老服务中心、190个社区养老服务站，完成棚户区改造927户，新配租公共住房280套，城镇新增就业3.4万人、登记失业率3.35%，城乡居民人均可支配收入分别增长6.2%、8%。

二、发展中存在的问题

一是经济总量偏小，产业体系不完善、能级不高，工业经济基础薄弱，新兴产业发展滞后，高质量发展基础还不牢。二是改革创新力度不足，投融资平台乏力，城乡统筹发展不充分，民生领域欠账较多，生态环保任务重，财政收支压力大。三是制约高质量发展的体制机制障碍仍然存在，营商环境还需大力改善。

三、2021年发展思路

2021年，万州将深学笃用习近平新时代中国特色社会主义思想，全面贯彻党的十九大和十九届二中、三中、四中、五中全会，以及中央、全市经济工作会议精神，紧紧围绕习近平总书记对重庆提出的系列重要指示要求，准确把握新发展阶段，深入践行新发展理念，积极融入新发展格局，切实担当新发展使命，积极抢抓成渝地区双城经济圈建设、全市“一区两群”协调发展等重大战略机遇，扎实抓好生态篇、流通篇、城市篇、产业篇“四个篇章”，加快建设“一区一枢纽两中心”，全力确保“十四五”开好局、起好步，以优异成绩庆祝建党100周年。

（一）不断强化产业支撑

以项目为抓手推进工业强区，促进绿色循环产业等项目尽快落地、新材料产业园加快建设，开工澳斯卡菜籽加工等20个项目，竣工特铝新材料等20个项目，力争规上工业投资增长50%、产值增长8%以上。以“双百亿”工程为重点推进农业强区，新建经果林5万亩，新增生态猪产能100万头，力争全年达到150万头；建成50万吨饲料加工厂，推进200万头生猪屠宰及深加工项目，加快形成两个百亿级产业链条。以提质增效为目标推进现代服务业强区，统筹抓好文旅、物流、健康、金融业发展，提质五大商圈。坚持创新驱动发展，积极构建创新平台，大力培育创新主体，启动创建国家级高新区，推动设立三峡科技创新基金，激活产业发展新动能。持续

优化营商环境，大力开展招商引资，提高招商引资成功率、转化率，增强高质量发展后劲。

（二）统筹推进城乡发展

聚焦“双两百”大城市建设，优化“一廊三核六组团”空间布局，坚持规划引领，拓展城市规模，新增城区建设用地7平方公里；实施112个城市提升项目，精心打造滨江环湖区域，持续推进“一环十六景”建设，启动密溪大道、三峡文化艺术中心等建设，实施市政设施品质提升工程，启动城市物联网基础设施项目；常态开展“多勤联动”“马路办公”，不断完善城市功能，持续提升城市品质。实施乡村建设行动，完善农村基础设施，持续深化农村改革，健全防止返贫检测和帮扶机制，大力培育一批中心城镇、产业强镇、文化名镇，推动巩固拓展脱贫攻坚成果同乡村振兴有效衔接，促进农业高质高效、乡村宜居宜业、农民富裕富足。

（三）持续扩大对外开放

以区域合作拓展开放层次，务实推动万达开一体化、万开云同城化发展，深度融入国家对外开放和区域发展战略。加快“一区两口岸”开放平台建设，推进综合保税区配套设施建设，正式开放航空口岸，完善万州港口岸功能，不断提升开放水平。开展国企改革三年行动，开通网上政务服务大厅，建立财税综合治税机制，有效激发开放活力。积极推进郑万高铁、渝万高铁、成达万高铁等重大交通项目建设，加快新田港临港产业区、三峡综合物流枢纽建设，开工中储粮粮食仓储物流项目，开通万防冷链班列、渝沪快线万州班轮，大力发展临港经济、通道经济、枢纽经济。

（四）着力改善民计民生

围绕筑牢长江上游重要生态屏障，推进生态廊道建设，开展新田河等5条河流全域整治，新建和改建城乡污水处理设施13座、污水管网180公里，实施城区雨污分流改造70公里，完成退耕还林3万亩、营造林8万亩，切实提升生态环境质量。着力打好三峡“教育牌”“健康牌”“文化牌”，扩大优质公共服务覆盖面，办好一批民生实事，增强人民群众的获得感、幸福感、安全感。始终坚持“外防输入、内防反弹”的总体防控策略，抓好常态化疫情防控，做好新冠肺炎疫苗接种工作，建成三峡公共卫生应急医院，筑牢疫情防控防线。深化安全生产专项整治三年行动，防范化解重点领域安全风险，深入推进高层建筑消防安全突出问题专项整治，健全“楼栋工作日”机制，扎实开展“治重化积”专项治理，加强社会治安防控，持续建设平安万州。

（执笔人：孙国庆）

黔江区

黔江区人民政府办公室

一、2020年发展回顾

2020年是“十三五”收官之年，也是黔江建区20周年。一年来，黔江区坚持以习近平新时代中国特色社会主义思想为指导，坚决贯彻落实党中央国务院决策部署、市委市政府工作要求，全力以赴战疫情、战复工、战脱贫、战洪水，扎实做好“六稳”工作，全面落实“六保”任务，全区经济社会发展保持良好态势。地区生产总值增长3.9%，规上工业增加值增长3.7%，全区一般公共预算收入增长15.4%，城镇、农村常住居民人均可支配收入分别增长5.7%、8.7%。

（一）抓大战大考决战决胜

全力战疫情，坚持人民至上、生命至上，第一时间启动重大突发公共事件一级响应，严格落实“四早”“四集中”要求，建立“1+12”疫情防控指挥体系，抓实“外防输入、内防扩散”，全力承担起片区定点救治任务，全区上下团结一心、众志成城，筑起疫情防控“铜墙铁壁”，成为全市首批6个“低风险区县”之一，疫情防控向好态势持续巩固，为经济社会发展赢得了主动。全力战复工，及时出台10个方面、45项政策措施应对疫情影响，帮助企业化解困难问题223件，减免税费4.2亿元，兑现产业扶持资金4.7亿元，全区工业企业开复工率100%，新发展市场主体8255户，同比增长17%，各行各业全力以赴抢时间、补损失，全区生产生活秩序逐步恢复常态。全力战脱贫，以“十大专项行动”向脱贫攻坚发起总攻，深化扶贫协作，47户161名贫困人口全部脱贫，“两不愁三保障”突出问题动态清零。全力战洪水，投入资金1.2亿元、人员7950人次，紧急转移受灾群众10万余人次，实现因灾“零伤亡”。

（二）抓农业产业高效发展

重要农产品供给有力，生产粮食23万吨、蔬菜33万吨，出栏生猪65万头。特色效益农业蓬勃发展，种植烤烟2.5万亩、产烟4.1万担，成为上海烟草集团、湖南中烟、河南中烟的优质烟叶定点生产基地；建成立体农业基地15.3万亩、水产养殖基地2.6万亩、中药材基地3.8万亩；产茧6万担，产量连续10年居全市第一，获评“中国蚕桑之乡”。产业融合发展成效明显，茧丝绸全产业链合作项目加快推进，100万头生猪农业产业园、深水鲟鱼绿色养殖项目开工建设，渝东南首个中新合作示范项目——毅鸣·绿雅现代农业产业项目正式签约，新增“两品一标”农产品65个。

（三）抓工业经济提质增效

骨干企业运行平稳，黔江卷烟厂实现产值62亿元，创历史新高；玻纤短切原丝毡、双河丝绸二期技改等项目建成投产；黔江卷烟厂易地技改、五福岭风电场等23个项目开工建设，蓬江食品等6家企业实施智能化改造；新培育规模以上工业企业10家。市级高新区创建提速推进，新引进培育高新技术企业17家、科技型企业90家，繁星众创空间成功在科技部备案，引进市级以上科技服务机构或分支机构23个。要素保障能力稳步提升，新建天然气管道226公里、5G基站702个，改造城乡电网360公里，80万吨铁路散堆货场和天然气储备调峰输配中心建设有序推进。

（四）抓现代服务业转型升级

旅游业实现蝶变，濯水景区如愿创成国家5A级旅游景区，官村景区成功创建国家4A级旅游景区，三塘盖国际旅游康养度假区项目启动建设，濯水非遗美食城开街运营；成功举办“晒旅游精品·晒文创产品”、中国山马越野系列赛等品牌节会赛事活动；成为首批市级全域旅游示范区，“清新黔江—吸氧洗肺之旅”入选全国精品主题旅游线路，全年接待游客2600万人次，实现旅游综合收入144亿元。商贸业稳步增长，新培育限上企业26家、限上个体入库52家；新引进麦当劳、喆啡酒店等品牌企业12个；入选2020年全国首批电子商务进农村综合示范县；成立黔江鸡杂产业技术研究院，发展区外“黔江鸡杂”连锁店257家。金融业加快发展，创新发放全国首笔生猪活体贷、圈舍贷和全市复工复产首单存货抵押贷，发放科技型企业知识价值信用贷款1.4亿元，普惠型小微企业贷款余额26.4亿元，增长14.7%。科学研究、技术服务、决策咨询、健康养老等新兴服务业快速增长。

（五）抓改革开放创新

持续深化改革，167项年度重点改革任务有序落地；“放管服”改革不断深化，“互联网+政务服务”成效明显；财政国资改革深入实施，预算绩效管理实现全覆盖，国库集中支付全部实现电子化；国企改革三年行动深入推进；农村综合改革推进有力，集体经济“空壳村”全面消除。全面扩大开放，招商引资取得积极进展，签约项目46个，协议引资120亿元，到位资金20.3亿元。新增进出口备案企业10家，衡生药用胶囊进入美国市场，外贸进出口增速列全市第3位。加快推进科技创新，组建1000万元创业种子投资基金，新发放知识价值信用贷款9400余万元。

（六）抓城乡统筹发展

城市品质持续提升，“多规合一”的国土空间规划体系逐步建立；官坝人行天桥荣获重庆市“市政金杯奖”，马鞍路、规划一路等项目完工投用，交通路老鹰岩、迎宾大道山羊坡等完成危岩整治；天坪、康居花园等17个公租房小区和黔州花园、祥龙苑等8个老旧小区完成升级改造，新开工商品房50万平方米，销售商品房44.5万平方米；新增停车位7341个，绿化裸露地1万余平方米，新增绿地面积20万余平方米，城市综合管理连续6个季度在渝东南、渝东北17个区县中保持第一名。乡村面貌明显改变，青杠至太极二级公路一标段、正阳至蓬东段二级公路、寨子大桥等建成通车，新改建“四好农村路”503公里，安装安全防护栏110公里；改造卫生厕所4897户；完成14个乡镇集镇道路“白改黑”；完成农村房屋整治提升5000余户；濯水镇获评中国特色小城镇，小南海镇新建村谈家寨、桥梁村古枫寨获评第一批市级传统村落。

（七）抓生态文明建设

成功创建国家生态文明建设示范区，美丽黔江不断彰显。稳步推进节能减排，全年城区空气质量优良天数达355天。老城319沿线片区、册山老街片区等 6 个污水管网项目完工投用，新城污水处理厂提标升级改造工程主体完工。城区公共机构实现生活垃圾分类全覆盖，农村行政村生活垃圾有效治理率 100%，新创建 10 个农村生活垃圾分类示范村，建成固废填埋场和石会区域性粪污集中处理中心。“河长制”纵深推进，完成城北水库等 39 个集中饮用水源地规范化建设，在全市率先完成重点水域禁捕退捕工作。统筹推进山水林田湖草系统治理，治理水土流失面积 323 平方公里。全面开展污水“三排”、清理“四乱”专项行动，全区河库管理水平显著提升，区内河流水质稳定达标。

（八）抓社会民生改善

织密民生保障网，15 件重点民生实事年度目标基本完成。实现城镇新增就业 13729 人，转移农村劳动力就业 11.7 万人，发放创业担保贷款 2.1 亿元，带动 2911 人就业。渝东南教育中心加快建设，公办幼儿园学生占比达 50.1%，义务教育阶段大班额下降至 0.06%，普通高考一本上线人数保持渝东南第一，北大清华录取 2 人，职教中心获批“国家级高技能人才培训基地”。渝东南医疗中心启动建设，妇幼保健院综合楼建成投用，疾控中心整体搬迁，武陵山公共卫生应急医院项目有序推进，核酸检测能力达到 13 万人次 / 天，疾病预防控制体系日趋完善。配租公租房 1433 套，协议还房安置全面完成。累计发放城乡低保金 1.09 亿元。加强和创新社会治理，深入推进“枫桥经验”黔江实践行动，扎实开展化解信访积案“百日攻坚”行动，坚决打好扫黑除恶专项斗争收官战，群众来信来访和到市、进京上访“四下降”，可防性案件同比下降 15.4%，建成青少年普法示范区。深入推进安全生产专项整治三年行动和高层建筑消防安全提升行动，强化食品药品和特种设备安全，未发生较大及以上安全事故。做好第七次全国人口普查，完成第三次国土调查。

二、发展中存在的问题

一是经济体量偏小，中心城市能级偏弱；二是产业支撑不够强，城乡发展不够平衡；三是政府隐性债务化解压力较大，面临着发展与化债的两难问题；四是生态环保、社会治理、安全生产、防灾减灾等领域仍存在短板弱项。

三、2021 年发展思路

黔江区始终坚持以习近平新时代中国特色社会主义思想为指导，深入贯彻党的十九大和十九届二中、三中、四中、五中全会精神及中央经济工作会议精神，认真落实全市经济工作会议部署要求，全面融入成渝地区双城经济圈建设和市域“一区两群”协调发展等重大部署，准确把握新发展阶段，深入践行新发展理念，积极融入新发展格局，切实担当新发展使命，坚持稳中求进工作总基调，以推动高质量发展为主题，以深化供给侧结构性改革为主线，以改革创新为根本动力，以满足人民日益增长的美好生活需要为根本目的，统筹发展和安全，加快建设现代化经济体系，推进治理体系和治理能力现代化，实现经济行稳致远、社会安定和谐，打造推动高质量发展、创造高品质生活的新范例，确保社会主义现代化建设新征程开好局、起好步，以优异成绩庆祝建党 100 周年。

黔江区 2021 年经济社会发展的奋斗目标是：地区生产总值增长 7% 以上；规上工业增加值增长 12%；固定资产投资增长 10%，社会消费品零售总额增长 10%；一般公共预算收入增长 5%；全体、农村常住居民人均可支配收入分别增长10%、10.5%。聚焦目标任务，将重点抓好九个方面工作。一是全面加强风险防范和统筹调度，确保经济稳定运行；二是持续推进产业转型升级，促进工业经济高质量发展；三是积极融入“双循环”新发展格局，促进服务业提质增效；四是持续推进文旅融合发展，着力夯实文化旅游强区；五是持续推进改革开放，建设武陵山区对外开放高地；六是全面推进乡村振兴，努力实现乡村让人们更向往；七是持续实施城市提升行动计划，着力提高宜居宜业水平；八是持续推进生态环保治理，努力建设山清水秀美丽黔江；九是持续推进社会民生建设，努力创造高品质生活。

（执笔人：邓鹏）

涪陵区

涪陵区人民政府办公室

一、2020年发展回顾

2020年，面对突如其来的新冠肺炎疫情冲击，面对国际国内形势的深刻复杂变化，涪陵区坚持以习近平新时代中国特色社会主义思想为指导，坚决贯彻落实党中央、国务院决策部署，在市委、市政府的坚强领导下，全区上下同心协力、共克时艰，统筹推进疫情防控和经济社会发展，各项工作取得积极进展，社会大局保持总体稳定，经济运行逐季恢复、稳定转好。全年地区生产总值增长4.3%，规上工业增加值增长6.2%，固定资产投资增长8%，社会消费品零售总额增长2.7%，进出口总额增长38%，一般公共预算收入增长1.3%，城乡常住居民人均可支配收入分别增长6.0%、8.5%，“十三五”规划目标任务总体完成，全面建成小康社会胜利在望。过去一年，我们主要抓了八个方面的工作。

（一）全力以赴应对大战大考，努力交出让人民群众满意的答卷

全力战疫情，率先在全市启动突发公共卫生事件应急预案，区内5例确诊病例全部治愈出院，实现社区传播零报告、院内感染零发生、确诊病例零死亡。全力战复工，第一时间打响复工复产攻坚战，全面落实各项惠企纾困政策，率先交出逆势向好的成绩单。全力战脱贫，建卡扶贫对象“两不愁三保障”突出问题动态清零，高质量通过国家督查等考评检验并获得高度评价。全力战灾情，成功应对“6·28”大暴雨、长江第5号洪水过境及“7·2”江东桐梓园滑坡等灾情险情，无一人因灾死亡。全力战创建，实现全国文明城区、国家卫生区一次创建成功，稳步推进国家生态文明建设示范区、国家森林城市创建。

（二）全力以赴抓“六保”促“六稳”，经济发展底线更加牢固

保居民就业，发放企业稳岗返还资金6836万元，提供就业岗位1.9万个。保基本民生，重点救助群体实现医保全覆盖，发放城乡低保金1.33亿元。保市场主体，为企业减负17.7亿元，新发展市场主体1.3万户。保粮食能源安全，粮食产量达到44.2万吨，用电量增长7%，页岩气产能提升至127亿立方米。保产业链供应链稳定，推动聚氨酯、聚酰胺、金属材料等产业补链成群。保基层运转，对乡镇街道转移支付近7亿元。稳就业，城镇新增就业2.9万人。稳金融，社会融资规模存量达到1744亿元，人民币贷款余额增长23.3%。稳外贸，进出口总额达到116.1亿元。稳外资，新引进外资项目5个，实际利用外资1.4亿美元。稳投资，完成区级重点项目投资208.5亿元。稳预期，新签项目协议资金531.5亿元、增长36.6%。

（三）全力以赴融入大局服务全局，合作发展成效逐步显现

与四川省相关方面在港口物流、科技创新、

文化旅游等领域签订合作协议60个。加速完善连接“一区”通达“两群”综合路网，龙头港铁路专用线开工建设，梓白高速、南两高速和卷大路、鹅西路建成通车。积极打造“榨菜产业化联合体”。联合万州、长寿共同申建生产服务型国家物流枢纽。布局5G区域性大数据中心，有效覆盖垫江、南川等区县。

（四）全力以赴推进产业转型升级，现代产业体系加快构建

工业经济持续增长，完成工业增加值517亿元，以材料、清洁能源、消费品、装备制造、生物医药、电子信息六大产业为主导的工业发展体系确立形成；新升规企业20户，新纳入全市“双百企业”名单35户，万凯年产60万吨食品级PET新材料一期等一批重点项目顺利投产；完成智能化改造项目50个，新增市级智能工厂3个、数字化车间10个。服务业提速发展，金科美邻广场升级开业，渝东国际商贸城“宝龙欢乐汇”开工建设；交通运输业实现增加值43亿元；金融业实现增加值41亿元，增长5.7%；接待境内外游客、旅游总收入分别增长7.1%、20.8%。现代山地特色高效农业稳步发展，榨菜产业总产值达到120亿元，新增中药材基地面积1万亩，农产品网络零售额超3.6亿元。

（五）全力以赴深化改革开放创新，发展动力活力不断增强

重点领域改革纵深推进，全面完成中渝在涪国企剥离办社会职能，引入国药集团对太极集团增资扩股，顺利组建旅发集团。“放管服”改革深入推进，全部公共服务事项实现网上可办。开放发展逆势向好，获批国家全面深化服务贸易创新发展试点区，涪陵综合保税区一期建设加快推进。招商引资强力推进，新引进鼎龙集团钛白粉等产值百亿级项目5个。全方位创新持续加强，新增国家高新技术企业24户、市级科技型企业200户，高新技术产品产值、高新技术企业产值分别增长8.3%、7.7%。

（六）全力以赴提升城乡建设品质，城市乡村各美其美、美美与共

涪陵新区城市建设加速推进，涞滩河库岸整治等工程全面完工，鹤凤大道二期、站前大道二期等7条道路建成通车，玉屏公园建成开放；江南城区提质更新步伐坚实，涪南路综合改造工程一期建成投用，乌江大桥西桥头立交建成通车，新建城镇污水管网40公里，建成海绵城市19.4平方公里。全国城乡交通一体化示范区创建已接受国家验收。农村人居环境整治三年任务圆满完成，创建国家卫生乡镇4个，改造农户卫生厕所1.3万户。

（七）全力以赴改善生态环境，绿色本底不断夯实

新增营造林16万亩，创建国家森林乡村8个。城区空气质量优良天数创历史新高、达到345天。城、乡生活污水集中处理率分别达到96%、86%。医疗废物集中无害化处置实现全覆盖。全面禁止非法交易、食用野生动物，长江流域渔民退捕、禁捕工作扎实开展。

（八）全力以赴保障和改善民生，人民群众获得感、幸福感、安全感不断增强

民生领域投资增长12%。新增普惠园12所，高考一本上线人数创新高。区人民医院住院综合大楼、区妇幼保健院新院全面投用。新分配公租房（廉租房）763套。建成投用公共停车场6个、停车位820个。建成5G基站1545座。建成街道养老服务中心7个、社区养老服务站41个，增配群众性体育健身设施510件。第七次人口普查

有序推进。安全生产大排查大整治大执法深入开展。启动市域社会治理现代化试点工作。

二、发展中存在的问题

一是产业结构调整有待提速，传统产业仍占主导地位，战略性新兴产业发展速度较慢，产业核心竞争力不够强；服务业占 GDP 的比重相对偏低。二是科技创新能力亟待加强，科学研究能力、技术创新能力、成果转化能力有待进一步提升。三是基础设施建设需要加快，农村基础设施建设相对滞后，“两新一重”项目储备不足，部分重点项目推进较为缓慢。四是民生保障仍有短板，就业形势仍然不容乐观，养老服务供给水平整体偏低，义务教育、医疗卫生等公共服务均等化仍需加力推进。五是政府职能转变尚未到位，“放管服”改革需要持续深化。

三、2021 年发展思路

（一）加力推进区域协调发展

着力推动成渝地区双城经济圈建设，与成都、绵阳等地新签合作协议 15 个，加快涪陵港与泸州港、宜宾港互建物流分拨加工基地。合力推动“一区两群”协调发展，力争开工建设两江新区至涪陵（龙头港）快速通道，联合长寿创建国家战略性新兴产业（新材料）基地，联手武隆、南川打造中国“气大庆”。全力构建“一城三区两带”功能布局，围绕“一城”加快打造城市形象靓丽窗口，围绕“三区”加快打造产城融合功能区，围绕“两带”加快推进新型城镇化。

（二）加力推进创新驱动发展

持续完善创新体系，力争成功创建国家高新区，加快创建国家火炬聚氨酯新材料特色产业基地，建设数字经济产业园和软件信息产业园。持续优化创新生态，深化科技改革，发展产业技术创新联盟，大力培育引进创新创业团队和人才。持续培育创新主体，实施高新技术企业培育计划、科技型企业助推计划，培育国家高新技术企业 20 户、市级科技型企业 100 户。

（三）加力推进工业提质增效

狠抓产业补链成群，围绕六大主导产业，强化工业园区平台集聚能力。狠抓重点项目建设，推动华峰集团已二酸六期等项目开工，推进华峰尼龙 66 一体化等项目加快建设，力促万凯新材料二期等项目投产运行。狠抓数字经济融合发展，大力发展人工智能、平台经济、数字内容等新业态，强化华为涪陵工业互联网平台功能，加力推动企业上云上平台。狠抓工业企业提升“双百”行动，推动 10 户企业升规、20 户企业提质。

（四）加力推进现代服务业补齐短板

提质发展商贸业，开业百汇广场，基本建成五桂堂街区。提速发展现代物流，建成韵达物流基地一期工程，加快建设龙头港铁路专用线，力争物流业增加值增长 10%。加快促进文旅融合，高质量举办白鹤梁文化节等活动，力争成功创建武陵山大裂谷 5A 级景区、市级全域旅游示范区、市级夜间文化旅游消费集聚区。积极培育商务服务业，持续完善专业服务体系，大力发展会展经济。

（五）加力优化发展环境

深化重点领域改革，推进预算管理一体化改革，深化国资国企、公共资源交易监督管理等改革。促进民营经济健康发展，常态化开展服务企业“三百”行动，精准落实减税降费、降本增效等政策。大力优化营商环境，不断深化“放管服”改革，推动实现“全程网办”。

（六）加力提高开放水平

提升开放通道能级，启动重庆中心城区至涪陵区城轨快线前期工作，开工建设涪陵绕城高速、韵达基地物流通道等项目。完善开放平台功能，力争开放平台进出口额占比达到80%以上，加快申报生产服务型国家物流枢纽。提高开放型经济水平，加快推进服务贸易创新发展试点，大力发展对外贸易，围绕主导产业深化产业链条招商，力争新引进投资10亿元以上项目10个、产值50亿元以上项目4个。

（七）加力推进城市品质提升

优化城市空间布局，完成国土空间分区规划编制，调整城市产居用地结构比例，塑造宜人居住空间。推进城市有机更新，加快建设轴线公园，实施乌江干流岸线保护与生态修复等项目，建成投用人民防空地面指挥中心。提高城市管理水平，推进数字城管覆盖率达到95%，打造“门前三包”“五长制”示范道路3条，持续巩固全国文明城区、国家卫生区创建成果。

（八）加力推进乡村全面振兴

做好巩固拓展脱贫攻坚成果同乡村振兴有效衔接，推动产业扶贫向产业振兴提升，完善防止返贫动态监测和帮扶机制。大力发展现代山地特色高效农业，力争榨菜产业总产值达到130亿元，新增中药材种植面积1万亩。扎实推进乡村建设行动，持续开展农村人居环境整治，深化三峡后续和对口支援，开工建设黑塘水库、水利沟水库。深化新一轮农村改革，扎实推进农村土地制度改革，深入推进农村集体产权制度改革、“三变”改革和“三社”融合发展，壮大新型农村集体经济。

（九）加力推进生态文明建设

不断加强生态保护修复，全面完成生态保护红线评估调整，深入实施农村乱占耕地建房专项整治，持续抓好长江流域禁捕工作，强力推进国家森林城市创建。持续改善环境质量，持之以恒打好污染防治攻坚战，开工建设船舶含油废水治理工程等项目，全力推进国家生态文明建设示范区创建。加快推动绿色低碳发展，大力推动绿色园区创建，持续健全生态文明制度体系。

（十）加力保障和改善民生

倾力推进民生实事，全力稳定和扩大就业，稳步扩大社会保险覆盖面，推动乡镇敬老院实现社会化运营。着力推进教育均衡优质发展，二级以上等级幼儿园占比达到46%，建成科教产业实训基地等项目，支持长江师范学院推进“新师范”“新工科”建设。大力实施健康中国涪陵行动，加力推动全国健康城市创建，健全公共卫生应急管理体系。加强和创新社会治理，积极开展市域社会治理现代化试点，持续推进背街小巷智能化视频监控建设。

（十一）加力统筹发展和安全

全力维护国家政治安全。持续抓好常态化疫情防控。全力保障公共安全，深化矛盾纠纷三级联排联调联处机制。健全食品药品安全监管长效机制，加强重点领域安全隐患排查整治，坚决遏制较大及以上安全事故发生。

（执笔人：杨雨津）

渝中区

渝中区人民政府办公室

一、2020年工作回顾

全年地区生产总值增长3.6%，固定资产投资总额增长5.6%，一般公共预算收入增长5.2%，社会消费品零售总额增长0.8%，城镇居民人均可支配收入增长6.3%，为“十三五”收官画上了圆满句号，推动渝中发展迈上新台阶、站在新起点。

（一）把握全局一域，发展步伐更加坚实

从全局谋划渝中未来。围绕把习近平总书记殷殷嘱托全面落实在重庆大地上这一主线，紧扣市委、市政府战略部署，推动渝中各项工作育先机、开新局。对接成渝地区双城经济圈建设，建立成渝核心商圈联盟联动机制，与成都锦江等区在金融商贸、文化旅游等多领域合作走深走实。深度融入“一区两群”协调发展，精心谋划“十四五”时期渝中的发展方向和工作目标。全面落实全市服务业高质量发展大会等系列会议精神，高位策划建设重庆服务业高质量发展示范区、重庆市工业软件产业园。承接“长嘉汇”规划，以开发区模式强力推动解放碑朝天门一体化发展，梳理形成“两江四岸”核心区整体提升项目111个、总投资规模约160亿元。

以行动服务全市大局。面对突如其来的疫情，全区动员、全员参与，1.5万余名机关干部、医务人员、社区工作者逆行出征、连续战斗，上演了一出生死时速的抗疫大战，我们在全市率先实施小区封闭管理和密切接触者集中隔离，用十天时间做到了新增病例零增长，守卫了重庆母城安全。坚持两手抓、两手硬，第一时间全面取缔活禽活兔交易宰杀、强力整治搬迁西三街水产市场，为全市提供了经验借鉴；提前谋划，加快复工复产，创新承诺信任制在全市推广。面对历史罕见的汛情，迅速启动一级响应，全区干部职工连续42天坚守岗位、奋战前线，用最短时间抢通滨江道路、恢复交通和生产生活秩序，实现了“人员零伤亡、灾害零次生”。我们扛起经济大区发展重任，疫情洪灾下，率先实现经济恢复增长，助力全市经济发展增速进入全国第一梯队。

抢机遇推动全区发展。积极对接争取支持，与30余个市级部门、金融机构、总部企业签订战略合作协议，务实深化多领域交流合作。加强政策研究、项目策划和汇报衔接，争取抗疫特别国债、专项债等上级资金57亿元，“两江四岸”黄金旅游带等一批重大项目落地实施。借势借力，成功举办重庆解放碑论坛、未来金融圆桌等论坛峰会活动20余场，规模、效果均超出预期、反响强烈。强化宣传推介，全市文旅“双晒”活动晒出渝中魅力，荣获最佳传播奖，解放碑、洪崖洞、重庆来福士成功入选成渝十大文旅新地标，城市美誉度持续提升。

（二）坚持转型升级，产业发展优化提升

金融业支撑作用强劲，成立重庆高级金融研究院、解放碑金融发展顾问委员会，新落户市级

以上金融机构8家，存贷款余额、保费收入、代理证券交易额再创新高，绿色信贷余额、发行绿色债券规模均居全市第一，金融核心区地位得以巩固发展。商贸业逆势增长，联动商圈、商场、商户开展“游母城、享美食、购潮品”促销，10户重点企业先后落地，8家国际知名品牌、29个品牌首店相继入驻，全区商品销售总额突破3000亿元。文化旅游业复苏回暖，全市首个城市候机楼在重庆来福士投入运营，李子坝等热门IP提档升级，洪崖洞重逢1980生活情景街区、联合国际凤凰艺术中心等新场景新体验持续引流，实现旅游收入323亿元。

优势产业接续发力。专业服务业汇聚高端，新引进全球知名五大房地产顾问商行之一的高力国际等重点机构6家，规上企业营业收入增长6.1%。数字经济亮点纷呈，在全国率先成立省级区块链产业创新联盟，发布重庆区块链公共服务平台“渝快链”，制定全市首个区块链地方标准，软件和信息服务规上企业营业收入增长31.4%。大健康产业持续蓄能，国内最大生物样本库张江生物银行签约落地，全市首个“医疗+商业综合”医疗中心开业运营，集聚眼科、美容、口腔等特色专科医疗机构110余家，规上企业营业收入增长4.5%。工业、交通运输、建筑等其他产业较快增长。

产业能级不断增强。坚持“一家总部就是一个集群”，新引进世界500强企业5家、总部企业50家，在区总部（重点）企业产值逾3400亿元。坚持“一个平台就是一个龙头”，新落地平台型企业20余家，苏宁易购、阅淘网等电商平台不断壮大，全区网络零售额增长50%。坚持“一栋楼宇就是一个园区”，在全市率先成立楼宇经济促进会、楼宇联盟、重点楼宇企业服务驿站，改造升级老旧商务楼宇11栋，税收亿元楼宇达40栋，荣获2020中国楼宇经济领军发展城区。

（三）突出经济功能，片区发展提速提质

一体发展解放碑朝天门。现代金融、高端商贸、国际交往等优势巩固提升。高品质打造解放碑全国示范步行街，高层楼宇、商业裙楼灯饰亮化升级，完成20栋楼宇屋顶美化，改造提升成果亮相进博会，步行街客流量突破1.5亿人次。万摩、复地金融中心等载体相继竣工，世贸大厦等商务楼宇综合整治顺利完成，解放碑—朝天门金融大道项目基本完工，引入华为高端体验店等首店20余家，解放碑服务贸易产业园服务贸易额居全市第一，解放碑商圈始终引领着时尚前沿、消费潮流，社会消费品零售总额达到900亿元。

提速发展历史文化街区。一批老建筑彰显古风貌、成为新街景，获评市级文化旅游示范园区。十八梯传统风貌区核心区顺利完工、片区基础设施建设全面提速，山城巷、白象街传统风貌区基本建成，后街影视创意产业园投入运营，打造形成厚庐、火柴坊、较场口城市阳台等个性化“小地标”，引入山水城公司等龙头文旅企业15家。储奇门等区域功能转型、业态提升步伐加快，菜园坝片区规划设计、重庆站枢纽设计方案有序推进。

创新发展大石化新区。新兴产业示范区加快形成。化龙桥国际商务区，陆海国际中心、市中医骨科医院化龙桥新院区建设提速，化龙桥服务贸易产业园服务贸易额居全市第二。环重医创新生态圈，设立首期1亿元环重医创新创业基金，培育引进34家重点企业，重庆医科大学肿瘤免疫治疗等项目落地转化。总部城数字经济集聚区，建成重庆市区块链数字经济产业园展示中心，国家信创产业基地投入运营，园区楼宇入驻率超80%。大坪商圈，时尚潮流消费、创意文化消费和体验式、个性化消费繁荣发展，时代天街日均人流量30万人次、年销售额稳居全市单体商业第一，商圈实现社会消费品零售总额180亿元。

优化发展电子商务和创意产业园。科创、文创产业集聚度稳步提升。顺利完成地产大厦等楼宇改造升级，合景天銮、重庆中心等载体提速建设，数字文化产业园、5G直播带货基地等特色园区加快发展，E+、D5等一批众创空间释放双创活力，新增企业856家，互联网和文化创意产业规上企业营业收入达115亿元，重庆文创互联网楼宇产业园荣获2020年国家小微企业创新创业示范基地。

（四）注重内外并举，招育稳一体推进

招商引资有质有量。坚持精准招商、专业招商，区领导带队赴北上广深等“点对点”招商，十个招商组“一对一”招商，落地重点项目35个。建成投用渝中招商中心，举办“云签约”等系列活动，签约市外项目正式合同额426亿元，市外到位资金185亿元，综合考核居全市前列。

育商扶商精细精准。坚持定向扶持、分层培育、梯度孵化，推动企业“上云、上规、上市”。激发各类市场主体活力，兑现产业扶持资金6.2亿元，推动93家企业“小升规”、15家企业“规变总”，市场主体新增1.36万户、注销数量同比下降15.6%。成立企业上市工作专班，推动2家新三板挂牌企业进入创新层，新增市级储备企业4家，秀商时代、千叶眼镜加快上市步伐。

稳商安商用情用力。坚持“可以可以也可以”理念，着力优化营商环境，25名区领导带队服务400余家重点企业和1400余家规上企业，协调解决企业疑难事项万余件。积极开展“战疫情·送温暖”企业服务行动，针对性出台共渡难关十五条等系列政策，设立中小微企业信用贷和转贷应急周转金，发放“助企贷”4亿元、保稳促增财政专项资金1.2亿元，累计减免缓税费近50亿元。

（五）立足深耕精耕，城市品质持续提升

城市更新步伐加快。坚持民生为先、发展为要，编制完成城市更新专项规划，精心描绘“两江四岸”美丽画卷，开工建设“朝天门一号工程”，全面推进21个核心区项目。启动实施169万平方米老旧小区改造。加快城市公共基础设施建设，渝湘高铁、解放碑地下环道三期等一批重大功能项目快速推进，轨道1号线朝天门站建成通车，红岩村大桥合龙，曾家岩大桥主线通车，新建改建排水管网、燃气管网21公里，新增5G基站404个，建成投用全市首个5G智慧展厅，在全市率先实现5G网络规模组网全覆盖，城市承载能力和运行效率进一步提升。

“人文渝中”更具魅力。用好红色资源，加强红岩村、曾家岩、虎头岩“红色三岩”保护提升，梳理工作清单100项，高标准打造红岩公园。立足重现新中国西南大区风貌，有序推进大田湾—文化宫—大礼堂文化风貌片区保护提升，大田湾、马鞍山等一批改造工程进展顺利。鲁祖庙传统风貌区协调区主体完工，胜利巷老街区基本建成，戴家巷崖壁公园投入使用，老街、老巷焕发新风采。完成15处文物保护修缮，母城文化研究取得新进展。精心打造“巴渝十二景”等文旅体验项目，举办文创产品设计创意大赛广受好评。

城市管理规范有序。全面推行全域景区式、精细化管理，城区更加干净整洁、规范有序。制定出台环卫、市政、绿化等管护标准，亮化彩化街巷园林和绿化美化坡坎崖共计15.4万平方米，整治美化198栋楼宇屋顶，完成李子坝等10个

灯饰项目，沿江楼宇灯饰纳入市级“两江四岸”夜景灯饰联动联控，解放碑、朝天门、时代天街等重点区域更加精致、靓丽。坚持“三个一样”标准，扎实开展城市管理“八大专项行动”，“马路办公”巡查解决问题20.8万个，攻坚拆除违法建筑6.9万平方米，城市管理综合考核居全市前列。

生态环保加力见效。聚焦“水里”“山上”“天上”“地里”，坚决打好污染防治攻坚战，圆满完成第二轮中央生态环保督察反馈问题整改，生态环境损害追责案件实现零突破。深入落实“河长制”，加大长江入河排水口排查整治力度，零容忍查处违反长江十年禁渔案件160件，两江渝中段、大溪沟饮用水水源地水质稳定达标。开展“无废城市”建设试点，垃圾分类基本实现全覆盖。$PM_{2.5}$平均浓度下降16.7%、首次达到国家空气质量二级标准，空气质量优良天数达315天。

（六）着眼动力激发，发展潜能持续释放

创新发展深入推进。以创新积蓄高质量发展新优势，建成超声医学工程等国家级重点实验室，新增市急危重症等6个市级临床医学研究中心，新培育30家国家高新技术企业、100家市级科技型企业，全社会研发经费支出达9.5亿元。渝中人力资源峰会首次纳入重庆英才大会，设立2000万元人才开发专项资金，培育引进高精尖人才160余名，途作林杰、中机高科等入选全市创新创业示范团队。建成智慧景区5个、智慧社区22个、智慧医院6家、智慧校园10个。

重点改革蹄疾步稳。扎实推进区委50项重点改革任务落地见效。深化供给侧结构性改革，完成“四久”工程处置3个，淘汰低端低效市场6个，招商去化商业商务楼宇70万平方米。持续推动“放管服”改革，在全市率先开展“互联网+”门诊医保服务试点，市场主体信用风险分类监管首创经验在全国推广，全市首张融资租赁医疗器械经营许可证在区发放，政务服务“最多跑一次”覆盖率超过96%。深入推进区属国有企业改革，调整组建三家专业化国有公司，35家机关事业单位所属企业实现集中统一监管，国有企业资产规模突破400亿元。

对外开放持续扩大。全面融入内陆开放高地建设，全域纳入国家全面深化服务贸易创新发展试点，率先出台“稳三外”十条政策，实际利用外资4.3亿美元，对“一带一路”沿线国家外贸出口额增长17%。发挥开放平台辐射带动优势，推进自贸试验区和中新合作项目一体化发展，自贸试验区落地重点项目50个，中新合作项目跨境结算资金规模突破2300亿元。提升交流层次拓宽合作领域，圆满完成15批次外国政要来渝参访接待保障工作，高品质开展国际活动26场。

（七）夯实基层基础，社会发展有力有效

治理能力持续提升。坚持落实“街道吹哨、部门报到”机制，优化调整社区设置，推行全域网格化管理服务，建成一体化、多功能网格960个，解决民生服务、环境整治等事项5万余件，街道统筹执行能力不断增强。深入开展“三上三清”社区服务行动，深化“党建+物业”管理模式，新增社区便民服务中心9个、社区物业服务中心50个，培育品牌社会组织8个，实施社会工作服务项目30个，“渝中怡家”建设入选全市十佳社区治理创新案例，社区服务水平明显提升。

民生民利不断改善。坚持从困难群体入手，坚决打赢对口帮扶·城市解困攻坚战，助力巫溪成功脱贫摘帽，发放低保等各类救助帮扶资金1.45亿元，保障5891户“双困家庭”住有所居。

坚持从群众关心问题着眼，城镇新增就业5.7万人，养老保险、医疗保险参保率超过96%，建成社区养老服务中心（站）20个、社区护理站40个、社区食堂15个，解放碑沧白路社区建成全市首个地标性国际化养老服务中心，社区居家养老服务设施实现全覆盖。坚持从具体工作抓起，加大民生投入力度，圆满完成老旧住宅加装电梯等15件民生实事。

各项事业全面进步。教育事业高质量发展，中小学、幼儿园集团化办学实现全覆盖，10个学校建设项目完工，成功申报普通高中新课程新教材实施国家级示范区，高考本科上线率高于全市32个百分点。健康中国渝中行动加快实施，重医附属儿童医院获批国家儿童区域医疗中心，11家社区卫生服务中心实现三级医院远程医疗全覆盖，全市首个居民自助健康服务平台上线启用，人均期望寿命等主要健康指标达到发达国家水平。科学、文化、体育等工作继续加强，新增市级科普基地4家，开展文化体育惠民活动300余场，安装更新社区全民健身路径60处。第七次全国人口普查取得阶段性成果，“七五”普法规划目标任务全面完成。

社会大局平安稳定。防范化解重大风险攻坚战取得积极成效。坚持人民至上、生命至上，下大力气巩固安全生产基本面，实施水电气安全隐患“百日攻坚”，完成216栋高层建筑消防安全隐患专项整治，重点领域安全监管持续加强，应急体系和能力建设扎实有效，安全生产和自然灾害形势稳中向好。积极开展信访存量“清仓见底”和“四重攻坚”专项行动，稳妥处理历史遗留问题，市级交办信访案件办结率100%。金融风险有效防范，妥善化解“非吸”积案11件。坚决打好扫黑除恶专项斗争，完工“雪亮工程”，建成全市首个反诈骗中心，刑事案件发案率连续5年下降，群众安全感指数达到99.7%。

二、存在的问题和困难

一是发展物理空间受限问题日渐突出。二是产业能级不高、创新能力较弱的问题依然存在。三是基础设施及公共服务还存在较多短板。四是“老城区”现状与“窗口区”标准还有较大差距。五是作为中心城区的既有优势逐渐减弱。六是“人文渝中”潜力尚未充分释放。

三、2021年发展重点任务和目标

地区生产总值增长6%左右，区级一般公共预算收入增长5%左右，固定资产投资总额增长6%以上，社会消费品零售总额增长7%左右，城镇居民人均可支配收入增长6%以上。重点做好以下八个方面工作。

一是坚持增动力、添活力，切实增强发展后劲。以深化改革开放创新破解发展难题，实现有效市场和有为政府更好结合，进一步推动发展稳中向好。二是坚持调结构、促转型，全力提升产业能级。坚定现代服务业发展方向，持续壮大六大产业，统筹推进相关产业，进一步提高经济质量效益和核心竞争力。三是坚持提形象、拓空间，聚力建设产业发展平台。精耕细作四大空间板块，高标准推进十大产业集聚区建设，进一步提升经济密度和产出规模。四是坚持重传承、利长远，让城市文脉活在当下。深入推进“人文渝中”建设，进一步展示城市品位和人文内涵。五是坚持固基础、补短板，持续提升城市品质。大力实施城市提升行动计划，进一步加快城市有机更新、空间布局优化和服务配套完善。六是坚持兜底线、优服务，不断增进民生福祉。进一步扩大惠及面、提高精准度、增强实效性，让人民群众生活得更加美好。七是坚持防风险、除隐患，坚决维护安全稳定。始终牢记特殊区位赋予的特殊责任，坚决确保不出大事、怪事、敏感事。八是坚持转作风、提效能，加强政府自身建设。强化责任担当，增强开拓意识，创新行政方式，提高行政效能，建设务实清廉高效的人民政府。

（执笔人：刘冠男）

大渡口区

大渡口区人民政府办公室

一、2020年发展回顾

2020年，新冠肺炎疫情突发并在全球范围内快速蔓延，进入下半年我国疫情已基本控制，社会生产和居民生活得以恢复，但全球范围内疫情仍持续发展。面对新冠肺炎疫情带来的严峻考验，在区委、区政府的坚强领导下，全区上下认真贯彻落实中央和市委、市政府决策部署，全面落实“六稳”要求，扎实做好“六保”工作，有效缓解疫情对经济发展的冲击，经济运行呈现持续稳定恢复的良好态势，高质量发展势头良好，统筹疫情防控和经济社会发展取得显著成效。

（一）经济运行稳定恢复，部分指标好于预期

全年全区实现生产总值266.5亿元，同比增长3.0%；规模以上工业增加值同比增长8.0%；固定资产投资总额227.4亿元，同比增长5.2%；社会消费品零售总额67.43亿元，同比下降5.9%；一般公共预算收入22.5亿元，同比下降2.7%。

（二）生产领域方面，供应总体稳定

1. 农业供给总体平稳，粮食生产收成较好

全区以实施乡村振兴战略为工作总抓手，围绕农业供给侧结构性改革，加快特色效益农业发展，全区农村经济形势稳中向好。全区农业总产值1.4亿元，同比增长3.4%；粮食播种面积3091亩，同比增长9.7%，粮食产量1003吨，增长17.6%。

2. 工业生产稳步回升，对经济增长支撑有力

在各项复工复产、援企稳岗、减负纾困等政策措施带动下，全区工业经济率先实现快速复苏，增幅逐月提升，全年全区规上工业增加值同比增长8%。工业生产持续回升对经济增长起到较强支撑，全年工业增加值67.2亿元，同比增长7.0%，工业占全区的比重达到25.2%，对全区经济的贡献率达到63.7%，拉动GDP增长1.9个百分点。

3. 房地产供给平稳，商品房销售面积实现增长

全区商品房施工面积991.1万平方米，同比增长7.7%；竣工面积193.1万平方米，同比增长13.7%。全年实现商品房销售面积192.5万平方米，同比增长3.9%。

4. 规上服务业快速回升，重点企业成稳固支撑

全区规上服务业营业收入48.8亿元，同比增长8.9%，比全国和全市同期增速分别高7.3个和6.6个百分点。分行业看，十大行业门类“七升三降”，其中信息传输、软件和信息技术服务业，租赁和商务服务业，科学研究和技术服务业增势良好，营业收入分别增长34.7%、24.4%和25.4%，对全区规上服务业快速回升给予了强有力支撑。

（三）需求方面，内外需求逐步回暖

1. 固定资产投资增速保持平稳，部分领域投资增长加快

全区完成固定资产投资227.4亿元，同比增

长5.2%。从主要领域看，工业投资18.9亿元，同比增长12.6%；基础设施投资35.6亿元，同比增长61.1%；房地产开发投资169.3亿元，同比下降1.9%。

2. 消费品市场加快回升，社零总额降幅收窄

受疫情影响，一季度全区社会消费品零售总额大幅下降，上半年降幅快速收窄，三季度市场回暖进程趋缓，进入四季度再度实现加速回升。全年全区社会消费品零售总额67.4亿元，同比下降5.9%。分行业看四大行业全面持续回升，全区批发业销售额同比增长0.5%；零售业销售额同比下降1.3%；住宿业营业额同比下降24.3%；餐饮业营业额同比下降0.4%。

3. 进出口形势保持稳定，出口快速增长

全年全区进出口总额22.0亿元，同比增长22.0%。外部需求快速回升，全年规上工业企业出口交货值突破10亿元，同比增长53.6%。在工业企业出口强势带动下，全区出口16.0亿元，同比增长50.7%。

（四）从收入看，三大收入基本稳定

1. 财政收入降幅加快收窄，非税收入快速增长

全区一般公共预算收入22.5亿元，同比下降2.7%；其中税收16.5亿元，同比下降14.3%。分税种看，增值税、企业所得税和房产税分别同比下降13.5%、3.9%和4.0%。非税收入6.0亿元，同比增长54.2%。

2. 企业效益加快好转，发展质量逐步改善

全区规上工业企业营业收入突破200亿元，实现利润总额23.5亿元，同比增长76.0%，企业利润率达到11.4%，比上年同期提高3.9个百分点，亏损企业个数同比减少11.8%，亏损企业亏损额减少18.9%。全区规上服务业企业资产总额突破700亿元，同比增长3.5%。

3. 居民收入基本稳定，城乡居民差距缩小

全区全体居民人均可支配收入42610元，同比增长4.9%。分城乡看，城镇居民人均可支配收入43069元，同比增长4.8%，农村居民人均可支配收入23063元，同比增长7.1%，城乡居民人均可支配收入比为1.87 : 1，较上年缩小0.04。

（五）经济运行亮点纷呈

1. 经济结构不断优化升级

产业结构不断调整。近年来全区产业结构逐渐趋于合理，并向优化和升级的方向发展，全区三次产业结构为0.4 : 43.2 : 56.4。内部结构更加优化。全区制造业增加值占工业的比重比上年提高2.8个百分点，交通运输、金融业、房地产等全部属于现代服务业的行业增加值占服务业比重比上年提高2.3个百分点。投资结构更趋合理。全区房地产投资占全部投资的比重为74.4%，比上年降低5.4个百分点，工业投资占全部投资的比重为8.3%，提高0.5个百分点，其中工业技改投资占工业投资的比重达到34.1%。

2. 新兴动能培育扎实推进

先进制造业加快发展。全区规上高技术制造业和规上战新产业制造业分别实现产值75.4亿元和118.5亿元，占全区规上工业总产值的比重分别为33.4%和52.5%，占比均较比上年提高，分别实现增加值14.2亿元、24.9亿元，同比增长61.4%、30.2%，高于全区规上工业增加值增速53.4个、22.2个百分点。现代服务业快速增长。信息传输、软件和信息技术服务业营业收入在新增单位的带动下，同比增长34.7%，成为规上服务业中增速最快的行业门类。规上高技术服务业营业收入和战略性新兴服务业营业收入分别增长18.9%和16.2%，比全区平均水平高10个和7.3

个百分点。新兴消费模式快速发展。以“无接触配送”为特点的网络消费快速发展。全区限上批零企业通过公共网络实现商品零售额同比增长3.9%。数字经济平稳发展。数字产业增加值15.2亿元，同比增长11.7%。

3.“六稳”“六保”任务有效落实

就业形势保持基本稳定。随着全区经济运行恢复，带动企业用工持续增长。前三季度全区“四上”单位在岗职工平均人数6.8万人，比上年同期增长3.8%。有效投入继续加快。持续加大基础设施等民生领域投入，基础设施投资保持高速增长，比全部投资增速高55.9个百分点；服务业投资中民族中学和庹家坳小学改扩建项目、N31-1地块新建小学等教育行业投资突破亿元；耘初城市生活运动馆、残疾人康复中心等现代服务业项目顺利推进。基本民生保障持续发力。与民生相关领域财政支出快速增长，全区卫生健康、教育、社会保障和就业等支出分别增长25.5%、13.2%、3.2%，增速分别比全区一般公共预算支出增速高32.3个、20个、10个百分点。

4.经济发展后劲不断增强

新建企业增添经济新动能。随着招商引资项目的落地和重大项目建设加快推进，全年新入库三上企业18家，有力推动全区经济发展持续加快。新开工项目进展顺利。全年新开工项目数65个，同比增长32.7%，占全部投资项目数的36.1%，完成投资98.5亿元，占全部投资额的43.3%。四大支柱产业稳定发展。大数据智能化、生态环保、大数据生物医药和文化休闲旅游等四大支柱产业的规上企业营业收入分别增长8.9%、11.4%、39.9%和3.5%。四大重点板块投资加快。建桥园区、滨江湾区、伏牛溪新城、九宫庙商圈等四大板块分别完成投资总额占全区投资的比重超过99%。

二、发展中存在的问题

（一）经济发展面临的外部环境将更加复杂严峻

从国际上看，世界经济面临严重的经济放缓，疫情在全球的蔓延无法得到有效遏制，世界正面临二战以来最严重的经济放缓，为应对疫情对经济带来的冲击，多国宽松货币政策可能导致全球金融风险持续上升，同时，美国持续推行单边贸易主义、保护主义，中美经贸关系恶化，贸易摩擦进入新阶段，国际贸易关系愈发紧张。从国内看，中国经济运行呈现稳定恢复的良好态势，展现出强大韧性和巨大回旋余地，是全球主要经济体中唯一保持经济正增长的国家，但是受外部环境的不稳定、不确定因素影响，经济恢复依然面临一些风险因素，如疫情外部输入风险、外需疲软冲击全球产业链供应和协作等，当前经济仍主要还是恢复性增长。

（二）经济运行向好基础仍需巩固

1.经济还存在短期结构失衡问题

需求端恢复滞后于供给端，生产修复回升较快，三次产业实现全面增长，但需求端特别是消费市场仍未扭转下降态势，当前疫情对消费的客观抑制因素已基本消除，但是居民收入增长缓慢，全年居民收入增速低于全市平均水平1.7个百分点，居民收入增长放缓对消费产生不利影响，同时住宿餐饮等接触类消费仍待提振，整体消费市场回升仍显缓慢。

2.部分企业经营压力依然存在

全年产值下降的规上工业企业占全部规上工业企业的57.7%；营业收入减少的规上服务业企业占全部规上服务业企业的48.1%，其中有37.8%的企业营业收入降幅超过30%；商品销售额下降的限额以上批发企业占全部限上批发企业的53.1%，其中43.1%的企业商品销售额降幅超过30%。

3. 民间投资活力不足

民间投资信心不足导致民间投资的潜力还未充分发挥，全区民间投资130亿元，同比下降4.7%，增速比全部投资增速低9.9个百分点，比全市平均水平低5.8个百分点。

三、2021年发展思路

2021年，要继续全面贯彻落实党的十九届五中全会和中央、全市经济工作会议精神，坚持稳中求进工作总基调，立足新发展阶段，贯彻新发展理念，构建新发展格局，坚定不移深化改革开放创新，巩固拓展疫情防控和经济社会发展成果，扎实做好“六稳”工作、全面落实“六保”任务，科学精准实施宏观政策，努力保持经济运行在合理区间，确保“十四五”开好局、起好步，以优异的成绩庆祝建党100周年。

（一）抓产业，加快实体经济发展

聚焦新兴动能培育，加快先进制造业发展。鼓励引导企业加大自主创新力度，增加技术改造投入，不断增强存量企业转型发展的内生动力。加快推进海康威视三期、萤石智能家居等新引进项目的建设，尽快实现建成达产入库统计，充分发挥新增企业拉动实体经济增长作用。

（二）推项目，不断扩大有效投资

加快新旧动能转换，聚焦四大支柱产业，围绕长江文化艺术湾区建设，加大高技术产业、音乐文化产业、现代服务业等行业投资，以高端优质项目引领全区产业转型升级，为全区高质量发展提供有力支撑。

（三）扩内需，拉动消费市场回升

加快推动金桥片区开发建设，聚力九宫庙金桥现代商贸聚集区建设，引导消费市场升级，提升消费层次，结合老旧小区改造加装电梯、自有住房改造、家电更新等制定具体促消费举措，加大力度促进实物消费。

（执笔人：唐闰兰）

江北区

江北区人民政府办公室

一、2020年发展回顾

2020年，我区全面贯彻落实中央、市委决策部署，统筹推进疫情防控和经济社会发展，努力做好“六稳”工作、落实“六保”任务，加强经济监测预警，及时出台助企纾困政策措施，全面复工复产达产，全区经济韧性增强、新的动能集聚、市场活力提升，供需两端恢复性增长势头明显，保持了经济持续健康发展和社会大局稳定。主要经济指标走势良好，全年地区生产总值突破1300亿元，达到1325亿元，同比增长3.9%，增速居中心城区第一位，全面建成小康社会胜利在望，“十三五”规划目标总体完成。

（一）凝心聚力应对危机变局

一是齐心协力战疫情。第一时间落实全市重大突发公共事件一级响应机制要求，开展大排查6轮约303万户次、692万人次，用一个月左右时间将本地每日新增病例、疑似病例控制在零，在全市率先实现确诊病例、疑似病例、密切接触者、发热留观人员PCR核酸检测100%全覆盖。顺利完成5架境外返渝航班共815名入境人员的集中隔离医学观察任务。圆满完成对口支援孝感和援助湖北武汉任务。

二是多措并举战复工。落实中央和市级企业纾困措施，配套出台区级“支持中小企业12条”，积极落实减税降费政策，全年新增减税降费58.1亿元，全力促消费抓投资稳外贸，大力推动“线上消费”，加强资金、资源要素和交通物流保障，在全市率先实现100%复工、100%达产。

三是众志成城战洪水。8月，在遭遇1905年以来两江最大洪峰过境时，迅速启动首个一级防汛响应，投入各类应急力量1.96万人次、资金6811万元，转移安置群众5536人，清淤19万吨、消杀132万余平方米，成功实现全区人员“零”伤亡，群众生产生活秩序得以迅速恢复。

（二）逆风破浪推动高质量发展

一是创新驱动取得新突破。推动工业转型升级。支柱产业持续回升，工业经济持续回暖，规模以上工业增加值增长4.5%。新兴产业向全产业链发展推进，战略性新兴制造业增加值占GDP比重达3%。生物医药集聚发展，新引进前沿高端技术项目2个，智飞生物等企业强势发力，全区生物医药产业产值增长80%。推动服务业提质增效。现代服务业占比提升至73%。国家金融科技认证中心、重庆小米消费金融、滴滴出行西南总部等16家金融和总部机构纷纷落户，全区金融机构近490家；存贷款余额1.5万亿元、金融资产规模2万亿元、证券交易量1.2万亿元，上市企业12家、新三板挂牌企业4家、OTC成长板累计挂牌企业67家。数字经济加快发展，建成5G基站近3000个，数字产业增加值增长40%。文旅产业融合发展，文化旅游产业增加值及增长率均保持全市前列。推动创新生态优化。

长安全球研发中心正式投入运营，字节跳动重庆创新中心等重大项目竞相落地。新增高新技术企业 32 家、入库科技企业 454 家。推出知识价值信用贷款、科研贷等金融产品，为 100 余家企业提供贷款 2 亿元。R&D 经费投入超 40 亿元、占 GDP 比重达 3%。

二是"三驾马车"迸发新动力。有效投资持续扩大，310 个区级重点项目全年完成投资 270 亿元，拉动全区固定资产投资完成 427.7 亿元。争取各类资金超过 29 亿元。引进欧冶链金、泰山体育产业集团等重点项目 35 个，涉及投资金额 45.68 亿元；实际到位外资 8.5 亿美元，外商直接投资 2.88 亿美元。消费业态优化升级。全年实现社会消费品零售总额 687 亿元，同比增长 3.2%。大力发展"四首"经济，引进国内外知名品牌旗舰店、体验店、定制店 17 个。加快打造三洞桥风情街和九曲花街，丰富九街、鎏嘉码头商业业态。电子商务快速发展，全网店铺超过 5 万户，电子商务交易额超 2000 亿元，网络零售额 185 亿元。外资外贸稳定增长。全区完成进出口总额 390 亿元，总部贸易企业增长到 8 家，占全市的 40%，对"一带一路"沿线国家进出口占比提升至 54%。

三是改革开放呈现新气象。持续优化营商环境。政务服务事项网上办比例达 90%，行政审批"零材料提交"事项达 100 项，审批实际办理时间比法定时限平均减少 70%。高质量打造"民营小微企业首贷续贷中心"，累计发放贷款 6.55 亿元。健全"三送两办一访"工作机制，办结企业反映问题 2800 余件，全年新增市场主体 1.54 万户。狠抓重点领域改革。优化投资项目财政评审管理办法，审减率达 11.1%。深化国企国资改革，成功处置经营性房产，实现处置收入 8860 万元，清理闲置房产、零星地块 69 万平方米。"明厨亮灶"智慧监管等 14 个项目成为全市新型智慧城市建设示范。推动更高水平开放。果园保税物流中心（B 型）封关运行，西部陆海新通道（果园港）班列常态化运行。新增国际商业贷款转贷款融资、跨境电商"前店后仓 + 快速配送"等创新案例。"一带一路"商品展示交易中心国家馆扩大到 27 个。

四是协调发展形成新格局。全面强化与四川省巴中市、德阳市、泸州市等 6 个市区达成战略合作，与成都交子金控集团开展务实合作，成都银行灾备中心落地江北，与德阳市实现了 34 项政务服务异地通办，成渝地区双城经济圈江北区形象展示中心建成投用。加快融入"一区两群"协调发展，着力发挥对主城都市区的引领作用和对"两群"发展的带动作用，持续开展"万企帮万村·江北在行动"，实现酉阳县 130 个贫困村全覆盖帮扶，135 个援建项目加快推进。中国西部消费扶贫中心在渔人湾码头开馆运营，为全市乃至全国消费扶贫作出贡献。

五是美好生活铺开新画卷。城市品质更佳。加快形成内畅外联的路网体系，建成投用新溉路二期，推动轨道五号线一期北段通车，全区轨道通车里程达 20 公里，曾家岩嘉陵江大桥、武江路立交建成通车，海尔路成功改扩建。第三届长江上游城市花博会备受好评，江北嘴滨江公园建成投用。生态环境更优。黑石子餐厨垃圾处理场成功关停，鑫缘至尊餐饮渔船成功取缔拆解。全面铺开垃圾分类，抓好垃圾分类投放、收集、运输和处理关键环节；开展"无废城市"创建试点工作，成功创建"无废城市细胞"65 个。空气质量优良率达到 90%，污染地块安全利用率达到 95% 以上，危险废物安全处置率 100%，区域噪声污染得到有效控制。民生保障更好。新增就业 5 万人，在全市率先实现城乡低保统筹、社区养老服务设施全覆盖，成功创建"全国健康促进区"；石子山中小学、寸滩小学建成投用，徐悲鸿美术馆举办两次直辖以来规模最高艺术展；持续化解各类风险隐患，全年未发生较大及以上安全生产事故。

二、存在的问题

尽管取得了一些成绩，我们也清醒看到，江北发展还面临一些困难和挑战。疫情变化和外部环境存在诸多不确定性，经济稳增长难度依然较大，做好“六稳”“六保”工作任务艰巨。产业能级有待提升，市场主体竞争力有待增强，创新能力还不适应高质量发展要求，科技创新、产业创新黏度还不够高，高精尖人才紧缺，产业技术安全基础不够牢固。开放度和国际化水平还不够高，营商环境还需优化提升。生态环保任重道远，河长制、林长制等特色制度有待进一步细化落实，山水林田湖草保护修复要在更深处着力。民生保障存在短板，教育、医疗、老旧小区改造等民生补短板任务任重道远，人才安居和低收入群体社会保障力度需进一步加大。城市建设管理精细化程度还不够高，区域发展还不够均衡，城乡融合、产城融合还需持续发力，智慧江北建设需要加快推进。政府自身建设还需进一步加强，少数干部不担当、不作为、不会为，一些领域腐败风险点较多。在疫情防控中，公共卫生应急管理等方面暴露出不少薄弱环节。我们将坚持问题导向，采取有效措施，切实加以解决。

三、2021年发展重点

（一）加快推动科技创新发展

全年要引进科技型企业280家、高新技术企业25家、市级以上研发机构5家。支持润际远东自主研发的高浓度合金元素添加剂制备关键技术申报国家科技进步二等奖。争取生物医药产业园中试服务平台和港城科技企业孵化器2个国家级项目落地，全年要新增区级创新载体3~5家、市级创新载体2家。实施“江北英才”计划，推动市级博士后创新创业园建设，建立成渝两地人力资源对接机制，建立健全创新激励机制。

（二）加快推动产业链供应链优化升级

持续提升汽车和电子电器两大支柱产业能级，建设新能源汽车产业基地；实施一批智能化改造项目，推动企业上云上规上市；持续抓好新一代信息技术、新材料等战略性新兴产业发展。推动大数据、人工智能、软件服务等产业发展，推动智慧城管向智慧城市升级，力争全年数字经济增加值增长15%以上。聚焦共建西部金融中心，吸引更多全国性、区域性金融总部和全国性金融市场集聚发展；争取一批外资银行、证券公司、基金公司和有特色的专业外资保险机构进入江北。积极助推东方微银上市，实现科创板“零的突破”。

（三）把激活内需作为稳经济的主动力

着力推动消费提质升级，规范发展长租房市场，进一步完善就业、社保、收入分配等制度，增强居民消费能力。推动观音桥和江北嘴打造国际消费示范商圈，提升全区各大商圈、购物中心人气商气。以“三线”为导向升级传统商贸，打造新零售特色“网街”。积极向上对接，争取中央预算内、专项债等项目资金。抓住“长嘉汇”大景区建设机遇，支持国有企业通过发行企业债、PPP等方式拓宽融资渠道。积极拓展“云招商”“会展招商”等方式，打造永不落幕的招商会，精准招引新金融、生物医药、智能制造等行业知名企业，力争全年新引进亿元以上产业项目100个，实际利用外资8.5亿美元。

（四）统筹推进城乡品质提升

积极对接全市“一区两群”协调发展机制和

“三大槽谷、九大片区”国土空间功能规划，完成国土空间分区规划和“1+7+N”规划编制。做靓“长嘉汇”城市功能名片，推进“两江四岸”核心区涉及江北的54个项目、243亿元投资全面落地。抢抓寸滩国际新城开发机遇，提速寸滩及铁山坪片区未征地块征地和土地供应，加快唐桂新城21个重点项目建设，推动寸滩—铁山坪区域城市能级跃升。加快实施城市更新行动，“活化”保护明玉珍睿陵、盘溪汉阙等历史文物，完成塔坪、南桥苑等4个片区老旧小区改造。加快推进北滨路东西延伸段等区级重点项目建设，协调推进轨道和铁路东环线等市区共建项目建设。新建改建公厕10座、公共停车场5个，布局一批公共充电桩，加快完善“三道一桥”慢行系统。深入开展农村人居环境整治提升行动，持续推进水电气讯路等基础设施建设，建好五宝镇明月湖生态旅游度假区。

（五）持续筑牢长江上游重要生态屏障

全面加强污染防治，持续用力解决大气、水、土壤污染突出问题，实现减污降碳协同效应，确保全年蓝天天数达300天以上。提速郭家沱、复盛等片区污水管网建设和石马河至茅溪等6大片区雨污分流整治，确保地表水考核断面水质达标率持续保持100%。完成黑石子仓库、中渝电镀厂污染地块修复治理，确保全区受污染土地安全利用率达95%以上。着眼山水林田湖草生态保护修复，完善横向生态补偿机制，提升生态系统碳汇能力。抓好长江“十年禁渔”，推进长江水生生物多样性恢复。倡导践行绿色生活方式，建立健全垃圾分类新模式，深化“无废城区”建设。

（六）强化改革驱动

深化放管服改革，加强“互联网+”政务服务能力建设，积极探索“智能AI审批”建设，加快推进行政审批流程再造，全面疏通政务服务、项目审批、用电用气等方面的梗阻。办好民营小微企业首贷续贷中心，保持小微企业金融供给稳定。继续深化国企改革，全面推进非经营性国有资产清理剥离，积极推动AA+国企信用评级工作。深化财税改革，进一步落实政府过紧日子工作要求。

（七）坚持扩大开放

继续高质量实施中新多式联运示范基地等23个重点合作项目，积极参与中欧班列、西部陆海新通道、长江航运、国际航空物流运营。深化参与成渝地区双城经济圈建设，深入落实与四川6个友好城市的战略合作协议，强化与四川其余地区的合作对接；全面融入“一区两群”协调发展，用好用足相关支持政策。高标准推动自贸试验区建设，积极推动果园港区申报内陆开放口岸功能，协调推进寸滩国际新城建设，力争实现“一带一路”沿线国家和地区的进出口总额同比增长30%，全年完成外贸进出口超过390亿元。

（八）增进民生福祉

全面落实就业优先政策，努力做好高校毕业生、农民工、退役军人等重点群体就业工作，确保“零就业”家庭动态清零。加快推进区人民医院新院建设，建设全市一流的区县医共体。健全分层分类社会救助体系，推进多层次养老服务体系建设。提升学前教育普惠供给，确保普惠率稳定在85%以上。推进市域治理能力现代化试点，深化扫黑除恶专项斗争，强化重点领域风险防控。要扎实推进安全生产专项整治“三年行动”，坚决防止发生重大以上安全事故。

（执笔人：周越）

沙坪坝区

沙坪坝区人民政府办公室

2020年，面对突如其来的疫情冲击，面对复杂严峻的国际国内形势，沙坪坝区坚持以习近平新时代中国特色社会主义思想为指导，深入贯彻习近平总书记对重庆工作的重要指示要求，认真落实党中央、市委决策部署，统筹推进疫情防控和经济发展，抓“六保”促“六稳”，经济逐季恢复、稳定转好，为如期实现决胜小康社会目标奠定了坚实基础。

一、2020年发展回顾

受新冠肺炎疫情的严重冲击，全年地区生产总值增长3.0%，规上工业总产值增长14.8%，固定资产投资总额增长9.5%，一般公共预算收入增长0.6%，区级税收增长0.3%，全体居民人均可支配收入增长5.7%。

一年来，主要做了以下工作。

（一）全力应对三场大考，圆满交出合格答卷

一是战疫情取得重大成果，坚持科学防治、精准施策，完成核酸检测106万例次，半个月实现新增确诊病例零增长，两个月实现确诊病例、住院病例“双清零”。二是战复工取得良好成效，有序推动复工复产、复市复消、复课复学，减税降费34亿元，帮助企业融资25亿元，刺激消费65亿元，4900余家企业3月底全面复工复产，26万师生顺利开学复课。三是战洪水取得全面胜利，统筹做好监测预警、应急处置、转移避险和灾后重建，紧急转移6600余名群众，成功应对洪峰过境。

（二）持续推动产业转型，经济结构不断优化

一是创新驱动深入推进。全面融入科学城建设，引进独立法人研发机构13个、高新企业19家，新增科技型企业476家、增长83%，创新主体不断壮大。黄金湾·智谷建成投用，重庆工业设计城、青凤高科孵化中心等加快建设，创新平台不断拓展。新建院士专家工作站2家，柔性引进院士5人、高层次专家152人，创新生态不断优化。

二是先进制造业提质增效。青凤高科产业园建设形象初显，工业投资增长60%。引进智能制造项目19个，投产科技项目15个，高新技术产业产值增长16%。数字经济与实体经济深度融合，30家企业“上云上平台”，完成智能化改造31家，新建智能工厂4个、数字化车间8个，建成5G基站2700个。规上工业增加值、数字经济增加值分别增长8.5%、10.8%。

三是现代服务业加快发展。融创文旅城、龙湖天街、磁器口后街开业投运，打造特色商业街区3个，落户首店25家，新增高端酒店4个，439家市场主体升规上限。新增金融机构2家，引进现代服务业项目26个。获批国家文化旅游消费试点城市。

（三）持续深化改革开放，市场活力不断增强

一是重点领域改革取得新进展。深化“放管

服”改革，行政审批一次办理、全程网办比例分别提高55%、83%，成立全国首个“区块链+政务服务”联盟，核发全市首张“跨省通办”营业执照，新增市场主体2.2万户，营商环境不断优化。深化国资国企改革，完善监管制度37项，处置闲置资产47宗，国有资产实现集中监管，改革红利不断释放。

二是对外开放成效明显。获批国家陆港型物流枢纽，全国首批中欧班列集结中心示范项目落地，新增3个海外分拨仓，开行国际班列4875列、货值1100亿元，分别增长89%、76%。首次药品口岸、冷链仓建成投运，进口整车4800辆。落实自贸区改革措施98项，新增企业1000家。实际利用外资8亿美元，进出口总额达3000亿元。

三是招商引资成果丰硕。签约项目138个、1512亿元，先进制造业占比达45%，中电光谷·西部科技城、绿地全球贸易港等2个百亿级项目落地，项目开工率达90%，产业发展后劲不断增强。

（四）持续推进城乡融合，人居环境明显改善

一是城市提升加快推进。完成分区规划编制，提速建设基础设施，142公里城市道路全面开工，47公里道路建成通车。完成城市征收21万平方米、农村征地7900亩，拆除尾欠户851户。改造棚户区1500户，整治老旧小区20万平方米，依法拆除违法建筑160万平方米，迁改管线20公里。72万平方米生态景观全面建成，绿化美化坡坎崖53处，新建20公里景观大道，新增绿化面积130万平方米。“两江四岸”治理提升扎实推进，开展“清水绿岸”综合整治，完成磁器口景观码头、歌乐山索道提档升级，新建山城步道27公里。新增公共停车位5000个，新改建公厕9座。

二是乡村振兴加快实施。村级集体产权制度改革全面完成，“三社”融合发展全面推开。新增特色农旅融合项目7个，打造34平方公里中梁都市村庄，建成环斐然湖步道5公里、生态景观30万平方米，启动120栋农户改造。全面完成农村人居环境整治三年行动任务，新改建“四好农村路”72公里，改厕1912户，建成美丽庭院200个，解决2000户饮水安全问题，农村人居环境不断提升。

三是环境质量明显改善。加快推进中央环保督察反馈问题整改。重点整治“散乱污”企业649家，空气质量优良天数达314天、同比增加27天，历史性突破300天。深入开展河道“三乱”专项整治，全面禁止肥水养殖，完成歌乐山上下天池等6个湖库治理，水质均达Ⅲ类。完成全域管网普查，新改建管网35公里，梁滩河水质提升至Ⅳ类。建成“无废城市细胞”50个，修复废弃矿坑2000亩，国土绿化1.7万亩。成功创建“中国天然氧吧”。

（五）持续增进民生福祉，生活水平稳步提高

一是民生保障扩面提质。21件民生实事全面完成。“两不愁三保障”突出问题动态清零。新增就业4万人。发放各类帮扶资金6800万元、惠及10万人次。全面建成社会福利护养中心，新建养老服务中心7个，社区居家养老服务实现全覆盖。新改建村、社区便民服务中心16个，新增儿童之家35个。

二是社会事业加快发展。幼儿园公办率、普惠率分别提高至52%、80%，建成中小学5所，与驻区高校共建附属学校4所。人民医院主体完工。新增全民健身场地14万平方米。新建文化服务中心18个，新增市级历史建筑2处、非遗种类31个。

三是风险防控扎实有效。争取上级资金28

亿元，消减存量债务43亿元，政府综合债务率大幅下降，债务风险平稳可控。开展“生命通道”清障行动，完成201栋高层建筑消防隐患整治，改造老旧电梯61部，安全生产事故起数、死亡人数双下降。开展市域社会治理现代化试点，化解信访积案145个，扫黑除恶专项斗争全面收官，社会大局平安稳定。

二、发展中存在的问题

一是产业转型尚需时日，创新能力不强，创新集聚水平还不高，新兴产业发展不充分，现代服务业增长乏力，支柱产业核心竞争力还不强。二是公共服务短板仍在，教育、医疗等公共服务资源配置不够均衡，社会治理现代化推进不够深入，城市基础设施建设、生态环保依然任重道远。三是城市提升有待强化，城市化进程不够快，城市规划还需持续优化，城市管理水平不够高，城乡环境卫生水平有待加强，全域城乡道路等基础设施有待投入，相对发达地区，综合发展水平还欠发达。四是营商环境还需改善，全面深化改革深入不够，“放管服”改革尚未完全到位，重点领域改革力度不够，激发民营经济活力不强，还需进一步构建亲清政商关系。

三、2021年发展思路

全区经济社会发展主要预期目标：地区生产总值增长6%以上，固定资产投资总额增长8%，工业增加值增长8%，社会消费品零售总额增长7%，进出口总额增长2%，一般公共预算收入增长3%，税收收入增长5%，居民收入增长与经济增长基本同步，空气质量、节能减排降碳完成年度目标。重点做好以下八个方面的工作。

（一）坚定不移实施创新驱动战略，加快集聚高质量发展动能

一是推动科学城建设，坚决扛起科学城主战场的责任，加快环大学创新生态圈建设，抓好量子核心光电子器件等一批重大项目落地，打造重庆科技创新的重要发源地和高品质生活宜居地。二是构建创新版图，打造嘉陵江科技创新带和西部科创走廊，推动金沙星座·科创园、重大创意设计产业园发展，建成32万平方米自贸区创新服务中心、15万平方米联动国际企业港。三是引育创新主体，培育新型研发机构和创新型企业，引进研发机构6个、高兴技术项目20个，建成研发机构10家，组建企业创新联合体5个。四是优化创新生态，完善科技金融体系，促进科技成果就地转化，实施沙磁聚才行动，办好各类品牌创新活动。

（二）坚定不移突出大数据智能化，加快制造业转型升级

一是发展先进制造业，聚焦新一代信息技术产业、下一代汽车产业、高端装备产业、生物医疗产业、新材料产业，促进各类产业集群项目建成投用。二是发展数字经济，提升“芯核器网服”价值链，构建“云联数算融”要素群，打造“住业游乐购”场景集。

（三）坚定不移促进消费升级，加快现代服务业提质增效

一是融合发展文化旅游业，加快歌乐山·磁器口大景区建设，推出红色精品剧目，持续创建国家5A级景区。二是提质发展商贸服务业，实施消费升级行动计划，优化传统商贸业，大力发展电子商务，新增50万平方米商业载体，升规上限市场主体200家。三是培育壮大生产性服务

业，加快发展创意设计和现代物流业，引进西南设计之都、奥地利基司卡等知名工业设计企业，引进物流项目20个。大力发展专业服务业和现代金融业，引育各类咨询机构20家，新增金融机构2家，增加值增长8%以上。

（四）坚定不移扩大对外开放，加快建设内陆开放高地

一是推动成渝地区双城经济圈建设，深化与成都国际铁路港、成都市武侯区合作，强化重庆西站、沙坪坝站枢纽功能。二是加快陆港型物流枢纽建设，服务“四向通道”稳定运行，优化路网结构，发展多式联运，完善平台功能，深化通关协作。三是发展口岸经济，积极拓展“一带一路”沿线国家市场，新增1000户市场主体。

（五）坚定不移全面深化改革，加快释放市场主体活力

一是优化营商环境，对标世行营商环境评价体系，建成营商环境智慧监管平台，加快落地一批高质量招商项目，实现签约金额1500亿元。二是深化重点领域改革，实施国企改革三年行动，深化投融资体制改革，清除“僵尸企业”，用好国务院债务风险化解试点政策，提升债务管控实效。三是大力发展民营经济，全面落实“减税降费”政策，推动2家企业上市。激发民间有效投资活力，实现民间投资占比80%以上、民营经济增加值占比40%以上。

（六）坚定不移强化板块联动，加快城市化进程

一是加速东部旧城改造，建立国土空间规划机制，完善交通网络，加快城市更新，实施TOD综合体建设，推动滨江商业带开发。二是加强中部治理提升，加快歌乐山保护提升规划落地，推进生态修复，强化林长制，打造“城市肺叶、市民花园”。三是加快西部开发提质，高标准建设国际物流城，建成自贸区企业创新服务中心，加快外联通道建设、北拓区开发和青凤高科产业园建设。

（七）坚定不移提升城市品质，加快改善城乡面貌

一是提升城市品质，深入推进城市提升行动计划，开展城乡结合部综合整治，高水平打造“两江四岸”，深化“大城三管”，建成绿化项目12个，山城步道30公里，公共停车位7000个。二是抓好乡村振兴，加快中梁都市村庄建设，开展农村人居环境整治，大力发展休闲农业、乡村旅游，深化“三变”改革。三是改善环境质量，持续推进中央生态环保督察反馈问题整改，完成487家“散乱污”企业整治。加快河流综合治理，治理修复20万平方米污染土壤。

（八）坚定不移保障改善民生，加快提升人民群众获得感

一是抓好常态化疫情防控，严格落实常态化疫情防控措施，完善多点触发实时监控机制，有序开展疫苗接种。二是加强民生保障，完善重点群体就业支持体系，实现新增就业2.6万人。促进社保精准扩面，全面推行社会救助制度改革。三是发展社会事业，提高学前教育普惠率，严格规范教育培训机构。建成投用人民医院，新增30个全民健身点。四是推进社会治理现代化，推进市域社会治理现代化试点，完善社会治安防控体系。严厉打击各类非法金融活动，全面完成高层建筑消防隐患整治，强化食品药品安全治理。

（执笔人：方家昕）

九龙坡区

九龙坡区人民政府办公室

一、2020年发展回顾

2020年，是新中国历史上极不寻常的一年。九龙坡区始终坚持以习近平新时代中国特色社会主义思想为指导，深入贯彻习近平总书记对重庆提出的营造良好政治生态，坚持“两点”定位、“两地”“两高”目标，发挥“三个作用”和推动成渝地区双城经济圈建设等重要指示要求，在市委、市政府坚强领导下，在区委团结带领下，在区人大、区政协监督支持下，积极应对大战大考，全力以赴完成区十八届人大四次会议确定的目标任务。

（一）经济恢复好于预期

扎实做好“六稳”工作，全面落实“六保”任务，地区生产总值在一季度同比下降10.5%的情况下逐季好转、稳定恢复，全年实现1533.16亿元、增长3.9%（扣除疫情影响因素增长6%），固定资产投资增长12.4%，规上工业增加值增长5.8%，服务业增加值增长2.9%，三次产业结构调整为0.5∶36.2∶63.3。新登记市场主体2.87万户，支撑带动城镇新增就业4.02万人。

（二）坚决打好三大攻坚战，抓重点补短板强弱项取得更大成效

服务全局、服从大局，对口帮扶城口县脱贫攻坚三年工作计划圆满收官，率先开展消费扶贫智能专柜试点。夯实常态化困难群众精准帮扶管理库，统筹解决“两不愁三保障”重点问题。扎实推进污染防治攻坚战。中央生态环保督察及市集中督察反馈问题全部销号。第二次全国污染源普查工作通过国家验收。率先建成大气环境监测预警系统，空气质量优良天数306天，受污染耕地安全利用率在95%以上。深入打好防范化解重大风险攻坚战。实施“新一轮预算平衡十五条”，政府债务控制在限额以内。银行业不良率、小贷不良率、融资担保代偿率保持低位。房地产市场保持平稳健康发展。

（三）构建现代产业体系，结构优化升级迈出坚实步伐

做实做强做优制造业。秦安机电总部基地等22个重点项目开工建设，工业投资达到100亿元。规上工业企业新增44家、总量保持全市第一，国家两化融合贯标企业、市级智能工厂、数字化车间分别增至15家、4家、25个，24家十亿级工业企业产值增长8.8%。汽摩、新材料、高端装备产业产值分别增长6.3%、19.8%和7%。集聚现代服务业。沃尔玛山姆店等总部机构相继落地。创建全国绿色商场2家，新增各类首店20家、达到64家。“重庆城市文化艺术之旅”入选全国精品主题旅游线路。34栋重点楼宇营收增长6%。金融机构存贷款余额、专业技术服务业营业收入、文旅产业增加值分别增长11.3%、19.3%和5%。发展数字经济。承

办智博会“智造新动能·智联新产业”高峰论坛等高级别活动，引进辰隆信安大数据产业园等14个重点项目，庆铃先进发动机智能工厂等6个项目获评全市首批智能制造和工业互联网创新示范。数字经济“四上”企业达到217家。计算机制造业、规上专用设备制造业、规上软件和信息技术服务业、限上互联网销售额、跨境电商交易额分别增长10.7%、20%、20.2%、38.4%、14.7%。

（四）深化改革开放创新，市场活力和社会创造力不断激发

高标准完成中小企业知识产权战略推进工程试点，新增国家高新技术企业23家、技能大师工作室3个、“万人计划”人选2名，新增注册商标9185件、专利授权5088件，中国专利奖获奖总量保持全市前列。推进重点领域改革。有序实施区属国有企业内部整合，基本完成差异化薪酬分配制度改革。国企退休人员社会化管理、中央市属国企“三供一业”等移交工作全面完成。出台政府过紧日子十条，压减财政一般性支出和专项支出12.6亿元。实施“五个一百”重大项目储备库，争取中央预算内资金、政府债券等上级政策资金58.5亿元，率先采用PPP模式实施老旧小区改造、公立医院建设。扩大国际交往合作。全面完成自贸试验区122项改革试点任务，落实“稳外贸稳外资12条”“利用外资25条”，获批全市加工贸易示范区。肯尼亚西南签证中心落地运营，新设立日韩、欧洲境外招商代办处2个，新增离境退税商店2家、外资企业57家。外贸进出口总额增长7.2%。培育优质营商环境。率先设立开办企业服务专区、小型低风险建设项目综合服务窗口，全面实行“一窗综办”综合服务模式，许可类事项法定时限压缩85.3%，政务服务效能评估保持领先优势。营商环境综合考评全市第一。

（五）共建共享生态文明，城乡区域一体化发展有力推进

一是加强生态保护。完成“三线一单”编制，全面落实河长制，完成林长制试点，试行国有林场确权登记。国家山水林田湖草生态保护修复工程试点、长江干支流废弃露天矿山修复、国土绿化提升三年行动任务全面完成，生活垃圾分类管理居全市先进水平。二是促进乡村振兴。完成农村土地承包经营权确权登记颁证任务，落地市供销合作社智慧农服集团总部和“三社融合”示范项目。铜罐驿镇英雄湾村入选全市首批实用性村规划示范村，农村人居环境整治三年行动任务全面完成，村民小组通达率、通畅率均达100%，卫生厕所普及率达到92%。“巴味渝珍”品牌授权农产品达到39个。三是推动城市提升。编制完成城市有机更新规划，九龙半岛控规修编入库。和坪公园建成开放，石桥铺电竞街区、石杨路拓宽改造、江厦星光汇地通等10个城市街区重点项目顺利建成，彩云谷公园等14个公园广场、云领天街等52个城市综合体和高品质居住项目加快建设。商品房销售面积308万平方米。改造市政道路15万平方米，治理坡坎崖70万平方米，建成山城步道28.5公里。共塑城乡骨架。完成第三次国土调查任务。调整优化土地储备供应工作体系，供应土地5061亩、实现价款129.7亿元。房屋征收84.7万平方米、土地征收3551亩，盘活利用存量土地2040亩，消除违法建筑107万平方米。成渝铁路改造、轨道18号线加快建设，轨道5号线、冶金路立交建成通车，陶家隧道、大九滨江路连接道启动实施。黄正街地下综合管廊、和坪口地下工程竣工投用。5G基站达到2922个，创建市级智慧小区3个，“九龙云”平台基本建成。

二、发展中存在的问题

九龙坡区在发展中仍然还存在一些突出问题和短板，也清醒看到面临的困难和挑战。一是疫情变化和外部环境存在诸多不确定性，经济稳定恢复基础尚不牢固，消费稳步回升压力较大。产业基础和产业链存在明显薄弱环节，结构调整仍处深度震荡期。二是生产经营困难企业仍然较多，保市场主体难度加大。三是资源环境与公共服务矛盾问题交织，教育、医疗、养老托育等民生领域存在不少短板，"财政紧平衡"仍将延续，经济、城市运行中的风险不容忽视。

三、2021 年发展思路

2021 年全区经济社会发展的主要预期目标是：地区生产总值增长 6% 以上；规上工业增加值增长 6%，固定资产投资增长 6%，社会消费品零售总额增长 7%；城镇新增就业 3 万人；全社会研发经费支出占比达到 3.3%；进出口量稳质升；财政收支保持动态平衡；全体居民人均可支配收入增长 7%；单位地区生产总值能耗下降 3% 左右；提高粮食供给保障能力。

（一）着力构筑新时代战略引领、协同开放、协调发展新格局，服务成渝地区双城经济圈建设大局

一是携手共建成渝地区双城经济圈。以区域循环融入国内大循环。强化驻外招商分局等平台作用，围绕生态优先绿色发展、畅通国内国际双循环、引领经济高质量发展，加强长江经济带区域联动，拓展与京津冀、长三角、粤港澳大湾区及周边省份的产业对接。二是全方位对接川渝合作。全面融入基础设施互联互通、产业发展协作协同、生态环保联建联治、改革开放共促共进、城乡建设走深走实、公共服务共建共享，积极对接自贸试验区协同开放、巴蜀文化旅游走廊、国家医学中心、"无废城市"等联动共建布局。三是共创协同发展示范区。全面推动与成都市新都区"新龙合作"等跨省联动，深化多层次、宽领域、全方位战略协同，共同打造现代产业创新示范区、区域协调发展示范区、生态文明保护开发示范区、对外开放交流示范区、民生共建共享示范区。

（二）协同共担"一区两群"协调发展格局

落实"一区两群"区县对口协同发展机制。积极加强市域跨区县协作，共同构筑优势互补、高质量发展的区域经济布局。一是共建西部（重庆）科学城。对接落实重庆高新区协同联动机制，共建西彭轻量化材料应用之都、陶家科学城城市综合服务中心，超常规推动中铝高端制造总部基地、轻量化材料工程研究院建设，建设先进制造业核心区。二是共建人文之城。高起点高标准高效率打造九龙美术半岛、建设长江文化艺术湾区，对接落地重庆美术馆、重庆博物馆等重大功能设施布局，"瘦身健体"集聚科技创新、现代服务、先进制造、国际交往高端功能，共同塑造"两江四岸"城市发展主轴。

（三）坚持创新驱动发展，构建现代产业体系

突出大数据智能化创新，推进产业基础高级化、产业链现代化，实现自我生成能力，构建优势突出、特征鲜明、生态谱系完备的现代产业体系。着力构筑汽摩、新材料、高端装备、信息技术先进制造业产业集群，发展以高技术服务、专业服务、共享经济、时尚产业为特征的现代服务业产业集群，培育美丽乡村与工商农旅深度融合的现代都市农业集群。一是壮大骨干企业。积极

对接全市科技企业成长工程、企业研发机构倍增计划，全面实施上市企业储备库。市级以上认定科技型企业达到2200家，引进500强总部机构5户，新增挂牌企业1家、上市企业1家。西彭园区集聚打造铝加工全产业链，引进培育引领型“链主”企业10家。九龙园区聚焦发展数字经济和现代服务业，新增科技型企业50家。二是推动结构升级。把制造业高质量发展摆在更加突出位置，规上工业全员劳动生产率达到40万元/人左右，规上高技术制造业、战略性新兴制造业增加值占比分别提高至12%和35%。提高生产性服务业比重，规上高技术服务业营收增长14%以上。

（四）构筑先进制造业基地。推进“十百千万”工业提振行动计划

“一企一策”支持西南铝自主化能力建设项目、博世庆铃氢燃料发动机研发基地、量子应用科技装备基地、秦安机电新能源驱动系统生产线、庆铃高端皮卡生产线、中科润资气凝胶新材料生产基地加快建设。新增规上工业企业60家、总量达到500家。建立中小成长型企业调查体系。一是实施产业基础再造工程。着力夯实零部件、材料、工艺、技术基础，创建国家两化融合贯标企业、智能工厂和数字化车间，实施十大高端化、智能化、绿色化改造项目，技改投资占比保持在30%以上。深入开展质量提升行动，创建全国质量强市示范城市。二是持之以恒强化工业立区。汽摩、新材料、高端装备、信息技术产值分别达到350亿元、450亿元、180亿元、100亿元，规上工业总产值完成1250亿元。保持制造业比重基本稳定，巩固实体经济根基。

（五）建设新经济集聚区。全面构建新经济产业链

一是坚持高新导向，布局未来产业。“平台+”重点发展工业互联网、现代物流、跨境电商、新型电商、数字内容、共享服务智慧生活平台，“金融+”加快构建区域性金融协同格局、推进资产证券化创新发展，“设计+”全力集聚工业设计、建筑设计、时装设计、美术设计、发展时尚设计，“文旅+”大力培育研学、传媒、艺术品、版权和文创产品交易，“生命+”积极发展医疗卫生、健身康体、休闲康养、养老托育、健康管理服务，“专业服务+”聚焦支持研发、法律、会计、咨询、人力资源服务，推动服务外包向产业价值链高端延伸。二是着力推动新经济集聚发展。聚力山城设计中心，推动长厦安基总部基地、中机中联研发大楼建设，落地工业设计产业园、时装设计产业园，建设高水平研发服务集聚区。推进融创西部科技影视城等签约落地、九龙创新时代广场等加快建设，打造京渝文创园等专业特色楼宇，培育税收亿元楼宇，34栋重点楼宇营收突破470亿元。专业技术服务业、金融业、文旅产业增加值分别增长20%、3%、6%，实现服务业恢复性增长。

（六）打造数字经济总部高地。集聚建设数字经济总部示范区

做实做大重庆市产业数字化赋能中心、重庆市融合创新发展促进中心，合作共建中国兵科院西南分院、北京大数据先进技术研究院渝州实验室，实施十大头部项目，推进启迪大数据中心、润泽科技国际信息港数据中心等加快建设，推动中国中铁西南（重庆）总部、爱玛电动车生产基地等签约落地，支持忽米网、建设雅马哈等工业互联网项目示范发展。一是推进“10+50+500+5000”培育工程。全面融入重庆“芯屏器核网”全产业链、“云联数算用”全要素群、“住业游乐购”全场景集，分梯次、系统性、生态型构建数字经济骨干企业群落，培育集聚

市级龙头企业3家、高成长创新企业15家、规上限上企业150家、特色中小微企业和创新团队1500个。二是构筑数字经济千亿集群。编制数字经济专项发展规划，对接制定行业分类标准、企业认定规范、统计调查办法、监测评价机制，提升数字安全水平。规上数字制造业、服务业分别增长5%和6%，数字经济增加值突破500亿元、比重达到35%。

（执笔人：夏瑞翊）

南岸区

南岸区人民政府办公室

一、2020年发展回顾

2020年，我们坚持以习近平新时代中国特色社会主义思想为指导，认真贯彻落实党中央、国务院决策部署和市委、市政府工作要求，在区委的坚强领导下，坚定贯彻新发展理念，扎实推进高质量发展，疫情防控、防汛救灾等工作取得重大胜利，统筹经济社会发展取得来之不易的成效。

（一）大战大考取得重大胜利

全力战疫情，第一时间落实重大突发公共卫生事件一级响应要求，迅速构建起疫情防控指挥体系、联防联控机制，在全市率先设置集中隔离医学观察点、率先实现密切接触者集中隔离全覆盖、率先建成首个新冠病毒流行病学调查调度指挥系统、率先运用“二维码”排查小程序和“钉钉”复工复产平台等大数据智能化手段，半个月实现新增确诊病例零增长，一个半月实现15例确诊病例全部治愈，2020年2月14日至今无新增确诊病例，1人获国家级表彰，17名个人、6个集体获市级表彰。高效战复工，及时出台支持企业政策包，组建驻企、驻校专班963个，分类有序推动复工复产、复市复商、复学复课，圆满实现了“零感染”“零事故”。奋勇战洪水，面对突如其来、百年未遇、历史罕见的长江5号洪水，第一时间启动全区防汛Ⅰ级应急响应，迅速构建起“1+14”应急指挥体系，区级领导包片负责，党政军民携手抗洪，3.7万人昼夜奋战在防汛抗洪和灾后重建第一线，确保了未溃一堤一坝、未伤亡一人；洪水退后31小时恢复城市功能，灾后恢复重建工作经验获全市交流推广，赢得群众赞誉。

（二）“六保”“六稳”扎实有效

开展各类职业培训2.2万人次，保障重点企业用工1.45万人，稳定就业岗位15.6万个，城镇新增就业3.6万人、完成年度目标任务的116.3%。在全市率先发放疫情期间临时生活补贴1755.3万元，兑现“减、免、缓”各类税费64.6亿元，帮助区内企业获得贷款120.9亿元。新增市场主体2.51万户、同比增长11.7%，增量位居全市第三。一般公共预算收入增长1%（达到57.9亿元），位居主城第三；区级税收收入增长0.2%（达到47.9亿元）、金融机构存贷款余额增长15.7%（达到3431亿元），均位居主城第二。实际利用外资13.03亿美元（增长46.69%），占全市的1/8。固定资产投资增长6.4%（达到400亿元），比全市高2.5个百分点。全区地区生产总值在一季度同比下降7.8%的情况下，二季度增长7.2%，下半年增长6.8%，全年增长3.5%（达到813.3亿元）。全体居民人均可支配收入增长6.1%，农民人均可支配收入连续20年位居全市第一。

（三）高质量发展新动能明显增强

扎实推进与龙泉驿区、成都经开区结对共建

事项加快落地，融入成渝地区双城经济圈建设和全市“一区两群”协调发展开局良好。国网信通集团思极科技、力合科创重庆创新中心、重邮菁智汇创客空间等项目投入运营，新增省部共建国家重点实验室1个、国家备案众创空间1个、市级以上研发平台11个。维沃研发中心、美的工业互联网、重庆烟厂二期等项目开工建设，飞象、根云入选全市十大工业互联网平台，5G基站投资额、建成数位居全市第一，市级大数据智能化应用试点示范项目达到35个、居全市前列。长嘉汇西部金融中心、绿色金融改革创新试验区启动建设，4家企业入选全市上市企业储备库。西部首家市内外汇免税店、特斯拉重庆西南交付中心、国泰汽车E电园等项目开业运营。国企公司制改革基本完成，“一窗综办”“跨省通办”等工作深入推进，全区行政许可事项承诺办结时限平均缩减80%以上，企业开办最快4小时办结，“双向评价”入选全市优化营商环境十佳示范案例。阿里巴巴、腾讯、网易、去哪儿网、重庆文旅发展集团等一批重点招商项目集聚落地，招商引资实际到位资金达到120亿元，发展后劲进一步增强。

（四）重点项目建设不断提速

广阳岛智创生态城提速建设，完成国开行首期260亿元融资授信、首批1469亩土地出让等工作，广阳岛生态修复一期工程建成开放、二期工程启动实施，广阳岛入选“两山”实践创新基地，重庆经开区入选国家绿色产业示范基地。“两江四岸”核心区30个年度项目顺利推进，故宫文物南迁纪念馆、觉林寺报恩塔修缮工程等建成投用，市规划展览馆迁建、弹子石摩崖造像保护修缮等即将竣工，开埠遗址公园等项目如期开工，成功承办第六届中国诗歌节、“两江四岸”开灯仪式等重大活动。天玑台观景长廊竣工，广黔路、黄金公路等综合整治成效明显，南山成功创建市级旅游度假区。重庆东站征地拆迁高效推进，东站骨架道路开工建设，渝湘高铁、铁路枢纽东环线等项目加快推进。江南隧道及茶黄路工程、轨道24号线一期工程开工，江南立交改造、通江立交、郭家沱大桥及六纵线、群慧立交及配套道路工程等在建项目加快投资放量。

（五）城乡面貌加快改善

新增实施老旧小区改造项目28个，新建、改建绿地197万平方米，新增公共停车位3.1万个，建成城市管网23.5公里，完善提升人行道28公里。建成社区公园6个、山城步道8条，完成坡坎崖绿化美化项目15个，呼归石花阶成为全市示范，黄桷湾立交西侧边坡治理等5个项目获全市城市管理成果“最美”系列奖项。上新街区域智能交通改造项目入选全市“我最喜欢的10项改革”。启动建设全市城乡融合发展先行示范区，建成“四好农村路”86公里、干线公路84公里，南山街道放牛村获批全国乡村旅游重点村。第二轮中央环保督察整改扎实推进，整治涂山镇莲花村、鸡冠石镇石龙村“散乱污”企业154家，玄坛庙水厂、涂山水厂顺利关停，疑似码头工程-014问题成功销号，整治“两江四岸”船舶50艘，圆满实现餐饮船舶全面“清零”，全区空气质量优良天数达到320天（同比增加10天）、再创历史新高。

（六）社会民生切实保障

在全市率先开展居民小区供电设施改造，惠及7.8万户23.7万人。全区31个农贸市场综合整治成效明显，禁止活禽交易宰杀等专项任务顺利完成。新增、优化公交线路14条，7条线路实现轨交无缝接驳。区教育发展中心开工建设，广福路学校、长生桥中学等11个教育项目加快推进，南山珊瑚实验小学、香溪小学建成投用，新增学位2160个，校地共建高校附小3所、附幼1所，新增公办园和普惠性民办园57所，学前教育公办率和普惠率分别提高到53.6%、83.7%。市五院迁建工程开工建设，区中医院、区精神卫生中心等项目加快推进。建成镇街养老服务中心7个、社区养老服务站20个。全国首批市域社会治理现代化试点启动实施，镇街矛盾纠纷调解中心实现全覆盖，龙门浩街道“六个美丽”获评全国创新社会治理十佳案例。完成高层建筑消防用水问题整治585栋。成功破获特大跨境网络赌博“重庆1号”案件等公安部督办案件，雪亮工程全面建成并通过中央政法委验收，刑事案件立案数、八类刑事案件数同比分别下降3.5%、27.5%，现行命案破案率连续6年保持100%，群众安全感、满意度保持在95%以上。信访稳定等工作扎实有效，连续14年获全市安全生产目标考核先进等次。

二、发展中存在的问题

当前南岸的经济总量还不够大，产业能级和科技创新水平还不够高，在基础设施和公共服务等方面还存在不少短板，城市更新和生态环保等任务仍然繁重，少数干部存在担当不够、本领不足等问题。

三、2021年发展思路

继续坚持以习近平新时代中国特色社会主义思想为指导，深入贯彻习近平总书记对重庆提出的营造良好政治生态，坚持“两点”定位、“两地”“两高”目标、发挥“三个作用”和推动成渝地区双城经济圈建设等重要指示要求，准确把握新发展阶段，深入践行新发展理念，积极融入新发展格局，切实担当新发展使命，在市委、市政府及区委的领导下，围绕“十四五”时期发展目标、重点任务，统筹抓好2021年全区经济社会发展各项重点工作，加快建设“山水人文都市区、智慧创新生态城”，努力为成渝地区双城经济圈建设和全市“一区两群”协调发展作出新的应有贡献。

一是聚焦战略重点，更好地融入和服务双城经济圈建设和“一区两群”协调发展。全面落实《成渝地区双城经济圈建设规划纲要》和市委、市政府实施意见要求，优化战略布局，提升发展能级，为服务全局发展作出新的应有贡献。

二是突出创新引领，加快壮大高质量发展新动能。紧扣产业链供应链部署创新链，深入推进以大数据智能化为引领的创新驱动发展，不断提升科技支撑能力，更好地依靠创新推动实体经济高质量发展。

三是狠抓培优增效，加快产业转型升级。统筹推进产业基础高级化、产业链现代化，大力促进传统产业转型升级，因地制宜发展战略性新兴产业，扬长补短推动产业迈向高端化、智能化、绿色化。

四是深化改革开放，增强高质量发展的活力与动力。深入推进市场化改革、制度型开放，加快营造市场化、法治化、国际化营商环境，进一步增强发展活力和内生动力。

五是全力先行示范，促进城乡融合发展。进一步完善城乡融合发展体制机制，加快建设全市城乡融合发展先行示范区，努力实现城乡各美其美、美美与共。

六是坚持生态优先，走深走实绿色发展之路。学好用好“两山论”，走深走实“两化路”，扎实推进生态文明建设，推动绿色创新发展迈出新步伐。

七是紧贴需求导向，创造高品质生活。始

终把最广大人民根本利益放在心上，聚焦群众美好生活新需求，着力补齐民生短板、破解民生难题、兜牢民生底线、办好民生实事，不断提高公共服务可及性和均等化水平，持续增强群众获得感、幸福感、安全感。

八是树牢底线思维，扎实推进安全发展。统筹做好粮食能源安全、安全生产信访稳定、应急救援、防汛抗旱、森林防火、自然灾害防治、食品药品监管等工作，全力维护社会和谐稳定。

（执笔人：胡婵）

北碚区

北碚区人民政府办公室

一、2020年发展回顾

2020年，新冠肺炎疫情肆虐，发展形势严峻复杂，风险挑战前所未有。我们认真落实党中央决策部署，统筹推进疫情防控和经济社会发展，努力抢时间、补损失，打基础、谋长远，全年地区生产总值增长3.8%，二、三、四季度平均增速超过6%，达到年初预定目标；固定资产投资增长15.4%；社会消费品零售总额实现正增长；规模以上工业增加值增长7.5%；全体居民人均可支配收入增长6.1%，较好地完成了年初确定的目标任务。主要抓了八个方面的工作。

（一）担当作为交出大战大考“北碚答卷”

全力战疫情，坚持人民至上、生命至上，以非常之举应对非常之事，坚决落实“四早”“四集中”要求，突出抓好“四个工作面”“两大保障”，织密织牢立体防控网，千方百计保障人民正常生活，严格落实常态化疫情防控措施。白衣战士勇敢逆行，党员干部冲锋在前，社区工作者和志愿者挺身而出，广大普通劳动者坚守岗位，全区人民风雨同舟、众志成城，取得了“零确诊”“零感染”的重大阶段性战果。全力战复工，及时按下重启键，分类有序推进复工复产、复市复消、复课复学，整合各级政策措施推出“政策超市”，确保符合条件企业100%纳入、涉及政策100%享受，选派400余名服务专员和200余名医务人员驻厂驻校帮扶，生产生活秩序有序恢复，夺取了疫情防控与经济社会发展“双胜利”。全力战脱贫，压茬推进定点攻坚战、百日大会战、收官大决战，完成脱贫攻坚普查，“两不愁三保障”突出问题动态清零，如期完成了新时代脱贫攻坚任务。全力战洪水，统筹做好监测预警、应急处置、转移避险、抢险救援、灾后重建等工作，及时转移群众1.27万人，历史罕见的嘉陵江2号洪水安全过境，实现了全区未溃一坝、未伤一人。全力抓“六保”促“六稳”，落实援企稳岗政策，稳定就业岗位7.9万个，城镇新增就业2.3万人；累计减税降费21.4亿元；落实政府过紧日子系列措施，推动中央直达资金惠企利民，保持了全区财政平稳运行。

（二）善作善成推进三项重点工作

缙云山综合提升展现新气象，中共中央西南局历史陈列展一期开展，生态环道示范段、黛湖及腾龙垭生态修复等8个项目完工，柏林村乡村振兴示范工程等9个项目推进实施。民营经济加快发展，首批纳入2020年财政支持深化民营和小微企业金融服务综合改革试点城市，政府支持民营和小微企业金融服务风险补偿机制进一步健全，举办第三届民营经济发展活动周，全年新增民营企业5650户、增长15.1%，增速全市第一。中国（卢作孚）民营经济学院授牌成为全国民营经济人士理想信念教育基地。校地合作升级深化，全市首个环大学创新生态圈知识产权运营平台上线，亚杰商会西南摇篮计划落地，朝阳文创大道集聚文创企业 92 家，北宾文创园开工建设。

（三）协同联动深化区域合作

绵碚合作迈出实质性步伐，联合制定三年行动计划，签订 55 个专项合作协议，43 个政务事项实现跨区域通办，国家军民两用技术交易中心重庆分中心、四川大型科学仪器共享平台重庆中心落地北碚。与广安市、两江新区、渝北区等 8 地协同打造制造业联盟，与广安市、合川区建立大气污染防治联动机制，成功举办首届成渝地区双城经济圈商会合作峰会。与市科技局、市经济信息委、市市场监管局签订共建合作协议。完成对口支援巫山、帮扶西藏类乌齐县任务。

（四）聚焦聚力推动产业提质增效

不断壮大支柱产业，新引进高新技术项目 38 个，中铁建竹缠绕管道基地等 3 个项目建成投产，正川永成药用包装材料生产基地二期等 19 个项目开工建设，工业固定资产投资增幅居全市第一。京东方光电荣获第七届重庆市市长质量管理奖。加快发展数字经济，成功举办 2020 年智能传感器产业峰会和工业互联网创新发展大会，重庆市传感器特色产业基地在西部地区唯一入选“全国传感器十大园区”，工业互联网产业生态园一期建成开园，完成 55 家企业智能化改造，新创建 1 家智能工厂、8 个数字化车间，累计建成 5G 基站 1774 个，航天云网智能化项目获第二届中国工业互联网大赛第一名。大力培育商贸服务业，新城吾悦广场开工建设，三溪口豆腐鱼美食街改造升级，滨江夜间经济带、城南缙云夜间经济圈加快建设。加速构建大文旅格局，北碚旅游集散中心等 9 个项目投入运营，北川铁路寸轨小火车复建项目一期建设完成，新引进既白民宿等 12 个文旅项目。开展“晒旅游精品 · 晒文创产品”系列文旅推介活动，获批国家首批文化和旅游消费试点城市，成功举办中国第三届温泉与气候养生旅游国际研讨会，实现旅游总收入 198.5 亿元。

（五）统筹兼顾促进城乡协调发展

提速提质重大基础设施建设，轨道 6 号线支线二期通车运行，水土大桥合龙，建成灵犀大道、海螺山立交等 6 个项目，提档升级国道 212、省道 542 干线公路 50 公里，渝武高速扩能（北碚至合川段）、渝遂高速扩能（北碚段）开工，高铁设站取得重要突破。蔡家污水处理厂二期主体工程完工，建成城镇排水管网 40 公里。扎实推进城市风貌提升，童家溪、澄江、金刀峡等城镇老街扩面提升，建成城市公园 4 个、“邮票广场”33 个，完成坡坎崖治理 70 万平方米，人均公园绿地面积达到 28.1 平方米，新（改）建公厕 13 座，新增停车位 5466 个，深化“大城三管”，“马路办公”解决问题 2.5 万个。垃圾分类全面铺开，“无废城市”试点任务顺利完成。精准发力乡村振兴，正邦现代化生猪养殖基地等 62 个农业项目加快推进，新（扩）建农业产业标准化基地 10 个、高标准农田 2.6 万亩，丰子岩水库建成蓄水，新增“三品一标”农产品 7 个，天润食品获评中国最美绿色食品企业。实施乡村振兴示范项目 15 个，打造休闲乡村精品旅游线路 8 条，建成“四好农村路”通畅 134 公里、通达 142 公里，农村人居环境整治三年行动任务顺利完成。天府镇成功纳入国家第四批重点采煤沉陷区综合治理试点，东阳街道西山坪村获评全国乡村旅游重点村，静观镇素心村获评全国“一村一品”示范村。农村“三变”改革试点扎实推进，“三社”融合稳步开展，村集体经济增效增收，提前两年实现“消壳清零”。深入推进全国文明城区创建，成为全国文明城区提名城区，金刀峡镇、柳荫镇东升村等 5 个单位获评“全国文明镇村（校园）”。

（六）持之以恒改善生态环境

强化生态修复，系统实施山水林田湖草治理，修复长江经济带废弃露天矿山损毁土地124公顷，关闭退出非煤固体矿山20家，成功创建重庆市“绿水青山就是金山银山”实践创新基地。加大污染防治力度，创新探索云长、河长、林长“三长联动”，大力开展河道“三乱”和污水“三排”整治专项行动，在全市率先完成入河排污口监测溯源、农村污水治理示范，梁滩河北碚段水质提升到Ⅲ类，空气质量优良天数达到340天。坚决整改突出环境问题，中央生态环境保护督察反馈等环境问题整改扎实推进，一批群众反映强烈的突出环境问题得到有效解决。

（七）蹄疾步稳全面深化改革开放

持续深化“放管服”改革，行政许可事项时限压缩达81%，综合窗口占比达92%，“最多跑一次”事项占比达99%，政务服务创新工作入选第二批全国乡镇政府服务能力建设典型经验，服务民企“直通车”获评全市优化营商环境十佳示范案例。扎实开展国资国企改革，缙云公司主体信用评级提升至AA+，融资议价能力大幅提升、成本有效下降。区属二级国企实施战略整合重组，关闭注销29户区属国有“僵尸企业”，完成国有企业办社会职能剥离工作。持续深化“提三效去三闲”专项行动，盘活闲置土地2400余亩、闲置资产8.3万平方米，节约资金成本1.06亿元。加快推进科学城首开区建设，筹建西部（重庆）科学城北碚园区管委会，组建科学城开发建设公司，与中国铁建签订合作实施综合开发PPP项目投资协议，道路基础设施、产业楼宇建设全面展开。积极推动对外开放，获评国家外贸转型升级基地（仪器仪表），自贸区总部基地一期建成投用。完善招商工作机制，拓展线上招商渠道，成功签约中国电子西部创新基地等项目148个，签约金额1038亿元。

（八）持续用力保障和改善民生

11件市级重点民生实事、8件区人大代表票决民生实事全面完成，普惠性学前教育、天然气进村入户等便民惠民服务得到群众高度认可。强化特殊人群关爱保障，完成11个街镇养老服务中心、29个村（社区）养老服务站（点）建设，基本实现城市养老服务设施全覆盖，高龄补贴发放惠及2.4万人；试点开展未成年人救助保护工作，对874名留守和困境儿童逐一落实关爱保障；建成运营全市首家困难家庭精神残疾人集中照护中心。推动教育优质均衡发展，兼善中学蔡家校区等10所中小学、幼儿园建成投用，城镇小区配套幼儿园治理如期完成，普惠覆盖率达到80.5%，义务教育阶段课后延时服务全面实施。持续提升医疗卫生服务水平，实施城市医联体暨区域医共体“三通”改革试点，推进“三名工程”、美丽医院建设，区妇幼保健院迁建工程开工，突发公共卫生事件应急处置能力显著增强。促进文化体育事业加快发展，启动“百馆之城”建设，完成卢作孚优秀企业家精神陈列馆、农耕文明陈列馆等5个场馆建设，引进落户中国网球巡回赛，承办各类赛事活动30余项。加强和创新社会治理，成功创建首批全国禁毒示范城市，连续7届获得市级双拥模范城命名表彰，启动市域社会治理现代化全国、全市试点地区创建工作；不断完善安全生产与自然灾害防治工作机制，大力开展高层建筑消防等专项整治，全区未发生食品药品安全事故，安全生产形势持续稳定向好。此外，第七次全国人口普查工作高效推进，居家和社区养老服务改革、社会心理服务、青少年健康与发展、安宁疗护等全国试点工作成绩显著，民族宗教、外事侨务、机关事务、民防、对台、审计、档案、保密、史志、气象等工作取得新成效，工会、妇女儿童、青少年、老龄、慈善、残疾人、红十字等事业实现新发展。

二、发展中存在的问题

同时，发展中仍然还存在一些突出问题和短板。一是经济总量不大，产业规模偏小、能级不高；二是高端创新资源不多，科技创新能力有待提高；三是城乡区域发展不够平衡，民生保障存在短板；四是社会治理有待加强，政府自身建设还需改进。

三、2021 年发展思路

2021 年是建党 100 周年，也是“十四五”规划的开局之年和本届政府的收官之年。全区经济社会发展主要预期目标是：地区生产总值增长 6% 以上，固定资产投资增长 6%，社会消费品零售总额增长 5%，一般公共预算收入增长 7%，规模以上工业增加值增长 7%，进出口总额达到 180 亿元，实际利用外资 2 亿美元，居民收入增长与经济增长基本同步。重点抓好八个方面工作。

（一）着力抓好常态化疫情防控

始终把人民群众生命安全和身体健康放在首位，保持高度重视、高度警惕、高度负责的状态，科学精准抓好常态化疫情防控工作。

（二）着力提升产业发展竞争力

坚持把经济发展着力点放在实体经济上，推动数字经济和实体经济深度融合，大力培育新的增长点。

（三）着力壮大区域发展引擎

强化园城产业发展和街镇治理服务两个主体作用，加强规划引领、用地保障，突出抓好招商引资、产业发展、项目建设，推动“四园两城”互促共进、联动发展。

（四）着力强化区域协同发展

主动服务国家重点战略和全市发展大局，集中力量办好自己的事，同心协力办好合作的事，统筹推动城市与乡村、区内与区外互动协调发展。

（五）着力深化改革扩大开放

坚持问题导向，扎实推进重点领域和关键环节改革，持续扩大对外开放，打造一流营商环境，提振经济社会发展活力。

（六）着力加强生态文明建设

坚决贯彻“共抓大保护、不搞大开发”方针，扎实推进产业生态化、生态产业化，切实巩固生态文明建设成果。

（七）着力增进民生福祉

统筹推进 2021 年度市级交办重点民生实事，全面完成区人大代表票决民生实事，切实做好普惠性、基础性、兜底性民生建设。

（八）着力加强政府自身建设

不断提高把握新发展阶段、贯彻新发展理念、构建新发展格局的能力，以新担当、新作为取信于民、服务于民。

（执笔人：陈浩）

渝北区

渝北区人民政府办公室

一、2020年发展回顾

过去一年，渝北区深学笃用习近平新时代中国特色社会主义思想，在市委、市政府和区委坚强领导下，着力战疫情、战复工、战脱贫、战洪水，扎实做好“六稳”工作、落实“六保”任务，全面融入成渝地区双城经济圈建设和“一区两群”协调发展，紧扣“四区”发展定位，加快打造“五个千亿级”产业集群，大力实施农村“双十万工程”，经济运行总体呈现“稳、进、转、好”四个特点：一是“稳”的基础进一步巩固。GDP增速从2020年一季度下降7.1%，逐月回暖、逐季回升，全年增长3.6%，经济总量在全市率先突破2000亿元，达到2009.5亿元。工业支撑作用增强，完成规上工业总产值3154.8亿元、增长14.5%。“三驾马车”拉动有力，完成固定资产投资1420亿元，社零总额947亿元，进出口总额达到1676.2亿元，实际利用外资24.5亿美元。二是“进”的动能进一步增强。全社会研发经费支出占GDP比重达到4.08%，双创指数连续四年排名全市第一。重点领域改革成效明显，自贸区“一本报告管全域”改革获评全市“优化营商环境十佳案例”。新增市场主体3.6万户、增长34.4%，总量达到13万户。招商引资新签约重大项目125个，合同投资总额882亿元，实际到位资金218亿元。三是“转”的成效进一步显现。汽车产业加速向高端化、智能化、网联化转型，长安天枢科技、全球软件中心等项目签约入驻，汽车产值达到1200亿元、增长25.7%。电子产业持续向产业链上游延伸，产值达到1400亿元，成为工业最强支柱。战略性新兴产业产值占规上工业总产值比重达到45%，数字经济增长10%。四是“好”的格局进一步形成。企业效益稳步回升，规上工业企业盈利面扩大到74%。税收结构不断优化，完成一般公共预算收入67亿元。城乡常住居民人均可支配收入达到41319元、增长6.6%，现行标准下农村贫困人口全部脱贫。空气质量优良天数达到335天、较上年增加17天，再创历史新高。一年来，重点抓了以下六个方面工作。

（一）全力以赴战疫情

第一时间成立工作指挥机构，果断采取小区封闭式管理等措施，实现了无医务人员感染、无社区传播、无本地病例、无死亡病例“四无”目标，区疾控中心、机场疫情防控联动组临时党支部被评为全国抗疫先进集体。有力有序推动复工复产，建立区领导联系企业制度，派驻350名“指导员”为长安、OPPO等20家重点企业协调近400家配套企业提前复工。出台助企纾困“区10条”，统筹安排2.3亿元财政资金、设立5000万元“应急周转资金池”，累计为企业办理续贷162亿元、展期49亿元，发放抗击疫情专项再贷款4.7亿元。大力提振消费，配套9000万元开展消费促进季活动，网络零售额增长43%。

（二）持之以恒抓产业

加快工业转型，实施智能化改造项目 45 个，新认定市级数字化车间 8 个。智能终端产业加速集聚，环普等 14 个项目开工建设，深科技、北斗星通等 11 个项目完工，OPPO、传音等整机企业持续放量，手机产量达到 9000 万台。促进服务业提质，两江国际商务中心成功举办首届招商推介会，现代消费走廊新签约品牌汽车 4S 店 30 家，航空物流产业园汇集智慧物流项目 10 个。传音西部研发中心等项目签约落地，软件和信息服务业增长 17%。金融机构总量达到 282 家，存贷款余额 13136 亿元、增长 11.9%，金融业增加值增长 3.3%。推动农业增效，“双十万工程”累计完成经果林 7 万亩、生态林 10 万亩。高标准推进国家农高区创建，农产品加工业产值超过 90 亿元。农文旅产业加快融合发展，铜锣山矿山公园等项目提速推进。

（三）多措并举增动能

坚持创新驱动，新培育科技型企业 1005 家、国家高新技术企业 289 家，国家和市级创新平台总量达 229 个。新建成 5G 基站 3177 个，万人有效发明专利达到 24.7 件、高于全市 12.3 件。坚持改革推动，企业开办时间压缩至 1 天，13 个高频事项实行“一窗受理、集成服务”，网上审批率达到 91%。坚持开放带动，江北机场 T3B 航站楼及第四跑道开工，中新互联互通示范项目、自贸试验区建设走深走实。

（四）综合施策促融合

加快融入成渝地区双城经济圈，与广元、德阳等 6 地缔结友好城市，高竹新区被纳入川渝合作十大功能平台重点打造，新区建设方案已通过两省市政府审批。持续提升城市品质，实施城市基础设施项目 113 个，建成投用城市主干道 2 条，打通断头路 14 条，新增公共停车场 5 个，完成坡坎崖绿化 70 万平方米，城市提升 2 个 PPP 项目开工建设，完成棚户区改造 48 万平方米。加快推动乡村振兴，南北大道、两江大道北延伸段全线贯通，实施“四好农村路”224 公里，建成普通干线公路 47.6 公里，全面实行农村客运“2 元一票制”。改造提升农村危旧房 3.6 万余户。新建、改扩建农村饮水工程 9 个，实现城乡水价一体化。以“三社”融合深化“三变”改革，51 个农业股份合作社运营见效。

（五）锲而不舍优环境

坚决打好污染防治攻坚战，全面完成长江入河排污口排查整治试点，实施 4 个污染地块治理修复，昆仑化工、泰山电缆、红岩方大等企业加快实施环保搬迁。加大生态保护修复力度，完成公益性育苗 100 万株，实施营造林 18.5 万亩，森林覆盖率达到 42%。持续深化“无废城市”建设，生活垃圾分类实现城乡全域覆盖。加强生态文明建设，严格落实“林长制”“河长制”，建立健全“三线一单”管理等制度，“两山”实践创新基地获得市级命名。

（六）用心用情惠民生

新建改扩建学校 16 所，建成投用学校 4 所，新增学位 9000 余个，在园幼儿普惠率提高到 74.6%。新人民医院建成投用，新建成养老服务中心（站）49 个，城市社区实现养老服务设施全覆盖。开展“老乡就在家乡”就业服务，新增城镇就业 5.7 万人，城镇登记失业率控制在 3% 以内。城乡养老、医保参保率均稳定保持在 96% 以上，累计发放各类救助资金 1 亿元。牢牢守住安全发展底线，完成 760 栋老旧建筑消防设施改造，加州花园成功创建市级安全示范小区，生产安全事故起数和死亡人数保持双下降。

二、发展中存在的问题

同时，发展中仍然存在不少困难和问题。一是经济平稳运行的基础还不够牢固，疫情变化和外部环境存在诸多不确定性，产业链、供应链、价值链还不够完备，产业能级还需不断提升，创新策源能力还不强。二是城市功能和韧性还不够完善，农业农村发展动力活力还不足，城乡发展差距依然较大，生态环保任务艰巨，民生保障还有不少短板。三是政府自身职能转变还不够到位，行政效率还需提升，社会治理能力有待加强。

三、2021 年发展思路

2021 年是建党 100 周年、“十四五”规划开局起步之年，也是乘势而上向第二个百年奋斗目标进军的关键一年，做好 2021 年工作意义重大。渝北区将按照区委十四届八次全会和全区经济工作会部署，抢抓成渝地区双城经济圈建设和“一区两群”协调发展重大战略机遇，全力推进“四区”建设，力争地区生产总值增长 6% 以上，规上工业总产值增长 7%，社会消费品零售总额增长 5% 以上，一般公共预算收入增长 3%，城乡常住居民人均可支配收入增长 9%。重点抓好以下六个方面工作。

（一）维护安全稳定发展环境

毫不松懈抓好常态化疫情防控，严格落实入境人员、国内中高风险地区来区返区人员和进口冷链食品等重点群体、重点领域、关键环节管控，加强监测预警和应急防控，有序开展疫苗接种，坚决防止疫情反弹。加强创新社会治理，严密防范金融、房地产、政府债务、安全生产等领域风险，为经济社会发展营造良好环境。

（二）持续推动经济平稳增长

持续扩大有效投资，统筹抓好 247 个重点项目建设，确保开工率、投资完成率超过 85%。继续开展消费惠民活动，着力稳定汽车、家电等大宗消费，主动适应消费升级趋势，积极培育新兴消费，进一步释放消费潜力。紧扣“五个千亿级”产业集群，持续引进一批引领性、带动性项目，优化项目落地服务，加快促建达产，确保招商项目落地率、投产率分别达到 80%、60% 以上。

（三）加快产业转型升级

用好每年 2 亿元专项资金，持续推动传统企业技改升级，加快智能终端等产业补链强群、扩产放量，力争手机产量突破 1 亿部；提速两江国际商务中心建设，确保首期建成开业；持续推进现代消费走廊 17 个重点项目建设，加快集聚商气、带活人气；新引进软件企业 20 家以上，力争软件服务业增长 20%；开工建设中远海运、中通快递等项目，推动复星国药、宝能物流等项目加快建设。提质发展文旅、金融、大健康等现代服务业，推动消费和产业双升级。

（四）深化改革开放创新

全面落实国家、市级改革部署，深化“放管服”、国企国资、投融资等重点领域改革，促进改革和发展深度融合、高效联动。加快开放通道、开放平台建设，强化与两江新区联动发展，持续推动高竹新区建设，发挥机场、保税等口岸优势，全面提升开放能级。深入实施创新驱动战略，加快科创平台提档升级，强化创新主体、创新人才、科技金融等要素支撑，力争全社会研发经费投入 80 亿元以上。

（五）推进城乡融合发展

加强空间拓展和城市形态管控，加快轨道交通、主次干道、立交等城市基础设施建设，深化大城“三管”，提升城市综合管理水平。升级改造农村骨架路网 120 公里，新建“四好农村路”100 公里，实施农村饮水工程 12 个，整治提升农村危旧房 7254 户。全面完成“双十万工程”建设，积极升建国家农高区。扎实做好脱贫攻坚成果巩固与乡村振兴有效衔接，发展壮大农村集体经济，带动农民增收致富。深入打好污染防治攻坚战，全力推进国家“两山”实践创新基地创建，持续改善城乡生态环境。

（六）切实保障和改善民生

着力解决“一老一小”问题，加快推进学校建设，多渠道扩大普惠性学前教育资源，逐步缓解“大班额”“入园贵”等问题。加快补齐医疗基础设施短板，全面建成新中医院，开工建设区妇幼保健院、区二院、区四院等项目，积极引进高端医疗机构和高水平医疗卫生人才，提高医疗卫生服务能力。大力推进医养结合，积极发展智慧养老、社区养老，规范已建成养老设施运营管理，提升养老服务品质。加强重点群体就业帮扶，强化困难群体救济救助，切实兜牢民生保障底线。

（执笔人：倪冰校）

巴南区

巴南区人民政府办公室

一、2020 年发展回顾

地区生产总值达到 865.5 亿元、同比增长 3.5%，居中心城区第 4 位。固定资产投资 586.5 亿元，增长 5.1%，其中，工业投资增长 15.6%，居中心城区第 3 位。一般公共预算收入 54.1 亿元、增长 4.8%，居中心城区第 2 位。规上工业企业利润增长 162.2%，高于主城都市区平均水平。社会消费品零售总额 405.1 亿元，增长 4.3%，居主城都市区第 1 位。金融机构存贷款余额突破 2000 亿元，增长 17%，增速居中心城区第 1 位。进出口总额 171.1 亿元，增长 64.5%。城乡居民人均可支配收入分别为 4.5 万元、2.2 万元，分别增长 5.8%、8.6%。

（一）全力抗击疫情

坚持人民至上、生命至上，控制疫情果断有力。动员机关干部、村（社区）干部、志愿者 1.2 万人投入抗疫一线，5700 余名医务工作者无惧坚守，100 余名医务、后勤保障人员驰援湖北。严格落实“四集中”要求，确诊病例全部治愈，疑似病例全部清零。全区人民和衷共济、守望相助，共筑坚不可摧的家园防线，疫情防控向好态势持续巩固。紧急动员 16 家企业扩产转产，生产口罩、消毒液、防护服隔离服，为全市防疫保供作出积极贡献。不到 20 天完成市级集中救治后备医院建设任务。完成 410 名入境人员集中隔离任务。有力保障物资储备供应，有序推进复工复产、复市复消、复课复学，全区生产生活秩序迅速恢复。

（二）成功抗击洪灾

万众一心、众志成城，战胜百年一遇“8·20”特大洪灾。万余名党政机关干部、村（社区）干部、部队官兵和民兵、志愿者闻令而动，全力应对洪峰 5 次过境，紧急转移 5 万余名群众和大量物资，实现零伤亡、零决堤，损失降到最低。统筹做好监测预警、巡查排查、应急处置、抢险救援、物资保供，全面开展淤泥清除、防疫消杀，灾区群众奋力自救互救，各镇街、企事业单位、社会各界纷纷伸出援手，有力支持了抗洪抢险和灾后重建。广大干部群众齐心协力打赢了一场硬仗，在大战大考中再交出一份引以为豪的优异答卷。

（三）决战决胜脱贫攻坚

现行标准下农村贫困人口全部脱贫，5 个市级贫困村全部出列，“两不愁三保障”全面实现，如期完成新时代脱贫攻坚目标任务。贫困劳动力就业得到有效保障。资助建档立卡贫困户学生 1500 余万元。投入 2700 余万元，实施精准扶贫项目 30 个。完善提升分散式供水项目 1.8 万处，完工集中饮水工程 107 个。改造农村危房 712 户。消费扶贫实现购销 1.18 亿元。完成对口帮扶万州区工作，累计支持近 1 亿元。完善防范返贫机制，脱贫质量更高、成色更足，确保了贫困群众在全面小康路上“一个也没有掉队”。

（四）力促经济企稳回升

实现工业总产值 912 亿元，先进制造业呈现集群发展新格局。国际生物城产值突破 100 亿元，其中生物医药产业产值增长 82.3%。跨境公路班车开通线路 8 条，实现中南半岛全覆盖。累计发车突破 5000 班次。东盟商品集采城正式运营。公路物流基地市场交易额 670 亿元、税收 14.85 亿元，全市商贸物流中心地位进一步巩固。电子信息产业产值 225 亿元，增长 16.8%。投资 100 亿元腾龙 5G 产业园开工。京东完成交易额 481.9 亿元，增长 23%。汉朗光电等 44 个项目投产。为企业减税降费 28 亿元，落实延期还本付息优惠政策、涉及贷款 32 亿元。惠科实现产值 185.7 亿元。宗申加快转型升级，航空发动机等新产品投产。百亚股份、四方新材成功上市，新增上市企业数量居全市第一位。引进重大招商项目 117 个，到位资金 200 亿元。

（五）深入推动创新发展

全社会研发投入 22 亿元，增长 12%。知识价值信用贷款突破 1 亿元。每万人发明专利拥有量 13.5 件，高于全市平均水平。高技术产业产值 217.5 亿元，增长 19.8%。科技型企业 2417 家，增量居全市第一位、总量居全市第二位。建成市级以上研发平台 27 个。市级以上工业设计中心 8 家，其中国家级 2 家、占全市的 1/3。建成市级智能工厂和数字化车间 18 家。引进能研理工研究院等创新平台 6 个。重庆国际免疫研究院入驻生物城，打造国内顶尖研发创新平台。工商大学融智学院转设为重庆财经学院。区人民医院等 4 家单位获批博士后科研工作站。环理工大双创生态圈先进创新中心一期建成投用，落地转化项目 40 余个。国际生物城临床试验阶段创新药 10 个，占全市的 50%。成功举办首届生物医药高峰湖人才论坛，百余名院士、专家学者为产业发展献计献策。

（六）加快推进城乡融合

成功创建国家卫生城区，水清岸绿、城靓景美的形象更加彰显。城市开发在建项目近 1000 万平方米，居中心城区第 2 位。治理坡坎崖 189 万平方米，完成巴滨路设施提升改造工程，龙洲湾公园成为网红打卡地。汉海海洋公园成功创建 4A 级景区，菊花艺术展吸引市民 300 万人次，“双晒”大型文旅推介活动赚足人气，世界花滑、国际半程马拉松等精彩赛事提振人心，中国商用车博览会、中华山水茶道文化节持续展示城市活力。大力推进农村人居环境整治三年行动，成为全市两个获评全国村庄清洁行动先进区之一。启动市级农业产业园建设，建成高标准农田 3.3 万亩，农作物耕种收综合机械化率 54%。农产品加工实现产值 107.4 亿元，增长 7%。新认证绿色食品 20 个。农村电商服务网点全覆盖，农产品电商零售额 4.6 亿元、增长 23%。积极融入成渝地区双城经济圈建设，与成都市温江区战略合作顺利推进。

（七）持续增进民生福祉

居民人均可支配收入增长 6.7%，居中心城区第一位。城镇新增就业 3 万人，登记失业率 2.96%，高校毕业生年底就业率 97.8%。社保参保 212.3 万人次，城乡养老、医疗保险参保率保持在 95% 以上。长期护理保险试点顺利推进。建成镇街、社区养老服务中心（站）30 个，新增社会办养老机构 17 个。箭滩河小学、花溪二小、生物城小学建成开学。区人民医院完成迁建并成功创建三甲医院，市七院综合大楼、中医院三期建成投用。完成棚户区改造 2455 户。完成彭氏民居等文物保护利用修缮。荣获“全国双拥模范城”称号。空气质量优良天数334天，创历史新高。

二、发展中存在的问题

同时，发展中仍然还存在一些突出问题和短板。一是经济总量还不够大，产业支撑能力不够强，五大产业集群正处于培育成长期、爬坡上坎关键期，中小企业发展仍面临不少困难。二是创新生态体系还不完善，适应人才、技术、资金等创新要素集聚的体制机制尚不健全，创新主体的数量和质量有待提升。三是城乡发展不平衡不充分，公共服务、基础设施存在短板，城镇品质、农村环境有待进一步改善，生态环保还有薄弱环节。四是社会治理有待加强，安全稳定工作仍需持续用力。五是政府工作还存在不足，少数干部的执行力、担当精神有待强化，勤政廉政建设仍需常抓不懈。

三、2021年发展思路

2021年经济社会发展主要目标是：地区生产总值增长8%左右，固定资产投资增长6%左右，规上工业增加值增长8%左右，工业投资增长10%以上，社会消费品零售总额增长8%左右，一般公共预算收入增长5%左右，居民收入与经济增长同步，空气质量优良天数310天以上，社会事业与经济建设协调发展。重点抓好以下工作。

（一）加快创新驱动发展

坚定不移实施创新驱动发展战略，聚焦智城、创城、产城“三城”融合，着力集聚创新资源、优化创新生态、提升创新能力，努力塑造发展新优势。加快培育创新主体，全社会研发投入增长12%，实施科技企业成长工程，集聚各类创新要素。加快布局创新空间，高质量推进国际免疫研究院建设，高标准建设环理工大双创生态圈，高水平打造环华熙文创生态圈，高起点建设大江科创城。加快优化创新生态，构建开放包容的制度体系，着力打造创新高地和人才洼地。

（二）构建现代产业体系

着力补短板、锻长板，推进产业基础高级化、产业链现代化，推进企业“上规、上云、上市”，努力在新发展格局中增强硬实力和竞争力。加速集聚新兴产业，努力打造五个千亿级产业集群，加快平板显示、集成电路、大数据、新能源、新材料、汽摩关键零部件及智能装备产业补链成群。大力提升传统产业，推动500家企业“上云上平台”，实现产业数字化转型升级，大力发展会展经济、假日经济、夜间经济。积极发展现代服务业，大力发展信息、电子商务、现代物流、工业设计等服务行业，实现服务业增加值500亿元。

（三）着力深化改革开放

坚持更大力度深化改革、更高水平扩大开放，持续增强发展动力、提升开放能级。推动重点领域改革，推进城乡融合发展改革试点，实施国企改革专项行动，完成全民所有制企业公司制改革。不断优化营商环境，深化“放管服”改革，全面推进“证照分离”。大力发展民营经济。加大开放合作力度，推进东盟贸易服务总部基地建设，大力发展开放型经济。加强与成都市温江区常态化交流合作。推进与丰都县“一区两群”协同发展。

（四）大力提升城市品质

坚持以高质量发展高品质生活新典范为目

标，着力提升城市品质、增强韧性活力，高标准推进“五城”规划建设。提速基础设施建设，以建好主动脉、贯通断头路、畅通微循环为目标，加快形成立体交通网络。加快产城融合步伐，围绕“以产兴城、以城聚产”，加快城市新区规划建设。推进城市更新行动，统筹城市规划、建设、管理，制定实施城市更新年度计划。积极创建国家文明城区。

（五）全面推进乡村振兴

坚持农业农村优先发展，深入推进“五大振兴”，实施乡村建设行动。提高农业质量效益。推动农业高质量发展，建成茶叶、果蔬、粮油、渔业、花卉等特色产业20万亩，打造中心城区“菜篮子”“花果山”。推进市级现代农业产业园建设，全面启动“一环三带八园”项目。加快一二三产业融合发展。推进乡村建设行动，编制乡村建设行动方案，科学推进乡村规划建设，注重保护传统村落和乡村特色风貌，建设宜居示范村庄20个。促进城乡协调发展，推进国家城乡融合发展试验区建设，突出“一镇一特色”，建设美丽小镇。巩固拓展脱贫攻坚成果。

（六）打好污染防治攻坚战

深入践行绿水青山就是金山银山理念，着力推进污染治理和生态修复，守好生态本底，做靓筑牢中心城区生态屏障。加大污染整治力度。加强全域生态建设。加快绿色低碳发展。

（七）加快推进社会建设

提升公共服务质量和水平，加强基层基础建设，切实办好基础性、普惠性、兜底性民生实事。全面加强社会保障，全面发展社会事业，全面提升社会治理。办好十大民生实事。坚持人民至上、生命至上，慎终如始抓好常态化疫情防控。

（执笔人：胡太原）

长寿区

长寿区人民政府办公室

一、2020年发展回顾

全年地区生产总值732.6亿元，按可比价计算，比上年增长4.2%。其中，第一产业增加值61.1亿元，增长4.7%；第二产业增加值414.3亿元，增长5.7%；第三产业增加值257.2亿元，增长1.7%。三次产业结构比为8.3 ∶ 56.6 ∶ 35.1。按所有制类型分，国有经济增加值242.6亿元，与上年持平，占GDP比重33.1%；民营经济增加值411亿元，增长6%，占GDP比重56.1%，外商港澳台经济增加值79亿元，增长8.9%，占GDP比重10.8%。共有户籍人口88.1万人，人均地区生产总值83156元。全年财政收支中，收入合计91.3亿元，下降0.1%；其中辖区税收收入48.8亿元，下降10.8%。一般公共预算收入合计41.9亿元，增长19.1%；其中税收收入小计23.8亿元，下降9.9%；非税收入小计18.2亿元，增长106.1%；国有资本经营预算收入2.8亿元，下降64.4%；政府性基金预算收入合计46.5亿元，下降3.6%。支出合计145.9亿元，增长2.1%；其中一般公共预算支出合计71.9亿元，下降2.9%；国有资本经营预算支出2.2亿元，增长166.2%；政府性基金预算支出合计71.8亿元，增长5.6%。

全年实现农林牧渔业及其服务业增加值62.3亿元，增长4.6%。实现农业总产值93.7亿元，增长19.1%。粮食播种面积89.6万亩，产量32.7万吨；谷物播种面积53.1万亩，产量25.8万吨；豆类播种面积15.0万亩，产量1.8万吨；折粮薯类播种面积21.6万亩，产量5.2万吨；蔬菜及食用菌播种面积21.7万亩，产量37.9万吨；瓜果类播种面积1.7万亩，产量3.3万吨；油菜籽播种面积8.8万亩，产量1.2万吨。全年生猪出栏46.3万头，下降0.4%；全年猪肉产量3.5万吨，下降0.2%；年末生猪存栏31.3万头，增长113.2%；全年牛出栏0.5万头，增长5.7%；年末牛存栏1.2万头，增长0.4%；全年家禽出栏1120.5万只，与上年持平；全年禽肉产量1.7万吨，增长0.5%；全年禽蛋产量5.9万吨，增长3.2%。完成部级农村集体产权制度改革试点，220个村集体经济组织确认成员身份62万名。新认证“两品一标”农产品19个，本土农特产品线上销售突破2.5亿元。

工业增加值339.6亿元，增长5.7%，占全区地区生产总值的46.4%。规上工业企业280户，增长5%；实现总产值1117.4亿元，增长3.2%；其中长寿经开区规上工业总产值848.3亿元，增长2.8%；长寿高新区规上工业总产值257.9亿元，增长4.5%；高新技术产业实现总产值73.9亿元，增长15.8%。规上工业营业收入1049.7亿元，下降1.5%；利润总额44.5亿元，增长7.3%；工业税收24.4亿元，下降14.2%；收入利润率4.2%，上升0.3个百分点。生铁产量637.8万吨，增长4.4%；粗钢产量799.0万吨，增长6.8%；钢材产量743.0万吨，增长1.0%；精甲醇产量159.4万吨，下降1.3%；合成氨产量13.0万吨，增长22.4%；冰醋酸产量45.4万吨，增长15.4%；合成纤维聚合物产量14.6万吨，下降1.0%；轮胎产量660.6万条，增长3.2%；发动机产量1957.9万千瓦，下降16.9%；家具产量320.7万件，下降0.8%；变压器611.1万千伏安，增长130.2%；印制电路板11.7万平方米，增长96.6%。全年规上工业能源消耗总量1004.4万吨标准煤，增长1.3%。其中，规上工业用电76.1亿度，增长3.4%；规上工业用煤715.1万吨，增长6.9%；规上工业用天然气24.6亿立方米，下降6.8%；规上工业用热力2262.2万百万千焦，增长1.9%。

全年实现建筑业增加值74.6亿元，增长6.2%，占全区地区生产总值的10.0%。

全年交通运输、仓储和邮政业实现增加值26.7亿元，增长2.4%。全年公路运输客运量506万人次，下降42.6%；公路运输旅客周转量25815万人公里，下降45.5%；公路运输货运量9460万吨，增长9.3%；公路运输货物周转量766969万吨公里，增长9.5%。全年水路运输客运量3.9万人次，下降18.5%；水路运输旅客周转量39.9万人公里，下降19.7%；水路运输货运量215.9万吨，增长10.1%；水路运输货物周转量460340万吨公里，增长0.7%。公路总里程3639公里，其中高速公路108公里，国道195公里，省道152公里，农村公路3184公里。

全年完成固定资产投资总额265.0亿元，增长8.6%，其中工业投资145亿元，增长14.5%；房地产开发投资30.9亿元，增长10.7%。房地产施工面积272.4万平方米，增长14.0%；房地产新开工面积102.7万平方米，增长81.2%；房地产竣工面积79.9万平方米，增长4.6%；商品房销售面积91.5万平方米，下降3.1%。

全年外贸进出口总额97.5亿元，下降17.7%；实际利用外资20210万美元，增长15.0%。全年共引进招商引资项目113个，引资额611.5亿元，其中工业项目引资额429.5亿元，战略性新兴产业引资额194.5亿元，外资项目27.9亿元。招商引资项目中，产值100亿元级项目1个，产值10亿元级项目10个，产值1亿元级项目69个。

全年社会消费品零售总额250.3亿元，增长2.6%；批发业销售额713.1亿元，增长9.1%；零售业销售额158.8亿元，增长11.2%；住宿业零售额13.7亿元，增长0.3%；餐饮业零售额24.9亿元，下降11.3%。

全年接待游客750万人次，实现旅游收入65亿元，过夜游客80万人次。

年末，金融机构本外币存款679.5亿元，增长14.7%；其中住户存款480.2亿元，增长12.2%（住户存款中，活期存款118.7亿元，增长12.4%；定期及其他存款361.5亿元，增长12.2%）；非金融企业存款129.4亿元，增长54.5%；广义政府存款64.8亿元，下降16.3%；非银行业金融机构存款4.9亿元，增长45.6%。金融机构本外币贷款432.1亿元，增长16.8%；其中住户贷款163.2亿元，增长1.4%（住户贷款中，短期贷款33.0亿元，增长24.8%；中长期贷款130.2亿元，下降3.2%）；非金融企业及机关团体贷款269亿元，增长28.7%。

二、发展中存在的问题

同时，发展中仍然还存在一些突出问题和短板。一是全区经济总量还不够大，结构还不够优，产业链还存在堵点、断点，价值链仍处于中低端；二是科技创新能力还不强，创新要素还不富集；三是与高质量发展要求相比，改革的步子还不够快，开放通道、港口枢纽等依旧制约着经济发展；四是城市功能品质还有较大提升空间，城乡区域发展差距仍然较大；五是公共服务供给不充足、配置不均衡等问题仍然存在，生态环境保护任务艰巨。

三、2021年发展思路

经济社会发展的主要预期目标地区生产总值完成820亿元，增长8%左右；固定资产投资完成290亿元，增长10%；社会消费品零售总额完成259亿元，增长6%；一般公共预算收入完成46亿元，增长10.6%；居民人均可支配收入3.8万元，增长8.5%。

一是以改革释放发展活力。大刀阔斧推进改革，为“十四五”新征程扫清障碍。落细落实营商环境优化提升89项整改任务，综合评价进入全市前列。深化“放管服”改革，告知承诺制扩面覆盖工业及建筑投资项目，唱响“畅快办”品牌，政务服务实现线下“一窗综办”、线上“一网通办”。深化重点国企集团化运营和分类改革，提升国资监管能力。加强政府投资项目管理，用好财政“资金三池”，建立定量蓄水、滚动补盈机制，保障项目前后两端资金需求。

二是以开放拓展发展空间。把握“双城”机遇，坚持“同城”引领，推动更高水平、更宽领域开放，加快融入新发展格局。坚持“蜜蜂采花”，强化以商招商、驻点招商、产业链招商，积极参加智博会、西洽会、进博会等大型展会，实现市外项目合同引资500亿元、力争到位资金100亿元。做大做强外向型经济，大力开拓东盟和“一带一路”新兴市场，支持企业出国办厂设点，巧破贸易封锁、关税壁垒，实现离岸服务外包执行额1.3亿美元，外贸进出口总额60亿元，实际利用外资1亿美元。

三是以创新集聚发展动能。深入实施创新驱动发展战略，全社会R&D经费支出占比达到2.5%。建成科技创新园和中科未来城孵育基地、高校合作区、凤栖科技岛，争取武汉工程大学重庆研究院、两碱创新研发中心等科研机构入驻，实施10项市级以上科研项目。新增高新技术企业30家、科技型企业100家，规上工业企业研发机构覆盖率达33%以上。支持企业组建产业技术创新联盟，建立研发平台20家。推动设立10亿元政府股权引导基金，增加知识价值信用贷款风险补偿基金，支持80家以上科技型企业申请知识价值信用贷款。修订人才引进计划，打造青年人才驿站，推进职务科技成果所有权或长期使用权改革试点，全区研发人员达4000人以上。

四是抓集群提能级。坚持锻长补短，加快产业基础高级化、产业链现代化，规上工业总产值突破1200亿元，增长10%以上。狠抓项目投资，开展项目“竞进拉练”，强化土地、资金、能源等要素保障，新开工中航油、怡能智造等30个项目，续建恺迪苏、亚士创能等29个项目，投产达产华陆科技、沃特新材料等22个项目，确保工业投资增长10%以上。狠抓立新蓄能，强化新一代信息技术、高端装备、新材料、生物医药等项目引进培育，力争战略性新兴产业产值达220亿元。狠抓强基固本，实施产业基础再造工程，推动一批钢铁、化工补链延链项目，推进双象集团打造百亿级新材料产业基地，力保重钢1000万吨钢铁基地顺利达产。

五是抓企业增质效。实施“重点企业”发展行动，巩固提升一批龙头企业，重组改造一批困难企业，鼓励中小企业走“专精特新”之路，新增“小巨人”“隐形冠军”企业各1家。深入推进智能制造，开工小康铸造工艺改造等50个智能化技改项目，建成市级智能工厂1家、数字化车间5家。推进企业“上云、上规、上市”，力争建成1~2个工业互联二级标识解析节点，新升规企业30家以上，推动6家企业上市，帮助3家企业转板，新增10家企业OTC挂牌。

六是做大做强现代物流。坚持高标准建设长寿港，加快码头资源社会化整合，完成兴港大道及配套路网建设，延伸重钢、川维铁路专用线至港区，打通铁海联运最后一公里。提速重钢码头改造、四三五储油库等港口功能性项目建设。推进现代物流专业化、社会化发展，力争引进一批专业物流企业落地，推动长寿港与靖江港常态对开大宗货物联运业务，稳定开行西部陆海新通道长寿专列，力争长寿始发，带动物流运营收入增长 13%，达 60 亿元。加快专业市场建设，汽贸城、农产品交易中心二期开业运营，加速建设西部农产品仓储冷链物流集散中心，新增交易额 50 亿元。

七是加速旅游融合发展。全年接待游客数、旅游收入均增长 10%。提档升级菩提山—菩提古镇大型旅游综合体，用好明月山建设用地，整合清迈良园、蓝莓小镇等 4 个项目，一体化打造五华山休闲旅游度假区。启动长江旅游码头建设，高品质建设长寿湖水上房车、休闲垂钓、水上体育运动综合体、动力三角翼航空体验四大基地，激发岛链活力，以“一岛一品”创造“百岛百味”。引进医美抗衰、高端体检、生态疗养等体验性康养项目，推动万顺温泉酒店、长寿湖茶旅融合等“康养 +”项目动工。启动“星”工程，力争新增 5 星级酒店 2 家，引进 1 家国内知名连锁酒店，打造 5 家网红民宿，让游客玩得开心、住得舒心。

（执笔人：魏刚）

江津区

江津区人民政府办公室

一、2020年发展回顾

2020年，江津区全年实现地区生产总值1109亿元，增长3.9%。其中，工业、农业、服务业增加值分别增长3.8%、4.8%、3.7%，固定资产投资、社会消费品零售总额、进出口总额分别增长5.2%、3.2%、11.8%，城乡居民人均可支配收入分别达到41699元和21698元。

（一）全力应对大战大考

一是全力战疫情。第一时间启动重大突发公共卫生事件I级响应，用1个月左右时间实现本地确诊病例、住院病例“双清零”，全区二代病例、死亡病例零发生，医务人员零感染，为恢复经济赢得了主动。二是全力战复工。严格落实分区分级精准防控，有序推动复工复产、复市复消、复课复学。全面落实各级纾困惠企政策，生产秩序迅速恢复常态。三是全力战脱贫。优先组织贫困劳动力返岗就业，深入实施脱贫攻坚总攻十大专项行动，压茬推进定点攻坚战、百日大会战、收官大决战，剩余贫困人口全部脱贫，“两不愁三保障”突出问题动态清零。四是全力战洪水。及时启动I级防汛应急响应，有效应对百年不遇的长江5号洪峰、綦河“6·22”洪水等洪涝灾害，紧急转移安置5万余人，无一人因灾死亡。

（二）牢牢稳住实体经济基本盘

一是保居民就业。落实援企稳岗政策，帮助8万余名农民工顺利返岗，城镇新增就业3.3万人。二是保基本民生。发放各类救助资金4.3亿元，帮助6万余名困难群众渡过疫情难关。三是保市场主体。为企业减税降费23.6亿元，落实金融纾困政策114亿元，为3.1万家经营主体降低成本超过10亿元，全年新增市场主体1.8万户，民营经济占GDP比重达到65%。四是保粮食能源安全。严格落实保供稳价措施，重要农产品供应充足，能源供需总体平衡。五是保产业链供应链稳定。建立产业链协同复工协调机制，增强零部件本地配套能力，完成企业产权遗留问题办理72个，办证150万平方米，全年新增规上工业企业70家。六是保基层运转。出台“政府过紧日子10条”，持续加大转移支付力度，推进区与镇街事权和支出责任改革，全区财政运行总体平稳。七是稳投资。强化项目促建服务，重大项目代办制获评重庆优化营商环境十佳示范案例。重庆铁路枢纽东环线江津段等142个重点建设项目全面推进，完成基础设施投资84亿元。八是稳消费。发放消费券1000万元，带动消费4亿元。高标准规划的双福商圈启动建设，万达广场、吾悦广场两大商业综合体落地开工，滨江商务中心、几江遗爱池商圈顺利推进，红星·美凯龙、居然之家开业运营。九是稳预期。引进投资62亿元的光能材料及光伏发电模组、投资50亿元的玄武岩纤维新材料产业基地等产业类项目192个，协议引资1036亿元，其中10亿元以上项目24个，1亿元以上项目132个。

（三）持续推进产业转型升级

一是推进制造业高质量发展。江芯大数据存储器半导体、耐德金工坊等 46 个项目开工建设，潍柴高速发动机、海亮铜业等 32 个项目建成投产。紫光工业互联网平台建成投用，新认定数字化车间 15 个、智能工厂 2 家，国家级绿色工厂 3 家、市级绿色工厂 3 家；实施智能化改造项目 114 个，技改投资占比达到 35.7% 以上。二是实施消费品工业高质量发展行动计划。全力打造西南清香型白酒示范基地、纸制品产业链集群发展示范基地等五大基地，全面启动先锋食品特色产业园建设，消费品规上工业企业增至 109 家，产值超过 350 亿元。敏华芝华仕、益海嘉里金龙鱼、江记酒庄江小白等品牌影响力大幅提升。三是推动现代服务业加快发展。培育限上商贸企业 154 家，新增规上生产性服务企业 23 家。积极参加全市“晒旅游精品·晒文创产品”大型文旅推介活动，成功推出“东西南北中”五条精品旅游线路广受赞誉，获评最佳传播奖，中山古镇、石笋山、会龙庄成功创建国家 4A 级旅游景区。

（四）切实推进改革开放创新

一是持续深化改革。国企改革取得实质进展，84 家国有企业整合重组为四大集团，减少一级企业 34 家，劳动、人事、分配三项制度改革基本完成。投融资改革成效明显，总投资 103 亿元的长江经济带发展暨城乡融合项目和水环境综合治理 PPP 项目开工建设，总投资 110 亿元的团结湖片区和综保区片区基础配套设施 PPP 项目前期工作顺利推进。认真落实市委巡视整改要求，依规清理房地产项目协议供地和土地出让金返还，释放土地空间 1.6 万余亩，预计增收土地价款 68 亿元。二是全面扩大开放。成功运行“东南亚冷链海陆快线”，开行西部陆海新通道江津班列 86 列。江津综保区引进项目 54 个，协议引资 242 亿元，实现进出口总额 160 亿元左右；增值税一般纳税人试点正式启动，江津综保区发展集团获得 AA 主体信用评级。敏华智能家居、益海嘉里米面加工等外资项目投产，实际利用外资 3.8 亿美元。三是加快创新发展。高标准启动团结湖大数据智能产业园建设，引进投资 20 亿元的西北工业技术研究院重庆产业基地、投资 10 亿元的中科（重庆）智慧产研城等项目。新增重庆交通大学山区桥梁及隧道工程国家重点实验室，创嘉众创空间晋级成为我区第一家国家级众创空间。新增市级工业和信息化重点实验室 2 家、市级企业技术中心 13 家。江增重工船用低速机增压器填补国产品牌空白，重齿公司超大盾构机主驱动齿轮箱打破国外技术垄断。重庆工程职院王洁、江增重工周东 2 个团队入选“重庆英才·创新创业示范团队”。成功举办首届“团结湖杯”数智重庆·全球产业赋能创新大赛。

（五）统筹推进乡村振兴和城市提升

一是持续推进乡村振兴。创建富硒产业示范基地 50 个，富硒产业产值达到 100 亿元。现代农业园区农旅深度融合，黄庄农业嘉年华、鹤山坪农业公园、鲁能美丽乡村初具形象，中国（重庆）花椒产业研发中心成功落户。江津花椒国家现代农业产业园创建成功，获评全国“互联网 +”农产品出村进城工程试点区、全国农村创业创新典型县。农村集体产权制度改革试点全面铺开，集体经济“空壳村”全部消除。建成“四好农村路”486 公里，改造农村危房 3334 户，完成农村人居环境示范院落整治 50 个，建成市级美丽宜居乡村 62 个。二是持续推进城市品质提升。高标准编制完成江津国土空间总体规划，推动双福、滨江新城连片发展，几江半岛沿江拓展，“一主两副”城市发展格局更加完善。启动实施圣泉湖湿地公园、南北大道景观提升等十大城市品质提升工程，滨江商务广场、浒溪公园建成投用。完成几江半岛老旧供水管网改造57.5公里，建成和爱水厂一期工程，江北片区25万人饮水需求得到保障。改造棚户区25万平方米，绿化坡坎崖95万平方米，新增绿地121万平方米。深化“大城三管”，“马路办公”整改问题1.6万余个。成功创建国家卫生区，获评重庆首个市级历史文化名城。

（六）持续改善生态环境质量

一是强化生态环境保护。开展矿山地质环境恢复治理，如期完成国土绿化行动，完成营造林任务34.5万亩。“绿水青山就是金山银山”实践创新基地获得市级命名。二是打好污染防治攻坚战，开展“三乱”“三排”专项整治，国控、市控断面水质达到或优于水域功能要求，城市集中式饮用水源地水质达标率100%。常态化开展大气污染防治，城区空气质量明显提升。三是坚决整改环保突出问题，各级各类环保督察、暗访反映问题得到有效解决，四面山林溪长院、边贸小镇问题成功销号。

二、发展中存在的问题

疫情变化和外部环境存在诸多不确定性，经济稳增长难度依然较大，做好“六稳”“六保”工作任务艰巨。产业结构仍处于深度调整期，战略性新兴产业、现代服务业、数字经济占比不高，市场主体竞争力有待增强；城乡区域发展不平衡，城市品质不高，商业中心发展滞后，吸引力和影响力不强；部分平台运转困难，债务管控压力大，国企改革任务艰巨；生态环境较为脆弱，污染防治任务繁重；安全生产风险隐患较多，社会治理有待加强和创新；教育、医疗、养老、文化等公共服务供给仍有短板；政府自身建设还需进一步加强，营商环境与市场主体、人民群众的期待还有差距。

三、2021年发展目标

2021年，全区经济社会发展主要预期目标是：地区生产总值增长7%，工业增加值增长7%，固定资产投资增长7.5%，社会消费品零售总额增长7.5%，进出口总额增长15%，全体居民人均可支配收入增长7.5%，节能减排降耗完成上级下达任务。重点做好十个方面的工作：一是更大力度稳定实体经济增长。着力稳企业运行、保市场主体、增发展后劲，稳住实体经济基本盘。二是更大力度增强区域创新能力。以大数据智能化引领创新驱动发展，优化创新生态，集聚创新资源，提升创新实力。三是更大力度推动产业转型升级。坚持传统产业改造和新兴产业培育并举，加快构建现代产业体系，推动产业基础高级化、产业链现代化。四是更大力度融入成渝地区双城经济圈建设。坚持集中精力办好自己的事情，同心合力办好合作的事情，加快建设同城化发展先行区、成渝地区双城经济圈重要战略支点。五是更大力度增强发展动力活力。在更高起点深化改革、扩大开放，推动改革开放和发展深度融合、高效联动。六是更大力度推进乡村振兴。深入贯彻中央农村工作会议精神，落实“五个振兴”要求，促进农业高质高效、乡村宜居宜业、农民富裕富足。七是更大力度实施城市提升。落实“一尊重五统筹”要求，提高城市规划建设管理现代化水平，努力实现城市让生活更美好。八是更大力度推进生态建设。坚持“共抓大保护、不搞大开发”方针，持续巩固筑牢长江上游重要生态屏障，不断改善生态环境质量。九是更大力度改善和保障民生。坚持尽力而为、量力而行，健全基本公共服务体系，滚动实施好20件重点民生实事，不断增进民生福祉。十是更大力度提升公共安全保障水平。牢固树立安全发展理念，提高统筹发展和安全的能力，守住安全发展底线，确保人民安居乐业、社会安定有序。

（执笔人：谢雨轩）

合川区

合川区人民政府办公室

一、2020 年工作回顾

2020 年，面对前所未有的风险挑战，合川区全面贯彻落实党中央决策部署和市委、市政府工作要求，团结依靠全区干部群众，全力战疫情、战复工、战脱贫、战洪水，扎实做好“六稳”工作、落实“六保”任务，主动融入区域协调发展，全区经济快速恢复增长，社会大局和谐稳定。全年实现地区生产总值 972.4 亿元，增长 2.5%，全社会固定资产投资 406 亿元，增长 9%，一般公共预算收入 42.1 亿元，增长 1.4%。城乡常住居民人均可支配收入分别达到 39861 元、20377 元，分别增长 5.1%、8.1%。银行机构存贷款余额 1455.2 亿元，增长 14.77%，存贷比 59.1%。

（一）加速推动产业升级

着力推动传统产业转型升级和新兴产业战略布局，发展质量和效益持续提升，三次产业结构比优化为 10.8：45.0：44.2。推动制造业高质量发展。汽摩制造产业加速重构，北汽银翔司法重整取得决定性胜利，核心零部件及出口整车恢复生产，举办中国第三届汽车安全与召回技术论坛、首届汽摩酷动嘉年华暨中国汽车飘移锦标赛新星赛。网络安全产业生态加速构建，新签约关联配套企业 36 家，电子科大研究生实践基地等 5 个项目建成，中兴西南智慧城市产业园加快推进，举办首届国际网络安全创新大赛、讯飞幻境 5G 产业融合发展论坛，网络安全产业城获评国家网络安全创新应用先进示范。医药健康产业加速布局，完成产业规划编制，医药器械产业园动工建设，医药产业孵化器一期建成，科技部 10 亿元医药产业基金一期完成组建。新材料产业实现突破，气凝胶产业基地一期建成投产。数字经济产业、战略性新兴制造业、高技术制造业产值占比分别达到 21%、26.9%、21.6%。食品加工、建材、日用玻璃产值分别增长 22.4%、11.3%、6.4%。加快数字经济与实体经济融合发展。罗克佳华智慧产业大数据运营中心、讯飞幻境人工智能创新中心投用，完成规上企业数字化诊断 102 家，实施智能化改造项目 70 个，新增市级数字化车间 9 个。新型智慧城市建设有序推进，建成 5G 基站 1390 个，打造 2 个互联网小镇、29 个互联网村、2 个智慧小区，智慧环保平台正式投用。全面推行云长制，政务系统上云率 100%。促进农业和服务业提质发展。严格落实粮食安全行政首长责任制，粮食总产量、生猪出栏量、水产品产量保持全市第一，成功创建市级农产品加工示范园区，市级以上农业龙头企业达到 30 家，农业总产值达到 159.2 亿元，增长 5.3%。钓鱼城、涞滩古镇创建 5A 级景区加快推进，参加全市“双晒”获最佳营销奖，接待游客 1979 万人次、旅游综合收入 64 亿元。区域性电商物流中心初步成型，网络零售、直播带货等新业态蓬勃发展。会展经济拉动消费近 30 亿元。

（二）持续增强动力活力

聚焦重点领域和关键环节，以更大力度推进改革开放创新，发展动能加速集聚。深化重点改革。166 项年度改革任务基本完成。深化供给侧结构性改革，盘活闲置厂房 31 万平方米，降低用电成本 1557 万元。深化国资国企改革，混合所有制改革项目超过 30 个。深化农业农村改革，实现资源变资产 19886 亩、资金变股金 2511 万元、农民变股东 1.98 万人。扩大对外开放。探索云招商、云洽谈、云签约，扎实开展“招商季”百日攻坚行动，引进项目 160 个，合同引资 612 亿元，到位资金 206 亿元。努力拓展外资外贸，实际利用外资 1.8 亿美元、增长 31%，外贸进出口总额 1.8 亿美元，获评市级加工贸易示范区。强化创新驱动。建成国家知识产权试点城市，创建国家高新区上报国务院待批，全市首批智慧园区试点建设稳步推进，新培育高新技术企业 35 家、科技型企业 310 家。希尔安药业企业技术中心获评国家级企业技术中心，新增市级研发平台 8 个。柔性引进高层次人才 19 人，新增“鸿雁计划”人才 1 名、重庆英才 3 名和团队 1 个，近悦远来的人才生态逐步形成。优化营商环境。深化“放管服”改革，推进“三集中三到位”，推广“互联网 + 政务服务”，全程网办事项占比 85%，企业开办时间最快 2 小时，营商环境考核居全市第 6 位。纵深推进“三计划一行动”，为企业减税降费 32.5 亿元，协调融资 11.9 亿元，全面清偿拖欠中小企业账款，兑现各类民营经济优惠政策 15.6 亿元，新发展市场主体 1.3 万户、增长 17.2%，重庆顺博铝合金公司在深交所上市。

（三）加快融入区域发展

树牢一盘棋思想和一体化发展理念，主动融入成渝地区双城经济圈建设和重庆“一区两群”协调发展，积极打造区域融合发展先行示范区。深化对接交流。按照“1+7+N”工作体系要求，一体推进多层次、宽领域合作，先后与南充、广安、遂宁、广元以及蓬溪、岳池、武胜、华蓥等市县开展互访，协同建立党政领导联席会议、常务副区（市）长协调会议、联合办公室、专项工作组 4 个层面工作机制。加强项目谋划。坚持项目化推进区域协同发展，与周边城市签订区级战略合作协议 13 份、部门（镇街）合作协议 60 余份，共同谋划储备合作项目 397 个，合川大石至武胜赛马、璧山七塘至合川草街高速公路等一批重大项目纳入省市规划盘子。推动任务落地。开通重庆中心城区至合川定制动车。依托蜂巢互联为毗邻城市 662 家企业开展数字化诊断。联合广安开展环境风险应急演练、巡河护河行动，基本实现嘉陵江流域四川段和合川—北碚段生态环保联防联治。携手周边 5 个市区县开展卫生健康领域合作。举办成渝双城旅游形象推广大使选拔赛暨钓鱼城旅游文化节，与广安、遂宁联合举办创业创新大赛和人才招聘活动。

（四）积极推进城乡建设

突出抓统筹、强基础、优环境，推进城乡一体化发展，基础设施和公共服务配套更加均衡，成功创建全国文明城区。完善交通网络。高阳铁路货运站加快建设。渝广支线建成通车，合长、合安、合璧津高速分别完成总工程量的 93%、88%、68.5%，合川西环线、渝武扩能、双钱高速开工建设。渝康路等 13 条 120 公里道路建成通车，龙多快道等 19 条 140 公里道路全力推进，建成“四好农村路”800 公里。合川港渭沱作业区一期建成，利泽航运枢纽建设有序推进，渠江航道整治工程启动建设。提升城市品质。抓细抓实新区配套和老城更新。东津沱滨江公园、花滩滨江公园建成开放，小安溪花园大桥竣工通车。

小安溪片区横一路A段等市政道路投用。改造棚户区2.2万平方米，整治违法建筑4.1万平方米，新建及改造提升农贸市场9个、公厕8座，新增智慧停车位1286个。实施钓鱼城半岛景观提质改造，新增城市绿地63.9万平方米，城市照明设施亮灯率达到99%。推进乡村振兴。“一镇两村”区级示范点和44个镇级示范点建设取得初步成效。实施土地整理26万亩，新建高标准农田9.6万亩，石庙子水库完工，建成渠江提水工程。启动城乡供水一体化建设，完成5.6万人饮水安全巩固提升。新建改造农村公厕30座，实施危房改造6447户、旧房整治6200户。6个村获评国家森林乡村，2个村获评市级“百村引领”示范村，71个村获评市级“美丽宜居乡村”，获评数量居全市第一。改善生态环境。中央、市级生态环保督察反馈问题整改率100%。河长制工作走在全市前列。新改建城镇管网86.7公里，城镇生活污水集中收集处理率分别达到95%、85%，三江水环境质量总体保持Ⅱ类。空气质量优良天数达307天、同比增加18天，森林覆盖率达35.3%，土壤环境质量总体稳定。

（五）着力改善民生福祉

始终把民生作为第一追求，坚持抓好普惠性、基础性、兜底性民生建设，18件民生实事完成投资9.6亿元，脱贫攻坚取得全面胜利。提高教育质量。新华幼儿园花果分园建成，新增独立公办园4所，学前教育普惠率达到94%。花果小学、中南小学建成投用，新增学位4500余个。高考重本率达到32.1%。2所独立学院转设本科学校。获评全国未成年人思想道德工作先进城区。优化健康服务。有效应对新冠肺炎疫情，第一时间落实重大突发公共卫生事件一级响应部署，全面开展人员排查、狠抓人员分类管理、严格管控重点场所，坚决管住看得见的人员流动、阻断看不见的病毒传播。成功创建全国健康促进区、全国无偿献血先进城市，区人民医院成功创建“三甲”医院，区中西医结合医院完成“二甲”复评，区内就诊比例提高到86%。铜溪、土场等4个卫生院迁建项目投用，建成标准化星级村卫生室318个，医疗机构全部纳入全国住院异地联网结算。居民健康素养水平提高到24%，基本公共卫生服务绩效考核连续五年全市第一。完善保障体系。城镇新增就业2.3万人，返乡就业创业2.1万人，发放创业贷款1.6亿元，清平玻璃园区建成市级农民工创业园。退捕渔民转产就业、养老保险参保、技能培训覆盖、兜底保障率均达到100%。养老、工伤、失业保险参保人数达到141万人次，医疗、生育保险参保人数142万人次，发放价格临时补贴3518万元。新建社区养老服务设施66个，分配保障住房7953套。获评重庆市第七届双拥模范城。繁荣文体事业。新美术馆建成投用。涞滩二佛寺摩崖造像本体保护工程、钓鱼城景区环境整治工程通过验收，钓鱼城悬空卧佛加固保护工程获评“2020年度重庆市文物保护优质工程”。30个镇街“图文”分馆、综合文化站实现全覆盖。钓鱼城遗址申遗项目进入中国申遗项目第一梯队。建成市级非遗保护示范基地4个、非遗展销中心3个。

（六）切实保障安全稳定

坚持以安全稳定为底线，强化风险防控、安全监管，社会大局和谐稳定。维护公共安全。打好扫黑除恶“收官之战”，打掉恶势力团伙4个、恶势力集团3个。建成反诈骗中心，严厉打击电信网络新型违法犯罪。全区八类案件、盗窃案件分别下降35.7%、13.7%。强化应急管理。狠抓大排查大整治大执法，经营性生产安全事故起数、死亡人数分别下降16.7%、8%。开展高层建筑消防安全专项整治，基本完成159栋无水高层整改。完成水上应急救援基地一期建设，消防训练基地、草街消防站和国家地震救援分队建设项目开工。成功应对合川近40年来第三大洪峰，转移安置8.4万人，实现人员零伤亡。加强社会治理。积极推进全国市域社会治理现代化试点，“红细胞·微治理”获评全国创新社会治理最佳案例。落实重大决策社会稳定风险评估制度，评估备案43件次。矛盾纠纷化解率98%以上，入选全国矛盾纠纷多元化解科技应用示范点，化解疑难复杂信访矛盾问题152个。

二、发展中存在的问题

经济总量仍然不大，比较优势发挥不充分，产业能级不高、竞争力不强，创新资源和科技人才集聚不够，对外开放平台欠缺，农业农村劳动力紧缺，民生和公共服务领域还有不少短板。

三、2021年工作目标

2021年是实施“十四五”规划的第一年，也是中国共产党成立100周年。合川将深入贯彻落实党的十九大和十九届二中、三中、四中、五中全会精神，有效实施《成渝地区双城经济圈建设规划纲要》，准确把握新发展阶段，深入践行新发展理念，积极融入新发展格局。力争实现地区生产总值增长6.5%以上，全社会固定资产投资增长9%左右，一般公共预算收入增长6%左右，社会消费品零售总额增长7.5%左右，城乡常住居民人均可支配收入分别增长7.5%、8.8%左右。

（执笔人：喻奇勇）

永川区

永川区人民政府办公室

一、2020 年发展回顾

2020 年，在市委、市政府坚强领导下，永川区坚持从全局谋划一域、以一域服务全局，统筹推进疫情防控和经济社会发展，坚决打好“三大攻坚战”，深入实施“八项行动计划”，扎实做好“六稳”工作，全面落实“六保”任务，推动永川经济社会发展各项事业迈上新台阶。

（一）经济运行呈现恢复性增长

全年实现地区生产总值 1012.4 亿元，增长 4.6%，增速列全市第 3 位；规上工业总产值 1300.6 亿元，增长 10.1%；固定资产投资 396.6 亿元，增长 5.7%；社会消费品零售总额 416.6 亿元，增长 3.4%；一般公共预算增长 4.5%，其中税收收入增长 5.9%，增速列主城都市区第 1 位；城乡居民人均可支配收入分别达到 42218 元、21694 元，分别增长 5.3%、8.1%，实现“十三五”规划圆满收官。

（二）工业经济保持快速发展

招商引资势头强劲，全年累计签约项目 323 个，合同引资 752.6 亿元，分别增长 24.7%、38.1%。其中投资亿元以上工业项目 111 个，预计投资 475 亿元、达产产值 1000 亿元，招商引资排名位列主城都市区第 1 名。项目建设加速推进，全年完成工业投资 203.2 亿元，新增工业产值 120 亿元。雅迪电动车等 64 个项目开工建设。曼德汽车电器等 28 个项目加快推进。瑞悦汽车等 32 个项目建成投产。长城汽车产销两旺，“坦克 300”全面上市，长城炮每两天产值突破 1 亿元，总销量占全国皮卡市场的 1/4。

（三）现代服务业加快复苏

数字经济快速崛起，大数据产业园 C 区、D 区建成投用，E 区主体完工，引进爱奇艺文创产业园、中国人民大学文化科技园等项目 122 个，累计入驻企业 399 家，从业人员达 1.5 万人，实现产值 282 亿元。百度 L4 级自动驾驶巴士在永川全球首发。商贸服务业强势反弹，批发零售业销售额增长 24.2%。旅游市场逐步回暖，积极参加重庆“双晒”第二季大型文旅推介活动，4000 余万名网友通过直播云游永川，获全市最佳营销奖。全年接待游客 2415 万人次，实现旅游收入 164 亿元，分别增长 9.2%、15.6%。现代金融业步伐加快，全区存贷款余额达到 1514 亿元。新增 OTC 挂牌企业 20 家，招商银行永川支行开业运营。

（四）“三大攻坚战”取得决定性成果

脱贫攻坚圆满收官，完成脱贫攻坚现场检查，顺利通过国家脱贫攻坚成效考核。兑现稳岗就业政策 709 万元，整治提升农村旧房 2000 户，动态改造贫困户危房 1254 户。13428 名农村贫困人口全部脱贫。污染防治成效明显，新建和修复城乡污水管网 325 公里，提标改造镇街污水处理厂17座，临江河治理工程性建设基本完成。抓实“三乱”整治专项行动，排查整治突出问题80个，整治“千沟万塘”黑臭水体612处。临江河、小安溪、九龙河出境断面水质稳定达到Ⅲ类。空气质量优良天数达到334天。风险防范化解有力，扎实开展扫黑除恶专项斗争，现行案件破案率大幅提升。16件群众关注的遗留问题得到有效解决。在全市率先建立“1+6+23+N”综合应急队伍体系，有效应对“8·19”长江洪峰过境，成功承办应急管理部西南地区重特大地震灾害实训活动。及时有效处置吊水洞煤矿“12·4”事故。

（五）发展活力动力持续增强

双城经济圈建设开局良好，联合泸州市、江津区编制《泸永江融合发展示范区建设总体方案》。在全市实现“八个率先”。《成渝地区双城经济圈建设规划纲要》赋予永川“两基地一试验区”定位，永川发展融入国家战略。重点改革深入推进，落实“放管服改革49条”，实现58个审批事项“跨省通办”、95个审批事项“川渝通办”，新办企业、获得用电1天办结。新增农村“三变”改革试点村8个、3.4万名农民变“股东”。盘活闲置国有资产实现综合效益18亿元。开放水平不断提升，综合保税区加快推进。永泸高速建成通车，永璧高速、永津高速及市域快线等项目前期工作扎实推进。大安机场成为西南地区第二、重庆首座获得机场三字代码的A1类通用机场。中新国际肿瘤医院主体完工。创新资源加速集聚，新增科技型企业237家、高新技术企业36家，万人发明专利拥有量10.4件，环文理学院创新生态圈建成开街。顺利通过国家知识产权试点城市验收。永川双创示范基地建设得到国务院督查激励表彰。获评全国首批“科创中国”创新枢纽城市。

（六）区域协调发展效果显著

城市品质显著提高，城东科技生态城完成编制整体概念规划、控制性规划，以及交通、水系、海绵城市等专项规划。昌龙大道北延伸段、永津路东延伸段、五洲路建成投用。常态化推进“大城三管”“马路办公”，深入实施城市综合管理“七大工程”，完成人民广场、环北路、萱花路片区道路改造42万平方米。改造升级老旧小区及背街小巷56个，完成棚户区和城中村改造1570户。成功创建国家卫生区。乡村振兴统筹推进，新增茶叶、名优水果、调味品作物种植面积1.5万亩，食用菌栽培达1.4亿袋。实施高标准农田建设5.5万亩、农田宜机化改造1万亩。成功举办永川秀芽第四届斗茶大会。建成国家级改善农村人居环境示范村1个。改造镇街示范街区19个、镇街农贸市场20个。获评全国主要农作物生产全程机械化示范区。

（七）社会民生事业全面进步

疫情防控扎实有效，及时启动重大突发公共卫生事件I级响应，成立疫情防控工作领导小组及指挥部，健全“1+11+N”组织架构。构建四级医疗救治和两级发热门诊体系，负责集中收治的渝西8区90例确诊患者全部治愈出院。教育事业加快发展，制定《学前教育深化改革规范发展措施》，新、改扩建公办幼儿园4所，凤凰湖萱花中学等4所学校开工建设；重庆智能工程职业学院、重庆华绣中等专业学校建成招生，全年新增职教学生1万人。医疗水平不断提升，渝西区域医疗中心开工建设，区中医院凤凰湖院区加快建设，新妇幼保健院建成投用。投入资金3.9亿元，改造升级医疗卫生机构设施设备。文体事业稳步发展，开展各类文化惠民、体育健身活动1556场。市六运会、市残运会筹备工作扎实推进。民生福祉持续增强，新建街道养老服务中心5个、社区养老服务站12个，建成贫困失能残疾人集中供养中心。民生实事全面完成，投资27亿元，完成农村供水保障等18件民生实事。

二、发展中存在的问题

一是工业经济支撑能力还不够强。二是“双百”区域性中心城市建设需要持续发力。三是推进乡村振兴任重道远。四是生态环境特别是水环境依然脆弱。五是社会事业存在薄弱环节。六是政府部门作风尚需进一步转变。七是营商环境还需进一步优化。八是安全生产形势依然严峻。

三、2021年发展思路

2021年是中国共产党建党100周年，是“十四五”开局之年，是永川推动高质量发展、构建新发展格局，迈好第一步、见到新气象的关键之年。要高举中国特色社会主义伟大旗帜，深入贯彻党的十九大和十九届二中、三中、四中、五中全会精神，坚持以习近平新时代中国特色社会主义思想为指导，统筹推进“五位一体”总体布局，协调推进“四个全面”战略布局，深入贯彻习近平总书记对重庆提出的营造良好政治生态，坚持“两点”定位、“两地”“两高”目标、发挥“三个作用”和推动成渝地区双城经济圈建设等重要指示要求，全面把握新发展阶段，坚定贯彻新发展理念，积极融入新发展格局，坚持稳中求进工作总基调，以推动高质量发展为主题，以深化供给侧结构性改革为主线，以改革创新为根本动力，以满足人民日益增长的美好生活需要为根本目的，统筹发展和安全，加快建设现代化经济体系，推进社会治理体系和治理能力现代化，全面实施永川“一二三”发展思路，实现经济行稳致远、社会安定和谐，奋力推动永川发展再上新台阶，确保社会主义现代化建设新征程开好局、起好步。

（一）加快建设“两基地一试验区”

加快建设现代制造业基地，重点培育发展新能源及智能网联汽车等战略性新兴产业，巩固提升汽摩及零部件等主导产业集群。加快建设西部职教基地，完成西部职教基地规划编制，打造成渝地区双城经济圈技能人才供给区、西部职业教育综合改革先行区、全国“产城校景”融合发展示范区。加快建设川南渝西融合发展试验区，深入推进泸永江融合发展示范区建设，围绕产业、交通、资源环境等领域，探索一批改革创新试点。

（二）积极构建现代产业体系

加快实施工业倍增计划，聚焦打造“千亿级工业园区、百亿级产业集群、亿元级纳税企业”目标，强化以商招商、亲情招商、线上招商、平台招商、专业招商、驻外招商，扎实开展“工业项目建设突破年”行动，加快推进规上工业企业数、工业增加值总量、工业企业税收、工业总产值实现倍增，全力打造成渝地区双城经济圈重要的现代制造业基地。加快推进数据引领行动，抓好智慧交通、智慧医疗两大试点工作，聚焦数据资源、数据处理、智能应用、数字内容、数字化治理，提速发展数字产业，打造成渝地区双城经济圈重要的数字经济集聚区。

（三）着力打造区域性现代服务业高地

推动商贸服务业转型升级，改造提升渝西广场、人民广场、万达广场商圈，扩容升级兴龙湖中央商务区，建成“永川里”城市创意秀场、凤凰湖爱情汽车广场。大力发展夜间经济，加快培育线上经济，努力形成需求牵引供给、供给创造需求的更高水平消费。推动新兴服务业扩能升级，顺应消费品质化、智能化、多元化、服务化新趋势，大力发展会展经济，做大做强现代金融业，优化提升现代物流业，加快培育依托信息技术和现代管理理念发展起来的、信息和知识相对密集的现代服务业。推动旅游业提档升级，推动和探索乐和乐都经营管理体制改革，培优重点景区，提质乡村旅游，提升旅游服务，加快建设区域性都市休闲旅游目的地。

（四）全面推动城乡融合发展

加快推进城市提升行动，高标准启动城东科技生态城建设，加快推进渝昆高铁永川段、永璧高速、永川至主城快速通道等传统基础设施建设和水利基础设施建设。实施城市更新行动，推动新城区有序开发，老城区有机更新；深化“马路办公”，推进城市治理体系和治理能力现代化。全面推进乡村振兴战略，加强农业“三品一标”建设，严格落实粮食安全行政首长责任制，继续实施高标准农田建设、农田宜机化改造，坚决遏制耕地“非农化”，防止“非粮化”。推进镇街集镇提升行动，启动实施农村人居环境整治提升五年行动。严格落实“四个不摘”要求，接续推进全面脱贫与乡村振兴有效衔接。

（五）扎实推进创新和改革开放

建设区域性创新中心，实施科技企业培育跃升行动、科技创新资源引进行动，培育产学研融合的新型研发机构。全面落实重庆英才计划，实施技工品牌提升计划、科技特派员计划，新培育一批高水平人才。升级环重庆文理学院创新生态圈，做响“永创汇”双创品牌。深化国资国企、投融资体制机制、农业农村、财税体制等重点领域改革。扩大高水平对外开放，按照“边建设边招商”思路，加快推动综合保税区设立工作。打造营商环境最优区，对标世行标准，全面落实涵盖 18 个评价指标改革举措，营造市场化、法治化、国际化营商环境。

（六）持续保障和改善民生

围绕群众的操心事烦心事揪心事，谋划实施一批重点民生实事。聚焦“水里”“地里”“天上”，持续加强污染防治。全面贯彻党的教育方针，实施学前教育优质普惠发展行动、义务教育能力提升行动、普通高中示范提质发展行动，着力构建高质量教育体系。毫不放松做好常态化疫情防控工作，全力打造西部医学副中心永川分中心，持续改善基层医疗机构条件。高标准承办好市六运会、市残运会，精心办好国际女足锦标赛、国际马拉松比赛等赛事。扎实做好建党 100 周年安全稳定各项工作。

（执笔人：宋鹏）

南川区

南川区人民政府办公室

一、2020年发展回顾

2020年，南川区始终坚持以习近平新时代中国特色社会主义思想为指导，全面贯彻落实中央各项决策部署和市委、市政府工作要求，紧紧团结依靠全区广大干部群众，保持定力、勠力同心、攻坚克难，战疫、战贫、战灾交出合格答卷，经济社会发展稳步前行，各项工作成绩好于预期。

（一）统筹疫情防控和经济社会发展成效显著

面对疫情大考，坚决贯彻习近平总书记系列重要指示精神，认真落实中央和全市决策部署，把人民群众生命安全和身体健康放在首位，把疫情防控作为头等大事和最重要的工作，果断采取每日调度、“四早”衔接、“四封”管理等一系列硬核措施，举全区之力打响疫情防控人民战争、总体战、阻击战，筑起了疫情防控的铜墙铁壁，牢牢守住了南川一方净土。与此同时，严格落实分区分级差异化防控策略，坚持疫情防控和经济恢复两手抓，把一天当成两天用，抢时间、赶进度、补损失，尽最大努力把疫情影响降到最低。全面落实国家、全市各项对冲政策，出台“支持中小微企业共渡难关十条”等干货措施，真金白银稳市稳岗、助企纾困，保障群众正常生产生活，规上工业、中小微企业、重点项目在全市率先全面复工复产。通过全区上下艰苦努力，疫情防控取得重大成果，经济社会秩序加快恢复，全区GDP实现360.8亿元、增长4.1%，完成固定资产投资164.4亿元、增长10.5%，社会消费品零售总额达到169.8亿元、增长4%，城乡居民人均可支配收入分别增长5.3%、8.3%。

（二）脱贫攻坚收官决战取得根本性胜利

坚持战疫、战贫两不误，向脱贫攻坚发起最后冲刺，剩余74户213名未脱贫人口全部如期脱贫。常态化开展“两不愁三保障”问题筛查，补齐贫困人口义务教育、基本医疗、住房和饮水安全短板。资助补助困难学生4300余万元，九年义务教育巩固率达99.5%。全覆盖落实贫困户家庭医生签约服务，贫困患者住院及门诊自付比例大幅下降。有效保障农村住房安全，完成农村C、D级危房改造4154户，拆除危旧房6258户。农村饮水安全问题全面解决。引导贫困户外出务工2万余人，创建就业扶贫示范车间10个，消费扶贫额度突破6100万元。高质量通过市级专项调查等各类检查验收，反馈问题全面清零。健全稳定脱贫长效机制，严格落实“四个不摘”和动态监测措施，坚决防止返贫致贫，确保扶贫工作务实、脱贫过程扎实、脱贫结果真实。

（三）融入成渝地区双城经济圈和主城都市区开局良好

抢抓成渝地区双城经济圈建设机遇，深化与四川地区协同联动发展，先后与南充、内江等14个市县签订合作协议，与广元市缔结友好，引进四川企业在南投资项目 4 个，协议引资 32.5 亿元，经济圈越拓越广，朋友圈越做越大。成功举办博鳌国际康养文旅论坛 2020 年金佛山峰会、成渝地区大健康产业高质量发展研讨会，金佛山与都江堰、峨眉山组建“巴蜀世界遗产联盟”。切实担负率先同城化重要使命，渝湘高铁全面开工，渝湘高速复线加快建设，南两高速顺利通车，城市快轨已完成预可研，进一步拉近与中心城区时空距离。积极承接中心城区产业转移，全年签约项目 72 个，协议引资 676 亿元。立足特色化打造大健康产业，良瑜、兴茂等一批康养项目备受青睐，销售康养地产 17 万平方米、12.8 亿元，“世遗净土、康养胜地”品牌效应更加凸显。

（四）高质量发展态势持续巩固

打好政策组合拳，千方百计克服疫情影响，提振市场信心，推动经济加快复苏。投资量质齐升，132 个重点项目累计完成投资 237 亿元，三大集团公司融资到位 203 亿元。新开工工业项目 28 个，完成工业投资 60 亿元、增长 11.7%。鸿路三期、华润三九等一批大项目签约落地，页岩气、风电等新能源开发再上台阶。消费逐季上扬，直播带货等新模式表现亮眼，电商交易额突破 30 亿元，餐饮营业额增速列全市第 1 位。旅游释放活力，完成旅游投资 52 亿元、增长 21%，成功入选中国冬季旅游名城，双晒获评“最佳营销奖”，游客接待量同比恢复 82.6%。外贸保持平稳，完成进出口总额 17 亿元。农业基础稳定，粮食种植面积达到 72.7 万亩，生猪存栏量超额完成任务。新发展农业特色产业 9 万亩，新增“三品一标”认证农产品 20 个。粮食安全行政首长责任制考核获“优秀”等次。市场持续活跃，新登记市场主体 9495 户、增长 15.9%，新增中小微企业贷款 39 亿元。推动企业“升规上市”，新增规上工业企业 9 家、重庆 OTC 挂牌企业 3 家，新培育国家高新技术企业 14 家、市级科技型企业 70 家，全社会研发投入增长 25%。金融市场良好，全区存贷款总额达 875.3 亿元，其中贷款总额增长 19.4%，存贷比达 98.7%。

（五）高品质生活底色更加彰显

32 件民生实事全面兑现。加快旧城改造步伐，累计拆迁房屋 102.8 万平方米，拆除违章建筑 10.4 万平方米。东街文旅商业综合体开街运营。新建商品房面积 170 万平方米，销售面积 111 万平方米。投用花山公园停车场，建成开通 5G 基站 703 个，城市功能更加完善。交通建设三年行动圆满收官，普通干线公路、“四好”农村路完成率居全市第一。改造农村卫生厕所 1.3 万户，创建垃圾分类示范村 66 个。持之以恒打好污染防治攻坚战，城区空气质量优良天数领跑主城都市区，全区河流出境断面水质稳定达标。采煤沉陷区治理纳入国家资源型地区转型发展支持范围。全力做好稳就业工作，开展大规模职业技能培训 4 万人次，发放创业担保贷款 2.5 亿元，新发展返乡创业实体 1100 余户，城镇新增就业 1.2 万人。北师大南川附校二期、南川中学初中分部主体完工，城区新增 6 所公办幼儿园。启动建设 12 个乡镇养老服务中心，图书馆、文化馆、体育场馆等公共场所免费向市民开放。医疗保障水平不断提升，成功创建国家级“综合防治卒中中心”，成为全市首个探索由中心卫生院全部托管乡镇卫生院人财物三通模式的医共体区县。第七次全国人口普查顺利完成。社会治安防控体系不断完善，妥善处理社会矛盾纠纷，有效应对各类突发事件和自然灾害，安全生产形势稳定向好。

二、发展中存在的问题

南川发展还面临一些不容忽视的矛盾和问

题：经济总量不大、动力不强，长期结构性矛盾和粗放型增长方式还没有发生根本性改变；战略性新兴产业发展滞后，科技创新能力较弱，产业转型任重道远；旅游商贸不够活跃，有效需求激发不够，短板制约明显；农业基础薄弱，规模化、标准化、品牌化程度不高；城乡发展不平衡，基础设施、公共服务仍有较大提升空间。

三、2021 年发展思路

2021 年是实施“十四五”规划、开启全面建设社会主义现代化国家新征程的第一年，是中国共产党成立 100 周年。全区经济社会发展的主要预期目标是：GDP 增长 8% 左右，固定资产投资增长 10%，社会消费品零售总额增长 10%，规上工业增加值增长 12%，一般公共预算收入增长 5%，全体居民人均可支配收入增长 8% 左右，其中农村居民人均可支配收入增长 9% 左右。重点抓好深入推进科技创新、加快同城化发展步伐、坚定不移推动工业提质、不遗余力推动旅游升级、全面推进乡村振兴、矢志不渝推动城市提升、全面激活内需发展潜力、更大力度推进改革开放、狠抓污染防治和生态建设、织密扎牢基本民生保障网、切实抓好疫情防控和安全稳定等 11 个方面的工作，不断开创同城化、高质量、跨越式发展新局面，努力在社会主义现代化建设新征程中书写出更加精彩的南川篇章，以优异成绩迎接建党 100 周年！

（执笔人：杨子亿）

綦江区

綦江区人民政府办公室

一、2020年发展回顾

2020年，重庆市綦江区人民政府坚持以习近平新时代中国特色社会主义思想为指导，深入贯彻党的十九大和十九届二中、三中、四中、五中全会精神，全面落实习近平总书记对重庆提出的营造良好政治生态，坚持“两点”定位、“两地”“两高”目标、发挥“三个作用”和推动成渝地区双城经济圈建设等重要指示要求，统筹推进疫情防控和经济社会发展，“稳”的基础更扎实，“进”的动能更强劲，“保”的底线更牢固，脱贫攻坚战取得全面胜利，决胜全面建成小康社会取得决定性成就。全区地区生产总值实现714亿元，一般公共预算收入实现31.1亿元，分别增长2.8%、0.9%（含万盛经开区）；固定资产投资增长10%，其中工业投资增长30.1%；社会消费品零售总额增长3%；全体居民人均可支配收入增长6.8%。

（一）四场硬仗连战连捷

战疫情，构建起群防群治、联防联控的防疫工作体系，实现确诊病例零死亡、医务人员零感染，自3月14日起保持确诊病例、疑似病例、无症状感染者“清零”状态；战复工，一企一专班帮助企业恢复生产经营，3月底规上企业全部复工复产；战脱贫，高质量通过7轮次市级以上检查考核，市专项督查组给予“12个卓有成效”的高度评价，全市专项调查中群众对“两不愁三保障”、政策精准到户等工作满意度均为100%；战洪水，果断应对“6·22”等系列暴雨洪水，无一群众因灾伤亡，被中央媒体评价为“教科书式撤离”，得到国务院、市委市政府等方面的充分肯定。

（二）经济运行企稳向好

保居民就业，发放创业担保贷款约1.3亿元，新增城镇就业1.4万余人；保基本民生，因应疫情及时新纳入低保和特困供养人员2456人，全年民生支出50亿元，同比增长9.3%；保市场主体，大幅减税降费9.9亿元，协助企业抵押融资127亿元，市场主体数量逆势增长16.5%；保粮食能源安全，充分发挥全市能源基地作用，疫情期间日产电煤2万余吨，占全市电煤产量的60%以上；保产业链供应链稳定，支持炎焱动力、“饭遭殃”等本土企业开拓海外新市场，外贸进出口总额增长3%；保基层运转，保障疫情防控及应急体系建设资金2.4亿元，安排抗洪救灾及恢复重建资金1.9亿元，基层运转有序、保障有力。

（三）转型升级压茬推进

创新资源加速集聚，国家高新区创建工作顺利通过市级评审验收并上报国务院。科技研发投入增长44%。成功创建陆海传綦智慧数据谷等3家市级科技型企业孵化器。国家高新技术企业、市级科技型企业、市级创新平台和服务平台均实现翻一番；传统产业发展壮大，引导实施40个智能化改造项目，新创建7个市级智能化工厂、数字化车间。海塑建材获批工信部专精特新“小巨人”。綦江传动具有国际先进技术水平的重型商用车变速器正式下线。全年完成工业增加值163.4亿元、增长3.2%；高新产业起势成型，19个高技术含量项目相继投产，战略性新兴产业总产值达到百亿级规模。引进规模1000席的大唐融合西南呼叫中心、浪潮大数据中心、重庆新基建网络靶场等12个信息安全及数据灾备产业项目，重庆移通学院（綦江校区）和重庆信息学院落户；产业结构合理调整，全面关闭打通一矿、石壕煤矿等6家煤矿，已分流安置职工9498人。推动煤炭储备、新型建材、风力发电等一揽子接续替代项目落地。

（四）改革开放不断深化

全力打造“全国一流、全市领先”营商环境，“首席代表制”被评为全市优化营商环境十佳创新案例，836项政务服务事项纳入无差别综合窗口“一窗综办”，65件高频事项实现“一件事一次办”，全程网办事项占比、减材料比例等指标居全市前列；主动融入国家、市级区域协调发展战略“大盘子”，成功推动西部陆海新通道渝黔综合服务区、渝黔合作先行示范区等创建目标纳入国家成渝地区双城经济圈建设规划纲要。完成綦江—万盛一体化规划编制。积极对接中新战略性互联互通示范项目，成为市级物流枢纽重要节点；招商引资良好势头进一步巩固，全年签约招商项目63个，正式合同额355亿元。天海星大健康产业园新签约总投资超50亿元的14家企业，重庆正大猪业公司猪全产业链落地建设。工业园区助推开拓卫星等9个项目当年开工、当年投产。食品园区加快建设首个分布式能源站，将为入驻企业统一提供蒸汽、冷气、热气、电力等用能服务，降低企业能源成本20%以上。

（五）城乡建设持续提升

持续加强基础设施建设，“重庆主城—綦江—万盛”快速通道纳入市级重点项目，实施国省干线建设181公里，建成“四好农村路”838公里，村民小组通畅率达99%。渝黔高速扩能、綦江北互通及连接线均按进度有序推进，转关口大桥完成主桥结构，一级汽车站、渝南市场上跨桥、黄沙中型水库完成主体工程建设，蟠龙抽水蓄能电站1号引水系统贯通；不断提升城市形象品质，城市规划展览馆封顶，全年完成房地产开发投资59亿元。完成川黔铁路棚洞覆盖工程。重新启动奥源·水晶城项目建设。老旧小区综合改造覆盖236万平方米，实施绿化改造3万平方米；努力推动乡村面貌更新，行政村村级规划实现全覆盖。中国·西部萝卜辣椒第一产业园加速崛起。全面完成农村承包地确权登记颁证。完成退耕还林9万亩。在全市率先启动的残垣断壁整治已完成93.9%。动力电实现村村通。

（六）民生保障更加完善

民生建设更有质量，高标准完成10项年度民心工程。新建7所学校，綦江中学新址搬迁投用，高考本科上线率同比提升16.3%。邹进贤故居完成修缮并对外开放，王良同志纪念馆完成主体工程建设。成功创建1家互联网医院和3家智慧医院。成功创建市级双拥模范城。全面完成第七次全国人口普查。殡仪馆迁建工程完成征地拆迁；自然生态更加友好，城区空气质量优良天数达339天。两个国控考核断面平均水质持续稳定保持II类标准。投资5.1亿元的綦河水环境综合治理PPP一期相关项目扎实推进。科学处置上游境外输油管道泄漏影响水环境问题，得到国家生态环境部高度评价；社会治理更趋完善，扎实推进安全生产专项整治三年行动，累计开展安全检查26万余次，完成62栋高层建筑消防设施专项整治和河东市场消防隐患治理。积极稳妥做好"9·27"松藻煤矿事故善后工作。成功创建全国信访工作"三无"区县。可防性案件同比下降27.9%，社会治安环境持续向好。

二、发展中存在的问题

同时，发展中仍然存在一些突出问题和短板。一是疫情变化和外部环境存在诸多不确定性，经济稳增长难度依然较大；二是综合经济实力还不够强，与主城都市区重要战略支点的定位还有差距；三是产业能级有待提升，工业经济对经济增长的贡献率不够高，科技支撑能力还不足；四是基础设施短板较为明显，民生保障能力与群众期盼还有差距；五是社会治理、安全监管体系还需进一步完善；六是政府自身建设还需进一步加强。

三、2021年发展思路

处在"两个一百年"历史交汇点，做好2021年工作对"十四五"良好开局、为第二个百年奋斗目标打牢基础意义重大。2021年，全区经济社会发展的主要预期目标为：地区生产总值增长7%，工业增加值增长9%，固定资产投资增长12%，社会消费品零售总额增长10%，一般公共预算收入增长5.6%、其中税收收入增长6%，全体居民人均可支配收入增长8%。

（一）更加坚定创新驱动发展道路

积聚创新资源，加快转化创新成果，不断凸显科技创新在现代化建设全局中的核心地位，坚持以创新驱动高质量发展。

（二）更加有力打造主城都市区重要战略支点城市

围绕建设"双百"现代化城市工作目标，以"一体两翼"为重点高水平打造区域性战略支点城市。

（三）更加巩固主导产业支柱作用

持续深入走好转型路、打造升级版，不断延伸工业产业链，持续提升现代服务业能级，有效推动主导产业扬优势、锻长板。

（四）更加深入实施重点领域改革

以更大勇气下深水、闯难关，持续激发市场主体活力，不断增强政务服务效力，努力在深化改革的更多关键环节取得更大突破。

（五）更加积极参与国内国际双循环

坚持扩大内需这个战略基点，深化战略联动，优化平台带动，强化投资驱动，不断推进更高质量"引进来"、更高水平"走出去"。

（六）更加高效推进乡村振兴

提高农业发展质效，加快乡村建设步伐，做好巩固拓展脱贫攻坚成果同乡村振兴有效衔接，促进农业高质高效、乡村宜居宜业、农民富裕富足。

（七）更加全面保障和改善民生

着力加强民生保障，有力提升生活品质，大力改善生态环境，竭力筑牢安全防线，努力完善社会治理，坚持以人民为中心，真正做到发展为了人民、发展依靠人民、发展成果由人民共享。

（八）更加严密做好常态化疫情防控

坚持常态化精准防控和局部应急处置有机结合，严把关口防输入，严格管控防反弹，严阵以待强保障，确保不出现规模性输入和反弹。

（执笔人：严杰）

大足区

大足区人民政府办公室

一、2020年发展回顾

一年来，我们认真贯彻党中央、国务院决策部署和市委、市政府工作要求，统筹推进疫情防控和经济社会发展，在大战大考中践行初心使命，在攻坚克难中展现担当作为，走过了一段极不平常的历程，取得了来之不易的成绩。全年实现地区生产总值700.5亿元、增长4.4%；全社会固定资产投资320.1亿元、增长11.8%；一般公共预算收入42.3亿元、增长8.7%，其中税收收入17.2亿元、增长3%；规上工业总产值673.9亿元、增长6.9%，工业增加值增长5.4%；社会消费品零售总额243亿元、增长4.1%；城乡居民人均可支配收入达到31569元、增长6.9%。

（一）全力以赴战疫情、战脱贫

一是勠力同心抗击疫情。用17天实现新增确诊病例零增长，用50天实现确诊病例、住院病例“双清零”，圆满完成援鄂、援万等援助任务。二是高质量打好脱贫攻坚收官战。创新开展“大帮扶、大培训、大排查、大拆危”行动，扎实推进九大专项行动、百日大会战、收官大决战，“两不愁三保障”突出问题动态清零，现行标准下农村贫困人口全部脱贫。脱贫不稳定户和边缘易致贫户“两类人员”返贫风险应消尽消，无人因疫因灾返贫致贫。

（二）千方百计抓“六保”促“六稳”

完成征地拆迁5126亩，277个年度重点项目完成年计划投资103.1%，竣工投用项目129个。争取到位中央预算内、地方专项债券等资金21.4亿元。研究出台“支持民营企业19条政策措施”，建立企业“红名单”制度，为各类市场主体减负10.7亿元。争取金融支持280亿元、增长37.3%。新增城镇就业1.6万人、登记失业率2.78%。发放创业担保贷款4.9亿元，直接带动就业5272人。全面完成历年1.5万余名征地拆迁人员安置任务。实现进出口总额2.8亿美元，增长20%。

（三）统筹推进“四区联动”

一是推进文化兴区。全力推进大足石刻文化公园建设，开工建设大足石刻游客中心、重汽博览馆，“十里荷棠”初具形象，“大足石刻号”高铁正式开行。大足石刻研究院升格为副厅级机构，大足石刻博物馆被评定为国家一级博物馆，四川美术学院大足学研究院成立，大佛湾水害治理工程获评“2020年度重庆市文物保护优质工程”。大足石刻文创园签约企业达到137家，大足石雕进入国家级非遗名录。二是推进工业强区。制定“工业强区”实施意见和扶持政策，出台五金、静脉、电梯、无人机、文创5个专项行动计划。龙水小微企业园建成投用，大足五金工业互联网标识解析项目启动建设，盛泰光电产业园、威立雅环境资源服务中心、正威新材料产业园等重大项目快速推进，台铃、金箭、玉骑铃电动摩托车项目签约落户。新增规上企业35家，产值10亿元以上企业达到11家，完成工业税收8.8亿元、增长16.3%。三是推进农业稳区。国家杂交水稻工程技术研究中心重庆分中心建设有序推进，10万亩油菜苔被纳入全市百亿级基地核心区规划建设，大足黑山羊被评定为“中国重要农业文化遗产”，实现农业增加值60.6亿元、增长4.4%。四是推进生态靓区。完成城区污水处理厂（三期）扩建、龙水污水处理厂提标以及铁山、雍溪等镇级污水处理厂扩容改造，新建污水管网65公里，基本建成日处理2万吨中水回用工程，分类整治“散乱污”企业620家。玉滩水库库心断面水质达到湖库Ⅲ类，太平河出境断面水质从Ⅴ类跃升至Ⅲ类。城区空气质量优良天数达到342天、增加23天。

（四）坚定不移深化改革开放创新

一是持续深化重点领域改革。组建大足区优化营商环境服务中心。国有企业资产总量1425亿元、增长19.1%，营业收入50.5亿元、增长6.9%。农业水价综合改革、财政电子票据改革经验向全国推广。二是切实提升开放水平。与周边区（市）县签订合作协议104个，发起成立巴蜀文化旅游走廊世界遗产、汽车摩托车、智能制造、静脉产业、柠檬金三角、教育医疗等六个联盟，开通大足至乐山旅游专线、大足至安岳省际公交。全年引进投资5000万元以上项目249个，正式合同额1070亿元、增长93.8%，到位资金143亿元。三是加快推动科技创新。大足高新区获批“国家火炬工业机器人特色产业基地”，聚足众创空间备案为国家级众创空间，成功创建国家区域专利信息服务（重庆）中心大足分中心，大足锻打（刀具）团体标准发布实施。全年新增高新技术企业45家、总数达到102家，新增科技型企业366家、总数达到1001家，有效发明专利达到295件，全社会研发投入占GDP比重提高到1.5%。

（五）扎实抓好城乡融合发展

一是加快完善城乡基础设施。实施城市提升项目80个，红星生态公园、南山植物园建成投用，吾悦广场、大融城等中高端城市综合体加快建设。实施棚户区改造12.9万平方米，改造川汽厂三片区等老旧小区105.1万平方米。胜天湖水库扩建工程基本完成，建成投用十里110千伏输变电工程，新（改）建“四好农村路”300公里，建成5G基站1078个，成功纳入国家数字乡村试点。二是不断提升城乡环境质量。完成国土绿化营造林10.6万亩、城区闲置地及坡坎崖绿化美化12.2万平方米，城市建成区绿地率达45.2%、人均绿地面积43.5平方米，数字化城管覆盖面达90%。建成垃圾分类示范小区4个、示范村30个，新（改）建城区公厕14座、农村无害化厕所8379户。完成农村人居环境三年行动任务，村庄清洁行动覆盖率100%，完成旧房整治3000户。

（六）切实加强社会建设

一是坚持教育优先发展。新（改、扩）建高新区幼儿园、大足一中等学校15所，新增学位6870个。高考本科上线率提升至53.6%，重本上线人数超过1500人、创历史新高。重庆健康职业学院招生投用。二是加快建设“健康大足”。区人民医院成功通过“三甲”复评、加入“华西口腔专科联盟”，区中医院成为市中医院医联体成员单位，区妇幼保健院住院大楼建成投用，创建全国基层中医药先进单位通过国家评审。组建3个医共体，镇街卫生院全部纳入改革试点。农村妇女“两癌”筛查12.8万人。全国第四批居家和社区养老服务改革试点通过国家验收，全市首个区县“互联网＋智慧民政”系统平台上线运行。三是加强和创新社会治理。全面推进安全生产专项整治三年行动，安全生产事故起数、死亡人数分别下降33.3%、31.2%。开展市域社会治理现代化试点，深入推进扫黑除恶专项斗争，开展存量信访问题“清仓见底”和重复信访专项治理，社会大局保持和谐稳定。

二、发展中存在的问题

一是产业能级不高，企业竞争力有待增强，科技创新依然是突出短板，推动高质量发展任务艰巨。二是文化旅游增加值占比较小，文旅融合发展任重道远。三是民生领域还存在一些弱项，教育、卫生、养老等与人民群众对美好生活的需要还有不小差距。

三、2021年发展思路

全区经济社会发展的主要预期目标是：地区生产总值增长8%以上，全社会固定资产投资增长10%，一般公共预算收入增长6%，规上工业总产值增长15%、增加值增长10%，农业增加值增长4.5%，社会消费品零售总额增长13%。

（一）着力提升科技创新能力

一是壮大创新主体。扎实推进国家高新区创建工作，力争新增市级科技创新平台5个、新型研发机构2家。二是优化创新生态。加大科技创新投入，力争全社会研发投入占GDP比重达到1.7%。三是集聚创新人才。持续实施“大足英才”和人才发展五年计划。

（二）着力推动产业转型升级

一是大力发展先进制造业。加快盛泰光电产业园、八戒（大足）五金智能制造产业园、渝发科技等项目建设，加速推进重汽专用车迁建、中汽研智能网联汽车试验基地（二期）项目建设，力争台铃电动摩托车项目投产，建成投用大足石刻文创园（一期）。二是持续发展现代服务业。推动德恒商贸物流基地、渝西汽博中心等五大专业市场做大做强，力争五金市场纳入国家市场采购贸易试点、五金市场群交易额达到450亿元以上。三是加快发展数字经济。力争改造传统企业60家以上，新增数字化工厂2个、数字化车间5个、两化融合贯标企业5家。全面推进国家数字乡村试点工作。四是推动商贸业提档升级。建成运营吾悦广场商业综合体，电商交易额达到55亿元、网络零售额达到20亿元。

（三）着力加快文旅融合发展

一是全域打造大足石刻文化公园。建成投用大足石刻游客中心、十里荷棠·山湾时光等重点项目，高质量举办旅发大会，全年接待海内外游客2900万人次，旅游总收入达到150亿元。二是努力建设世界知名研究院。扎实推进世界知名研究院建设，争取在四川大学成立大足学研究院。三是积极推动川渝文旅融合发展。完成资阳大足文旅融合发展示范区建设总体规划，加快构建“一区两片四带”融合发展格局。

（四）着力抓好城市提升

一是强化规划引领。高标准编制国土空间分区规划及专项规划。二是提升城市品质。启动老城西部片区改造提升，加快海棠新城东部片区基础设施和公共服务项目建设。完成老旧小区改造100万平方米以上，新建安置房8000套以上。完成宝顶至北山、城区至高新区、城区至文创园、西城至中敖四条快速通道规划设计。三是加强城市管理。持续巩固国家卫生区创建成果，力争城区生活垃圾回收利用率达到38%。

（五）着力推进乡村振兴

一是发展现代特色高效农业。加快建设现代农业园区，成功创建市级现代农业产业园区和农业科技园区。二是大力实施乡村建设行动。建成麻柳冲水库，新（改）建“四好农村路”100公里、农村电网线路144公里，新增农村天然气入户1万户。三是推动巩固拓展脱贫攻坚成果与乡村振兴有效衔接。有序推进脱贫攻坚与乡村振兴衔接试点，持续发展壮大扶贫产业，建立健全防止返贫监测和帮扶机制。

（六）着力深化改革开放

一是深化重点领域改革。推动农村“三变”改革扩面，扩大“三社”融合发展试点范围，实施国企改革三年行动计划。二是推动高水平开放。全力支持推动成渝中线高铁建设，积极配合做好璧山至大足轨道交通、市域铁路合大线前期工作，建成大内高速大足段。力争引进投资5000万元以上项目正式合同额1100亿元以上，完成进出口总额3亿美元以上。三是大力优化营商环境。持续深化“放管服”改革，打造智能化、信息化、一体化的政务服务平台。

（七）着力加强生态文明建设

一是深入打好污染防治攻坚战。深入推进玉滩水库水生态修复综合治理，确保国控市控断面水质达到考核要求，城区空气质量优良天数达到328天以上。二是倡导绿色生产生活方式。森林覆盖率达到47.6%，成功创建国家森林城市。

（八）着力保障和改善民生

一是稳定和扩大就业。新增城镇就业1.3万人以上，城镇登记失业率控制在3%以内。二是推进教育高质量发展。启动重庆幼儿师专大足校区建设，新引进高职院校1所以上。三是深入落实健康中国大足行动。完成区人民医院业务综合楼、区中医院业务综合楼二期建设，推进区第二人民医院迁建工程。四是健全多层次社会保障体系。深入开展医保基金DRG付费国家试点，建成投用老年养护中心，争创全国“双拥”模范城。

（九）着力抓好常态化疫情防控

一是持续抓好“外防输入”。严格落实入境人员和国内中高风险地区来足返足人员健康管控措施。二是持续抓好“内防反弹”。深入开展爱国卫生运动，引导群众坚持戴口罩、勤洗手、常通风、一米线、分餐制等卫生习惯。三是持续提升应急保障能力。有序推进疫苗接种，严格疫苗全流程管理。

（执笔人：王子强）

璧山区

璧山区人民政府办公室

一、2020年发展回顾

2020年，面对新冠肺炎疫情巨大冲击和复杂严峻的国内外环境，璧山全区上下团结一心、众志成城，为恢复经济赢得了主动。地区生产总值达到747.1亿元，同比增长4.8%；固定资产投资同比增长5.3%；一般公共预算收入实现50.6亿元，同比增长1%；全年完成社会消费品零售总额277.8亿元，同比增长3.9%；服务业增加值实现312.9亿元，增长3.7%；数字经济增加值同比增长35%；市场主体总量达到6.1万户，增长15%；全体居民人均可支配收入达到35418元，增长7.5%，恩格尔系数下降到33.1%；其中农村居民人均可支配收入达到21990元，同比增长7.7%；常住人口城镇化率提高到62%。

（一）坚持规划引领，城市经济地理有效重塑

国土空间扩容提质。开展国土空间规划编制，有效推进“多规合一”，推动形成“南延、西进、北控、中优”联动发展局面。实施征地拆迁8287亩，供应土地5258亩。产业布局日渐完善。高标准开展西部（重庆）科学城（璧山）详细规划，推动高新区扩容至80平方公里，完成7.5平方公里棕树湖智慧城市设计。批复实施西部（重庆）科技创新小镇、大健康产业生态区等5个产业生态区详细规划，稳步推进国际体育产业生态区等2个产业生态区规划研究。基础设施快速推进。合璧津高速完成72%的工程量，渝昆高铁、市域快线璧铜线、渝遂高速复线、金凤隧道开工建设，成渝中线高铁、凉亭关隧道前期工作稳步推进。姊妹桥水库完工，千秋堰水库顺利推进，渝西水资源配置工程、染房水库开工。110千伏七安输变电工程完工，建成公共充电站9座、充电桩373个。新建天然气管线110公里。新增5G基站1027个。

（二）坚持生态优先，绿色发展理念深入人心

城市品质不断提升。新建城市道路15公里，提升改造行政中心片区、璧南河河堤城区段等重点区域夜景灯饰，古道湾公园建成投用。新增人行过街设施2处，新建生态停车场10个、标准化垃圾收集站4座。城市治理有力有效。深入开展“大城三管”，坚持“马路办公”，实施城市管理百日攻坚七大行动，整改问题2.3万个，查处违法用地29宗，整治违法建筑33.5万平方米。推进生活垃圾分类工作，创建试点单位24个。生态环境持续改善。全力抓好生态环保督察反馈意见整改，排查整治涉气涉水企业397家，空气质量优良天数首次突破300天、达到314天，整治改造排水管网600公里，高新区、三角滩污水处理厂建成投用。污染源普查工作考核居全国第二，被列为长江流域唯一的全国水生态环境保护“十四五”规划编制试点城市。

（三）坚持创新驱动，产业发展动能加速集聚

创新生态加速构建。科学城（璧山）创新生

态社区首期10万平方米建成投用，西部（重庆）科技创新小镇、重庆产教融合生态区（大学城西区）开工建设。康佳光电技术研究院创建成为市级制造业创新中心，比亚迪“刀片电池”获评全球新能源汽车创新技术。高新技术产业研究院靶向孵化科技型企业11家，重庆大学璧山先进技术研究院入驻科研团队30余个。出台鼓励科技创新25条，新培育申报市级重点实验室3家，新认定市级研发机构28家，引进培育“创业黑马”等孵化器3家，新增科技型企业450家、高新技术企业104家，规模以上工业企业建立研发机构比例达47%。高规格开展“璧山英才”“璧山工匠”“企业创新型人才”评选，新引进高层次人才、前沿行业创新人才1100余人。两山公司主体信用评级提高为AA+，携手中石化资本、渝富集团等成立产业投资基金10支。现代产业体系不断完善。壮大新能源汽车、电子信息、智能装备、新材料、消费品五大支柱产业，规模以上工业增加值增长6.2%。中车恒通等31个项目开工建设，比亚迪电池、青山DCT等22个项目投产达效。实施企业成长计划，梳理拟上市重点企业28家。高标准打造智慧园区，改造智能化项目75个。引进TOD大型城市综合体等重点项目14个，重庆中医药学院等6个重点项目开工建设。开展国家家政服务业提质扩容“领跑者”行动试点，建成“城市生活馆”20个。服务业增加值实现312.9亿元。提速“三园”建设，新增蔬菜水果种植面积1.2万亩，建设标准化菜园果园4个，成功申报“璧蔬鲜”公用品牌商标，获得绿色食品认证30个。成功举办首届清水鱼摸鱼节，清水养鱼规模达到2.2万亩。实施高标准农田建设2.8万亩。引进石斛小镇等农业项目3个，西部（重庆）花卉苗木产业园启动规划建设。农村电商加快发展，农产品网络销售额达到2.8亿元。数字经济蓬勃发展。开工建设西部（国际）数字经济产业生态区，城市“三张网”投用，构建旅游移动大数据平台、智慧河长、智慧林长等应用场景。成功举办西部数字经济产业高峰论坛、“火锅大师”电竞锦标赛，中国西部动漫文化节永久落户璧山。创建量子通信骨干网节点城市，开展量子安全托管业务政企试点。数字经济增加值增长35%。

（四）坚持共建共享，民生保障更加坚实有力

重点民生实事逐项落实。新增4所普惠性幼儿园，改造10所农村薄弱幼儿园。实施中小学课后服务，2万余名学生受益。新改建标准化公厕4座、旅游公厕8座，完成3586户农村卫生厕所改造。实施12项医改便民措施，实现镇街卫生院发热门诊全覆盖。建成镇街养老服务中心7个、村级养老互助点15个。升级改造农村敬老院2家，实现有意愿失能特困人员集中照护全覆盖。实施16处农村饮水安全巩固提升工程，璧南水资源调配工程竣工投用，让20万名群众喝上放心水、平价水。建成“四好农村路”350公里。实施老旧小区改造2个，改造棚户区1352户、13.8万平方米，建成智慧农贸市场1个。保障体系更加完善。抓好特殊群体帮扶，累计向17.6万人次发放救助金、低保金1.16亿元。开展职业技能培训超过1.2万人，城镇新增就业超过2.1万人，发放创业担保贷款1.2亿元。

（五）坚持城乡融合，乡村振兴迈出坚实步伐

脱贫攻坚战圆满收官。实现贫困劳动力就业1912人，销售扶贫产品2.2亿元。改造C、D级危房6912户，资助贫困学生5192人次，贫困户家庭医生签约服务实现全覆盖。农村人居环境整治有序推进。村规划编制覆盖率达100%，创建农村生活垃圾分类示范村133个、绿色示范

村12个，建成市级美丽宜居乡村30个，实施公共绿化165亩，建成入户道路412公里，安装公共照明路灯、庭院灯5600盏。城乡融合实验稳步实施。全面完成农村集体经济组织股份合作制改革、农村承包地确权颁证，有序开展20个村“三变”改革试点。加快发展壮大农村集体经济，经营收入达5万元以上的村（社区）占比达到70%。建立1000万元“旺农贷”风险补偿资金池，撬动银行授信1亿元。

二、发展中存在的问题

2020年，璧山克服疫情影响，经济社会发展迅速回归正轨并取得一定成绩，但也要清醒认识到发展中存在的突出问题和短板。一是疫情变化和外部环境存在诸多不确定性，宏观经济恢复基础尚不牢固；二是发展不平衡不充分问题仍然突出，城乡融合任重道远；三是土地资源约束趋紧，产业发展空间不足；四是创新平台、创新主体量小质不优，高端人才较为匮乏；五是产业层次多数仍处于中低端，产业链供应链存在短板。

三、2021年发展思路

2021年是中国共产党建党100周年，是社会主义现代化建设新征程开局起步之年。作为重庆主城都市区的“迎客厅”“西大门”，璧山将全力打造落实新发展理念的示范区先行区，努力推动高质量发展、创造高品质生活。一是坚持创新驱动，打造科技成果转化转移新高地。倾力打造科技创新策源地和高新技术产业集群生成示范区，高标准推进西部（重庆）科学城（璧山）控规编制，形成“一廊四组团”规模。支持区内企业和科研院所、高校共建新型研发机构、研发基地、研究中心，助力“科技+金融”创新生态圈打造，实现创新链、产业链和资金链深度融合。力争新增科技型企业350家、高新技术企业60家、独立法人研发机构3个、市级研发机构30家以上，全社会研发经费投入占比提高到3.05%。二是突出开放引领，打造内陆开放新高地。贯彻落实成渝地区双城经济圈建设规划纲要，不断深化与周边地区合作，缔结更多协同发展友好园区。用好中新（重庆）战略性互联互通示范项目、欧洲（重庆）中心项目等平台，促成更多商贸、金融等领域项目落地。依托重庆第二国际机场，开展临空产业研究，规划保税物流中心。扩大资本招商、应用场景招商、产业链招商新模式应用，力争引进100亿元级项目1个、50亿元级项目1个、10亿元级项目10个，签约合同金额达到500亿元。三是聚焦补链强链，打造高新技术产业集群新高地。引进总部经济项目2个、高科技项目20个，力争培育“隐形冠军”企业2家、“专精特新”企业20家、“小巨人”企业3家。推动消费品工业增品种、提品质、创品牌，消费品工业产值占比提升至21%。深入实施智能制造，推进传统产业智能化改造50个，建成智能工厂1个、数字化车间7个，推动85%以上的规模以上工业企业完成智能化评测。四是实施双轮驱动，打造现代服务业聚集区。建立全链条基金集群，成立二产、三产、科技创新三支产业引导母基金，推动成渝地区双城经济圈发展基金、中石化成都朝阳基金子基金落地。引进3家文旅企业，策划推出3条精品旅游线路，大力开发“璧山好礼”系列文旅商品。开工建设TOD大型城市综合体，加强环秀湖商圈体验式消费业态培育，营造高品质生活消费场景。提档升级“璧山冷酒”、俊豪中央大街等市级特色夜市街区，活跃夜间经济。探索农村要素市场建设，推动土地、宅基地等资源要素规范有序交易。五是推进乡村振兴，打造城乡融合发展示范区。规划建设

3 平方公里农产品加工园，完善农业产业链和价值链。做强“璧优鲜”销售平台，农产品电商销售额超过 3 亿元。开展实用性村规划编制，发展壮大村集体经济，75% 以上的村（社区）经营收入超过 5 万元。深化“三社”融合发展，培育农民合作社、家庭农场等新型农业经营主体 30 个，健全农业专业化社会化服务体系。做大做强“旺农贷”规模，撬动银行“三农”授信 2 亿元。

（执笔人：胡恩）

铜梁区

铜梁区人民政府办公室

铜梁区位于重庆西部，处于渝西地区中心，与合川、永川、大足、璧山、潼南等区接壤，距重庆主城40公里，到成都2小时车程，是成渝经济区中轴线上的重要节点城市，是国际主义战士邱少云的故乡和蜚声中外的铜梁龙文化的发祥地。辖区面积1343平方公里，现有耕地5.31万公顷、林地6.21万公顷，基本农田保有量5.22万公顷；辖23个镇、5个街道，266个村、4050个村民小组，67个社区居委会、552个居民小组。区政府驻巴川街道。2020年末，全区总人口84.90万人，其中，城镇人口40.28万人。常住人口城镇化率60.0%，比上年提高1.64个百分点。

一、2020年经济发展回顾

2020年，面对突如其来的新冠肺炎疫情、百年不遇的洪涝灾害、复杂多变的国际国内形势，铜梁区坚持以习近平新时代中国特色社会主义思想为指导，认真落实党中央决策部署和市委、市政府工作要求，统筹推进疫情防控和经济社会发展，全力以赴做好“六稳”工作，落实“六保”任务，全区抗疫斗争取得重大成果，经济逐季恢复、稳定转好，脱贫攻坚圆满收官，全面建成小康社会，全面融入成渝地区双城经济圈建设和“一区两群”协调发展开局起势，为“十四五”时期开启全面建设社会主义现代化国家新征程奠定了扎实基础。全区地区生产总值达到661.02亿元，比上年增长4.4%；实现工业增加值254.53亿元，增长5.3%；完成固定资产投资353.9亿元，增长10.6%；社会消费品零售总额实现219.9亿元，增长3.6%；进出口完成17.1亿元，增长20.1%；实现一般公共预算收入34.66亿元，增长8.4%；银行业金融机构人民币存贷比达72.2%；城乡居民人均可支配收入分别增长5.6%、7.3%，分别达到42449元、21127元，发展质量和效益进一步提升。

（一）全力以赴战疫情、战复工、战脱贫、战洪水

坚持人民至上、生命至上，全力应对大战大考，注重精准施策，全力稳住经济基本盘。全力战疫情。第一时间启动重大突发公共卫生事件一级响应，用半个月时间实现新增确诊病例零增长，用2个月左右时间实现本地确诊病例、住院病例“双清零”，全区未发生1起二代病例。持续推进常态化疫情防控，毫不放松抓好外防输入、内防反弹，不断提高大规模核酸检测、救治、隔离、流调等能力，确保疫情精准管控、万无一失。全力战复工。及时启动分区分级精准防控，有序推进复工复产、复市复消、复学复课。全面落实纾困惠企政策，组建专班为民营企业“解七难”，生产生活秩序逐步恢复常态。全力战脱贫。实施脱贫攻坚总攻13个专项行动，尽锐出战、压茬推进定点攻坚战、百日大会战、收官大决战，“两不愁三保障”突出问题动态清零。严格落实“四个不摘”要求，全面推进脱贫攻坚与乡村振兴有效衔

接。全力战洪水。启动Ⅰ级防汛应急响应，统筹做好监测预警、堤库排查、应急处置、抢险救援、群众安置和灾后恢复重建，成功抵御百年一遇的涪江特大洪水，千年安居古城安然无恙。

（二）抓“六保”促“六稳”，牢牢守住发展底线

保居民就业。落实援企稳岗政策，持续开展“把老乡留在老家”专项行动，就业形势总体稳定，全年城镇新增就业1.5万人，城镇调查失业率控制在5.5%以内。保基本民生。及时发放低保金6870万元、抚恤优待金8217万元、临时救助金1457万元、价格临时补贴1927万元，民生保障坚实有力。保市场主体。打造政银企“铁三角”，助企融资70亿元，提供应急转贷周转资金22亿元，落实减税降费政策，为企业减负降本9亿元以上，新发展各类市场主体8592户。保粮食能源安全。粮食产量达到7亿斤，生猪、蔬菜等重要农产品量足价稳，能源供需总体平衡。保产业链供应链稳定。组建6个上下游企业产业联盟，62家企业建立供应链合作伙伴关系，坚持招商与补链并行，重点产业配套能力持续增强。保基层运转。兜牢“三保”底线，落实“政府过紧日子十条”，压减财政支出2.1亿元，推动中央直达资金“三直达”惠企利民，争取债券资金17.4亿元、专项资金21.5亿元，财政收支运行平稳。“六保”措施全面落地，推动实现“六稳”，稳住了经济基本盘。

（三）抢抓重大机遇，加快融入成渝地区双城经济圈建设

坚决担起“桥头堡”城市重任，“融城”与“融边”双向发力。交通基础设施互联互通水平加快提升，沪渝蓉高铁（成渝中线高铁）在铜设站，市域快线璧铜线节点工程加快建设，铜安高速、渝遂复线高速、合璧津高速建设顺利推进，兰渝高铁渝遂绵段、市郊铁路西二环线前期工作有序开展。健全合作机制，签订25项战略合作协议，与遂宁、资阳结对开展战略合作，推进“铜资简”轴线城市、“铜潼遂”涪江流域一体化发展，共建“涪江流域科技创新走廊”。常态化开展警务合作、跨省异地就医直接结算、跨流域区域生态保护等合作事项。成功举办重庆英才大会·海归论坛。

（四）坚持量质并举，扎实推进工业振兴

坚持把发展经济着力点放在实体经济上，工业振兴行动计划和工业跃升倍增计划扎实推进，新增规上企业28家，总数达到345家，实现总产值606.2亿元，增长4.6%。做大产业平台，全面启动科创新城建设，加快建设国家高新区。“西部美谷”美妆健康产业基地签约项目31个，开工建设10个，总投资达220亿元。建成17万平方米智能制造产业园。广铜“一带一路”高新技术产业合作区落地揭牌，成功创建重庆（铜梁）汽车零部件产业示范园（示范基地）。正式投用科创中心和航天云网重庆工业互联网赋能中心。加快集群发展，围绕主导产业实施专业精准招商，新引进项目83个、总投资663亿元，其中10亿元以上项目12个。电子信息、装备制造、大健康等产业产值达到482亿元、增长6.9%。推动转型升级，“领军企业”“明星企业”培育工程深入实施，“小巨人”企业达到5家，“专精特新”企业达到18家。9家企业完成OTC挂牌。推进企业智能化改造项目67个，建成数字化车间11个、智能工厂1家，战略性新兴产业、高新技术产业、数字经济规上工业企业产值分别增长10.9%、12.7%、14.3%。全区工业用电量增长19.7%、工业用气量增长14.7%，规上工业企业营业利润增长1.9%。

（五）立足内外兼修，加快推动乡村振兴

发展现代高效农业，因地制宜发展粮油、果蔬、养殖等精品特色产业，实现高效特色农业产值 89 亿元、增长 22.9%。认证“两品一标”达到 208 个、重庆名牌农产品达到 13 个。粮食生产总体稳定，全面完成高标准农田建设 4 万亩，粮食播种面积 82.5 万亩，产量 35.1 万吨。政策扶持促进生猪规模养殖，生猪产能大幅提升。建实利益联结机制，深化“六要路径”发展新型农村集体经济，新发展农民专业合作社 735 户，村社集体经济经营收入达 3467 万元。新引进农产品加工项目 3 个。加大新型农业经营主体培育力度，累计培育农民专业合作社 734 个。深化拓展农村“三变”改革试点，新增农村“三变”改革试点村 10 个。完善基础设施，建成 60 公里绿道、120 平方公里西郊示范片，建成乡村会客厅 8 个。西郊示范片成为重庆十大最美乡村。完成“四好农村路”688 公里，硬化泥结石路 800 公里，全区农村公路总里程达到 4110 公里，全区村民小组通达率、通畅率实现 100%。开通城区至虎峰公交线路。推进城乡供水一体化，同心桥水库建设顺利推进，改造场镇供水主管网 155 公里、“一户一表”2.4 万户。完成农村薄弱电网改造项目 338 个。改善人居环境，用好“积分制”，扎实开展农村人居环境整治，推动实现“一化两改三不见”，加快建设美丽乡村，村容村貌明显改善。完成农村危房改造 544 户，全面处置农村危房 3.37 万户，完成农村“厕所革命”7921 户，全面启动农村垃圾分类收集。深化河长制，开展“三乱”整治专项行动，涪江铜梁段获评全市最美河流。全面完成长江退捕禁捕任务。国家城乡融合发展试验区全面启动建设。央视《焦点访谈》专题报道乡村振兴经验做法。

（六）着力提质增效，积极培育现代服务业

全区实现服务业增加值 236.3 亿元，增长 2%。龙城天街商圈全面提质，协信·星光天地正式开业，新引进星巴克、希岸酒店等知名商家，入驻商家达 350 余家，商业设施营业面积达到 40 万平方米。专业市场和特色街区建设加快，杰民农副产品批发市场持续发展，城乡共同配送中心二期建成投用，淮远河特色餐饮街基本形成。叙知香入选中国餐饮企业百强名单。推进文旅融合，铜梁龙文化影响力持续提升，获评“中国龙灯龙舞文化之乡”；安居古城、少云故里等景区进一步完善，玄天湖景区成功创建国家 4A 级旅游景区，土桥镇六赢村被评为“全国乡村旅游重点村”，西郊花语悠游谷成为热门打卡地。成功开展第二季“双晒”文旅推介活动，荣获全市最佳营销奖。全年接待游客 915.8 万人次，旅游综合收入 45.4 亿元、增长 8%。培育新兴产业，引进光大百龄帮等专业养老机构，打造养老服务和颐养康养产业。设立全市首个民营小微企业首贷续贷中心，集中定点提供综合金融服务。网络零售、直播带货发展迅速，新引进电商企业 10 家，直播带货等线上交易 16.2 亿元。

（七）坚持以人为本，持续深化城市提升

城市建成区达到 35 平方公里，常住人口城镇化率提高到 60%。坚持规划引领，启动国土空间规划和“桥头堡”城市专项规划编制，高起点谋划 2021~2035 年发展蓝图。道法自然打造田园都市，玄天秀水生态画廊、原乡中央公园、望山公园、见水公园惊艳亮相，龙城天街成为渝西最具活力商圈。加快淮远新区建设，儿童乐园顺利开园，铜梁中学新校区开工建设，融媒体中心、美术馆加快推进。提质原乡大道，

推进书香路、乡逢路等骨干道路建设，打通断头路5条。推进城市有机更新，功能配套不断完善，改造棚户区288户、老旧小区30个。完成60部老旧楼房电梯改造。建成城镇排水管网51公里，改造升级24个镇级污水处理厂。开展“三小”管护，改造“五小”设施300余处，新改建城市公厕5座、垃圾压缩站7座。建成5G基站1140个，铺设光纤2450公里。深化城市管理，实施“治乱拆违、街净巷洁、路平桥安、整墙修面、灯明景靓、江清水畅、城美山青”七大工程，清除违法建筑7603.5平方米，拆除安全隐患户外广告面积5993平方米。完成白龙大道等城区节点景观提档升级，完成原乡大道绿化工程、人才公园改造，新增公共绿地139万平方米。扎实推进大城细管、大城智管、大城众管，常态化开展“马路办公”，整改问题2万余个。全面规范活禽交易和宰杀。13万名少云志愿者助力全国文明城区创建，以人的素质提升促进城市发展。

（八）深化改革开放创新，增强发展内生动力

推进重点领域改革，接稳兜住全国、全市改革任务145项。深化行政审批流程再造集成创新，推行承诺制信任审批。实施工程建设项目“四合一四联合”改革，健全“观察员”“好差评”制度。开展“四零”改革，建成“企业开办无费区”，入选全市优化营商环境十佳示范案例。国有企业市场化转型、投融资等领域改革取得明显成效，72亿元PPP项目成功落地，100亿级重庆制造业转型升级基金项目推进顺利。完成公共资源交易监管体制改革，公共资源交易秩序进一步规范。在全市率先打造能源数据中心。扎实推进社会信用体系建设，率先开展重点行业信用评价试点、信用景区建设。加快扩大开放，携手广州开发区打造粤港澳大湾区与成渝地区双城经济圈合作典范，成功引进朗基尔等外资项目签约落户，实际利用外资完成6800万美元。成功举办中华龙灯艺术节、中英健康医疗大数据论坛。推动科技创新，建设西部（重庆）科学城协同创新区，新增国家知识产权优势企业2家，工业企业预算研发准备金达6.8亿元。建成国家农业科技园区，建立院士专家、博士后科研工作站8个，市级研发平台达到38个。科技创新主体不断壮大，新增科技型企业165家，市级知识产权示范（试点）企业7家，累计培育高新技术企业96家。全社会研发投入经费支出占地区比重达到2.0%，高新技术企业研发经费支出占比达72.9%，万人发明专利拥有量达到5.5件，科技创新指数达57.5%。英才培育行动取得积极进展，引进高层次急需紧缺人才107名，重庆英才大会·海归论坛永久落户。

（九）坚持生态优先绿色发展，生态文明建设扎实推进

深入践行绿水青山就是金山银山理念，完成自然保护地及生态保护红线划定。坚决打赢污染防治攻坚战，收回62座水库承包权，启动编制新一轮“一河一策”，区内主要河流水质稳定达标、持续向好。严格落实蓝天行动“四控两增”措施，空气质量优良天数达到334天，比上年增加32天。有序推进固体废物污染防治，全区危险废物产生单位规范化管理抽查合格率达到100%，医疗废物无害化处置率达到100%。加快污水处理设施提档升级，城区污水处理厂三期异地扩建工程建成投用，完成24座镇级污水处理厂、21个村级污水处理站技改，城市污水集中处理率达到98%，污泥无害化处理率达到96%。新（改）建城区垃圾中转站7座。科学治理畜禽粪污污染，全区1166家畜禽养殖场完成循环化改造，建成畜禽粪污集中处理中心3个，畜禽粪污资源化综合利用率达96.1%。着力实施国土绿化提升工程，完成营造

林 12.4 万亩，完成矿山复绿 23.6 公顷，治理水土流失 320 公顷。山水林田湖草工程全面推进，毓青山国家森林公园、安居国家湿地公园等自然资源保护成效明显，全区森林覆盖率达到 47%。

（十）聚焦惠民利民，致力增进民生福祉

织密民生保障网。累计投入 9.8 亿元，全面完成 25 件重点民生实事。就业创业稳中有进，开展“把老乡留在老家”专项行动，全年促进城镇新增就业 14994 人。新增城区普惠幼儿园学位 5700 个，学前教育普惠率提升至 81.6%，新改扩建中小学幼儿园 12 所。开工建设铜梁中学新校区。医疗卫生服务体系更加完善，启动区人民医院传染病区医技楼建设项目、区医疗健康区域信息平台建设工程，区中医院整体迁建项目主体完工，区中医院外科大楼竣工投用，三家区直医院及 14 家基层医疗机构发热门诊（诊室）规范化改造完成。开展区域医共体“三通”试点。提档升级公办养老机构，新增床位 620 张，推进农村互助养老创新试点。持续推进全民参保计划，社会救助体系不断完善，累计帮扶各类困难群众 5.2 万余人次。文化惠民工程扎实推进，常态化开展乡村振兴大舞台等文化活动。精心打造邱少云烈士故居，保护修缮巴岳寺、张佳胤故居。获评“中国龙灯龙舞文化之乡”“全国老年太极拳之乡”。加强和创新社会治理，组建区镇村三级指挥中心，社会治理体系更加完善，成为全国市域社会治理现代化试点区、全国乡村治理体系建设试点区。持续巩固安全生产责任制和食品药品安全保障，扎实开展矛盾纠纷、信访稳定、安全生产隐患大排查、大调处、大整治专项行动，社会治安环境持续优化。第七次全国人口普查推进顺利。国防动员和后备力量建设稳步推进，双拥工作和军民共建深入开展，成功创建全国双拥模范城。

二、发展中存在的问题

新冠肺炎疫情影响深远，经济运行基础还需持续巩固，产业能级还需持续提高，产业结构还需持续优化，科技创新支撑能力还不够强，基础设施和民生领域短板亟待补齐，生态环境保护任重道远。

三、2021 年发展目标

深入贯彻习近平总书记对重庆提出的营造良好政治生态，坚持“两点”定位、“两地”“两高”目标、发挥“三个作用”和推动成渝地区双城经济圈建设等重要指示要求，准确把握新发展阶段，深入践行新发展理念，积极融入新发展格局，切实担当新发展使命，坚持稳中求进工作总基调，以推动高质量发展为主题，以深化供给侧结构性改革为主线，以改革创新为根本动力，以满足人民日益增长的美好生活需要为根本目的，统筹发展和安全，加快建设现代化经济体系，推进治理体系和治理能力现代化，全力打造先进制造示范区、创新生态示范区、城乡融合示范区、营商环境示范区，奋力把铜梁建设成为成渝地区双城经济圈高质量发展先行区、国际大都市后花园，实现经济行稳致远、社会安定和谐，确保社会主义现代化建设新征程开好局、起好步。全年经济社会发展的主要预期目标是：地区生产总值增长 7.5% 以上，固定资产投资增长 8%，社会消费品零售总额增长 9%，一般公共预算收入增长 9.5%，其中税收收入增长 8%，城镇调查失业率在 5.5% 左右，全体居民人均可支配收入增长 8% 左右。

（执笔人：王刚）

潼南区

潼南区人民政府办公室

一、2020 年发展回顾

刚刚过去的 2020 年极不平凡，新冠肺炎疫情突如其来，暴雨洪水接连而至，外部形势错综复杂，经济下行压力加剧。面对严峻挑战，全区坚持以习近平新时代中国特色社会主义思想为指导，深入贯彻习近平总书记对重庆提出的营造良好政治生态，坚持“两点”定位、“两地”“两高”目标、发挥“三个作用”和推动成渝地区双城经济圈建设等重要指示要求，坚决贯彻习近平总书记关于统筹推进疫情防控和经济社会发展重要指示精神和市委、市政府工作安排，保持战略定力，精心谋划部署，果断采取行动，众志成城战疫情、战复工、战脱贫、战洪灾，扎实做好“六稳”工作、落实“六保”任务，抗疫斗争取得重大战略成果，经济恢复态势良好。地区生产总值达到 475 亿元，增长 4.3%、居全市第 6，规上工业增加值增长 5.8%、居全市第 13，固定资产投资增长 12.9%、居全市第 3，社会消费品零售总额增长 4.2%、居全市第 2，一般公共预算收入增长 0.2%、高于全市 2.1 个百分点，居民人均可支配收入增长 7.4%。

（一）着力应对大战大考，抗疫战洪取得重大成果

坚持人民至上、生命至上，坚决扛起疫情防控政治责任，及时启动重大突发公共卫生事件一级响应，认真落实“四早”“四集中”要求，突出抓好医疗救治、交通流动、社区乡村社会、舆论舆情“四个工作面”和人财物、组织指挥“两大保障”，迅速形成统一指挥、全面部署、立体防控的工作机制，全区 21 天实现新增确诊病例零增长，46 天实现本地确诊病例、住院病例“双清零”。坚持外防输入、内防反弹，毫不放松抓好常态化防控，重大战略成果持续巩固。8 月中旬，面对涪江流域超二十年一遇且持续时间长的过境洪灾，全区上下快速反应、连续奋战，参与抢险人员 2 万余人次，转移群众 3.6 万人次，未伤亡一人。坚持“水退人进”，及时开展清淤消杀防疫，生产生活秩序很快恢复，灾后重建顺利推进。

（二）着力打好关键战役，三大攻坚战取得决定性成就

坚决打赢脱贫攻坚“百日大会战”“收官大决战”，剩余 169 户、478 名未脱贫人口全部脱贫，907 户监测对象全面消除致贫返贫风险，顺利通过市级专项调查、成效考核和国家第三方评估检查。污染防治攻坚战三年行动计划 145 项任务全面完成，实施涪江流域综合治理 PPP 项目，按期完成渔船退捕禁捕，涪琼两江水环境持续改善，全年空气质量优良天数 343 天，同比增加 12 天。序时化解隐性债务 17.5 亿元，政府债务绿色可控。有效化解重点领域信访积案 53 件、“四重”攻坚案件 22 件。扎实开展安全生产

专项整治三年行动，未发生较大及以上生产安全事故。

（三）着力抓“六保”促“六稳”，经济恢复性增长势头良好

企业快速复产。严格落实分区分级精准防控，出台分类减免租金等支持企业渡过难关28条措施，帮助企业跑市场、办手续、找资金，协调投放支农支小等专用再贷款4.8亿元，为企业减税降费4.4亿元，各行各业生产秩序逐步恢复常态。消费稳步复苏。开展“十个一”系列促进消费活动，举办菜花节、国际柠檬节等节会，消费需求不断释放。投资有效放量。出台扩大有效投资8条举措，及时调增投资规模、调快项目进度、调简审批程序，争取抗疫特别国债、灾后重建直达资金和新增债券共16.7亿元，完成固定资产投资225亿元。外贸保持平稳。助力企业拓展外贸订单2亿元，新增柠檬出口备案基地1.7万亩、外资外贸企业15家，获批国家全面深化服务贸易创新发展试点，实现进出口总额11亿元。

（四）着力推动产业转型升级，实体经济基础更加稳健

工业经济更具韧性。新增规上工业企业15家，34个项目开工建设，43个项目建成投产，重点产业稳中有升。35家企业完成智能化改造，5家企业建成数字化车间，工业技改投资增长13.2%。现代农业更加高效。粮食总产量达到37.7万吨、增长1.2%，柠檬、蔬菜、油菜、小龙虾、花椒等特色产业规模达到176万亩。重庆渤海柠檬交易中心正式上线，农产品加工收入增长23%。服务业更有质量。制定促进服务业高质量发展15条措施，服务业增加值增长2.7%。太安休闲农业旅游度假区成功创建市级旅游度假区，商品房销售面积同比增长10.6%，银行存贷款余额达到741.8亿元、增长16.2%，存贷比达到62.8%。新兴产业更快成长。积极发展网络零售、直播带货等新业态新模式，线上交易额达到45亿元。引进27个高新产业项目，战略性新兴产业产值增长10%。

（五）着力抢抓重大战略机遇，谋划推动成渝地区双城经济圈建设顺利起步

项目推动有力。及时制定成渝地区双城经济圈建设实施意见和纲要落实方案，分解细化主城都市区推动高质量发展创造高品质生活行动方案76项任务，谋划51个重点项目，首批川渝合作重点项目潼南双江航电枢纽正式开工，合潼安高速潼南段基本完工。交流合作务实。承办成渝地区双城经济圈建设高端论坛。遂潼川渝毗邻地区一体化发展先行区获重庆市、四川省政府批准。开通遂潼跨省城际公交线路和遂潼商务快客，基本实现异地就医联网直接结算、社保转移接续互认。城乡协调发展。持续实施城市提升大会战，顺利完成第三次国土调查，征收集体土地1.1万余亩。常态化开展马路办公，完成28个老旧小区改造，整治违法建筑25.1万平方米。制定潼南区建设国家城乡融合发展试验区实施方案，出台城市人口集聚10条政策，新增城镇人口1.3万人。

（六）着力深化改革创新，发展活力不断释放

科技创新持续增强。高新区被认定为国家智能终端高新技术产业化基地、国家火炬节能环保特色产业基地。新增高新技术和科技型企业159家、“专精特新”企业2家、独立法人研发机构2个，中防德邦获批国家“小巨人”企业，2家企业产品获批市级重大新产品，国家知识产权试点城市通过验收。重点改革纵深推进。企业开办时

间缩减为4个小时，“渝快办”实现政务服务审批事项全覆盖。农村承包地确权登记颁证全面完成，278个村级集体经济组织实现收入1181万元。融媒体改革获中宣部肯定。招商引资扎实开展。修订招商投资优惠政策，组建10个产业招商组、4个驻外招商工作组，开展云招商、驻点招商，常态化推进“四个一批”，全年招商项目到位资金121亿元，新签约亿级工业项目32个、十亿级工业项目6个。

（七）着力保障基本民生，社会大局和谐稳定

民生实事扎实办理。23件市区两级民生实事完成18件、达到进度5件。公办幼儿园在园幼儿占比52.7%。“电靓乡村”行动新建和改造农网线路617公里、配变台区951个。建成投用8个5人制足球场。民生保障不断增强。点对点帮助18.7万名返乡农民工返岗就业，新增城镇就业13850人。建成梓潼养老服务中心和63个社区养老服务站。针对疫情灾情影响，及时调整兜底保障、临时救助等政策措施，发放救助优抚及福利金3.2亿元、惠及5.1万人。社会治理水平持续提升。优化调整行政区划，市政府批准设立大佛街道。建立校园及社会少年儿童安全防护政策措施，组建辅警专职护学队。扫黑除恶专项斗争深入推进。第七次全国人口普查有效开展。成功创建重庆市双拥模范城市。顺利举办第五届区运会。

二、发展中存在的问题

发展中仍然存在一些突出问题和短板，潼南仍属于主城都市区远郊地区、欠发达地区，经济恢复基础尚不牢固，新兴产业发展培育滞后，行业龙头企业带动不足，财政收支矛盾突出，公共服务和民生保障还需改善，生态环保、安全生产、自然灾害防治等领域还存在不少薄弱环节，干部抓落实能力还需加强。我们将采取有效措施，切实加以解决。

三、2021年发展思路

2021年是中国共产党建党100周年，是开启新征程、见到新气象的关键之年。必须立足新发展阶段，贯彻新发展理念，融入新发展格局，确保“十四五”开好局、起好步。重点抓好以下十个方面的工作。

（一）全力实施工业强区战略，加速培育壮大绿色制造业

一手抓传统产业转型升级，一手抓战略性新兴产业发展壮大，推动工业主导产业做大做强、推动企业上规上云、推动招商引资提质提效、推动要素保障落实落细，着力培育十亿元级规模企业、百亿元级产业集群，巩固提升产业发展能级。

（二）坚持扩大内需战略基点，迈好融入新发展格局第一步

积极融入强大国内市场，扩大有效投资、全面促进消费、拓展外资外贸、完善流通体系，打通堵点、补齐短板，推动供给与需求相互促进、内需与外需协调发展、投资与消费良性互动。

（三）着力推进重点任务落实，推动成渝地区双城经济圈建设走深走实

精准落实双城经济圈建设规划纲要和实施方案，集中精力办好自己的事情、同心协力办好合作的事情，融入主城中心、深化交流合作、健全政策机制，在基础设施、产业发展、公共服务、生态环保等方面出实招、见实效。

（四）深入实施创新驱动发展，不断培育集聚发展新动能

着力搭平台、优机制、聚资源，高标准建设国家高新区，引进培育创新平台、支持企业自主创新、营造良好创新生态，全社会研发经费支出比重达到 1.5% 以上，切实增强科技创新引领支撑作用。

（五）持续提升城市治理水平，加快推进以人为核心的新型城镇化

实施加强城市综合管理提升城市治理水平三年行动计划，提升城市功能、推进城市更新、优化城市管理、推动城乡融合，促进产城融合、职住平衡、生态宜居、交通便利，让群众生活更美好。

（六）全面推进乡村振兴，争当全市现代农业排头兵

坚持农业农村优先发展，推动落实“五个振兴”，切实保障粮食安全、发展乡村特色产业、实施乡村建设行动、做好巩固拓展脱贫攻坚成果同乡村振兴有效衔接，加快建设一批示范点、示范村、示范带，不断提升农业农村现代化水平。

（七）加强污染防治和生态建设，加快建设山清水秀美丽潼南

认真执行《长江保护法》，学好用好“两山论”，走深走实“两化路”，深入打好污染防治攻坚战、加强生态修复治理、大力促进绿色发展，筑牢长江上游重要生态屏障。

（八）统筹抓好发展和安全，有效应对各类风险挑战

注重堵漏洞、强弱项，下好先手棋、打好主动仗，持续提高社会治理水平，做好常态化疫情防控、抓紧抓实安全生产、防范化解各类风险，为经济高质量发展提供坚强保障。

（九）不断保障和改善民生，加快补齐民生领域短板弱项

在办好市级民生实事基础上，着力办好民生实事，落实就业优先政策、提升教育质量水平、深化健康中国潼南行动、推动文化体育事业发展、织密社会保障网，统筹推进社会事业发展，不断增强人民群众获得感、幸福感、安全感。

（十）深化重点领域改革，切实增强发展动力活力

坚持以供给侧结构性改革为主线，推动国资国企改革、持续优化营商环境、激发市场主体活力，更好对接发展所需、基层所盼、民生所向，提高改革的系统性、整体性、协同性。

（执笔人：潘啟强）

荣昌区

荣昌区人民政府办公室

一、2020 年发展回顾

2020 年，荣昌区坚持以习近平新时代中国特色社会主义思想为指导，全面贯彻党的十九大和十九届二中、三中、四中、五中全会精神，深化落实总书记视察重庆重要讲话精神，坚定贯彻新发展理念，牢固树立系统观念，更加注重从全局谋划一域、以一域服务全局，抢抓成渝地区双城经济圈建设重大战略机遇，统筹推进疫情防控和经济社会发展，扎实做好“六稳”工作，全面落实“六保”任务，被国务院表彰为“落实有关重大政策措施真抓实干成效明显地方”，决战脱贫攻坚、全面建成小康社会取得决定性成就，实现“十三五”圆满收官。全年完成地区生产总值 709.8 亿元，增长 4.9%，增速连续两年保持全市第一；工业增加值 288.1 亿元，增长 6.1%；全社会固定资产投资 273.7 亿元，增长 10.8%；社会消费品零售总额增长 2.6%；一般公共预算收入完成 30.2 亿元，增长 8.0%；城乡居民人均可支配收入分别增长 5.5% 和 7.3%。

（一）积极应对大战大考

坚决果断抗击疫情。从严从紧从快织密防控网络，坚决把好重庆“西大门”入口关。坚持疑似从有、一例一案，半个月内实现新增确诊病例“归零”，一个半月内实现确诊病例、住院病例“双清零”，全区 9 例均为输入型病例，无一起区内扩散疫情。快速恢复经济社会秩序。创新推行“三三制”精准防控，建立“三员”制度被《人民日报》、央视《新闻联播》专题报道，2 月底规上企业全面复产，市场复消复市、学校开学复课及时有序，在全市率先实现经济增速“由负转正”。毫不松懈抓好常态化防控。严格落实外防输入、内防反弹措施，坚持人、物同防，扎实做好秋冬季防控工作，迅速激活应急指挥体系，提高医疗应急保障和监测预警能力，大力开展爱国卫生运动，荣昌春节期间防控工作得到市疫情防控督导组充分肯定。

（二）全力推动双城经济圈建设

不断提升自身实力。畜牧科技城、国家级重庆（荣昌）生猪大数据中心等 33 项事关荣昌重大事项被写入《成渝地区双城经济圈建设规划纲要》，重庆西部电子电路产业园、大内高速等 4 个项目被纳入《2020 年川渝共同实施重大项目表》。国家畜牧科技城建设总体方案通过院士专家论证，国家生猪技术创新中心通过科技部部务会审定，规划建设荣昌货运机场被写入市委全会《决定》。构建内联外畅的现代综合交通运输体系，加快大内高速、南环线高速、G348 改道工程等项目建设，积极争取渝荣自、泸大汉、市域轨道快线等纳入规划。持续深化区域合作。与泸州、内江、自贡、资阳签订一体化发展协议。荣昌省际公交正式开行。市畜科院自贡、内江分院授牌成立，国家级生猪大数据中心在四川等地建成 5 个分中心。成功举办“同炒一盘菜”首届美食大赛、川渝畜牧劳动和技能大赛、双城经济圈青年企业家峰会。

（三）坚决打好三大攻坚战

如期打赢脱贫攻坚战。做到“五个尽锐出战”，压茬推进“百日大会战”“清仓见底大行动”“收官大决战”，高质量通过全国脱贫攻坚普查、国家第三方建档立卡数据质量评估、市级成效考核检查，现行标准下农村贫困人口全部脱贫。精准实施污染防治。强力推进第二轮中央生态环保督察整改。城市污水处理厂三期、板桥园污水处理厂提标改造等项目有序推进。严格落实河长制，濑溪河、清流河、马鞍河、渔箭河水质稳定达标，空气优良天数较上年增加12天。切实防范化解重大风险。入选全市首批市域社会治理现代化试点区。政府综合债务风险等级由“橙”转“黄”。扫黑除恶专项斗争成果显著。一站式便民纠纷化解得到最高院调研组充分肯定。安全生产专项整治三年行动、信访积案“清仓见底”专项行动扎实开展。

（四）加快构建现代产业体系

优化确立“6+1”产业体系。创新推行产业链“链长制”，10名区领导分别担任消费品（食品、医药、陶瓷、服饰）、智能装备、电子信息、大数据区块链、新材料、运动健康和农牧高新产业链链长，获批中国西部陶瓷之都、重庆电子电路产业园。突出发展工业经济。每季度分别举办一次集中签约、集中开工、集中投产活动，25个项目被纳入市级重点工业项目，占全市的15.2%。新增规上工业企业35家、专精特新企业6家、隐形冠军企业1家，工业总产值超过900亿元、增长7.5%。加快发展现代服务业。入选全国首批、全市唯一体育消费试点城市。出台《加快服务业高质量发展政策措施》，汽车消费节、体育消费季、文旅推介“双晒”等活动蓬勃开展。启动建设荣昌综合物流园、城乡共同配送中心，成功开行西部陆海新通道荣昌货运班列。着力壮大现代高效特色农业。成功创建市级现代农业产业园，获批全市农产品出口示范基地、市级农产品加工示范园区。全市首个进境种猪隔离场正式落户荣昌。琪金、温氏、天兆、日泉等养殖项目加快建设，生猪出栏52.8万头，荣昌猪上榜全国优势特色产业集群。

（五）加速聚集发展动能

强力推进招商引资。创新推行链长招商，组建3个驻外招商组，首次实现外出招商当天考察当天签约，华翱洁净材料等一批项目当年签约当年投产。全年新引进项目191个，合同金额510亿元。持续扩大有效投资。实施重点建设项目163个，完成投资173亿元。全社会固定资产投资完成273.7亿元，其中工业固投156.1亿元，占比为57%。电子电路产业园、紫川食品等60个项目建成投产，惠达卫浴、华兴玻璃等102个项目有序推进。深入推动科技创新。研发投入强度达到2.2%。新增科技型企业186家，国家高新技术企业达到103家。荣昌高新区获批国家级科技资源支撑型特色载体。新增博士后科研工作站2家、海智工作站2家，市级以上研发平台达到58个。

（六）深入推进重点领域改革

下大力气优化营商环境。开展营商环境大清理大整治大提升专项行动，营商环境观察员制度获评全市十佳范例。落实减税降费和减免社保费15.8亿元，降低要素成本5080万元。政务服务全程网办事项达到85%。新增市场主体1.1万户。加快推进国企转型做实。出台国企转型做实改革计划、融资管理办法等8项制度，国企新增融资利率下降1.31个百分点、节约近1.2亿元，置换高成本存量债务节约2亿元。持续深化财税金融改革。争取政府债券25.8亿元、抗疫特别国债2.3亿元、中央预算内投资2.4亿元。成立首贷续贷中心，建立15亿元科技成果转化投资基金，发放知识价值信用贷款1.2亿元，入选全国金融服务综合改革试点城市。

（七）统筹改善城乡面貌

全面实施乡村振兴。成功举办第九届中国畜牧科技论坛、乡村复兴论坛·荣昌峰会。入选国家数字乡村试点区、全国农村创新创业典型区。全面消除“空壳村”，村级集体经济经营性收入超过7000万元。打造“新风小院”113个，新增市级美丽乡村30个。着力提升城市品质。成功创建国家卫生区。投资5亿元，实施321个老旧小区改造，完成城区5个出入口综合整治。推动城区闲置土地绿化美化，升级改造人行道20万平方米、道桥护栏15公里。加快智慧城市建设，建成5G基站694个、进度全市第一。加快推动城乡融合发展。有序推进国家城乡融合发展试验区7项改革任务，整体包装体育小镇、小蓝村等重点项目57个。出台《城乡人口有序流动迁徙制度》。纳入全国首批深化小型水库管理体制改革样板区。安陶小镇入选全国精品特色小镇典型案例。

（八）不断增进民生福祉

扎实办好重点民生实事。分别为市民和农民办好10件民生实事。濑溪河体育文化公园、玉带河生态文化公园主体完工。新建“四好农村路”333公里，完成卫生改厕3万户，建设高标准农田2万亩。着力加强就业和社会保障。建成投用渝西首个人力资源服务产业园，落实稳岗补贴1902万元，稳定岗位3.5万个，城镇新增就业1.3万人。征收社保基金7.4亿元，发放各类社会救助金2.8亿元、残疾人两项补贴5076万元。加快发展社会事业。区人民医院和区中医院迁建、区妇幼保健院二期、黄金坡初高中、棠香尔雅小学等项目顺利推进，区内就诊率达到90.3%，新增公办幼儿园学位1650个，义务教育学校生均公用经费标准提高100元/生。推进社区居家养老服务全覆盖，新建养老服务中心9个、养老服务站18个。实现城区“十五分钟文化圈”和村社文化阵地全覆盖。全民运动健身模范区创建有序推进。

二、发展中存在的问题

同时，发展中仍然存在一些突出问题和短板。一是产业能级不强、链条不完善，科技创新支撑能力偏弱，战略性新兴产业和数字经济薄弱；二是基础设施有短板，交通、水利等重大设施相对不足，内畅外联水平不高；三是城乡发展不平衡，城市综合承载力还不够强，农村发展活力释放不足；四是生态环保压力较大，教育、医疗、养老、文化等优质资源聚集不足；五是政府治理效能还需提升，有的干部思想不够解放，主动担当作为不够。

三、2021年发展思路

深学笃用习近平新时代中国特色社会主义思想，不断提高政治判断力、政治领悟力、政治执行力，准确把握新发展阶段，坚定贯彻新发展理念，积极融入新发展格局，切实担当新发展使命，坚持稳中求进工作总基调，牢固树立系统观念，巩固拓展疫情防控和经济社会发展成果，更好统筹发展和安全，紧扣推动高质量发展这个主题，抓住供给侧结构性改革这条主线，坚持扩大内需战略基点，积极参与国内国际双循环，继续做好“六稳”工作、全面落实“六保”任务，办好国家畜牧科技城、国家城乡融合发展西部样板区、川南渝西融合发展先行区“新三件大事”，全面建设成渝地区双城经济圈重要增长极，确保“十四五”开好局、起好步，确保经济社会发展稳居全市第一方阵，以优异成绩庆祝中国共产党成立100周年。

（一）着力打造创新发展新平台

编制国家畜牧科技城核心区规划，加快建设国家生猪大数据中心、国家生猪技术创新中心，推动荣昌高新区“内涵式”发展，支持西南大学荣昌校区、市畜科院提质发展，积极引进高校和科研机构。

（二）着力打造产业经济新高地

加快构建“6+1”现代产业体系，深入实施“链长制”，推进产业基础高级化、产业链现代化，协同推动先进制造业、现代服务业、数字经济、现代高效特色农业高质量发展。

（三）着力打造开放融合新格局

当好成渝地区双城经济圈建设“主战场”“桥头堡”，推进基础设施互联互通、产业发展协同协作、公共服务共建共享，积极推动川南渝西融合发展。

（四）着力打造绿色宜居新家园

深入打好污染防治攻坚战，统筹推进乡村振兴和城市提升，完工投用一批、开工建设一批百年献礼工程，提升公共服务和社会治理水平，不断增强人民群众的获得感、幸福感、安全感。

（执笔人：柴廷友）

开州区

开州区人民政府办公室

一、2020年发展回顾

2020年，开州区举全区之力、以超常之举，与疫情抗争、与汛情较量、与时间赛跑，经济社会发展逆势奋进。全年地区生产总值增长2.7%，一般公共预算收入增长0.1%，社会消费品零售总额增长1.7%，固定资产投资增长8.7%，居民人均可支配收入增长8.3%。2020年，开州区地区生产总值535.8亿元，是2015年的1.6倍，年均增长7.3%，人均GDP 45331元；一般公共预算收入25.3亿元，是2015年的1.2倍，年均增长3.2%；社会消费品零售总额292亿元，是2015年的1.6倍，年均增长9.7%；固定资产投资166.6亿元，年均增长11.4%；居民人均可支配收入25921元，是2015年的1.6倍，年均增长10.2%，城乡居民收入比由2015年的2.36：1缩小到2020年的2.21：1。金融机构达48家，存贷款余额突破千亿元大关。三大攻坚战取得决定性进展，脱贫攻坚目标任务如期完成，污染防治力度持续加大，防范化解重大风险取得积极成效；"九项行动"项目化、清单化、政策化推进机制有力有效，工作专项动态调整完善，三年任务总体完成，全区综合实力连上台阶、质效同步提升、活力竞相迸发。

（一）全力以赴应对大战大考

面对突如其来的疫情，全体党员干部闻令而动、冲锋在前，风雨无阻奋战一线；医护人员白衣为甲、不惧艰险，舍生忘死抗击病魔；援鄂、援万医疗队员主动请缨、逆行出征，筑起血肉钢铁长城；广大群众自觉居家抗疫，爱心人士倾情捐资捐物，全区上下万众一心、命运与共，取得疫情抗击决定性胜利。严格落实分区分级精准防控，及时推出纾困惠企"政策包"，有序推动复工复产复市复课，全区生产生活秩序率先恢复常态。面对历史罕见的"6·11""7·16"暴雨洪灾，迅速启动应急响应，统筹做好抢险救援、群众安置和灾后恢复重建，最大限度降低自然灾害损失。

（二）尽锐出战收官脱贫攻坚

严格落实"四个不摘"，全力打好定点攻坚战、百日大会战、收官大决战，深入实施总攻十大专项行动，动态清零巡视、普查、考核、审计反馈各类问题。3人1集体荣获全国脱贫攻坚先进表彰，扶贫资金绩效管理成为全国先进试点，贫困劳动力返岗就业、技能培训和消费扶贫在全国全市推广，"潍开携手奔小康"、"挂图作战"攻克深度贫困、"六统六分六联"推动三变改革、"聚情聚力聚心"万企帮万村等一系列典型做法经验被广泛推广，脱贫攻坚"开州经验"备受瞩目。

（三）转型提质构筑产业优势

第一产业增加值84.4亿元、增长4.8%。鲁渝现代农业产业园建成投运，重庆三峡中医药研究院挂牌成立，全国首个木香价格指数在开州发布，三峡药博会签约金额突破百亿元。工业增加值118.9亿元、增长4%。工业投资增长52.1%，列全市第5，新投产企业48家，星星套装门产品、德凯实业分别被工信部认定为“制造业单项冠军产品”“小巨人企业”，深交所受理紫建电子上市申请，森美果汁首次登堂进博会。第三产业增加值241.7亿元、增长2%。金融机构存贷比升至54.6%，中长期贷款余额达313亿元。西部汽贸城、医药商贸中心开业运营，线上营销、节庆会展持续走旺，开州金街、滨湖美食街点亮“不夜开州”，“开味开州”“开州汉绣”成为开州新名片。国际生态文旅度假区有序开建，“帅乡帅湖·开心开州”喜迎八方游客。

（四）精细高效推动城市提升

以建设干净整洁有序、山清水秀城美、宜居宜业宜游的滨湖新城为目标致力于城市提升。新增绿地42万平方米，盛山滨湖公园建成开放，北岸14公里环湖道路贯通，环湖库岸景观如诗如画。商品房销售面积增长17.2%。实施环境整治及立面改造18.8万平方米，疏浚雨污管网53公里，一批老旧小区功能提升完善。征地拆迁攻坚战如火如荼，长沙片签订协议近90%，赵家、竹溪、镇东拆迁基本完成，拆除房屋50万平方米。城市细管众管智管持续深化，“马路办公”精准见效，数字城管全覆盖。

（五）综合示范推进乡村振兴

6个示范片、22个示范村引领效应凸显，村容村貌焕然一新，乡村产业发展壮大。竹溪综合示范区初现雏形，临江福德“四治”结合、义和整治无事酒、关面村规民约积分制等治理经验在全市交流。新建四好农村路400公里，改造农村旧房1.1万户、卫生厕所7097户，建成乡情陈列馆3个。新增市级“三变”改革试点村35个，“空壳村”基本消除，129个村集体收入超5万元。

（六）凝心聚力增强发展动能

全面融入国家和重庆发展战略，策划储备“十四五”重大项目726个，争取抗疫特别国债、地方政府债券资金14.9亿元。实施重点项目168个，完成投资113亿元。供给侧结构性改革深入推进，依法淘汰煤炭行业落后产能。区属国企整合重组、分类监管步伐加快，国资总额达892亿元。政府债务有序化解、总体可控。新增进出口企业7家，进出口总额3.1亿元。引进招商项目142个、总投资443亿元，69个项目落地开建。实施“倍增培优”行动，市场主体达8.6万户，新增“四上”企业80户。新增高新技术企业31家，建成市级以上科技研发机构25家，获评国家级众创空间1个，市级高新区创建待评审。完成智慧应用、智能化改造项目44个，建成智慧开州大数据运营中心。

（七）强优补短改善生态环境

完成国土绿化提升任务。城区空气质量优良天数达356天。临港污水处理厂、船舶废弃物收集处理设施投用，长江流域禁捕退捕、规范汉丰湖垂钓任务全面完成。城区餐厨垃圾收运处置基本实现全覆盖。35个行政村完工环境综合整治。中央、市级生态环保督察反馈问题整改达到时序要求，拆除铁峰山违建5.1万平方米、覆土绿化3.4万平方米。一批突出环境问题得到有效整治。

（八）尽心竭力增进民生福祉

20件民生实事全部兑现。赵家高中开工建设，歇马、龙珠小学建成招生，义务教育课后延时服务有序实施。投用区人民医院健康体检中心，所有医疗机构实现跨省异地就医直接结算。建成1个市级体育公园、15个社会足球场，线上线下文体惠民活动惠及350万人次。养老床位达1.1万张。零就业家庭动态清零。安全稳定形势持续向好，社会大局平安和谐。

二、发展中存在的问题

经济总量不大，产业结构不优、能级不高，构建现代产业体系任务紧迫；市场主体数量不多、活力不强，经济稳定增长的基础还不够牢固；投资增长支撑不足，新兴消费尚需培育，外贸增长点不多；生态环境较为敏感脆弱，水环境保护压力较大；城乡区域发展不平衡，农村基础仍较薄弱，民生领域仍有短板；政府职能转变还不到位，营商环境还需优化，少数干部担当意识、服务意识不强，能力作风有待提升。

三、2021年工作安排

2021年是中国共产党建党100周年，是我国现代化建设进程中具有特殊重要性的一年，更是开州开足马力、继往开来、开局“十四五”的关键之年。全区经济社会发展的主要预期目标是：地区生产总值增长7%左右，一般公共预算收入增长3%，固定资产投资增长8%，社会消费品零售总额增长7%，全社会研发经费支出占GDP比重提高到1.55%，城镇新增就业7000人，居民人均可支配收入增长8%，森林覆盖率达55.9%，辖区流域水质总体保持Ⅲ类以上，完成生态环境约束性指标任务。

（执笔人：刘叶）

梁平区

梁平区人民政府办公室

一、2020 年发展回顾

2020 年梁平区深学笃用习近平新时代中国特色社会主义思想，全面落实习近平总书记对重庆的重要指示要求，坚持以人民为中心的发展思想，坚定不移贯彻新发展理念，抢抓成渝地区双城经济圈建设、“一区两群”协调发展重大战略机遇，立足市委、市政府赋予梁平新的发展功能定位，坚持从全局谋划一域、以一域服务全局，统筹疫情防控和经济社会发展，坚决打赢三大攻坚战，深入实施“八项行动计划”，扎实做好“六稳”“六保”工作，各项事业呈现新面貌，高质量发展势头强劲，民生保障坚实有力，社会大局和谐稳定，“十三五”规划圆满收官，全面建成小康社会胜利在望，为开启社会主义现代化建设新征程奠定了坚实基础。2017~2019 年综合考核等次均为“优秀”。2020 年，全区地区生产总值 493.2 亿元，增长 3.1%，人均 GDP 突破 1 万美元，继续保持“两群”区县第 1。固投 178.3 亿元，增长 12.2%，高于全市 8.3 个百分点；社零总额 232.8 亿元，增长 1.9%；一般公共预算收入增长 3%；城乡常住居民人均可支配收入分别达 39645 元、18210 元。

（一）科学编制“十四五”规划纲要和 2035 年远景目标建议

深入学习贯彻党的十九届五中全会和市委五届九次全会精神，全面贯彻落实党中央决策部署，主动对接全市规划，准确把握区域功能定位以及梁平发展实际、区情特点，认真研究制定“十四五”规划和二〇三五年远景目标建议和规划纲要，以建成生态优先绿色发展新范例为统领，明确未来五年的发展方向和重点。加强与市级部门的汇报衔接，认真研究重点行业领域的发展方向和重点，编制好专项规划。

（二）克难奋进大战大考取得重大胜利

全力战疫情，坚持人民至上、生命至上，用不到一个月的时间实现新确诊病例零增长，4 例确诊、住院病例“双清零”。3 批 43 名医护人员白衣执甲，逆行驰援湖北、万州。严格“外防输入、内防反弹”抓好常态化疫情防控，为恢复经济赢得主动。全力战复工，严格实行分区分级精准防控，有序推动复工复产、复商复市、复课复学。精准落实“助力市场主体健康发展 45 条”等纾困惠企政策，用“硬核”举措帮助企业渡难关。各行各业全力以赴抢进度、赶时间、补损失，齐力推进经济社会快速转入正常运行轨道。全力战脱贫，10 个市级贫困村全部脱贫出列，29908 名建档立卡贫困人口全部脱贫，“两不愁三保障”等综合保障体系全面建立。全力战洪水，保持临战状态，统筹做好监测预警、堤库排查、应急处置、抢险救援、群众安置和灾后恢复重建，成功抵御“7・15”“7・25”等洪涝灾害，确保安全度汛。

（三）创新驱动赋能制造业高质量发展有新成效

深入实施以大数据智能化为引领的创新驱动发展战略行动计划，国家高新技术企业达 64 家、市级数字化车间 9 家，创成渝东北、渝东南“两群”区县首个市级高新技术产业开发区、唯一市级绿色园区。平伟实业获批市级工业和信息化重点实验室、市级十大创新示范智能工厂，实现渝东北零突破。“3+3”绿色制造业体系初步构建，制造业增加值占比突破 30%，高技术制造业、战略性新兴产业增加值占规上工业增加值比重分别提高到 16.5%、17%。300 家企业“上云上平台”，国家知识产权试点城市通过验收。科创中心、高新区规划展览馆投用，都梁科技企业孵化器获市级认定。实施“凤还巢”“小培强”工程，新增“专精特新”企业 4 家，达到 9 家，总量居渝东北第 1。围绕主导产业补链成群，引进 108 个项目、投资 232 亿元，招商引资“三率”居渝东北前列。

（四）绣花功夫打造郊区新城和现代田园城市

深入推进以人为核心的新型城镇化，统筹生产生活生态安全空间，优化城市组团，推进城市扩容提质，城镇化率提高到 53%。创建国家森林城市、国家卫生区、市级生态园林城市阶段性成效明显。高标准建设都梁新区，规划建设新经济活力区。投用地下综合管廊、青少年活动中心、科技馆等一批功能性项目，开放赤牛溪公园、奥林匹克公园、大河坝公园，贯通龙湖路等城市道路 5 条。植绿增绿 750 亩。精细化提质梁山城区，改造老旧小区 188 个，投用一批停车场、菜市场等。“大城三管”持续发力，提升智慧城市信息中心功能，城市综合管理七大工程扎实推进，城市垃圾分类全面推开，“马路办公”日均解决问题 37 个，消除违建 5.5 万平方米。强服务完善场镇功能，实施雨污分流管网 40 余公里，打造休闲公园 5 个，新建市级农民体育健身点 16 个，建成镇级电商孵化中心 8 个，恢复重建基层供销社 33 个。

（五）综合示范推进乡村振兴走在前

获批建设国家农业科技园区，现代山地特色高效农业总产值达 90 亿元。推进农业“接二连三”，绿色食品加工业规上产值达 55 亿元，农业产业化龙头企业突破 200 家，着力打造百亿级绿色食品加工示范区、百亿级粮油产业集群、百亿级生猪产业链。新培育“两品一标”40 个，农产品电商销售额突破 4 亿元。获评中国乡村旅游名区，创成百里竹海市级旅游度假区，成功举办长江三峡（梁平）晒秋节、国际柚博会、明月山民宿消费季，乡村旅游综合收入增长 17%，人均消费突破千元。统筹乡村振兴财政性资金 10 亿元，实施乡村建设行动。完成农村人居环境整治三年行动，创成全国村庄清洁行动先进区。编制美丽乡村规划 269 个，新改农厕 2760 户，提升农村旧房 3000 户。水系连通及水美乡村建设试点被水利部评为优秀，获评全市“四好农村路”示范区。安胜至仁贤渔米路获“全国十大最美农村路”。

（六）保护治理并重建设生态文明典型示范区有新作为

全面推进全域治水·湿地润城，严格保护双桂湖国家湿地公园，打造“三峡风景眼、重庆生态湖”。与三峡集团合作，总投资 30 多亿元的龙溪河 PPP 项目全面推进，城区雨污分流二、三级管网全覆盖，开展铜钵河、新盛河跨界流域联防联治，龙溪河等辖区内六条出境河流水质稳定达标。龙溪河河长制典型经验获水利部全国推广。亚行生态项目、国家储备林项目快速推进，森林覆盖率达 46.8%。复垦复绿关闭矿山 600 亩，关闭整治畜禽养殖场45家，完成长江支流禁捕退捕。空气优良天数比2019年增加7天。梁平成为全市3个国家水生态文明示范区之一，获第二届国际湿地城市提名。

（七）深化改革开放增势赋能有新亮点

重点领域改革步稳蹄疾。营商环境建设成效明显，市场主体净增长、营商环境纳税指标考核、消防执法评估均列全市第1，电力“三零三省”服务入选“市十佳创新案例”。全区318个村（涉农社区）集体经济组织消除经营性收入“空壳村”，社会化服务面积扩大至12万亩，获批全国宅基地制度改革试点区县。区属国企由40家优化重组为8家，资产总额增长到532亿元。对外开放水平不断提升。开建梁平至开江高速，梁平至开州高速前期顺利，梁平机场通航，万州机场梁平候机厅投用，立体综合交通网络加快构建。倡导和发起的川渝东北七区县共建明月山绿色发展示范带阶段性成效初显，建立健全跨区域合作《工作机制》《规划纲要》《总体方案》，共同谋划储备重大项目64个、总投资5135亿元，7个项目入选川渝两省市首批共同实施的重大项目清单。16国驻渝蓉领事官员莅梁考察。

（八）问需于民增添民生温度

41件重点民生实事落地见效。新增就业8251人，发放创业担保贷款3.9亿元。开建修缮学校5所，义务教育城镇大班额基本消除。国家卫生区创建通过市级初评，高新医院、妇女儿童医院正式接诊。建成乡镇（街道）养老服务中心10个、社区养老服务站35个。创成全国无障碍环境达标区。少儿图书馆、巴蜀水情馆投用开放。人均体育场地面积增加至2.05平方米。农村饮水安全达标率100%、自来水普及率87%。新增5G基站627个。圆满完成第七次全国人口普查。

二、发展中存在的问题

当前，我区发展仍面临一些矛盾和问题：一是产业集群规模不大不强，引领性龙头企业、生产性服务业缺乏，科技创新偏弱等短板亟待破解，战略性新兴产业仍需大力培育。二是城镇化水平还不高，生态环境保护任务较重，新型和传统基础设施仍需补短强弱。三是“一老一小”等民生保障还存在不少薄弱环节。四是政府职能转变不够到位，营商环境还需进一步优化。

三、2021年发展思路

以习近平新时代中国特色社会主义思想为指导，增强“四个意识”，坚定“四个自信”，做到“两个维护”，深化落实习近平总书记对重庆提出的营造良好政治生态，坚持“两点”定位、“两地”“两高”目标、发挥“三个作用”和推动成渝地区双城经济圈建设等重要指示要求，准确把握新发展阶段，深入践行新发展理念，积极融入新发展格局，切实担当新发展使命，认真落实市委赋予梁平“发挥连接主城都市区作用”“积极承接沿海地区和主城都市区的产业转移，吸纳生态功能区的人口转移”等功能定位，加快建设生态优先绿色发展先行示范区。更好统筹发展和安全，扎实做好“六稳”工作、落实“六保”任务，努力保持经济运行在合理区间，全力抓创新强支撑、抓项目强投资、抓实体强产业、抓开放强协同、抓保障惠民生，确保经济健康发展和社会安全稳定，确保“十四五”发展开新局，确保落实成渝地区双城经济圈建设和全市“一区两群”协调发展部署迈新步，以优异成绩庆祝中国共产党成立100周年。

经济社会发展预期目标：地区生产总值增长8%以上；工业增加值增长8%；固定资产投资增

长12%，其中工业投资增长8%，房地产投资增长5%左右；社会消费品零售总额增长10%；一般公共预算收入增长5%左右，税收收入增长6%左右；居民收入增长与经济增长基本同步；节能减排降碳完成国家下达任务。

重点抓好以下工作：一是坚持以工业强区为引领，以升创国家高新区为载体全力建设高质量的先进制造业重要基地，在承接产业转移示范区上有重大突破，着力成为川渝东北重要的消费品工业基地，建设一流工业大区。二是坚持科技创新赋能现代农业发展，致力建设国家农科区，推动乡村振兴保持在全市先进行列，争当全国先进。三是着力实施城市更新行动，高起点谋划、高标准规划建设双桂湖智创生态城和都梁新经济活力区，创建国家森林城市、国家卫生区、市级生态园林城市，建设优雅精致的郊区新城和现代田园城市。四是着力建设生态文明典型示范区，加强生态系统保护修复，强化生态环境联防联治，落实“碳达峰、碳中和”工作要求，持续推动绿色低碳发展，争取落地生态产品价值实现试验区。五是着力强投资促消费，抓准有效需求增后劲。六是着力深化国资国企、农业农村、投融资等重点领域改革，释放发展新动能。七是着力建设区域开放高地，深化明月山绿色发展示范带建设，在践行“两山论”上有新样板，在成渝地区“双城经济圈”中有新成效；抢抓市经信委帮扶集团定向帮扶、璧山—梁平两区协同发展、长垫梁绿色经济走廊建设重大机遇，在“一区两群”协调发展中有新担当。八是着力保障和改善民生，提升群众的获得感、幸福感、安全感。九是着力抓好常态化疫情防控，筑牢群众生命健康安全防线。

（执笔人：冯平）

武隆区

武隆区人民政府办公室

一、2020年发展回顾

2020年，面对突如其来的疫情、百年罕见的灾情、复杂多变的外部环境和艰巨繁重的改革发展稳定任务，在以习近平同志为核心的党中央坚强领导下，我们坚决贯彻落实党中央、国务院决策部署，抓实抓细市委、市政府和区委工作部署，统筹推进疫情防控和经济社会发展，在大战大考中践行初心使命，在攻坚克难中展现担当作为，在年初经济运行按下“暂停键”、一季度GDP下降4.8%的严峻形势下，推动经济逐季恢复、稳中向好，全年实现地区生产总值224.2亿元、增长4%，增速居全市第12位、渝东南第2位。“十三五”规划目标任务总体完成，全面建成小康社会胜利在望。

（一）大战大考成绩显著

战疫情，坚持人民至上、生命至上，和全市同步启动一级响应，落实“四早”“四集中”要求，抓好“四个工作面”和“两大保障”，成为全市首批低风险区县，做好“外防输入、内防反弹”常态化防控，除1例外出务工返乡输入性确诊病例外，未出现其他病例。战复工，组建工作专班帮扶重点行业企业，开展“十个一”主题促销系列活动提振消费。固定资产投资、规模以上工业增加值分别增长0.8%、7.5%，社会消费品零售总额虽然下降2.9%，但比一季度回升46.6个百分点。战脱贫，“战疫情送春风”“百日大会战”“收官大决战”等活动有声有色，扎实推进脱贫攻坚十大专项行动，就业扶贫、消费扶贫等重点工作成效显著，东西部扶贫协作、水利部定点扶贫和市内结对帮扶协同发力，“两不愁三保障”问题动态清零，后坪乡深度脱贫攻坚任务全面完成，现行标准下贫困人口全部脱贫；易地扶贫搬迁事迹入选全国“十三五”时期易地扶贫搬迁典型案例。战灾害，成功应对14次极端天气和152起地灾险情，及时有效处置大溪河超保证水位、白马牛儿湾和土地中堡滑坡等重大险情，实现了因灾死亡零发生。

（二）八项行动计划顺利推进

以大数据智能化为引领的创新驱动发展战略行动计划取得积极进展，“八个优先工程”加快推进，智慧旅游等智慧城市建设成果显现；智能产业、智能制造、智能化应用协同推进，建成智能化产业项目2个。乡村振兴战略行动计划加力实施，推进“4+23”乡村振兴试验示范，71个重点项目实现预期目标，加快打造农村人居环境整治示范区。城市提升行动计划持续推进，启动实施61项任务、完工11项，新型城镇化质量稳步提升，常住人口城镇化率比“十二五”末提升6.85个百分点。军民融合发展战略行动计划有序开展，军地设施共建共用、人才培育等收到实效，成功创建全国双拥模范城。科教兴区和人才强区行动计划落地见效，营造“近悦远来”生态，人才总量超7.1万人；巩固国家义务教育均衡区创建成果；区域创新能力持续提升。内陆开放高地建设行动计划取得突破，开放通道、开放平台加快构建，对外开放广度和深度进一步拓展。保障和改善民生行动计划增进民生福祉，民生支出占一般公共预算支出超过70%，保障民生九大专项69个项目基本完成。生态优先绿色发展行动计划促进环境改善，63项生态建设任务全面完成，“山水之城美丽之地”魅力彰显。

（三）“六稳”“六保”防线坚固

落实减税降费、金融支持、稳岗就业“30条”“40条”“45条”措施，以“六稳”促“六保”。保居民就业，发放创业担保贷款3.1亿元、就业补贴3000万元；应届高校毕业生就业率达93%。城镇新增就业4822人，农村劳动力转移就业4055人。保基本民生，社会救助和保障标准与物价上涨挂钩联动，发放救助金1.42亿元，惠及困难群众2万余人。保市场主体，落实阶段性纾困惠企政策资金超1亿元，助民企清收账款3381万元，新增市场主体4959户、增长14.9%。保粮食能源安全，“米袋子”“菜篮子”“肉盘子”保得放心，水电、页岩气放量增产。保产业链供应链稳定，加大供应链保障调度、产业链招商力度，重点产业需求基本保障。保基层运转，细化“政府过紧日子”16条具体措施，兜牢了“三保”底线。一般公共预算增长12.5%，财政运行平稳。

（四）产业发展转型升级

服务业升级发展，服务业增加值增速1.5%，占GDP比重达50%左右，现代金融、现代物流、电子商务、大健康等现代服务体系加速呈现。文旅产业逆势上扬，建成飞天之吻、博象美术馆、懒坝大地艺术公园、树顶漫步、归原小镇等一批重点文旅项目，芙蓉湖游船、大田湿地人家、万峰呐溪原乡、田家寨等景区景点相继开放，芙蓉江景区创建为4A级景区。新培育规上文化服务企业8家，接待游客和综合收入分别增长5%和5.88%。商贸消费日趋繁荣，新增限上企业15家，实现社会消费品零售总额112.4亿元。生态工业提质增效，迪纳新能源等5个项目建成投产；四眼坪风电等项目推进建设，新开发页岩气20口井，页岩气日产能达70万方。清理处置11户违约企业，盘活闲置厂房3.5万平方米。7户企业升规，工业投资增长10.9%，工业增加值增速排渝东南第一、全市第二。特色农业稳步发展，农业增加值增长4.8%，以“一环两园”为重点的现代农业产业园加快建设。主要农产品产量稳中有增，高山蔬菜产量65万吨，生猪出栏50万头，烤烟产量6.1万担。新培育市级龙头企业3家，新认证绿色食品40个。智能经济逐渐活跃，一批电商平台开放，实现消费扶贫1.6亿元、网售总额46亿元。

（五）改革开放创新有为

重点改革蹄疾步稳，深化供给侧结构性改革，为企业减税降费5亿元；持续优化营商环境，深化“多证合一”等改革，大力推行“一窗办”“网上办”。民营经济增加值占GDP比重达62.9%。开放合作积极有为，仙女山机场、渝怀二线铁路、G65武隆西互通建成投用，开工建设白马航电枢纽、渝湘高铁、渝湘高速复线、武道高速，建成江后路、土坎乌江大桥、龙溪乌江大桥等重点交通项目17个，内畅外联格局基本形成。扩大“双城经济圈”合作，缔结“巴蜀遗产地联盟”，与乐山市缔结友好城市，与170余家“巴蜀文化旅游走廊”景区资源共享互推。强化区域合作，“武隆南川”一体化发展上升为市级战略，与黔北区域市区县签订系列合作协议。成功举办第二届绿色发展实践国际论坛。招商签约项目 57 个、签约额 307.5 亿元。创新引领成效明显，引进高层次人才 45 名，带动引才 294 名。签约国电投投资 10 亿元建绿色智慧能源示范区，新培育创新平台 5 个、高新技术企业 1 家、科技企业 24 家。R&D 经费支出增长 20% 左右。成功申报国家农业科技园区。

（六）美丽城乡魅力初显

“特色山水·滨江休闲”城市建设渐显成效，完成城乡建设投资 55 亿元，建成乌江左岸堤防、中堆坝次干道等项目。城区旅游集散中心主体建成，棚户区改造 254 户，南滨路、冯家坡老旧小区启动改造。碧桂园·江山赋等房地产项目加快开发。仙女山度假区碧云路改造等 6 个基础设施项目推进建设，青少年科学示范营地等 8 个文体旅项目加快打造；11 个休闲度假项目完成投资 6.19 亿元。羊角古镇功能配套及景观文化持续完善。常态化开展“马路办公”，新建城区及景区公厕 13 所、小游园及微绿化 44 处。美丽乡村加快建设，以全市首批脱贫攻坚与乡村振兴有效衔接试点为契机，全区农村环境持续改善，建成农村公厕 20 座，改造农村危房 371 户，旧房整治提升 2000 户，创建美丽庭院 500 户、绿色示范村 13 个；农网改造投资 1.01 亿元；完成“四好农村路”210 公里。基础设施建设成效显著，完成交通建设投资 14.2 亿元，仙女山机场实现首航，落实航线 4 条。完成水利投资 4.52 亿元，建成加油站 2 座、5G 基站 469 座、室外无线 AP200 个。生态环境更加优良，落实“五大环保”行动，乌江、芙蓉江水质优良，大溪河水质稳定在Ⅲ类以上；土壤环境质量保持稳定；空气优良天数达 355 天，集中式饮用水水源地水质达标率 100%，农药化肥施用量减少 0.5%，畜禽粪污综合利用率 93.75%，森林覆盖率达 65%；清理整改小水电 138 座，治理水土流失 100 平方公里。环保督察反馈问题切实整改，芙蓉湖国家湿地公园建设通过验收。天然林全面禁伐、全域禁猎，全面落实长江流域重点水域“十年禁渔”。成功创建“国家生态文明建设示范区”。

（七）民生福祉持续改善

民生支出占一般公共预算支出的 70% 以上，常住居民人均可支配收入预计达到 26922 元、排渝东南第一。社会保障不断加强，企业和机关事业单位退休人员养老金实现同步上调；加快黄荆坝麻纺厂还建房建设；建成养老服务中心 1 个、社区养老服务站 6 个，改造乡镇敬老院 4 个。教育水平大幅提升，白马小学综合楼，以及长坝、土地 2 所幼儿园投用；成为全市学前教育示范区（县）之一；建成特色学校、特色项目学校 49 所；人均受教育年限达 11 年。健康中国积极推进，博爱医院迁建、疾控中心业务综合楼、妇幼保健院儿科大楼等加快建设，区中医院成功创建二甲医院，人民医院、妇幼保健院启动等级创建，成功创建国家卫生区，居民健康素养显著提高。文化体育蓬勃发展，融媒体中心一期建设通过验收，新建文体设施 17 处；送文化下乡 1000 余场，成功举办仙女山马拉松等赛会。重大风险有效防范，严控新增政府隐性债务，债务风险序时化解；银行业不良贷款率低于全国平均水平；重点领域风险得到有效控制。社会环境安定和谐，全力抓好扫黑除恶、禁毒、信访维稳等重点工作，命案侦破连续 16 年保持 100%，较大以上安全事故、进京非访“零”发生，群众满意度持续提升。

二、发展中存在的问题

经济总量偏小，地方财力较弱，属于欠发达地区；产业体系不健全、科技创新水平低，新兴现代产业发展缓慢，经济抗压能力弱；资源环境约束趋紧，重点项目建设困难不少；居民就业质量不高，增收后劲不足，上学难、看病难问题还存在；少数部门和干部担当意识、服务意识、廉洁意识不强，能力水平不足，营商环境仍需优化等。

三、2021年发展思路

GDP增长6.5%以上，固定资产投资、社会消费品零售总额增长7%左右，规上工业增加值增长10%以上；一般公共预算增长10%左右；常住居民人均可支配收入增长8%左右；居民消费价格指数在103.2以内；节能减排优于市级下达任务。

一是大力推进旅游国际化发展。旅游人次、综合收入均增长10%以上，境外游客大幅增长，过夜游客占比达到15%。二是加力推进生态工业壮大发展。做大做强“4+1”重点产业，推进生态工业高质量发展，规上工业增加值增长10%以上。三是更大力度推进产城景融合发展。完成城乡建设投资55亿元，持续提升城市品质，城镇化率达到48%左右，着力打造主城都市区后花园，着力建设高品质生活承接示范地。四是持续增强改革创新活力。用创新的思维、改革的手段，充分激发市场主体活力，努力为发展集聚强大动力。五是加快推动内陆开放发展。积极融入国内国际双循环，以旅游开放为引领，在更大范围、更宽领域、更深层次深化对外开放，不断提高开放型经济发展水平。六是全面推进乡村振兴。精准落实“五个振兴”要求，全面推进农业、农村、农民的现代化，实现农业增加值增长4.5%、农村居民人均可支配收入增长9%左右。七是持续深化“两山”实践创新。学好用好“两山论”，走深走实“两化路”，强化绿色发展新优势。八是努力创造高品质生活。夯实民生这个为政之基，尽力而为、量力而行保障和改善民生，再增百姓幸福新指数。九是毫不松懈抓好常态化疫情防控。把人民安全健康放在首位，慎终如始、再接再厉，巩固拓展疫情防控向好态势。

（执笔人：李创）

城口县

城口县人民政府办公室

一、2020年发展回顾

2020年，是“十三五”规划收官之年。这一年里，我们从容应对挑战，奋力攻坚克难，统筹推进疫情防控和经济社会发展，经济逐季恢复、稳定转好。全年地区生产总值增长1.8%，固定资产投资增长7.5%，一般公共预算收入增长1.4%，社会消费品零售总额与上年基本持平，城乡居民人均可支配收入分别增长5%和8.2%。回顾2020年，我们重点抓好了以下七个方面的工作。

（一）全力抗击新冠肺炎疫情

第一时间启动突发公共卫生事件一级响应，组建疫情防控指挥部，实行双组长制和指挥长负责制，迅速构建“联防联控、群防群治”责任体系。坚持“四早”“四集中”原则，抓好“四个工作面”，做好“两大保障”，在国省道和重要连接道设置检疫站7个，逢车必查、逢人必检，集中隔离观察929人，实现“零新增、零感染、零死亡”。建立“六位一体”排查机制和“三位一体”居家隔离制度，2万多名医务人员、基层干部、公安干警和民兵逆行出征、坚守一线，8000余名党员干部闻令而动、冲锋在前，累计排查38万户136万余人次，在全市率先成为低风险区，防疫物资、生活物资得到有效保障。持续推进常态化疫情防控工作，毫不松懈抓好外防输入、内防反弹，严格分级分类管控，抓好重点人群、重点场所、重点环节排查防控，全面做好入境人员、重点地区来城返城人员监测隔离。推广使用“渝溯源”平台，检查进口冷链食品1200户次。

（二）坚决打好三大攻坚战

打好脱贫攻坚收官战。谋划实施“六强六扶”加强版措施，开展脱贫攻坚“百日大会战”，推进“十大专项扶贫行动”，“一户一策”推动220户769名剩余贫困人口稳定脱贫，动态清零“两不愁三保障”突出问题。靶向解决贫困劳动力就业、扶贫项目建设和部分农产品滞销问题，安排2350万元奖补资金激励就业，新建扶贫车间4个，组织贫困劳动力返岗就业15930人；累计发放扶贫小额信贷6776户3.29亿元，消费扶贫助销扶贫产品1.16亿元，改造受灾房屋45户。狠抓扶贫项目资金清理和各类问题整改，抓实脱贫攻坚经验总结宣传和扶贫档案工作，完成脱贫攻坚普查。打好污染防治攻坚战。全面落实“河长制”，整治污水“三排”、河道“三乱”，投入资金9200万元新（改）建污水管网64.8公里。扎实推进“三水共治”，实施“十年禁渔”，治理水土流失面积49平方公里。完成第一轮中央环保督察问题整改。加强大气、土壤、农村面源污染治理，推进生活垃圾分类，生活垃圾有效治理率达90%，空气质量优良天数达到361天。打好防范化解重大风险攻坚战。严控财政运行风险，偿还到期债务13亿元，成功争取国家政策支持置换政府隐性债务49亿元。推进“枫桥经验”

重庆实践，成功调解各类纠纷6756件，重点领域突出问题化解率77.6%，成为全国信访“三无”区县。深化扫黑除恶专项斗争，九类犯罪和治安警情分别同比下降4.5%和27.7%。扎实开展安全生产监管，强力推进煤矿及非煤矿山安全治理，积极应对地灾洪灾，全年无较大及以上生产安全事故和自然灾害发生。

（三）扎实抓好“六保”促进“六稳”

保居民就业。坚持减负、稳岗、扩就业并举，创新“六步工作法”，集中组织247批次5849名农民工返岗，多形式组织劳动力转移就业80494人，稳定公益性岗位6518个。鼓励创业带动就业，发放创业担保贷款1.82亿元，实现自主创业1348户，新增城镇就业2588人。保基本民生。落实社会救助和保障水平与物价上涨挂钩联动机制，发放低保金7450万元、临时救助金433万元、价格临时补贴1059万元。教育卫生事业稳步发展，义务教育入学率、巩固率均达100%，贫困群众县域内就诊率达97.5%。15件重点民生实事圆满完成。保市场主体。严格落实纾困惠企政策，创新市管领导联系服务企业和驻厂指导员制度，综合运用减税降费、贷款展期、无还本续贷、房租减免等政策手段，为企业减负降本1.75亿元，市场主体复工复产率达100%。保粮食能源安全。严格落实粮食安全行政首长责任制，粮食产量总体稳定，生猪、蔬菜等重要农产品量足价稳，水、电、气等能源供需总体平衡。保产业链供应链稳定。加大产业链供应链培育力度，加强经济运行调度，切实保障各方要素供给。开展多种形式的商业促销活动，统筹安排510万元消费券，推动消费市场逐步回暖。保基层运转。落实过“紧日子”十条措施，大幅压减一般性项目支出，筹集资金5.37亿元弥补刚需缺口，财政供养人员待遇、重点领域资金需求、民生支出得到有效保障。稳金融。出台优化融资环境促进经济发展30条，推进普惠金融，设立首贷续贷中心，开展贷款延期展期，贷款余额增长20.8%，中长期贷款增长21%，贷款利率平均下降1.5个百分点，贷存比达到89.4%。稳投资。积极推动项目复工复产和重点项目建设，70个重点项目均超序时进度，固定资产投资增速全市靠前，基础设施、工业转型、公共服务投资均好于上年同期。稳预期。工业用电量、用气量、货运量等先行指标逐步回升，新签约招商引资项目22个，社会预期持续向好。

（四）积极推动区域协同发展

全面落实党中央决策部署，分27个专题开展双城经济圈建设集中调研，出台推动成渝地区双城经济圈和渝东北三峡库区城镇群建设的政策。成功争取城宣万革命老区振兴发展示范区功能平台，将城口至万源、城口至宣汉、城口至巫溪高速公路，大巴山国际旅游度假区，万源至城口天然气长输管网等一批重大项目纳入市级规划。致力于打通开放通道，G69银百高速城开段城口境内完成形象进度68%，成功争取渝西高铁途经城口并设站县城。加强与毗邻地区对接合作，明确工作任务43项、合作事项40项，道路交通、产业合作、生态环保、水利能源等一批合作事项取得积极成效，特色发展、联动发展呈现良好态势。积极融入万达开川渝统筹发展示范区，持续深化渝东北一体化发展，谋划推动重大合作事项20余项。

（五）全力推进城乡协调发展

交通建设“三年行动计划”全面收官，建成“四好农村路”通达工程980公里、通畅工程1275公里，加快推进414公里普通干线公路建设。完成国土空间总体规划（2020~2035年）初步成果。滨河公园南北两岸提速建设，任河大桥至重师附中样板段基本建成，任河大桥安全拆除并启动重建，四塘坝大桥、巴山迎宾大道加快建设，项目完成总工程量的 60%。土城老街综合改造、东北环路西段、茅坪市政道路、城区污水管网基本建成，低坝子片区和 23 个老旧小区改造加快推进。扎实做好重点建设领域用地保障。完成土地跨省指标交易 1550 亩。常态化开展“马路办公”，持续开展城乡环境“八乱”整治，重拳整治电动车违法违规问题并取得初步成效。实施乡村振兴战略行动计划，深化“家家五干净、户户六整齐”清洁家园、美丽乡村行动，加快市级特色小城镇和美丽村庄建设，实施 140 个行政村环境连片整治，建成村级生活污水处理站 24 座、垃圾中转站 6 个。

（六）大力发展特色生态产业

坚持生态产业化、产业生态化，发展壮大山地鸡、老腊肉、中药材、食用菌产业，巩固提升中蜂、核桃产业，中蜂保有量 13.2 万群，中药材在地面积 35.5 万亩，食用菌种植面积 1300 余亩，“大巴山硒谷”区域公用品牌产品谱系逐渐完善，绿色食品、有机农产品、地理标志农产品总数达到 53 个，成功举办中国农民丰收节系列活动。推进生态旅游全域发展，亢家寨国家 5A 级旅游景区和亢谷国家级旅游度假区基本建成，厚坪龙盘、乡土岚天、河鱼两扇门、双河天星等乡村旅游集群片区建设有序推进，开展“晒旅游精品·晒文创产品”文旅推介活动，旅游综合收入达到 8.2 亿元。“一企一策”推动工业企业复产达产，昶京、同英锰业回转窑技改项目建成投产，九龙洞矿泉水智能小瓶生产线建成投用，页岩陶粒项目成功落地，新增规上企业 4 家，规上工业产值增长 14.73%。联合西南大学开展生态资源价值化试点，成立覆盖县乡村的集体资产经营管理平台，组建大巴山中药研究院，国家储备林融合发展的“城口经验”在全国推广。

（七）持续优化营商环境

深入推进营商环境优化提升行动和“放管服”改革，行政审批服务事项网上办结率达 100%，行政许可事项“只跑一次”比例达 57.9%，承诺时限再压缩 21%。取消、停征各类行政事业性收费 46 项，取消中介服务收费事项 9 项。落实支持民营企业发展若干措施，节约用电成本 1880 万元，宽带平均资费降低 15%，移动网络流量资费降低 20%。开展精准服务民营企业集中走访，足额兑现招商引资和产业扶持政策，帮助民营企业解难纾困，新增“四上”企业 25 家，新增市场主体 3183 家、增长 16.4%。严厉查处侵犯民营企业及企业家合法权益、扰乱企业正常经营秩序等违法犯罪行为。加大招商引资力度，开工建设一批重大招商项目，全口径到位资金达到 18.2 亿元，民营经济占比达 52%。

二、发展中存在的问题

一是宏观环境不稳定性不确定性因素增多。疫情变化和外部环境存在诸多不确定性，经济稳增长难度依然较大，做好“六稳”“六保”工作任务艰巨。二是市场主体竞争力有待提高。行业领军型企业缺乏，高成长型企业不多，生产经营困难企业仍然较多，营商环境还有待优化。三是产业链稳定性和竞争力有待增强。产业基础还较薄弱，产业能级有待提升，新兴产业发展还不充分。四是基础设施和公共服务短板仍然突出。交通瓶颈制约没有得到根本性改变，教育、医疗、养老等公共服务与群众期盼还有差距。五是经济运行中的风险不容忽视。部分重点领域还有诸多遗留问题，财政资金筹集调度异常艰难，自然灾害易发频发。

三、2021年发展目标

2021年经济社会发展主要预期目标是：地区生产总值增长6%左右，固定资产投资增长5%左右，一般公共预算收入增长1%左右，社会消费品零售总额增长6%左右，城乡居民人均可支配收入增长与经济增长同步，农民人均可支配收入增幅高于全市平均水平，城镇调查失业率控制在5.5%以内，单位生产总值能耗、主要污染物排放等约束性指标控制在市级下达的目标任务内。

（执笔人：王鹏）

丰都县

丰都县人民政府办公室

一、2020年发展回顾

2020年实现地区生产总值335.4亿元，年均增长8%，增速居渝东北片区前列。累计完成固定资产投资850亿元，年均增速12.7%。第二、三产业双轮驱动作用更趋均衡，产业结构进一步优化，成功跻身中国西部百强县。城镇、农村常住居民人均可支配收入分别达到36633元、15825元，年均分别增长8.9%、10.2%。市场主体达到6万家，年均增长20%。规上工业企业累计增加30家，工业增加值实现60亿元，年均增长6.9%。

（一）统筹推进疫情防控与经济社会发展取得双胜利

坚持人民至上、生命至上，第一时间启动重大突发公共卫生事件一级响应。落实“四早”“四集中”要求，建立健全联防联控机制。同时间赛跑、与病魔较量，仅用2天时间完成县人民医院新院区隔离救治区改造扩容。10名感染确诊患者、1名无症状感染患者全部治愈出院，实现了确诊患者零死亡、医护人员零感染的“双零”目标，2月26日被划定为“低风险区”。圆满完成对口支援武汉、孝感任务。扎实做好“六稳”工作，全面落实“六保”任务，精准落实助企纾困政策，发放专项再贷款2.2亿元、减免税费7452万元，复工复产复市走在全市前列。地区生产总值增长3%，完成固定资产投资115.8亿元、增长12.2%，社会消费品零售总额176.1亿元、增长1.8%。

（二）脱贫攻坚战圆满收官

剩余贫困人口全部如期脱贫，“两不愁三保障”突出问题实现动态清零，中央专项巡视“回头看”及各级考核、督查、审计等反馈问题全面整改销号。脱贫攻坚总攻“十大专项行动”成效显著。贫困劳动力外出务工人数同比增长4.6%。消费扶贫任务超额完成，实现2.1亿元。扶贫小额信贷获贷率居全市第一，支持产业扶贫资金3.36亿元。贫困村主导产业实现全覆盖，以大企业带大产业促大扶贫路子越走越宽广。农村建设用地复垦4027亩，带动农户增收5.5亿元。投资2.82亿元的水利部定点扶贫“八大工程”年度任务全面完成，投资4434万元的32个枣丰东西协作援建项目建成投用，市人大办公厅扶贫集团、长寿区、大足区等对口帮扶取得新成效。

（三）污染防治攻坚战完成阶段性目标

全面落实市总河长1号令、2号令。龙河流域（丰都段）生态环境大幅改善，成功创建全国首批示范河湖。长江（丰都段）稳定保持Ⅱ类水质，碧溪河斑竹断面水质由劣Ⅴ类改善达到Ⅲ类，渠溪河、龙河、赤溪河稳定保持Ⅲ类水质。44个农村连片整治项目全面达标排放。乡镇集中式饮用水水源地规范化建设实现全覆盖，水质达标率达到90%。畜禽养殖废弃物综合利用率达到

75%，大型畜禽养殖场、规模养殖场粪污处理设施装备配套率分别达到100%、95%。持续开展餐饮油烟、机动车尾气和道路、建筑施工扬尘等专项治理，空气优良天数达到353天。成功创建高家镇等5个市级生态示范镇，全面完成长江流域丰都段渔船退捕上岸，立案查处环保违法行为37起。建成沿江、沿河场镇二、三级管网62公里，县城、乡镇污水集中处理率分别达到95%、85%。持续开展国土绿化提升行动，新增营造林12.9万亩，森林覆盖率达到51.49%。

（四）防范化解重大风险战成效显著

持续开展非法集资、互联网金融风险排查清理专项整治，化解非法集资案件4起。深入实施安全生产专项整治三年行动计划，未发生较大及以上安全事故。强化社会矛盾风险排查化解，重大矛盾化解率达95%。深入推进信访案件“治重化积”“清仓见底”专项攻坚行动，积案化解完成阶段性目标。以“六清行动”为抓手，坚决打好扫黑除恶专项斗争收官战，累计判决涉黑涉恶人员17人。深入推进“云剑2020”“昆仑2020”等专项行动，刑事案件破案量同比上升148.12%，“八类”暴力案件发案率同比下降41.82%。完成“七五”普法工作，88个民主法治村（社区）“三治结合”建设达标，建成24个标准化乡镇（街道）公共法律服务工作站、333个村（社区）公共法律服务工作室，人民调解成功率达99.6%。

（五）特色产业实现高质量发展

现代畜禽产业基地加速建设，肉牛产业持续发展，存出栏分别达到16万头、8.5万头。华裕、德青源、温氏等鸡产业龙头全面发力，建成种鸡场3座、肉鸡养殖小区1个、肉鸡代养场200个，孵化雏鸡3500万羽、出栏肉鸡1000万羽、产蛋5亿枚。农投智慧生猪场项目有序推进，树人镇、龙孔镇种猪场即将建成，开工生猪代养场15个。新发展脱毒马铃薯1.8万亩，巩固发展茶产业0.8万亩。新认证“两品一标”农产品14个，打造市级以上名牌农产品8个。工业园区2.12平方公里的湛普组团成功获批。食品加工基地初具雏形，新增规上食品加工企业10家，总产值突破34.5亿元，成功创建市级农产品加工示范园区。医疗器械产业为全市防疫保供作出突出贡献，绿岛源建材运送廊道开工建设，东方希望PC构件项目加快推进。南天湖成功创建国家级旅游度假区，大名山5A级景区创建持续推进，全年接待游客1620万人次，实现旅游综合收入83亿元。新增电商市场主体202家，网销额突破30亿元。

（六）改革开放创新不断深化

预算绩效管理全面启动，金融业保持平稳健康发展，商事制度改革取得新成效。第三批19家国有企业重组整合为4家，完成中央驻丰企业、市属国企“三供一业”以及退休人员社会化管理剥离移交。农村集体产权制度改革全面完成，农村“三变”改革稳步推进，三建乡“三变”改革试点得到市上肯定。营商环境更加优化，政务服务“四减”成效显著，行政许可承诺时限压缩率、即办件比例、全程网办比例分别达到93.69%、83.55%、93.25%。县行政服务大厅实现“一窗综办”，工程建设项目审批“一窗式”综合受理改革试点持续深化。扩大开放取得新成效，外贸进出口实现3.8亿元，同比增长47.5%。创新驱动发展深入实施，新增高新技术企业2家、科技型企业19家。

（七）城乡区域发展更加均衡协调

“智慧丰都”运营指挥中心、数据中心基本建成。国土空间规划体系编制加快推进，龙河东新区扩容3.3平方公里，峡南溪新区渐成规模。储备开发用地320亩，建成商品房80万平方米。城市功能不断完善，瓜草湾、峡南溪安置房建成投用，党校主体工程全面完工。新增市政干道15公里，新（改）建城市公厕5座、新增城市绿地8.25公顷。刀鞘溪明渠下半段全面建成，过江管网建成投用。“马路办公”成为常态，“五长制”责任网络全面构建，拆除城镇违法建筑1.3万平方米，城市顽疾明显遏制。城乡基础设施体系不断完善，推动丰都高铁北站选址古家店区域，全面完成G351高家镇至石柱界等国省干线公路升级改造，建成“四好农村路”335公里。龙兴坝中型水库蓄水验收，巩固提升农村饮水安全工程112处，农村集中供水率、自来水普及率分别达到88%、86%。

（八）民生保障持续加强

升级改造幼儿园、“两类”学校40所，基本完成城镇小区配套园治理，峡南溪社区学校、龙河东小学开工建设，高考重本上线率提升到26.2%。高校毕业生、退役军人等群体就业创业难题有效解决，发放创业担保贷款1.56亿元。养老、医疗保险参保分别达到48.5万人、76.1万人。医药卫生体制改革持续深化，第三批集中采购选定药品价格平均下降53%，45家定点医疗机构全部纳入全国异地联网结算，群众县内就诊率上升到91.4%。三建区域性中心敬老院加快建设，以县社会福利院为主院，兴义、双路、虎威敬老院为分院的“1+3”贫困失能集中照护模式初步成形，9个乡镇（街道）养老服务中心、28个城市社区养老服务站、36个村级互助养老点建成投用。低保兜底建卡贫困户0.85万人，救助困难群众10万人次以上。新增城市公共停车泊位3311个。“巾帼夜校”公共文化服务示范项目成功通过国家评估验收。建成社会足球场12个。食品药品专项整治扎实开展，整治规范农贸市场2家，创建食品“名特优”示范企业4家，140家餐饮企业实现“明厨亮灶”。

二、发展中存在的问题

全县经济社会发展仍面临诸多问题和挑战，政府工作还存在不少差距和不足，主要表现在：经济发展新情况新问题亟须解决，经济结构不尽合理，传统产业转型升级速度不快，新兴产业落地投用难度不小，科技创新投入不足，生态环境保护任重道远，基础设施还需完善，民生保障仍有欠缺。

三、2021年发展思路

2021年是中国共产党建党100周年，是“十四五”开局之年，是社会主义现代化建设新征程起步之年。全县经济社会发展主要预期目标是：地区生产总值增长7.5%左右，固定资产投资增长8%左右，社会消费品零售总额增长14%左右，规上工业增加值增长12%左右，居民收入增长与经济增长基本同步，节能减排降碳完成国家下达任务。

（执笔人：余淋）

垫江县

垫江县人民政府办公室

一、2020年发展回顾

2020年，是全面建成小康社会和“十三五”规划收官之年，面对突如其来的疫情、历史罕见的汛情、错综复杂的世情冲击，垫江县坚决贯彻党中央国务院决策部署、市委市政府和县委工作安排，准确识变、科学应变、主动求变，统筹推进疫情防控和经济社会发展，突出开展“全面小康收官年”“‘十四五’谋划年”建设，深化开展“产业突破年”“城市提升年”“执行力强化年”建设，着力加快恢复性增长，推动高质量发展，在一季度地区生产总值下降4.2%的情况下，上半年增长2.4%，三季度增长3.3%，全年增长4%、高于全市平均水平，列全市第12位和渝东北第2位；固定资产投资、城乡居民人均可支配收入、一般公共预算收入分别增长14.5%、8.2%、4.3%，均高于全市平均水平，其中前两项分列全市第2位、第4位。

（一）全力以赴应对大战大考

全力以赴战疫情。第一时间启动重大突发公共卫生事件一级响应，严格落实“四早”“四集中”要求，抓好“四个工作面”和“两大保障”，及时实施“八个从严”并适时出台“加强版”“优化版”“统筹版”。半个月实现新增确诊病例零增长，一个月左右实现确诊病例、疑似病例、无症状感染者和密切接触者全部清零，成为全市第二批低风险区县。全力以赴战复工。严格落实分区分级精准防控，出台支持中小企业发展政策10条、抗疫贷等纾困惠企政策，开展春暖花开·美好生活“十二个一”促销活动，“一校一案”指导学校完善疫情防控方案和应急预案，生产生活秩序稳步恢复常态。全力以赴战脱贫。深入开展定点攻坚战、百日大会战、收官大决战，创新开展“五查五改”“五访五帮”等专项行动，“两不愁三保障”突出问题动态清零。优先支持涉贫企业恢复生产，全县无因疫情造成返贫或新致贫。全力以赴战洪水。统筹做好监测预警、堤库加固、应急处置和恢复重建，汛情期间未溃一堤、未垮一坝、未亡一人。

（二）全面落实“六保”任务促进“六稳”工作

保居民就业。贫困劳动力就业100%，24.8万名农民工安全有序返岗，未出现“回流潮”。保基本民生。民生支出45.2亿元，发放社会救助资金1.7亿元、惠及群众51775人。保市场主体。常态化开展“千人联千企”等专项行动，1019名“垫小二”助力市场主体享受各类政策资金7万余户次、30余亿元，新设企业增长57.4%、日均新增7.3户。保粮食能源安全。粮食生产稳定在98万亩、40万吨，重要农产品量足价稳，电油气供需平衡。保产业链供应链稳定。引进居全球第三、全国第一的泰晶科技晶芯频控项目，有效填补全市晶体谐振器行业空白。保基层运转。出台“政府过紧日子13条”等政策措施，争取中央财政直达资金5.6亿元，财政保持平稳运行。稳就业。城镇新增就业8904人、完成预期目标137%。稳金融。防范化解流动性风险，银行存贷比67.7%，创历史新高，银行业不良贷款率0.5%，低于全国、全市平均水平。稳外贸。服务贸易额144.5万美元，增长35.5%。稳外资。新引进外资企业2家，累计6家，实际利用外资174万美元。稳投资。85个市县级重点项目序时推进，投资增速逐月逐季稳居全市前列，民间投资占比80%、增长12.8%，均创历年新高。稳预期。工业用电量、用气量、货运量等先行指标稳步回升，全社会用电量首超10亿千瓦时，创历史新高。

（三）聚力推进产业转型升级

提质发展工业经济。工业增加值108.2亿元，增长4.5%，工业园区作为全市唯一入围候选全国县城产业转型升级示范园区。新增规上工业企业15家，建成市级数字化车间4个、累计5个。“建筑强县”深入推进，新注册建筑企业248家，累计527家，实现建筑业总产值255亿元，增长15%，成功创建全市唯一“智慧建造”试点县和市级装配式建筑产业建设基地。高位发展数字经济。数字经济产值32亿元，增长9%。首创全域性普惠型工业互联网，迅速实现600余家辖区企业、3万余台设备同上一张网，并逐步推广至长寿、梁平、四川广安等毗邻地区。自主研发“垫小二”企业服务云平台，帮助167家中小企业贷款9264.7万元、首贷率超过75%。出台数字经济发展政策20条，落地渝东数字经济产业学院，靶向引进国内大数据领军企业27家、数字经济人才300余人，拓展应用场景32个。新建5G基站666个，实现5G网络城区全覆盖。稳步发展现代农业。农业增加值61.2亿元，增长5.2%。建设高标准农田5.7万亩，农田宜机化改造3万亩。垫江晚柚“双十工程”、10万亩道地药材、100万头生猪、100亿级绿色食品加工工程加快推进。建立中国农业大学教授工作站，成功创建市级农副食品加工产业建设基地、重庆垫江晚柚科研基地。升级发展第三产业。全年接待游客525万人次、旅游综合收入27亿元，增速均高于全市平均水平；社会消费品零售总额212亿元，增速逐季回升。恺之峰旅游区成功创建国家4A级景区，巴谷·宿集荣获“2020最受关注新开业民宿”。快递吞吐量突破2000万件、增长32.6%，电商交易额22.1亿元、增长34%，电商产业园获评市级示范园。

（四）积极融入“双城”和“区群”发展

将明月山绿色发展示范带纳入川渝九大融合发展功能平台，与毗邻地区签订协议31个、达成合作事项320项。将垫大高速公路纳入国家规划纲要，将广垫忠黔铁路和垫涪、垫合高速公路列入市级实施方案，长垫梁货运铁路获得市级层面大力支持，明月山内槽旅游健康路启动建设，重大跨区项目取得实质性突破。长垫对口协同发展持续深化，龙溪河流域综合治理和可持续发展试点工作深化推进，将长垫梁一体化发展纳入全市跨区域发展规划，联动发展呈现良好态势。

（五）更高起点推进改革开放创新

财税体制、投融资体制、国资国企等改革有序推进。“垫小二”营商环境品牌加快打造，“放管服”改革持续深化，45个跨部门事项实现“一件事一次办”。招商签约项目231个、亿元级项目114个，到位资金70亿元、完成年度目标175%，招商“三率”、热力指数稳居渝东北前列。引进世界500强、央企、上市公司投资项目7个；实施“垫商回归”计划，返乡投资占比升至30.3%，均创历年之最。新增国家高新技术企业7家、市级科技型企业24家、市级企业研发机构1家。发放知识价值信用贷款7655万元，增长106.9%。自研“科技特派员服务‘三农’信息化平台”，覆盖四川邻水等川渝毗邻地区。

（六）统筹推进乡村振兴和城市提升

乡村振兴示范区和示范带有序推进，带动乡村振兴点线面全域铺开。油坊沟水库开工建设，龙溪河产业大道、南部快速通道、G243复线加快建设，村民小组通达率、通畅率均达100%。农村卫生厕所普及率80.3%，行政村生活垃圾有效治理率100%。农村土地承包经营权确权登记颁证和农村集体资产清产核资量化确权全面完成，新增“三变”改革试点村18个，重建基层供销社26个。城市建设完成投资88亿元，建成城市道路12条，总里程122公里。东部新区完成投资22亿元，三合湖湿地公园下闸蓄水，城市博览中心等11个重大功能性项目稳步推进。完成棚户区改造5.8万平方米、老旧小区改造102个，获全市首批排水防涝设施建设率先实施县专项激励。实施园林绿化和城市文化提升工程，新增城市绿地面积105公顷，“停车难”问题有效缓解，“物管差”问题持续化解。商品房县外购置率保持10%以上。

（七）加强生态文明建设

启动实施国家级森林火灾高风险综合治理项目，顺利完成松材线虫病除治三年行动，长江禁捕退捕三年任务两年完成。中央、市级生态环保督察反馈意见整改扎实推进。大力开展污染防治攻坚“百日大会战”，龙溪河、卧龙河等主要河流断面水质全年稳定保持Ⅲ类，城区空气质量优良天数增加15天。生活垃圾收集率、无害化处理率均达100%。龙溪河流域“四位一体”综合改革获评全国创新管河治河模式优秀案例。

（八）着力增进民生福祉

15件重点民生实事落地落实，农民工工资“两金三制”实现在建项目全覆盖，创成市级大数据人力资源服务产业园。完成居家养老适老化改造524户、居全市第一。牡丹湖小学、大石小学投用。校长职级制改革成为全市试点，义务教育学生入学率100%，普通高考重本上线率高于全市平均水平。加强医疗卫生体制改革，建立紧密型医联体与县域内儿科专科联盟，中医适宜技术覆盖率100%。高质量完成“七五”普法、第七次全国人口普查。深化“枫桥经验”重庆实践垫江行动，宝鼎林场“搭车”违建、“风雨廊桥”整治等留存多年“硬骨头”全部啃下，历时十余年原旧车交易市场地块拆除问题得到妥善解决，信访总量下降13.5%、积案化解率86.7%，均居全市前列。坚决打好扫黑除恶专项斗争收官战，绩效考评获全市一等奖，人民群众安全感指数99.3%。实施安全生产专项整治三年行动和“百日大会战”，获评全市安全生产和自然灾害防治工作先进区县。稳步推进国防动员和后备力量建设，海军转业士官就业安排得到海军政治工作部来信肯定，成功创建“市级双拥模范县”。

二、发展中存在的问题

一是疫情变化和外部环境存在诸多不确定

性，经济稳增长难度依然较大。二是没有过境货运铁路，“铁公水”联系不紧密不便捷，大宗物流成本相对较高。三是工业化进程滞后，支柱产业、龙头企业不多，科技创新支撑力偏弱。四是生态保护任务艰巨，民生保障还存在不少短板。

三、2021 年发展思路

2021 年，是中国共产党建党 100 周年，是我国现代化建设进程中具有特殊重要性的一年，是全市谱写高质量发展新篇章、垫江迈入富民强县升位新征程的开局之年，经济社会发展的主要目标是：地区生产总值增长 7%，固定资产投资增长 8%，一般公共预算收入增长 7.7%，社会消费品零售总额增长 7%，全体居民人均可支配收入增长 7.5%，居民消费价格涨幅控制在 3.2% 以内，粮食产量稳定在 40 万吨，单位地区生产总值能耗下降 3% 左右。

第一，积极培育特色优势产业。统筹推进补齐短板和锻造长板，坚持强产业、抓平台、优机制，着力做强绿色制造业、做实数字经济、做优特色高效农业、做大现代服务业，提档建设园区平台，探索推行“链长制”，推动设立产业基金，切实抓好产业链供应链优化升级，着力构建现代产业体系。

第二，深度融入区域协调发展。坚持一体化规划、组团式发展、协同性建设，“一担挑两头”，探索经济区与行政区适度分离改革，积极融入成渝地区双城经济圈建设和“一区两群”协调发展。

第三，有效提升协同创新能力。坚持创新在现代化建设全局中的核心地位，突出“四个面向”战略方向，建平台、兴产业、聚人才、优环境、提品质，不断壮大创新主体、优化创新生态，全力推进高新区创建，加快形成一区引领、点面结合、全域推进的创新格局。

第四，加快建设中等城市。深入推进以人为核心的新型城镇化，对标完善国土空间总体规划体系，提升规划建设管理水平，全力推进城市更新，全面提速新区建设，持续深化城市细管、众管、智管，加快形成“一心两点三带”空间发展格局。

第五，全面推进乡村振兴。加强新阶段“三农”工作，落实“五个振兴”要求，做好巩固拓展脱贫攻坚成果同乡村振兴有效衔接，深化开展国家数字乡村试点，实施乡村建设行动，对接实施全市乡村振兴十大重点工程，促进农业高质高效、乡村宜居宜业、农民富裕富足。

第六，强力推进生态文明建设。学好用好“两山论”，走深走实“两化路”，继续打好污染防治攻坚战，全面落实林长制、深化落实河长制，全力做好禁捕退捕“后半篇文章”，促进经济社会发展全面绿色转型。

第七，持续深化改革开放。坚持扩大高水平开放和深化市场化改革互促共进，深入推进财政体制改革、金融改革、国资国企改革，着力拓展开放通道、发展开放型经济，聚力做靓“垫小二”营商环境品牌，推动改革和开放深度融合、高效联动。

第八，着力保障和改善民生。坚持尽力而为、量力而行，全面发展社会事业，强化就业和社会保障，加快普惠性、基础性、兜底性民生建设，不断增进民生福祉。

第九，坚决防范化解各类风险。坚持把安全发展贯穿于发展各领域和全过程，毫不松懈抓好常态化疫情防控，妥善应对金融系统、房地产等重点领域风险，加强和创新社会治理，提高重点领域防范抵御风险能力。

（执笔人：王嘉辉）

忠　县

忠县人民政府办公室

一、2020年发展回顾

2020年，面对突如其来的新冠肺炎疫情冲击和复杂严峻的国内外形势，忠县深入学习贯彻习近平总书记重要讲话精神，全力战疫情、战复工、战脱贫、战洪水，疫情防控取得重大战略成果，经济恢复取得明显成效，各项工作取得积极进展。2020年，实现地区生产总值427.65亿元，增长4.1%，增速位居渝东北第一；固定资产投资205.15亿元，增长3.5%；实现一般公共预算收入19.23亿元，增长3%；实现社会消费品零售总额192.18亿元，增长3.9%；全体居民人均可支配收入28248元，增长8.1%。

主要做了以下工作。

（一）坚持人民至上不动摇，大战大考应对有效

全力战疫情。及时启动重大突发公共卫生事件一级响应，大力开展“大数据＋网格化”精准摸排，创新实行“4对1”监测管理和“双包干”机制，加强医疗和生活物资调拨配送，有效遏制了疫情蔓延，29天实现新增确诊病例零增长，31天实现本地确诊病例、住院病例“双清零”。积极驰援疫情严重地区，向湖北派出支援医务人员46名、捐赠“忠橙”100吨、蔬菜2吨，2名医务人员驰援万州。

全力战复工。率先在全市实行“三色”分区分级精准防控，分类制定农业、工业、商贸、交通等领域复工复产方案，有序推动复工复产、复市复消、复课复学。出台支持中小企业共渡难关十条等纾困惠企政策，发放疫情贷款22.2亿元、援企稳岗补贴1100万元，降低水电气等成本0.77亿元。组建工作专班靶向施策帮扶企业，开展“春暖花开、美好生活”等促销活动提振消费活力，“一校一策”指导学校完善防控方案和应急预案。

全力战脱贫。扎实开展脱贫攻坚总攻十大专项行动，深入推进定点攻坚战、百日大会战、收官大决战，全面解决“两不愁三保障”突出问题，剩余118户302名未脱贫人口实现脱贫清零，动态消除873户2276人两类监测户致贫返贫风险。投入2.88亿元实施扶贫项目501个，完成农村C、D级危房改造1179户，易地扶贫搬迁任务圆满收官。投入产业扶贫资金1.18亿元，发放小额信贷6423万元，贫困户人均纯收入达1.19万元。销售扶贫产品1.7亿元，消费扶贫工作获评“全国消费扶贫论坛优秀典型案例”。

全力战洪水。加强雨情水情汛情预测预报，完善防汛监测预警体系，积极开展山洪灾害应急演练，成功应对“6·14 ”等6次暴雨至特大暴雨以及5次长江洪水，全县102座中小型水库无一垮坝决堤，连续5年实现防汛“零伤亡”。

（二）坚持转型升级增效益，产业结构持续优化

特色工业集群效应不断显现。培育特瑞、天

辉等锂电关联企业12家，基本形成锂电完整产业链。新兴际华投资30亿元的西部（忠县）医药产业基地加快建设，天地药业入选市级“双百企业”。新润星、鑫锐诚等智能制造企业成为“忠县智造”新名片。海螺水泥年产值突破23亿元，实现税收3.1亿元；三一绿建项目一期建成投产，聚融建设等获评市级“专精特新”企业。四大产业集群实现规上工业总产值134.36亿元，产业集中度达97.6%，带动全年实现工业增加值100.81亿元、增长4.3%。

现代山地特色高效农业稳步发展。大力实施“103050”工程，累计发展柑橘、笋竹、茶叶等特色产业85.11万亩，50万头生猪产业一体化项目加快推进，实现农业增加值55.8亿元、增长5.1%。建成高标准农田6.02万亩，粮食总产量持续稳定在40万吨以上。建成“一村一品”示范村76个，特色产业村覆盖率达86%。培育全国名特优新农产品1个、绿色食品38个，国家农产品质量安全县创建成果持续巩固。

商贸服务业提档升级。忠州购物公园开业营运，五洲国际商贸城一期试营业。建成特色商业街5条、大型商业网点160个。创建绿色饭店1家、国家钻级酒家1家。“柑橘网”交易额突破30亿元，农村电商交易额突破31亿元。总部经济累计实现结算额800亿元，税收收入24亿元。

文化旅游业持续回暖。白公祠文博景区创建为4A级景区，三峡橘乡田园综合体开园迎客，马灌菜花节等乡村旅游活动丰富多彩。“双晒”活动吸引2000余万人次在线观看，获评“最佳创意奖”。成功举办长江三峡电子竞技大赛等特色赛事节会活动，长江三峡国际马拉松获评“金牌赛事”。全年接待游客突破1000万人次，实现旅游综合收入51.4亿元。

（三）坚持融合发展提品质，城乡建设齐头并进

特色城市更加宜居宜业。完成“三峡库心·长江盆景”等专业专项规划。销售商品房72.06万平方米，实现建筑业增加值88.9亿元，增长5.4%。交通建设三年行动计划圆满收官，鸣玉溪东环路等城市主次干道建成投用。建成白公生态文化公园等城市公园，新增公园绿地面积15万平方米，人均公园绿地面积达12.91平方米、绿化覆盖率达43.15%。实施老旧小区改造项目4个，完成棚户区改造7351户。城市综合管理七大工程扎实推进，完成数字城管系统升级改造，“智慧城管”覆盖8平方公里。

乡村环境更加优美靓丽。实施乡村振兴十大重点工程，建成“四好农村路”1600公里，具备条件的村民小组公路通达率达100%、通畅率达99.09%。完成农村人居环境整治三年行动任务，成功创建市级美丽宜居村庄34个。完成旧房整治提升1.6万户，农村改厕9430户，农村卫生厕所普及率达81.6%。金鸡水库、杨家坝水库建成投用，实施农村饮水巩固提升工程90处，农村生活供水保障率达95.6%。

（四）坚持改革开放优环境，发展活力充分释放

重点改革纵深推进。扎实推进供给侧结构性改革，盘活财政存量资金3.32亿元、闲置国有资产2.96亿元。深化国企改革，新组建混合所有制企业4家。深化“纵联横合”医共体“三通”改革、医保支付方式改革等医疗卫生改革。发放“助农贷”8840万元，全县村（社区）集体经营性收入达1584万元，全面消除集体经济“空壳村”。

创新驱动深入实施。新增高新技术企业6

家、科技型企业62家，发放知识价值信用贷款1.38亿元，全社会R&D投入2亿元、增长11.1%。新申报市级技术研发中心5家，筹备建立绿色建材、新能源等产业技术创新联盟，建成科技特派员工作站1个，打造新媒体艺人孵化基地1家，三峡库区生态文明科普馆正式开馆。加快知识产权建设，新增授权专利183件、注册商标386件，新认证知识产权贯标企业6家。

开放步伐不断加快。工业园区建成面积扩大至10平方公里，累计入驻企业100家，年产值165亿元。新生港1~5号多用途泊位已具备靠泊条件，疏港大道和进港大道建成通车。电竞产业孵化中心等项目加快推进，电竞小镇“四梁八柱”基本成形。引进新兴际华等投资10亿元以上项目9个，全年协议引资246亿元、到位资金78.6亿元。培育拥有自营进出口权企业20家，创建市级农产品出口示范基地2家，“忠橙”代表重庆柑橘首次出口新加坡，全县实现进出口贸易500万美元。

营商环境日趋优化。坚持“四上”企业直通车等制度，严格落实“支持企业45条”等扶持政策，为市场主体提供金融支持、财税纾困，降低生产经营成本1.4亿元，减税降费4.92亿元。积极缓解企业资金周转困难，发放疫情防控专项再贷款2.53亿元、中小微企业信用贷款8.77亿元。优化政务服务，依申请类政务服务事项承诺时限较法定时限压缩75.3%。

（五）坚持治管并重固根本，生态环境稳步向好

污染防治攻坚取得实效。全年空气质量优良天数达357天。长江干流忠县段保持Ⅱ类水质以上，纳入监测的25个地表水水质总体状况为优。完成39个集中式饮用水水源地规范化建设，城市、乡镇饮用水水源地水质达标率分别达100%、95%。启动苏家污水处理厂三期扩建和电竞小镇污水处理厂建设，配套管网22公里，城市、乡镇生活污水处理率分别达95%、85%。

生态保护修复得到加强。完成营造林24.1万亩，实施新一轮退耕还林3.5万亩，全县、长江两岸森林覆盖率分别达52%、70%。成功创建绿色示范村庄18个。治理水土流失45.3平方公里，管控湿地18.36万亩。完成土地整治5.36万亩，新增耕地5588亩，基本农田保护面积达94.34万亩。建成绿色矿山2个，海螺水泥石灰岩矿山成功创建国家级绿色矿山。

绿色生产生活协调推进。坚持环评专家预审制度，完成生态保护红线优化评估调整。完成极达鑫环境科技等智能化改造，海螺水泥成功创建国家级绿色工厂，瑞竹植物纤维获评市级绿色工厂，万元GDP能耗下降4%。新增节水型机构32家，成功创建市级绿色学校1所。城镇生活垃圾无害化处理率达100%，行政村生活垃圾有效治理率达99%。

（六）坚持以人为本促均衡，民生福祉不断增进

“六稳”“六保”扎实推进。城镇新增就业8519人。民生支出保持平稳增长，占一般公共预算支出的67.4%。大力实施“四上”企业培育三年行动，新发展市场主体1.04万家、新增“四上”企业93家。粮油总产量稳定在45万吨以上，生猪、蔬菜稳产保供支撑有力。开展重点项目百日攻坚行动，完成重点项目投资128.77亿元。

社会事业稳步发展。新改扩建校舍15万平方米，忠州中学银山校区二期工程完工，苏家小学基础建设全面完成。完成县中医院提档升级，县人民医院拔山分院等项目加快推进。开展群众健身体育活动40场次。基本养老保险、城乡医

疗保险参保率达 95% 以上。发放社会救助金 2.1 亿元、抚恤补助优待金 1.12 亿元，城乡低保标准差距缩小到 1∶0.8。成功创建市级双拥模范县城。

平安建设全面加强。深入推进“扫黑除恶”专项斗争，居民安全感指数逐年上升。创新推行城乡社区网格化管理、社区自治、法律工作者进村（社区），打造社会工作服务孵化基地 1 个，完成 10 个社区便民服务中心改扩建。应急管理体系逐步完善，森林防火等自然灾害防治扎实推进，食品药品等安全监管有力有效。开展“阳光信访”“责任信访”“法治信访”，信访事项群众满意率达 99.74%。

二、发展中存在的问题

一是经济总量不大、产业结构不优，“四上”企业数量较少，人均地区生产总值等指标还未达到全市平均水平；二是区位优势不明显，城市集聚能力不强，重大交通基础设施缺乏；三是城乡发展不平衡，教育、医疗、文化、体育等公共服务水平与群众期盼还有差距；四是政府自身建设还需进一步加强。

三、2021 年发展思路

2021 年，忠县将坚持以习近平新时代中国特色社会主义思想为指导，深入贯彻习近平总书记对重庆提出的营造良好政治生态，坚持“两点”定位、“两地”“两高”目标、发挥“三个作用”和推动成渝地区双城经济圈建设等重要指示要求，准确把握新发展阶段，深入践行新发展理念，积极融入新发展格局，坚定“双特”发展思路，提速打造“三峡库心 · 长江盆景”，加快建设“一地一城三区”，确保社会主义现代化建设新征程开好局、起好步。一是全力推动“三峡库心 · 长江盆景”协同发展，呈现产城景、农文旅融合新画卷。二是全力推动特色工业增量提质，打造经济增长新引擎。三是全力推动特色中等城市开发建设，唱响宜居宜业新名片。四是全力推动乡村振兴战略实施，展现农业农村新面貌。五是全力推动现代服务业提档升级，培育消费供给新动力。六是全力推动创新开放走深走实，开创合作共赢新局面。七是全力推动营商环境不断优化，激发市场主体新活力。八是全力推动生态环境保护治理，厚植生态文明新风尚。九是全力推动民生民利持续改善，实现生活品质新提升。

（执笔人：罗超繁）

云阳县

云阳县人民政府办公室

一、2020 年发展回顾

2020 年，疫情突如其来，世情错综复杂，困难和挑战前所未有。全县上下坚持以习近平新时代中国特色社会主义思想为指导，认真落实习近平总书记视察重庆重要讲话精神和对重庆提出的系列重要指示要求，妥善应对各种风险挑战，抗疫斗争取得重大成果，高质量发展动能进一步增强。经济在年初按下“暂停键”、一季度增长 -10.1% 的情况下，二、三、四季度稳步恢复、稳定向好，全年增长 2.6%，地区生产总值达到 462.6 亿元，稳居全市各县之首。一般公共预算收入 16.8 亿元，增长 5.1%；全社会固定资产投资 223 亿元，增长 10.6%；社会消费品零售总额 299 亿元，增长 4%；金融机构人民币存款余额 535 亿元、贷款余额 286 亿元，存贷比 53.5%；城乡居民人均可支配收入达到 22466 元，增长 8.1%。

（一）坚持人民至上生命至上，全力抓好疫情防控

把疫情当做命令、把防控作为责任，第一时间启动重大突发公共卫生事件一级响应，严格落实“双组长制”“指挥长负责制”，成立“1+15”工作组，坚持日研判、日调度。围绕“四早”“四集中”要求，紧盯“三大类”、锁定“两大圈”，全力抓好医疗救治面、交通流动面、社区乡村社会面、舆论舆情面“四个工作面”和人财物、组织指挥“两大保障”，推进分区分级分类差异化、因时因势动态化精准防控，全面构筑横向到边、纵向到底的严密防线。全县 49 天实现确诊病例、住院病例“双清零”，实现无三代病例、无社区病例、无死亡病例，实现医务人员零感染、境外疫情零输入。圆满完成对口支援孝感任务。慎终如始抓好常态化疫情防控，严格落实“外防输入、内防反弹”策略，持续抓好重点关口监测、重点领域排查、重点人员管理，不断提升群防群控能力、物资保障能力、应急处置能力，全面织密疫情防控网络。

（二）坚持决战决胜，全力打好三大攻坚战

一是打好脱贫攻坚战。实施脱贫攻坚总攻“十大”专项行动，开展决胜脱贫攻坚大会战、百日大会战、收官大决战，健全防止返贫动态监测和帮扶机制，全县无一人因疫因灾致贫返贫。持续用力巩固脱贫攻坚成果，“两不愁三保障”等各类问题整改清零见底。入选“全国易地扶贫搬迁工作成效明显县”。山东威海东西部扶贫协作、中国进出口银行定点帮扶、市政协办公厅扶贫集团和渝北对口帮扶持续深化。高质量通过脱贫攻坚国家普查，代表全市接受国家脱贫攻坚普查事后质量抽查，实现数据信息零差错、问题零反馈、认可度 100%“双零一百”目标。脱贫攻坚与乡村振兴有机衔接试点扎实推进。二是打好污染防治攻坚战。坚持共抓大保护、不搞大开发，打好碧水、蓝天、净土保卫战。加强水土

流失、地质灾害和消落区整治，编制长江经济带战略环境评价“三线一单”生态环境准入清单。全面落实河长制，深入推进澎溪河流域污染综合治理，全面开展河湖“清四乱”,“一江四河”水质满足国家水域功能要求。严控交通、工业、扬尘和生活污染，空气质量优良天数357天。常态化开展“我为祖国植10棵树”活动，全县森林覆盖率58%，长江两岸森林覆盖率75.5%。及时推动中央环保督察反馈问题整改。抓紧抓实长江“十年禁渔”工作。三是打好重大风险防范化解攻坚战。强化重大风险源头治理、动态管控，政府债务风险、金融风险可防可控，房地产市场发展平稳健康，政治、经济、社会、意识形态等领域风险得到有效控制，自然灾害防治和安全生产实现“三下降两杜绝”目标，社会大局和谐稳定。

（三）坚持以保促稳，全力稳住经济基本盘

一是及时复工复产。一企一业一策，联合联动联控，加快恢复正常生产生活秩序，及时推进复工复产、复商复市，为经济社会发展抢时间、赶进度、补损失奠定坚实基础。二是积极助企纾困。全县干部下沉一线,“一对一”开展帮扶指导，创设企业税费优惠加油包、制发金融政策明白卡，设立多渠道政策咨询窗口，累计为企业减免税1.9亿元、社保费1.3亿元、电费2165万元，为普惠小微企业放贷42.8亿元、延期10.5亿元、展期1.2亿元、无还本续贷4.1亿元。三是加快投资放量。全力抢时间、赶进度,“三环三高三大片”、迎接高铁开通500天行动计划等有序推进，112个重点项目完成投资115亿元，固定资产投资完成223亿元。不断抢抓机遇，强化项目储备，策划包装项目69个，争取新增政府债券资金21.5亿元。四是推动消费重构。统筹线上线下，实施“十个一”活动，推进“七大主题”消费，直播带货等销售扶贫产品8000万元，新培育限上商贸主体361家，限上批零销售额分别增长14.4%、12%，限上住餐营业额分别增长6.6%、8.9%。

（四）坚持高质量不放松，全力增强发展后劲

一是加快构建“千亿工业”引领的现代产业体系。开启“千亿工业”高质量发展新篇章，建立“1+5+42”工业发展平台，突出抓好绿色消费品、装备制造、能源电子三大产业集群发展，新培育工业企业937家、规模以上工业企业12家。持续壮大大旅游大健康大数据产业，滚动实施大旅游重点项目85个，开发“江上风清”文创产品30余种，世界最高框架秋千云端彩虹秋千建成投用；编制完成三峡健康城战略规划，大健康产业项目完成投资25亿元；大数据中心和产业云投用，大数据产业孵化园入驻企业15家，培训数据标注人员3000人，成功举办智博会云阳论坛。持续实施农业产业发展攻坚行动，农业总产值突破百亿元，农业增加值增长5.3%。加快服务业提档升级，第三产业增加值增长2.1%。二是不遗余力抓好招商引资和市场主体培育。坚持招商不停步，累计签约项目387个，协议资金218亿元、落地资金125亿元。建立全员共抓工业招商机制，新签约工业项目123个，其中亿元以上项目13个，协议总投资56亿元，落地资金32.6亿元。深入实施全民创业就业五年行动计划，新培育市场主体1.2万户。三是持续深化改革扩大开放。深化乡镇财政体制改革，优化乡镇发展指数考核。深化国有企业改革，重组成立“城市管家”兴云集团，推进“工业管家”人和投资公司集团化改革。完成公共资源交易监管改革，建成统一的交易监管体制。深入推进“放管服”改革，不断优化营商环境，政务服务向基层延伸，服务非公企业标准化平台升级至2.0版本，“一次性告知”和“限时答复”制度有效落实，

“中梗阻”问题得到整治。坚持“顺道出境、登台站位”，全面融入共建“一带一路”和长江经济带发展，外贸企业达67家，实现进出口贸易2.7亿元。

（五）坚持内引外联，加快推动城乡区域协调发展

一是积极推动成渝地区双城经济圈和渝东北三峡库区城镇群建设。围绕落实习近平总书记重要指示精神、市委五届八次全会精神，确定27个方面114项具体任务。积极向上对接，编制渝东北三峡库区城镇群推动生态优先绿色发展行动重大项目清单，策划推动成渝地区双城经济圈建设项目572个。加快推进万开云一体化，加强与川渝周边地区合作，积极与南充、达州、万州、开州、梁平等地合作，在生态环保、产业发展、基础设施建设等方面初步达成共识。二是纵深推进乡村振兴。实施乡村振兴十大重点工程。围绕“产业融合化、园区景区化、乡村旅游化”，新建产业园4.75万亩、提档升级产业园2.71万亩，完成投资4亿元。不断做响“天生云阳”和“云阳红橙”品牌，年销售额达18.2亿元。完成农村人居环境整治三年行动目标任务，行政村生活垃圾有效治理率达96%。整县推进农村集体产权制度改革试点，持续深化农村“三变”改革，不断激发农业农村发展活力。三是持续提升城市品质。加快“三环三高三大片”和公园城市建设，“双50”中等城市骨架基本建成，黄石高铁新城、水口产业新城、东部新城渐次拉开。完成城市提升实事193件。城区坡坎崖绿化、燃煤治理、停车秩序整治、老旧小区改造等工作取得新突破。深入推进大城细管、智管、众管，建成城市管理GIS地图，城区公园、桥隧的视频监控实现“一屏统管”，城区五年违法建筑整治圆满完成，“马路办公”成为常态。

（六）坚持保基本兜底线，全力保障和改善民生

始终以人民为中心，在发展中保障和改善民生，不断做好普惠性、基础性、兜底性民生建设。完成民生实事67件，民生支出占一般公共预算支出的74.4%。坚持就业优先，新增城镇就业15016人，贫困人口转移就业6.2万人，实现有劳动能力、有就业意愿的贫困家庭就业动态清零。不断提升社会保障兜底水平，建成4个街道养老服务中心和47个社区养老服务站，发放养老待遇28亿元、困难群众救助金4.3亿元。加快推进教育、医疗等社会事业发展，黄石实验学校、黄石镇中心幼儿园、亮水坪幼儿园实现招生；双江人民医院建成二甲医院，妇女儿童医院建设有序推进，“治未病”中心、120急救调度指挥中心正式投入运行，完成基层医疗和公卫系统建设，60家医院实现全国联网异地结算。

二、发展中存在的问题

发展中仍然存在一些突出问题和短板。一是产业体系短板仍然突出。工业经济基础不牢，传统产业拉动不足，新技术、新业态、新模式尚在起步。二是经济发展动力活力仍然不足。科技创新能力不足，招商引资质量和效益不够高，市场主体总量不够多、质量不够优，新型城镇化进程总体偏慢，开放发展仍处于起步阶段。三是基础设施和公共服务短板较为突出。交通等基础设施仍待完善，城乡发展仍不平衡，生态环保任务艰巨，教育、医疗、文化等公共服务供给与满足群众高品质生活需求方面存在差距。

三、2021 年发展思路

以习近平新时代中国特色社会主义思想为指导，深入贯彻党的十九大和十九届二中、三中、四中、五中全会精神，全面落实习近平总书记视察重庆重要讲话精神和对重庆提出的系列重要指示要求，准确把握新发展阶段，深入践行新发展理念，积极融入新发展格局，切实担当新发展使命，围绕“十四五”发展蓝图和 2035 年远景目标，抢抓成渝地区双城经济圈建设、“一区两群”协调发展和万开云一体化机遇，加快实施建设“双 100”城市、发展“双 1000”经济的“双 100 双 1000”战略，加快实现“千亿工业”引领的现代产业集聚地、科技创新承接地、公园城市标杆地、城乡融合发展先行地、生态优先绿色发展示范地、三峡城市核心区重要支撑的“五地一支撑”目标，奋力谱写云阳高质量发展高品质生活新篇章，确保社会主义现代化建设新征程开好局、起好步。全县经济社会发展的主要预期目标是：地区生产总值增长 8% 以上，一般公共预算收入增长 5% 以上，全社会固定资产投资增长 13% 以上，社会消费品零售总额增长 13% 以上，城乡居民人均可支配收入增长 10% 以上。

（执笔人：王翰林）

奉节县

奉节县人民政府办公室

一、2020年发展回顾

2020年，实现地区生产总值323.1亿元，增长2.5%；完成固定资产投资231亿元，增长8.1%；完成财政收入32.5亿元，一般公共预算收入15.5亿元，增长5%。金融机构存贷余额655亿元，存贷比87.5%。城乡常住居民人均可支配收入分别为32099元、13412元，增长5.4%、8.7%。

（一）疫情防控取得成果

坚持人民至上、生命至上，紧紧依靠群众，第一时间启动全县应急预案，建立“1个领导小组+11个专项工作组”作战体系，全县干部群众各就各位，认真贯彻落实“四早”“四集中”要求，用19天实现新增确诊病例零增长，用46天实现本地确诊病例、住院病例“双清零”。广大协会组织、爱心企业、爱心人士、在外乡友等社会各界纷纷捐款捐物。持续落实常态化疫情防控机制，持续健全公共卫生应急体系，持续开展爱国卫生运动，疫情防控态势持续向好、生产生活秩序持续稳定。

（二）脱贫攻坚成为样板

严格落实“四个不摘”，统筹整合资金8.87亿元，进一步巩固脱贫成果。以“十大专项行动”向脱贫攻坚发起总攻，压茬推进定点攻坚战、百日大会战、收官大决战，剩余1006户2994名贫困人口全部脱贫。对标“三落实”“三相符”“三机制”要求固强补弱，检查考核全部高质量过关。“四访”工作法成为全市首个基层治理领域地方标准，“六个环节”工作法、“五个一”行动、“八到户八到人”和集体经济、扶贫小额信贷、失能人员集中供养、电商扶贫等一系列典型做法全景呈现，脱贫攻坚“奉节样本”变成“奉节样板”。

（三）“六稳”“六保”落稳落细

全年累计转移城乡居民就业34.8万人，新增城镇就业9264人。全力保市场主体，落实减税降费9亿元，阶段性减免企业水、电、气、租金成本1689万元，新增支持实体经济复产稳产、保就业贷款31.5亿元，其中，支小支农再贷款3.41亿元，通过降息、延期、无还本续贷等措施，为企业节约融资成本6818万元，在困难挑战中稳住了经济基本盘，新增市场主体9576户、增长16.5%。米面油肉蛋奶等供应充足、价格稳定。财政运行良好，“三保”兜牢兜实。

（四）绿色本底更加凸显

扎实推进环保问题整改，第一轮中央环保督察交办案件全部销号，第二轮中央环保督察交办案件申报销号。完成营造林30.8万亩、水土流失治理14.3平方公里，建成垃圾中转站（点）12个，新建污水管网29公里。持续整治农村人居环境，建设生活垃圾分类村140个，集中式饮用水源水质达标率达100%。270艘渔船全部退捕上岸。

完成禁养禁食野生动物后续处置工作。荣获“全国森林康养基地试点建设县”称号，小寨村、白龙村、砚瓦村等7个村获评国家森林乡村。绿色已成为奉节最靓丽的底色。

（五）有效投资逆势而上

218个重点项目完成投资116亿元，交通、水利大会战有力推进。房地产投资40.7亿元、增长5.2%。招商引资精准发力，签约项目95个，协议投资267亿元、到位资金45.5亿元。正邦100万头生猪全产业链项目落地开工。千方百计抓项目筹资，争取中央预算内项目55个、获得资金3.17亿元，争取转移支付资金67亿元，新增债券资金26.4亿元。

（六）实体经济起势发力

生态工业多点突破，园区新入驻企业27家，全年产值40亿元，其中生产眼镜7000万副、镜片1亿副、眼健康产品3000万套，产值近20亿元。风电新投产11万千瓦。农产品产加销一体化取得突破，新增脐橙、中药材等农特产品加工项目18个。电子商务蓬勃发展，建成1个直播中心、4个村播基地，电商产品种类达到63个，电商主体突破3000户，交易额47.6亿元。百盐、赤甲两大集团经营收入13.8亿元。民营经济迸发活力，新增企业1591家、个体工商户7803户、专业合作社182个，新增“小升规”199家、限上个体户353户。

（七）文旅产业强势复苏

新开园三峡之巅、三峡原乡景区，新推出“巅峰双峡”精品旅游线路，三峡之巅、大窝景区创成4A，茅草坝滑雪场创成3A。奉节第三次以“文化名胜·特别呈现”的形式登上央视《中国诗词大会》第五季。坚持文化搭台、产业唱戏、企业参与，以“戴奉节眼镜、品奉节脐橙、赏三峡风光”为营销主题，采取“线上线下融合”模式，成功举办第四届“中国·白帝城”国际诗歌节暨绿色发展·消费扶贫大会。与四川省建立“成渝五绝九城”旅游联盟，与郑万高铁沿线城市形成文化旅游合作联盟。新增51家高校为《归来三峡》授牌研学基地。电影《橙妹儿的时代》展示了时代之美。奉节影响力、美誉度持续提升。全年购票游客126万人次、过夜游客107万人次、乡村旅游886万人次，实现“逆势”上扬。

（八）城乡融合彰显魅力

开展征地拆迁“百日清零行动大会战”，拆除房屋29万平方米，征收土地4589亩，安置2016年以前征迁群众住房2473套、办理养老保险15871人。高铁站场主体工程完工。启动4个片区老旧小区改造，3个农贸市场实现超市化改造。“马路办公”成为常态，“小城四管”深入人心。3.2万盏庭院灯点亮“美丽乡村”。20个特色产业小镇、40个“亿元”产值村、150个“千万元”产值村成为农村经济新增长点。大坝村入选全国乡村特色产业亿元村，九通村入选全国“一村一品”示范村，文昌村入选全国美丽休闲乡村。

（九）改革创新纵深推进

持续深化“放管服”，投用新行政服务中心，26个部门851个事项全部入驻。全面推进“四减四办”，212个事项实现一窗综办，企业开办最快2小时拿证，不动产交易最快9分钟完成，小型低风险工程建设项目行政审批13天办结。以科技支撑生态文明的国家创新型县创建有力，与30所高等院校、科研院所开展产学研用合作。举办智能蚕桑全国招商大会，智能蚕桑3.0系统全球首发。扎实推进媒体深度融合改革，建成一流融媒体中心。农村“三变改革”试点范围扩大到44个村。

（十）社会事业全面提升

“高中六校联盟班”“211”高校上线率98%，永安中学与幸福中学整合办学。人民医院扩建工程建成投用，建成市级美丽医院1所，创成市级重点专科1项。新改建养老服务中心10个、站点36个。城乡低保应保尽保。城区156个活禽交易宰杀点全部取缔。扫黑除恶专项斗争成效显著，连续14年现行命案全破，八类刑事、“两抢一盗”案件分别下降18.5%、29.3%，群众安全感指数提高到96.2%。连续9年获评全市安全生产先进区县。一批信访老案积案得到化解。“民生之声”满意度96.9%。国防动员和后备力量建设稳步推进，双拥工作和军民共建深入开展。高质量完成“七五”普法和第七次全国人口普查。

二、发展中存在的问题

目前，奉节仍属于欠发达地区、处于欠发展阶段，不平衡不充分的矛盾还很突出；经济结构不优、产业支撑不强，基础设施瓶颈依然明显，科技创新支撑能力偏弱，城乡区域发展差距仍然较大；安全生产风险隐患较多，民生保障还有短板，社会治理有待加强；政府自身建设还有需要改进的地方。

三、2021年发展思路

全县经济社会发展主要预期目标是：地区生产总值增长7%以上，固定资产投资增长8%左右，社零总额增长8%左右，一般公共预算收入增长6.5%左右，常住人口城镇化率提高到52%以上，森林覆盖率达到63%以上，城镇和农村居民人均可支配收入分别增长7.5%、10%以上。

（一）坚持把强县和富民统一起来

做大实体经济。实施“市场主体培育三年行动计划”。2021年新发展市场主体1万户以上。实施农业“接二连三”行动、工业企业快速成长行动、现代服务业培优扶强行动、全域全员创业就业行动、招商引资攻坚突破行动。常态化开展民营企业大走访。对全县企业实行网格化服务，为企业“补血”“减负”“拓空间”。做精现代农业。大力发展“4+3+X”现代山地特色高效农业，形成10个万亩产业区、10个5000亩产业片。建成农业现代化示范基地100个。高标准推进国家现代农业园建设。启动认证中药材、蚕桑等国家农产品地理标志，认证绿色食品、有机农产品50个，建成脐橙出口基地5个。做强生态工业。新入驻园区眼镜企业30家以上，加快打造50亿元产业集群。新引进新型材料企业2家、中药材加工企业2家。一体化谋划“风光水蓄火”绿色能源发展。依法完善康乐组团规划，加快草堂组团建设，启动小微创业园建设。支持有条件的乡镇规划建设小微企业发展集聚区。做靓文化旅游。创建国家全域旅游示范区，白帝城·瞿塘峡景区创成国家5A级景区，申创3个4A级景区，创成5个3A级、10个2A级景区。继续举办诗歌节系列活动。打造影视拍摄基地和作家、艺术家创作集聚地。编制奉节旅游服务标准。加快智慧景区建设。开发一批有机食品、旅游商品、文创产品。办好橙博会、美食节等节会活动。接待游客、购票游客、过夜游客、综合收入分别增长17%、19%、22%、21%以上。

（二）坚持把改革和发展结合起来

强化科技创新。加强“100+N”开放协同创新体系合作，新增50家科技型企业、10家高新技术企业。新增一批研发平台、众创空间、星创天地。推动数字民生服务，推进智慧农业建设。推动智能蚕桑扩能升级。培育一批科技服务机构。R&D经费支出占GDP的0.45%以上，万人有效发明专利拥有量达到4件。创成国家创新型县。优化营商环境。深化“放管服”改革，提升“渝快办”效能，80%以上政务服务办件可实现网上受理，建立三马山片区“24小时全天候”自助服务区。加大“逃废债”行为打击力度，严厉打击非法金融活动。加快融合监管数据关联，实现“双随机、一公开”监管全覆盖。全面落实《优化营商环境条例》。实施企业服务“六个一”行动，构建“亲”“清”政商关系。激发内生动力。坚持政企分开、政资分开。挖掘潜力盘活国有资产，持续开展国有资产清理。百盐集团、赤甲集团经营收入分别达10亿元、6亿元。健全财政预算资金绩效管理体系，推行预算管理一体化。整合分散在各部门的特许经营权，进行社会化购买服务。农村“三变”改革试点覆盖率达到15%。探索推进赋予乡镇经济社会管理权限改革，探索增量财政收入安排给乡镇。扩大对外开放。做大“五绝九城”旅游联盟，积极融入全市“一区两群”协调发展，引领“奉巫巫”一体化发展。深化与中林集团合作，启动打造100亿元林业产业链。推动物流产业集聚发展。加快培育新兴消费热点。构建“半小时”周边通勤圈、“一小时”县内交通圈，郑万高铁奉节段通车，加快建设奉建高速，实施一批“大桥长隧”项目。

（三）坚持把城镇和乡村贯通起来

加快城市提升。高铁新城成为“会客厅”，打造国际化山水都市风貌展示区；西部新区凸显“品质化”，推动海绵城市建设，加快建设一批公共基础设施；三马山提升“宜居感”，启动“减载降危”工程，进一步推进棚户区改造、老旧小区改造；长江南岸展现“亲水性”，规划布局一批亲水空间，打造农文旅融合产业带；环草堂湖成为“度假区”，加快推进白帝城诗歌小镇和环草堂湖建设，串联白帝城、三峡之巅等景区；城市管理体现“精细化”，加快智慧城市建设，常态化推行“马路办公”。推进乡村振兴。严格落实“四个不摘”，坚持从脱贫攻坚向乡村振兴有序调整、平稳过渡。打造墨溪河流域乡村振兴示范带。建成1个国家级、10个市级、50个县级“一村一品”示范村，形成50个“亿元”产值村、170个“千万元”产值村。持续打造20个特色产业小镇，鼓励其他乡镇因地制宜打造10个特色产业小镇。深入推进农村厕所革命、垃圾污水治理和村容村貌提升，打造1个国家级美丽乡村、10个市级美丽宜居乡村。改善环境质量。持续打好污染防治攻坚战。申创生态文明示范县、“国家森林城市”和市级“两山”理论实践创新基地。加强生态环境系统保护修复。启动1万亩“两岸青山·千里林带”工程。完成营造林17.2万亩，石漠化治理50平方公里，水土流失治理19平方公里，修复矿山450亩。建成生活垃圾应急填埋场，开建环保能源发电厂、建筑垃圾消纳场，新改建污水管网13公里、污水处理厂5座。增进民生福祉。加快创建三级综合医院，建设三峡卫校。新创建2个甲级乡镇卫生院，推动村级卫生室规范化建设。持续提升教学质量，进一步缩小城乡教育差距。新办城区幼儿园5所。深化“3+2”高职院校联合办学。新增城镇就业7000人以上。开发公益性岗位2000个以上。新建9个乡镇养老服务中心，城乡居民养老保险参保率达到95%以上。

（执笔人：刘畅）

巫山县

巫山县人民政府办公室

2020年，面对突如其来的疫情，我县始终坚持以习近平新时代中国特色社会主义思想为指导，深入贯彻习近平总书记对重庆提出的营造良好政治生态，坚持“两点”定位、“两地”“两高”目标、发挥“三个作用”和推动成渝地区双城经济圈建设等重要指示要求，以推动高质量发展为主题，以深化供给侧结构性改革为主线，以学好用好“两山论”、走深走实“两化路”为基本路径，努力推动高质量发展。在市委、市政府和县委的坚强领导下，战疫情、战脱贫、战复工、战灾情，统筹推进稳增长、促改革、调结构、惠民生、防风险、保稳定工作，经过奋力追赶，经济加快恢复、稳定向好。

一、2020年发展回顾

（一）经济运行稳中有进

实现地区生产总值188.77亿元，同比增长3.6%。全社会固定资产投资145.6亿元，同比增长8.7%。社会消费品零售总额48.86亿元，同比增长1.3%。一般公共预算收入11.16亿元，同比增长6.1%。城乡常住居民人均可支配收入分别达34561元、12161元，分别增长5.5%、8.3%。金融机构存贷款余额为473.21亿元，增长7.0%。综合来看，发展的环境越来越好，发展的动力越来越足，群众的腰包越来越鼓。

（二）决战决胜脱贫攻坚

集结最强兵力、鼓足最大干劲、保持最硬作风，压茬推进“定点攻坚战”“百日大会战”“收官大决战”，高质量通过国家脱贫攻坚普查。战疫情影响。实施“点对点”运输，分批组织返岗务工贫困人口42277人，统筹公益性岗位4463个。战短板弱项。实施扶贫项目329个，东西部扶贫协作项目、三峡集团援建项目有序推进，完成12大跨区域调水工程，旧房提升10540户，改造C、D级危房205户。乡村旅游助力扶贫模式列入世界旅游联盟减贫案例。战深度贫困。剩余248户662名贫困人口稳定脱贫。双龙镇通过市级深度贫困乡镇成效考核，4个定点攻坚村脱贫成效持续巩固。

（三）全力抓“六保”促“六稳”

保居民就业。发放创业担保贷款1.14亿元，新增城镇就业2967人，登记失业率保持在3%以内。保基本民生。城乡低保标准分别提高6.89%、12.73%，将9684人纳入低保兜底。足额发放救助金2.32亿元，临时救助7966人次。保市场主体。新增市场主体5350户、增长13.1%。保粮食能源安全。粮食总产量稳定在20.6万吨。建成粮食应急保供网点43个，蔬菜、肉蛋奶、粮食等生活物资货足价稳，水、电、气、油等能源物资保障有力。生猪稳产保供43.7万头。保产业链供应链稳定。加大产业链配套服务和招商力度，解决复工达产、物流畅通等问题360余个。保基层运转。严格落实过紧日子要求，压减非急需刚性支出1536万元。

（四）持续扩大内需

抓投资放量。总投资 218 亿元实施重点项目 207 个。其中开工建设基础设施项目 28 个，完成投资 78.2 亿元，郑万高铁巫山段隧道全隧贯通，巫大高速全线贯通，奉（巫）建高速加快建设，两巫高速开工建设。中硐桥水库建成投用。实施产业发展项目 22 个，完成投资 21.6 亿元。推进社会事业项目 8 个，完成投资 7.1 亿元。建设新型城镇化项目 9 个，完成投资 25.1 亿元。新建 5G 基站 319 个。三峡后续工作连续两年库区考核第一。抓消费提升。丰富促销活动，开展“爱尚巫山”消费活动，发放电子优惠券 233 万元，拉动居民消费 5 亿元。优化商贸服务，加快建设边贸中心商贸物流基地，投用亿丰国际商贸城家居建材市场，繁荣 FM 广场、克拉大都会、尚熙台等商业综合体，居然之家、永辉超市等一批龙头商业企业落地营业。扩大新型消费，发展直播电商、社交电商，线上消费 9 亿元，农产品电商销售 4.5 亿元。稳定房地产市场，开展网上房交会，全年销售房屋面积 46.3 万平方米。

（五）推动高质量发展

生态旅游持续推进。巫峡 · 神女景区通过国家 5A 景区景观质量评审。五里坡申报世界自然遗产列入 44 届世界遗产大会议程。柑园旅居社区、权发三峡李院、神鱼谷特色民宿开门迎客。“晒文化 · 晒风景”获全市最佳推广奖，成功举办第十四届国际红叶节，接待游客 1957.02 万人次，购票 81.29 万人次。生态农业提质增效。新建高标准农田 3.29 万亩，农经作物种植规模达 85.56 万亩。创建“两品一标”30 个。巫山脆李品牌价值三年蝉联全国李品类第一，巫山烤烟入选中国原产地物产百科烟草类条目。建成数字果园 App，销售农产品 19.8 万吨、39.93 亿元。生态康养加快实施。完成巫山云雨生态康养度假区总体规划编制。哨路组团已成规模，建成康养度假房 5.8 万平方米。展览馆、迎宾路、月亮谷等项目投用，云栖广场、中医院摩天岭康养医院、综合供水厂加快建设。生态工业健康发展。工业增加值增长 1.6%，培育规上企业 4 家、绿色建筑骨料企业 6 家。宁江 110 千伏输变电工程投运，青山头风电首台机组并网，182 兆瓦光伏项目发电。

（六）持续深化改革开放

改革推动发展。深化“放管服”改革，行政许可事项承诺时限缩减 72%，行政许可事项网上受理率 53%，“渝快办”受理事项办结率 98.4%，行政审批服务效率同比提升 20%。创新驱动发展。新培育市级科技型企业 10 家。引进新品种新技术 56 项，取得首个海关农产品出口备案证书。“微粒贷”“平安普惠贷”等金融产品贷款余额达 92 亿元。开放带动发展。积极争资立项，争取各类资金 79.9 亿元。新开通广州、西安、海口航线。大力开展招商引资，签约项目 28 个，到位资金 67.8 亿元，民营经济增加值占 GDP 的 60%。

（七）提升生态环保能力

打好污染防治攻坚战。深入开展“河长制”，整治污水“三排”、河道“三乱”31 处，新（改）建污水管网 8.97 公里，新建雨水管网 2.39 公里。加强大气污染治理，空气质量优良天数达 358 天。严控畜禽养殖等农业面源污染，畜禽粪污资源化利用得到农业农村部书面表扬。强化生态建设。全力推进长江大保护项目，官家溪水环境综合整治基本完成，与三峡集团合作的生态环境治理项目加快推进。实施长江 10 年禁捕退捕，325 艘渔船退捕上岸、650 名渔民转产转业。治理水土流失25平方公里，主要次级河流水质达到水域功能要求。全面推行“林长制”，启动“两岸青山·千里林带”工程，实施创面复绿、森林质量提升等营造林17.7万亩，森林覆盖率达62%。

（八）加快乡村振兴和城市提升

乡村振兴深入推进。实施“三清一改”，卫生厕所普及率85%，创建垃圾分类市级示范村18个。“三社融合”全市现场会在巫山召开。曲尺乡柑园村创建中国美丽休闲乡村，两坪乡朝元村、骡坪镇茶园村入选国家乡村旅游重点村名录，大溪乡大溪村、建平乡青台村入选重庆市传统村落保护发展名录。城市提升取得新成效。江东组团丰盈北路、龙水路、妙采路基本建成，江东客运换乘中心、红叶广场、烟雨公园、污水处理厂加快建设，公交班车开通运营，供电供气管网铺设完毕。早阳组团早阳隧道、朱家坪隧道全部完工，早阳互通、迎宾大道、桂花大道加快建设，高铁站前广场全力推进。边贸中心入住企业商户356家，亿丰商贸城、电商孵化大楼、荣科冷链仓储建成投用。三峡竹枝·南陵古道完成房屋提升70栋、管网下地、地灾和边坡治理。高唐组团改造老旧小区7975户，安装电梯198部，建成标识化管理小区23个。新改供水管网5.7公里，新增停车位1000余个。

二、存在的问题

同时，发展中仍然存在一些突出问题和短板。一是巫山集大农村、大山区、大库区于一体，县域经济总量偏小，产业体系还不完善。二是生态环保压力依然较大，实现发展和保护“双赢”还需下深功夫。三是干部队伍市场思维和改革创新意识还不足，市场在资源配置中的决定性作用发挥还不充分。四是对“水陆空铁”时代的到来还没有做好充分准备，产业配套、基础设施和公共服务还存在诸多短板和弱项。

三、2021年发展目标

2021年是中国共产党建党100周年，是我国现代化建设进程中具有特殊重要性的一年。2021年全县经济社会发展的主要预期目标是：地区生产总值增长8%。一般公共预算收入增长8%，税收增长8%。固定资产投资增长8%。社会消费品零售总额增长10%。全体居民人均可支配收入增长10%。生态环保、应急管理等控制性指标达到上级要求。为此，我们将重点抓好以下九个方面工作：一是全面推进乡村振兴。持续巩固拓展脱贫成果，全力抓好粮食安全，加快乡村全面发展。二是构建现代化生态产业体系。高水平发展生态旅游，高效益发展生态农业，高品质发展生态康养，高质量发展生态工业，加快培育新兴业态。三是持续实施城镇提升行动。推进城市有机更新，加快城镇提档升级，强化城镇综合管理，深化“大城细管”。四是加强污染防治和生态建设。持续开展污染防治行动，持续提升生态系统质量。五是不断推进改革创新。深化重点领域改革，深化供给侧结构性改革，大力发展民营经济，加快创新驱动发展。优化创新环境。六是加快培育内陆开放新优势。持续建设开放通道，加快培育开放平台，着力发展开放经济。七是切实保障和改善民生。加强就业和社会保障，推动教育高质量发展，提升卫生健康服务质量，丰富群众精神文化生活。八是深入推进社会治理。完善治理体系，维护社会安全稳定。九是毫不放松抓好常态化疫情防控。坚持“外防输入、内防反弹”，抓实抓细常态疫情防控，持续提升应急保障能力。

（执笔人：范鹏程）

巫溪县

巫溪县人民政府办公室

一、2020年发展回顾

过去一年，疫情突如其来，汛情历史罕见，世情错综复杂，我们坚决贯彻落实中央、市委市政府和县委决策部署，全力以赴战疫情、战复工、战脱贫、战灾情，统筹推进疫情防控和经济社会发展，扎实做好“六稳”工作、落实“六保”任务，经济运行逐季恢复、持续向好。全年实现地区生产总值110.2亿元、增长2.7%，完成固定资产投资73.9亿元，实现财政一般公共预算收入7.32亿元，金融机构人民币存贷款余额增长12.7%，全体居民人均可支配收入增长7.9%。

（一）众志成城战疫情、抗灾情，经济社会秩序加快恢复

全力战疫情。严格落实“四早”“四集中”要求，用1个月时间实现新增确诊病例零增长，2个月时间实现本地确诊病例、住院病例“双清零”。持续推进常态化疫情防控，毫不放松抓好外防输入、内防反弹，全县疫情防控向好态势持续巩固，为恢复经济赢得了主动。全力战复工。严格落实分区分级精准防控，有序推进复工复产、复市复消、复课复学，“一对一”解决企业劳动用工、原料供应、生产运输、订单销售等难题，“一校一案”完善学校防控方案和应急预案，各行各业全力以赴抓调度、抢时间、补损失，全县生产生活秩序逐步恢复。全力战灾情。坚持人民至上、生命至上，统筹做好监测预警、堤库排查、应急处置、抢险救援、群众安置和灾后恢复重建，尽最大努力保护了人民群众生命财产安全。

（二）全力以赴战贫困、攻堡垒，脱贫攻坚取得决定性胜利

严格落实“四个不摘”，深入实施脱贫攻坚“10+4”专项行动，接续打好“三大战役”，圆满完成“四场大考”，“两不愁三保障”突出问题有效解决，全县剩余916户2593人全部脱贫。聚焦稳定脱贫，出台贫困群众就业“十一条”政策，帮助4.1万名贫困劳动力稳定就业；着力发展“一村一品”产业，“七大利益联结模式助力产业扶贫”入选全国产业扶贫优秀案例；销售扶贫产品2.3亿元，“探索东西部消费扶贫长效机制”入选全国东西部扶贫协作案例。精准落实“点穴式”帮扶，“双防”监测预警管理做法在全市推广。在国家脱贫攻坚普查中，取得“两不愁三保障”实现情况、扶贫政策覆盖率、贫困群众对生产生活状况变化认可度3个100%的优异成绩，成功退出国家扶贫开发工作重点县，脱贫攻坚取得决定性胜利。

（三）不遗余力抓争取、强推进，基础条件逐步夯实

交通建设强力推进。郑万高铁巫溪支线接轨工程启动建设，巫镇高速完成年度投资18亿元，两巫高速墨斗互通开工建设，巫云开高速施

工筹备有序进行，巫奉利高速完成可研，巫城高速纳入全市高速路网规划。古路至红池坝快速道路、大河乡广安村肖家湾滑坡带改线工程竣工通车，红池坝镇“一横一纵”干线公路全线贯通，“四好农村路”扎实推进，行政村、撤并村通畅率100%，村民小组通达率98%、通畅率90%，县内路网通畅水平不断提高。其他基础设施持续夯实。红池坝烟草援建工程全面竣工，孝子溪、尖山水库大坝主体完工。持续实施饮水安全巩固提升工程。建成高标准农田8.8万亩。11个乡镇低电压工程全面竣工。新增天然气用户3000户。城乡网络覆盖率达到97%。

（四）坚持不懈抓统筹、提品质，城乡面貌不断改善

城镇化加快推进。城镇规模不断扩大，竣工城镇房屋60万平方米，扩大城镇建成区0.3平方公里。商住小区、保障性住房加速建设，拆迁城市棚户区房屋18万平方米，改造老旧小区40万平方米。城市功能持续完善，漫滩路三期全面建成，城区骨干路网加快建设；“两馆一宫”完成主体施工；城市雨污分流管网、人行步道提档升级。城市管理切实加强，推进城市综合管理“七大工程”，深化“四项创建”，成功创建“全国文明城市”，顺利通过“国家园林城市”复查，城市品位不断提升。乡村面貌持续改善。行政村生活垃圾有效治理率100%，污水处理设施不断完善。美丽宜居示范村庄、大美乡村示范片、美丽庭院加快建设。红池坝镇茶山村、徐家镇岔路村相继获评全国、全市乡村旅游重点村。

（五）持之以恒抓培育、增效益，骨干产业健康发展

农业生产提质增效。实现农业增加值26.7亿元、增长3.8%。粮食、蔬菜生产保持稳定。粮经比调整为50∶50。特色产业加快培育，发展特色经果20万亩。新培育涉农经营主体345家。新增“三品一标一名牌”47个，“巫溪独活”获国家地理标志农产品，“巫溪洋芋”入选首批中欧互认地理标志农产品。工业经济蓄势向好。实现规上工业总产值14.1亿元、增长7.4%。寨雅石材实现升规，双东石材建成投产，育才教育装备加快建设，金诚陶粒页岩开发项目成功签约。水电行业支撑强劲，全年发电17亿度、增长30.8%。旅游业有序恢复。西流溪湿地公园基本建成，智慧景区平台、康养公寓、华侨城巴渝民宿（一期）完成建设。成功开展首届非遗龙舟赛等系列精品活动，荣获全市“双晒”第二季“最佳推广奖”，“上古盐都·心旅巫溪”旅游品牌不断唱响。商贸服务逐步回暖。举办惠民消费、电商直播等促销活动，持续激发消费活力，社零、批零、住餐等指标实现恢复性增长。

（六）坚定不移抓保护、严整治，绿色本底更加夯实

生态修复保护扎实开展。深入开展国土绿化和森林质量提升行动，森林覆盖率达69.7%。造林绿化成果全国关注，《陡崖植树人：森林“长”在肩背上》获国家广播电视大奖。严格落实野生动物禁捕禁养规定，提前完成长江流域禁捕退捕任务。污染防治卓有成效。深入落实“河长制”，集中式饮用水水源地水质达标率、县内主次河流水域功能达标率100%；城区空气质量优良天数347天、同比增加25天。强化农业面源污染防治，全县土壤环境质量稳定。扎实推进环保督察反馈问题整改，一批突出环境问题得到有效解决。

（七）毫不动摇抓改革、促创新，发展动能持续提升

深化重点领域改革。推广“渝快办”，行政许可事项承诺时限压缩率达 80%，全程网办事项占比 80%，办事效率明显提升。新增市场主体 4670 户，企业减负降本 1.1 亿元。国资国企、财税金融、医药卫生等领域改革扎实推进。大力推进创新开放。坚持创新驱动发展，着力培育“双高”企业。积极融入成渝地区双城经济圈建设和“一区两群”协调发展，推动区域信息互通、资源共享、发展共进。成功签约招商项目 4 个，投资总额 55.2 亿元。

（八）矢志不渝抓民生、惠民利，社会大局平安稳定

社会事业不断进步。成功创建国家义务教育发展基本均衡县。高考一本上线人数同比增长 45%。健全医疗卫生服务体系，医疗服务能力不断提升。文体事业健康发展，文化惠民活动持续开展。社会保障不断加强。新增城镇就业 4099 人，发放创业担保贷款 2.3 亿元。落实社保待遇 14 亿元。兑现民政救助及补贴 1.6 亿元，困难群众基本生活有效保障。社会治理不断深化。打好防范化解重大风险攻坚战，深化“平安巫溪”建设。扫黑除恶斗争深入开展，治安防控体系不断健全。强化安全生产专项整治，安全生产形势总体可控。

二、发展中存在的问题

同时，发展中仍然存在一些突出问题和短板。一是受经济下行压力加大、转型升级阵痛加剧、要素保障持续趋紧等影响，“十三五”规划目标任务中，部分指标未能达到预期。二是疫情变化和外部环境存在诸多不确定性，经济稳增长压力依然较大，做好“六稳”“六保”工作任务艰巨。三是经济总量小，自身财力弱，产业层次低，转型任务重，招商引资难，高质量发展任重道远。

三、2021 年发展思路

2021 年是中国共产党建党 100 周年，是“十四五”规划开局之年。新的一年，全县按照“1246”总体工作思路，以实现“交通建设、旅游发展”两大突破为重点，围绕“加速、蓄能、提质、突破”四大主题，以实干担当的精神、锲而不舍的韧劲、务实高效的举措，抢抓机遇、积极作为、乘势而上，在全面建成小康社会的基础上实现新的更大发展。

经济社会发展的主要预期目标是：全县地区生产总值增长 6.5% 左右；财政一般公共预算收入增长 5%；固定资产投资增长 7% 以上；社会消费品零售总额增长 8%；全体居民人均可支配收入增长 8%；生态环境质量持续向好；节能减排降碳完成市级下达任务。重点抓好以下工作。

（一）全力推动以交通为主的基础建设，夯实发展新支撑

加快交通建设，争取年内开工建设安张铁路（奉节至巫溪段），提速建设巫镇高速，加快建设两巫、巫云开高速。竣工一批续建交通项目，启动一批县乡道升级改造、窄路拓宽工程，努力构建内畅外联的交通体系。加快水利能源等其他基础建设，提速推进农田水利、乡镇天然气项目、变电站工程、通信基站等建设，着力夯实城乡基础设施。

（二）全力构建现代产业体系，迈出绿色发展新步伐

大力发展旅游业，搭建旅游发展运营平台，加快红池坝、兰英大峡谷等景区开发，举办巫文化旅游节等节会赛事，力争游客接待量实现新突破。提质发展现代山地农业，落实“米袋子”“菜篮子”“肉盘子”工程，积极培育新型农业经营主体，着力延伸农业产业链，加强农产品品牌建设，增加绿色农产品供给。加快发展工业经济，启动风能、光能项目，建成跌水、摇架沟电站。推进绿色矿山建设，加工大理石 30 万平方米。繁荣发展现代服务业，大力培育城市商圈，持续完善电商产业体系，着力发展金融、康养、育幼、文体等服务业，推动生活性服务业向高品质、多样化发展。

（三）全力推进城市提升和乡村振兴，形成协调发展新格局

推进新型城镇化，完成全县国土空间总体规划编制，科学编制乡镇国土空间规划；强化规划执行，坚决杜绝新增违建。加快城镇建设，推进城市棚户区改造、老旧小区改造，加快商住小区、保障性住房建设，完善城市配套功能，差异化发展特色集镇。强化城镇管理，巩固“全国文明城市”创建成果，努力提升城市品位。持续巩固拓展脱贫攻坚成果，加强农村低收入人口常态化动态监测和帮扶。大力实施乡村建设行动，推进乡村振兴“十大重点工程”。完成“多规合一”圈带规划，构建“四圈一带”发展格局，推动乡村全面振兴。

（四）全力扩大内需和深化改革，释放经济发展新活力

充分释放内需潜力，加快项目投资进度，坚持重点项目“一对一”联系制度，强化要素保障，营造项目建设良好环境。深度挖掘消费潜力，举办会展消费活动，丰富消费业态，提升消费对经济增长的贡献率。充分激发改革活力，严格落实国家、市上各项改革部署，抓好“放管服”“互联网＋政务服务”等重点领域和关键环节改革，统筹推进其他领域改革，引领和释放经济发展新活力。

（五）全力推进创新开放，汇聚实体经济新动能

深入推进创新驱动发展，推广运用创新技术和成果，努力激发创新活力。积极融入成渝地区双城经济圈建设和“一区两群”协调发展，加强与陕鄂川毗邻地区、周边区县交流合作，加快交通互联互通、生态联建联治、产业协同协作。加大对外招商力度，着力优化营商环境，增强经济发展新动能。

（六）全力夯实绿水青山本底，促进生态环境新改善

持续打好污染防治攻坚战，城区空气质量不断优化，全县主次河流断面水质稳定向好，土壤环境质量保持稳定。扎实推进环保督察反馈问题整改，推动生态环境质量稳定向好，让天更蓝、地更绿、水更清、空气更清新。

（七）全力保障和改善民生，推动共建共享新提升

加快发展社会事业，持续加大教育、文卫等社会事业投入力度，提升基本公共服务能力和水平。完善重大疫情防控救治体系，提高应对突发公共卫生事件能力。加快发展文化产业，扩大优质文化产品供给，提升文化软实力。全面落实民计民生各项社会保障政策，着力提升社会保障能力。

（八）全力维护社会和谐稳定，构建安居乐业新局面

常态化抓好疫情防控。坚决打好防范化解重大风险攻坚战，深入推进安全生产三年攻坚行动，深化“平安巫溪”建设。完善应急救援体系，提升防灾减灾救灾能力，开展食药品安全专项整治。持续规范信访秩序，全力确保经济社会和谐稳定。

（执笔人：刘宗鑫）

石柱土家族自治县

石柱土家族自治县人民政府办公室

一、2020年发展回顾

2020年，实现地区生产总值171亿元，增长2.5%；第二产业增加值增长2.1%；全社会固定资产投资增长7.5%；一般公共预算收入增长2.1%；社会消费品零售总额达到82.7亿元；全体居民人均可支配收入增长7.8%。

（一）全力以赴应对大战大考

全力战疫情。面对突如其来的新冠肺炎疫情，全县上下众志成城，用49天时间实现本地确诊病例、阳性病例“双清零”，最大限度保护了人民生命安全和身体健康。全力战复工。制定实施经济增长、纾困惠企系列政策措施，建立“六帮”责任制，开展民营企业“百日大走访”活动，分区分级精准复工复产、复市复消、复课复学，全县生产生活秩序逐步恢复常态。全力战脱贫。大力实施“定点攻坚战”“百日大会战”“收官大决战”，带动9787户贫困户发展种植业6.4万亩、养殖业15.7万头（群、只），争取山东淄博、中核集团、市委办公厅扶贫集团、南岸区帮扶资金1亿余元，全面完成各类巡视、考核、评估反馈及审计督查等问题整改，剩余340户851名未脱贫人口全部达到现行脱贫标准。全力战洪水。面对极端罕见的连续强降雨天气，统筹做好监测预警、险情排查、抢险救援、灾后恢复重建，转移安置群众2622人，无人员伤亡和失踪。

（二）千方百计抓“六保”促“六稳”

保居民就业。开展职业培训9900余人次，落实各类就业补助资金3304万元，发放创业担保贷款1.7亿元。保基本民生。投入民生领域资金33.2亿元、增长2.4%，21件年度重点民生实事总体完成。保市场主体。减免企业税费4.1亿元，发放市场主体贷款8亿元，延期还本付息1.4亿元，新增市场主体4450家、增长10.9%。保粮食能源安全。粮食总产量稳定在22万吨以上，生猪、蔬菜等重要农产品价格平稳、供应充足，能源供需平衡。保产业链供应链稳定。有序推进全产业链协同复工，及时化解重点企业经营风险，推动企业逐步恢复正常生产。保基层运转。落实“过紧日子”10条措施，压减一般性支出3861万元，有效保障县、乡镇、村三级人员和基本运行经费，财政保持平稳运行。稳就业。新增城镇就业5100人，开发公益性岗位4424个，转移贫困人员就业2.5万人，城镇调查失业率控制在5.5%左右。稳金融。银行机构存贷款余额增长3.6%，存贷比达到74.8%，实现金融业增加值11亿元、增长4.3%。稳外贸。新培育外贸企业6家。实现进出口总额3.59亿美元、增长203.4%。稳消费。实施消费提振计划，新培育限上商贸企业14家、限上个体9家，批发业商品销售额增长59.9%。稳投资。产业投资增长60%，房地产投资增长25.8%。立项争资55亿元、增长5.5%。稳预期。推行“云签约”方式，招商签约项目26个，合同引资407亿元、到位资金40亿元。

（三）坚定不移发展康养经济

巩固壮大现代山地特色高效农业。扎实推进“四个30万”工程，中药材、果蔬在地面积分别达到31.1万亩、33.7万亩，养殖中蜂13.8万群，30万头生猪产业化项目开工建设。石柱莼菜、石柱蜂蜜分别被认定为国家级和市级特色农产品优势区。绿色有机农业和生态养殖业产值达到17.4亿元，农业增加值增长5%。做实做强生态工业。培育规上工业企业4家。量劲科技二期、超米电子等项目建成投产。获批“重庆市康养消费品产业园”。实现规上工业产值63亿元，工业入库税金2.2亿元。提档升级文旅产业。成功创建万寿山、西沱古镇2个国家4A级景区。冷水特色康养小镇、万寿山景区二期等重点项目加速推进。京剧《秦良玉》成功首演，湾底院子获批国家重点文物保护单位。接待游客1617万人次，创旅游综合收入119.7亿元。着力提振消费市场活力。开展“双晒”、直播带货30余场次，销售额突破3000万元。培育“康养美食名店”40家。改造乡镇农贸市场3个。建成3000平方米快递物流分拨中心。住宿和餐饮业营业收入达到14.7亿元。

（四）蹄疾步稳推进改革开放创新

深化重点领域改革。完成国家、市级改革试点任务57项。推进“放管服”改革，建立县政府领导常态化入驻行政服务中心大厅办公机制，推进政务服务“跨省通办”，行政审批时限总体压缩83%。农村“三变”改革试点、“三社融合”发展取得明显成效。新三板挂牌1家，股权交易中心挂牌7家。务实推动开放合作。黄连、莼菜等农产品纳入中新贸易合作产品。与四川内江、湖北利川、忠县和中山大学、农行重庆市分行签订战略合作协议，推进多领域、多层次深度合作。强化风险防范化解。偿还到期政府债务本息10.7亿元，债务规模控制在市上下达限额内。规范县属国企投融资行为。实现非法集资“零陈案”区县目标。有效处置房地产领域遗留问题17个。不断提升创新能力。新申请专利197件，新建数字化车间2个，新增国家高新技术企业1家、市级科技型企业23家。全面落实“云长制”。城市公共区域视频监控覆盖率达到100%。

（五）统筹推进城乡协调发展

有序推进乡村振兴。建成乡村产业振兴试验示范基地12个。打造中国美丽休闲乡村3个、全国乡村治理示范村1个，23个村被认定为“重庆市首批美丽宜居乡村”。实施“六改”工程8万余户。大力推动城市提升。投入17亿元，实施城市提升“七大工程”“五个一批”项目43个。改造老旧小区9个。绿化提升坡坎崖23万平方米。城区新增地下通道3处，玉带河大桥建成通车。深化“大城三管”，规范钢材、水果、汽修专业市场，生活垃圾分类有序实施，“马路办公”整改问题1.1万个。加快完善基础设施。开工建设渝利铁路沙子客运站，石黔高速马武至黔江段实现通车，梁平—西沱—石柱高速、石彭高速开展可行性研究，石柱六塘—丰都暨龙高速开展方案研究。回龙场、擦耳岩、崔家坪水库建设加快。枫木风电场实现当年开工当年建成当年并网发电。

（六）坚守红线强化生态文明建设

空气质量优良率达到95%。治理污水“三排”问题38个。整治餐饮单位油烟70家。治理水土流失55平方公里。实施国土绿化6.5万亩。

下路生活垃圾填埋场、万朝垃圾焚烧发电厂建成投用，幺店子垃圾填埋场顺利搬迁。新建、改扩建乡镇污水处理厂6个，建成城乡污水管网119公里。长江流域石柱段禁捕退捕取得积极成效。

（七）不遗余力改善社会民生

新建、改建幼儿园17所，学前教育普惠率达到91.3%。高考再创佳绩。县中医院扩建项目建成投用，南宾街道社区卫生服务中心主体完工。文化惠民工程扎实推进。举办市级以上体育赛事9项。改造敬老院5个。老年养护院建成投用，成功打造黄水市级健康养老示范基地。投放20辆新能源公交车。启动第三轮县志修编。开展第七次全国人口普查。完成第三次国土调查。公共人防工程实现“零突破”。

（八）以人为本创新社会治理

坚决打好扫黑除恶专项斗争收官战，破获涉黑涉恶案件337件。强化社会治安综合治理，刑事案件发生率下降11.2%，群众安全感指数达到99.2%。实施安全生产专项整治三年行动和高层建筑消防安全提升计划，事故起数、死亡人数分别下降11.8%、16.7%。乡村治理“贵和”“和美”工作法逐步在全县推广。依法治访取得新成效，开展化解信访积案“百日攻坚”，化解信访积案93件，社会大局和谐稳定。

二、发展中存在的问题

同时，发展中仍然存在一些突出问题和短板。一是经济增长的稳定性不够，总量不大，发展质量有待提高；二是康养产业聚焦突破不够，推动经济结构向康养经济转型有差距；三是新的财源税源培植不够，刚性支出不断增加，财政收支矛盾突出；四是基础设施、生态环保、民生领域还有不少“短板”；五是少数单位和干部抓执行、促落实、勇担当、优环境、提效率仍有差距，发展环境需持续优化。

三、2021年发展思路

2021年，经济社会发展预期目标是：地区生产总值增长6%左右；规上工业增加值增长8.2%；全社会固定资产投资增长8%左右；社会消费品零售总额增长8%左右；一般公共预算收入增长3%左右；全体居民人均可支配收入增长8%；居民消费价格涨幅控制在3.2%左右；全面完成市上下达的节能减排降碳任务。

（一）积极融入、服务成渝地区双城经济圈建设和市域“一区两群”协调发展

加强与四川有关地区交流合作。建立与南岸、綦江协同发展机制，探索打造“飞地经济”。深入实施“三峡库心·长江盆景”跨区域发展规划，协同建设乌江画廊文旅示范带和武陵山区民俗风情生态旅游示范区。

（二）深入实施创新驱动发展战略

实现全社会研发投入占GDP比重达0.9%、战略性新兴制造业产值20亿元。加强与中山大学、重庆社科院、西南大学合作。推动“智慧石柱”IDC数据中心建设，建成大数据中心、智慧城市指挥中心。

（三）推动康养产业高质量发展

实现康养经济增加值占GDP比重达到51%。壮大现代山地特色高效农业，实现农业增加值增长5%。推动生态工业提质增效，完成工业投资

20亿元，实现规上工业产值增长11.2%。巩固发展康养旅游业，接待游客1700万人次，旅游综合收入127亿元。

（四）持续扩大投资和消费

完成全社会固定资产投资128亿元。实施消费升级行动计划。新增限上商贸单位20家。电商交易额突破34亿元、增长6.3%。

（五）统筹推进城乡协调发展

制定实施巩固拓展脱贫攻坚成果同乡村振兴有效衔接规划。落实“四个不摘”要求，深入开展乡村振兴重点帮扶，实施乡村建设行动，深化农业农村改革。加快推进城市提升，完成国土空间规划编制，启动创建“全国文明县城”。

（六）全面深化改革开放

深化财税、国企等重点领域改革。加快融入共建“一带一路”和长江经济带发展，积极参与国内国际双循环，进出口总额突破3.6亿美元。持续优化营商环境，深化“放管服”改革，健全政企沟通协商机制。

（七）强化污染防治和生态建设

继续打好污染防治攻坚战，开展工业污染等生态环境突出问题专项整治，推进各级生态环保督察问题整改。深化落实河（库）长制，巩固林长制试点工作成效。加快推动绿色发展，创建重庆市生态文明建设示范县。

（八）加强民生保障和安全稳定

健全基本公共服务体系，加强普惠性、兜底性民生保障，抓好就业和社会保障，推动社会事业全面发展，有效防范化解重大风险，坚决维护社会安全稳定。承接办好12件市级重点民生实事，认真办理8件县级重点民生实事。

（九）毫不放松抓好常态化疫情防控

坚持“外防输入、内防反弹”防控策略。完善监测预警机制。对重点场所采取环境监测和卫生消毒措施。有序推进疫苗接种。提升公共卫生应急响应和快速处置能力。

（执笔人：马跃）

秀山土家族苗族自治县

秀山土家族苗族自治县人民政府办公室

一、2020 年发展回顾

2020 年，秀山县实现地区生产总值 301.3 亿元，增长 3.9%；工业增加值 91.8 亿元，增长 3.4%；固定资产投资 164.3 亿元，增长 6.4%；社会消费品零售总额 201.9 亿元，下降 3.1%；一般公共预算收入 11.0 亿元，增长 6.4%；居民人均可支配收入 23673 元，增长 8.3%；县内金融机构存贷款余额分别达 260.3 亿元、306.4 亿元，分别增长 4.4%、24.9%。

（一）常态开展疫情防控，经济发展稳中有进

全面落实疫情防控部署，各级干部闻令而动、控源盯人，医务人员白衣为甲、逆行而上，各行各业坚守岗位、守牢防线，广大群众响应号召、积极抗疫。确诊病例率先治愈，疑似病例渐次清零，列入全市首批低风险区县。5 个集体、14 名个人获市级抗疫先进表彰。统筹推进疫情防控和经济社会发展，在全市率先放开人员管控、交通管制，率先复工复产、复市复消、复课复学，抓“六稳”促“六保”，成为经济恢复最快的区县之一。落实纾困惠企政策，精准送工 3000 余名，减税降费 1.7 亿元，提供转贷 35.4 亿元，减免水电气租 2132 万元。按季开工、强力推进，108 个重大项目抢时间、赶进度、补损失。农业实现稳产保供，工业经济逆势上扬，主要消费加速恢复。

（二）全面冲刺脱贫攻坚，“三农”工作提质增效

接续开展脱贫攻坚定点攻坚战、百日大会战、收官大决战，优先支持扶贫产业恢复生产，优先组织贫困劳动力返岗就业，疫情灾情影响有效化解，各类问题整改全面销号，剩余未脱贫户稳定脱贫，十大专项行动亮点纷呈，高质量通过国家脱贫攻坚普查，新时代脱贫攻坚画上圆满句号。粮食产量稳定在 30 万吨。新发展中药材 4 万亩、茶叶 1.7 万亩，新投产茶园 6 万亩、果园 2000 亩，新增茶叶加工企业 20 家。出栏生猪 32 万头、土鸡 980 万羽。农业园区获批国家农村产业融合发展示范园，茶叶加工中心、农事体验园主体完工。新增各类经营主体 211 家、农产品“两品一标”认证 107 个，“巴味渝珍”农产品达 31 个。实现农业增加值 31.6 亿元，增长 5.1%。持续抓好违建别墅清理整治，农村乱占耕地建房整治扎实推进，整治土地 3.6 万亩，新增耕地 3600 亩。完成 43 个农村建设用地复垦项目验收，实施总规模 518 亩，第三次国土调查成果通过国家质检。完成县乡道改造 60 公里，建设“四好农村路”100 公里，村民小组通畅率达 97.3%。

（三）加快推动转型升级，工业经济量质齐升

完成工业投资 40.3 亿元，增长 6.9%。东星

炭素、西南水泥实施技改升级，电解锰、工业硅等传统产业稳定生产。红日药业、华涛药业建成投产，海王生物、奇分享食品、迈思科电子、东星炭素等企业达产增效，国泰康宁、汽配产业园、众鑫电子加快落地，门窗、环保设备、复合材料等生产线开工建设，中医药、食品加工、电子制造产业产值分别增长111.2%、52.3%、56.4%，特色鲜明、多业支撑的工业格局初步形成。工业园区建成区拓展至4.1平方公里，工业地产、公租房、周转房、水电路气、教卫商娱等生产生活配套设施加速完善，产业集聚能力、资源整合能力、经济产出能力大幅提升，形成热火朝天抓项目、抓生产、抓经营的浓厚氛围，入园企业增至103家，产业集中度提升至94%。积极帮助企业解决困难，提高生产要素保障能力，新增规上工业企业7户，工业增加值增长3.4%。

（四）狠抓消费市场恢复，商贸物流持续活跃

举办“百万福利·千万让利·亿万消费”、“汽车惠民消费节”等活动，推动县内消费持续回补。投用直播电商孵化园，引进快手科技打造“武陵山食品电商产业带”，新模式触网经营不断拓展。爱琴海城市广场正式落户，奥特莱斯开业运营，新增商业面积1.2万平方米。电商大厦建成投用，华南生鲜农产品交易市场开业运营。冷链物流中心即将投用，物流配送加工中心、福广批发市场三期主体竣工，物流枢纽项目启动建设。县域快递上行2680万件，物流园区货物周转量、市场交易额分别增长7.6%、9.1%，获评“国家电子商务示范基地”，成为全国唯一荣获国家物流、电商双示范的园区。电商产业园入驻企业375家，发展电商产品生产线49条、电商自主品牌96个。电商交易额、网络零售额、农特产品电商销售额分别增长10.3%、7.1%、15.4%。

（五）推进重点景区建设，文化旅游提速发展

收缩战线、集中精力推进重点景区建设，完成旅游投资15亿元，助推文旅事业提速发展。洪安边城景区完成粮站片区修规编制，三省风情街一期主体竣工，老街房屋风貌改造即将完工，三省风情街安置区、贵塘安置区加快推进，游客服务区启动建设。川河盖景区完成地质公园规划编制，水源头游客中心正式投用，星空营地加快建设。西街、凤凰山景区加快业态培育，为梅江镇民族村提供苗绣体验馆1320平方米。协同推进大溪湿地公园、清溪龙凤花海等乡村旅游融合发展，建成高山生态和观光农业4个、农家乐12家、乡村旅游接待户39家。“四季旅游”主题活动有声有色，县域景区宣传营销取得积极成效。荣获“晒旅游精品·晒文创产品”第二季“最佳推广奖”。接待游客1808万人次、旅游综合收入101亿元，分别增长22%、37%。

（六）加快基础设施建设，城市品质提档升级

县城建成区达21.2平方公里，人口超过20万，城镇化率达45.06%。城市外环线、黄杨大道（渝秀大道至凤鸣路段）、学府大道、凤滨路竣工通车，凤凰大道下穿319线、秀南大道加快推进，城市断头路逐步消失。新开工商品房面积100万平方米、竣工面积50万平方米，丹凤华庭、凤凰城二期、黄杨郡二期竣工交房，房地产市场保持稳定。棚户区改造1905户，98栋老旧小区改造全面展开。建设城市供水管网22公里、一户一表440户。全面实施“马路办公”，“大城智管”有效推进，城市管理“七大工程”有效落实。杨梅公园启动建设，新增城市绿地面积30万平方米，顺利通过国家园林县城复查验收。秀印高速开展招标，县城至清溪场、石

耶、龙池快速通道加快建设。龙池至川河盖、水源村至八十步、“四街一镇”联络线等重点交通项目抓紧施工。桐梓水库、马西水库征拆工作全面启动，平邑大型水库进入全市规划。建成5G基站560个。官湖110千伏智能变电站成功投运。

（七）深化改革开放创新，发展动力不断增强

投融资体制改革持续推进，新增政府债券23.3亿元，政府债务风险总体可控。农村土地承包经营权、集体产权制度改革基本完成，“三变”改革试点初显成效，集体经济“空壳村”全面消除。行政审批制度不断深化，政务服务中心整体搬迁，行政许可事项时限压缩率、全程网办率分别达80.7%、77.1%，单个事项平均跑动次数降至0.23次，新增市场主体8722户、“四上企业”37家，入选全市优化营商环境十佳创新案例。招商引资签约项目28个、协议引资62.4亿元，招商引资企业新注册公司23家。德康种猪场、唐人神饲料等项目当年签约、当年竣工。深化与中国农业银行、山东省德州市、市商务委扶贫集团、合川区的帮扶合作。与花垣、松桃共同推动建设渝湘黔边城协同发展合作区。建成渝东南首个保税仓库。新增外贸进出口经营备案企业7家。快递分拨覆盖周边6个市县。新入库科技型企业99家，推广新技术25项，建立科技示范基地8个。获评市级智能工厂（数字化车间）3个。新增专利授权60件、注册商标402件。

（八）坚持绿色发展理念，生态环境持续优化

完成水土流失治理56平方公里、石漠化综合治理57平方公里。推进国土绿化提升行动，完成营造林22.2万亩，森林覆盖率达56.8%。小水电清理整改25座，禁捕退捕基本完成。强力推进锰行业问题整治，所有渣场上齐渗滤液处理设施。中央、市级环保督察反馈问题序时销号。率先在全市完成排污许可清理整顿。垃圾焚烧发电项目加快建设，垃圾渗滤液处置有序推进。建设污水管网61公里，城镇生活污水集中处理率分别达95%、85%。农村生活垃圾分类及资源化利用覆盖95%以上的行政村。生态保护红线评估调整和自然保护地优化调整全面完成。河长制工作全面推进，国控市控断面水质稳定达标，集中式饮用水水源地水质达标率100%。与松桃、花垣建立跨区域联合执法和应急联动工作机制。城区空气质量优良天数达到351天。

（九）保障完善民生福祉，社会事业更加优质

民生支出占比保持在70%以上，15件民生实事全面完成，居民人均可支配收入增长8.3%。新建幼儿园4所，改建中小学6所，幼儿园毛入园率达95%、普惠率达85%以上，小学、中学标准班占比全市领先。中考上市联招线2483人，高考重本上线1345人，清华、北大录取6人，核心指标位连续领先渝东南。医药卫生体制改革持续深化，医共体建设覆盖所有基层卫生机构，分级诊疗、双向转诊等信息系统基本建成，医疗服务能力不断提升。公立医院药品线上采购率100%，医保定点医院跨省异地就医全覆盖。积极做好城乡居民养老保险、医疗保险参保扩面工作。人力资源服务产业园启动建设，开展职业技能培训7300人，开发公益性岗位1023个，新增青年就业见习基地45家，发放创业担保贷款1.4亿元，城镇新增就业5446人。限期整改“两金三制”落实问题46个，办理劳动保障举报投诉115件，为750名农民工追回工资691.4万元。临时救助1035人次，低保兜底11621人，建成社区养老服务站（中心）29个。配租公租房210套。扎实做好退役军人服务保障和拥军优属工

作。大力开展文化体育活动，群众精神文化生活不断丰富。

（十）加强平安秀山建设，社会治理成效显著

“一村（社区）一法律顾问”试点有序推进，“七五”普法圆满收官，公共法律服务体系基本建成。受理法律援助案件450件，为群众挽回经济损失479.7万元。保持打击犯罪高压态势，严密社会治安防控，刑事案件、治安案件持续下降，“三类恶性案事件”保持零发生，扫黑除恶专项斗争圆满收官。深化“枫桥经验”重庆实践十项行动，完善矛盾纠纷多元化解机制，信访总量平稳下降。顺利开展第七次全国人口普查。建设应急救援体系，建立县乡村三级应急救援队伍。落实安全生产和自然灾害防治主体责任，狠抓关闭煤矿和非煤地下矿山安全监管，加强交通、建筑、消防、危化品等重点行业领域监管，地灾隐患点群测群防和重大地灾点专业监测实现全覆盖，安全生产形势持续好转。食品药品放心工程全面推进，保障了群众饮食用药安全。

二、发展中存在的问题

一是经济总量不大、人均水平较低，创新能力不强，产业结构调整任重道远。二是城市服务功能和聚集能力有待提高。三是巩固脱贫攻坚成果压力较大，保障和改善民生还有一些薄弱环节。四是资源环境约束趋紧，污染治理与生态建设任务艰巨。五是社会矛盾仍然不少，还存在一些不稳定因素。六是少数政府工作人员能力不足，政府自身建设仍需久久为功。

三、2021年发展思路

2021年全县经济社会发展的主要预期目标是：地区生产总值增长8.0%以上，工业增加值增长13.0%以上，固定资产投资增长10.0%以上，社会消费品零售总额增长12.0%以上，一般公共预算收入增长9.0%以上，居民人均可支配收入增长与经济增长基本同步。节能减排等约束性指标完成市上下达任务。

（执笔人：周豪）

酉阳土家族苗族自治县

酉阳土家族苗族自治县人民政府办公室

一、2020 年发展回顾

2020 年，酉阳自治县坚持以习近平新时代中国特色社会主义思想为指导，认真贯彻党的十九大和十九届二中、三中、四中、五中全会精神，全面落实市委、市政府决策部署，统筹“战疫”“战贫”“战灾”，全力以赴抓“六保”促“六稳”，经济社会运行逐季恢复、不断向好。全年地区生产总值增长 2%，实现第一、第二、第三产业增加值分别为 40.2 亿元、35 亿元、126 亿元，增长 5.1%、1.3%、1.3%。完成固定资产投资 76.9 亿元，增长 5.7%。实现县级一般公共预算收入 9.12 亿元，完成预算目标的 95.8%。城乡居民人均可支配收入分别为 30123 元、11620 元，增长 5%、8.2%。居民消费价格涨幅 2.9%。

（一）疫情防控取得战略成果

听从习近平总书记指挥，按照党中央部署，坚持人民至上、生命至上，第一时间启动重大突发公共卫生事件一级响应，打响疫情防控的人民战争、总体战、阻击战。压实“四方责任”，严格落实“四早”“四集中”要求，入户开展社区兜底排查 500 余万人次，开展重点人群核酸检测 4.3 万人次，第一时间实现新增确诊病例零增长，本地确诊病例、住院病例“双清零”，全县没有发生规模性疫情输入和反弹，为恢复经济赢得了主动。

（二）“六稳”“六保”全面落地

发放创业扶持担保贷款 3.2 亿元，带动城镇新增就业 4280 人。城乡低保救助 4.1 万人次、2.1 亿元，发放各类困难人员救助资金 8764 万元，牢牢兜住民生底线。新增减税降费 1.5 亿元，落实国有企业减租优惠 1097 万元，为企业发放贷款 30 亿元。稳定粮食产量 37 万吨，生猪、蔬菜等重要农产品量足价稳，生产生活能源储备供应充足。支持企业稳订单、拓市场，全县市场主体有序复工复市复业。落实政府过紧日子系列措施，推动财政资金直达基层，脱贫攻坚和民生支出占比达到 83%。

（三）脱贫攻坚决战决胜

整合资金 11.1 亿元，实施重点脱贫项目 1413 个，压茬推进“百日大会战”“收官大决战”“十大专项行动”。兑现贫困学生教育资助 14.5 万人次、1.4 亿元，义务教育阶段适龄贫困学生无一人因贫失学辍学。按照 190 元 / 人标准资助贫困人口参加基本医疗保险，健康扶贫医疗基金救助 4.4 万人次，贫困患者自付比例控制在 10% 以内。改造农村危房 375 户，整治农村旧房 2000 户。实施东西部扶贫协作、致公党中央定点扶贫、江北对口帮扶项目 88 个。车田、浪坪两个深度贫困乡完成扶贫项目实施，9 个定点攻坚村完工脱贫项目 71 个。剩余 3097 名贫困人口全部达标脱贫，顺利通过脱贫攻坚普查验收，脱贫攻坚取得决定性胜利。

（四）特色产业不断壮大

新栽植油茶10.6万亩、茶叶2万亩、青花椒1500亩。正邦种养循环生猪全产业链项目落地建设，生猪产能恢复到56万头。培育农业产业化龙头企业73家，发展农产品品牌124个，创建重庆名牌农产品4个。完成旅游投资26.3亿元，实施桃花源度假区提升、菖蒲盖旅游开发、龚滩古镇改造等重点文旅项目30个。酉州古城提升后重新开街，叠石花谷被评为“全国2020年度旅游扶贫典型案例”。开展“双晒”“乡村艺术季”等大型文旅营销活动，接待游客1500万人次，实现旅游综合收入60亿元。招商落地重点工业项目13个，合同引资53.4亿元。酉阳茶油、腾泰矿业、悦鹏伞业等项目正式投产，完成工业总产值31.7亿元，增长9.7%。汇升广场、华章财富等商业综合体实现功能拓展，培育网货基地30个、电子商务经营主体1931家，全县实现商品销售额106亿元、电商销售额60.5亿元。

（五）城乡建设再谱新篇

投资8.1亿元，实施小坝新城重点建设项目17个，游农大道一期、新城供电项目建设完工，酉阳新城医院、酉州高级中学、民宿村、桃源·新宸、桃源·檀湾项目加快推进。启动酉州花园、原酉师校家属院等16个老旧小区改造，城南公交总站、老交通局片区房屋征拆加快进度。伴山华府、桃源世家、兰花山汽车城房地产项目投放市场，锦绣华城、盛世华典三期、鸿福公寓等项目加快建设。酉彭高速公路建设完成投资3.2亿元，改造国省干线公路78公里，加快万木至丁市、大涵至双石、麻旺至酉水河、晓景至南腰界等公路建设，完工“四好农村路”800公里。桃花源、九龙眼、大泉水库工程加快推进。

（六）生态环保再创佳绩

完成营造林41.8万亩。县城空气质量优良天数达364天，噪声监测结果逐年趋好。乌江、阿蓬江、酉水河流域主要水域全面禁捕退捕。完工投用9座乡镇污水处理厂，投运铜鼓垃圾焚烧站、工业固废处置场、污泥无害化处置厂。完成5个行政村环境综合整治，建成10个农村生活垃圾分类示范村。严厉打击农村乱占耕地建房行为。回收废弃农膜920吨，农药化肥施用总量持续下降。完成全国第二次污染源普查。持续整改落实中市环保督察反馈问题。

（七）社会民生切实保障

完成投资4.3亿元，完工教育基础设施项目242个，新增校舍8.4万平方米、运动场6.9万平方米。实施“山村幼儿园·一村一园”工程，建成42个山村幼儿园项目点。开展“慧育中国·山村入户早教计划”试点工作，惠及4个乡镇923名0~3岁婴幼儿。深化公立医院综合改革，有序推动医共体“三通”建设，县乡村三级医疗服务体系更加完善。认定非遗项目传承人14名。建成三个片区失能弱能集中供养中心。完工投用“雪亮工程”。实施安全生产专项整治三年行动，实现安全事故起数、死亡人数双下降。启动Ⅲ级防汛应急响应，有效应对10次重大自然灾害，全县未溃一堤、未垮一坝、未伤亡一人。

二、发展中存在的问题

同时，发展中仍然存在一些突出问题和短板。一是疫情变化和外部环境存在诸多不确定性，经济稳步增长难度依然较大。二是经济总量较小，农业发展规模化、品牌化和全产业链建设尚需加强。三是工业还较薄弱，城镇扩展总体滞后，高铁、高速、乡际公路等基础设施尚待完善，教育、医疗等公共服务短板还较突出，城镇承载能力不够。四是财源非常薄弱，支出刚性增长，收支平衡压力较大。

三、2021年发展思路

2021年，酉阳自治县将准确把握新发展阶段，深入践行新发展理念，积极融入新发展格局，深度融入成渝地区双城经济圈建设和全市“一区两群”协调发展，继续扎实做好“六稳”工作、全面落实“六保”任务，确保“十四五”发展开好局起好步，以优异成绩庆祝中国共产党成立100周年。

（一）全力出击乡村振兴主战场

做好巩固拓展脱贫攻坚成果同乡村振兴有效衔接，健全防止返贫动态监测和帮扶机制，防止规模性返贫。稳定粮食产量37万吨以上，提升粮食等重要农产品供给保障水平。大力发展乡村特色产业，新建油茶、茶叶、青花椒等主导产业基地12万亩，带动发展特色产业基地140万亩。实施乡村建设行动，提升乡村基础设施互联互通水平。

（二）全力出击文旅融合主战场

建设重点文旅项目17个，完成旅游投资27亿元。扫尾桃花源景区提升项目，初步建成菖蒲盖旅游度假区，加快建设全国一流的山地运动和康养旅游度假区、农旅融合发展示范区。大力开展旅游宣传营销，全年接待游客2000万人次，综合收入85亿元。

（三）全力出击城市提升主战场

全面推进小坝新城建设，加快新城医院、旅游地产、商住功能等项目建设。完成酉州花园、原酉师校家属院等16个老旧小区改造，积极实施老城区改造提升和功能疏解。统筹抓好板溪组团建设、渤海组团启动相关工作。强化城市管理，持续深化“大城三管”，常态化开展“马路办公”。有序推进集镇开发建设，精心打造一批特色小镇、边贸集镇。

（四）全力出击生态工业主战场

提升工业园区承载能力，加快投用在建标准厂房，招商引进、布局建设一批新的企业，园区工业集中度提高到67%，园区规上工业产值增长50%以上。重点打造绿色食品、医药健康、新型建材、工业材料、新型能源五大产业集群，全年规上工业企业突破35户，实现工业总产值45亿元以上。

（五）全力实施扩大内需战略

实施重点建设项目80个，完成投资50亿元以上。全力争取开工黔江至吉首段高铁项目，加快酉彭高速公路建设。实施商圈集聚提升工程，加快培育民宿酒店、社区配送、休闲娱乐等商贸服务业态，限（规）上商贸服务企业突破100家。创建市级农商互联示范县，深入实施国家电子商务进农村综合示范工程，电商交易额突破70亿元。

（六）全力强化高质量发展支撑

新培育高新技术企业1家、科技型企业30家。积极申报中央引导地方产业强镇项目、市级技术创新与应用示范项目。深入实施工程建设项目审批制度改革，进一步优化政务服务流程、压缩办理时限、提高即办件比例，推动更多事项网上办理，持续优化营商环境。

（七）全力筑牢生态环保屏障

完成营造林50万亩，森林覆盖率提高至63.5%。建设县城污水管网二期、小坝新城污水处理工程。继续推进酉阳河、小河坝河等中小河流综合治理。实施5平方公里石漠化治理。确保县城环境空气质量优良天数达350天以上，县域主要河流水质稳定达到功能区要求，城镇集中式饮用水水源地水质100%达标。

（八）全力保障和改善民生

投用6个乡镇中心幼儿园，建成投用渤海中学、钟多小学等11所学校，基本消除城镇学校大班额。深入实施基层医疗机构规范化、标准化建设。实施民生实事15件。实现城镇新增就业4000人。建设农村失能特困人员集中照护中心，完工5个敬老院提档升级工程，建设10个乡镇级养老服务中心及辖区村级养老服务点。

（九）全力营造安全稳定环境

有序推进新冠疫苗接种，大力开展爱国卫生运动，筑牢常态化疫情防控的社会防线。大力加强安全监管，有效防范一般事故，坚决防止发生较大以上事故，确保安全事故起数、死亡人数持续双下降。全面落实食品安全责任制，持续推动创建国家食品安全示范城市。深化市域社会治理现代化试点建设。深入开展矛盾纠纷“控增量减存量防变量”行动，确保社会和谐稳定。

（执笔人：杨超）

彭水苗族土家族自治县

彭水苗族土家族自治县人民政府办公室

一、2020年发展回顾

2020年，在以习近平同志为核心的党中央坚强领导下，彭水自治县全县上下坚持以习近平新时代中国特色社会主义思想为指导，深入贯彻习近平总书记对重庆提出的营造良好政治生态，坚持“两点”定位、“两地”“两高”目标、发挥“三个作用”和推动成渝地区双城经济圈建设等重要指示要求，全面落实党中央国务院、市委市政府和县委决策部署，坚持从全局谋划一域、以一域服务全局，持续打好三大攻坚战，深入实施“八项行动计划”，统筹推进稳增长、促改革、调结构、惠民生、防风险、保稳定工作，坚决肃清孙政才恶劣影响和薄熙来、王立军流毒，保持经济平稳健康发展和社会大局稳定，推动彭水各项事业迈上新台阶，全年实现地区生产总值245.1亿元，增长4.2%，增速位居渝东南第一、全市第八。

（一）疫情防控取得重大战略成果

听从总书记指挥，按照党中央部署，坚持人民至上、生命至上，第一时间落实重大突发公共卫生事件一级响应，严格落实“四早”“四集中”要求，抓好“四个工作面”，做好“两大保障”，打响了疫情防控的人民战争、总体战、阻击战，2020年2月19日彭水自治县被确定为全市第一批低风险区县，目前本地无在院确诊病例、境外输入确诊病例和无症状感染者。针对疫情形势变化，及时调整防控策略，健全常态化防控机制，毫不放松抓好外防输入、内防反弹、应急处置，全县疫情防控向好态势持续巩固，为恢复经济赢得了主动。

（二）经济率先恢复平稳增长

受疫情影响，全县经济运行一度按下“暂停键”，一季度地区生产总值同比下降3%。随着疫情形势变化，严格落实分区分级精准防控，及时兑现各项纾困惠企政策，有力有序推动复工复产、复市复消，各行各业抢时间、补损失，上半年在全市率先恢复经济正增长，全年地区生产总值增速高于全市0.3个百分点。完成固定资产投资91.7亿元，增长6%，增速位居渝东南第三。社会消费品零售总额110.6亿元，增长2.4%，增速位居渝东南第一。税收收入9.4亿元，增长9.7%，增速位居全市第一。一般公共预算支出73亿元，总量位居渝东南第一。常住居民人均可支配收入21224元，增长8.6%，增速位居全市第一。金融机构存款余额242.7亿元，增长12.6%，增速位居全市第七。商品房销售面积40万平方米，增长38.6%，增速位居全市第三。

（三）脱贫成果巩固拓展

努力克服疫情对脱贫攻坚的不利影响，所有扶贫项目如期建成投用，建设扶贫产业基地375个，完成消费扶贫1.2亿元，社会力量采购扶贫产品3.8亿元，引导贫困群众务工就业4.8万人，新发放扶贫小额贷款544笔，动态解决贫困人口参加基本医疗保险1139人。进一步加大社会扶贫力度，衔接落实东西部扶贫协作帮扶资金5364万元、两江新区对口帮扶资金1.7亿元，中央外办协调引进资金3619万元，促成腾讯公司全面定点帮扶彭水。全面攻克深度贫困堡垒，聚焦深度贫困乡村和全县715户2460名未脱贫人口，新增帮扶联系人495名，市管县管干部直接包户联系，帮助剩余农村贫困人口全部脱贫。实施脱贫攻坚总攻十大专项行动，打好定点攻坚战、百日大会战、收官大决战，逐项对标收官交账，“两不愁三保障”突出问题动态清零。如期完成脱贫攻坚目标任务，正式退出国家扶贫开发重点县。有效巩固脱贫成果，建立防止返贫监测和帮扶机制，脱贫不稳定户、边缘易致贫户及时发现及时帮扶，高质量通过8次国家级检查考核。易地扶贫搬迁工作成效显著，获评全国易地扶贫搬迁成效明显县，“五个强化”“七步工作法”等经验全国全市推广。加强脱贫攻坚总结宣传，推出典型案例40个、典型经验85项，举行新闻发布会2场。开展脱贫攻坚与乡村振兴有机衔接试点，诸佛乡庙池村获评全国文明村镇，润溪乡樱桃井村入选全国乡村旅游重点村。

（四）区域协调发展迈向新阶段

积极主动融入成渝地区双城经济圈建设和市域内“一区两群”协调发展，与四川西昌缔结友好城市，同四川阆中开展文旅协作共建，协同渝东南、武陵山区有关市区县深化文旅融合、加快互联互通、加强联动发展。全面启动县级国土空间总体规划编制，划定“三条控制线”，生态保护红线面积占比36.2%，自然保护地面积1298平方公里。启动全国县城新型城镇化建设示范，新建新城供水主管网、县城污水处理厂二期、芦渡湖污水处理厂、县城垃圾渗滤液填埋场、污泥处理厂，建成九曲河、水泥厂等公共停车场，乌江四桥复线桥等项目竣工投用，豆芽湾、十字街等节点改造完成，实施3个老旧小区改造，完成棚户区改造311户，新城花阶广场获评重庆最美坡坎崖。加大城乡基础设施建设力度，完工干线公路565公里、“四好农村路”660公里，凤升水库蓄水验收，龙虎水库、摩围山水库、茨竹湾水库主体完工，建成乡镇污水管网100公里，完成15座乡镇污水处理厂技改，新增通天然气乡镇7个。提速打造区域性综合交通枢纽，渝怀铁路二线、石黔高速彭水段建成通车，渝湘高铁、渝湘复线高速彭水段全面开工，高速公路通车里程达83公里。

（五）生态产业提质增效

确保“米袋子”“菜篮子”“肉盘子”安全保供，种植粮食118万亩、蔬菜23.5万亩，出栏生猪47.6万头，建设特色农业示范点33个，打造“两品一标”农产品15个，农业总产值增长5.2%。推动生态工业高质量发展，清洁能源、健康食品、特色轻工产业集群迭代升级，民俗工艺品、茶酒制品、苗医苗药等新增长点加速形成，大唐水电、茂田水泥、巨盾鞋业等骨干企业支撑明显，太极泉水二期初步投产，火吉饮料二期启动，工业园区“产值倍增计划”扎实实施，承办全国中药材产业扶贫工作推进会议，新落地工业项目8个，全县规模以上工业企业达27家。推动房地产市场平稳健康发展，新开工商品房面积63万平方米、完成总产值22.4亿元，商品房销售面积40万平方米、销售金额20.8亿元。提质升级商贸消费，新增限额以上商贸企业5家、外贸备案企业5家，招引落户大型商超3家，建成社区便民商圈5个，城市商业面积突破30万平方米，会展经济收入突破10亿元。

（六）文旅融合不断深化

阿依河成功创建国家5A级旅游景区并入选全国景区百强品牌，摩围山获批市级旅游度假区，阿依河、蚩尤九黎城获评全市智慧旅游示范景区，“双晒”大型文旅推介活动获评全市最佳营销奖，新增国家3A级旅游景区3个，推出6条环武陵山区、联渝东南的精品线路，连续入选全国县域旅游综合实力百强县，全年接待游客2816万人次，旅游综合收入144亿元。着力打造文旅节赛品牌，精心举办第九届中国乌江苗族踩花山节、首届“决战九黎城下”电子竞技大赛全国总决赛，中国摩托艇联赛重庆彭水大奖赛获评全市体育旅游精品赛事。探索推行“线上游戏+线下旅游”新文旅模式，蚩尤九黎城特色建筑场景植入大型网络游戏《和平精英》，腾讯棋牌IP场景“苗乡欢乐茶馆”顺利落成，全县景区初步实现数字IP化。加强文创产品开发，举办“山海九黎·文创新光”设计大赛，建成苗绣非遗工坊2个，手工蜡染茶席入选“重庆好礼”外事外交礼品名单。文体事业持续进步，建成投用全县应急广播系统，流动文化服务进村748场次，农民体育健身工程覆盖所有行政村。

（七）新的动能加速生成

科技创新深入发展，获批科学技术部“科技助力经济2020”重点专项2个，新培育众创空间3家，申请专利175件，科普日活动荣获全国表彰。积极开展“云端”招商、“网上”签约，签约招商项目36个、投资总额57亿元，正式合同项目23个、投资总额26.8亿元。落实助力市场主体健康发展系列政策措施，新培育市场主体5460户，为市场主体新增减免税8231万元、减免社保费9442万元。扎实推进“互联网+政务服务”，公布第一批“零材料提交”事项143项、“零跑动”事项755项、“最多跑一次”事项572项，政务服务事项全程网办率达82%。强化大数据智能化推广应用，5G网络实现城区、园区、景区全覆盖，智慧园区初步建成，重点餐饮单位、特种设备纳入智慧监管平台。建成糯玉米、脆红李等网货基地，电商交易额达45亿元，网络零售额突破18亿元，农产品网络销售收入1.1亿元。

（八）社会大局保持和谐稳定

促进就业创业，城镇新增就业6389人，发放创业担保贷款2亿元。兜住民生保障底线，新增低保3176人，临时救助3466人次，农村留守儿童和困境儿童关爱服务全面落实。深入开展“五大环保行动”，森林覆盖率达60.1%，空气质量优良天数达359天，辖区河流水质均达到或优于Ⅱ类。推进长江流域禁捕退捕转产安置、野生动物禁养，“大棚房”、“违建别墅”、农村乱占耕地建房等问题专项清理整治取得实效，污染源普查列全国先进。全面加强公共安全监管，建设公共安全视频监控联网共享平台，重点公共区域视频监控覆盖率达100%，群众安全感指数达99.2%，位居渝东南第一。推进食品安全示范创建，食品安全评价性抽验合格率稳定在98%以上。实施安全生产专项整治三年行动和高层建筑消防安全提升计划，有序应对13次暴雨灾害、85起地质灾害险情，连续十七年杜绝重特大事故，连续十六年获评全市安全生产与自然灾害防治工作先进等次，社会生产经营单位连续十九年未发生亡人火灾事故。扎实开展化解信访积案“百日攻坚”，全面落实网上信访代理员制度，视频接访系统覆盖所有乡镇街道。实施政府“过紧日子”系列措施，争取中央直达资金6.4亿元，新增债券资金17.6亿元，强化政府债务闭环管理，财政运行总体平稳。

二、发展中存在的问题

同时，发展中还面临一些困难和挑战。一是疫情变化和外部环境存在诸多不确定性，经济稳增长难度依然较大；二是产业能级有待提升，构建现代产业体系仍有较长的路要走，营商环境还有待进一步优化；三是城乡协调发展存在一定差距，基础设施领域仍有不少短板，基本公共服务还有薄弱环节；四是发展中的各种矛盾和问题相互交织，优化法治环境、创新社会治理任务依然艰巨；五是政府自身建设也有需要改进的地方，一些部门和工作人员贯彻新发展理念、构建新发展格局的能力和水平亟待提升。

三、2021 年发展思路

2021 年，彭水自治县将全面贯彻党的十九大和十九届二中、三中、四中、五中全会精神以及市委五届九次全会精神，增强“四个意识”、坚定“四个自信”、做到“两个维护”，坚持以习近平新时代中国特色社会主义思想为指导，进一步落实习近平总书记对重庆提出的营造良好政治生态，坚持“两点”定位、“两地”“两高”目标、发挥“三个作用”和推动成渝地区双城经济圈建设等重要指示要求，准确把握新发展阶段，深入践行新发展理念，积极融入新发展格局，切实担当新发展使命，坚持稳中求进工作总基调，以推动高质量发展为主题，以深化供给侧结构性改革为主线，以改革创新为根本动力，以满足人民日益增长的美好生活需要为根本目的，坚持系统观念，巩固拓展疫情防控和经济社会发展成果，更好统筹发展和安全，扎实做好“六稳”工作、全面落实“六保”任务，科学精准对接落实宏观政策，努力保持经济运行在合理区间，坚持扩大内需战略，强化科技战略支撑，扩大高水平对外开放，全面融入成渝地区双城经济圈建设和市域内“一区两群”协调发展，推动高质量建设具有民族特色的生态特色宜居城、生态旅游目的地、生态产业发展区、生态文明示范县，高水平打造“世界苗乡 · 养心彭水”迈出坚实步伐。力争 2021 年实现地区生产总值增长 6.5% 以上，规模以上工业总产值增长 8%，固定资产投资增长 7%，社会消费品零售总额增长 9%，一般公共预算收入增长 6%，税收收入增长 7.3%，城镇和农村常住居民人均可支配收入分别增长 8%、9%，常住人口城镇化率提高 1.5 个百分点，粮食产量稳定在 32 万吨以上，节能减排降碳等约束性指标完成市级下达任务，确保“十四五”开好局、起好步，以优异成绩庆祝中国共产党百年华诞！

（执笔人：张云飞）

第六编　附录

2020年重庆经济和社会发展要事选登

2020年1月

1月1日　广州开发区与重庆铜梁“一带一路”高新技术产业合作区在铜梁揭牌。

1月2日　打造“五大名城”加快建设国际消费中心城市。

1月3日　重庆牵手电商巨头打造“线上爆款”，商旅文融合助力打造国际消费中心城市。

1月4日　荣昌区荣获两项“营商环境十佳”称号。

1月5日　“重庆如何加快建设国际消费中心城市?”专家学者掀起头脑风暴。

1月6日　渝中区打造国际消费中心城市核心区。

1月7日　中国电信重庆公司深入推进网络信息扶贫工作。

1月8日　新世纪百货凯瑞商都“开年大戏”塑造消费热点。

1月9日　重庆市应急管理局——扎实做好安全工作，坚决防范重特大事故。

1月10日　万州加快建设“产业生态化、生态产业化”先行示范区。

1月11日　潼南:打造乡村振兴先行区和引领区。

1月12日　重庆多点发力补齐工程性缺水短板，一批重大水利工程有序推进。

1月13日　助力国际消费中心城市建设，南岸区打出商旅文体融合牌。

1月14日　2019年重庆市生态环境保护工作统筹推进“建治管改”决胜污染防治攻坚。

1月15日　璧山——40多个特优农产品亮相西部农交会。

1月16日　寒假+冰雪童话季，丰都南天湖欢乐翻倍。

1月17日　綦江——推动商圈经济发展，增强集聚辐射能力。

1月18日　工行重庆市分行扎根基层决战决胜脱贫攻坚。

1月19日　沙坪坝——扎实有效推进侨务工作。

1月20日　两江新区——扩大开放争排头，全面融入国际消费市场。

1月21日　铜梁有了首批三个国家森林乡村。

1月22日　沙坪坝打造国际消费中心城市新兴区。

1月23日　重庆市300名山里娃参加“红色之旅”冬令营收获满满。

1月24日　重庆中烟“五村八扶”见实效。

1月25日　为战“疫”出力，为发展注入活力，践行央企责任与担当的“华侨城力量”。

1月26日　鲁能营销中心是新冠肺炎疫情以来重庆首家暂停营销中心营业的房企。

1月27日 江津——联防联控全力做好疫情防控。

1月28日 长寿——设置800余个废弃口罩收集容器。

1月29日 疫情在哪里，党员干部就要在哪里。

1月30日 重报时论：不流动就是防扩散。

1月31日 两江短评：更严更实更细更快打一场硬仗。

2020年2月

2月1日 江北区井池村65户村民搬离老旧屋，欢喜过新年。

2月2日 重庆市领导分赴重点区县指导督查疫情防控工作。

2月3日 大足——援鄂抗疫医疗队出征湖北。

2月4日 九龙坡区人民政府实施“防控疫情，人人有责”九项措施。

2月5日 渝北对所有密切接触者实行统一集中医学观察。

2月6日 荣昌——出台系列政策助企业战“疫”。

2月7日 黔江——战“疫”与扶贫，不漏一户不落一人。

2月8日 重庆主城暂停使用老年人公交免费卡。

2月9日 重庆两江新区无人机加入防疫战。

2月10日 “长寿区物流运输青年突击队”助力疫情防控。

2月11日 奉节“农民诗人”登上央视《中国诗词大会》。

2月12日 铜梁农资量足价稳，2020年春耕肥料储备达1.5万吨。

2月13日 两名确诊患者出院13日城口确诊病例“清零”。

2月14日 綦江区20条政策措施助中小微企业渡过难关。

2月15日 璧山区“三防三查”做好乘机返璧人员摸排防控。

2月16日 “屏对屏”“线对线”两江新区开展“云签约”。

2月17日 北碚区提供“保姆式”医学观察服务。

2月18日 大渡口区出台九条政策支持中小企业。

2月19日 重庆市地方金融监督管理局推出12条融资担保行业支持抗疫措施。

2月20日 重庆分批有序推动复工复产，100家重点龙头企业已复产81家。

2月21日 央视《新闻联播》关注重庆多措并举加紧复工复产。

2月22日 重庆出台十二条政策举措，支持新型农业经营主体渡难关、促发展。

2月23日 乘着专列去复工，重庆518名农民工踏上外出务工路。

2月24日 重庆加快工业互联网发展进程。

2月25日 重庆住建委发布13条政策支持企业复产复工。

2月26日 抓龙头企业带动产业链，重庆上万工业企业复工。

2月27日 重庆首批“稳岗返还”资金发放，返还27家企业上千万元。

2月28日 重庆赴孝感支援队，多学科联合救治危重症患者。

2月29日 全市70多家百货家居电器商场复工营业。

2020年3月

3月1日 重庆市新冠肺炎疫情情况：连续5日无新增。

3月2日　重庆市人民政府办公厅首度公布2020年市级重点项目清单。

3月3日　重庆大数据智能化助力有序快速复工。

3月4日　“渝康码”将助推我市企业复工复产、高校复学。

3月5日　截至3月1日，重庆市16个区县、单位共计向湖北省捐赠生活物资1242.5吨。

3月6日　把时间抢回来，把损失补回来，重庆在建市级重大项目复工率达99.3%。

3月7日　重庆经济技术开发区打出安商稳商“组合拳”。

3月8日　重庆连续11日无新增确诊病例。

3月9日　重庆45家工业设计企业全部复工。

3月10日　2月重庆农产品网络零售额达6.44亿元，电商成滞销农产品打开销路的重要力量。

3月11日　开工率99.8%! 重庆规模工业企业累计6500家实现生产。

3月12日　重庆建设国家新一代人工智能创新发展试验区5年时间实施5项重点任务。

3月13日　重庆市在全国率先出台加快线上业态线上服务线上管理发展意见。

3月14日　专家支招成渝地区双城经济圈建设，打造内陆开放门户应先优化“三个环境”。

3月15日　重庆“云签约”累计引资近2000亿元。

3月16日　重庆1415家企业通过高新技术企业认定。

3月17日　重庆下达年度学生资助金近32亿元。

3月18日　重庆市发改委邀请市民建言重庆“十四五”规划。

3月19日　重庆将打造5G数字文旅产业园。

3月20日　四川重庆共同推进成渝地区双城经济圈建设，唱好“双城记”，建好经济圈。

3月21日　重庆市2020年首轮工业投资项目集中开工110个项目培育1131亿元产值。

3月22日　荣昌新增6.39亿元贷款保复工复产。

3月23日　“渝商微课”为重庆85.3万户中小企业赋能。

3月24日　渝企成为G20全球中小企业金融论坛新成员。

3月25日　重庆出台21项举措助个体工商户复工。

3月26日　重庆2020年财政扶贫资金将达60亿元。

3月27日　渝企联合中标22.43亿元澳门项目。

3月28日　重庆639家规上电子企业全部复工复产，力争全年电子产业产值增长5.8%。

3月29日　工信部发布全国大数据产业发展试点示范项目，3家渝企大数据项目上榜。

3月30日　重庆钢铁2019年实现营收233.7亿元。

3月31日　1~2月重庆一般公共预算支出565.6亿元。

2020年4月

4月1日　外贸外资企业持续看好重庆投资环境。

4月2日　川渝“云”上达共识——生态共建环境共管。

4月3日　重报圆桌会——发展数字经济，推动西南区域数据联动融合。

4月4日　疫情期间重庆银行业信贷支持企业超千亿元。

4月5日 重庆集中开工22个新基建重大项目，总投资815亿元。

4月6日 2020年重庆科学城建设将按下“加速键”。

4月7日 重庆加快构建“近悦远来”人才生态。

4月8日 “一场两平台十中心”助推重庆高质量发展。

4月9日 集成电路产业高地在渝崛起。

4月10日 重庆组织10个督查组对疫情防控和开学准备进行督查。

4月11日 110余家企业合力推动区块链经济高质量发展。

4月12日 南川与四川省大健康产业协会合作，打造大健康产业集聚区。

4月13日 首店经济助力重庆建设国际消费中心城市。

4月14日 重庆2019年以来投入财政资金160亿元。

4月15日 重庆推广以工代赈助贫困群众就业。

4月16日 重庆贫困人口住院自付比例为10.13%。

4月17日 川渝合作“鼓点密集”，向更宽领域更深层次发展。

4月18日 多个跨省税费业务将在成渝两地实现通办。

4月19日 一季度重庆外贸进出口总值1130.7亿元。

4月20日 打造新“引擎”崛起新高地——重庆发挥“三个作用”开辟发展新格局。

4月21日 重庆一季度GDP逾4987亿元同比下降6.5%。

4月22日 川渝两地签署首个人才合作协议。

4月23日 重庆市工业运行加速回升，3月工业增加值增长7.5%。

4月24日 重庆厚植“智能因子”，打造“智慧名城”。

4月25日 成渝地区双城经济圈运输服务一体化发展按下“快进键”。

4月26日 重庆脱贫攻坚获评“两好一优”。

4月27日 重庆向新加坡捐赠一批抗疫医疗物资。

4月28日 重庆建立国企川渝合作招商引资项目库。

4月29日 重庆全市土地出让实施预公告制度。

4月30日 川渝协同建设巴蜀文化旅游走廊。

2020年5月

5月1日 川渝携手打造中国制造高地。

5月2日 重庆向莫斯科华侨华人联合会捐赠防疫物资。

5月3日 2022年底前重庆计划开工9个高铁项目。

5月4日 重庆A级景区开放率95.3%，规上文旅企业复工率84.7%。

5月5日 三大消费扶贫机制推动“渝货”出山。

5月6日 川渝侨联签署战略合作协议。

5月7日 重庆出台市级部门预算绩效管理购买专业服务办法（试行）。

5月8日 46万户渝企仅凭纳税单就能贷款。

5月9日 重庆市第七次全国人口普查户口整顿暨普查登记专项试点启动。

5月10日 《重庆市促进大健康产业高质量发展行动计划（2020-2025年）》出台。

5月11日 “传奇巴渝”亮相云上中国自主品牌博览会。

5月12日 重报圆桌会——高起点高标准规划建设科学城。

5月13日 出口退税率提高，平均3个工作日办结，1~4月重庆企业享受出口退税

41.55亿元。

5月14日 6月底前重庆将新投用43个公轨换乘站。

5月15日 川渝两省市社科院开展战略合作，搭建高端智库机构合作平台。

5月16日 重庆发布5G专项规划，将投入逾550亿元，到2025年建成15万个基站。

5月17日 涪陵24个重点项目集中签约，总投资380亿元。

5月18日 主城都市区两江四岸核心区将打造成“近者悦远者来”旅游目的地，成为“山水之城·美丽之地”城市名片。

5月19日 全市2020年工业互联网建设发布“任务表”，将培育十大平台推动上万家企业“上云”。

5月20日 证照异地互办互发互认，成渝两地高新区市场监管走向一体化。

5月21日 围绕十个重点领域，重庆面向全球招商。

5月22日 一季度重庆累计减税90.4亿元。

5月23日 西部大开发“升级版”来了，重庆该如何作为。

5月24日 脱贫攻坚文旅融合，总书记给重庆再提“新要求”。

5月25日 川渝两省市全国政协委员联名提案——支持成渝地区共建西部科学城。

5月26日 重庆中德未来工厂研究中心将落户科学城。

5月27日 直播带货已成重庆拉动消费“常规动作”。

5月28日 重庆出台47条举措进一步推动“放管服”改革。

5月29日 重庆多管齐下纾困托底保基本民生。

5月30日 第五届重庆文化旅游惠民消费季启动，惠民补贴发放额预计达2亿元。

5月31日 重庆2020年市级财政专项扶贫资金增长20%。

2020年6月

6月1日 1~5月重庆市场主体数量不降反增。

6月2日 《2020城市商业魅力排行榜》出炉，重庆魅力指数排名全国第六。

6月3日 “重庆造”最大船舶开建，载重量约13800吨，计划于2022年交付。

6月4日 抢抓“地摊经济”市场新机遇，重庆千家制造企业要给全国“摊主”供货。

6月5日 城口中药材产业带动1400户农户脱贫。

6月6日 多家大型电商企业将在渝投资。

6月7日 “重庆六六数字消费节”首日20万份券包12分钟被抢完。

6月8日 重庆两年内建成新型智慧城市智能中枢。

6月9日 11个高新区联手，重庆成立高新区协同创新战略联盟。

6月10日 40余家企业认捐彭水扶贫项目13个，合计资金和项目价值1500余万元。

6月11日 重庆企业获批缓交所得税8.08亿元。

6月12日 科技助力精准扶贫18个深度贫困乡镇全部建起共享科技馆。

6月13日 全力服务实体经济和社会民生，工行4年来在渝投放融资款1.31万亿元。

6月14日 重庆力争三年建成具有国际影响力的消费品产业集群。

6月15日 央视新闻直播间《重庆：提振旅游业启动晒旅游晒文创推介活动》。

6月16日 突破200班！中欧班列（渝新欧）单

月开行量创新高。

6月17日 “两江四岸”60公里贯通工程2020年启动建设。

6月18日 1~5月重庆105个重点工业项目投达产。

6月19日 重庆最大“菜篮子”供应货足价稳。

6月20日 重庆12个主要海鲜市场核酸检测均为阴性，全市加强对来渝返渝人员排查。

6月21日 重庆中高端家电消费快速增长。

6月22日 四川省人民政府驻重庆办事处与重庆市人民政府驻四川办事处、四川省重庆商会与重庆市四川商会分别签署战略合作协议。

6月23日 两江新区两项服务贸易创新入选商务部最佳实践案例。

6月24日 我国首个重组亚单位新冠疫苗在渝进入临床试验。

6月25日 重庆发布人工智能十大应用场景，涉及城市大脑、智慧安防、智慧物流、智能工厂、自动驾驶等领域。

6月26日 重庆永川输油站、双石智慧油库投运。

6月27日 1~5月重庆对香港进出口总额增长明显。

6月28日 多家外资企业表示将加大在渝投资。

6月29日 渝北区二季度重大招商项目集中开工。

6月30日 推动汽车产业协同发展川渝共建汽车产业集群。

2020年7月

7月1日 重庆集中签约10个数字文化产业项目。

7月2日 签约合同金额6017亿元，上半年重庆招商“放大招”。

7月3日 2022年川渝间将建成16条高速公路通道。

7月4日 重庆规上工业增加值5月增长9.7%，1~5月增速高于全国平均水平1.2个百分点。

7月5日 重庆高新区获批20亿元绿色债券。

7月6日 重庆推出金融“40条”稳企业保就业。

7月7日 国内销量增长，出口量价齐升，重庆汽车产业“加速跑”。

7月8日 川渝港口联手打造商贸物流枢纽。

7月9日 成渝地区双城经济圈多个基础设施协同推进项目签约。

7月10日 重庆2020年聚焦三大重点开展网络扶贫。

7月11日 全市重点工业项目上半年投达产120个。

7月12日 国家发改委紧急下达3.09亿元救灾应急资金，支持重庆等地区抗灾救灾。

7月13日 川渝六区县开展全方位合作，共建明月山绿色发展示范带。

7月14日 重庆市智能传感器产业规模5年内将突破150亿元。

7月15日 重庆20条措施支持制造业多渠道融资。

7月16日 重庆经开区65个项目集中开工，涵盖基建、人工智能、城市提升，总投资达到117.9亿元。

7月17日 上半年重庆外贸同比增长3.5%。

7月18日 重庆延长企业社保费“减免缓”期限1~6月共减免企业三项社会保险费96.57亿元。

7月19日 重庆入库科技型企业逾21000家。

7月20日 把握新机遇，实现新作为，释放新动力，两江新区上半年GDP同比增长4.8%。

7月21日 上半年重庆城镇新增就业32.1万人，发放创业担保贷款29.7亿元。

7月22日 727.6亿元！上半年重庆跨境人民币结算量位列中西部第一。

7月23日 上半年重庆新设立市场主体22.6万户。

7月24日 重庆上半年民营经济增加值达6456亿元。

7月25日 西部（重庆）科学城基础设施建设按下“加速键”。

7月26日 商务部在重庆杭州西安开展出口产品转内销系列活动。

7月27日 西部（重庆）科学城上半年签约项目39个合同协议、投资总额600多亿元。

7月28日 用好国内的新机遇，重庆外贸企业加快“双循环”。

7月29日 川渝博士服务团携手，助力成渝地区双城经济圈建设。

7月30日 长江三峡（梁平）晒秋节将于8月7日开幕。

7月31日 主城都市区中心城区开展专项行动整治臭气扰民。

2020年8月

8月1日 西部（重庆）科学城首批校地合作项目正式落地。

8月2日 长江三峡游轮复航。

8月3日 重庆高新区上半年成绩“亮眼”，外贸进出口绝对额占全市的近一半。

8月4日 主城新区将再添两条高速公路，永川至璧山、永川至江津有望年内开建。

8月5日 江津区上半年批零销售额破300亿元。

8月6日 渝企“走出去”保持稳定态势，上半年重庆对外直接投资24833万美元。

8月7日 重庆京东电商产业园发展迅速。

8月8日 重庆市出台2020年度新能源汽车推广应用财政补贴政策。

8月9日 共享健康生活，重庆开展全民健身大联动活动。

8月10日 重庆38个区县已实现二甲医院全覆盖。

8月11日 重庆1~7月压减市级一般性项目和专项支出34亿元。

8月12日 1~7月重庆向区县下达财政补助1500亿元。

8月13日 重庆主城都市区全部纳入全面深化服务贸易创新发展试点范围。

8月14日 2030.5亿元！上半年重庆自贸试验区进出口总额同比增长9.6%。

8月15日 重庆将持续加大水利援藏投入和帮扶力度。

8月16日 7月重庆外贸进出口创五年来新高，总值642.2亿元，同比增长37%。

8月17日 川渝首次联合研发，聚焦人工智能。

8月18日 前7月重庆126个重点工业项目投达产，完成年度目标近七成进度。

8月19日 重庆组织32个交易团参加进博会。

8月20日 1~7月重庆市城镇新增就业39.31万人。

8月21日 川渝首个电子电路产业园在荣昌投产。

8月22日 洪峰过境，重庆紧急转移安置13万余人，15个区县26万余人受灾，无人员死亡。

8月23日 “工业互联网标识解析系列联盟标准宣贯会第一站”来渝，重庆标识注册量已近4000万。

8月24日 开州1~7月新引进项目70个投资金

额达323.1亿元。

8月25日 重庆6个县入围全国县域旅游综合实力百强县、发展潜力百佳县。

8月26日 重庆市政府与四川大学签署战略合作协议。

8月27日 逾626亿元专项贷款支持受灾企业。

8月28日 到2022年重庆建成国内领先智慧医疗应用示范城市。

8月29日 阿里零售通在渝打造6000家智慧小店。

8月30日 重庆市推动成渝地区双城经济圈建设研究中心挂牌。

8月31日 重庆西永微电园集成电路产业产值2020年1~7月同比增长37.63%。

2020年9月

9月1日 重庆市规上工业企业1~7月利润同比增7%。

9月2日 新加坡中华总商会重庆代表处在两江新区揭牌。

9月3日 川渝携手构建区域“经济体检”审计合作机制。

9月4日 重庆市市召开乡村旅游暨东西部扶贫协作现场推进会，产业扶贫和消费扶贫成为2020年脱贫工作重点。

9月5日 打造川渝跨界流域联动共治示范区。

9月6日 2020年重庆市“中华慈善日”主题活动举行，爱心单位人士现场举牌捐赠5.24亿元。

9月7日 川渝签订《深化川渝两地水生态环境共建共保协议》。

9月8日 重庆将全面推广城乡低保“渐退制度”和“分户制度”。

9月9日 重庆市渝中区将建新型智慧城市智能中枢。

9月10日 重庆南岸区携手网易打造百亿级数字文创基地。

9月11日 2020中国民营企业500强发布，重庆12家企业上榜。

9月12日 693.1亿元！南岸区重庆经开区智博会签“大单”。

9月13日 重庆市云阳公布新一轮脱贫攻坚战成绩，145个贫困村13.4万贫困群众如期脱贫。

9月14日 西部（重庆）科学城1~8月招商超700亿元。

9月15日 54个项目落户重庆荣昌，签约金额超265亿元。

9月16日 2020年重庆英才大会已征集人才需求2768个。

9月17日 重庆启动建设长嘉汇金融中心，助推内陆金融中心建设。

9月18日 江津区招商引资通过线上线下签约29个项目揽金210亿元。

9月19日 1~7月重庆累计减免涉农税金近3.7亿元。

9月20日 重庆人均期望寿命提高到77.85岁。

9月21日 1~8月重庆市招商项目签约合同额8830亿元。

9月22日 1~8月重庆累计办理出口退税98.14亿元。

9月23日 1~8月重庆市汽车产业产值增速达3.7%。

9月24日 重庆粮食产量连续13年稳定在1000万吨以上。

9月25日 内陆首批进口保税大贸整车运抵西永综保区。

9月26日 推动贫困地区产品变商品、贫困群众收成变收入，重庆市消费扶贫联盟成立。

9月27日 川渝联合举办国际融合采洽会。

9月28日 华为将全力助重庆打造智慧名城。

9月29日 市政府与华侨大学签署合作协议，共同推进西部（重庆）科学城建设。

9月30日 13名博士+7个项目团队来渝对接洽谈。

2020年10月

10月1日 重庆出台百条举措持续优化营商环境。

10月2日 迎国庆，“点亮山城”央视直播重庆夜景灯饰亮灯。

10月3日 重庆科学城引入IBM共建人工智能产业集聚区。

10月4日 成渝客专提质改造项目——国庆后开启联调联试运营，时速将提高到350公里。

10月5日 国庆长假过半，重庆253家A级景区迎客近600万人次。

10月6日 2020年1~8月重庆新增减税降费410.9亿元。

10月7日 星星数字能源总部项目落户西部（重庆）科学城。

10月8日 重庆A级景区接待游客量1001.7万人次，同比恢复84.7%。

10月9日 重庆江津发展农业产业化联合体让高粱焕发新生。

10月10日 重庆高新区“双晒”向世界发出邀请函。

10月11日 60家高校院所负责人走进重庆科学城。

10月12日 重庆市南川区“云签约”17个项目引资229.6亿元。

10月13日 未来五年重庆怎么干——市政协常委会会议重点协商建言我市“十四五”规划。

10月14日 中国区块链产业发展峰会将在渝举行。

10月15日 重庆南岸2.3亿元购买石柱森林面积指标。

10月16日 酉阳累计投入农业产业扶贫资金94773万元，带动惠及贫困户33963户13.5万人。

10月17日 重庆十大脱贫攻坚专项行动进展顺利，14个国家级贫困区县、4个市级贫困区县已全部脱贫摘帽。

10月18日 重庆推进国家数字经济创新发展试验区建设。

10月19日 重庆“英才杯”项目大赛启动。

10月20日 重庆永川区集中签约68个项目，1~9月已引进项目224个、资金467亿元。

10月21日 超额完成目标重庆“招商季”签约合同金额4652亿元。

10月22日 2020年前三季度重庆经济运行数据发布，全市实现地区生产总值17707.1亿元，同比增长2.6%。

10月23日 《2020年上半年中国区块链企业发展报告》发布，重庆区块链产业发展水平居全国前列。

10月24日 看效果——重庆旅游收入三年增长一倍多。

10月25日 2020两岸融合发展（重庆）论坛举行。

10月26日 川陕甘渝携手打造“嘉陵江文化旅游产业带”。

10月27日 重庆·中关村智酷人才创新实践中心揭牌。

10月28日 重庆出台64条金融政策支持西部（重庆）科学城建设。

10月29日 第三季度重庆新增贷款逾1148亿元。

10月30日 重庆国际创投大会——国内外创投机构加速在渝布局。

10月31日 24个高校、科研院所项目落户西部（重庆）科学城。

2020年11月

11月1日 全国美术高峰论坛在渝召开，百名学者共话新时代美术发展。

11月2日 2020年中国柑橘科技创新与产业高质量发展论坛在北碚举行。

11月3日 量质齐升，重庆工业经济加快复苏。

11月4日 进博会今日开幕，重庆820家单位参展。

11月5日 重庆成为全国政务数据开放共享试点地区。

11月6日 借力进博会，重庆在上海签约19个项目总金额286亿元。

11月7日 西部（重庆）科学城北碚园区一批基础设施及产业项目开工。

11月8日 助力打造有全国影响力的农业科技创新中心，川渝成立农业科技创新联盟。

11月9日 2020中新金融峰会将在重庆与新加坡同步举办。

11月10日 80余名专家学者献计梁平创建国际湿地城市。

11月11日 1~10月重庆中烟实现核心产品销量同比增长51%。

11月12日 “双11”显现重庆消费强劲、经济复苏良好态势。

11月13日 川渝冀陕4省市6区签订“跨省通办”政务服务协议。

11月14日 重庆数字出版业加快融入全国产业链。

11月15日 长安携手华为、宁德时代造高端智能车，首款产品即将量产。

11月16日 建“科创智核”引领高质量发展——沙坪坝区助推西部（重庆）科学城建设。

11月17日 西部陆海新通道省际协商合作联席会议第一次会议在渝召开。

11月18日 川渝共同实施重大项目已开工22个完成投资285亿元。

重庆职业教育校企合作产教融合签约161个项目。

11月19日 潼南西部灯博会签下9亿元产业发展大单。

成渝双城（重庆）国际商务中心揭牌。

11月20日 重庆理工大学：研制新能源汽车高端装备打破国外技术垄断。

11月21日 重庆实施七大举措让天更蓝、地更绿、水更清、空气更清新。

11月22日 重庆“黄金18条”加快博士后事业创新发展。

北京大学重庆大数据研究院落户西部（重庆）科学城。

康养职业技能培训计划在渝启动，未来两年全国将培养康养服务人员500万人次以上。

11月23日 重庆高级金融研究院在渝中揭牌。

丰都消费扶贫周启动首日揽下5500万元采购订单。

11月24日 重庆市重点水域退捕渔民转产就业率达99.73%。

2020年中新互联互通项目金融服务

成果展在线上开启。

11月25日 2020年陕煤入渝总量突破千万吨。

11月26日 重庆将在南南合作中扮演重要角色。

重庆市通用航空装备技术创新战略联盟——构建完整产业链，提升重庆通航产业核心竞争力。

11月27日 32家参展渝企拓展东盟商路。

重庆以“特”为本打造农业金字招牌。

11月28日 重庆推进实用性村规划编制改革。

脱贫地区特色产业可持续发展论坛举行。

11月29日 52个乡村振兴重大项目集中签约涉及重庆市29个区县和四川省遂宁市签约金额338.63亿元。

11月30日 2019年逾4000渝企享受研发费用加计扣除额160亿元。

鲁渝合作显成效，重庆2020年前10月改造12660户农村危房。

2020年12月

12月1日 重庆住房保障能力持续增强。

重庆铁路枢纽东环线南段全面铺轨。

12月2日 川渝公共资源交易平台将开展远程异地评标试点。

重庆市工业互联网技术创新战略联盟——构建万物互联智能工厂，助力先进制造发展。

12月3日 重庆拟立法保护各类市场主体获得平等待遇。

12月4日 56家知名高校院所和企业在渝开展科技创新调研。

12月5日 合川信息安全产业城获评工信部“网络安全创新应用先进示范”。

渝北区签约20个项目引资102亿元。

12月6日 困境中的破冰之举——重庆“双晒”推动文旅产业全面复苏。

12月7日 重庆悦来国际设计论坛与重庆工业设计创新成果展将举行。

成渝地区双城经济圈国家高新区党建联盟成立。

12月8日 重庆首批“互联网+”医疗服务将于2021年纳入医保。

12月9日 重庆谋划打造西部工业设计示范之城。

2826亿元！万达开一体化交通基建再加速。

12月10日 长江经济带11省市共建生态文明标准化体系。

12月11日 前11个月重庆新登记各类市场主体44.69万户。

12月12日 重庆出台煤矿关停安全管理十条措施。

12月13日 重庆交运集团排第18首次迈入百亿级行列。

12月14日 川渝联手将内陆开放大门越开越大。

联合研发+专家共享，川渝共建西部科学城。

12月15日 重庆“四隧齐进”助推成渝地区双城经济圈建设。

12月16日 重庆节能降耗“十三五”目标将顺利实现。

西部（重庆）科学城41个电子信息项目集中签约。

12月17日 重庆解决3.3万个具体困难问题惠及7.9万家民营市场主体。

12月18日 重庆市“十三五”累计投入40余亿元支持高校“双一流”建设43个学科进入世界ESI学科排名前1%。

12月19日　“全媒智能融合创芯”华龙网集团20周年媒体创新发布会举行。

两大百亿级战略性新兴产业项目落户江津，达产后将实现年总产值超260亿元。

12月20日　2020年前11个月重庆新增中小微企业13.3万户。

12月21日　重庆联交所为国资国企引入社会资本盘活资产超800亿元。

12月22日　改善民生“十三五”时期重庆花了1.6万亿元。

2021年陕煤电力入渝4亿千瓦时。

12月23日　重庆25.2万贫困人口实现易地扶贫搬迁。

12月24日　成渝高铁复兴号今日首发，重庆到成都最快62分钟。

12月25日　2020年建筑产业现代化高峰论坛在重庆云阳举行。

12月26日　重庆能源行业迈向高质量发展，汽车充电设施建设西部领先，页岩气累计产量全国第一。

12月27日　重庆市消费扶贫馆线上销售总额突破2亿元。

12月28日　改革驱动重庆入选营商环境创新试点城市。

重庆“四好农村路”已建总里程达16万公里。

12月29日　“十四五”期间四个方面发力重庆打造区块链产业高地。

12月30日　郑万高铁重庆段27.5座隧道全部贯通。

1687万元温暖“礼包”将送达十大职工群体。

12月31日　全市统一战线累计投入扶贫资金近44亿元。

2020年直辖市及西部省（区）经济发展统计比较

表1　地区生产总值

地　区	地区生产总值（亿元）	三次产业增加值（亿元）			人均地区生产总值（元）	构成（地区生产总值=100）			指数（上年=100）				
		第一产业	第二产业	第三产业		第一产业	第二产业	第三产业	地区生产总值	第一产业	第二产业	第三产业	人均地区生产总值
直辖市													
北　京	36102.55	107.61	5716.37	30278.57	164889	0.3	15.8	83.9	101.2	91.5	102.1	101.0	101.2
天　津	14083.73	210.18	4804.08	9069.47	101614	1.5	34.1	64.4	101.5	99.4	101.6	101.4	101.3
上　海	38700.58	103.57	10289.47	28307.54	155768	0.3	26.6	73.1	101.7	91.8	101.3	101.8	101.4
重　庆	25002.79	1803.33	9992.21	13207.25	78170	7.2	40.0	52.8	103.9	104.7	104.9	102.9	103.1
西部地区													
内蒙古	17359.82	2025.12	6868.03	8466.66	72062	11.7	39.6	48.8	100.2	101.7	101.0	99.1	100.5
广　西	22156.69	3555.82	7108.49	11492.38	44309	16.0	32.1	51.9	103.7	105.0	102.2	104.2	102.9
四　川	48598.76	5556.58	17571.11	25471.07	58126	11.4	36.2	52.4	103.8	105.2	103.8	103.4	103.4
贵　州	17826.56	2539.88	6211.62	9075.07	46267	14.2	34.8	50.9	104.5	106.3	104.3	104.1	104.0
云　南	24521.90	3598.91	8287.54	12635.46	51975	14.7	33.8	51.5	104.0	105.7	103.6	103.8	103.7
西　藏	1902.74	150.65	798.25	953.84	52345	7.9	42.0	50.1	107.8	107.7	118.3	101.4	106.1
陕　西	26181.86	2267.54	11362.58	12551.74	66292	8.7	43.4	47.9	102.2	103.3	101.4	102.8	101.9
甘　肃	9016.70	1198.14	2852.03	4966.52	35995	13.3	31.6	55.1	103.9	105.4	105.9	102.2	104.2
青　海	3005.92	334.30	1143.55	1528.07	50819	11.1	38.0	50.8	101.5	104.5	102.7	100.1	101.0
宁　夏	3920.55	338.01	1608.96	1973.58	54528	8.6	41.0	50.3	103.9	103.3	104.0	103.9	103.1
新　疆	13797.58	1981.28	4744.45	7071.85	53593	14.4	34.4	51.3	103.4	104.3	107.8	100.2	102.0

注：表中绝对数按当年价格计算，指数按不变价格计算。数据为初步核算数。

表2 居民消费价格分类指数

（上年=100）

地 区	总指数	食品烟酒	衣 着	居 住	生活用品及服务	交通和通信	教育文化和娱乐	医疗保健	其他用品和服务
				直辖市					
北 京	101.7	105.7	99.8	99.1	100.0	95.8	102.5	104.9	108.3
天 津	102.0	106.5	98.5	100.7	100.2	97.1	102.6	99.9	107.9
上 海	101.7	105.3	100.9	100.8	99.8	96.6	101.1	101.2	102.9
重 庆	102.3	107.9	98.3	99.5	100.0	97.3	101.8	101.9	102.7
				西部地区					
内蒙古	101.9	105.7	100.1	100.2	99.9	96.4	100.5	103.6	103.0
广 西	102.8	109.2	99.9	98.9	99.7	96.0	100.5	105.5	102.7
四 川	103.2	111.0	99.7	98.9	99.9	96.4	101.2	100.7	103.1
贵 州	102.6	110.3	98.4	98.4	99.6	95.7	100.8	100.8	103.0
云 南	103.6	111.6	100.4	100.1	99.7	96.9	101.0	100.6	103.2
西 藏	102.2	104.8	101.0	100.1	101.6	98.1	101.2	102.2	104.9
陕 西	102.5	107.6	99.4	100.1	100.3	97.8	101.8	100.9	105.2
甘 肃	102.0	106.4	99.4	100.1	100.3	97.4	101.2	100.6	104.3
青 海	102.6	106.5	99.7	101.0	99.9	97.8	100.2	104.2	106.0
宁 夏	101.5	105.4	98.9	100.3	99.6	96.9	101.0	100.6	103.2
新 疆	101.5	104.5	99.4	102.1	99.5	96.8	100.6	100.4	102.6

表3 居民人均消费支出构成

单位：元

地 区	消费支出	食品烟酒	衣 着	居 住	生活用品及服务	交通通信	教育文化娱乐	医疗保健	其他用品及服务
直辖市									
北 京	38903.3	8373.9	1803.5	15710.5	2145.8	3789.5	2766.0	3513.3	800.7
天 津	28461.4	8516.0	1711.8	7035.3	1669.4	3778.7	2253.7	2646.0	850.5
上 海	42536.3	11224.7	1694.0	15247.3	2091.2	4557.5	3662.9	3033.4	1025.3
重 庆	21678.1	7284.6	1459.1	4062.1	1517.4	2630.9	2120.9	2101.5	501.6
西部地区									
内蒙古	19794.5	5686.1	1568.3	4148.6	1119.2	3099.2	1835.9	1891.5	445.8
广 西	16356.8	5591.5	595.0	3579.0	929.1	2107.9	1766.2	1540.7	247.3
四 川	19783.4	7026.4	1190.4	3855.7	1234.8	2465.1	1650.5	1908.0	452.4
贵 州	14873.8	4606.9	944.6	2998.2	901.1	2218.0	1636.7	1269.6	298.7
云 南	16792.4	5092.1	868.3	3469.8	958.5	2709.4	1835.8	1547.4	311.0
西 藏	13224.8	4786.6	1137.2	2970.5	838.6	1987.5	550.9	589.9	363.6
陕 西	17417.6	4819.5	1156.6	3857.6	1179.3	2194.0	1756.6	2078.4	375.6
甘 肃	16174.9	4768.8	1140.6	3557.3	1045.5	2020.4	1728.6	1544.7	369.1
青 海	18284.2	5224.5	1301.4	3618.5	1073.4	3121.0	1521.3	1975.7	448.5
宁 夏	17505.8	4816.3	1263.9	3348.8	1037.2	2922.0	1760.6	1906.3	450.7
新 疆	16512.1	5225.9	1138.9	3304.7	1031.0	2318.9	1488.4	1611.7	392.7

表4　农林牧渔业总产值及指数

地　区	绝对数（亿元）					指数（上年=100）				
	农林牧渔业总产值	#农业	#林业	#牧业	#渔业	农林牧渔业总产值	#农业	#林业	#牧业	#渔业
直辖市										
北　京	263.4	107.6	97.7	45.2	4.1	93.3	105.9	84.5	88.9	79.0
天　津	476.4	228.8	15.7	145.5	68.1	101.4	104.8	65.9	100.6	102.4
上　海	279.8	138.0	15.2	55.1	51.0	93.0	93.7	81.4	90.8	90.0
重　庆	2749.1	1596.1	126.0	871.9	107.3	105.0	105.9	109.9	102.7	99.2
西部地区										
内蒙古	3472.4	1699.0	89.8	1603.4	27.8	101.8	100.3	93.8	104.2	99.5
广　西	5913.3	3268.8	437.4	1423.8	508.3	105.0	106.5	107.7	102.1	101.1
四　川	9216.4	4701.9	379.8	3613.8	287.5	105.6	104.5	102.9	107.8	104.6
贵　州	4358.6	2781.8	293.7	1019.0	61.1	106.5	107.7	108.2	102.8	106.4
云　南	5920.5	2902.2	429.5	2315.4	104.0	105.8	107.0	106.4	103.6	103.4
西　藏	233.5	104.0	3.7	119.7	0.1	108.2	108.0	102.5	108.8	39.5
陕　西	4056.6	2807.1	116.9	893.4	30.0	103.5	104.0	113.9	100.6	100.6
甘　肃	2103.6	1423.8	31.7	495.3	2.0	105.2	105.5	83.3	107.8	105.6
青　海	507.1	188.6	11.9	295.1	3.9	104.7	105.1	105.4	104.5	99.0
宁　夏	703.1	397.9	10.9	246.6	19.0	103.6	102.2	87.4	107.3	101.4
新　疆	4315.6	2936.3	66.0	1038.1	27.2	104.7	105.8	108.3	100.9	95.2

注：表中绝对数按当年价格计算，指数按可比价格计算。2003年起总产值包括农林牧渔专业及辅助性活动产值。

表 5　货物进出口总额

单位：亿元

地　区	按收发货人所在地分			按境内目的地和货源地分		
	进出口	出　口	进　口	进出口	出　口	进　口
直辖市						
北　京	23313.0	4664.1	18648.9	7972.4	2047.8	5924.6
天　津	7367.9	3074.3	4293.6	8712.0	2811.6	5900.4
上　海	34872.7	13720.9	21151.8	33132.1	11585.1	21547.0
重　庆	6513.6	4187.3	2326.3	5809.6	3808.9	2000.7
西部地区						
内蒙古	1054.2	349.0	705.1	1423.4	451.6	971.9
广　西	4869.8	2707.4	2162.4	4614.8	1467.4	3147.4
四　川	8088.6	4653.6	3435.0	8114.5	4553.5	3561.0
贵　州	546.7	431.2	115.5	516.7	408.5	108.2
云　南	2692.8	1518.6	1174.2	2374.8	1177.1	1197.7
西　藏	21.3	12.9	8.4	19.4	17.3	2.1
陕　西	3777.6	1929.6	1848.0	3550.7	1850.2	1700.5
甘　肃	382.4	85.6	296.8	394.5	124.9	269.6
青　海	23.0	12.3	10.7	21.5	12.6	8.9
宁　夏	123.4	86.7	36.7	202.7	155.0	47.6
新　疆	1483.4	1098.1	385.3	1876.7	855.5	1021.2

表6 社会消费品零售总额

单位：亿元，%

地区	2019年		2020年	
	社会消费品零售总额	增长	社会消费品零售总额	增长
直辖市				
北京	15063.7	4.4	13716.4	-8.9
天津	4218.2	-0.3	3582.9	-15.1
上海	15847.6	6.5	15932.5	0.5
重庆	11631.7	8.7	11787.2	1.3
西部地区				
内蒙古	5051.1	4.1	4760.5	-5.8
广西	8200.9	7.0	7831.0	-4.5
四川	21343.0	10.4	20824.9	-2.4
贵州	7468.2	5.1	7833.4	4.9
云南	10158.2	10.4	9792.9	-3.6
西藏	773.4	8.7	745.8	-3.6
陕西	10213.0	7.4	9605.9	-5.9
甘肃	3700.3	7.7	3632.4	-1.8
青海	948.5	5.4	877.3	-7.5
宁夏	1399.4	5.2	1301.4	-7.0
新疆	3617.0	5.5	3062.5	-15.3

表 7　分地区规模以上工业企业研究与试验发展（R&D）活动及专利情况（2020 年）

地　区	R&D 人员全时当量（人年）	R&D 经费（万元）	R&D 项目数（项）	专利申请数（件）	# 发明专利	有效发明专利数（件）
直辖市						
北　京	46172	2974157	8290	25147	13078	55261
天　津	45227	2287717	12001	19033	6060	24945
上　海	87957	6350087	14903	40630	17544	62147
重　庆	69843	3725610	16167	19736	6300	20650
西部地区						
内蒙古	18393	1293714	3079	5755	2331	5799
广　西	20407	1133332	4213	7546	2803	8667
四　川	90128	4276383	22242	34536	13439	42114
贵　州	26261	1053574	5068	7227	3475	8487
云　南	28894	1451454	6065	9451	3131	9515
西　藏	190	8944	51	92	29	185
陕　西	48809	2684020	8181	15187	6445	21932
甘　肃	8614	521334	1608	3829	1229	4017
青　海	1557	103699	285	1423	494	1061
宁　夏	8333	453491	1881	3774	1408	3126
新　疆	4752	391939	1222	4427	1671	4580

表8 分地区规模以上工业企业新产品开发及生产情况（2020年）

地 区	新产品开发项目数（项）	新产品开发经费支出（万元）	新产品销售收入（万元）	#出口
直辖市				
北 京	13188	4523146	53449397	9779802
天 津	14449	2386906	38919876	5437875
上 海	22755	8689077	101592157	14694288
重 庆	16907	3972680	58806719	11941326
西部地区				
内蒙古	2527	1008454	12424598	635723
广 西	6502	1872393	25712986	1778018
四 川	22133	4874121	49699120	4371971
贵 州	4993	960411	8760932	294623
云 南	5532	1153684	12160954	164127
西 藏	52	11290	34487	
陕 西	9810	3063227	24941898	1016470
甘 肃	1565	436109	5780308	465273
青 海	308	123063	2094604	7630
宁 夏	1777	407112	4592014	233859
新 疆	1195	419072	6330868	370405

编纂说明

由重庆市人民政府办公厅主管，重庆社会科学院、重庆市人民政府发展研究中心主办的《重庆经济年鉴》，是一部全面介绍重庆经济发展状况的大型工具书，极具史存性、实用性和工具性。2021 年卷为《重庆经济年鉴》的第二十一卷。

一、本卷《重庆经济年鉴》的特点

本卷年鉴总体结构上由“特载、部门经济运行与管理、产业发展、开发区与园区建设、区县经济、附录”共六编组成。

二、本卷《重庆经济年鉴》的稿件来源

本卷年鉴主要收录了市第五届人民代表大会第四次会议上的部分文献，其他文稿、数据、图表等主要来自市级有关部门、各区县政府，部分开发区与工业园区，围绕重庆经济社会热点难点开展的专题研究成果。

三、本卷《重庆经济年鉴》编纂的有关技术性说明

（一）本《年鉴》以编为单位进行编纂。每编大体反映一项相对独立的经济内容；编以下不设章、节；本卷共六编。

（二）本《年鉴》侧重对重庆市 2020 年度经济运行状况的反映，这与其他类型的年鉴有明显的区别。为了突出经济内容，本书对文化、教育、体育、卫生等社会发展方面的内容未专设编目。文中涉及社会事业发展方面内容的，根据具体情况，作了适当保留。

（三）本《年鉴》表现形式大体采用专题文章。文章体例大致是：年度主要状况及分析、存在的问题、发展展望。“特载”、专题研究、“附

录”等编目，则未作统一的体例要求。

（四）本《年鉴》中的统计数据，截止到2020年底，个别内容则稍作延伸。统计资料来源于重庆市统计公报、市统计局和国家统计局。另外，有必要指出的是，因统计口径的不同，有关部门和各区县（自治县）所用数据与“统计公报”中的数据不尽一致，采用时请予注意。

（五）本《年鉴》有关材料，系相关单位、部门所撰写，所用技术术语、专业名词、名称以稿件提供单位为准。不属于专业用语的，从习惯。

（六）根据年鉴因承相袭的惯例，本年度反映上年度的内容。2021年卷《重庆经济年鉴》也从这一惯例。

2021年卷《重庆经济年鉴》的编辑工作，得到了重庆市各部门、各单位、各级领导及广大读者的热情支持，在此深表谢意。另外，尽管编辑部的同志在编纂过程中尽了最大努力，但因时间紧、内容多、来稿渠道广，加之编辑部水平能力有限，本卷《重庆经济年鉴》存在疏漏，热忱希望得到读者的指正。

《重庆经济年鉴》编辑部

二〇二一年十二月

图书在版编目(CIP)数据

重庆经济年鉴. 2021 / 刘嗣方主编. -- 北京：社会科学文献出版社, 2022.1
ISBN 978-7-5201-9508-9

Ⅰ. ①重… Ⅱ. ①刘… Ⅲ. ①区域经济-重庆-2021-年鉴 Ⅳ. ①F127.719-54

中国版本图书馆CIP数据核字（2021）第267584号

重庆经济年鉴 · 2021

主　　管 / 重庆市人民政府办公厅
主　　编 / 刘嗣方

出 版 人 / 王利民
组稿编辑 / 梁艳玲
责任编辑 / 吴　敏
责任印制 / 王京美

出　　版 / 社会科学文献出版社（010）59367127
地址：北京市北三环中路甲29号院华龙大厦　邮编：100029
网址：www.ssap.com.cn
发　　行 / 市场营销中心（010）59367081　59367083
印　　装 / 三河市东方印刷有限公司

规　　格 / 开　本：889mm×1194mm 1/16
印　张：33.25　字　数：789千字
版　　次 / 2022年1月第1版　2022年1月第1次印刷
书　　号 / ISBN 978-7-5201-9508-9
定　　价 / 498.00元